대한제국기 간도 자료집(3)
-정부문서

• 이 책은 2022년도 동북아역사재단 기획연구 수행 결과물임(NAHF-2022-기획연구-17).

일제침탈사
자료총서 08

대한제국기 간도 자료집(3)

– 정부문서

동북아역사재단 편

동북아역사재단
NORTHEAST ASIAN HISTORY FOUNDATION

일러두기

1. 이 사업은 서울대학교 규장각한국학연구원이 제공하는 『경흥보첩(慶興報牒)』(奎17870) 등 모두 17종을 저본으로 선역하였다. 원문은 사용 허가를 받아 번역문 뒤에 영인하였다.
2. 번역문은 문서의 생산일을 기준으로 배열하였다.
3. 고유명사 및 주요 용어는 초출 단어에 원문의 한자를 병기하였다. 다만 이해를 돕기 위한 경우에는 초출 단어가 아니더라도 한자를 병기하였다. 원문의 한자와 음가를 다르게 번역한 단어는 한자 병기 시에 '[ ]'를 사용하였다.
4. '월간한인(越墾韓人)', '청비(淸匪)' 같이 시대상을 반영하는 용어는 번역하지 않고 그대로 표기하였다.
5. 인용문이 중첩될 경우 " "→「 」→『 』→〈 〉→《 》순으로 기호를 사용하여 위계를 구분하였다.

| 발간사

일본이 한국을 침탈한 지 100년이 지나고 한국이 일본의 지배로부터 벗어난 지 70년이 넘었건만, 식민 지배에 대한 청산은 이루어지지 못하고 있다. 일본의 독도영유권 주장은 도를 넘어섰다. 일본은 일본군'위안부', 강제동원 등 인적 수탈의 강제성도 인정하지 않고 있다. 일본군'위안부'와 강제동원의 피해를 해결하는 방안을 놓고 한 · 일 간의 갈등은 최고조에 이르고 있다. 역사문제를 벗어나 무역분쟁, 안보위기 등 현실문제가 위기국면을 맞고 있다.

한 · 일 간의 갈등은 식민 지배의 역사를 어떻게 볼 것인가 하는 역사인식에서 기인한다. 역사는 현재와 과거의 대화이며 이를 기반으로 미래로 나아갈 수 있다. 과거 침략의 역사를 미화하면서 평화로운 미래를 말하는 것은 불가능하다. 식민 지배와 전쟁 발발의 책임을 인정하지 않고 반성하지 않으면 다시 군국주의가 부활할 수 있고 전쟁이 일어날 위험성도 배제할 수 없다. 미래지향적 한일관계를 형성하고 나아가 동아시아의 평화와 번영의 기틀을 조성하기 위해 일본은 식민 지배의 책임을 인정하고 그 청산을 위해 노력해야 할 것이다.

식민 지배의 역사를 청산하기 위해서는 식민 지배는 어떻게 이루어졌는지 그 실상을 명확하게 규명하는 일이 긴요하다. 그동안 일본제국주의에 맞서 조국의 독립을 위해 헌신한 독립운동가들의 활동을 찾아내고 역사적으로 평가하는 일에는 상당한 성과를 거두었다. 반면 일제 식민침탈의 구체적인 실상을 규명하는 일에는 충분한 노력을 기울이지 못했다. 제국주의가 식민지를 침탈했다는 것은 너무나 당연한 사실로 여겨졌기 때문에, 굳이 식민 지배에서 비롯된 수탈과 억압, 인권유린을 낱낱이 확인할 필요가 없었는지도 모른다. 그러는 사이 일본은 식민 지배가 오히려 한국에 은혜를 베푼 것이라고 미화하고, 참혹한 인권유린을 부인하는 역사부정의 인식을 보이는 데까지 이르고 있다. 일제의 통치와 침탈, 그리고 그 피해를 종합적으로 조사하고 편찬할 필요성이 여기에 있다.

일제침탈사를 체계적으로 정리하는 일은 개인이 감당하기 어렵다. 이에 우리 재단은 한국

학계의 힘을 모아 일제침탈사 편찬위원회를 꾸렸다. 편찬위원회가 중심이 되어 일제의 식민지 침탈사를 정치 · 경제 · 사회 · 문화 모든 방면에 걸쳐 체계적으로 집대성하기로 했다. 일제 식민침탈의 실체를 파악하기 위해 2020년부터 세 가지 방면으로 사업을 추진하고 있다. 하나는 일제침탈의 실상을 구체적이고 생생한 자료를 통해서 제공하는 일로서 〈일제침탈사 자료총서〉로 편찬한다. 다른 하나는 이들 자료들을 바탕으로 연구한 결과물을 〈일제침탈사 연구총서〉로 간행한다. 그리고 연구의 결과를 대중들이 이해하기 쉽게 〈일제침탈사 교양총서〉를 바로알기 시리즈로 간행한다. 자료총서 100권, 연구총서 50권, 교양총서 70권을 기본목표로 삼아 진행하고 있다.

〈일제침탈사 자료총서〉에서는 정치 · 경제 · 사회 · 문화 모든 방면에 걸쳐 침탈의 역사를 자료적 차원에서 종합했다. 침략과 수탈의 역사를 또렷하게 직시할 수 있도록 생생한 자료를 제공하는 데 목표를 두었다. 그동안 관련 자료집도 여러 방면에서 편찬되었지만 원자료를 그대로 간행한 경우가 많았다. 이번에 발간되는 자료총서는 해당 주제에 대한 침탈의 실상을 체계적으로 이해할 수 있는 구성방식을 취했으며, 지배자의 언어로 기록되어 있는 자료들을 독자들이 쉽게 읽을 수 있도록 모두 번역했다. 자료총서를 통해 일제 식민 지배의 실체와 침탈의 실상을 있는 그대로 이해할 수 있게 되기를 기대한다.

2023년

동북아역사재단 이사장

| 책머리에

『대한제국기 간도 자료집(3)』은 서울대학교 규장각한국학연구원에 소장된 간도 관련 자료를 정리한 것으로, 『대한제국기 간도 자료집』 권1, 권2를 이은 세 번째 책이다.

동북아역사재단에서는 규장각한국학연구원 소장 『함경남북도내거안(咸鏡南北道來去案)』(奎17983), 『평안남북도내거안(平安南北道來去案)』(奎17988) 두 사료를 대상으로 간도 관련 기사를 수집하여 번역 · 해제하고 그 연구의 성과로 『대한제국기 간도 자료집(1)』(2021)을 출간한 바 있다. 이어 대한제국 외부와 탁지부, 중추원, 의정부 등의 문서에 수록된 간도 관련 기사를 수집 · 번역하고 해제를 더하여 『대한제국기 간도 자료집(2)』(2022)를 발간하였다.

이번에 출간하는 『대한제국기 간도 자료집(3)』은 앞선 연구에 이어 대한제국 의정부, 탁지부, 외부의 미검토 사료를 대상으로 간도 관련 기사를 수집 · 번역하고 해제를 더하였다. 구체적으로 의정부, 탁지부, 외부에서 편찬한 『중추원거안(中樞院去案)』(奎17789), 『각관청공문원문(各官廳公文原文)』(奎17272), 『중추원내문(中樞院來文)』(奎17788), 『궁내부내문(宮內府來文)』(奎17757), 『각부청의서존안(各部請議書存案)』(奎17715), 『주본(奏本)』(奎17703), 『기안(起案)』(奎17746), 『조회(照會)』(奎17823), 『의정부내거안(議政府來去案)』(奎17887), 『훈령편안(訓令編案)』(奎17876), 『경부내거문(警部來去文)』(奎17888), 『군부내거안(軍部來去案)』(奎17878), 『공문편안(公文編案)』(奎18154), 『경흥보첩(慶興報牒)』(奎17870), 『소장(疏狀)』(奎18001), 『외부훈령부보고(外部訓令附報告)』(奎17999), 『청의안(請議案)』(奎17819)을 대상으로 했다.

일본과 청은 이른바 간도협약(1909)을 통해 백두산 동쪽으로 흐르는 석을수(石乙水)-두만강을 중국과 조선의 동쪽 경계로 정하였다. 간도협약의 대상 지역은 1907년 간도파출소가 설치되면서부터 일본이 관리해 온 곳으로, 용정(龍井) 중심의 연길(延吉) · 화룡(和龍) 일대였다. 일본은 이 지역을 동간도 동부라 불렀다. 석을수-두만강-알아하(嘎雅河)로 이어지는 왕청이 동쪽 경계이며, 녕안(寧安)의 노야령(老爺嶺)이 북쪽 경계, 연길의 합이파령(哈爾巴嶺)

과 화룡의 영액령(英額嶺)·노령(老嶺)이 서쪽 경계였다. 당시 이 지역에 거주했던 청인(清人)은 3,074호, 인구 21,983명이었으며, 한인(韓人)은 15,356호, 인구 72,076명 정도였다.

일본이 본격적으로 관리하는 간도라는 지역 범주를 설정하기 이전, 한인에게 '간도'라는 공간은 1712년 정계비에 각인된 토문강 이남, 두만강 북쪽의 공간이었다. 특히 러일전쟁 이전 러시아와 일본은 이 지역을 둘러싸고 경제적·지정학적 이익을 위한 각축을 벌였다. 한인은 외세의 쟁탈전 가운데에서도 토지를 개척하고 치열하게 새로운 삶의 공간을 만들어갔다. 한편 대한제국 정부에 파원감계, 관리 파견과 보호, 청비(清匪) 단속 등을 요구하여 자신들의 권리를 보호받고자 노력했다. 그들에게 '간도'는 우리의 영토라는 확신이 있었기에 가능했고, 그래서 국가적 차원에서 북간도의 경계를 확정해달라고 요청하기도 했다.

'간도'라는 공간에서 한인과 청인은 혼재된 채 함께 살아가며 교류하고 때로는 갈등하기도 했다. 간도문제는 한·중 간의 중요한 교섭 사안으로, 대한제국 시기 양국 민간과 정부의 간도에 대한 인식과 태도는 차이가 있다. 정부 각처의 문건은 당시 간도를 둘러싼 양국의 상황과 정부의 태도 등을 이해하는 데 중요한 자료이다. 특히 이 책에는 변계경무서(邊界警務署)·종성진위대(鍾城鎭衛隊)·사포대(私砲隊)를 중심으로 대한제국의 변경 방위가 확충되고 약화되어 가는 과정이 잘 나타나 있다. 이범윤과 서상무가 간도 지역에서 활동한 양상과 이로 인한 청국과의 충돌, 간도 지역 한인들이 대한제국 정부에 바랐던 다양한 요구들도 담겨 있다. 뿐만 아니라 경흥 지역을 중심으로 두만강 하구에서 한국과 러시아의 지방관들이 서로 교류하고 충돌한 양상 등도 확인할 수 있다.

2000년 이래 중국에서는 상당한 분량의 간도 관련 자료를 간행하고 있으며 특히 2018년 이래 '간도문제' 문헌사료 정리 작업을 진행 중인 데 비해, 국내에서는 관련 연구가 미흡한 상황이어서 『대한제국기 간도 자료집』의 발행은 매우 의미 있는 성과라고 할 수 있다. 향후 학자들의 연구 범위와 폭을 넓히고 대중의 간도 이해를 돕기 위한 자료로 중요하게 활용될 것이라 기대한다.

이 책은 동북아역사재단에서 간도문제의 중요성과 자료 수집의 필요성을 강조해 온 이영호 이사장의 관심 덕분에 연속으로 세 권을 간행할 수 있었다. 또한 서울대학교 규장각한국학연구원 소장 간도 자료를 발굴한 박장배 전 북방사연구소 소장의 노력에 힘입은 바 크다. 간행 작업은 총신대학교 역사교육과 홍문기 교수, 역사디자인연구소 은정태 소장, 우석대학교 이상식 연구원 등의 번역과 감수로 진행하였다. 참여 연구자들은 짧은 시간 동안에도 원문을 번역하고 여러 차례 윤문을 거쳐 자료집 발간에 완성도를 더했다. 서울대학교 규장각한국학연구원 이나래 고문헌 담당자는 자료 이용에 큰 도움을 줬다. 동북아역사재단의 남상구 연구정책실장은 사업이 원만하게 진행될 수 있도록 지원해 주었다. 무엇보다도 일제침탈사 편찬사업 성과가 〈일제침탈사 자료총서〉로 발간될 수 있도록 힘써준 한일역사문제연구소 서종진 소장의 노력에 감사드린다. 다시 한번 이 자료집이 빛을 볼 수 있게 애써주신 여러 분들께 감사의 말씀을 드린다.

2023년 8월
연구진을 대표하여
동북아역사재단 한일역사문제연구소 연구위원
문상명

| 차례

I

해제

1. 외부 자료를 중심으로

서울대학교 규장각한국학연구원(이하 규장각한국학연구원) 소장 간도 관련 자료 중 의정부, 탁지부, 외부에서 편찬한 자료들을 선역하여 이 책을 발간하였다. 이 중 외부에서 편찬한 자료는 『경흥보첩(慶興報牒)』(奎17870), 『소장(疏狀)』(奎18001), 『외부훈령부보고(外部訓令附報告)』(奎17999) 등이다.

1) 『경흥보첩』(奎17870)

모두 6책으로 외부에서 편찬하였다. 경흥감리서의 보고와 함께 외부가 내린 훈령도 일부 포함되어 있다. 경흥감리서는 두만강을 경계로 러시아와의 외교교섭, 무역통상을 담당하였으며, 그 상대는 연추[煙秋, Novokievskoe(1936년 Kraskino로 개칭)]에 주재하는 국경사무관(廓米薩爾, Commissioner)이었다.

한편, 경흥감리는 해삼위통상사무를 겸임하였다. 해삼위통상사무서는 1898년 11월에 칙령으로 선포되어 설치되었으나 1900년이 되어서야 파견되었고, 1904년에 폐지되었다. 블라디보스토크에 주재하면서 연해주 거주 한인들을 관리하고 러시아와의 무역을 지원하였다. 1898년 북간도 한인들의 보호 · 관리와 영토 문제 해결을 목적으로 한 관리 파견 청원이 주민들에 의해 제기될 때, 해삼위통상사무서 또한 조치룡(趙致龍) 등 해삼위 지역 주민에 의해 함께 정부에 청원된 바 있다. 간도문제와 관련하여 다음 세 가지 측면에서 해삼위통상사무서를 주목하려 한다. 번역문에서 다루는 내용도 이와 관련하였다.

첫째는 주민 보호를 둘러싼 해삼위통상사무서와 러시아 국경사무관과의 갈등이다. 해삼위통상사무관 파견은 연해주 거주 한인들의 지속적인 요구의 산물이다. 주민들의 보호를 둘러싸고 영사를 자임하던 통상사무관과 이를 부정하는 러시아국경사무관의 갈등이 노정되었다. 러시아와는 영토 문제가 크게 드러나지 않았으나, 대한제국이 제국으로서의 면모를 유지하기 위해 관리를 파견하여 유민을 보호하는 것이 중요한 과제였다고 하겠다.

둘째는 러시아와의 무역 문제이다. 이는 함경도 거주 주민들의 생계와 관련된 사안이었다. 조선에서 소를 끌고 두만강을 건너면 외양간[牛棚]이 있어 여기서 러시아 수의(獸醫)가 우역(牛疫) 검사를 진행하였고, 이곳을 지나야 매매가 성사되는 구조였다. 그런데 이 과정에서 적지 않은 폐단이 발생했고, 그 개혁을 둘러싸고 통상사무관의 개입과 곽미살이의 반발이 이어졌다. 소 무역에 대한 경흥감리의 보고는 지역민들의 이해를 잘 보여주고 있다.

셋째는 경흥감리이자 해삼위통상사무를 지낸 황우영이다. 그는 1902년 11월에 부임하여 1904년 1월까지 근무하였다. 그는 1903년 7~8월경에 간도문제와 관련하여 토문강–송화강–흑룡강 국경론을 견지하는 강한 영토의식을 드러냈다. 여기에는 반(反)러시아의식이 강하게 작용하고 있었는데, 주민 보호를 둘러싸고 러시아 국경사무관과 빚은 갈등도 이에 한몫하였다. 한편으로 그는 1903년 말에서 이듬해 봄까지 이범윤에 의한 북간도 지역에서의 사포대 활동으로 변경의 긴장이 고조되자 이범윤과 연계하여 러시아를 끌어들이려는 시도를 하기도 하였다.

『경흥보첩』은 간도문제를 직접적으로 다루지는 않지만, 근대 간도문제를 국제적 측면에서 접근하여 1900년 의화단사건 이래 러시아와의 관계가 간도문제의 한 배경이자, 요소로 작동하였다는 것을 보여준다.

2) 『소장』(奎18001)

한인들이 외국인과 관련된 사안이 발생하였을 경우 자신들의 주장을 적어 외부에 올린 소장, 청원, 소고 등을 모아놓은 것이다. 모두 9책이며 이 가운데 간도문제와 관련한 내용은 간도문제가 본격화되는 시기에 해당되는 3~8책에 수록되어 있다. 소장 혹은 청원서는 간도문제에 대한 현지 주민들의 다양한 요구(파원감계, 관리 파견, 주민 보호)를 담고 있으며, 또한 다양한 인물들이 참여하고 있다. 번역의 대상으로 삼은 자료를 표로 정리하면 다음과 같다.

표를 통해서는 다음 몇 가지 사항을 알 수 있다. 우선 소장을 제출한 이들의 거주지는 서북간도, 연해주, 함경북도, 평안북도 등이었고, 시기는 1900년부터 1904년에 집중되었다. 소장에는 지역 현안을 제기하면서도 파원감계, 관리 파견과 보호, 청비 단속 등과 같은 이 시기 변계민들의 일상적인 생활을 지키기 위한 다양한 요구가 포함되어 있다. 연해주 지역의 경우에는 상민들이 적극 발언하며 러시아와의 무역거래에서 일어나는 사안에 대한 관리의 개입을 요청하고 있다. 흥미로운 것은 소장, 청원서의 연명자 규모이다. 사안별로 차이가 있으나, 영토 문제 해결이나 관리 파견 등과 같은 사안에 훨씬 큰 규모의 사람들이 참여하였다.

이 자료는 청원인이 외부대신에 소장을 제출한 경우에 한정되며, 수신인은 이 시기 국왕, 중추원을 비롯한 중앙관서, 그리고 변계경무서나 관찰부, 경흥감리와 같은 지방관서 등을 망라하였다. 한 연구에 따르면, 청일전쟁 이후 1908년까지 간도문제와 관련해서 제출된 각종

연번	시기	성명	신분, 관직	거주지	요구 내용	연명자 규모
1	1896년 8월 3일	진홍구(陳洪九) 등		회령, 종성, 온성, 경원, 경흥, 무산	두만강에 선박을 설치하고 선호(船戶)를 단속할 것	9명
2	1898년 5월	조치룡(趙致龍) 등		해삼위	관인을 파견할 것	
3	1899년 1월	조치룡 등	유학(幼學)	해삼위	현지 실정을 아는 진사 윤성선(尹聖善)을 관원으로 파견할 것	5명
4	1899년 2월 17일	최제강(崔齊崗) 등	전 경무관(警務官)	함북 11군	청비(清匪)를 단속하고, 한인을 각 군에 분속하고 수조수적(收租收籍)하도록 청국과 입약할 것	11명
5	1899년 2월	오삼갑(吳三甲) 등	전 부호군(副護軍)	종성	강계(確定)를 확정하고 치관진민(置官鎭民)할 것	3명
6	1899년 3월 16일	오상성(吳相成) 등	유학	연강 6군	회령에 감리서를 설치할 것	8명
8	1899년 8월	안정혁(安禎爀) 등		러시아 시베리아	해삼위에 보호관원을 파견할 것	900명
9	1899년 10월	조치룡 등	유학	해삼위	해삼위에 본토인 관리를 임명할 것	12명
10	1899년 12월	신태화(申泰華)		온성	경계를 바로잡고 영사를 설치할 것	
11	1900년 12월	이동준(李東俊) 등		통화회인관전 3읍 유우민(流寓民)	왕무충을 탄압하고 민용호(閔龍鎬)를 강북관리(江北管理)로 임명할 것	1명
12	1901년 4월	김봉주(金鳳周) 등		삼수	변계 방어에 공이 있는 북청주대 참위의 인사 이동으로 인한 어려움이 있으니 손양한(孫良翰) 잔당을 포살해 줄 것	3명
13	1901년 5월	김춘경(金春景) 등		창성	압록강으로 들어오는 청상(清商)을 단속할 것	1명
14	1901년 8월	김교명(金敎明) 등		강계 대안(對岸)	강북에 영사사무관을 설치하고 수세할 것	92명
15	1901년 10월	이승호(李昇鎬) 등	간호(墾戶)	함경북도 간도(間島)	우리 백성은 우리 관원이 다스리고 러시아 교계관을 배치하며 호적을 조사하고 사포를 설치할 것	68명
16	1902년 2월 3일	오수준(吳壽濬) 등	유학	회령	파원감계할 것	25명

연번	시기	성명	신분, 관직	거주지	요구 내용	연명자 규모
17	1902년 3월	홍석중(洪錫重)		경흥	간도 거주 조선인과의 민사소송을 해결해줄 것	
18	1902년 4월	김응섭(金應涉) 등		평북 초산 강북	러시아와 연계된 한국인 이성지(李盛芝)를 처벌하고 왕무충을 단속하며 설관을 보호할 것	14명
19	1902년 5월	홍석중		경흥	간도 거주 조선인과의 민사소송을 재차 해결해줄 것	
20	1902년 5월	김학만(金學萬) 등		해삼위	해삼위 소재 거주지를 계속 조차하도록 러시아와 협상할 것	55명
21	1902년 10월	한지호(韓之浩) 등		러시아	청계(淸界)와 같은 보호사무관을 설치할 것	11명
22	1902년 12월	김병국(金秉國) 등		북계간도민(北界間島民)	변계경무서를 철폐하고 영사를 파견할 것	9명
23	1903년 7월	김성언(金聖彦) 등	상민	함북	웅기에 외양간을 설치할 것	11명
24	1903년 8월 22일	김인영(金仁泳)		남서 명동	청국인 피살 혐의를 벗기 위해 변계경무관이 조처해줄 것	
25	1903년 10월	임의경(林義景)	상민	의주	청국과의 무역거래를 위한 여관을 설립할 것	
26	1903년 11월	최하영(崔河鎔) 등		용천	황초평을 회복할 것	
27	1904년 2월	이재한(李載澣) 등		북간도	종성진위대 참령 김원계(金元桂)를 파원감계를 위한 감계사로 보낼 것	8명
28	1904년 4월	박만기(朴萬基) 등		서변계	관리사를 파견하고 청비 방어를 위해 산포를 단속할 것	62명
29	1904년 3월(음)	한대교(韓台敎) 등		북간도	파원감계할 것	13명
30	1904년 6월	황천일(黃天一) 등	경흥항 백성	경흥	경흥감리를 임명할 것	3명

소장, 청원서 관련 기록은 모두 112건이었다. 상경해서 청원서를 제출할 경우에는 해당 문제의 해결을 보기까지 서울에 계속 머물면서 외부 외에도 내부, 중추원, 국왕 등에게 청원서를 반복해서 제출하였다. 따라서 이 시기 간도문제와 관련한 청원의 다양한 동향을 파악하기 위해서는 보다 광범위한 사료적 접근이 필요할 것이다.

3) 『외부훈령부보고』(奎17999)

대한제국 외부와 청국 주재 한국공사관 사이에 오간 훈령이나 보고서를 외부에서 편찬한 책이다. 간도문제와 관련해서는 청국 외무부로부터 대한제국 외부로 보고해달라는 요청을 받은 청국 주재 공사관이 관계 공문을 첨부해 본국 외부에 보고한 것으로, 해당 시기는 모두 1903~1904년이다.

청 외무부가 한국공사관에 보낸 공문을 첨부해 본국에 보고한 것이 주를 이루고 있는 가운데, 청 외무부는 대체로 길림장군으로부터 접수한 공문이었다. 그 내용은 두만강, 압록강 연변 일대에서 양국 간 군사적 충돌에 따른 대책 마련 요청이었다. 청의 주장에 따르면, 대한제국의 진위대 군사들과 이범윤을 비롯한 사포대(私砲隊)가 무기를 들고 압록강과 두만강을 건너 청군과 무력충돌을 불사하여 인명·재산상의 손실을 발행시켰으며, 향후 강을 넘는 행위를 금지하고, 아울러 이범윤의 사포대를 단속할 것을 지속적으로 주문하고 있다.

본 자료에는 이 사안에 대한 대한제국 외부의 일부 다른 시각도 보인다. 변계경무서의 보고서를 바탕으로 분란의 근본 원인은 청비의 한인에 대한 꾸준한 수탈 때문이며 그 원한이 쌓여서 분쟁이 일어난 것이라 판단한 것이다.

청 외무부는 청국 주재 한국공사관을 통해 서북간도에서의 양국 간 충돌 사안을 제기했을 뿐만 아니라 경성에 주재하는 청국공사관을 통해서도 이를 전달하는 구조를 취하고 있었다. 따라서 이 자료는 경성 주재 청국공사관과 대한제국 외부 간에 왕복한 문서를 정리한 '화안(華案)'과의 중복이 불가피할 것이다. 다만, 간도문제에 있어 외부를 중심으로 청국 주재 공사관도 한 축이었음을 알게 해준다.

2. 의정부 자료를 중심으로

이 책에 번역·수록한 자료 중에서 의정부에서 편찬한 자료 중 『중추원거안(中樞院去案)』(奎17789), 『각관청공문원문(各官廳公文原文)』(奎17272), 『중추원내문(中樞院來文)』(奎17788), 『궁내부내문(宮內府來文)』(奎17757), 『각부청의서존안(各部請議書存案)』(奎17715), 『주본(奏本)』(奎17703), 『기안(起案)』(奎17746), 『조회(照會)』(奎17823)를 대상으로 선역하였다.

의정부는 조선 및 대한제국의 행정체계상 궁내부 및 원수부와 비견되는 최상위 부서였다. 의정부 의정은 의정부회의를 주재하는 권한을 갖고 있었으며, '의정부회의 청의(請議) – 의정부회의 표결(表決)-의정의 상주(上奏)-황제의 재가(裁可)-의정부의 칙령(勅令) 반포'라는 절차는 대한제국에서 가장 높은 권위를 가진 정치적 의사결정 과정이었다. 의정부는 가장 많은 정보와 문서들이 모이는 기관이었다. 따라서 간도와 관련해서도 다양한 기사들을 확인할 수 있다.

1) 『중추원거안』(奎17789)

의정부(혹은 내각)에서 1907~1908년까지 중추원으로 보낸 공문서의 기안 혹은 등본을 편철한 자료다. 간도와 관련해서는 1907년 1월 28일 함경북도변계경무서 및 각 개항장의 경무서를 폐지하는 건을 자문해달라는 기사 1건이 포함되어 있다. 1907년은 고종이 폐위되고 대한제국 군대가 해산된 해다. 대한제국의 경찰권이 공식적으로 박탈된 것은 1910년 일본에 의한 강제병합 때이지만, 경찰력 중에서도 특별히 대규모 예산을 할당받으며 요충지를 관할하고 있었던 변계경무서와 개항장 경무서는 1907년 초에 이미 폐지 수순을 밟고 있던 상태였다. 대신 간도 인근 지역과 개항장 지역의 치안은 일본 헌병이 담당하게 된다.

중추원은 갑오개혁 이전 중추부의 후신이다. 원래 중추부는 퇴직한 고위 관리들이 참여하여 국정(國政)을 자순(諮詢)하는 기관이었으나, 제2차 갑오개혁 이후 박영효 등 갑오개화파에 의해 의회에 준하는 기관으로 개편되었다. 그리고 1898년 소위 '만민공동회 정국'을 거치면서 중추원을 근대적 의회기구로 만들 것인가, 아니면 전통적인 대간과 같은 간쟁 · 자문 기구로 만들 것인가를 놓고 당시 개화 진영과 보수 진영 사이에 격렬한 논쟁이 벌어졌다. 당시 중추원 의관 중 절반이 독립협회의 추천에 의해 사실상 결정되는 등 의회적 성격을 띠는 부분도 없지 않았다. 그러나 고종의 정치적 입지가 좁아지면서 독립협회와 만민공동회가 해산되고 중추원은 의정부의 법안 제정을 자문하는 보조적 기구로 자리 잡았다. 수록된 기사는 그러한 상황에서 작성된 것으로, 사실상 황제와 의정부를 위한 거수기 역할을 담당했던 중추원이 그것도 일본에 의해 대한제국 정부가 장악되었던 1907년의 상황에서 변계경무서 및 개항장 경무서의 폐지에 대해 반대 의견을 제시하기는 어려웠을 것이다.

2) 『각관청공문원문』(奎17272)

1905년 6월 3일~12월 31일 사이에 각 관청에서 의정부로 조회한 내용을 의정부에서 편철한 자료다. 이 중 선역한 간도 관련 기사는 2건이다. 하나는 1905년 외부대신 이하영이 의정부참정 한규설에게 1903년 삼수군과 갑산군에서 청국인과 한국인이 충돌한 사건에 대한 배상 처리를 요청한 조회이고, 다른 하나는 역시 1905년, 일진회 회장 윤시병이 서간도의 민장(民長)으로 일진회 회원 이광수를 파견해달라고 의정부참정에게 보낸 청원서다.

1903년 삼수군과 갑산군에서 청국인들과 한국인들이 충돌한 사건은, 사실 간도 지역에 한국인 간민(墾民)이 증가하고 서상무, 이범윤 등 대한제국 관리가 병력을 대동하고 간도 경계 내에서 활동하게 된 이후 언젠가는 발생할 수밖에 없었던 사건이었다. 서상무와 이범윤은 분명히 대한제국 정부의 임명을 받은 관리였지만, 그들의 간도 내 활동에 대해서 대한제국 정부는 통일된 입장을 갖고 있지 않았다. 파견 당시에는 그들에게 적극적인 활동을 기대했겠지만, 청국 · 일본 · 러시아와의 관계가 어떻게 변화되는가에 따라서 얼마든지 간도 내 대한제국 관리의 활동에 대해 부정적인 태도를 보일 수 있었다. 이런 상황에서 서상무, 이범윤이 대한제국의 경찰이나 심지어 사포(私砲)를 대동하고 간도에서 활동하는 것은 갈등 상황을 야기할 수 있는, 아니 야기하지 않으면 이상한 상황이었다.

한편 청국의 입장도 마찬가지였다. 애초에 간도 지역은 청국이 오랫동안 방치해왔던 무인지였다. 1860년대 이후 함경도에 만연한 기근을 피해 한국인들이 간도로 대거 유입되면서, 청국에서도 이곳에 관심을 갖게 된 것이었다. 그나마도 러시아에 의해 만주에 대한 지배력을 상실했다가 1902년 11월 연집강(煙集崗) 지방에 연길청(延吉廳) 무민동지(撫民同知) 1명을, 연길청의 부속기관으로서 화룡욕(和龍峪) 지방에 분방경력(分防經歷) 1명을 배치했다. 이후 연길 지역을 중심으로 간도 지역의 지방행정을 복구해갔다. 하지만 청일전쟁 패전 이후 국력이 줄곧 쇠퇴해갔던 청국으로서는 러시아를 비롯한 열강이 주목하고 있는 간도 지역에 대한 지배력을 유지하기 어려웠다. 그래서 마적을 귀순시켜 길강군(吉强軍)이라는 이름의 부대를 편성해 포도련군(捕盜鍊軍) 아래 배치시켜 운용할 정도였다. 이들 부대들의 군기는 매우 문란할 수밖에 없었고, 특히 치발(薙髮)과 변복(變服)을 강요하는 과정에서 한국인에 대한 침탈이 무수히 자행되었다. 요컨대 간도의 농토와 삼림 자원을 놓고 양국이 경쟁하였으나, 간도에서 활동하는 양국 군사력은 둘 다 공권력으로서의 정통성에 한계가 있었고 이런 상황에서 서로에 대한 보복이 자행되면서 삼수군과 갑산군을 중심으로 대규모 충돌이 발생한 것이다.

이 사건은 딱히 누구의 잘못이라고 지적할 수 없는, 간도의 모호성 때문에 나타난 충돌이었다. 그러나 이 사건에 관한 청국과의 논쟁에서 대한제국 정부는 일방적으로 수세에 몰리는 모습을 보였다. 이는 책임 소재가 한국 측에 있어서가 아니라 1901년 의화단운동이 종식되고 간도 지역에 대한 청국 정부의 관여가 증가하자, 그에 비례해서 대한제국 정부는 점차 간도에 대해 소극적인 입장을 보였기 때문이다. 이는 1903년 대한제국 정부의 재정적인 상황이 칭경예식(稱慶禮式) 등 의례(儀禮) 행사로 인해 크게 악화되었기 때문이기도 하다.

한편 일진회 회장 윤시병이 간도에 일진회 회원 이광수를 민장(民長)으로 보낼 것을 주장한 것은, 1890년대부터 이어져 왔던 '간도관리론'의 연장이었다. 다만 실제 간도를 관리하는 관원으로 파견되었던 서상무나 이범윤이 모두 철수한 뒤인 1905년에 다름 아닌 일진회가 이 문제를 거론했다는 것이 주목할 만하다. 서상무나 이범윤이 청국과의 군사적 충돌을 일으킨 것이 문제가 되어 소환된 것을 의식한 듯, 윤시병의 민장파견론에는 간도 지역의 치안과 안보를 어떻게 유지할 것인지에 대한 대안이 전혀 없다. 이는 러일전쟁 종전 이후 사실상 일본을 위협할 군사력이 사라진 상황을 반영한 것으로 보인다. 대신 민장의 의무로 '식산흥업'과 '교육진보'를 강조한 것은 일진회다운 모습이라고 하겠다. 『한성신보』 등 일본 측 신문의 간도 관련 사설과 연계하여, 한국 내 친일 진영의 간도론을 보여줄 수 있는 기사로 주목된다.

3) 『중추원내문』(奎17788)

1896년 10월 22일부터 1910년까지 중추원에서 의정부로 보내온 공문을 의정부에서 편철한 자료다. 『중추원거안』(奎17789)과 연계하여 검토할 필요가 있다. 간도와 관련하여 선역한 기사는 2건으로, 변계경무서 폐지에 대한 것들이다. 상술한 것처럼 변계경무서를 폐지하는 일은 의정부회의에서 가결(可決)되어 중추원에 이에 대한 자문을 구한 바 있다. 이에 대해 중추원은 '당연히' 가결하지만, 추가로 의견을 표하는 것이 주목된다. 1907년 2월 8일 중추원의장 서정순이 의정부참정 박제순에게 보낸 조복에서, 서정순은 변계경무서 폐지에 동의함을 밝혔지만 그 이유로 제시한 것은 '관제 폐지 건을 여러 날 붙잡고 있는 것은 진실로 중추원의 논의 규정에 어긋나기 때문'이라고 덧붙였다. 이는 중추원 안에서도 이에 대한 논쟁이 적잖이 일어났음을 반증하며, 만약 규정이 없었더라면 그 논쟁이 더 길게 이어졌을 수도 있었을 것이다.

또한 서정순은 이례적으로 '서북 변계는 내지의 경찰권이 미치지 못하며 간도의 유민(流民)들이 의지할 곳을 잃은 상황은 매우 안타깝고 민망합니다. 보호할 관원을 시급히 설치하는 것이 타당합니다'라고 의견을 밝혔다. 변계경무서를 폐지하는 상황에서 이를 대체할 다른 관청을 시급히 건설하라는 주장은, 사실상 변계경무서 폐지에 대한 반대 의견을 표명한 것이다. 실제로 중추원 내부 표결 결과를 보면 가(可) 표를 제시한 사람들 중 대부분이 시급히 대안을 제시해야 한다고 언급했다. 그리고 2개월 뒤인 4월 8일, 민장을 설치해달라는 간도 백성들의 헌의서가 도착했음을 알리며 의정부에 관리 파견을 제안한 바 있다. 이는 이범윤과 서상무로 인해 발생한 물의와 일본의 압박에도 불구하고, 대한제국 정부 안에 간도보호론이 계속 힘을 발휘하고 있었음을 보여준다. 이는 당시 한국 사회도 비슷했을 것이며, 이후 간도 영유론으로 계속 이어지는 단초를 보여준다.

4) 『궁내부내문』(奎17757)

1896년부터 1910년까지 궁내부에서 의정부에 보낸 통첩·조회 등의 공문을 의정부에서 편철한 자료다. 간도와 관련하여 번역한 기사는 총 5건으로, 모두 토문감계(土們勘界)와 관련한 승문원(承文院)의 『계하자문책(啓下咨文冊)』 자료를 내각에서 빌리는 것과 관련된 내용이다. 『계하자문책』은 청국과 우리나라 사이에서 오고 간 자문을 모은 기록이다. 규장각에는 현재 『계하자문책』(圭7902)이 소장되어 있는데 총 16책 중 제11책과 제12책만 남아있는 영본(零本)이다. 실제로 토문감계 문제 때문에 이 자료를 빌려갔다가 돌려주지 않은 것인지는 확인되지 않는다. 한국의 내정을 장악한 일본이 간도문제를 처리하기 위해 대한제국 정부의 어떤 자료를 이용했는지를 보여주는 사료라고 하겠다.

5) 『각부청의서존안』(奎17715)

1896~1904년 각 부에서 의정부로 들어온 모든 청의서를 의정부에서 편철한 자료다. 이 청의서에 근거해 의정부회의가 열리고, 그 표결 결과에 따라 상주 및 칙령 반포 여부가 결정되었으므로 대한제국에서 가장 높은 권위를 가진 회의체의 운영 과정을 보여주는 자료다. 이 중 간도와 관련하여 번역한 기사는 총 9건으로, 구체적으로는 통화현에서 비도를 잡아온 사람들을 시상하는 비용, 삼수군의 청비를 방어한 비용, 갑산군과 자성군에 포군을 배치해 수비한 비용, 관서 연변(沿邊) 각 군의 방어를 확충하는 비용, 갑산군에서 청비를 방어한 포사들의 식비 비용, 갑산군과 산수군에서 포수를 배치해 수비한 비용 등 대부분 변경 방어 관련 예산을 허락해달라는 청의서다. 간도와 연변 지역에서 각 행정 단위가 어떻게 청국 측의 침략을 방어했으며, 그 과정에서 어느 정도의 예산이 사용되었는지를 확인할 수 있다.

6)『주본』(奎17703)

1896년 10월 6일부터 1910년 8월 28일까지 의정부·내각에서 왕에게 올린 주본을 의정부에서 편철한 자료다.『각부청의서존안』(奎17715)과 함께 의정부회의 과정을 구성하는 자료다. 간도와 관련해서는 총 9건의 기사가 번역되었다. 이 중 대부분은 진위대 및 변계경무서의 설치, 운영, 폐지의 법적 근거를 보여주는 내용이 담겨 있다. 평안북도의 의주와 강계, 함경도의 북청과 종성에 진위대를 설치하는 건, 진위대를 재구성해 진위연대로 재편하는 건, 함경북도변계경무서를 설치하는 건, 함경북도변계경무서의 봉급과 경비를 책정하는 건, 해산하는 변계경무서 직원들에게 위로금을 주는 건, 변계경무서와 개항장 경무서를 폐지하는 건, 종성대 경비 중 아직 지급하지 못한 금액을 예비금 중에서 지출하는 건 등이다. 당시 어떤 상황과 사회적 인식으로 변계경무서와 진위대가 설치되었는지, 그 표결의 세부 내용은 어떠한지를 확인할 수 있다.

한편『주본』을 통해 확인할 수 있는 또 다른 간도 관련 기사는, 압록강·두만강 유역의 삼림 경영에 관해 러시아 및 일본과 체결한 합동 및 협동에 관한 것이다. 1896년에는 러시아 상인 쁘리너와 맺었던 삼림합동을 1901년, 마튜닌과 계속 이어갈 것을 명시한 부분이 있다. 그런데 1906년에는 이 삼림에 대한 모든 사업을 러시아 대신 일본의 주도하에 진행할 것으로 바꾸었다. 구한말 당시 만주의 육상·해상 교통로를 놓고 열강들이 각축을 벌였던 상황에서, 압록강·두만강 유역의 삼림은 토목과 건설 사업에 긴요한 자원이었다.『주본』의 기사들을 통해, 열강들이 왜 간도에 주목하였는지 그 이유를 확인할 수 있다.

7)『기안』(奎17746)

1899년 1월부터 1910년 9월까지 각 부(府)와 부(部) 그리고 소(所) 사이의 청의서·조회·조복·지령·훈령의 기안을 의정부에서 편철한 자료다. 최고기관인 의정부에서 작성한 기안인 만큼 다른 관청에 보내는 훈령의 기안이 대부분이며 청의서, 조회, 조복 등은 수가 적다. 이 중에서 간도 관련 번역 기사는 총 7건으로, 초산군과 후창군 등 연강(沿江)의 고을들이 간민(墾民)들의 호적을 편제하면서 향록전(鄕錄錢)이나 막세전(幕稅錢)을 거둬들이는 것을 중지하라고 지시하는 내용이 대부분이다.

그 외에 '서상무의 치적을 기리며 유임하게 해줄 것을 백성들이 요청했는데, 정말 그런지 조사하라'는 1903년도 5월 20일 자 전훈이 눈에 띈다. 실제로 당시 중추원이나 의정부에 들어온 소장에는, 서상무가 세금을 토색하고 있다고 고발하는 내용이 상당수 있기도 했다. 또한 1903년에는 간도에 대한 대한제국의 정책 기조가 소극적으로 바뀌었기 때문에 서상무를 소환할 명분을 찾기 위해서 저런 지시를 내렸을 가능성도 있다. 관련해서 항록전을 토색하고 백성들을 학대한 이동준이란 자를 간민들 혹은 서상무가 사형(私刑)했다는 보고에 관해 힐문하는 1903년 6월 16일 자 훈령은 서상무에 대한 중앙정부의 경계심을 엿볼 수 있는 대목이다.

8) 『조회』(奎17823)

1906년부터 1909년까지 의정부에서 각 부 및 각 원에 보낸 통첩 · 윤첩과 각 부에서 의정부에 올린 조회 · 조복 · 보고 · 청원서 · 주본 등을 의정부에서 편철한 자료다. 『기안』(奎17746)이 의정부가 다른 기관에 보낸 문서의 기안을 편철한 것인 반면, 이 자료는 주로 의정부가 외부, 경무청, 내장원, 궁내부, 원수부 등 여러 부서로부터 받은 문서들을 모아놓은 것이다. 따라서 특정한 주제에 제한되지 않고 다양한 내용의 기사를 담고 있다. 이 가운데 간도와 관련하여 선역된 기사는 총 24건이다. 그 내용을 보면, 이범윤과 서상무의 철수를 청국 측이 요청하는 건, 삼수군의 막세 징수에 관한 건, 한국 측과 청국 측이 연변에서 벌인 충돌에 대한 책임자 처벌과 배상에 관한 건 등이 다수 눈에 띈다. 특히 경성 주재 청국공사 허태신이 대한제국 정부를 외교적으로 압박하는 양상이 자세히 확인된다. 비슷한 내용의 기사들이 『대한제국기 간도 자료집(2)』에 번역된 『의정부내거문(義政府來去文)』(奎17793)에도 수록되어 있지만, 이 자료는 외부와 의정부가 주고받은 문서를 외부가 편철한 것이기에, 외부에서 의정부에 보낸 문서는 기안 형태로만 포함되어 있다. 그렇기에 허태신이 대한제국 외부에 보낸 첨부자료는 그 제목만 표기되어 있고 내용을 확인할 수 없다. 반면 『조회』는 외부에서 보낸 조회를 의정부에서 접수하여 편철한 것이기에 허태신이 외부에 보낸 첨부자료가 모두 포함되어 있어 보다 자세히 상황을 파악할 수 있다.

3. 탁지부 자료를 중심으로

이 자료집에 수록된 선역 자료 가운데 탁지부에서 편찬한 자료들은 『의정부내거안(議政府來去案)』(奎17887), 『훈령편안(訓令編案)』(奎17876), 『경부내거문(警部來去文)』(奎17888), 『군부내거안(軍部來去案)』(奎17878), 『공문편안(公文編案)』(奎18154)이다. 이 해제에서는 각 자료를 소개하고, 자료별 주요 기사들을 통해 간도 지역의 실상을 검토해보고자 한다.

대한제국의 재정 문란이 심화되는 가운데 함경북도변계경무서와 종성진위대를 중심으로 한 북방 수비 병력은 약화될 수밖에 없었으며 이는 함북, 평북 지역 각 군에 만성적인 군사적 위기 상태를 초래했다. 그 결과 각 군의 재정 상황이 더욱 악화되었고 이는 다시 북방 수비병력의 예산 축소로 이어지는 악순환을 보이고 있다. 이러한 상황에서 간도의 간민(墾民)들은 스스로 돈을 모아 사포를 조직하려 했고, 변경의 각 군은 공유지를 매각해 재원을 만들어 병력을 확충하려고 하는 등 나름의 자구책을 강구했다. 그러나 국력의 약화에 따라 간도 지역에 대한 대한제국의 군사적 영향력이 계속 쇠퇴해갔다.

1) 『의정부내거안』(奎17887)

1895년부터 1905년 사이에 탁지부와 의정부 사이에 왕래한 문서를 탁지부 사세국에서 편철한 자료다. 이 중 간도와 관련하여 이번에 선역한 기사는 1건으로, 1903년 삼수군 건너편 3개 사(社)의 백성들이 삼수군이 임의로 막세(幕稅)를 징수하는 것을 금지해달라고 탁지부에 전보로 요청했기에 이를 함경북도관찰사에 지시했다는 내용이다.

후술하겠지만 삼수군과 갑산군은 1899년 청국 병사 및 청비의 침범으로 큰 피해를 겪었다. 이를 수비하기 위해 북청군 등 주변에 주둔하고 있던 부대들이 삼수군에 출동해야 했다. 이때 지출한 출동 경비는 삼수군 공전(公錢) 중에서 정산하는 것으로 결정되었으나 중앙정부의 지원 없이 변경의 열악한 재정으로는 이러한 비용을 감당할 수 없었고, 이는 향후 수 년 동안 삼수군의 경제 상황에 큰 악영향을 미쳤다.

반면 간도 지역 이주민 수는 점차 늘어나고 있었다. 본래 함경북도 및 평안북도 지역에서 먹고 살길이 없어 간도로 넘어간 유민들이었지만, 청비들과 청국 관원들의 침탈을 스스로 방어하기 위해서 세금을 거둬 민포(民砲)를 만들 것을 제안할 정도로 경제력을 확충해가고 있었으며, 서상무, 이범윤 등 간도를 관리하기 위해 파견된 관원들도 세금을 징수했다. 이러한 상황에서 삼수군, 갑산군 등 연강(沿江)의 군들은 자연스럽게 강 건너편의 간민(墾民)에게 막세를 걷으려고 한 것이다. 이처럼 삼수군 간민에 대한 막세 징수는 간도 지역의 성장과 대한제국 재정 악화의 상황이 반영된 결과로 이해할 수 있다.

2) 『훈령편안』(奎17876)

1895년부터 1907년 사이에 탁지부 사세국에서 각 도 관찰사 · 군수 · 세무감 등에 보낸 훈령을 탁지부에서 편철한 자료다. 이 중에서 간도와 관련하여 선역한 기사는 5건으로, 함경북도변계경무서의 경비를 소재 군의 공전에서 마련하는 건, 간민에 대한 삼수군의 막세 징수 금지 건, 종성진위대의 경비를 속히 지급하는 건 등에 관한 내용을 담고 있다.

함경북도변계경무서는 1901년 2월 경부대신 민영철이 '함경북도 변계에 경무서를 설치하여 모든 간황변호(墾荒邊戶)를 보호하고' 이를 경부의 관할에 둘 것에 대한 칙령안을 의정부회의에 제출하여 재가를 받음으로써 설치되었다. 이때 설치한 변계경무서에 배정된 경찰의 수는 경무관 2명, 총순 4명, 순검 2백 명이었는데, 1896년 당시 최대 규모의 개항장이었던 인천항과 동래항에 배정된 경찰 인력이 경무관 1명, 총순 2명, 순검 40명이었던 것을 감안하면 함경북도에 새로 설치될 경무서의 경찰인력이 상당히 많았음을 알 수 있다. 이 인력은 회령군의 대서(大署), 종성군과 무산군의 분서(分署)에 나누어 배치되었으며, 통감부 설치 이후인 1906년 6월 20명으로 감액되기 전까지 유지되었다.

이 자료에 따르면 1903년 대한제국은 함경북도변계경무서의 경비를 경무서가 위치한 군, 즉 회령군, 종성군, 무산군에 영원히 배정했다. 『경무청내거문』(奎17886)에 따르면, 1901년 기준 함경북도변계경무서의 1년 예산은 2만 3천 32원이었다. 『공문편안』(奎18154)에 따르면 종성군, 길주군, 명천군, 회령군, 부령군, 경성군, 이원군, 문천군, 안변군, 종성군 등 9개 군에 배정되었으니, 1903년에 변계경무서 예산을 회령, 종성, 무산의 3개 군으로 조정한 것은 예산을 대폭 축소한 것이었다. 반면 『군부내거안』(奎17878)에 따르면, 변계경무서와 비슷한 입장이었던 종성진위대의 1902년도 예산은, 곧 함경도 각 군으로 회귀하기는 했지만, 고성군, 창녕군, 동래군, 거제군, 기장군 등 영남 지역의 곡창지대에 배정되었다. 이처럼 변계경무서 예산이 함경북도의 소재 군에 배정되면서, 변계경무서는 만성적인 재정 부족을 겪어야만 했다. 변계경무서를 거점으로 활동했던 이범윤이 북간도 지역에서 세금을 징수하여 사포를 양성하거나 러시아와 접촉해 병력을 빌리려 한 것도 이러한 상황과 무관하지 않았다.

예산 부족 문제는 종성진위대도 마찬가지였다. 후술할 『군부내거안』에서 자세히 다루겠지만, 1903년 종성진위대의 경비가 획정된 군은 종성군과 무산군이었다. 상기의 변계경무서와 마찬가지로 부대가 소재한 지역에 예산을 배정한 것으로, 당연히 종성진위대도 재정상 어려움을 겪을 수밖에 없었다. 종성진위대와 해당 군 사이의 실랑이에 대한 자세한 설명은 『군부내거안』에서 다뤘다. 『훈령편안』 자료에서는 종성군과 무산군이 예산을 지급하지 않아 문제가 발생했으니 이를 빨리 지급하라는 내용만 간략히 기록되어있다.

함경북도변계경무서와 종성진위대의 예산 운영이 이렇게 파행된 것은, 당시 대한제국 전체의 재정 문제와 관련이 있다. 1902년 콜레라의 창궐로 인해 재정 상황이 악화된 것도 있지만, 원래 1902년에 열리기로 예정되었다가 1903년으로 연기된 고종 즉위 40주년 기념 칭경예식(稱慶禮式)은 대한제국 재정에 심각한 문제를 야기했다. 칭경예식의 본 예식은 재정 문제와 황실 내 천연두 전염으로 결국 무산되었다. 그러나 외국 공사들과 대한제국 관리들이 함께 하는 진연(進宴), 군악대와 사열대 훈련, 평양 행궁인 풍경궁(豐慶宮) 착공 등 다양한 행사는 계속 개최되었으며 고종이 기로소(耆老所)에 입소하고, 고종 탄생일인 양력 8월 28일을 만수성절(萬壽聖節)로 기념하는 등 다양한 행사들이 벌어지면서 많은 재정이 소요되었다. 『각부청의서존안(各部請議書存案)』 중 1902년 8월 10일 자 〈稱慶禮式時各項費 預算外支出請議書〉에 따르면, 칭경예식을 위해 지출청의된 예산은 1백만 원이었다. 1902년 당시 대한제국의 총예산이 7백 58만 원이었으니, 국고의 13%가 이 행사에 사용된 것이다. 이렇듯 과도한 재정의 지출은 대한제국의 국방에도 악영향을 끼쳤으며, 그 끝에는 북변(北邊)과 간도 지역의 방비를 담당했던 종성진위대와 변계경무서가 있었던 것이다.

3) 『경부내거문』(奎17888)

1899년부터 1904년 사이에 탁지부와 경무청 · 경부 간에 오간 공문을 탁지부에서 편철한 자료다. 『대한제국기 간도 자료집(2)』에서 선역한 경찰기관 관련 자료 중 『경무청내거문』(奎17886)과 마찬가지로 탁지부와 경찰 기관 사이에 오고 간 문서를 탁지부가 편철한 것이기에, 경찰기관들의 재정 상황을 알 수 있다. 다만 자료집 2권의 『경무청내거문』(奎17886)에는 1901년 함경북도변계경무서 설치 당시 최초로 예산을 편성하는 기사만 있었던 데 반해, 이 책에 수록된 『경부내거문』(奎17888)에는 1904년 변계경무서의 예산이 부족한 상황을 반영하는 기사들이 확인된다.

이 자료에서 선역한 기사는 총 5건으로, 모두 함경북도변계경무서의 경비 부족 문제에 대한 것이다. 이 기사들에 따르면 함경북도변계경무서에서 당장 문제가 되었던 것은 건물 신축비였다. 『각부청의서존안(各部請議書存案)』(奎17715)을 통해 확인해보면, 1901년도 변계경무서에 배정된 건물 건축비는 2천 원이었다. 그리고 1904년 2월이 되어서야 회령군의 본서와 무산군과 종성군의 분서가 건물 총 1백 44간(間), 담장 총 5백 60파(把)로 완공되었다. 그런데 예산 배정 이후 총 3년이 걸린 건축 기간 동안 흉년과 비도들의 난리로 인해 지출이 늘어났다. 그러나 1901년에 배정된 2천 원 이외에 건축비는 증액되지 않았고, 결국 완공되었을 때에는 2백 12원 20전의 부족액이 발생했다.

상술한 것처럼 1903년 이후 대한제국 재정이 심각하게 어려워진 상황에서 변계경무서의 예산은 회령군, 종성군, 무산군 등 경무서가 소재한 군으로 배정된 상태였다. 가뜩이나 어려운 변경 군의 재정으로는 추가적으로 발생한 지출을 감당할 수 있을 리 만무했다. 이에 경무청은 변계경무서의 1901년도 봉급 예산 잔액을 전용하여 건축비 초과액을 해결하려고 했다. 1901년도 함경북도변계경무서의 봉급 예산은 1만 3천 20원으로, 당시 개항장의 변계경무서 중에서는 가장 많은 금액이었다. 이 중 순검 2백 명을 고용하기 위해 책정된 1만 8백 원이 가장 큰 비중을 차지했다. 이는 1901년도까지만 해도, 간도 지역을 확보하려는 대한제국의 의지가 그만큼 뚜렷했음을 보여준다.

이 2백 명의 정원 중 실제로 몇 명이 채용되었는지 현재로서는 확인하기 어렵다. 다만 이 봉급 예산의 잔액으로 2백 원이 넘는 건축비 초과액을 정산할 수 있었다는 것으로 보아 상당수 공석이 있었던 것으로 추정된다. 경무청은 이 미지출액을 변계경무서를 위해 전용하려고 한 것이다. 1904년 1월 25일 변계경무관 최남륭, 김병약이 경무사 신태휴에게 보낸 보고에 따르면, '경무서를 설치하고 남은 잔액은 4천 6백 55원 30전이며, 그중 1천 76원은 탁지부의 미추조(未推條)로 제외했습니다. 확보한 3천 5백 79원 30전 중 2백 8원 60전은 경무관 채현식과 김병약이 새로 부임할 때의 여비로 들여 사용했고, 2천 원은 건축비 원액으로 들여 사용했고, 2백 12원 10전은 건축비 부족액으로 들여 사용했고, 1백 4원 30전은 경무관 최남륭이 새로 부임할 때 여비로 들여 사용했고 3백 2원 90전은 전전 경무관 유진호, 이경순이 교체되어 돌아갈 때 사용하도록 임시로 내어주었습니다'라고 밝히고 있다.

자세한 항목은 알 수 없으나 경무서를 설치하고 남은 잔액 4천 6백 55원 30전에는 봉급 예산도 포함되어 있었을 것으로 보인다. 그리고 이 예산을 통해서 건축비 부족액 2백 12원 10전을 해결하려는 것이 변계경무서의 계획이었다. 이러한 변계경무서 및 경무청의 의견에 대해 탁지부는 1904년 5월 23일 조복을 통해 승인 의사를 밝혔다. 정리하면 1903년 변계경무서의 예산이 함경북도 소재 군으로 배정되면서 예산 부족 문제가 노정되었으나, 변계경무서는 1901년 창설 당시 풍부하게 책정되어 미처 지출하지 못한 예산을 통해 1904년의 문제를 해결한 것으로 보인다.

그러나 변경 각 군의 예산 자체가 부족한 상태에서 변계경무서의 예산도 지속적으로 어려움을 겪을 수밖에 없었다. 게다가 『경무청내거문』(奎17804)에 따르면 러일전쟁 개전 이후인 1905년 2월에는 함경북도변계경무서의 순검들이 공전을 입수하기 위해 함경도 각 군을 순회하다가 일본군에 의해 체포되는 상황도 발생하게 된다. 결국 대한제국 내부의 재정 문란과 러일전쟁 당시 국제적 정세의 불안함 속에서 변계경무서의 정상적인 운영은 불가능했다. 그 결과 1906년에는 순검이 2백 명에서 20명으로 감액되었고, 1907년에는 함경북도변계경무서와 각 개항장 경무서는 모두 폐지되었다.

4) 『군부내거안』(奎17878)

1896년 1월부터 1905년 8월까지 군부와 탁지부 사이에 오고 간 조회 · 조복을 탁지부 사세국에서 편철한 자료다. 이 자료집에서 간도와 관련하여 선별 번역한 기사는 총 27건으로, 1903년 2월부터 1905년 4월 사이에 생산된 자료들이다. 대부분 종성진위대 예산을 배정받은 각 군들과 종성진위대 사이에 예산 수송을 두고 벌이는 실랑이에 관한 내용이다.

본래 경상도에 배정되어 왔던 종성진위대 예산은 1903년부터 종성군, 무산군에 배정되었다. 특히 1901년도 종선진위대 예산 중 미지급된 금액까지 종성군, 무산군이 부담하게 된 것이 문제였다. 탁지부는 두 군이 종성진위대에 먼저 보낸 4천 원을, 1901년도 미지급 예산을 사후 지급한 것으로 처리하려고 했다. 그 결과 1903년도 예산에서 부족분이 발생하게 된 것이 문제의 발단이었다. 이 갈등은 군부와 원수부의 압박으로 종성군과 무산군이 4천 원을 추가로 지급하는 것으로 귀결되었다. 대한제국의 재정 전체가 혼란스러웠던 상황에서 그 피해는 힘없는 연변의 각 군, 정확히 말하면 그 각 군의 군민(郡民)들과 간도의 간민들에게 돌아갔던 것이다.

한편 종성진위대의 예산 문제는 1905년 종성진위대가 폐지된 이후에도 해결되지 않았다. 1905년 1월 북청진위대와 종성진위대가 폐지됨에 따라 탁지부는 군부에 조회하여 두 부대의 그동안의 예산 잔액 및 1905년도에 새로 책정되어 확보한 예산을 반환할 것을 요청했다. 그런데 1905년 3월 군부가 탁지부에 보낸 조회에 따르면, 북청진위대와 종성진위대는 1904년도 예산을 제대로 지급받지 못해서 병사들의 급료도 다 주지 못한 상태였다. 그래서 1월 22일에 부대 해산 공문이 종성진위대에 도착했으나 진위대의 병졸들은 해산을 거부한 채 급료 정산을 요구했고, 이미 해임된 영관(領官)과 위관(尉官)들은 사실상 병사들에게 포위되어 상경도 못하고 있었다. 군부는 이 문제를 심각하게 받아들이고 있었는데, 무기를 갖고 있는 병사들이 해산 명령에 불응하고 지휘관을 억류하며 농성하는 것은 반란행위나 다름없었기 때문이다. 그러나 이를 공식적으로 처벌하는 조치는 보이지 않는데, 러일전쟁 이후 가뜩이나 입지가 불안하고 혼란스러웠던 대한제국 정부로서는 이 문제를 해결할 수 있을 만한 역량이 없었기 때문으로 보인다. 대신 각 군의 공전을 최대한 끌어모아서 가능한 한 빨리 급료를 정산해 병사를 해산시키려고 했을 뿐이었다.

지금으로서는 종성진위대의 병사들이 정확히 언제, 어떤 경위로 해산하게 되었는지 확인하기 어렵다. 다만 1905년 이후로 종성진위대에서 군사적인 활동이 일어난 흔적은 발견되지 않기에, 병사들의 밀린 급료가 차츰 정산되면서 서서히 해산되었을 것으로 보인다. 그리고 1905년 12월 15일에 군부에서 탁지부에 보낸 조회를 보면, 그때까지도 여전히 병사들의 월급이 완전히 지급되지 못했음을 알 수 있다. 종성대에서 뒤늦게 각 군을 돌아다니면서 공전을 수령하려 했지만 탁지부에서 파견한 일본인 파원(派員)이 그 일을 방해하였다. 탁지부에 종성진위대 및 함경도 각 군의 획하 관련 자료가 남아있지 않아서 예산의 증비를 할 수 없었던 것도 큰 장애물이었다. 실제로 『주본』(奎17703)에서 확인할 수 있는 기사(114책, 1907년 4월 27일 자)에 의하면, 종성진위대 예산 문제가 완전히 해결된 것은 1907년 4월에 종성진위대의 경비 미지급액을 예비금 중에서 지출하도록 결정하고 나서였다.

5) 『공문편안』(奎18154)

1894년부터 1901년 사이에 탁지부와 각 아문 · 부 · 도 · 군 · 읍 사이에 오고 간 공문을 편철한 자료다. 이 자료에서 간도에 관해 선역한 기사는 총 35건이다. 대부분 종성진위대에 배정된 예산이 각 군의 불협조로 인해 제때 당도하지 않았거나, 혹은 종성진위대 관련 획정 예산이 너무 과도해서 각 군이 어려움을 겪고 있다는 내용의 기사다. 본래 대한제국의 지방 수비는 1896년 창설된 지방대가 담당했으며, 이 중 간도와 관련해서 활동한 부대는 함경북도의 종성지방대, 함경남도의 북청지방대와 삼수주대, 평안북도의 강계지방대 등이었다. 이들 부대는 청비, 의화단, 각국 군대의 침략 등 강 북쪽으로부터 오는 갖은 군사적 위협에 대비하기 위해 가장 중요하게 활용되는 군사력이었다. 각 부대당 4백 13명이 배치되어 그 병력 수는 많지 않았지만 월급을 받으면서 항상 훈련하고 복무하는 직업군인이었기에 조선 후기 지방군에 비해 전투력이 훨씬 우수했다. 하지만 1900년 예산상의 문제로 지방대들은 폐지되었고 진위대로 통합되었다. 그러나 종성과 북청에만 있었던 진위대로는 변경에서 발생하는 군사적 충돌이나 비도들의 약탈을 모두 방어할 수 없었다.

『공문편안』의 기사를 보면, 삼수군과 후창군 등에서 스스로 포군 등을 모집해서 방비를 하려는 모습이 관찰된다. 이러한 움직임이 1896년부터 나타나는 것으로 보아, 변경의 각 군들은 일찍부터 국경 수비병력을 증원할 필요가 있음을 인지하고 대응했다는 것을 알 수 있다. 1898년에는 종성진위대나 지역의 포군 등 수비병력을 운용할 재정이 부족하자, 지방의 둔전이나 과거 개시장(開市場)에 청국 관리가 건설한 관청 건물을 판매해서 확보한 현금을 본전으로 삼고 민간에 대출해서 그 이자를 부대 경비로 사용하려는 모습도 나타난다. 이는 환곡제도와 유사하되 현금으로 운영한다는 점에서 군이 개입한 대부업이라고 할 수 있다. 이는 공해(公廨)를 함부로 판매할 수 없고, 원래 둔전을 경작해온 농민들의 권리를 지켜줘야 한다는 탁지부의 주장에 의해 무산되었지만, 국경 방어력을 강화시키고자 했던 지방의 자구책으로서 주목할만하다.

II

『경흥보첩』 번역문

1 두만강, 압록강 삼림 벌채를 위해 러시아 관리가 들어와 각지로 갔다는 보고

보고서 제103호

9월 14일 러시아 교계관(交界官) 곽미살이(廓米薩爾)의 제537호를 접수해보니 내용에 "저희 나라 상인 녜보로시녜위, 함께 한 동료가 상원(上員) 싀뱡초를 모시고 따라가 두만강, 압록강 주변 일대 지방을 두루 돌아다니며 벌목장[木場]의 형편과 묶어서 운반할 도로가 평평한지를 상세히 탐지하였습니다. 산림 벌목장은 한국의 고위 관헌이 해삼위(海蔘葳) 상인 부리녤이게와 이미 약조를 맺고 참작해서 주었습니다. 그런데 지금 녜보로시녜위가 해당 약조 안건에 개입하여 벌목장의 사무를 대신 처리하려고 하며, 이 사람들이 이미 모두 이와 같이 잘하고 있음을 본 곽미살이 또한 이미 기본적으로 인정하기에 이렇게 조회로 요청합니다. 귀 감리께서는 별도로 잘 보호하시지만, 필요한 자재와 식량 꾸러미를 운반할 인부와 수레 · 말을 두 길로 나누어 한쪽은 무산으로 가서 벌목장에 도달하도록 하고, 한쪽은 경성(鏡城)과 길주를 거쳐 돌아서 갑산으로 가려고 합니다. 함경도와 평안도 관찰사께 미리 전달해 알려서 해당 일행들이 도착하는 날을 기다려 그때그때 보호하여 어려움이 없이 나아가도록 해주시기를 온 정성을 다해 요청합니다"라고 하였습니다.

이에 따라 해당 일행이 9월 23일부터 27일까지 차례차례 감리서에 도착하여 여기저기 나뉘어 경원, 종성, 회령 각 군으로 나아가 그대로 회령에서 두 길을 거쳐 한 패는 무산으로 다른 한 패는 갑산으로 향했습니다. 해당 사람들이 지닌 통행증[護照]을 서로 점검하여 나아가는 길에 가지고 증빙케 하고 해당 인원의 성명, 탈 마필과 양식을 운반하는데 고용한 수레, 향하는 곳을 별지(別紙)에 구분하여 기록하고 이에 보고하니 살펴주시기 바랍니다.

광무 2년 9월 28일

경흥항감리(慶興港監理) 박의병(朴義秉)

의정부찬정외부대신서리외부협판(議政府贊政外部大臣署理外部協辦) 박제순(朴齊純) 각하

별지 러시아 관원들의 성명

회령을 거쳐 갑산으로 가는 일행		
상원(上員)	알녁셰예월	
수행원[隨員]	씨뚜샤딸노위	타는 말 4필
	맛베유보로빈고물	빌린 수레 12대
통역	베둘치	
회령을 거쳐 무산으로 가는 일행		
상원	셰오엽위	
수행원	말로폐예월	타는 말 4필
	굴ᄅᆡ예월	빌린 수레 13대
통역	반델네이모누	
종성을 거쳐 갑산으로 가는 일행		
상원	기션쇠무	
수행원	고슬로위	
통역	구경천(具京天)	기마 6필
하인	예골고즐로폐	짐 싣는 말 4필
	실이누	빌린 수레 3대
	미하일루쎄기누	
경원을 거쳐 갑산으로 가는 일행		
상원	싀로마쓰니곱	
수행원	2인	타는 말 4필
하인	한승룡(韓昇龍)	짐싣는 말 2필
통역	박용석(朴龍錫)	빌린 수레 2대
경원을 거쳐 무산으로 가는 일행		
상원	ᄉᆞ포노위	
해의(海醫)	아쎄리누	
통역	이리야예골옵김	

하인 우리아누바홀여위 타는 말 8필
베둘옵포 짐신는 말 5필
그리골이페도쏘 빌린 수레 3대
고로숍위
불나쏘누ᄭᅩᄭᅩ리누

회령을 거쳐 갑산으로 가는 일행

상원 미하일루스고물
수행원 발민고물 타는 말 4필
통역 봊돌닞갈ㄴ엡김
하인 이완누, 아보로시누, 바불누비빅

지령 제40호. 보내온 보고를 상세히 알았다. 이후로도 형편을 계속해서 긴급 보고함이 옳음.
11월 3일

2 청국과 러시아 간의 전쟁을 앞두고 청국 측에서 두만강의 선박 및 사람의 왕래를 막아 상업에 어려움이 있다는 보고

보고서 제17호

본 경흥항은 청국과 러시아 두 나라 땅이 접하여 서로 마주보는 지역으로 닭과 개 소리가 서로 들릴 정도로 가깝습니다. 지금 들으니 두 나라가 무슨 분란의 단서가 있는지 러시아 땅의 연추(烟秋)와 청국 땅의 혼춘(琿春)의 각 병영에서 군사 훈련과 계엄으로 서로 맞서고 있는 중입니다.
이즈음 북쪽을 방어하는데 두만강 일대 강 주변 중요한 나루터에 청국 병영이 펼쳐놓은 배를 훼손하거나 철거하고 모든 왕래를 금지하였고, 심지어 병사를 보내어 망을 보며 함부로 넘을 수 없게 했습니다. 저 속에서 어떤 일이 있을 때 자연히 교섭하는 문서도 통할 수 없게 되었습니다. 정황이 어떠한지는 아직 정탐하지 못했지만 저들이 만약 서둘러 강의 통행 금지를 열지 않으면 장삿길이 막혀 일을 정지하고 매매할 수 없고 세금 또한 줄어들게 됩니다. 뿐만 아니라 현재 이웃 나라 땅의 소동으로 민심이 떠들썩하므로 이에 보고하니 살펴주시기를 바랍니다.
광무 4년 7월 13일

경흥항감리(慶興港監理) 남명직(南命稷)

의정부찬정외부대신(議政府贊政外部大臣) 박제순(朴齊純) 각하

3 러시아군이 혼춘, 흑정자 일대로 들어와 청국과 러시아가 전쟁을 벌였으며, 청국 피난민이 우리 경계로 넘어왔다는 보고

보고서 제3호

본 경흥항과 가까운 러시아 땅의 연추(烟秋)와 청국 땅 혼춘(琿春)의 각 병영이 군사를 훈련하고 계엄하며 서로 맞서고 있는 상황은 이미 지난달 13일에 대략 탐지하여 상세히 보고했습니다. 갑자기 음력 7월 5일 오시(午時)경에 러시아 병영에서 일시에 병사를 일으켜 청국 병영과 길을 나누어 전쟁을 개시하여 하나는 혼춘으로 들어가고 다른 하나는 흑정자(黑頂子)로 들어가 동시에 대포를 쏘고 급히 몰아 습격하였습니다. 그러자 혼춘과 흑정자 두 병영에서는 제대로 대항하지 못했을 뿐만 아니라, 병영과 무기를 모두 버리고 각자 달아나 흩어졌습니다. 러시아 지휘관이 두 청국 병영을 빼앗아 차지한 후 군사들에게 지시하여 해당 병영 산하의 가게와 농가를 모두 불태우고 또한 즉시 청나라 백성을 내쫓았습니다. 청나라 남녀 백성이 노인을 부축하며 어린이를 데리고 피난하여 강을 건너 우리나라로 들어오는 자가 이어지는데, 울며 궁한 모습이 몹시 놀랍고 두렵습니다. 삼가 생각하건대 저들의 낌새를 헤아릴 수 없어 민심이 떠들썩합니다. 앞으로 이쪽저쪽 상황을 계속 탐지하여 급히 보고하겠습니다. 이에 먼저 보고하니 조사해주시기를 바랍니다.
광무 4년 8월 4일

경흥항감리서리주사(慶興港監理署主事) 엄광렬(嚴光烈)

의정부찬정외부대신(議政府贊政外部大臣) 각하

지령 제31호. 이때 변경의 사무와 상황이 몹시 엄중하니 일마다 상세히 살펴서 잘못이 없도록 할 것이며 상황 변화는 신속하게 보고할 것. 9월 4일

4 두만강의 선세에 대해 러시아와 이익을 나누고 있으므로 경흥감리가 선세를 관할할 수 있도록 조처해달라는 보고

보고서 제9호

두만강 주변 6군의 선세(船稅)는 예부터 건너편 청국, 러시아 두 나라와 더불어 이미 나누어 취할 권리가 있습니다. 올해 1월 31일 러시아 남방교계관(南方交界官) 곽미살이(廓米薩爾)가 본 감리서에 와서 두만강 각 나루터의 선세에 관한 일을 처리하기를 요청하였습니다. 이에 본 감리가 말하기를, "각 군의 선세는 이미 통신원 관할에 속하는데 이미 파원(派員)이 전담해 살피고 있다"라고 하였습니다. 그에 대해 (곽미살이가 – 역자 주) 대답하기를, "무릇 교섭에 해당하는 정황은 당연히 귀 감리와 함께 처리해야 할 뿐이고 해당 파원과 처리하는 것은 부당하다"라고 하였습니다.

그러므로 모인 상인 모두와 두 나라 선호(船戶)와 더불어 이전대로 분배하게 하고, 혼춘공의처(琿春公議處)에 두 나라의 뱃사람들이 함께 모여 선세를 공정하게 따지게 하였습니다. 러시아 관리의 통역과 청국 사람들은 권리를 온전히 빼앗으려고 계획하여 입을 모아 마구 떠드는데, 온성군 건너편 수만자(水灣子) 이하부터 본 경흥부 건너편 사초봉(莎草峯)까지 15곳 나루터에 건너는 길과 요충지 여부를 구분하지 않고 세폐(稅幣)가 3천 1백 46장(張)이나 된다고 주장하여 한국 백성들이 감히 주장하지 못하게 하였습니다. 그러던 중에 해당 세액의 액수를 반으로 나누어 상반기에는 그들이 먼저 거두겠으니 하반기에는 한국 관리를 보내어 거두어 가라고 하였습니다.

소위 혼춘공의처는 1900년 가을 러시아와 청국의 전쟁 이후에 청국 사람들이 러시아 관리의 명령을 빙자하여 세운 공소(公所)인데, 지난날 모두 나눈 강(江)의 권리를 파괴하려는 것입니다. 세폐의 절반을 취하는 조목의 경우도 도리어 "저쪽이 먼저이고 이쪽이 나중이다"라고 했습니다. 그러니 오로지 폐단을 저지르려는 목적 가운데서 나온 것임을 충분히 미루어 알 수 있습니다. 따라서 즉시 곽미살이가 아문(衙門)에 조회하여 속사정을 상세히 문의하였더니 곧바로 답장해온 내용에 따르면 "도선(渡船)에 관한 사항은 해당 공의처가 스스로 간사함을 부리는 탓에 이전 약속을 폐기해 고쳤는바, '전년의 예에 따라 서로 나눈다'라는 뜻으로 해당 공의처에 알려 시행하겠습니다"라고 하였습니다. 이에 따라 두만강 연안 6군의 선세는 이미 해당 파원이 관여했기에 조회에 근거해 전달해 알려 때가 되면 선박을 설치하고 세칙(稅則)을 개정하게 했습니다.
그랬더니 올해 3월 23일 통신원의 훈령 제108호 내용에 "두만강 주변 6군 선세 임시파원 김응기(金應夔)를 해임하였기에 이에 훈령한다"라고 하셔서 이를 받들었습니다. 현재 해당 세금 업무를 주관하는 곳이 없으나 본 감리의 직무상 교섭을 책임지는 데 있어 원래 이 일을 관여했습니다. 이에 따라 상세히 보고하니 잘 살피시고 통신원에 전달 조회하여 두만강 연안 6군의 선세 사무의 경우, 본 감리에게 맡겨 모두 담당할 수 있게 해주기 바랍니다.
광무 5년 7월 24일
경흥감리(慶興監理) 심후택(沈厚澤)
의정부찬정외부대신(議政府贊政外部大臣) 박제순(朴齊純) 각하

지령 제 호. 보내온 바에 따라 통신원에 전달하여 조회할 것이니 답장을 기다려 다시 별도로 훈령하겠음. 8월 30일

5 경흥까지 전선 연결 여부를 알려달라는 러시아의 요청이 있었다는 보고

보고서 제12호

어제 받은 러시아 남방교계관(南方交界官) 곽미살이(廓米薩爾) 조회 제669호 내용에 "저희 나라가 현재 가설하는 전선에 흑정자(黑頂子) 일대를 거쳐 귀국 경흥(慶興)까지 전선을 연결할 것입니다. 귀 감리에게 먼저 전달해 부탁하니 귀 함경도의 전보(電報)가 현재 어느 지역까지 이르며, 언제 전선 연결이 경흥까지 닿을지 신속하게 답장해 주시기 바랍니다"라고 하였습니다.
이를 살펴보니 저들이 장차 본 항구에 전선을 연결하는 일은 아직 외부의 훈령을 받들지 못했고 또한 통신원의 훈령 지시를 받들지 못했으므로 따라서 처리하기 어려우나 해당 조회 요청에 대한 답장을 늦출 수 없어 현재 전보는 경성(鏡城)까지 이르렀다 하고 경흥에 닿는 전선을 연결할 때는 아직 미리 알 수 없다는 이유로 조회에 답장하였습니다. 계속해서 저들 지

역에서 전선을 설치하는 형편을 계속 탐지하여 전보로 급히 보고하겠습니다. 이에 보고하니 살펴서 통신원에 전달해 알려 장차 나눠서 훈령하고 지령하여 따라서 시행하게 해주시기 바랍니다.

광무 5년 8월 17일

경흥감리(慶興監理) 심후택(沈厚澤)

의정부찬정외부대신(議政府贊政外部大臣) 박제순(朴齊純) 각하

지령 제24호. 보내온 뜻을 통신원에 전달 조회하여 밝혔음. 9월 16일

6 러시아 교계관이 경성으로 갔다는 보고

보고서 제14호

금년 10월 1일에 러시아 교계관(交界官) 곽미살이(廓米薩爾)가 공문 요청에 따라 통역 1인, 병정 7명을 이끌고 본 경흥항을 거쳐 황성(皇城)으로 갔으므로 지닌 여행 짐을 인부와 말을 찾아서 고용하여 편리한 대로 꾸려서 운반하고 또한 모두 가는 길 주변의 각 군에 전달 지시하여 도착하면 곧 별도로 뒷바라지하여 호송하게 하였습니다. 이에 보고하니 조사해주시기를 바랍니다.

광무 5년 10월 2일

경흥감리(慶興監理) 심후택(沈厚澤)

의정부찬정외부대신(議政府贊政外部大臣) 박제순(朴齊純) 각하

지령 제27호. 보내온 뜻을 상세히 알았음. 11월 4일

7 군사를 설치하고 한국과 청국 관리가 각기 자국민을 보호할 수 있도록 해달라는 변계 유생의 청원이 있었다는 보고

보고서 제17호

본 감리가 부임하는 길에 6군 변경 지역의 유생 한태교(韓台敎) 등의 청원서를 받았습니다. 그 내용의 대략에 "6군 건너편 수백 리 황무지는 본래 한국 백성이 예부터 살아온 땅이므로 땅이 없는 궁박한 백성들이 스스로 들어가 간척한 지 오래되었습니다. 그런데 1900년 7월 러시아와 청국이 개전한 이후 청비(淸匪)가 미친 듯이 일어나 부녀자를 약탈하고 재물을 겁주어 빼앗으니 수십만의 간민(墾民)이 위험에 처해 고통을 당한 것은 많이 계산하거나 따질 필요가 없습니다.

삼가 러시아와 청국의 동정을 살펴보고 군사를 둘 것을 황제께 아뢰어 군대를 설치해서 옛 지역을 견고히 지키되, 토문강(土們江)가의 모아산(帽兒山)은 곧 한국과 청국 두 나라가 개시(開市)할 때 한국 사람이 청국의 예물을 운송하여 넘겨주던 곳으로, 청국 사람이 길을 가리켜 말하기를, '토문강은 한국 영역이다'라고 하고, 더러 토문강을 건너 넘겨주거나 또는 모아산을 넘어 넘겨주는 것이 두 나라의 관례에 분명하게 있습니다.

그러니 먼저 토문강 모아산을 차지하여 한국 백성은 한국 관리에게 떼어 주고 청국 백성은 청국 관리에게 떼어 주어 각기 백성을 보호하되 한국 땅에 십가작통(十家作統)하여 통마다 각각 포수 1명을 내어 요충지를 지킨다면 비단 비류(匪類)를 스스로 막을 수 있을 뿐만 아니라 막중한 울타리인 변경 지역에 병사의 수가 저절로 배가 되어 역시 장차 완급에 따라 사용함을 보일 수 있습니다. 포수의 급료는 변경의 호구로 하여금 장정을 정하여 나누어 거두게 한다면 군량을 들이지 않고도 군대 비용을 스스로 충족할 수 있을 것입니다. 또 러시아 교계관에게 전달 조회하여 러시아 병사를 광제욕(光齊峪)에 주둔하여 한국과 청국 백성 사이에 선량한 백성과 불량배를 변별하여 선량한 백성은 보호하고 불량배들은 제거하여 도탄에서 구해주기를 바랍니다"라는 내용이었습니다.

이를 살펴보니 불쌍하게도 이 곤궁한 백성이 생명을 돌보고자 식구를 거느리고 흘러들어와 괴롭힘을 받은 것을 들어보니 몹시 가련합니다. 그러나 작통(作統)하여 포수를 설치하고 청국 땅에 러시아 병사를 빌려 주둔케 하는 일 등은 다른 나라의 영토와 관련되어 교섭 안건으로서 중차대합니다. 이에 보고하니 살펴본 후 러시아와 청국 두 나라 공사관에 조회하여 조처하고 분명히 알려주시기 바랍니다.

광무 5년 11월 3일

경흥감리(慶興監理) 김교석(金敎碩)

의정부찬정 외부대신(議政府贊政外部大臣) 박제순(朴齊純) 각하

지령. 보내온 뜻을 따라 살펴보니 이러한 청원이 외부에 거듭 도착하였다. 백성들의 사정이 곤란함을 생각해 한국과 청국 백성들을 각기 해당국 관리가 경계를 나누어 다스리는 것으로 귀결할 것을 헤아려 처리해야 할 것이다. 그러나 작통하는 것과 포수를 설치하는 것은 미리 헤아리기 어렵고 다른 나라의 병사를 빌려 주둔하는 것을 논의할 수 없을 듯하다. 먼저 귀 감리서에서 무릇 백성을 편안히 할 수 있는 방법을 힘껏 조처할 것. 12월 2일

8 러시아 측이 입적한 한국 사람을 받아들이지 않고 토지를 추가 지급하지 않는다는 보고

보고서 제1호

현재 접수한 러시아 교계관 곽미살이(廓米薩爾)의 조회 내용에 "작년 11월 11일 백룡강(白龍江) 도백(道伯)이 분부하기를, '이미 러시아에 입적(入籍)하여 러시아 백성이 된 한국 백성은 토지를 주지 않은 자 외에 다시 토지를 추가 지급하지 않고, 또 러시아로 이주하는 한국 백성은 거절하고 받아들이지 않겠다'라고 하였습니다. 이를 받들어 조회로 알려드리니 귀 감리가 각 군에 전달해 지시하여 알리고 준수하게 한 후 답장해주시기 바랍니다"라고 하였습니다. 이에 따라 살펴보니 각 군에 전달 지시하여 백성들이 옮겨가는 것을 막는 것은 공적인 규정에 흠결이 되는 듯합니다. 직접 마음대로 처리하기 어려워 이에 보고하니 조사하여 분명히 알려주어 따라서 처리하도록 해주시기를 바랍니다.

광무 6년 1월 26일

경흥감리(慶興監理) 김교석(金敎碩)

의정부찬정외부대신(議政府贊政外部大臣) 박제순(朴齊純) 각하

지령 제4호. 몰래 다른 나라로 넘어가는 것은 본래 엄하게 금지된 것이므로 비록 러시아 관리가 한국인들이 넘어오는 것을 거부하지 않더라도, 반드시 각 군에 전달 지시하여 이를 막는 것이 옳습니다. 3월 6일

9 지시에 따라 러시아 측이 경흥에 설치한 전신주를 뽑아두었더니 그들이 이를 가져갔다는 보고

보고서 제2호

지난달 26일에 외부의 전보를 받들어 한국 땅에 서있는 전신주 34주를 즉시 뽑으라는 뜻으로 곽미살이(廓米薩爾)에게 말했더니 곧 이은 답장 내용에 "귀 감리서에서 러시아가 전선 놓은 일로 백룡강 도백(道伯)이 한국 서울 주재 러시아공사 바불노부에게 전보하였으니 분명 황제께 아뢰어 일이 공정하게 처리될 듯하며, 귀 외부대신이 감리께 분부한 것이 전신주를 뽑아내라 한 것은 몹시 대러시아국의 품위를 소홀히 하듯이 지시한 것입니다. 만약 러시아 관인들이나 역군(役軍)이 설사 착오가 있더라도 쓸데없이 한 바가 아니요, 또 실수하였으면 재촉하지 않더라도 바로 뽑을 것입니다. 이에 귀 감리께 부탁하니 지금 전신주를 뽑지 말고 경성에서 회신이 오기를 기다릴 것이며, 회신이 있으면 즉시 알도록 하겠습니다"라고 하였습니다.

지금 전훈(電訓)이 지엄한데 해당 전신주를 뽑는 일을 바야흐로 꺼려서 서로 다투는 동안에 또 외부의 전보를 받들어 작년 음력 섣달 26일에 해당 전신주 34주를 먼저 즉시 뽑고 곽미살이에게 조회로 알렸더니, 러시아에서 전보 담당 관리 1명이 올해 음력 1월 3일에 본 경흥항으로 와서 이미 뽑은 전신주 34주와 철선과 애자[沙器甬]를 모두 러시아 땅으로 운반해갔습니다. 이에 보고하니 알려주시기 바랍니다.

광무 6년 2월 11일

경흥감리(慶興監理) 김교석(金敎碩)

의정부찬정외부대신(議政府贊政外部大臣) 박제순(朴齊純) 각하

지령 제8호. 보고 내용을 접수해 살펴보았는데, 이미 앞서 보내온 전보보다 상세함. 3월 19일

10 연해주 거주 조선인들을 돌본 밀양 사람 손규환을 포상해달라는 연명소장이 있었다는 보고

보고서 제8호

러시아 임안우술우(臨安右戌堣) 거류민 최주형(崔周衡), 정용팔(鄭龍八) 등 117인이 연명으로 올린 소장(訴狀)에 따르면, "무릇 어려움을 도와주고 가난함을 구휼하는 것은 어진 정치의 큰 취지입니다. 착함을 기리고 의리를 높이는 것은 바로 조정의 전해지는 풍습입니다. 그러나 저희들은 모두들 몸과 그림자만 서로 위로하는 외로운 처지로 배고픔과 추위를 참지 못하여 의리와 절개를 완전히 잊었고 친척과 헤어지고 조상의 묘소를 버리고 넘어와 다른 나라에 있습니다. 그러므로 몰래 도망친 죄는 정말로 벗어나기 어려운 줄을 지극히 잘 알고 있습니다.

하지만 옛 글에 이르기를, '새는 남쪽에 집을 짓고 말은 북쪽에 의지한다'라고 했습니다. 저희들이 떠돌다 이 땅에 머문 지 이제 7, 8년인데 의복은 대한(大韓)의 제도를 바꾸지 않았고 자녀는 반드시 대한의 언어로 가르치는 것은 여우가 고향을 생각하는 마음으로 하루라도 고국을 마음에서 잊지 않고 꿈속에서 끊지 않았으니 감히 보통 사람과 같지 않습니다. 몸이 다른 나라 땅에 있으니 하늘을 다시 보기를 도모하기 어렵습니다. 말과 생각이 여기에 미치니 어찌 소리치며 눈물을 흘리지 않으리까. 그런 가운데 또 흉년을 만난즉 과연 살기도 어렵고 죽기도 어려우며 이러지도 저러지도 못한다고 할 수 있습니다. 어른과 아이를 데리고 장차 연달아 구렁텅이에 빠져 끝내 굶어죽기를 면하지 못하게 되었습니다.

다행히 경상도 밀양 사람 손규환(孫桂煥)이 본래 높은 벼슬아치의 후예로 이 땅에 와서 산 지 여러 해로 이 상황을 보고 이내 강개하여 눈물을 흘리며 말하기를, '이들은 모두 우리 대한의 역대 임금님의 순수한 백성이다. 만약 살아서 고국에 돌아가지 못하면 지은 죄에 죄가 더해지니 무엇이 이보다 심하겠는가'라고 하고 이내 은전 1천 냥과 쌀과 좁쌀 1백 포대를 의롭게 내놓아 호구를 뽑아 계산하여 골고루 보태어 주어 거의 죽게 되었던 여러 백성들이 다시 살 수 있도록 도모하여 각기 안도하게 하였습니다. 그리고 병든 자를 치료하고 죽은 자를 장사지내며 매번 명절을 만나면 사람을 보내어 제사를 올리니 이 사람은 산 자를 키우고 죽은 자를 보내는 도리를 갖춤이 지극하다 할 수 있습니다. 또 사령(舍令)이 목민관(牧民官)이 되니 의롭게 행동하되 이역만리 외로운 처지에 이와 같이 의리를 드러낸 것이 어찌 평소의 본성이 드러난 것이 아니겠습니까. 실로 감탄을 이기지 못하여 이에 모두 호소하니 살펴본 후 우리 정부에 전달 보고하여 표창의 은전을 입기를 바랍니다"라고 하였습니다.

저 월간(越墾)한 자들도 역시 우리 백성입니다. 해당 손 씨라는 사람이 방법을 베풀어 돌보아 준 것이 몹시 가상한 일입니다. 이에 따라 보고하오니 더욱 장려하는 상을 주어 조정이 먼 곳의 백성들에게 혜택을 보여주는 것이 어떨지 모르겠습니다. 잘 살펴서 처리해주기 바랍니다.

광무 6년 5월 28일

경흥감리(慶興監理) 변정상(卞鼎相)

의정부찬정외부대신서리외부협판(議政府贊政外部大臣署理外部協辦) 최영하(崔榮夏) 각하

지령 제24호. 손계환이 타향에 머무는 처지로 의롭게 재물을 내어 도우니 그 뜻이 높으므로 표창장[褒証書]을 작성하여 발송하니 해당 사람에게 부여할 것. 6월 21일

11 러시아 측이 웅기항을 통해 흑정자와 혼춘으로 물품이 들어가는 것을 일체 금지했다는 보고

보고서 제10호

러시아 교계관 곽미살이(廓米薩爾)의 조회를 접수해보니 내용의 대략에 "웅기항에 화물을 운반해 들여서 청국 땅 흑정자(黑頂子), 혼춘 등지로 수송해 가는 것을 이후 일절 금지하고 또한 표를 주어 통행하는 것도 허가하지 않으며, 장차 이 일로 조약을 새로 체결합시다"라고 하였습니다. 일이 교섭에 관계되고 더러 이 사안으로 인하여 서로 간섭할 우려가 있을 듯하므로 해당 조회 원본에서 뽑아 기록하여 보고하니 살펴주기를 바랍니다.

광무 6년 7월 15일

경흥감리(慶興監理) 변정상(卞鼎相)

의정부찬정외부대신서리(議政府贊政外部大臣署理) 유기환(兪箕煥) 각하

지령 제40호. 러시아 관원의 조회에서 뽑은 기록은 모두 살펴봤다. 외부에서 아직 이 일을 교섭하지 않았고, 해당 편지 중에 원산항에 지시하여 금지하라는 등의 말은 어지러운 말이니

어떻게 처리하면 타당할지 형편을 참작하여 다시 상세히 보고할 것. 8월 12일

12 경흥감리가 해삼위통상사무를 겸직함에 따라 내년 예산에 반영해 달라는 보고

보고서 제1호

본 감리에게 해삼위통상사무를 겸관(兼管)하여 편한 대로 오가라고 하였습니다. 그곳에 사는 백성들이 여기서 집을 짓고 저기서 고용되어 여러해 강한 이웃 나라의 제어를 받다가 백성들과 상업을 겸하여 관할한다는 소식을 듣고 와서 보호해주기를 모두 희망함에 시일이 몹시 다급합니다. 그러나 외국 땅이므로 오가는 수레와 화륜선을 사용하고 머무르자면 거류민에게 반드시 방을 빌려야 하며 교섭 접대에는 차와 담배 등 여러 가지를 준비하여야 수시로 주재할 수 있습니다. 비용이 없을 수 없으므로 이에 사실에 근거해 갖춰서 보고하니 살펴보고 위 항목의 경비를 최근 재외 공관의 예에 따라 내년도 예산에 편입해서 지급하여 영토 밖으로 나가는 일에 난처함이 없도록 하여 진심으로 조처하게 해주시기를 바랍니다.

광무 6년 12월 15일

겸관해삼위통상사무경흥감리(兼管海蔘崴通商事務慶興監理) 황우영(黃祐永)

의정부찬정외부대신(議政府贊政外部大臣) 각하

지령 제1호. 보고해온 각 비용은 재외 공관의 예를 참조하여 예산에 편입하였으나 승인 여부는 별도로 훈령하겠음. 1월 26일

13 해삼위통상사무관의 비용을 지출하도록 탁지부에 알려달라는 보고

보고서 제2호

본 사무서 경비를 지불하는 일로 이미 갖추어 보고한 것이 보존 문안에 있습니다. 지난 달 9일 경흥부에서 출발하여 16일에 해삼위항에 도착하여 러시아 사람 운영의 객잔에 잠시 주

재하여 본 항구 순무사(巡撫使) 수사제독(水師提督) 이하와 일본, 청국, 영국, 미국, 덴마크 각국 사무관과 교섭하였으나 여관비와 접객비가 날마다 많아 오래 주재할 수가 없는 형편이었습니다. 그러나 백성과 상업의 보호를 잠시라도 늦출 수가 없어 부득이하게 한 객잔을 1년간 세내어 얻어 사무서를 정하고 일상 물품 약간을 비치하였습니다. 경비 지출은 시일이 급하게 되었으므로 이에 보고하니 살펴보신 후 탁지부에 조회로 알려 해당 비용을 빨리 지급하도록 하여 통상사무에 장애가 없도록 해주시기를 삼가 바랍니다.

광무 7년 3월 11일

겸관해삼위통상사무경흥감리(兼管海蔘葳通商事務慶興監理) 황우영(黃祐永)

의정부찬정외부대신(議政府贊政外部大臣) 박제순(朴齊純) 각하

지령 제1호. 사무서 경비가 모두 없을 수 없으나 1903년도 예산에 승인을 얻지 못했으니 보내온 뜻을 탁지부에 조회하여 요청하겠음.

재(再). 각 비용 2천 5백 42원 12전을 탁지부에서 함흥군으로 훈령을 보내 획정해 내려주게 하였음. 4월 7일

14 해삼위통상사무서에서 경흥감리서로 돌아왔다는 보고

보고서 제7호

본 감리가 이달 23일 해삼위 서(署)를 거쳐 경흥감리서로 돌아왔으며 사무서는 감리서 일꾼[署役]으로 하여금 잠시 지키도록 하였습니다. 이에 보고하니 살펴주기를 바랍니다.

광무 7년 4월 25일

경흥감리(慶興監理) 황우영(黃祐永)

의정부찬정외부대신(議政府贊政外部大臣) 박제순(朴齊純) 각하

지령 제17호. 알았음. 6월 2일

15 통상사무관에게는 영사직권이 없어 일 처리에 어려움이 있으니 러시아와 협의해 규정을 만들어달라는 보고

보고서 제9호

통상사무관은 이미 영사직권이 없으므로 어쩔 수 없이 별도로 규정을 정한 후에야 일을 처리할 수 있을 것입니다. 조용히 살펴보니 본 항에 주재하는 각국의 통상사무관도 모두 이런 규정이 있으며, 만약 이런 근거가 없으면 일이 생길 때마다 많이 지체된다고 합니다.

그러므로 이에 당연히 시행해야 할 항목을 조목별로 적어 보고하니 살펴본 후 우리 서울에 주재하는 러시아공사와 협상해 규정을 정하여 별도로 2책을 만들어 1건은 본 사무서에 내려 보내고 다른 1건은 러시아공관을 거쳐 본 항 순무사(巡撫使)에게 전하여 서로 비교해 살펴본 후 일이 생길 때마다 잘 처리하여 장애가 없도록 해주시기를 삼가 바랍니다.

광무 7년 5월 3일

겸관해삼위통상사무(兼管海蔘葳通商事務) 황우영(黃祐永)

의정부찬정외부대신(議政府贊政外部大臣) 각하

별도로 세운 조규(條規)

하나. 통상사무관은 해삼위순무사와 만나 회담하거나 문건을 주고받으며, 반드시 해당 항구에 주재하는 각국 사무관의 가장 높은 대우와 일체의 여러 가지 이익을 보장받아야 한다.

하나. 러시아 각 지방에 흘러들어가 사는 한국 백성으로 농업과 상업을 경영하는 자의 생명과 재산을 일체 보호할 것

하나. 병원을 설립하여 위생을 편리하게 할 것

하나. 한 장소를 골라 한국 백성이 운영하는 매장지로 만들고 만약 본국으로 보내 장사 지내고자 하면 백성들의 편리함을 들어주고 별도로 더욱 지원할 것

하나. 백성과 상인들을 막론하고 본국 법률을 범한 자는 순무사에게 조회하여 하나하나 본국 지방으로 모두 압송하도록 요청할 것

하나. 한국 백성으로 러시아 땅에서 선박을 운영할 때 일체 관할하고, 또 진출화물은 선주가 총목록을 사무관에게 올리고 날인을 거치면 해관 또한 준단(準單)을 발급해 시행할 것

하나. 한국 백성이 통행증[護照] 없이 경계를 넘는 자는 하나하나 검사할 것

하나. 한국 백성 마을[개척리(開拓里)]의 호세 약간(현재 마을의 두민이 거두어들임)을 사무서에 귀속하고, 러시아어 학교 보조(매달 75원)와 한민촌 경찰로 러시아 순검 1명의 월급(매달 39원) 제외한 나머지 몫을 민원에 따라 살아서는 잘 모시고 사후에는 정중히 장례를 지내는 것과 난파된 선박과 불태워진 가호 등 각종 비용에 보조할 것

하나. 사무서가 만약 좋지 않은 일이 있으면 별도로 순검과 병사를 파견하여 적절히 보호할 것

지령 제3호. 별도로 정한 규정이 없을 수 없으므로 외부에서 러시아공사와 교섭하여 서로 타협하여야 시행할 수 있을 것이다. 이 조규를 가지고 논의 타결이 확정된 후에 당연히 훈령 지시할 것임. 5월 25일

16 러시아 목재회사에서 두만강 하구에 목재를 운반하고 식량 등을 실어 나를 선박과 이를 끌 철선을 두는 일의 허락 여부를 지시해달라는 질품

질품서 제1호

러시아 목재상 회사원 스달아빈게가 앞서 무산벌목장(茂山木場)에 가서 삼림을 조사한 연유는 이미 갖추어 보고하였습니다. 해당 사원 스달아빈게는 말하기를, "재목이 나가는 항구와 양식과 기계 등의 물건이 들어가는 항구에 관한 사항이 조약에 실려 있는데, 두만강 소재 선박은 크더라도 갈대처럼 조그마한 선박으로 겨우 2, 3명을 수용할 뿐입니다. 화물을 실어 나르기에 몹시 불편하니 해당 나루터에 회사에서 별도로 판선(板船) 1척을 두고 나루터 좌우에 철선을 가설하여 배를 끄는 줄로 만들면 양식과 기계 등 각종 물건을 편리하게 운반할 수 있습니다"라고 했습니다.

삼가 살펴보니 삼림조약 제3조에 '길을 만드는 것과 수렛길과 강을 준설하여 목재 운반을 편리하게 한다'라는 말이 분명히 실려 있습니다. 해당 회사에서 별도로 도선을 설치하는 방법이 실로 운반을 편리하게 하려는 목적에서 나왔으나 약관에 이미 선박을 둔다는 글자가 없고, 또 두 나라 경계에 줄을 설치하여 배를 끄는 것은 마음대로 허락할 수 없어서 이에 질품하니 살펴보고 허락 여부를 어떻게 할지는 우선 지령으로 지시하여 혹시라도 때가 되어 서로 부딪치지 않게 해주시기를 바랍니다.

광무 7년 5월 26일

경흥감리(慶興監理) 황우영(黃祐永)

의정부찬정외부대신(議政府贊政外部大臣) 각하

지령 제19호. 우리의 나루터이니 우리가 배를 설치하고 국내의 선세규칙(船稅規則) 제9조를 참조하여 세금을 거둘 것. 16일

17 우리 소장수들이 중국 상인에게 속고 있으니 경흥 부근에 목장을 설치하여 이곳에서 소 거래가 될 수 있도록 러시아공사와 협의해달라는 질품

질품서 제13호

경흥 지방은 러시아 지역과 물줄기 하나를 사이에 두고 있는데 우리나라의 소장수[牛商]는 모두 연추(烟秋), 해삼위 등지로 넘어가서 판매하는 것을 생업으로 하고 있습니다. 대개 최근에 소위 중국 상인들[즉 중쾌(中儈)임]이 높은 값을 준다고 속이고 끌고 간 후 값을 요구하면 러시아인에게 전매하였는데 아직 받지 못했다고 말하고 질질 끌며 갚지 않거나 도망해 숨어 나타나지 않아 우리 상인들의 손해가 몹시 많습니다. 저들은 이미 러시아에 복속하고 러시아어를 말하는 자입니다. 행방을 찾을 길이 없어서 달을 넘기고 해를 넘기며 이역(異域)을 방황하다가 결국 모두 잃어버리는 것을 면하지 못하고 울며 돌아와 찾아달라고 호소하는 손해액이 해마다 1백 만여 냥을 헤아리고 있습니다.

비록 러시아인은 값에 흠을 내지 않으나 중국 상인의 속임수와 작폐는 상인들의 상황과 크

게 관계되어 먼발치에서 쳐다볼 수 없으므로 백성들의 호소에 의거하여 러시아의 교계관에게 조회하여 해당 중국 상인을 잡아오고자 하였더니, 답장에서 "일이 러시아에서 발생하여 당연히 러시아 관리가 심판해야 한다"라고 하여 압송을 지시하지 않습니다. 해당 중국 상인에게 돈을 징수해 내도록 책임을 지우면 이때는 이미 빈털터리이고 법으로 친족에게 징수할 수 없다 하고, 해당 중국 상인의 성명을 조회해 물으면 과연 이런 사람은 없다 하고, 오로지 억제하기만을 일삼아 종내 기꺼이 타결하지 않습니다.

작년 겨울부터 금년 봄에 이르기까지 여러 차례 힐난하다가 지난 2월쯤에 본 사무관이 도임한 이후 러시아순무사와 만나 폐단을 막을 방법을 논의하였고 외양간[牛棚] 네 곳(러시아인 소를 검사하는 곳)에 각기 통역[通詞] 1명을 두어 매매를 검사하고 즉시 소값을 받게 하고 만약 즉시 받지 않으면 반드시 러시아 지방관의 허가 증명서를 지닌 사람이라야 곧 기한을 정해 부여할 수 있었습니다. 종전 매매한 주인이 각기 러시아 화폐 1냥을 내어 중국 상인에게 의례 지급하는 구전은 전례에 따라 징수하여 해당 통역의 하루 경비와 월급으로 지급하고, 또 통역은 해당 외양간만 지키고 시세를 널리 살펴보는 일은 없어서 더러 값을 공평하게 정할 수 없는 까닭에 별도로 한 사람을 두어 각 외양간을 순찰하고 날마다 두루 살피게 하였습니다. 이 때문에 우리 상인을 보호할 수 있어서 다시는 속고 어그러지는 폐단이 없었습니다.

그런데 곧 연추변계관 곽미살이(廓米薩爾)가 "우리 지역 내에서 한국 백성의 구전 명목은 조약에 있지 않다"라고 하고 가운데에서 방해하여 실시할 수 없게 하니, 우리 상인이 속고 어그러지는 폐단을 다시 어찌 막겠습니까. 삼가 살펴보니 한국과 러시아의 육로통상장정(陸路通商章程) 제2관 제1항에 '조선 관원은 경흥에서 5리 이내의 부근에 조선리(朝鮮里)로 1리 이내 길이의 공지(空地) 한 구역을 선택하여 러시아 인민 소유의 운반용 가축과 식용 가축의 목장을 만든다. 해당 목장에서는 그곳의 간수(看守)를 선정한다. 해당 목장의 약정은 두 나라 지방관이 이후 협의하여 결정한다'라는 등의 말이 분명히 실려 있습니다.

저들 땅에 외양간을 설치한 일은 30년 전에 있었고 경흥부와의 거리가 더러는 30리이거나 더러는 70리가 되는데, 다만 이는 소를 검사할 뿐이고 원래 매매하는 곳이 아닙니다. 과연 경흥부 부근에 목장을 선정하고 해당 부근 한 곳에 한국인이 우시장을 설치하여 우리 상인으로 하여금 이런 매매를 하게 될 것입니다. 대개 강을 넘을 수 없으니 저들 역시 이해관계가 없고 반드시 우리 땅에 와서 구입하고 다시 상인을 속이고 값에 손해를 입히는 폐단이 없을 것이니, 그 이익이 첫째입니다. 종전 항구에서 나가는 소장수들이 돌아서 넘어 몰래 빠져나가 본 감리서의 세입이 줄었는데 지금 만약 우시장을 설치한다면 각지의 소장수들이 탈세할 수 없을 것이니, 그 이익이 둘째입니다. 원근의 상인 백성이 몰려들어 무역하여 우리 땅의 상업 업무가 날로 모이고 왕성해지면 부근 거주민 역시 다수가 우러러 의뢰하여 살아갈 것이니, 그 이익이 셋째입니다.

러시아인 목장은 비록 선정하지 않았으나 우리 상인의 우시장은 세액과 상업이익에 크게 관련이 있을 것입니다. 타당성을 헤아려 방법을 강구하는 것은 통상사무에 마땅히 시행해야 할 직권이 아님이 없으나 감히 지레 먼저 시행할 수 없으므로 이에 사유를 가지고 상세하게 조목별로 아룁니다. 그러나 얕은 소견으로는 우리 지방에 우시장을 설치하는 것이 국세에 누락됨이 없고 상업권리에 이익이 있으므로 해당 상인들의 소장을 첨부해 올리고 이에 질품합니다. 살펴본 후 조약의 뜻에 비추어 러시아공사에게 성명하고 어떻게 조처할 방법을 곧바로 지령으로 지시하기를 삼가 바랍니다.

광무 7년 7월 11일

경흥감리겸관해삼위통상사무(慶興監理兼管海蔘葳通商事務) 황우영(黃祐永)

의정부찬정외부대신육군부장(議政府贊政外部大臣陸軍副將) 각하

지령 제6호. 서울 주재 러시아공사가 분명히 형편을 상세히 알지 못하기에 본부의 공문이 무익하니 귀 감리서에서 곽미살이에게 조회로 알려서 협상해 처리하여 상인을 돌봐주고 백성을 편안히 하는 방도로 삼을 것. 8월 12일

18 러시아와 거래 화물에 대한 순시 관원을 설치해 수세하겠다는 보고

보고서 제21호

본 감리서 소관의 회령 · 종성 · 경원 · 수성 4곳은 상업 상 중요한 곳이므로 도세감(都稅監)을 별도로 설치하여 지역 내의 지소(支所)를 각별히 살피고 세금을 거둔 지 이미 여러 해입니다. 근래 러시아의 화물은 세금이 무겁고 토산물은 값이 뛰어 수출하는 두 나라 항구에 다른 화물은 전혀 없고 단지 약간의 소장수[牛商]는 있으나 다수가 여러 길을 따라서 태반이 탈세하되 도소(都所)에는 애당초 순시 담당이 없어서 조사해 살필 수 없습니다. 이른바 도세감은 앉

아서 공허한 문서만 지키니 순시하는 월급은 적고 상업세에서 빠져나가는 것은 많아 막중한 공식 업무[正課]가 장차 없어지는 것을 면할 길이 없습니다. 따라서 1903년 하반기부터 시작하여 회령 · 종성 · 수성 3곳에 순시(巡視) 1명을 두고 경원의 예에 따라 해당 세액 중에서 매달 20량씩 헤아려 급료를 지급할 뜻으로 탁지부에 보고해서 요청하였습니다. 이에 보고하니 살펴보신 후 탁지부에 전달 조회하여 주기를 삼가 바랍니다.

광무 7년 10월 18일

경흥감리(慶興監理) 황우영(黃祐永)

의정부찬정외부대신(議政府贊政外部大臣) 각하

지령 제32호. 보내온 보고를 받아 살펴보았는바, 애초에 순시 담당이 없었다 해놓고서 또 순시의 월급은 적다고 하며, 1903년 하반기부터 시작한다 하고 또 급료의 뜻으로 탁지부에 보고해 요청하였다 하니, 한 장에서 말한 뜻이 이와 같이 모순되는지 실로 이해하기 어렵다. 이미 탁지부에 보고해 밝혔으니 탁지부에서 지시가 있을 것이다. 허락을 얻지 못하면 그때 공문을 보내어 조회해 요청해도 늦지 않을 것임. 11월 6일

19 러시아와의 소 무역에서 외양간의 폐단이 많으니 경흥 부근에 우리 우시장을 설치해달라는 보고

보고서 제18호

현재 접수한 함경북도 관찰사의 조회 내용의 대략에 "본 도 각 군 소장수[牛商] 장영백(張永伯) 등의 소장을 의거해 살펴보니, '한국과 러시아 양 지역의 피차 화물의 유통은 본디 장정에 있으나 소장수의 경우에는 그 피해가 편중되어 있습니다. 처음 러시아 땅으로 들어가 외양간[牛棚]에 21일을 머문 후에 비로소 내다 팔도록 허락하고 소 가운데 만약 병에 걸린 증거가 있으면 배로 벌하여 42일을 외양간에 머뭅니다. 저들이 외양간을 설치한 뜻은 소장수로 하여금 마음대로 매매할 수 없게 하는데 있으나 소위 중국 상인과 통역이 매매를 거간하게 하니 소값에서 보는 손해가 10중 8, 9이고 우의(牛醫)의 세전(貰錢)을 암소 마리당 지폐 1장 50전, 수소 마리당 2장 50전씩 거두어들이므로 21일간 외양간에 머무르는 비용이 소 마리당

3, 4원이 됩니다. 외양간 비용은 고사하고 중국 상인에게 속아 밑천을 모두 잃고 빈손으로 울며 돌아오는 자는 숫자를 헤아릴 수 없습니다.

뿐만 아니라 또 러시아인이 원산에서 성진까지 그들이 직접 소를 사서 화륜선에 실어서 곧장 운반하니 지금 생각하건데, 경흥 강변 여러 곳에 우시장[牛市]을 신설하여 러시아인으로 하여금 사가도록 하면 다소의 소장수가 모두 시장에서 보관해두기를 희망하여 소값을 손해 보는 폐단이 필시 없을 것입니다. 이에 함께 호소하니 경흥감리에게 조회하여 사실에 의거해 외부에 보고해서 여러 상인들의 기대에 부합하기를 바랍니다'라는 내용이었습니다. 이에 의거해 살펴보니 지금 이들의 청원이 이유가 없지 않으나 타결은 귀 항에 달렸으므로 이에 조회하니 살펴서 타결하기를 몹시 바랍니다"라고 하였습니다.

살펴 보건데 본 감리가 이미 해삼위 통상사무를 겸하여 왕래하며 시무하는 즈음에 여러 차례 상인 백성들의 소장을 받아보니 소장수들이 러시아 지역에 들어가 외양간에 머물 때 중국 상인과 통역이 상인을 속여 값에 손해를 입히는 폐단의 단서가 하나가 아닙니다. 경흥부 부근에 목장을 선정하고 곧 부근 한 곳에 우리 상인의 우시장을 설치하여 저들로 하여금 와서 구입케 하면 우리 상인에게 편리할 것이라는 뜻으로 이미 논리적으로 외부에 보고하였고, 이번에 각 군의 소장수들이 또 관찰부에 호소하여 전달해서 타결할 것을 요청하였으므로 각 군의 상업 형편이 저들의 외양간에서 해를 입어 우리 시장에 보관하기를 바라는 것을 이로 미루어 알 수 있습니다. 해당 관찰부의 조회를 별도로 첨부하고 다시 상세히 의거해 보고하니 살펴보고 서둘러 지령으로 지시하여 백성들의 희망에 부응하도록 하기 바랍니다.

광무 7년 9월 2일

경흥감리(慶興監理) 황우영(黃祐永)

의정부찬정외부대신(議政府贊政外部大臣) 각하

지령 제33호. 우리 지역에 우시장을 설치하는 일로 귀 보고와 백성들의 소장을 접수하여 답장을 하였거니와 무릇 조처 여부는 오직 귀하가 때에 따라 적절히 통제해야 하는데 하물며 상인 백성의 폐해가 이같이 심함이랴. 다만 교섭과 관계되니 형편을 잘 살펴 장점을 따라 조처하되 백성들이 번거롭게 바깥에서 힐난하는 일이 없도록 할 것. 11월 9일

20 경흥감리와 대등하게 공문을 왕복할 청국 측 관서를 지정해달라는 질품

질품서 제22호

한청육로통상장정(韓淸陸路通商章程)은 현재 체결되지 않았으나 매번 인민의 소송 안건이 있어 당연히 교섭할 경우에는 본 감리가 혼춘부도통(琿春副都統)과 대등하게 공문을 보냈는데, 현재 관제가 개혁되어 부도통의 직권은 혼춘 한 지역뿐이고 건너편의 간도(間島) 등지는 관할이 아니므로 이치상 체제가 상등한 길림장군(吉林將軍)과 교섭해야 하나 각기 정부의 지시를 받들지 못한 중에 서로 거리가 1천 5백여 리인데 일이 있을 때 공문을 보내는 것은 많은 어려움이 있습니다. 따라서 이에 질품하니 잘 살피신 후 청나라공사에게 조회하여 대등하게 교제할 관청을 즉시 지령으로 지시해주기를 삼가 바랍니다.

광무 7년 11월 5일

경흥감리(慶興監理) 황우영(黃祐永)

의정부찬정외부대신임시서리(議政府贊政外部大臣臨時署理) 각하

지령 제36호. 보내온 뜻을 근거로 살펴보았다. 청국 사람과의 교섭에 교계관, 관리, 시찰 등의 각 관원이 있으니 귀 감리서에서 번거로이 공문을 보내지 말 것. 12월 9일

21 러시아 병사들이 연추에서 두만강으로 와서 사냥을 하며 일본인의 행적을 탐문하고 있다는 보고

보고서 제23호

지난달 9일 오후에 러시아 병사 수백 명이 연추(烟秋)에서 두만강을 건너와 사냥한다며 총을 쏘고 계엄하여 날마다 강을 순찰하며, 16, 17 양일 밤에 러시아인 수 명이 변복하고 강을 건너 성내 민가에 돌입해 일본인이 있는지 없는지 찾고, 또 러시아인 2명은 18일에 웅기로 가서 머물고, 9명은 뒤를 좇아 웅기 서쪽 수라(水羅) 등지를 왕래하며 기찰하였는데 해당 전후 행

적이 이상하여 민심이 크게 소동하였습니다.
이달 2일에 웅기에 머물던 러시아인 2명은 연추로 돌아갔고 두만강 연안 상하 1백여 리에 주둔하거나 순행하는 러시아 병사 수십 명이 무리를 이루어 현재 있으며 왕래가 끊이지 않고 있습니다. 연추는 본 감리서의 동쪽 50리인데 러시아 병사 수천 또는 수만이 더러 늘었다가 더러 줄어들어 널리 퍼져 끊이지 않고 일본영사 천상입일랑(川上立一郎)은 기선을 기다려 성진으로 돌아가기 위해 같은 날 웅기로 출발했습니다.
이러한 형편을 이미 누차 전보하였으나 변경 지역의 경계가 소홀할 염려가 항상 두려우므로 이에 보고하니 살펴주기를 삼가 바랍니다.
광무 7년 11월 5일

경흥감리(慶興監理) 황우영(黃祐永)

의정부찬정외부대신임시서리(議政府贊政外部大臣臨時署理) 각하

지령 제37호. 보고해온 형편을 전보로 지시하였고, 아울러 살펴 알았다. 이는 변경 지역의 사무와 관계된다. 결코 천천히 할 수 없으니 이후 형편을 즉시 보고하여 그릇됨이 없도록 할 것. 12월 9일

22 통상사무관의 불법행위가 있다는 러시아공사의 공문이 있었으나 이는 중국 상인과 협잡한 통사들이 러시아 관리에게 고시문을 오역하여 전달했기 때문이라는 보고

보고 제11호

제32호 훈령을 받들어보니, "서울 주재 러시아공사 파우로후(巴禹路厚)의 조회 내용에 '작년에 본 정부는 귀 정부의 간청으로 인하여 이미 해삼위에 한국 통상사무관을 설치하는 것을 승인하였습니다. 그때 귀 정부는 즉시 경흥감리 황우영으로 통상사무관 직책을 겸임시켰는데, 이는 분명 귀 대신이 이미 잘 알 것입니다. 해당 황우영 씨는 부임한 당초에 무릇 일을 함에 있어서 공정하고 청렴하고 또 해삼위 순무 및 교계관과 서로 우호로 교류하고 새로 각 사무에 임하여 반드시 함께 상의하였습니다. 당시 본 바로는 황우영은 참으로 두 나라를 고루

이롭게 하는 경륜이 있었습니다. 또한 두 나라 지방관들로 하여금 신의로 교섭하고 우의를 더욱 돈독히 하여 서로 변경 백성들이 의지하여 우호를 이루었다고 하였습니다.

그런데 금년 봄 이래로 본 공관이 보내온 보고를 받아보니, 『통상사무관 황우영이 제반 일을 함에 있어서 위법, 부정이 자못 많다』는 내용이었습니다. 현재 해삼위순무의 공문을 받아보니 내용에 『러시아 경찰관 등이 조사해서 얻은 황우영이 멋대로 한 불법한 일은 다음과 같습니다. 1. 황우영이 5월초 러시아 각처에 사는 한국 사람들에게 훈시하기를, 「러시아가 규정한 통행증[執照]은 다시는 수령을 요청하지 말고 다만 본관이 발급하고 파원이 지급한 통행증을 정해진 값에 따라 시행한다」라고 하였음. 2. 동시에 얼마 되지 않아 황우영이 러시아 땅에 사는 한국 사람들의 성명을 조사해 책자로 만들어 거두어들이고, 또 한국 사람들에게 이르기를, 「너희들은 마땅히 통상사무관 관할 아래에 있으니 단지 러시아 관원의 지휘를 순응하되 좇아 따를 바는 아니다」라고 하였음. 3. 황우영이 임의로 훈령을 내려 관원을 러시아 지역 내 각 우시장에 파견해서 한국 사람들의 우세(牛稅)를 징수하게 했음』이라고 했습니다.

살펴보니 원래 타국 관원이 러시아 지방에서 만약 러시아 땅에 주재하는 외국인에게 명령을 시행하면 지방정치에 간여하거나 혹은 어떤 항목의 세금을 멋대로 거두는 등의 일은 단연코 승인할 수 없습니다. 본 공사는 당연히 이런 연유를 공문을 보내어 알리니 청컨대 귀 대신은 신속하게 해삼위통상사무관에게 훈령으로 지시하고 이런 위법행위는 엄히 금지하기 바랍니다. 이를 금지하지 않으면 러시아 땅에 살고 있는 한국 사람들이 소요를 면하기 어려울 것이고, 귀국과 우리 두 나라의 우의 또한 쉽게 소홀해질 것입니다. 귀 정부는 특별히 이 일을 가볍게 생각하지 말고 참으로 우의를 돈독히 지키고 당연히 해당 통상사무관에게 지체 없이 지시하여 위와 같은 위법행위를 하지 말도록 하고, 다시 할 경우 또 앞으로 어떻게 처리한다는 사유를 밝혀주는 것이 좋겠습니다'라고 하였습니다.

이를 살펴보면, 세 가지 항목의 안건이 처음 있는 것이므로 이치상 마땅한 연유를 갖추어 질품하여 지시를 기다려 처리해야 하거늘, 지금까지 가만히 있다가 해당 공사가 먼저 힐난하는 조회를 보내는 지경에 이르렀으니 참으로 개탄스럽습니다. 이에 훈령해 물으니 과연 사실에 속한다면 있었던 정황을 자세히 갖추어 보고하여 전달 답장을 할 수 있게 하는 것이 타당합니다"라고 하였습니다.

본 사무관의 직무는 상인의 보호와 거주민의 단속입니다. 차례대로 상인의 보호에 대해 말할 것 같으면, 최근 소장수들이 중국 상인에게 속아 소값에 손해 보는 것이 10에 8, 9여서 경홍에 부임한 이후로 상인들의 읍소가 연이어 도착했습니다. 그래서 피고가 러시아 땅에 입적한 우리 백성이면 확실한 근거에 따라 원고에게 받아주고, 입적하지 않은 우리 백성이면 본 감리서로 잡아 넘겨 조처할 뜻으로 연추의 곽미살이에게 공문을 보냈지만, 헛된 문구로 돌려서 상인 보호에 실효가 없게 하였습니다. 또 거주민의 단속에 대해 말하면, 우리 땅의 유민이 혹 여비가 부족하거나 혹 규정에 밝지 못해 통행증을 살펴 지니고 건너간 자를 러시아 관리가 잡는 대로 자세히 캐묻고 벌금을 지화(紙貨) 3원씩 토색하였고, 불쌍하게 이렇게 애걸해도 속전을 바칠 수 없는 자는 부득이 병사를 파견해 경흥으로 잡아오는데 굶주리고 얼어 죽는 일이 왕왕 이어지니, 우리는 위법이 없는데 저들은 우의를 저버리는 경우가 많으니 분쟁이 일어날까 우려하여 신의를 더욱 돈독히 하였습니다.

금년 2월 21일 해삼위에 부임하여 러시아 관리와 교섭에 이르지 못함에 상인 수십 명이 뜰에 가득 차서 호소하는데 누더기 옷을 입고 초라한 행색을 목불인견이었습니다. 이유를 들으니 더러 '아버지와 형이 소값을 모두 잃고 구렁텅이에 빠져 죽어 뼈를 영원히 잃어버렸다'라고 하거나 더러 '형제와 조카 및 동반인이 통행증을 빠트려서 붙잡혀 바야흐로 갇혀 있다'라고 하니, 눈에 띄게 참혹하여 눈물을 삼키며 위로하고 물러나 후일을 기다리게 하였습니다.

한 번 교섭한 이후로 상인을 보호할 규칙과 거주민을 단속할 방법을 순무사 서리 곽미살이와 묻고 논의한 후에 러시아 지역에 살고 있는 튼실한 우리 백성 두 사람으로 외양간[牛棚] 두 곳을 검찰하게 하고 소 매매를 전담 관리하게 하되 기왕의 협잡하던 거간과 통역은 절대 참가하지 말고 다시 혹 소값을 손해 입히는 폐단이 있으면 해당 검찰이 맡아서 보고하게 하고 종전 통역과 거간의 돈(소 한 마리에) 지화 2원씩을 으레 지급하던 것을 줄여서 1원으로 규정을 정해 검찰과 통역의 월급에 보태서 사용하게 하고, 우리나라 남북 소장수에게 고시하여 거간이나 중국 상인과는 절대 상관하지 말라 하고, 해당 지역 부근에 사는 백성과 원근의 유민에게 장정과 이해로 논증하고 고시하여 통행증이 없는 자는 통행증을 지니게 하여 외국에 붙잡혀 힐문당하지 않게 하고, 러시아에 입적한 우리 백성을 제외하고 머물러 살고 있는 백성과 유민의 성명을 수록하여 1년에 우리 백성 수만, 수천 명이 러시아 지역에 흘러 들어갔다가 그중 귀국한 자, 거주하는 자, 사망한 자의 총수를 연말에 정부에 분별해 갖추어 보고할 뜻으로 과연 고시하였습니다.

일이 아직 널리 시행되지 못하였는데 과거 중국 상인과 소값을 모조리 먹었던 자들이 떠돌며 몇 명이 간특한 짓을 하고 길이 막히는 것에 서운한 마음을 품고 연추 백성 관아 통역[官通

辭] 박계안(朴啓安)과 한통속이 되어 고시한 본문을 일부러 그릇되게 번역하여 곽미살이에게 위법·부정으로 무고하여 이런 러시아 공사의 공문이 있게 되었습니다. 속마음을 살펴보면 몹시 개탄스럽습니다.

그때 소장수들과 외양간 검찰에게 발송한 훈시와 해삼위 부근 주민에게 효유한 고시를 해당 통역들이 곽미살이에게 거두어 바쳐서 서울 주재 러시아공관으로 대신 보냈다 하니, 외부에서 거두기를 요구하여 살펴본 후 러시아공사의 조회 대략에서 '멋대로 한 불법한 일은 다음과 같다'고 한 것의 아래 제1항 중에 '러시아가 규정한 통행증은 다시는 수령을 요청하지 말고 다만 본관이 발급하고 파원이 지급한 통행증을 정해진 값에 따라 시행한다'는 것과 제2항 중에 '또 한국 사람들에게 이르기를 너희들은 마땅히 통상사무관 관할 아래에 있으니 단지 러시아 관원의 지휘를 순응하되 좇아 따를 바가 아니다'라고 말한 것과 제3항 중에 '관원을 러시아 지역 내 각 우시장에 파견해서 한국 사람들의 우세를 징수하게 했다'라는 세 가지 항의사건 유무를 따라서 조사하여 러시아 문자로 번역하여 러시아공사에게 조회로 알려주면 정황을 자연히 분명하게 알 수 있을 것입니다.

본 감리서에서 마땅히 시행할 사무는 금년 5월 1일 제9호 보고에 이미 조목별로 아뢴 공문이 보존 문안에 있으며, 세 가지 항목의 사건은 과연 멋대로 실시한 적이 없으므로 질품하지 않았습니다. 지금 받든 훈령 내용이 정중하니 삼가 황송하며 이에 보고하니 살펴주기를 삼가 바랍니다.

광무 7년 11월 17일

겸관해삼위통상사무(兼管海蔘葳通商事務) 황우영(黃祐永)

의정부찬정외부대신임시서리(議政府贊政外部大臣臨時署理) 각하

재(再). 고시서류 3장을 별도로 첨부하니 살펴주기를 삼가 바람.

지령 제7호. 보고가 도착한 3건의 조치가 모두 불가함이 없으나 이치상 당연히 서로가 협상하고 아울러 질품해야 하거늘 이렇게 하지 않아 조회로 따지게 되었으므로 이미 훈령해 물어보았던 것임. 보내온 뜻에 의거하여 해당 공사에게 답장할 것이고 5월에 보고한 마땅히 적절히 해야 할 일은 러시아공사관에 곧 전했으나 당연히 따져 할 일임. 12월 17일

23 두만강 건너편 간도 지역에 우리 병사와 청국 병사가 전투를 벌였는데, 간도관리가 러시아 관리의 개입을 요청했으나 소관이 달라 승인하지 않았다는 보고

보고서 제24호

무산·종성·회령의 강변 지역에 청국 병사 수천이 우리나라 병사와 전투를 벌여 간민(墾民)이 도탄에 빠졌다는 것은 지난 달 20일에 이미 전보로 보고하였습니다. 계속해서 받은 간도관리(墾島管理) 이범윤의 조회 내용에 "음력 8월 20일에 청국 사람 양덕승(楊德勝)이 병사 3, 4백 명을 이끌고 무산 건너편에 주둔하여 이유 없이 본 주둔 부대에 총을 쏘아 분쟁을 일으키고, 지타소(芝他所) 연길청(延吉廳) 청국 관원이 계속해서 병사를 내어 무산·종성·회령의 강변 일대를 순찰한다고 핑계대고 거주하는 한국 백성의 가산집물을 무수히 약탈하며, 또 각지의 호비(鬍匪)를 불러 모아 강변 상하는 현재 도적 소굴이 되었고 백성은 약탈을 당하여 사방으로 달아나 흩어져 형세가 급박하고 어육이 되었으니 어찌 이같이 몹시 가혹할 수 있습니까. 삼가 바라건대 즉시 러시아 관리 곽미살이에게 조회하여 공법에 근거하여 청국의 비적을 막아 변경에 분쟁이 생기지 않게 하여 우리 백성들을 편안하게 해주십시오"라고 하였습니다.

이에 따라 조복하기를, "청국 관원이 다수의 병사를 출동시켜 우리 백성을 약탈한 것은 몹시 놀라우나, 다만 일이 간민과 관계되어 있으므로 당연히 귀 관리가 정부에 분명히 보고하여 지휘 조처를 기다려야 할 것입니다. 청비를 막는 일로 러시아 관리에게 조회해 요청하라 하는 것은 규례에 어긋나는 것이므로 본 감리가 함부로 승인하기 어렵습니다"라고 하였습니다.

일이 변경의 분쟁과 관련되어 소홀함이 있을까 두려워 이에 보고하니 살펴보기를 삼가 바랍니다.

광무 7년 11월 25일

경흥감리(慶興監理) 황우영(黃祐永)

의정부찬정외부대신임시서리(議政府贊政外部大臣臨時署理) 각하

지령 제1호. 해당 안건의 전말을 이미 변계관(邊界官)의 보고에서 보았거니와 이는 변경의 사

무에 관계된 것이므로 관계되는 바가 몹시 중요하니 이후 정황을 소홀함이 없이 계속 보고할 것. 1월 11일

24 무산 건너편의 섬에서 청국 병사와 우리 측 진위대와 사포 간에 일어난 무력충돌로 개간 백성의 재산피해가 있으며, 이에 대해 간도관리와 공문 왕복이 있었다는 보고

보고 제25호

간도(墾島) 소요의 정황을 이미 갖추어 보고하였거니와 상세히 탐문하여 즉시 보고하라는 전보 지시를 받들어 즉시 답장 보고하였습니다. 소요가 일어난 정황과 어떻게 적절히 조처했는지를 상세하게 밝혀달라고 간도관리에게 공문을 보냈습니다. 곧바로 접수한 답장 내용에, "음력 9월 초 청국 병사가 향비(响匪)를 불러 모아 합쳐서 4, 5백 명이 이유 없이 무산을 마주 보는 섬에서 소동을 일으켜 강을 건너 경계를 침범하려는 형세여서 해당 주둔 부대 및 해당 군의 사포(私砲)가 강을 사이에 두고 전투하여 해당 섬의 인민 다수가 약탈을 당하고 곡물과 가옥이 불태워져서 백성들이 모두 흩어졌습니다. 형세가 몹시 황급하므로, 본 감리가 즉시 종성진위대 서(徐) 참령(叅領)에게 조회하였더니, 해당 참령이 이유 없이 분쟁을 일으켰다는 이유로 청국 관원에게 따지고 질책했습니다. 그러자 청국 관원이 스스로 이치상 꿀리는 것을 알고 누차 화해를 애걸하여 청국 관원과 서 참령이 서로 타결하여 청국의 병비(兵匪)는 현재 해당 간도에서 쫓겨났습니다.

주민 가옥이 불태워진 정황의 경우, 어떤 이는 청국 사람이 먼저 손을 썼다고 말하였고 어떤 이는 무산의 사포와 순검들이 저지른 짓이라고 말하였으므로, 본 감리가 파원을 정해 해당 섬에 가서 별도로 불태워진 정황을 조사하게 했는데 현재 돌아오지 않았으므로 본 감리가 아직 정부에 보고하지 못했습니다. 해당 조사원이 오기를 기다려 다시 갖추어 답장하겠습니다"라고 하였습니다. 이를 따라 이에 먼저 보고하니 살펴주기를 삼가 바랍니다.

광무 7년 12월 18일

경흥감리(慶興監理) 황우영(黃祐永)

의정부찬정외부대신임시서리(議政府贊政外部大臣臨時署理) 각하

지령 제2호. 보내온 보고를 다 알았으며, 이미 전 호의 지령이 있었음. 1월 11일

25 종성진위대 병정이 두만강을 넘어 서강에서 주민을 침탈한 사실을 두고 러시아 교계관의 공문이 있었다는 보고

보고서 제6호

이달 11일에 러시아 교계관 곽미살이의 조회를 접수해보니 내용에 "풍문에 종성진위대 병정이 종종 두만강을 넘어 서강(西江) 등지의 거주민을 침탈하고 또 관리 이범윤(李範允)은 청국 땅으로 넘어가 불법으로 해당 지방 주민의 호전(戶錢)을 탈취하고, 또 한국인들은 일본인이 부탁하는 바를 잘 시행한다고 합니다. 그러므로 오로지 이렇게 귀관에게 조회로 요청하니 즉시 종성진위대 대장과 관리에게 조회하여 병정으로 하여금 서강 등지로 나가지 말고 또 호전을 받지 말고 아울러 한국 백성으로 하여금 일본인이 부탁하는 바를 시행하지 말도록 해 주시기를 바랍니다. 만약 그렇지 않으면 러시아 정부가 태평(太平), 서강 등지에 직접 분부하여 불량한 자들을 엄히 처벌하겠습니다"라고 하였습니다.

해당 정황을 비록 상세히 알 수 없으나 변경 지역에 분쟁을 낳을 우려가 있어 종성진위대와 간도관리에게 먼저 조회하여 탐문하고 이에 보고하니 살펴보기를 삼가 바랍니다.

광무 8년 3월 17일

경흥감리서리주사(慶興監理署理主事) 이기병(李基炳)

의정부찬정외부대신(議政府贊政外部大臣) 각하

지령 제9호. 보내온 뜻을 앞서의 전보로 알고 원수부와 내부에 공문을 보내어 엄중하게 전달 지시하였음. 4월 15일

26 러시아 목수관이 경흥에서 경성까지 전보용 전신주를 세우려고 하고 있으므로 곽미살이 등과의 왕복 공문을 보낸다는 보고

보고서 제15호

이달 21일에 본 감리서에서 남쪽으로 50리 거리인 증산(甑山)에 와서 머물고 있는 러시아 목수관(木手官)이 보내온 공문 내용에 "현재 러시아 대원수의 분부를 받들어 와봉(臥峯, 경흥 건너편 러시아 지역)부터 경성(鏡城)까지 전선을 가설하니, 청컨대 귀 감리는 2일 사이에 지시해서 전신주[電桿] 5백 주를 마련하여 표를 세우고 전선을 설치하는 곳에 즉시 웅기 등지에서 실어 운반하면, 해당 값은 당연히 비추어 갚겠습니다. 만약 뜻대로 되지 않으면 이곳에 오랫동안 머무르며 데리고 있는 군인 40명, 말 40필에 대해서는 헤아려 폐단을 줄일 필요가 있습니다. 해당 전신주의 길이는 러시아 자로 7척, 너비 2촌입니다. 청컨대 지시해 보내시기 바랍니다. 일찍이 기억하건대 한국의 전신주를 세우는 사람들은 경흥에서 경성 사이의 인민들이 전선 공사를 방해하지 말라는 뜻으로 공문을 작성해 보냈습니다"라고 하였습니다.

이에 교체된 감리가 즉시 답장문을 보내기를, 경흥 지방에는 전신주로 사용할 나무가 없으니 요청대로 시행할 수 없다고 하였고, 역시 이런 뜻으로 곽미살이에게도 조회하였습니다. 그리고 순검을 파견하여 해당 러시아 관원이 와서 머무는 곳에 가서 형편을 상세히 탐문하게 하였습니다. 그들이 돌아와 말하기를, "21일 일찍 러시아 목수관 1인이 전보원 2명, 통역 1명, 병사 24명, 말 29필을 거느리고 증산에 와서 농민을 몰아 위협하며 벌목하여 전신주를 세우되, 경흥부터 경성까지 가설한다고 하며 남쪽을 향해 떠났습니다"라고 하였습니다.

23일에 받은 곽미살이의 조회 내용에 "군대에서 붙잡아오도록 분부한 목수 울웃곱거울이 러시아 지역에서 경성까지 전선을 가설하고, 또 종전 한국 정부가 경성과 다른 곳에 설치하고 남겨둔 전신주 또한 가져다 썼다고 말하였습니다. 이 때문에 조회하니 귀 감리는 해당 목수관이 설치한 전보에 대해서는 잘 보호하고 전신주가 있는 곳과 목재가 있는 산을 지시하여 새로운 전신주를 채택해 사용하고 아울러 가옥을 지정하여 전보처소로 삼도록 요청합니다"라고 하였습니다.

본인이 서리(署理)한 다음날에 아직 정부의 명령을 받들지 못하여 마음대로 승인할 수 없다는 뜻으로 이치에 따라 조복하였고, 해당 답장을 기다렸다가 다시 분명하게 보고할 계획이며, 이에 먼저 보고하오니 살펴보기를 삼가 바랍니다.

광무 8년 5월 27일

경흥감리서리주사(慶興監理署理主事) 이기병(李基炳)

의정부찬정외부대신(議政府贊政外部大臣) 각하

지령 제25호. 우리나라 지역 내에 가설한 전선에 대해 절대로 외국인이 왈가왈부할 수 있는 것이 아닌지라. 당연히 이치에 따라 반박하고 따져서 사단이 생기지 않도록 하고, 모름지기 번거롭게 보고하지 말 것. 7월 9일

27 증산에서 경성까지 전신 개통을 위해 전한목 설치를 두고 러시아 병사들의 주둔과 압박이 심하다는 보고

보고서 제18호

러시아 병사가 마음대로 전신주를 설치하고 군량을 실어 운반하였음은 지난달 29일에 이미 갖추어 보고하였습니다. 해당 러시아 관리는 본 감리서가 인허, 지원하지 않은 것에 대해 감정을 품고 농민들을 몰아대며 위협하고 여행자를 파악하여 두고 멋대로 위엄을 부리며 공사를 감독하고, 이달 16일에 러시아 지역 와봉(臥峰)에서 경성까지 전선을 이어 통신하였습니다.

17일에 러시아 관리 1명이 30여 기마병을 이끌고 연추에 도착하여 본 항 경무서와 본 군 향교청에 유숙하며 회령으로 가는 길을 고쳤습니다. 20일에는 전신주 공사를 감독하던 러시아 관리가 의원 1인, 병사 10여 기를 데리고 속속 와서 머물면서 해당 나라의 기를 내걸고 한편으로는 종성으로 가는 웅기(雄基) 고갯길을 정비하고 한편으로는 두만강교를 가설하였습니다. 그러면서 모군(募軍)을 찾도록 질책하여 위협이 막심하며, 마초(馬草)의 토색과 기계의 운반은 백성들이 감내하지 못했습니다. 21일에 1백여 명의 병사가 경성에서 또 들어와서 성 밖에 주둔하였고, 기타 순찰병의 왕래는 날마다 이어졌으며 소유한 공장(工匠)과 땔나무, 풀 등 일체의 침탈로 온 군의 주민이 사역에 피로할 뿐만 아니라 조금도 뜻을 말하지 않으면 멋대로 매질하고 있습니다. 이처럼 1백여 호의 잔읍(殘邑)으로는 더욱더 살아가기가 어려워 정

황이 답답하므로 이에 보고하니 살펴보기를 삼가 바랍니다.
광무 8년 6월 25일

경흥감리서리주사(慶興監理署理主事) 이기병(李基炳)

의정부찬정외부대신(議政府贊政外部大臣) 각하

지령 제30호. 보내온 뜻을 모두 상세히 알았음. 7월 30일

28 해삼위사무서의 폐지에 따른 물품 철수 지시에 따라 두 사람을 파견해 여비 등을 계산해 내려달라는 보고

보고 제35호

해삼위사무를 폐지하고 기구를 철수하라는 전보 훈령을 받들어 해당 운반하는 왕복 여비가 필시 상당히 많을 것으로 즉시 분명하게 보고하였으며, 곧바로 지령을 받들어보니 내용의 대략에 "육로와 수로 간에 이익과 편리 여부를 실로 멀리서 헤아리기 어려우니 귀 감리서에서 적절하게 헤아려 처리하라"라고 하였습니다.

이웃 나라의 병사가 길에 있어서 외국의 통행이 몹시 위험하므로 부득이 해당 지역에 익숙한 두 사람을 별도로 뽑아 파견하였더니, 해당 현존 물품 중에 15종은 김익지(金益智) 집에 옮겨 두었고, 26종은 실어 운반하였습니다. 위 두 사람의 여비와 수레 임대가 평시보다 배나 뛰어 들어간 돈 총 1백 27원 86전을 본 감리서의 세은(稅銀) 중에서 잠시 먼저 전용해 주었으며 해당 수효와 목록을 분별해 좌개(左開)로 기록하였습니다. 이에 보고하니 살펴본 후 계산 외에는 헤아려 내려주기를 삼가 바랍니다.
광무 8년 10월 12일

경흥감리서리주사(慶興監理署理主事) 이기병(李基炳)

의정부찬정외부대신(議政府贊政外部大臣) 각하

좌개(左開)

경흥에서 러시아 지역 방천항(防川項)까지 280리 왕복 수레 임대 값 68원

방천항 포구에서 해삼위까지의 배삯 14원 26전
물품을 넣는 궤짝 2개 값 2원 20전
장식한 못[裝飾釘] 값 60전
묶는 밧줄 값 1원 80전
짐꾼 품삯 1월 40전
두 사람 왕복 여비 39원 60전
이상 총 1백 27원 86전

지령 제51호. 해삼위 물품 운반비가 많은 것은 요금표에 나와 있으나 지금에 이르러 길이 험하여 형세가 혹 그러했다. 보고한 대로 시행할 것. 12월 7일

29 두만강 해구와 나루터의 선박 징세를 감리서와 군 중에서 어느 쪽이 어떻게 맡을지 지시해달라는 질품

질품서 제2호

본 감리서 지역 내 각 포구와 나루의 선박을 선세규칙(船稅規則)에 의거해 시행할 일로 작년에 받든 통신원 훈령이 보존 문안에 있습니다. 계속해서 금년 7월 24일에 항내 각 선박으로 하여금 위험에서 벗어나도록 지시한 일로 통신원의 훈령을 받들어 시행하였습니다.

경흥 일대는 남쪽 끝은 슬해(瑟海)이고 동북쪽 끝은 두만강인데, 해당 강 일대 상하 각 나루터[해암서(蟹巖署) 북쪽 20리, 원정동서(元汀洞署) 남쪽 5리, 고읍서(古邑署) 남쪽 30리, 화견봉서(花見峰署) 남쪽 40리 네 곳. 화견봉은 즉 용현(龍峴)]를 지나는 선박을 종전 본 감리서에서 맡아 점검하였습니다. 화견봉 한 곳의 도선규칙(渡船規則)은 개국 500년 8월 13일, 전 감리 김우현(金禹鉉)의 임기 중에 러시아 교계관 곽미살이와 타결해 정하여 해당 선세는 액수에 따라 고르게 나누기로 조약을 교환하여 지금까지 준행하였습니다.

현재 감리서와 군이 나누어 관할하는데 해구(海口)의 각 선박과 도선(渡船)의 징세를 감리서에서 맡아 관리하겠습니까, 본 군으로 이속하겠습니까? 해빈(海濱)으로 말하면 웅기구(雄基口)(감리서 남쪽 70리) 같은 경우 윤선이 출입하므로 본 감리서에서 종전에 주관하였고 나루터

로 말하면 원정동 같은 경우 확실히 구내(區內)와 관계되고, 화견봉은 이미 러시아 교계관과 약속을 정하였고, 나머지 각 도선은 청나라 사람과 상관이 없지 않습니다. 그러니 옛날 관례에 비추어 감리서에서 맡아 관리하는 것이 편리하고 타당할 것이나 직권의 범위에 관계되는 일인데 아직까지 지시를 받들지 못하였습니다. 위 사실을 통신원에 갖추어 아뢰어 요청하며 이에 질품하니 살펴보고 지시하기를 삼가 바랍니다.
광무 8년 11월 26일

경흥감리서리주사(慶興監理署理主事) 이기병(李基炳)

의정부찬정외부대신(議政府贊政外部大臣) 각하

지령 제5호. 각지 선세를 맡아 관리하는 문제는 통신원에 갖춰 보고하였다고 하니 자연히 통신원의 지시 처리가 있을 것임. 9년 1월 17일

30 그동안 폐지되었던 각 군의 세소를 설치했으나 일진회가 모든 세금을 혁파했다고 막았으니 처분을 내려달라는 보고

보고서 제19호

본 감리서의 세입이 금년 봄, 여름 이래로 외국 군대가 계속 이어져 상인이 막히고 끊어져 각 세소(稅所)의 업무가 자연 정지되거나 폐지되었더니 천행으로 전쟁이 평화를 이루어 러시아 군대가 모두 물러나고 경내가 다소 안정되어 장삿길이 다시 통하였습니다.
각 세소의 세무(稅務)를 과거와 같이 정돈하였더니 지금 접수한 본 감리서 관할 수성(輸城, 경성 경내) 세감(稅監) 이흥재(李興在)의 보고 내용에 "본 세소에 가서 음력 10월 22일부터 세금을 거두었더니 다음날 아침에 성진(城津) 일진회장 김용린(金龍鱗)이 와서 '어떤 세금을 막론하고 모두 혁파하였다'고 말하였습니다. 공문을 보자 하니, '부령읍에 가서 2일 내에 내보내겠다'라고 하기에 2, 3일을 기다렸으나 종내 무소식이었습니다. 26일에 또 세금을 받자 경성(鏡城) 회장 최기남(崔奇南)이 사찰(査察) 최기현(崔基鉉)을 보내 김용린과 꼭 같이 가로막았습니다. 세감으로서는 감히 맞설 수가 없어 부득이 세소를 철수하고 보고합니다"라고 하였습니다.

삼가 살펴보니 관북으로 진출하는 화물을 본 감리서에서 장정에 비추어 세금을 거두는 것은 외국 상인도 인준하지 않음이 없는데, 이번에 일진회 백성이 마음대로 혁파하였다고 말하는 것은 이치에 닿지 않는 일입니다. 그러나 들리는 소문에 각지에서 호응하여 세금을 거두는 문제는 어떻게 하지 못하나, 삼가 생각하건대 일진회 백성도 역시 임금의 교화에서 자라는 동포입니다. 필시 충군애국(忠君愛國)을 하나의 뜻으로 삼거늘 이번에 상부의 훈령 지시를 말미암지 않고 막중한 세금을 멋대로 혁파하게 하는 것은 과연 참으로 애국심이 있는 것이겠습니까? 장차 참으로 법을 멸시하고 공정을 어그러뜨리는 행동이라고 말하겠습니까? 일진회 백성의 목적은 헤아리지 못하나 당당한 세금을 이렇게 가로막혀 희롱당하니 법률이 있는 마당에 통분을 이기지 못하므로 해당 보고 1장을 별도로 첨부하며 이에 보고하니 살펴보고 지시하기를 삼가 바랍니다.

광무 9년 12월 5일

경흥감리서리주사(慶興監理署理主事) 이기병(李基炳)

의정부찬정외부대신(議政府贊政外部大臣) 각하

지령 제27호. 각 군 세소를 오랫동안 정지하거나 폐지하였다가 지금 갑자기 징수하니 해당 일진회에서 잡세라 생각하고 이런 방해가 있었던 것이다. 막중한 세금에 본래 장정이 있음을 이치에 따라 다투어야 어그러지는 일이 없게 될 것임. 20일

31 수성세소를 철폐하라는 일진회 지부의 주장은 경흥감리서 운영의 정공을 없애려는 것이므로 타당하지 않다는 보고

보고서 제20호

일진회 백성이 수성세소(輸城稅所)를 멋대로 혁파한 일은 이달 5일에 이미 분명히 보고하였습니다. 일이 세금에 관계되어 마음대로 혁파할 수 없다는 뜻으로 함북지부 회장이라는 유문경(劉文卿)에게 편지로 질책하였습니다. 그러자 곧바로 받은 해당 답장의 대략에 "귀 편지에서 말한 뜻이 비록 몹시 엄하지만 본 지부 일진회에서 일진회 본부에 보고하여 어느 부(部)의 어떤 명목의 세금이라는 답장을 받은 후 말하겠습니다"라고 하였습니다.

17일에 유문경이 본 수성시장에 왔으므로 무리를 상대로 이치로 따지니 답하기를, "수성세소에서 농민 · 상인과 소[牛隻]를 막론하고 모두 세금을 거두어 백성들이 억울해 하므로 해당 세소만 폐지하고 기타 강 연안의 각 세소는 혁파하지 않는다"라고 하였습니다. 강 주변 각 세소는 수많은 갈래의 길로 상인이 빙 둘러 건너가 몰래 탈루하는 폐단을 막을 수 없으므로 관북 상인의 수출 요충지인 수성에 특별히 세소를 설치하여 탈루되는 것을 막는 것입니다. 상부에서 특별히 설치한 세소를 마음대로 폐지할 수 없음은 의리상 감히 할 수 없고, 해당 세소를 폐지하면 두만강 겨울 얼음에 상인이 흩어져 달아나 몰래 탈루하는 것을 막을 수 없어 어그러지는 것이 크게 되어 또 안 되는 일입니다.

이에 답하여 말하기를, "이미 폐지에 대해서는 설명이 되었으므로 각기 주무하는 부에 보고하여 지휘를 기다려 조처함이 좋겠다"라고 하였습니다. 삼가 살펴보니 탈루하는 상인을 막는 것은 오로지 수성세소 한 곳에 의지합니다. 경성, 명천, 길주 등지 상인은 달이 밝은 것을 싫어하여 바람에 따라 불을 지를 생각으로 일진회 백성에게 부탁하여 농사짓는 소에도 세금을 거둔다 하여 세소의 폐지를 기도하였습니다. 그러나 본 감리서에서 거두는 세금은 진출(進出)하는 화물뿐이고 농사짓는 소는 처음부터 거론하지 않았음을 백성들이 모르지 않습니다. 과연 농사짓는 소에 세금을 거두었다면 해당 세감에게 징수한 것을 환급함이 타당하거늘 그러지 않고 오로지 세소를 폐지하고자 하는 움직임의 근본 원인은 자연히 환하게 알 수 있습니다.

일진회 백성의 목적은 헤아릴 수 없으나 명분은 나라를 이롭게 하는 것이지만 공공 항목을 어그러뜨리고, 인민을 보호한다고 하나 먼저 상거래 세금을 탈루할 길을 열었으니 세금의 방해는 많은 사람들의 마음을 놀라게 하고 현혹할 뿐입니다. 위 세소의 관계는 본 감리서의 명맥이요 국고의 거대 항목이므로 해당 왕복 편지 각 1장을 별도로 첨부하여 이에 보고하니 살펴본 후 즉시 지시하여 세무를 보호하게 하기를 삼가 바랍니다.

광무 9년 12월 18일

경흥감리서리주사(慶興監理署理主事) 이기병(李基炳)

의정부찬정외부대신(議政府贊政外部大臣) 각하

재(再). 수성세소를 폐지하면 상인 백성이 빙 둘러 건너는 것을 금지하기 어려워 세무가 전폐되는 것과 같고 한 달을 정지하거나 폐지해도 손해가 거대하니 신속히 처리해주기를 삼가 바랍니다.

첨부문서

1) 귀 감리서에서 정령(政令)을 시행하고 진하(進賀)하기에 겨를이 없는데도 삼가 편지를 내려주었으니 이는 관아와 백성이 합동하라고 외부에서 훈령하신 마당에 황송하여 등이 땀에 젖었습니다. 그런데 내리신 공함(公函)에서 말하신 내용 중에 "관북(關北)에서 진출하는 각종 화물은 귀 감리서에서 장정에 따라 세금을 거두는 것은 비단 우리나라 인민이 환하게 알 뿐만 아니라 각국 상인도 또한 인정하여 준수하지 않음이 없다. …"라고 했습니다. 또한 "일이 세금에 관계된다. …"라고도 하였습니다. 어느 부의 어떤 명목의 세금인지요? 공무의 체제[公体]는 중대하지 않음이 없습니다. 그러나 인민대표자인 성진군 회장 김용린(金龍鱗), 경성군 회장 최기남(崔基南) 두 사람이 잡세를 거절한 것은 이치상 또한 당당하므로 금지할 수 없습니다. 그래서 다시 편지를 보냅니다. 그런데 세금을 거두는 것으로 말하면, 광무 8년 10월 일 황제의 조칙으로 영구히 혁파하라고 한 후 금년 3월 21일 13부(府) 일진총회장 통첩 내용에서도 소위 잡세 파원들과 세감 명색은 하나하나 지역 밖으로 축출하고 계속해서 신속히 보고하라고 하였습니다. 궁내부와 관계되는 세금 거두기와 향탄비세(香炭費稅)와 내장원세와 기로소세와 영친왕궁세 등 제반 잡세는 혁파하라고 하신 후 금년 4월 13일 의정부대신 민영환(閔泳煥) 씨가 잡세를 혁파하는 일로 삼가 황제께 아뢰어 '아뢴 대로 하라'라고 지시를 받들었습니다. 이는 지금부터 정부의 책임입니다. 참으로 황제께 아뢰어 재결하기를 기다릴 것이 없으며, 이미 아뢰었습니다. 또 황제의 지시가 몹시 분명하고, '단단히 지시하라'라고 하신 황제의 지시가 있으며, 일진회 본부에서 통첩이 한두 번에 그치지 않았으므로 인민대표자회의 목적상 어쩔 수 없이 거절하고 막았습니다. 지금 귀 편지가 말한 뜻이 비록 몹시 엄하나 본지부회에서도 일진회 본부에 보고하여 어느 부 어떤 명목의 세금인지 답장이 있기를 기다린 후 말하겠다는 뜻으로 이에 다시 편지를 보내니 살펴보기를 삼가 바랍니다. 매우 편안하시기 바랍니다.

광무 9년 12월 13일

함경북도일진지부회회장(咸鏡北道一進支部會會長) 유문경(劉文卿)

경흥감리서(慶興監理署) 이기병(李基炳) 각하

2) 오래 아름다운 명망을 흠모하였으나 덕스런 모습을 받들지 못해 멀리서 훌륭한 모범만을

생각하면서 단지 절실하게 멀리서 여쭙니다. 삼가 아룁니다. 관북에서 진출하는 각종 화물의 경우, 본 감리서에서 장정에 따라 세금을 거두는 것은 비단 우리나라 백성이 환하게 알 뿐만 아니라 각국 상인 역시 알고 따르지 않음이 없습니다. 현재 수성 세감 이홍재의 보고 대략에 따르면, "운운(보고 내용은 전부 삭제함)" 하였습니다.

이를 살펴보니 막중한 세금을 상부의 명령을 받들어 따라서 시행한 지 이미 오래되었습니다. 설혹 때에 따라 정지나 폐지하더라도 당연히 주무부에서 먼저 본 감리서에 훈령으로 지시하여 즉시 해당 세감에게 전달해 알려야 합니다. 지금 성진, 경성 양 회장이 공문도 지니지 않고 마음대로 혁파하였는데 이유가 몹시 괴이한 점이 있습니다. 이치상 당연히 근거로 상부에 보고하여 지휘를 기다려야 합니다. 다만 아직 귀 회의 이번 행동이 실로 귀 회장의 지시에서 나와 그러한 것인지 모르겠습니다. 아니면 상부의 훈령 지시가 먼저 귀 회에 도착하였고 본 감리서에는 도착하지 않았는지요. 속사정을 어림짐작하기 어렵습니다.

일이 세금과 관계되고 거대한 금액을 어그러뜨리는 것입니다. 그러므로 이에 빨리 말하였으나 아직 편지를 받지 못했습니다. 삼가 답장을 기다린 후 오로지 하겠습니다. 매우 편안하시기 바랍니다.

이기병(李基炳) 12월 8일

함북일진지부회장(咸北一進支部會長) 유문경(劉文卿)

열어봐 주십시오.

지령 제33호. 보고 내용을 상세히 알았는바, 이미 지난번에 지령이 있었으니 수성과 강 연안 각 세소의 세금 거두는 것을 결코 잠시라도 정지할 수 없다. 해당 일진회가 어느 부 어떤 명목의 세금임을 반드시 물어 알고자 한다면 이는 처리하기 어렵지 않으니 해당 일진회에서 분명하게 편지하여 탁지부에 질품하게 하되 절대 지체되어 그르치지 않게 할 것. 12월 8일

III

『소장』 번역문

1 회령감리 철폐 후 청국 비도가 날뛰니 이들을 단속하고 두만강에 선박을 설치하여 선상호를 단속해달라는 소장

소장

무릇 변경정책에서 항구의 업무는 참으로 정사를 집행하는 중추이고 진실로 백성을 지키는 중요 업무입니다. 삼가 생각하건대 관북은 중요한 변경에 위치하여 동으로 러시아와 이웃하고 북으로 청국과 경계합니다. 수백 년 이래로 변경의 금지가 몹시 엄하여 강토가 다소 편안하였고, 게다가 회령, 경흥에 감리소를 모두 설치하여 러시아와 청국 교섭 등의 일을 관할하고 집조세단법(執照稅單法)을 간행하고 피아 상인 백성을 인증하고 자취를 감춘 자를 변별하여 만약 통행증과 납세 증명서가 없는 자는 해당 나라 관원에게 압송하여 엄하게 징계 처리하였습니다. 이에 감히 범하지 못하여 변경에는 비적 소요의 경보가 없었고 항구에는 탈세하는 폐단이 없었으니 참으로 좋은 법이고 아름다운 규정이었습니다.

회령감리가 혁파된 이후로 죽 청국 사람이 두려워 멈추는 일 없이 멋대로 마을을 돌아다니며 폐단을 일으키지만 막을 수 없으며, 진(鎭)과 보(堡)가 모두 혁파되자 청비(淸匪)가 엿보아 군에서 다소 떨어져 있는 지방에 침입하여 부녀를 겁탈하고 재산을 약탈하면서 이르지 않는 곳이 없으니 백성들이 모두 도망쳐 피하는데 관에서는 뒤쫓아 체포하기 어렵습니다. 비록 청국 공관에 조회하여 장정을 살펴 징계해 처리하고자 하나 조약을 고치기 전에는 갑자기 통지하기 어렵습니다. 비적 무리가 날로 번성하고 심지어는 내지(內地)에 깊이 들어와 사람을 해치고 재산을 약탈합니다. 단천 광업소에서 점차 펴져나가 좁은 길과 구석진 곳에서 사람을 살해하는 변고가 손가락으로 꼽을 수 없습니다. 만약 이것이 그치지 않으면 관북 백성들은 장차 필시 흩어지고야 말 것입니다. 이는 조속히 조처하지 않을 수 없습니다.

대개 무산에서 회령, 종성, 온성, 경원을 거쳐 경흥에 이르기까지 합쳐서 6, 7백 리가 되는데, 단지 한 줄기 두만강을 사이로 두 나라 지역의 인가가 서로 바라보는 곳으로 농사꾼과 장사꾼이 길에 이어지므로 부득이 각 군 강의 포구에 나루터를 설치하였습니다. 작년 조약이 아직 개정되지 않아 청국 사람이 내어가는 화물의 세금은 이미 거론할 것이 없습니다. 저들은 독자적으로 나룻배를 두어 이익을 독점하고 우리나라 사람은 불편하게 왕래하는 것은 고사하고 청국 사람들이 선상호[船戶]와 한통속이 되어 밤을 틈타 몰래 건너 노름판과 아편을 흡

연하는 곳에서 떠들썩하게 재물을 사기 치고 끝내 싸우며 살상하다가 금년 봄에 이르러 온성에서 서로 살해하는 옥사가 발생하였습니다. 현재 종성과 온성 양 군의 광산 일이 바야흐로 시작되었으나 각처의 일꾼들이 두려움을 품고 나아가지 않고, 또한 일찍이 저들이 가로막지 않은 적이 없었습니다. 폐단이 여기에 이르니 통탄을 이기지 못하여 발을 싸매고 수천리를 와서 사실에 의거해 아룁니다.

삼가 바라옵건대 정황을 통촉하신 후 즉시 청상관리(淸商管理) 영국영사관에 조회하여 공정하게 조사해 처리하여 변경의 경계를 정리하여 각기 안도하게 하고 또한 각 군 나루에 민원에 따라 배를 다시 설치하고 선상호를 엄히 단속하여 청비와 한통속이 되는 것을 끊는다면 아마 싸움을 그치고 간사함을 막아 변경을 진압함으로써 백성을 편안하게 할 수 있을 것입니다. 민심에 맞춰서 살펴 처리하시기를 천 번 만 번 삼가 빕니다.

건양 원년 8월 3일

경성부(鏡城府) 회령군 진홍구(陳洪九)
종성군 김원묵(金源默)
온성군 강희규(姜熙圭)
경원군 채기석(蔡夔錫)
경흥군 김영국(金永國)
무산군 소양웅(蘇陽雄)

외부대신(外部大臣) 각하

뎨김[題]. 헤아려 조처하겠다. 물러나 기다림이 옳다. 8월 3일

2 연해주 지역 사정을 잘 아는 윤성선을 관리로 파견해달라는 청원

청원서

함경도 경흥 북쪽 해삼위(海蔘葳) 거주 유학 조치룡(趙致龍) 등

삼가 저희들이 본 지역에 관리를 두는 일로 이미 상소하여 특별히 윤허를 받았습니다. 그런데 또 공적 · 사적으로 모두 편한 방도가 있어서 이에 감히 외람되게 아룁니다. 해당 지역 거

주민은 모두 아침에 왔다가 저녁에는 흩어지는 어리석은 백성들입니다. 임금의 교화가 몹시 멀고 풍속이 아주 완고하여 위를 섬기고 관리를 두려워하는 예법을 전혀 알지 못하여 관리를 모욕하고 소요를 일으키는 습관이 필연적으로 많습니다. 이와 같은 오합지졸의 백성을 지금 비로소 이끌어 제어하고자 한다면 그 땅에 위무할 사람을 보낸 후에야 소요가 없이 귀화할 것입니다. 또 그곳의 제반 폐단을 두루 아는 자라야 민심을 따르면서 바로잡을 수 있습니다. 또 그곳의 형편을 알지 못하면 경비와 예산이 반드시 헤아리지 못할 정도로 많을 것입니다.

서울에 사는 진사(進士) 윤성선(尹聖善)이 갑오년쯤에 유람으로 해당 지역에 들어가 6건의 일을 널리 펼쳐놓아 많이 바로잡은 일이 있었는데 해당 지역에서는 우러러 칭송한 모습이 있어서 모두 다시 오기를 바라니 이는 위무하는 일이 아니겠습니까. 또 그곳의 폐단을 잘 알기에 충분히 민심을 따라서 교화를 잘할 수 있을 것입니다. 또 해당 지역 형편을 두루 알아서 경비와 예산도 역시 알맞게 헤아려 들어가는 월급과 새로운 건축비가 정부 예산한 액수보다 분명히 적을 것입니다. 비용이 적게 들면 나라에 이익이 되고 해당 백성들이 우러러 칭송할 것이니 백성들은 반드시 쉽게 교화될 것입니다.

지금 창설하는 시기를 맞아 오합지졸의 백성들을 제어하고 합당한 자를 구하고자 한다면 어찌 윤성선보다 나은 자가 있겠습니까. 저희들이 참으로 공정하고 편리하며 나라를 이롭게 하려는 것이 위와 같고 또한 그곳 많은 백성들의 소망에 따라 이에 감히 우러러 아뢰니 백성들의 소망에 따라 윤성선을 황제께 천거하여 저희들로 하여금 하루빨리 내려가도록 하기를 천만번 삼가 바랍니다.

광무 3년 1월 일

이정률(李禎律), 정중익(鄭重益), 이석형(李錫瀅), 김학눌(金學訥),
박내홍(朴乃弘), 이장섭(李壯燮), 주면후(朱冕厚)

외부대신(外部大臣) 각하

관리를 두어 편안히 하는 일은 서둘러야 할 업무이고 사람을 천거하여 채우는 일은 지금 정부가 조처할 것이니 그리 알기 바람. 1월 7일. 외부

3 한청조약 체결을 앞두고 청국과의 감계 협상을 하고 분계 강변에 노출된 정계비를 조사하고 호구를 파악해 백성을 위문해달라는 호소

소고서(訴告書)

함경북도 종성 거주 오삼갑(吳三甲) 등

삼가 백두산 연못 아래의 정계비(定界碑) 사적(事蹟)과 분계강과 두만강 사이의 땅을 아직 조사하지 않은 일과 강을 건너 살고 있는 백성들의 호적을 잃어버리는 일에 대해서는 이미 황제께 아뢰어 삼가 성스러운 황제의 지시에서 '정부에서 아뢰어 처리하게 하라'라는 처분을 받들었으므로 물러나 삼가 조정에서 처분하는 조처를 기다리고 다시 감히 번거롭게 아뢸 수 없었습니다. 그러나 이곳 북변(北邊)은 여진족이 도읍했던 곳인지라 고려 예종(睿宗) 때 문숙공(文肅公) 윤관(尹瓘)을 대원수를 삼고 문양공(文襄公) 오연총(吳延寵)을 부원수로 삼아 여진을 소탕하고 경계를 정하였습니다. 요동에서 선춘령(先春嶺)의 비를 세운 곳에 이르기까지 길이가 3천여 리가 되었습니다.

그 후 두 나라 유민이 섞여서 거주하는 것이 크게 번성하여 '야인'이라 부르고 혹은 중국(中國)을 침범하거나 혹은 우리나라를 침범하니 우리 조선 세종 당시에 갑산부사 오명의(吳明義)를 선봉장으로 삼아 야인을 토벌하고 추장 이만주(李滿柱)를 사로잡았으며 각기 7백 리의 땅을 떼어 공허지(空虛地)로 삼은 까닭에 삼수, 갑산 건너편 사군(四郡)이 그때 역시 폐지되었습니다.

청국 태조(太祖)가 등극한 후 강희(康熙) 51년에 목극등(穆克登)으로 하여금 경계를 정하게 할 때 여진을 토벌하고 경계로 정한 곳을 버려두었고, 이처럼 청국이 창업한 군사력으로도 우리나라 두 조정이 공격해 취한 공로에 구애받았습니다. 비록 고려의 일이라고 말하지만 이미 두 나라가 땅을 떼어내 경계한 공허지를 차마 다 취하지 않았던 것은 참으로 까닭이 있기 때문입니다.

백두산 연못 아래에 비를 세우고 흙과 돌을 연달아 높이 쌓고 토문자강(土門子江)으로 지역을 나눴습니다. 비 아래에 토문(土門)이 있고 하반령(下畔嶺) 아래에 또 토문자강이 있으니 강은 비록 같은 이름이나 땅은 나눈 지역입니다. 그러므로 이를 한계로 정하였습니다.

그런데 연전에 지역을 조사[勘界]할 때 청국 관원의 말이 목극등이 정계비를 잘못 세웠다고 하고 한국 사람[韓人]이 옮겨 세웠다고 의심하였고, 또 말하기를, 토문과 두만 두 강이 같은 강인데 소리가 다르다[同江異音]고 하였습니다. 처음 목극등이 비를 세울 때부터 타당하게 세운 곳과 잘못 세운 곳을 누군들 알고서 잘못 세웠다고 할 수 있겠으며, 한국 사람이 옮겨 세웠다고 말하는 것은 더욱더 어불성설입니다. 비 본체의 길이와 너비와 두께로 보아 몸체가 매우 크고 천지와 더불어 같이 늙어가며 서있는데 누가 옮겨 세울 수 있으며, 비 아래에 흙과 돌을 죽 쌓았고 토대[堆]가 끝나는 곳에 물이 나오는 곳이 있고 또 흙으로 된 벽이 마치 문과 같고 물이 그 사이로 흐르는 까닭에 토문강(土門江)이라 말합니다. 송화강에 합류하여 흑룡강으로 들어갑니다.

이 강은 잠시 내버려둔 채 따지지 말고 토대가 끝나는 곳부터 하반령에 이르기까지 그 사이에 간혹 물이 있거나 산이 있으며 서로 간의 거리가 3, 4백 리입니다. 비록 낱낱이 표지를 세울 수 없었으나 하반령 아래에 또 토문자강이 있으니 이를 미루어 한계로 삼았고, 또 이름을 분계강(分界江)이라 하였습니다. 청국의 지명으로는 강의 북쪽을 '변리(邊裡)'라 말하고 강의 남쪽을 '변외(邊外)'라고 하니, 청국이 스스로 분명하게 다른 나라 땅을 구별하였으므로 어찌 '토문과 두만이 같은 강이나 소리가 다르다'라고 말할 이치가 있겠습니까. 경계를 억지로 정하였음은 여기에서 판단할 수 있습니다.

과거 개시(開市)할 당시 청국의 짐바리를 우리 지역으로 옮겨 줄 때에도 분계강과 두만강이 온성에서 합류하는 까닭에 온성에서 철수해 돌아가는 자는 강 가운데 기를 세우고 짐바리 운반을 대신하였고, 종성의 경우에는 분계강변 패가토(孛加土)에서 90리에 이르러서 청국 관원이 한국 지역이 여기까지 이른다고 말하는 까닭에 짐바리 운반을 대신 호송한 지 180년이나 된 것이 순영(巡營)과 병영(兵營)의 계문(啓聞)에 본래 있으니 어찌 분명한 증거라 할 수 없겠습니까.

이처럼 청국 관원의 억설로는 결국 토착민들을 잃어버릴 것입니다. 지금 청국이 주재하는 날에 만약 타결해 정하지 않는다면 국체의 흠결과 조정의 잘못된 일 처리를 혹시라도 되풀이한다면 어떠하겠습니까.

두 나라가 서로 약속하여 비워두고 엄히 금지한 땅에 청국 백성이 먼저 들어가 살고 우리 백성이 이후에 들어갔으니, 이미 빈 땅에 사는 백성들은 모두 하늘이 준 기회를 따른 자연스러운 일입니다. 실로 나라를 이롭게 하고 백성을 편하게 하는 것이 이보다 나을 수 없으므로 청국은 관리를 두고 군대를 둔 지 이미 여러 해가 되었으나 유독 우리나라만 지금 법을 두지 않고 또 백성을 어루만지지 않아 타국의 압제를 받으니 백성들의 불쌍한 정황은 손가락으로 꼽을 수 없을 정도로 많습니다. 영사(領事)를 두어 백성을 어루만지는 것은 각국이 두루 행하는 새로운 법인바, 현재 두 나라가 우호하여 조약을 정하는 날에 관리를 두어 백성을 진무하는 것이 시급한 업무입니다. 게다가 또 하늘이 준 기회 또한 민심에 따르는 것입니다.

지난 여름 물이 불어났을 때에 분계강변에 비석 3개가 노출되었으니 이 또한 경계의 분명한 증거가 아니겠습니까. 우선 특별히 백성들에게 알리는 윤음을 내려서 위원을 파견하여 건너가 사는 백성들에게 두루 효유하고, 분계강변에 노출된 경계비를 살피고, 분계와 두만 두 강을 갈라진 곳에서부터 물길을 따라 근원을 찾고 호구를 조사하여 민심을 어루만지고 돌봐준다면 4, 5개월이 지나지 않아 온 백성이 되지 않음이 없을 것이니 삼가 처분을 기다립니다.

광무 3년 2월 일

오삼갑(吳三甲), 신태화(申泰華), 양도응(梁圖膺)

외부대신(外部大臣) 각하

땅의 경계를 정한 것은 몇 해 전에 감계사(勘界使)가 고금문헌을 근거로 하고 산수형편을 답사해 여러 번에 걸쳐 황제께 아뢰어 밝혔으니 다시 일을 장황하게 할 필요가 없다. 백성을 편안히 하는 문제는 당연히 정부의 조처가 있을 것이다. 2월 21일. 외부

4 청비에게 약탈당하는 월간민을 위해 갑오년 이전처럼 관리가 개입하고 경계 문제가 미정이니 우리 백성에 대한 수세와 호구조사를 할 수 있도록 청국과 조약을 체결해달라는 청원

함경북도 11개 군 거주민 최제강(崔齊崗), 지창한(池昌翰) 등이 삼가 두 번 절하고 외부대신 각하에게 청원합니다. 관북이 비록 치우쳤으나 곧 우리 성스런 왕조가 일어난 옛 고을이고, 거주민이 비록 비천하나 역시 우리 국가의 적자인 바, 한 자락 땅을 잃는 것도 국가의 손실이고 백성 한 명이 받은 모욕이라도 국가의 모욕입니다. 그런데 현재 정황의 경우, 백성은 이미 모욕을 받았고 토지는 장차 잃게 되는 일이 발생하겠으므로 감히 비루한 말을 올려서 살펴보도록 갖춥니다. 두만강을 따라 있는 6개 군은 본 함경북도의 울타리입니다. 청국 쪽 건너편은 곧 이웃이면서 5백 년 이래로 우리가 우리 강토를 다스려 서로 침범함이 없었던 것은

관방(關防)을 설치하고 미리 대비해 막는 것을 중시하여 법으로 서로 지키며 의리로 서로 믿었기 때문이었습니다.

그런데 갑오년을 거치면서 양쪽 지역에 모두 교섭하는 관리가 없고 물줄기 하나로는 믿을 수 있는 장애물이 되지 못합니다. 저 청국의 비적[匪賊]과 우리 한국의 불량한 백성이 서로 배짱이 맞아 때를 틈타 득세하여 아침에 왔다가 저녁에 가면서 조금도 꺼리는 바가 없음에 짐주지탕(鴆酒止湯)이 바로 성질이고 누포요기(漏脯療飢)가 바로 습속입니다. 서로 얽혀서 무리를 만들어 읍성과 마을에 돌입하며 재물을 약탈하고 부녀를 겁략하는데, 살인이 수도 없이 많았습니다. 더러 도박하는 데 돈을 빌려주면서 사람의 허실을 묻지 않으며 더러 담배와 술을 마구 팔면서 해당 호(戶)의 빈부에 구애되지 않고 소위 기장(記賬)에 단지 성만 쓰고 이름을 쓰지 않았다가 결국 거두어들일 때에는 원범(原犯)을 몰래 사주하여 피신 도망하게 하고 수십 명의 비적이 창을 메고 칼을 차고 처음에는 성에 들어와 갖가지로 소란을 피우며 위세를 떨치고 종내에는 마을에서 나가 본관이 다르고 성이 같은 이로부터 사돈의 8, 9촌과 같은 사(社)의 이웃에 이르기까지 약탈당하지 않은 자가 없어 배상이 백배에 이르지만 지방 관리는 엮이는 것에 겁을 내면서 위축되어 미처 막지 못하고 촌락의 인민은 생명을 아까워하여 달아나 숨고 대적할 수 없어서 지아비는 밭을 갈아 먹지 못하고 지어미는 베를 짜서 입지 못한 지 이미 여러 해입니다.

요즘에는 더욱 심해져 두려움을 경험한 백성이 스스로 보호하기 어렵다고 생각하고 울면서 비적의 소굴에 몸을 던져 저들의 압제를 받아 복종하고 노예처럼 섬기는 자가 손가락으로 꼽을 수 없을 정도로 많습니다. 따라서 관북 11개 군은 필시 빠르게 비고야 말 것입니다. 어찌 본성으로 달게 여기며 때의 운세 탓에 그러하겠습니까. 진실로 형세가 궁하며 부득이한 데서 나온 까닭입니다.

우리 선왕의 적자가 저 청국 비적의 노예로 충당되는데도 의례적인 것으로 보아 놔두고 거두어들이지 않으면 어찌 '나라가 있고 백성이 있다'라고 할 수 있으며 또한 '나라가 독립하고 평등하다'라고 할 수 있겠습니까. 이러한 폐단이 비단 북쪽 변경만이 아니라 압록강 연안의 여러 군 또한 그러합니다. 보호의 계책을 생각한다면 이제 청국공사가 서울에 주재하는 시기가 되어 국서(國書)에 분명히 실려 있는 '보거화호(輔車和好)'라는 글자에 따라 약장을 강구해 정하되, 한국인이나 청국 사람을 막론하고 도박하는 데 돈을 빌려주거나 담배와 술을 마구 팔거나 통행증[執照]도 없이 마음대로 내지(內地)로 가서 방을 빌려 소굴을 만들거나 같은 성씨나 이웃에게 대신 배상하게 하는 등의 정황이 있으면 마땅히 해당 지방관이 서로 조회해 처리하되 돈은 관아에 바치고 해당 장부는 소각하게 하며, 사적으로 무기를 지니고 내지에 마음대로 가는 자를 만나면 서로 간의 조회를 기다리지 않고 해당 관인과 선량한 백성이 곧바로 총을 쏘아 죽이되 증거물은 관아에 보고하여 조사해 밝히게 하고, 장사를 빙자하여 구매하고 빙 둘러 건너서 말썽을 일으키는 자는 서로가 압송하여 다스려야 우리가 우리 백성을 다스리게 하여 변경의 정황을 진정시킬 수 있고 변경의 백성을 보호할 수 있을 것입니다. 하나같이 갑오년 이전의 예로 하여 한·청 사이에 도적 무리와 어진 백성을 막론하고 서로 나누어 다스린다면 우리 백성은 바른 사람을 다스려서 도리어 굽게 만들고 저들 백성은 굽은 사람을 다스려 도리어 곧게 만드는 폐단이 형세상 배에 이를 것입니다.

안으로 고치고 밖으로 막는 방책은 6개 군에서 폐기한 군기(軍器), 총과 화약, 칼과 창을 민호(民戶)에 나누어 주어 각기 자신을 방어하게 하되 군수와 각 관속이 각기 한 자루를 지니고 바깥 마을은 농사일이 없는 때에 쏘는 연습을 하고 읍내에서는 공식적 휴가 때에 연습하게 하면 마을 백성은 박쥐가 날아다니듯이 병역과 농사일을 겸하고 관속은 게와 조개처럼 튼튼한 갑옷을 갖추어 군대와 관리가 모두 위엄을 가질 것입니다.

한국과 청국의 경계에 대해 말하면 과거 정해년 경계 조사가 아직 사안이 결정되지 않았을 뿐만 아니라 한국의 두만강 이북과 청국의 영고탑 이남의 넓은 빈 땅은 경계를 정하던 초기에 이름을 변외(邊外)라고 하고 서로 금지하여 모두 집을 짓거나 땅을 차지하여 개간할 수 없었더니 근래 금령을 어기고 개간자를 불러 모으기를 청국에서 먼저 하였으니 우리 한국의 가난한 호가 강을 건너 개간하여 심는 것이 이상한 일이 아닙니다. 그런데 혼춘 초간국(招墾局)에서 수만의 한국의 호를 머리를 짧게 깎게 하고 청국의 호적에 거두어들였습니다. 대저 이 땅은 유독 청국만의 변외가 아니라 또한 한국의 변외와 관계되는바, 변외를 변경 지역 백성들의 땅으로 허락하는 것이 어찌 서로 간에 차이가 있겠습니까.

모아산(帽兒山) 이상, 장산령(長山嶺) 이하, 북증산(北甑山) 이남의 강을 낀 일대는 너비 약 6, 70리, 길이 3백여 리가 되는 땅이므로 비록 한국과 청국 백성들로 하여금 섞여서 살게 할지라도 우리 백성은 건너편의 군(郡)에 나눠서 소속하여 세금을 거두고 호적에 올리도록 조약을 맺으면 겉으로 보면 저쪽의 새로운 땅을 얻었다 할 것이나 안으로 말하면 우리의 옛 땅을 보전하여 선왕의 강역을 잃지 않았다고 할 수 있습니다. 우리 황상 폐하의 위엄과 덕을 넓혀 우리 북쪽 백성들로 하여금 이웃 비적의 침탈과 모욕을 받지 않게 하기를 삼가 바랍니다.

광무 3년 2월 일

최구학(崔九鶴), 김병주(金秉周), 김순관(金淳寬),
황석영(黃錫永), 진홍구(陳洪九), 진유현(陳裕賢),
김철범(金哲凡), 신태욱(申泰昱), 박긍찬(朴兢燦) 등

외부대신(外部大臣) 각하

이는 지방 인민의 중대사건에 해당하니 내부에 가서 하소연하여 내부에서 본 외부로 조회한 후에 방법을 만들어 조처함이 옳다. 17일. 외부

5 회령에 다시 감리서를 설치하여 변경을 보살펴달라는 청원

청원서

함경북도 두만강 연안 6개 군은 바로 옛 6진입니다. 두만강 일대가 구불구불 흘러 한국과 청국의 백성들이 지역을 나누고 서로 이웃합니다. 회령과 경원 두 군에 과거 청국 시장이 있어서 변경을 진압하였고, 계미년(癸未年)에 시장을 혁파한 후에는 회령을 특별히 감리(監理)로 삼아 교섭 통상을 위해 건너편에 초소를 설치하여 변경을 진압하고 백성을 구제하는 데 방법을 다하였습니다. 갑오년에 조약을 혁파한 후부터 죽 장사길이 막히고 끊어져 청국 비적과 도적 무리 수백, 수천 명이 모여서 한국 지역을 침범하여 부녀를 겁탈하고 재물을 약탈하며 인명을 해쳐서 수많은 폐단이 해가 갈수록 더욱더 발생하고 있습니다. 그러나 진압할 방도가 전혀 없고, 강 연안 수령이 더러 사실을 들어 청국 관리에게 조회하면 청국 관리는 또 답변이 없으니, 이 같은 때에 불쌍한 우리 백성들이 헛되이 곤란을 겪고 호소할 곳이 없습니다.

현재 한국과 청국이 과거의 조약을 강구해 정하면 이것이 바로 변경의 백성들이 안도할 시기입니다. 일찍이 회령에 감리를 설치하였던 것은 조정의 도리가 변경의 사정에 유념하여 두 나라를 서로 구제하는 뜻에 있으니 마땅히 지금 다시 설치하는 것이 아마도 합당할 것입니다. 세금을 부과하는 것은 경원 이남에 들어오는 화물의 세는 회령에 붙이고 러시아 지역으로 나가는 화물의 세는 경흥에 붙여서 전례에 따라 시행한다면 회령과 경흥이 결코 서로 방해될 리가 없습니다. 조정의 예산을 쓰지 않고도 충분히 감리서의 모양이 될 것이고 한 명의 감리

가 수많은 군사를 대신하여 변경의 영토를 능히 제어할 깊은 까닭이 있습니다. 각 군의 백성들이 이에 감히 먼 길을 걸어 머리를 모아 외람되게도 함께 호소하니, 사람들이 미미하고 말이 고질적이라고 하지 마시고 다시 회령에 감리를 설치하여 변경의 백성을 구제하기를 삼가 바랍니다.

광무 3년 3월 일

함경북도 회령 유학(幼學) 오상성(吳相成), 정갑묵(鄭甲默), 이용철(李容澈)

무산 유학 신희철(申熙徹)

종성 유학 김주민(金周民), 김윤갑(金潤甲)

경원 진사(進士) 서정학(徐廷學)

온성 출신 전문호(全文浩) 등

의정부찬정외부대신(議政府贊政外部大臣) 각하

관리를 두고 백성을 편안히 하는 것은 본래 확실하니 어찌 이와 같이 호소하여 번거롭게 하는가. 물러나 각기 생업에 편안히 종사하는 것이 옳다. 3월 16일. 외부

6 시베리아에 거주하는 한국 사람을 보호할 관원을 파견해달라는 청원

청원서

러시아 시베리아[西伊比耳亞] 교민 안정혁(安禎爀) 등 청원

위 청원의 경우, 우리나라의 굶주린 백성들이 떠돌다가 시베리아에 들어와 살고 있는데 먼저 들어간 자는 30여 년, 나중에 들어간 자는 10여 년을 살아왔으며, 러시아 호적에 들어가지 않은 자가 4, 5천 호입니다.

청국, 러시아, 일본 삼국 백성과 서로 섞여서 살지만, 삼국은 백성을 보호하는 영사관이 있어서 폐단이 없이 생업을 보호하지만 유독 우리 대한국 백성은 거주와 생활에 의지할 곳이 없습니다. 그러므로 매번 타국 백성의 강제적인 침탈과 학대를 감내하기 어려워 잠시 안전한 땅으로 거듭해서 옮기지만 장차 고토(故土)로 되돌아갈 뜻이 있습니다. 그래서 이름을 적은 9백여 명이 이웃과 서로 호응하고 저를 보내기로 논의해 정하였으므로 발을 싸매고 먼 길을

걸어 올라왔습니다.
9백여 명의 이름을 적은 문서를 첨부하여 이에 청원하니 통촉하시고 특별히 의지할 곳이 없는 백성들의 형편을 불쌍히 여겨 보호 관원을 파견하여 4, 5천 호의 생명을 보존할 수 있게 하기를 삼가 바랍니다.
광무 3년 8월 일

시베리아 교민 안정혁(安楨爀) 등

외부대신(外部大臣) 각하

해당 집들이 구렁텅이에 빠진 모습을 생각하니 몹시 불쌍하여 관원을 신설해 보호하게 하였으나 본국 국고가 부족하여 잠시 실시하지 않고 있으니 물러나 생업에 편안히 종사토록 하는 것이 옳다. 8월 23일. 외부

7 해삼위에 관리를 파견한다는 정부의 결정을 신속히 시행해달라는 청원

청원

함경북도 경흥 북쪽 해삼위(海蔘葳) 유학 조치룡(趙致龍) 등
삼가 저희들이 해삼위에 관원을 파견하는 일로 작년 5월쯤에 대궐에 상소하여 삼가 우리 황상께옵서 특별히 백성들의 형편을 생각하여 정부에서 회의하고 아뢰어 처리하라고 하신 도타운 비지(批旨)가 있어서 관직의 이름과 쓰일 비용에 대한 장정이 이미 조보(朝報)에 나왔으니 저희들이 감격과 황송함을 이기지 못하였습니다.
같은 해 8월쯤에 또 상소하여 다시 도타운 황제의 비지를 받들었고, 금년에 한 차례 중추원에 헌의서를 올렸고 두 번 합하(閤下)께 청원하였으나 아직까지 실시한다는 처분이 없으니 무슨 일 때문인지 모르겠는데 지금까지 계류하고 있습니까. 저희들이 답답함을 이기지 못하여 지금 또 청원하니 삼가 상세하게 살펴주기를 바랍니다.
지금 황국(皇國)의 수많은 백성들이 한쪽 귀퉁이에 버려져 있어서 의뢰할 곳이 없는 것이 믿고 의지할 곳을 잃어버린 백성과 같습니다. 이는 비단 저희들이 매우 개탄하는 점일 뿐만 아

니라 조정이 보호하고 구제하는 도리에 크게 흠결이 있습니다. 또 저 타국의 백성들은 각기 관장(官長)이 있어서 다스리는데 유독 대한은 백성들을 돌보지 않고 있으니 저희들이 비록 어리석고 사리에 어둡더라도 역시 심장이 있는데 어찌 통곡하며 분하지 않겠습니까. 꿈틀거리는 저 벌과 개미라도 역시 계통의 우두머리가 있는데 하물며 저희들은 명색이 사람인데 거의 벌과 개미만도 못하니 어찌 억울하지 않겠습니까.

바다와 육지로 산 넘고 물 건너 수천 리를 멀다 여기지 않고 노정을 지나와 수년간 서울에서 가져온 돈 주머니 또한 다 됐습니다. 그러나 일이 이루어지기를 기다리지 않고 공연히 귀향하면 어찌 해삼위 주민의 면목을 마주하며 어찌 해삼위 주민의 갈망에 부응하겠습니까. 삼가 바라건대 더욱더 긍휼히 여겨주십시오.

대개 이 지역의 수만 명 오합지졸인 사람으로서는 일을 잘 알고 감당할 수 있는 관장이 아니면 인심을 진정시키고 어루만지기 어렵습니다. 임무를 감당할 만한 이 관아의 사람은 이미 그곳 사람들의 희망에 드러났으므로 전후 소장에 외람되게 분수에 넘는 것을 피하지 않고 사람을 천거하였습니다. 저희들의 이번 소장은 함께 추대하는 지극한 정성에서 나왔고 조정이 보내는 관리는 돌보아주는 당연한 이치에서 나왔으므로 무슨 부끄러움이 있겠습니까. 경비의 경우 이미 그곳 노야(老爺)가 전에 먹던 월급이 있고 또 노야가 전에 머물던 거처[廬舍]가 있으니 굳이 나라의 재정을 쓰지 않더라도 관인이 부임하는 날에 자연히 조처하는 방편이 있을 것이니 어찌 인수 조처에 어려움이 있겠습니까. 또 저희들이 올라올 때 이 일을 러시아 관리에게 물어보니 할 수 있는 일이라 말하였고, 작년 러시아 고문관이 나와서 역시 말한 것이 있었으나 싫어하는 말이 없었습니다. 또 저희들이 러시아 통역[通詞] 주사 김명순(金明舜)으로 하여금 러시아공사에게 물어보니 할 수 있는 일이라 말하였으니, 어찌 꺼리고 아직도 계류하고 있습니까. 살펴 헤아린 후에 즉시 아뢰어 신속하게 실시케 하기를 천 번 만 번 삼가 바랍니다.

광무 3년 10월 일

유학 조치룡(趙致龍), 서병주(徐丙疇), 정중익(鄭重益), 전회관(田澮觀),
이석형(李錫瀅), 조병웅(趙秉雄), 이면후(李冕厚), 한 욱(韓 旭)
주사 이정률(李楨律), 이임호(李琳浩), 김두성(金斗煋), 이주진(李柱璡)

외부대신(外部大臣) 합하

8 두만강 연안 지역에 정계와 방어를 원칙으로 삼아 백성을 편안하게 해달라는 소장

소장

함경북도 온성 거주 신태화(申泰華)
삼가 본 함경북도의 연안 지역의 일로 이미 누차 아뢴 적이 있으므로 번거롭게 말할 필요는 없겠습니다. 대저 영토의 경계를 바로잡고[正疆界] 방어를 엄하게 하는[謹防禦] 것은 백대(百代)의 당연한 도리이고, 영사를 설치하여 인민을 보호하는 것은 만국의 통례입니다. 현재 조약을 정하는 때에 더욱 다급한 일은 이보다 지나친 것이 없으니 변경 백성들이 주야로 기대하는데 역시 어찌 긍휼히 여기지 않겠습니까. 삼가 바라건대 각하께서는 특별히 백성들의 형편을 생각하여 한편으로는 경계를 바르게 하고 한편으로는 백성을 편안히 한다는 뜻을 천번 만 번 삼가 바랍니다.
광무 3년 12월 일
외부대신(外部大臣) 각하

물러나 조정의 처분을 기다리는 것이 마땅함. 12월 29일. 외부

9 청국 비적 왕무충의 행패를 금지시키고 민용호를 관리로 임명하여 변경 백성을 보호해달라는 청원

청원서

청국 통화현, 회인현, 관전현 세 고을의 지방에 머무는 유민(流民) 이동준(李東俊), 김상흡(金尙洽) 등
저희들은 각 고을의 굶주린 백성으로 청국 지역으로 흘러들어가 머물며 비록 입에 풀칠은 충분히 하지만 어찌 고향을 향하는 마음이 없겠습니까. 비록 그렇지만 혹은 생활로 인하여 혹은 변경 지역 군(郡)의 침탈에 겁을 내어 슬프게도 다른 나라의 백성이 되어 고국의 해와 달

을 눈물 흘리며 바라봅니다. 작년 6월쯤 조정에서 특별히 시찰(視察)을 파견해 위무하고 귀화하게 하라는 조정의 명령이 애틋했습니다. 그런데 백성들이 모두 귀순하여 바야흐로 호적에 올릴 때에 우선 안위를 묻고는 담당 관리가 문건을 팔고 노름 속전[技贖] 등 갖가지 명목으로 뜯어낸 돈이 1만 3천여 냥이고 토색한 폐단이 각 군보다 10배나 되므로 거의 무너져 흩어질 지경이었습니다.

금년 3월쯤에 평안북도 상무두령(商務頭領) 민용호(閔龍鎬)가 강북(江北)을 겸하라는 명령을 받들고 가서 통화, 회인, 관전 세 고을의 지방에 상무사(商務社)를 설치하고 짚신을 신고 지팡이를 짚고 고생을 하면서 노숙하며 가호(家戶)마다 설득하며 마을마다 배움을 일으키고 어리석은 백성을 의로운 방향으로 가르치며 백성을 위무함에 마치 상처 입은 백성을 보호하는 듯하며, 청국 사람에게 소위 문호전(門戶錢)으로 매년 매호에 10냥을 납부하던 것을 세 고을의 청국 관리와 담판하여 영구히 혁파하였으며, 청국 사람이 갖가지로 침탈하는 단서를 일일이 제거하며, 직접 옷과 음식을 만들고 조금도 침탈하지 않아 각종 들어가는 비용 1만 8천여 냥을 각지에 부담시키고, 청렴하고 명민하게 백성을 다스리는 방법은 전한(前漢)의 소신신(召信臣)과 후한(後漢)의 두시(杜詩) 아래에 있지 않았습니다. 이런 까닭에 종횡 천여 리 지역에 흘러들어가 사는 백성들의 마음이 사적으로 복종하지 않음이 없었습니다.

그러므로 작년 시찰은 1년 동안 힘을 써서 겨우 천여 호를 헤아렸는데 백성들에게 쫓겨났고 민용호는 두 달이 되지 않아 8천여 호를 성책(成冊)해 올려 그 덕에 모두 감화하여 교화를 누릴 때를 모두 바랐습니다. 그런데 하늘이 유민에게 재앙을 내려 뜻밖에 청국 비적 의화단이 일으킨 소란으로 민용호가 청국영사에게 조회하여 의화단 비적 떼를 막기 위해 7월에 상경한 후 지금 6개월이 되어도 자못 소식이 없어 백성들의 기다림이 큰 가뭄에 구름이 멀어져가는 장면을 바라보는 듯했습니다.

청국 사람으로 소위 왕무충(王懋忠)이라는 놈은 본래 상마적(上馬賊)의 잔당으로 당시 회인현 통구성(通溝城) 내에 살고 있는데, 우리나라 사람 비도(匪徒) 김승수(金承洙), 이성지(李成枝), 임병수(林丙洙) 등 7, 8놈과 더불어 '봉황성에서 한국 백성에게 파견한 관리이다'라고 자칭하고 불량배 무리를 불러 모아 우리나라 사람으로 된 병대(兵隊) 50여 명을 왕호(王胡)의 집에 사적으로 배치하고 매일 연습하며 소위 군자금[軍需錢]이라며 면(面)마다 6백여 냥씩 하루가 멀다고 독촉하며, 하지 못하는 짓이 없는데 백성들이 지탱할 수 없으므로 천 리 밖 교화를 받지 못하는 유민이 발을 싸매고 먼 길을 와 읍소하였습니다.

삼가 바라건대 왕호의 일로 청국영사관에 조회하여 먼저 왕호가 저지른 폐단을 없애고, 민용호로 하여금 강북을 관리하게 하여 이들 떠도는 백성들로 하여금 성스러운 교화를 두루 입게 하십시오. 만약 민용호가 아니면 비록 열 배나 더 깨끗하고 밝더라도 수십 년 학대받은 백성들이 애당초 믿고 따르지 않을 것입니다. 평북시찰사의 명민하고 청렴함이 바야흐로 21개 고을에 아름다우나 귀화시키려고 두 차례 강북에 훈령하였지만 종내 시행하지 않았습니다. 일단 민용호를 기다리니 조정에서 실로 돌보아 귀화시키고자 한다면 급히 민용호를 강북에 파견하여 다시 백성을 교화해 기르기를 천 번 만 번 삼가 아뢰니다.
광무 4년 12월 일
외부대신(外部大臣) 각하

왕무충이 사람들을 모아 재물을 뜯은 것은 몹시 해괴하지만 어찌 해당 도의 지방관에게 호소하지 않고, 또 청국 관리가 엄히 시행하여 난리를 살폈는데 이와 같이 먼 곳에서 호소하는가. 민용호 관련 안건은 본 부와 관련이 없으니 번거롭게 하지 말 것. 5년 1월 26일

10 삼수 건너편의 농호들이 무리를 이루어 침범하니 적굴과 비도 잔당을 포살하도록 지시해달라는 소장

소장

함경남도 삼수군 거주민 김봉주(金鳳周) 등의 호소
위 사람이 삼가 아뢰는 것은 백성들이 사는 곳인 삼수는 후창, 갑산과 경계를 접하고 청국 십오두구(十五頭溝)와 강토를 접하는데, 두구 내 농사짓는 오랑캐[農胡]들이 보(保)를 설치하고 모은 패거리 7, 8백 명이 무리를 이루어 우리 재산을 약탈하며 우리나라 부녀를 간음하여 근심이 된 지 여러 해였습니다.
그런 중에 작년 12월 19일 밤에 비적패거리가 나난(羅暖)을 침범하여 군대 막사[營舍]와 민가 수십 호를 모두 불태우고 곧바로 본 군을 침범하여 형세가 위험한 지경에 이르렀습니다. 그러나 어찌나 다행이던지 성첩(城疊)을 튼튼히 하였던 북청진위대 참위 강희규(姜熙圭)가 마침 나와 주둔하다가 거듭해서 기묘한 계책을 내어 적 우두머리 2명을 쏘아 죽이고 1명을 생포

하여 위태로운 성을 보전할 수 있었습니다.

백성들이 다행히 안도할 즈음에 위관 강희규가 소요로 인하여 북청으로 간다 하니 실로 생명을 보전하기 어렵습니다. 저들 도적의 소굴이 주변과 접하는 지역에 왕왕 있으며 틈을 타서 경계를 침범하여 그지없이 뒷날의 근심이 되므로 발을 싸매고 천리 먼 길을 와서 저들 도적의 죄상을 뒤에 기록해 첨부하여 읍소합니다. 청국공사에게 조회하여 저들쪽 세 보(保)가 있는 곳에 엄히 훈령하되 저들의 두구에서 도적의 소굴까지 손양한(孫良翰)의 잔당을 모두 쏘아 죽이라는 훈령 지시를 받아 천여 리 밖의 변경 백성을 안도하게 하기를 삼가 바랍니다.

광무 5년 4월 일

삼수군 거주민 김봉주(金鳳周), 김종락(金鍾洛), 변해룡(邊海龍) 등

외부대신(外部大臣) 각하

청국 비적이 창궐하여 백성들이 안도하지 못하는데 생각이 여기에 미치니 참으로 근심스럽고 답답하다. 이를 헤아려 처리하는 것은 당연히 지방관이 내부에 보고하고 역시 진위대에서 서로 토벌할 것이니 한두 백성이 호소하여 요구한 것이라. 물러나 기다림이 옳다. 17일. 외부

11 압록강을 멋대로 건너와 무역을 하는 청국 사람들을 쫓아내도록 청국 공사관에 조처해달라는 청원

평안도 창성 김춘경(金春景) 등

외국인의 통상 매매가 항구로서 조계(租界) 구역이 아니면 마음대로 다닐 수 없음은 본래 장정에 있습니다. 그러나 근래 청북(淸北) 강변에 한량이나 산관(山館)인 청국 사람이 헛되이 강포함을 믿고 규칙과 관계없이 우리 땅에 난입하고 술을 옮기고 기름을 싣는 것을 능사로 여기고 높은 값에 억지로 팔며 소금 배를 널리 정박하여 콩과 바꾸고 곡식을 사는 것에 조금도 꺼림이 없습니다. 그리고 산림에 돌입하여 베어낸 초목을 마치 당연히 할 일처럼 여길 뿐만 아니라 우리 백성에 대해 마치 초개와 같이 보아 항상 내리누르고 매매하는 사이에 온갖 폐단이 일어납니다. 이 때문에 강변의 백성들은 비록 풍년이 들어도 즐거운 날을 보지 못하고 집에 있어도 안도할 수 없습니다. 이와 같은 폐습이 날로 달로 증가하여 장차 어떠한 소굴을

만들지 알 수 없으니 만약 특별히 막지 않으면 강변 일대의 쇠락은 날로 심해져 형세상 보존하기 어려울 것은 명약관화합니다.

이에 사실을 들어 삼가 아뢰니 청국 공관에 조회하여 공문을 전달하게 하여 불법 통상을 엄히 막고, 관찰부에 훈령으로 지시하여 강변 각 군에 지시를 전달해서 청국 사람으로서 와서 머물며 통상하는 사람들을 모두 지역 밖으로 쫓아내서 강변 백성들로 하여금 살 수 있게 해 주시기를 삼가 바랍니다.

광무 5년 5월 일

최인성(崔仁成), 이지성(李志成)

외부대신(外部大臣) 각하

청국 인민이 변경 경계를 몰래 넘어와 종종 불법을 일삼는 것이 몹시 놀랍다. 당연히 해당 도 관찰부에 훈령 지시하여 각 군에 훈령을 전달해서 엄히 금지할 것이니 물러나 편안히 생업에 종사함이 옳음. 27일

12 강북에 영사 사무관을 설치하여 백성을 보호하고 조세와 호구를 편제해달라는 청원

청원서

강북 백성 김교명(金敎明) 등

삼가 천하에 임금의 토지가 아님이 없고 온 나라에 임금의 신하가 아님이 없다 하니, 무릇 강북(江北)은 본래 우리 대한의 옛 강토이고 유민은 바로 우리 황제의 순수한 백성입니다. 수십 년 만들어진 것이 모두 하늘 아래에서 성스러운 교화로 길러낸 것인데 지금 살가죽[肌膚]을 압박하는 것이 질병으로 인한 고통보다 심한 것이 있으므로 발을 싸매고 천 리 먼 길을 와서 형벌[斧鉞]을 피하지 않고 감히 이렇게 호소하니 삼가 통촉하시기 바랍니다.

저희들이 강북에 흘러들어와 산 것은 실로 항복하려는 마음이 아니라 만부득이한 상황에서 나왔습니다. 근래에 변경 관리의 탐학이 독이 있는 짐승이나 사나운 호랑이보다 심하여 아침 저녁으로 재물을 강제로 빼앗아 재산을 탕진하여 남은 것이 없어서 노인을 부축하고 아이를

데리고 구렁텅이에 빠지기에 이르렀습니다.

돌아보건대 이 비어있는 지역은 곧 우리 조선[本朝]에서 사군(四郡)을 폐지하고 남아있는 터입니다. 요동과 심양이 사이에 끼어 있는데 땅은 넓고 사람은 적으므로 흘러들어온 지 1년, 2년에 점차 촌락을 이루고 인구가 날로 번성하여 충분히 문호(門戶)가 되었습니다. 그러나 태어난 곳을 그리는 것은 만물의 당연한 마음입니다. 의관은 여전하고 해골을 고향 언덕으로 돌려보내어 고향 땅을 품으며 나라를 향하는 마음은 더욱더 절실하여 일찍이 바람 부는 곳을 향해 눈물을 흘리지 않는 자가 없습니다.

지난 정유년(丁酉年)쯤에 칙유(勅諭)한 관리의 행차에 백성들의 형편을 아울러 살피고 흘러들어온 적도를 몹시 걱정스럽게 여기어 두민(頭民) 심정하(沈正河), 이지상(李枝祥) 등 5인을 신개(新開), 홍토(紅土) 등 5개 면의 풍헌(風憲)으로 삼아 황제의 교화를 효유하고 방략을 실시하여 우두머리 이치영(李治永)을 붙잡아 머리를 베어 강계(江界)로 전하여 경계를 침범하는 근심을 없앴습니다. 이 지역의 상황은 곧 이때 칙유한 관리가 일찍이 목도하였으니 비단 유민의 처지뿐만 아니라 또한 나라의 재정과 관계됨이 큽니다.

근래 북쪽 청국으로 떠도는 이후로 흘러온 도적 유단길(劉單吉) 무리가 다시 창궐하여 무수히 죽이고 약탈하여 거의 보존하기 어려웠으나 현재는 위급한 경보가 다소 풀려 억지로 안도하고자 합니다. 그러니 밖으로는 무뢰한 청국 백성의 침범과 능멸이 날로 심하고 안으로는 강 연안의 변경 군은 살펴 다스릴 방도가 없어서 순교(巡校)와 병정의 침해를 감당하기 어렵습니다. 하늘 아래 살아가는 생물이 어찌 이런 지극함에 이른단 말입니까. 이는 수만 백성에게 맡아 다스림이 미치지 않는 탓입니다.

삼가 들어보니 각국 통상의 규정에 본국민이 다른 지역에 흘러들어 있는 자는 본국에서 영사 사무관을 설치하여 극력 보호하는 것이 장정에 있다고 합니다. 저희들이 비록 먼 곳에 살면서 무지하지만 이미 교화해 기르는 중인 존재가 모욕을 받는 것을 막는 의리상 아끼고 돌보아주는 은혜를 베풀어 황제 폐하에게 아뢰어 특별히 사무관을 강북에 설치하여 변경을 튼튼히 하고 경보를 그치도록 하여 보호의 방침을 다하고 집집마다 세금을 부과하고 백성을 편제하여 항상 받드는 처지가 되도록 하시기를 삼가 바랍니다.

광무 5년 8월 일

청원인 강북 거주 두민(頭民) 김교명(金敎明),

채덕연(蔡德淵), 김상겸(金尙謙), 김인숙(金仁淑), 채예묵(蔡禮默), 한언팔(韓彦八),

윤권여(尹權汝), 김종대(金宗大), 송승현(宋承賢), 김군평(金君平), 이민수(李敏洙), 이덕일(李德一), 최진호(崔進昊), 허군종(許君鍾), 서정순(徐禎淳), 허 속(許 續), 최성구(崔晟九), 허 응(許 應), 최순언(崔淳彦), 이형섭(李亨涉), 김양화(金陽化), 주승규(朱承奎), 태형규(太亨奎), 이성국(李成國), 김병현(金秉鉉), 최국현(崔國鉉), 한태운(韓太云), 전인국(全仁國), 이구현(李九鉉), 김경엽(金京燁), 전종달(全宗達), 최상학(崔相鶴), 장도현(張道鉉), 이문규(李文奎), 김호칠(金虎七), 방영규(方永奎), 김기천(金基天), 한방해(韓芳海), 김억석(金憶碩), 김형석(金亨錫), 김영섭(金永涉), 백운학(白雲鶴), 진경조(陳京祚), 김달식(金達植), 신응록(申應彔), 김기언(金己彦), 조명팔(趙明八), 용봉호(龍鳳虎), 윤성삼(尹星三), 이승환(李承煥), 김상선(金尚銑), 심내언(沈乃彦), 김병식(金秉植), 오경화(吳京華), 최봉신(崔奉信), 이남수(李南壽), 이학림(李鶴林), 김응국(金應國), 김백삼(金伯三), 오남진(吳南鎭), 전재수(全在壽), 박재영(朴在永), 한인흡(韓仁洽), 최창권(崔昌權), 한계용(韓計鎔), 이수만(李守萬), 조병흡(趙秉洽), 김하섭(金河涉), 김병관(金秉寬), 양태진(梁台軫), 김병전(金秉鈿), 이학봉(李鶴鳳), 김기봉(金基鳳), 박문학(朴文學), 김기풍(金基豊), 최병연(崔秉淵), 김만련(金萬鍊), 전치환(全致煥), 지대운(池大雲), 최상억(崔尚億), 최치문(崔致文), 이경준(李京俊), 이창식(李昌植), 전흥식(全興植), 김광옥(金光玉), 최원식(崔元植), 한관혁(韓寬赫), 김동준(金東俊), 이흥복(李興福), 이지상(李枝祥), 양순길(梁順吉), 이동신(李東信), 안경택(安京澤) 등

외부대신(外部大臣) 각하

멀리 떨어져 있는 지역에 머무는 처지에 도적의 위험으로 인해 몹시 안타까우나 관직을 설치하는 것은 아래 백성[下民]이 아뢰어 요청할 일이 아니다. 30일

13 변경 지역에서 청국 비적의 침탈이 극심한데 러시아 관리도 막을 수 없으므로 사포 설치를 승인해달라는 호소

소고서

함경북도 변경의 개간 호구[墾戶] 백성 이승호(李昇鎬), 지용규(池龍奎), 장극진(張極軫) 등이 피눈물을 흘리며 외부대신 각하께 호소합니다. 삼가 본인들은 모두 5백 년 선왕의 적자로 온몸이 국가가 적셔주는 은택으로 길러져 주경야독하고 일찍부터 군군신신(君君臣臣)하고 춘추대의(春秋大義)를 알고 있으니 어찌 일시적인 신체의 배고픔과 추위 때문에 청나라 비적[匪]의 소굴에 달갑게 몸을 던져 기노(旗奴)의 압제를 순순히 받았겠습니까.

지난 갑오년 관북 지역의 대흉년 이후로 해마다 농사가 고르지 않아 굶주리며 떠도니 보전할 만한 곳이 없었습니다. 한 가지 살길로 생각한 곳은 길림 서보(西步) 해란강(海蘭江) 동쪽과 본 도 두만강 서쪽의 넓고 거친 땅, 곧 한국과 청국의 변경 밖 땅입니다. 하물며 고려 조정에서 군을 설치하여 옛 지역이 우리 조정으로 들어왔고, 회령 개시(開市) 때에는 짐을 실어 넘겨주던 경계지입니다. 우리 땅에 우리가 경작함은 충분히 근거할 수 있고 하물며 청국 함풍(咸豊) 연간에 길림성의 가난한 호구가 먼저 그곳을 침범해 경작하였습니다.

삼가 세계의 공정한 눈으로 해당 땅을 본다면 바로 두 나라의 문턱으로 지금 금지가 느슨해진 때를 맞아 문턱의 반쪽은 청국 영역[幅]에 속하고 문턱의 다른 반쪽은 한국 강토에 속해야 합니다. 가족을 이끌고 들어와 개간하여 구차하게 연명한 지 지금까지 17, 18년이나 되었고, 강 연안 상하 5, 6백 리는 자연히 한국의 촌락을 이루었는데 무려 수만 호가 날마다 고국을 바라보면서 호소하지 못함을 한스럽게 여기고 있었습니다.

그즈음인 작년에 청국과 러시아가 교전한 이후 혼춘의 패전하고 도망친 병졸이 비적무리와 동화되어 우리 재산을 약탈하고 우리 부녀를 빼앗으며 살인을 삼을 베듯이 하며 꺼리는 바가 없었습니다. 다행히 러시아 병사의 순찰에 힘입어 조금은 편안하게 살아갈 수 있었습니다. 그러나 저들 비적의 형세는 개가 쌀겨를 핥는 것과 같아서 금하면 물러나고 늦추면 나와서 수만의 우리 백성이 바늘방석에 앉아있는 듯합니다.

드디어 우리 대황제 폐하의 덕은 하늘과 땅을 짝할 정도이고 밝기는 해와 달을 아우를 정도여서 변경 백성의 나라 없음을 특별히 생각하여 이에 경관에게 명령하여 관서를 설치하였습니다. 무릇 우리 변경의 호구가 노인을 부축하고 아이를 데리고 가서 효유문과 말을 들었는데 한 글자 한 글자가 은혜로운 뜻이 아님이 없었습니다. 기쁨이 지극하고 슬픔을 낳아 눈물이 두만강에 더하였습니다. 머리를 돌려 서로 바라보며 말하기를, "비적 무리 가운데에서 살고 있다가 다시 요순의 세계를 보았다"라고 하였습니다.

그러나 얼마 되지 않아 소위 섭함분(葉含芬), 주여집(周如楫) 등이 길림 파원(派員)이라 핑계대고 와서 종성 건너편의 광제욕(光霽峪)에 머무르며 비적 패거리와 결탁하여 큰 위세를 이루었습니다. 사람에게 해를 끼치고 문약(文弱)하며 공무를 빙자해 사익을 챙기는 데 끝이 없었습니다. 어느 날 경관에게 요청하여 말하기를, "우리들이 바야흐로 러시아공관 연회에 초청합니다"라고 하므로 경관 이경순(李景淳)이 요청에 따라 참석하였습니다. 그리고 몇 마디 인사말을 할 때 이유도 없이 말썽을 일으켜 칼로 찔러 거의 목숨을 상하게 되었으나 다행히 러시아의 구호에 힘입어 벗어날 수 있었습니다. 이 이후부터 러시아의 지원은 점점 느슨해지고 청국의 형세는 더욱 세차서 남의 재물을 약탈하고 부녀자를 겁탈하는 근심이 없는 날이 없었습니다. 있는 농사지은 곡식을 장차 거두어 먹을 수 없으며 노약한 남녀가 낮에는 뱀처럼 다니고 밤에는 쥐처럼 숨어있으니 하늘과 땅 사이에 어찌 본인들처럼 가련한 백성이 있겠습니까? 현재 우리 개간한 가호[墾戶]의 백성들이 의지하는 것은 곽미살이(廓米薩爾)입니다. 그러나 곽미살이가 처음에는 불쌍히 여겨 구호했지만 종내에는 미워하며 등한시하여 버리는 자이니 이 어찌 양면이 서로 다른 자가 아니겠습니까? 마침 일이 있어서 한국 사람이 고하면 이를 잘못되었다고 여기고 청국 비적이 고하면 그른 것을 옳다고 합니다. 한국 관리의 조회는 날조하는 말로 돌리고 청국 관원의 보고는 실정으로 인정하며, 한국의 선량한 호구를 반드시 불량한 백성[莠民]이라 하고 청국의 비적 무리를 도리어 선량한 호구라고 부릅니다. 처지를 바꾸어 생각하면 정말 고의가 아닙니다. 곽미살이는 본래 충후(忠厚)한 성질로 뒤집어엎는 오묘함에 어둡고, 섭함분은 원래 날카롭게 재잘거리는 입에 간교하게 기만하여 잘 속이니 바야흐로 군자가 어찌하겠습니까.

본인들이 누차 호소하였으나 어쩔 수 없었고 두 번째로 해삼위에 가고 세 번째로 허발포(許發浦)에 가서 순무사와 감사아문에 눈물로 호소하여 결국 판결 뎨김[題音]을 받아 곽미살이에게 보냈으나, 비단 따르지 않을 뿐만 아니라 도리어 분노를 사게 되어 지금 일의 형편이 몰락 직전에 이르렀습니다. 고국으로 돌아가고자 한즉 맨주먹 빈손으로 저희들이 살만한 곳이 없으며 그대로 그곳에 살고자 하니 다른 나라의 땅에 외롭고 뿌리 없는 처지에 죽어도 묻힐 곳이 없으니 세상 천지에 이 어찌 사람이겠습니까. 질병의 고통을 부모에게 호소하는 것은 자식의 당연한 마음입니다. 바다와 육지로 2천 리 길을 발을 싸매고 와서 함께 호소하니 두루 살펴보고 보호해주기를 삼가 바랍니다.

본디 편안히 할 방책은 네 가지가 있습니다. 첫째, 우리 백성은 우리가 다스린다고 청국공관에 전달하여 조회하는 것입니다. 무엇인고 하니, 삼가 살펴보건대 우리나라 각 항구와 도성 내에 타국에서 빌려 살아가는 자가 많은데 각기 해당 공관으로 돌리고 토지를 다스리거나 적을 두지 않습니다. 청국은 아직 치외법권이 없으므로 우리나라가 둔 경관이 변경 백성을 보호하는 것이 큰 줄기이고 큰 법입니다.

두 번째는 러시아공관에 전달하여 조회해서 별도로 교계관(交界官)에게 지시하여 광제욕에 병사를 주둔시켜서 한국과 청국 백성 사이에 선량한지 불량한지 변별하여 선량한 백성이면 보호해 돕고 불량한 백성이면 제거하여 영구적으로 후환을 막는 것입니다.

세 번째는 호구성책(戶口成冊)은 이미 경무서에서 경부(京部)에 올렸으므로 호적에 거두어들이는 일이 곧 급무입니다. 논의하는 자는 필시 이것은 "지방의 책임에 해당하니 각기 건너편의 군에서 거두어들이는 것이 편할 것이다"라고 말할 것입니다. 건너편의 군에서 호적에 거두어들인다면 그 땅을 완수하지 못하고 백성의 호적을 나누면 얻는 것에 가볍고 약삭빠르다[輕儇]는 혐의가 없겠습니까. 경관이 호적에 거두어들여 경부(警部)에 바쳐 내부에 전달해 넘기면 곧 백성을 기르고 백성을 지키는 본의라 할 수 있습니다.

네 번째는 무릇 세계 각국의 사람은 모두 몸을 방어하는 물건이 있는데 유독 한국인의 손에는 조그마한 쇠도 없으니 이 어찌 홑옷으로 눈을 무릅쓰거나 맨발로 가시덤불을 밟는 것과 다르겠습니까? 현재 2백 명의 순검은 이미 약하고 또 수가 적습니다. 산과 들판의 비적은 수가 이미 많고 또 강합니다. 하물며 저들은 총을, 우리는 칼을 들어 형세상 대적할 수 없습니다.

변경 백성이 사포(私砲)가 많지 않은 것은 아니나 일이 군기(軍器)와 관계되어 감히 마음대로 할 수 없습니다. 금일의 계책으로는 사포를 설치하여 이를 막는 것만 같지 못합니다. 현재 나라 안의 연도 험한 요충지에 역시 사포를 설치한다면 막중한 울타리인 변방에서 비적 무리를 막는데 사포를 설치하는 것이 어찌 불가하겠습니까? 삼가 바라건대 유념하여 채택하기 바랍니다.

청컨대 의정부에서 특별히 변경 백성으로 하여금 사포를 모아 설치하는 것을 인허하고, 영관

(領官)이 통솔하고 월급은 변경의 민호로 하여금 스스로 공급하게 한다면 국가의 급료를 쓰지 않을 것이니 한편으로는 변경 지역을 편안히 알 수 있고 다른 한편으로는 병사의 수를 더하게 될 것이니 또한 장차 완급에 따라 부릴 수 있을 것입니다. 남의 없앨 말로 여기지 마시고 서둘러 허락해 시행하기를 천 번 만 번 삼가 바라고 삼가 바랍니다.

광무 5년 10월 일

함경북도 변경 백성들 한태교(韓台敎)

장자욱(張子郁), 채기룡(蔡基龍), 태종남(太宗南), 김용구(金龍九), 강인혁(姜麟赫), 허 영(許 泳), 이남언(李南彦), 이병진(李秉進), 남철붕(南哲鵬), 최병순(崔秉舜), 마도일(馬道一), 원군약(元君若), 황성삼(黃成三), 장진숙(張珍淑), 이도언(李道彦), 현기담(玄基淡), 채희록(蔡喜祿), 이언일(李彦一), 한창석(韓昌錫), 방우천(方禹天), 황군명(黃君明), 허백윤(許伯允), 김성원(金成元), 박원직(朴元直), 장경률(張京律), 심낙형(沈洛衡), 김치윤(金致允), 허 근(許 根), 김용국(金龍國), 현정희(玄正羲), 박근실(朴根實), 한상현(韓商鉉), 방홍지(方弘之), 전태형(全泰衡), 이남극(李南極), 김상호(金尙昊), 정남익(鄭南翼), 유군삼(劉君三), 김희준(金希俊), 정명운(鄭明云), 강명학(姜明學), 김공삼(金公三), 조상갑(曺尙甲), 장희문(張希文), 최정삼(崔正三), 원기호(元氣浩), 석사언(石仕彦), 이사언(李仕彦), 장석규(張錫奎), 김경우(金京禹), 장화석(張化錫), 김명오(金明五), 이영춘(李迎春), 김길보(金吉甫), 강중직(姜仲直), 박민삼(朴民三), 김용택(金龍澤), 박남세(朴南世), 최영보(崔永保), 차기성(車基成), 이희삼(李熙三), 최우삼(崔禹三), 원기보(元基甫), 방원삼(方圓三), 전낙서(全雒瑞), 황운서(黃雲瑞)

의정부찬정외부대신(議政府贊政外部大臣) 각하

경관이 호구를 거두고 사포를 설치하는 것은 소관 부(部)가 있으니 본 외부에서 월권하여 도모할 수 없으므로 번거롭게 하지 말 것. 4일

14 간도 거주자에게 빌려준 돈과 이자를 받을 수 있도록 변계교계관에게 지시해달라는 청원

청원서

함경북도 경흥군 홍석중(洪錫重)

정유년 3월쯤에 간도(間島) 거주 양춘길(梁春吉)에게 돈 엽전 1천 30인(刃)을 빌려주었는데 이자는 매달 2두(頭) 3푼(分)씩으로 작정해 증서를 받고, 몇 달 후 저의 아들 병환(秉煥)에게 갚기로 하였습니다. 상경하여 수년 후 집으로 돌아오니 이 춘길이 이런저런 핑계를 대며 갚지 않다가 연전에 간도로 옮겨가서는 청국 사람의 세력에 의탁하고 종내 갚아주지 않았습니다. 이처럼 세력이 없는 사람으로서 지금 6년이나 되었으나 아직까지 추심하지 못했습니다. 억울함을 이기지 못하여 이에 청원하니 살펴본 후 변계교계관에게 훈령으로 지시하여 위 돈의 원금과 이자 합 2천 8백 53인 1전을 액수대로 받아주기를 천 번 만 번 삼가 바랍니다.

광무 6년 3월 일

외부대신(外部大臣) 각하

채무 소송은 본 외부의 소관이 아니니 지방관에게 가서 호소함이 옳음. 18일

15 한국과 청국이 함께 정계비를 다시 조사하여 두만강 이북 간도를 되찾기를 바란다는 호소

소고서

함경북도 회령 백성 오수준(吳壽濬)

사람이 있으면 땅이 있고 땅이 있으면 강역이 있음은 예로부터 나라의 변하지 않는 법[常典]입니다. 비록 조그만 땅과 한 명의 백성이라도 임금의 땅, 임금의 백성이 아님이 없는데, 지금 무릇 황무지를 개한 땅과 강을 건너가 사는 백성들을 영역 밖에 내버려두어 잃는 것이 옳겠

습니까.

과거 청국 사신 목극등(穆克登)과 한국 사신 조태상(趙台相)이 함께 모여 백두산 대택(大澤) 아래 분수령 위에 경계를 정하고 비석을 세우니 서쪽으로 압록이 되고 동쪽으로 토문(土們)이 됩니다. 토벽(土壁) 수십 리가 문과 같은 모양이라는 것이 비문에 밝히 실려 있습니다. 세운 비로부터 동쪽으로 골짜기를 따라 토대[堆]를 설치했는데, 목책 48곳, 석퇴(石堆) 48곳, 토둔(土屯) 52곳이 연달아 90리에 펼쳐 있고 토대가 끝나는 곳에 물이 비로소 한 장(丈) 솟아나니 지명은 삼포(杉浦)입니다. 여기서부터 황구영(黃口永), 대소사허(大小沙墟) 등지로 2백리를 두루 흘러 아래로는 서북쪽으로 흘러 길림 소하강(蘇下江)에 합류하고, 소하강은 아래로 태성(兌城) 흑룡강으로 흐릅니다. 청국이 변경 방어를 대비하고자 설치한 파수(把守)는 가리키는 증거가 그곳에 있습니다. 두만강 근원은 비석이 있는 곳에서 1백 70리 가질봉(加叱峯) 아래에 이르러 땅속으로 한 줄기가 흐르는데 더러 깊거나 더러 얕다가 무산 서두수(西頭水)와 합하여 5개 군을 두루 흘러 바다로 들어가니 한국이 변경 방어를 대비하여 설치한 파수를 가리키는 증거는 이곳에 있습니다. 두만과 소하 사이 천 리 너비의 빈 땅을 청국이 혼자 취함이 옳겠습니까, 한국이 홀로 잃음이 옳겠습니까.

하늘의 운이 순환하는지 모르겠지만 우리 백성은 물이 아래로 흐르듯이 이 땅에 들어와 살며 모두 본국이 받드는 교화를 바라는 자로서 손을 하늘로 하고 정수리를 땅으로 하지만 비적 무리의 포악한 약탈이 날로 더욱 심합니다. 명령을 잃고 다스리지 않으면 땅을 잃을 뿐만 아니라 하반령 이남 5만여 호의 백성이 아마도 우리 백성이 아니게 될 것인즉, 이는 민국(民國)의 급선무가 아니겠습니까.

이에 호소하니 살펴보신 후 사리를 참작하여 이런 사실을 황제 폐하에게 아뢰어 청국공사에게 이치에 따라 조회하여 두 나라가 각기 파견한 사신이 비석을 세운 곳에 함께 모여 상세히 조사 처결하여 땅을 잃고 백성을 잃는 일이 없게 하시기를 삼가 바랍니다.

광무 6년 2월 일

김달진(金達鎭), 이규철(李圭哲), 윤영진(尹泳晋), 오상희(吳相希),
정윤묵(鄭潤默), 윤봉영(尹鳳榮), 김약순(金若順), 오종희(吳鍾熙),
최병준(崔秉俊), 소 현(蘇 賢), 오헌묵(吳獻默), 손운순(孫雲順),
신중렬(申仲烈), 오상락(吳相洛), 전제협(全濟俠), 윤재형(尹在衡),
신태혁(申泰赫), 정식영(鄭寔永), 허 산(許 珊), 전제함(全濟璸),

오경순(吳京順), 김원재(金元載), 이형국(李衡國), 이병직(李秉稷),
김상욱(金商旭)

외부대신(外部大臣) 각하

이는 강역의 큰일과 관계되니 본래 정부의 조처가 있을 것이다. 번거롭게 하지 않음이 옳음.
8일

16 강북에서 청국 단련과 그에 부동하는 한국 사람을 단속하고 보호할 관리를 설치해달라는 소장

소장

평안북도 초산군 강북 거주 원고 김응섭(金應涉), 원고 김상흡(金尙洽) 등
청국 북계(北界) 황성(皇城) 거주 피고 대한인(大韓人) 이성지(李盛芝)
청국 회인현 단련장(團練長) 피고 왕무충(王懋忠)

소구(訴求)

피고들은 원고에 대하여 무명잡세로 전곡(錢穀)을 억지로 거두지 못하도록 하라는 일과 공연히 행패를 부리지 말라는 일과 대한인으로 자칭 법관이라 하고 억지로 백성을 학대하지 말라는 일과 아울러 이 소송의 비용을 갚을만하다는 취지의 재판을 청원함.

사실

삼가 본인들은 본시 대한의 교화 가운데 있던 백성으로 우리 본국을 버리고 청국의 지역에 살고 있는 것은 스스로 만든 근심입니다. 요동에 들어와 오랑캐에게 의탁한 것은 용서하기 어려운 죄입니다. 이 같은 행위로 욕심내는 바를 구할 것 같으면 하늘이 재앙에서 내림은 변하지 않는 이치입니다. 그러므로 과거 청국 비적의 난리가 발생하자 불량한 백성이 침범하는 침학을 당하여 독을 이기지 못하고 악을 감내하지 못하였습니다.
그런데 초산군 진위대 분주대장(分駐隊長) 김종진(金鍾振)이 특별히 백성들을 위하고 나라

를 지키려는 정성을 다하여 직접 돈 천여 냥을 출연하여 양식이 없으면 양식을 대여하고 옷이 없으면 옷을 내려주어 백성들을 곤경에서 구하려고 하였습니다. 그러나 피고 이성지가 러시아를 끼고 멋대로 행동함에 연유하여 뜻을 이루지 못하였습니다. 그래서 누차 통화현에 있는 러시아 진영에 조회하고 봉천 대(大)진영에 억울함을 호소하여 피고 이가 놈 무리로 하여금 다시는 감히 멋대로 행동하는 무리의 폐단이 없게 하였고, 즉시 불량한 패거리의 소굴을 부수고 다시는 관리를 칭하는 행위를 못하게 하였습니다. 그리하여 요동과 심양 일대에 더러움이 이미 깨끗해지고 머물러 사는 수많은 집에 살아있는 부처가 다시 나왔다 하여 백성들이 모두 생업에 편안히 종사하고 해와 달의 밝음을 거의 볼 수 있었습니다.

그런데 지금 들으니 대장이 교대한다고 하니 저희들이 어떻게 그 땅에서 살아갈 수 있으며 그곳에서 무엇을 의지할 수 있겠습니까. 저희들이 살아가는 땅은 관원이 없어서 보존하기 어려운 형편입니다. 소위 청국의 단련장 왕무충은 악독한 행위를 주로 합니다. 그 땅과 거주하는 백성들을 모두 자기 나라의 영역이라고 하고 호적도 그 나라로 하라 하면서 봄가을로, 콩 3말과 돈 4냥씩 억지로 거두니 나라를 떠난 힘없는 백성들이 어떻게 보존할 수 있겠습니다. 감히 문자를 고시하여 거주민들에게 전해서 보여주어 무명잡세가 이와 같이 심하니 어찌 생명을 보존할 수 있겠습니까.

억울함을 이기지 못하여 이에 발을 싸매고 천여 리 먼 길을 와서 본 외부에 억울함을 호소하니 살펴본 후 특별히 멀리 떨어져 있는 힘없는 백성을 생각하여 특별히 대궐 문 아래에 세우시고 해당 지방 관원을 정해 보내 이 무고하고 힘없는 백성들로 하여금 생명을 보존하여 억울함이 없게 하시기를 눈물로 빕니다.

과거 문적에 비추어 분명함.

광무 6년 4월 일

원고 김상흡(金尙洽) 등

황성면(皇城面) 이성학(李成學)

구룡면(九龍面) 장응선(張應善)

태평면(太平面) 정원여(鄭元如)

유수면(楡樹面) 오위선(吳爲善)

추동면(楸洞面) 백문아(白文雅)

회 면(檜 面) 이백문(李白文)

앙도면(央島面) 최진국(崔振局)
운도면(雲島面) 김치준(金致準)
연도면(蓮島面) 김선복(金先卜)
구산면(邱山面) 방합석(方合石)
오룡면(五龍面) 박동문(朴同文)
흥도면(興道面) 안정복(安正卜)

외부대신(外部大臣) 각하

왕무충의 불법한 일의 형편은 청국 관원에게 공문을 보내 징계하도록 하였으니 스스로 금지함을 알 것이고, 이성지는 우리나라 사람이니 역시 당연히 잡아와 법률로 처분하는 일이 있을 것임. 관리를 두는 문제는 번거로운 청이니 물러나 편안히 생업에 종사함이 옳음. 21일

17 회령 경계를 넘어 거주하는 한국 사람에게 빚을 받을 수 있도록 교계관에게 지시해달라는 청원

청원서

함경북도 경흥군 거주 홍석중(洪錫重)
본인은 회령 경계를 넘어 거주하는 양춘길(梁春吉)에게 정유년에 엽전 1천 30냥을 추심할 일로 외부에 소장을 올려 지방관에게 가서 소송하라는 뎨김을 받게 되었습니다. 그러나 회령 경계를 넘으면 백성은 비록 한국 백성이나 땅은 청국 영역입니다. 또 근래의 소송[詞訟]은 형세상 부득이 변계교계관(邊界交界官)에게 호소하는데 만약 상부의 공문이 없으면 교계관 역시 따라 시행하지 않으므로 본인이 본 외부에 소장을 올리는 것입니다.
해당 돈은 확실한 증서가 있고 백성 양 씨의 형편 또한 가난하지 않음에도 현재 청국 사람의 형세에 빌붙어 종내 갚아주지 않습니다. 비록 타국에 의지하는 사람이지만 당연히 갚아야 할 빚을 갚지 않는다면 어찌 교섭 상 법의 취지가 있겠습니까. 일의 형편을 살펴보고 교계관에게 훈령으로 지시하여 해당 양춘길을 불러다가 해당 돈 1천 30냥을 증서에 따라 이자를 계산하여 추심해주시기를 삼가 바랍니다.

광무 6년 5월 일

외부대신(外部大臣) 각하

청국 경계를 넘어 거주하는 까닭에 지방관이 판결할 수 없으면 소장을 내는 백성은 누구를 향해 호소하겠는가. 비록 본 외부가 소송을 담당하는 아문은 아니나 이와 같은 소송 안건은 예외의 처리 방법이 있을 것이니 지방관과 더불어 타협해 조처하여 멀리 사는 백성으로 하여금 서울로 지방으로 뛰어다니지 않게 하는 것이 옳음. 8월 11일. 함경북도교계관 좌하

18 러시아 철도공사 인부들이 받지 못한 고전을 받을 수 있도록 러시아에 의탁하고 있는 한국인 패장을 잡아들이고 러시아공사에게 공문을 해달라는 호소

소장

해삼위 철도 고용인[雇軍] 원고 장성렬(張聖烈) 등

함경북도 명천군 거주 피고 허인학(許仁學)

삼가 현재 바다에 관해 금령이 느슨하여 여우나 쥐새끼 같은 무리들이 외국인의 세력에 의탁하여 같은 나라 사람을 속이고 업신여기며 재산을 강제로 빼앗는 폐단이 계속해서 일어나고 있습니다. 피고와 같은 불량 행위는 지금 처음 보았습니다.

그 사실인즉, 본인들은 의지하고 꾸려나갈 길이 없어 지난 기해년(己亥年)쯤에 해삼위로 들어와 더러 품팔이나 더러 짐꾼이 되어 겨우 실낱같이 가는 생명을 보존하고 있었습니다. 피고 허가(許哥)는 오랫동안 강동(江東)에 살아 러시아인들과 교제가 깊은데, 같은 해 12월에 태성철도(泰城鐵道)를 부설하는 패장(牌長)을 임명받고 일꾼과 붕주인(棚主人)을 모집하므로 저희들은 같은 나라 사람임을 기뻐하며 더러 30명, 더러 수십 명, 혹은 10여 명씩 태성철도 공사에 들어가 추위와 더위, 장독과 습기[瘴濕], 뱀 등의 험난함에도 자신의 위험을 무릅쓰고 더러 돌을 파서 도랑을 메우며 혹은 나무를 짊어지고 교량을 만드는 노력과 애태운 마음이 어떻겠습니까.

몸과 생명을 돌보지 않고 품삯을 계산해 주기를 기대하였는데, 마지막 달 계산해 주는 날이

되어 안타깝게도 저 허가는 러시아인이 아직 계산하지 않았다고 핑계 대고 다음 마지막 달에 합산해서 지급하겠다고 하므로 저희들은 멀리 떨어진 지역에 얽매인 몸에 진퇴양난이었습니다. 일꾼 백여 명이 위 공사에 몸이 매었는데 이달 저 달 하다가 그대로 2년이 되도록 받지 못한 돈이 합쳐서 지폐로 8만 3천 4백 50여 원 가운데 5만 4천 8백 40여 원은 일할 당시 양식값으로 제하고 나머지 몫이 2만 8천 6백 10여 원입니다. 작년 봄에 일꾼들이 뒤섞여 흥덕우현(興德于峴)으로 허가를 뒤좇아 가서 돈을 계산하라고 독촉하였습니다.

그러자 단연코 4월 15일 모두 내주겠다고 하더니 기한이 되자 허가가 도망하여 간 곳을 알지 못했습니다. 그러다가 자취를 찾아보니 해삼위에 숨어있으므로 경흥부에 억울함에 대해 소장을 올려 미살리(米薩利)에게 조회하여 잡아올 때, 피고가 통역과 연결하고 도모해 부탁하여 일은 중지되고 시행되지 않았으며 저희들은 다시 호소할 길이 없습니다. 백여 명이 초췌하도록 2년 동안 몸으로 치르는 일을 하였는데 구렁텅이로 던져졌으니 어찌 지극히 원통하지 않겠습니까. 허가는 외국인의 힘에 의지하여 이역으로 달아났으니, 만약 귀 외부가 러시아공사관에 조회하고 이를 근거로 한 러시아공사의 조회를 받들지 못하면 해를 넘기더라도 허가를 잡아들일 길은 전혀 없고 저희들의 품삯을 추심해 받을 날이 없습니다.

이에 감히 만 리 먼 길을 발을 싸매고 와서 첨부해 같은 소리로 삼가 호소하니, 살펴보고 특별히 이 연명소장[等狀]을 생각하여 러시아공관에 조회로 알려 러시아공사가 해당 지역에 보내는 공문을 얻게 하여 허가를 붙잡아 경흥부로 넘겨서 위의 돈을 일일이 받아주게 하여 아뢸 데 없는 저희들로 하여금 억울함을 호소할 길을 완전히 잃는 데 이르지 않도록 하기를 삼가 바랍니다.

사실은 앞서의 소장에 비추어 분명함.

광무 6년 6월 일

원고 장성렬(張聖烈), 백운선(白雲先), 김응성(金應聲), 신치삼(申致三) 등

외부대신(外部大臣) 각하

이미 감리서의 제칙(題飭)이 있었는데 어찌 조처를 기다리지 않고 섣불리 다시 와서 호소하는가. 이들 소송은 두 나라 지방관의 처결과 관련되니 번거롭게 하지 말고 물러남이 옳음. 9일

19 블라디보스토크에 한국영사관을 설치해달라는 청원

소장

해삼위 거주 김학만(金學萬) 등

본인들은 본래 본국 관북과 삼남 사람으로 기사, 경오, 병자, 정축 4년간(러시아력 1860년 이후) 흉년을 연달아 만나 기근을 이기지 못하여 부득이 본국의 산업을 버리고 떠돈 지 몇 년 만에 러시아의 은택으로 해삼위 등지로 옮겨 살게 됐습니다. 초기에 러시아 대황제 알렉산드르[亞歷山得] 2세 폐하께서 특별히 명령하여 군량미를 내주고 그대로 러시아의 보호 아래에 생활하게 한 지 이제 30년이 되었습니다. 우리들 중 절반은 러시아 호적에 들어가서 토지를 받아 농사에 힘쓰고 있고, 나머지 인민은 각각 항시(港市)와 지방에 살면서 장사, 벌목, 품팔이 등의 일로 생업을 삼아 생활을 꾸려가고 있습니다.

1891년에 이르러 동해변군무(東海邊軍務) 순무사(巡撫使)의 분부로 해삼위 서쪽 편에 있는 14개 지구[地段]를 한국 백성에게 떼어주고 거류하도록 허락하기에 본인들은 각기 재물을 내어 가옥을 짓고 매 기지에 조세 20원씩을 해마다 관청에 납부하였습니다. 그런데 뜻밖에 금년에 해당 항구 관청에서 현 거주지를 돌려주고 다른 곳으로 옮겨가라고 지시하였습니다. 이에 이르러 본인들의 정황은 살 곳을 잃고 또 장차 사방으로 흩어지게 되었으니 몹시 통탄스럽습니다.

대체로 해삼위에 거류하는 영국, 독일, 일본, 청국의 각국 인민은 본래 본국 영사관이 있어서 각자 보호하며 일마다 구제하는데, 한국 백성의 경우 본국 관리관(管理官)이 없어서 이와 같이 고통을 받고 있습니다. 형편이 급박하여 러시아 공문 번역 문건을 첨부하여 호소하니, 대감께서 살펴본 후 특별히 정황을 생각하여 러시아공사에게 전달 조회하여 해당 지방관에게 전달 지시해서 현재 거주하는 해삼위항 한국 백성의 터를 타국의 통상적인 예에 따라 99년 동안 별도로 조세를 정하여 산산이 흩어지는 것을 면하고 그대로 마음을 놓을 수 있게 해주시기를 천 번 만 번 삼가 바랍니다.

광무 6년 5월 일

김학만(金學萬), 양치일(楊致一), 문윤선(文允善), 한지호(韓芝浩), 이동국(李東國), 이성도(李成道), 이치호(李致浩), 한기호(韓基浩), 김봉운(金鳳云), 이영근(李英根),

배덕언(裵德彦), 김영화(金永和), 고인갑(高仁甲), 신익경(申益慶), 고윤종(高允宗), 김병일(金炳日), 고상준(高尙俊), 김진수(金進守), 김봉한(金鳳翰), 최준오(崔俊五), 고준문(高俊文), 최낙선(崔洛善), 양문호(梁文浩), 김국태(金局泰), 허인학(許仁學), 이춘언(李春彦), 김봉학(金鳳鶴), 박창화(朴昌化), 최문경(崔文敬), 석삼봉(昔三鳳), 김명언(金明彦), 김연선(金淵善), 최갑도(崔甲道), 김낙선(金樂善), 우치삼(禹致三), 문승준(文承俊), 윤이현(尹利現), 김윤언(金允彦), 김달흥(金達興), 김일천(金一千), 김봉기(金鳳岐), 허양승(許良勝), 김영근(金永根), 유만엽(柳萬葉), 안기화(安基化), 채희선(蔡希善), 김홍근(金弘根), 임구봉(林九鳳), 이치곤(李致坤), 이정화(李正化), 유방락(劉方洛), 김기곤(金己坤), 채정언(蔡正彦), 최병규(崔秉奎), 주문옥(周文玉)

외부대신(外部大臣) 합하

머물러 사는 신세가 몹시 불쌍하고 슬퍼서, 다만 말하건대 공문으로 러시아공사에게 그 나라 관원에게 전달 조회하도록 하였으니 물러나 기다림이 옳음. 6월 26일

20 간도의 예와 같이 해삼위에도 관리를 파견해달라는 청원

청원서

삼가 저희들이 기사년(己巳年), 경오년(庚午年) 두 해에 흉년을 당하여 생활 방편으로 각 고을[邑] 백성들이 자연히 흩어져서 러시아 등지에 살아왔습니다. 지난 몇 해 동안 본국은 간간이 흉년이 들고 러시아는 해마다 풍년이 들어 남아있던 가족들이 그에 따라 줄줄이 이어져서 이미 수만 호에 이르렀습니다. 그런데 혹자는 러시아로 입적하였고 나머지는 대한의 절의를 바꾸지 않고 살아온 지 수십 년에 더러 임금이 없는 백성이 될까 우려하여 해마다 과거 살았던 군에다 호적을 수정한 지 이미 오래되었습니다.

오호라. 같은 우리 대한의 백성이 청국 간도(間島)에 옮겨 들어간 자가 지금 수천여 호가 되는데, 경자년(庚子年)쯤에 대황제 폐하께서 특별히 북쪽 변경을 생각하여 한국과 청국 경계의 귀퉁이에 경무서(警務署)를 창설하고 백성들의 형편을 돌보아주시더니, 또 이번에 시찰관(視察官)을 파견하여 민폐를 환하게 조사하였습니다. 그러나 러시아 해삼위에 살고 있는 백

성은 아직도 교화의 은택을 입지 못하였기에 저희들이 수천 리 길을 멀다 않고 발을 싸매고 올라와 이에 감히 청원하니 통촉하신 후 위 일의 형편을 황제 폐하에게 아뢰어 하나같이 청국 영역의 예에 따라 사무관을 설치하고 사람을 골라 임명하여 해당 항구 등지에 파견하여 백성들의 사정을 두루 살피게 하시기를 삼가 바랍니다.

광무 6년 10월 일

한지호(韓之浩), 김치일(金致一), 신구연(申九淵), 김하룡(金河龍), 김병욱(金炳旭), 김기욱(金基旭), 박기학(朴基學), 박세영(朴世永), 김민옥(金敏玉), 최하주(崔河柱), 양세환(梁世煥), 김승욱(金承旭), 이증원(李曾元), 신익경(申益慶), 김홍묵(金弘默)

외부서리대신(外部署理大臣) 각하

이것은 조정의 처분에 달렸으니 물러나 편안히 생업에 종사함이 옳음. 9월 30일

21 변경경무서가 한계가 있는 만큼 혼춘에 영사를 파견하고 간도를 겸해서 맡는 것이 타당하다는 청원

청원서

삼가 저희들이 대대로 사는 6진 불모의 땅은 기경(己庚) 대흉년 이후로 연달아 재난을 만나 살아갈 계책으로 잇달아 북쪽 지역 간도(間島)의 넓고 텅 빈 땅으로 옮겨가서 스스로 부락을 만들어 넉넉히 만여 호가 되었습니다. 그러나 애초에 관할이 없어 청국 관리의 멸시와 압제, 비적 무리의 약탈로 실로 지탱하기 어려웠습니다. 그러다가 경자년쯤에 황제 폐하께서 지극한 인자함과 덕으로 특별히 북쪽 지역의 백성들을 근심하여 경무서를 청국 지역 간도에 설치할 것을 명령하여 간도 백성을 보호하게 하였습니다. 그러나 청국 비적의 위력을 이기지 못하여 간도로 향하지 못하고 경무서는 한국 땅에 설치하였습니다. 백성들이 사는 청국 지역과는 긴 강을 사이에 두고 있으므로 경무서는 돌보아주고자 하지만 미치지 못하고 백성들은 우러러 믿고자 하지만 할 수 없습니다.

최근에 각국 사람이 우리나라에 들어와 농장과 토지를 사들이는 것을 마음대로 하고 심지어 부(部)와 부(府)에 올려 증명서[完文]를 만들어 장구한 계책을 세울 수 있지만, 우리 백성은

비록 간도에 접하여 생명을 건져 생계를 도모하나 매번 의심과 걱정을 품는 것은 백성은 한국인이나 관리는 한국 관리가 없으니 누가 돌봐주고 어디를 향해 의지하겠습니까. 만 리 이역의 정황이 이와 같으므로 모욕을 당하고 핍박을 당하는 것이 구구절절 간담이 서늘합니다. 다행히 금년에 특별히 시찰관(視察官)을 보내어 노인에게 자급(資級)을 내린다 하고, 곧바로 종성군에 도착하여 사람을 시켜 간도의 기로(耆老)에게 황제의 가르침을 전하고 호구를 조사하니 노소 백성들이 성은에 감사하며 고국으로 머리를 돌리고 마음으로 기뻐하며 따르기를 원하였습니다. 그런데 그중 호적에 거두어들이는 문제는 역시 변하지 않는 법전[常典]에서 나왔으나 후년에는 각자 과거 거주하던 군에서 단자를 거두어들인다 하였습니다. 오호라, 저 청국 비적이 더러 일의 기미를 안다면 재앙이 장차 백성들에게 미치고, 6군 관아의 완고한 하인[官隸]이 중간에 왕래하며 일으키는 폐단이 없지 않을 것입니다. 그러니 민심은 돌이키기 어렵고 이역에 흩어져 있는 어리석은 백성은 혹은 동쪽에 혹은 서쪽에 있으니 관아는 어떻게 두루 살피며 백성들은 어찌 준수하겠습니까. 이는 믿을 수 없습니다.

대체로 경무서는 경무관 2명, 총순 4명, 순검 2백 명이고, 들어가는 나라의 재정 12만여 냥을 무엇 때문에 설치하였으며 무슨 이익이 있어 지출합니까. 나라의 재정을 헛되이 쓰고 간도 백성에게는 이로운 효과가 정녕 없습니다. 얕은 생각으로는 이 액수와 지출을 나누어 청국 지역의 혼춘 등지에 특별히 영사를 파견하여 반드시 통상에 힘쓰고 겸하여 간도 백성을 관할한다면 불량한 청국 비적은 필시 소문을 듣고 저절로 쓰러지고 어지럽게 흩어진 거주민이라도 진실로 스스로 교화되고 귀순할 것이니 이는 빈틈없이 완전의 계책이 아니겠습니까? 이로 말미암아 수천 리 먼 길을 발을 싸매고 와서 이에 감히 함께 호소하니 백성들의 형편을 상세히 살펴 이런 뜻을 황제 폐하에게 아뢰어 힘없는 백성들로 하여금 성스러운 교화(聖化)를 고르게 누리도록 해주시기를 삼가 바랍니다.

광무 6년 12월 일

북쪽 지역 간도 백성들 김병국(金秉國), 유원영(兪元泳), 박증진(朴曾珍), 김병겸(金炳謙), 김병식(金秉植), 장운관(蔣雲官), 장봉준(張鳳浚), 김국정(金國楨), 함성열(咸聖悅)

외부대신(外部大臣) 합하

당연히 정부의 처분이 있을 것임. 6월 6일

22 러시아와의 소무역에 폐단이 많으니 웅기에 정우소를 설치해달라는 청원

청원서

삼가 이웃 나라와의 교제에는 법도가 있고 관시(關市)를 기찰하되 정벌은 하지 않는다고 하는데, 이는 대개 옛 성인이 남긴 제도이고 내린 가르침입니다. 현재 통상사무는 곧 하나같이 천하의 우의로 맺은 약조에 백성을 가르쳐 교역하여 서로 돕는 것은 나라를 이롭게 하고 백성을 편하게 하는 방도입니다.

생각하건대 우리 북쪽 지방의 토산물 가운데 우축(牛畜)이 번식하여 주나라 들판의 복숭아 나무숲과 제나라 성 즉묵(卽墨)을 이곳에서 다시 보게 될 것입니다. 공부자(孔夫子) 당시 소와 양이 키워진 이래로 의돈(猗頓)의 5마리 암소는 부자라고 할 만한 재산이었고 마원(馬援)의 천 마리는 진휼을 실시하여 귀하게 되었으니, 우리 백성이 쓰기에 편리하고 삶을 넉넉하게 하는 것은 경작하고 목축을 생업으로 삼는데 달렸기에 이로 말미암아 상업에 힘쓰는 것입니다. 지금에 이르러 두만강 북쪽 러시아 땅 해삼위 등지는 또한 발해의 군(郡)과 같아서 다시 소와 송아지를 사되 데리고 다니지는 않으니 우리와 함께 하려 하지 않고 서로 대립하는 형세임을 볼 수 있습니다.

오호라 만국공법상 물화를 서로 통한 이후로 우리나라 소장수[牛商] 몇백 명이 무리를 이루어 러시아 지역에 가서 소를 팔고 물건을 사는 것은 조정의 조세와 관계되어 세소(稅所)를 설치하고 세감(稅監)을 두어 전해오며 무역한 지 이미 오래되었습니다. 최근 소장수의 폐해가 세 가지가 있으니, 첫째는 겨우 두만강을 건너면 러시아 땅 지방에 정우장(停牛場)이 있으니 초막을 엮어 이름을 풍막(楓幕)이라 하고 수십 일을 잡아둡니다. 이곳에 우의(牛醫)인 녹돌관(祿突官)이 있어서 은침으로 소의 질병을 검사합니다. 그러나 무릇 우리나라 사람과 소는 여름의 습기와 겨울의 추위에 기후와 풍토를 이기지 못하여 번번이 질병이 발생하니 사람과 소가 죽는 것은 형세상 어찌할 수 없는 것이 그 폐해입니다.

둘째는 소장수가 내다 팔 때 소위 통역과 중개인[居間者]이 칼자루를 잡고 농간을 부려 속임수로 서양인에게 값을 받고 상인에게는 거짓으로 소값을 받지 못했다고 말합니다. 소장수는 오랫동안 머무른 끝에 주머니는 비고 억울하게 소를 잃어버려 빈손으로 헛되어 돌아오니, 소값은 모두 통역인에게 오로지 들어가서 횡령하여 스스로 손바닥의 물건으로 만드는 것이 그 폐해입니다.

셋째는 소장수들이 풍막에 잡아두는 것과 통역인이 횡령하는 것을 두려워하여 드문드문하여 마치 사람이 없는 듯하여 상업이 폐기되고 국세가 모자라게 되는 것이 필시 그침이 없을 것이니, 다만 한 줄기 물줄기를 사이로 사람과 가축이 황야에 텅 비는 것이 그 폐해입니다.

대개 이 세 가지 폐해를 바로잡는 데에는 한 가지 계책이 있습니다. 경흥감리서는 통상사무를 겸임하니 그 담당자가 되는 것입니다. 그리고 러시아와 접경한 군 안의 강변에 넓은 요충지가 있으니 이름을 웅기(雄基)라 하는데, 경부(京部)에서 해당 군에 훈령으로 지시하여 소막사를 웅기에 설치하고 우의인 녹돌로 하여금 강을 건너지 못하게 하고 수시로 검사하고 살핍니다. 이는 이전 규정에 따른 것입니다. 그렇다면 사람과 가축은 저절로 옛 땅에 머물러서 다시는 질병이 없을 것이고 자연히 세금이 있을 것이고 그러면 나라를 이롭게 하고 백성을 편하게 하는 방도입니다.

옛날 제나라 선왕은 차마 한 마리의 소를 벌벌 떨게 하지 못하여 양으로 바꾸라고 하였는데, 맹자가 말하기를, "이 마음이면 왕 노릇하기에 충분하다"라고 하였으니, 이번에 소장수가 폐해를 제거하고 이익을 일으키면 수많은 상인이 화물을 확장하고 세금액도 배로 증가하여 장차 세계에서 일등 국가가 될 것이니 당우(唐虞) 삼대의 다스림을 금일에 다시 볼 수 있을 것입니다.

삼가 오직 대한의 어진 정사만이 이르지 않는 곳이 없어 공로가 백성을 더하고 황제의 은혜가 금수에게까지 미쳐 천하에 적이 없게 되어 나라를 이롭게 하고 백성을 편하게 하니 이보다 나은 것이 없을 것입니다. 옛날 말에 "월나라 새는 남쪽 가지에 집을 짓고 호(胡)의 말은 북풍을 의지한다"라고 하였으니, 저처럼 소도 비록 미물이지만 모두 태어난 곳을 좋아하여 웅기에 머물면 푸르른 긴 둑에서 송아지 무리가 꽃모양 발굽을 핥는 것을 쉽게 보고 연기 자욱한 큰 들판에 목동의 풀피리 소리 듣기에 익숙하여 언덕에서 마시고 나무통에서 뛰니 이 어찌 교화 속의 송아지가 아니겠습니까?

여러 나라의 통상을 다스리는 일은 우리와 다름이 없으니 하물며 지금 생명을 보호하는 세상에 관리를 설치해 백성을 보호함은 장정에 정해 놓는 것이 국가의 큰 정책입니다. 이들 상인들로 하여금 조금도 손실이 없게 하고 또 소 사육을 더욱 번성하게 하여 백성이 있고 물건이 있으면 어찌 아름답고 또 아름답지 않겠습니다. 이렇게 무더운 때를 맞아 농사와 누에치기를 내버려두고 수천 리 먼 길에 발을 싸매고 와서 이에 감히 소리를 모아 우러러 호소하니, 삼가 바라건대 태상공께서 이미 변경의 번거로운 덕으로 특별히 아래 백성들의 여론을 생각하고 위로는 폐하께서 북쪽을 돌보는 근심을 본받고 아래로는 열강들 외교의 의리에 미치면 국가의 큰 행복과 상인들의 편안한 생업을 이룰 수 있으리라 삼가 축원합니다.

광무 7년 7월 일

함경북도 상인 백성(商民) 김성언(金聖彦)

김자옥(金自玉), 장겸홍(張謙弘), 정여정(鄭汝靜), 이남도(李南道), 유철환(兪哲煥),

전사청(全士淸), 허 낙(許 洛), 오공집(吳公集), 이재언(李才彦), 김중옥(金仲玉) 등

외부대신(外部大臣) 각하

우리 지역에 외양간[牛棚]을 설치할 일로 먼저 귀 보고가 있었고 지금 이런 호소가 있으니 여러 사람들의 마음이 일치 찬동함을 알 수 있다. 별도 지시에 따라 곽미살이(廓米薩爾)에게 공문을 보내 상인 백성에게 은혜를 베풀고 백성을 편하게 할 방도를 강구하여 신속히 처리할 것. 8월 17일. 경흥감리 좌하

23 간도로 건너가 농사짓는 아들이 살인사건에 잘못 연루되어 청국 관아에 잡혀갔으니 조사해달라는 청원

청원서

남서(南署) 명동(明洞) 거주 김인영(金仁泳)

삼가 저의 고향 집[鄕第]은 함경북도 경흥군에 있는데, 지금 집에서 온 전보를 보니 이름이 규열(奎烈)이라는 저의 아들놈이 간도로 건너가 농사지었습니다. 공교롭게도 청국 사람 2명이 칼에 찔려 죽는 변고가 발생했고, 애초에 관련 증인[干證]이 없는데 엉뚱하게도 엄하게 갇혔다고 합니다. 제 아들은 나이 겨우 18세에 일개 서생으로 잠시 건너가 농사를 살필 때에 불문곡직하고 잡아간 것이 너무나 억울하고, 또 그 땅에서 살아가는 자가 아닌데도 저들의 관아에 억지로 가두는 것은 이치상 타당하지 않습니다. 그러므로 전보 원본을 첨부하여 호소하니 살펴보고 변계경무관에게 전보로 훈령하여 조회를 전달하게 해주시고 해당 갇힌 자를

찾아 돌려보내되, 이치에 맞게 타결하면서 한편으로는 조약을 세우고 다른 한편으로는 엉뚱하게 걸려든 목숨을 구하게 해주시기를 삼가 바랍니다.

광무 7년 8월 22일

외부대신(外部大臣) 각하

즉시 교계관에게 전보로 지시하여 방책을 세워 찾아서 돌려보내고 이치에 따라 조사할 일임. 22일

24 청국과의 무역을 위해 청국공사관과 한국인 여관 설립을 협의해달라는 청원

청원

평안북도 의주군 상인 등

위 청원의 경우, 저희들은 본래 장사를 생업으로 삼기에 청국 안동현 사하자(沙河子)를 왕래하여 청국 상인과 물건을 매매합니다. 그런데 유독 한국인 여관[旅店]이 없어서 왕래하는 상인 백성이 풀밭을 가면서 노숙하는 것과 다름이 없습니다. 그러므로 저희들이 한국인 여관을 설치하고자 하였더니 청국 상인이 금지하여 지금까지 여관을 설치하지 못하였습니다. 천하에 통상하는 길에 어찌 억울하지 않겠습니까. 삼가 바라건대 살펴본 후에 청국공사관에 조회하여 한국인 여관을 금지하지 말고 특별히 설치하여 이 먼 지방의 상인들로 하여금 사업을 일으켜 통상하기 편하게 해주시기를 천 번 만 번 삼가 바랍니다.

광무 7년 10월 일

청원인 임의경(林義景), 김영환(金羚煥), 최영환(崔永煥), 조응겸(趙應謙), 김상진(金相鎭), 황영호(黃羚浩), 백처빈(白處彬)

외부대신(外部大臣) 각하

지령 제 호. 여관을 창설하는 것은 모두 허가할 수 없으니 번거롭게 호소할 필요가 없다. 11월 11일. 외부

25 압록강의 황초평을 조사하여 조그마한 땅이라도 잃지 않도록 조처해달라는 청원

청원서

평안북도 의주 거주 최하용(崔河鎔), 김상린(金相麟)
평안북도 용천 서쪽 신도강(薪島江)에 하나의 작은 섬이 있는데 이름을 황초평(黃草坪)이라 합니다. 섬의 동쪽은 대한(大韓)이고 섬의 서쪽은 청국 안동현 땅입니다. 그러나 청국 쪽 바다는 한 번 바라봐도 막히는 것이 없고 대한의 바다에는 불과 작은 배로도 항행할 수 있는 땅입니다. 섬 가운데 갈대를 근처 인민이 베어와 생계를 유지해왔는데, 근래 청국의 불법한 무리가 스스로 그 나라의 땅이라고 하고 거리낌 없이 베어 갑니다. 당당한 우리 대한의 땅을 명분도 없이 다 잃는 것이 어찌 애석하지 않겠습니까. 살펴본 후 즉시 청국공사관에 조회하여 비록 조그마한 지방이나 몽땅 잃는 데 이르지 않게 해주시기를 삼가 바랍니다.
광무 7년 11월 일

청원인 최하용(崔河鎔), 김상린(金相麟)

외부대신(外部大臣) 각하

청원을 살펴보니 일이 지방과 관계되는데 귀 군에서 어찌 지시해 살펴보지 않아 많은 백성들이 멀리 본 외부에까지 호소하게 되었는가. 백성들의 형편과 지형을 상세하게 적간하여 신속히 긴급 보고하는 것이 옳음. 의주군수 좌하. 외부. 11월 18일

26 북간도의 경계를 확정하기 위해 전 종성진위대 참령 김원계를 감계사로 임명하여 파견해달라는 청원

청원서

함경북도 간도(墾島) 거주민 이재한(李載澣) 등이 삼가 두 번 절하고 외부대신 각하께 우러러 호소합니다. 삼가 보건대, 나라의 영역을 획정하고 변경을 공고히 하는 것은 정책상 첫 번째

로 큰 사업입니다. 현재 세계열강이 강토를 개척하고 나라를 여는 것을 중시하지 않음이 없는 까닭에 비록 한 자 한 치의 땅이라도 많은 비용과 거금을 들여서 백성들을 널리 이주시키며 병사로 수호하여 잠식하며 나아가 병탄하는 것을 손가락으로 다 꼽을 수 없습니다. 그런데 유독 우리 북간도(北墾島)만 회복되지 않는 것은 무슨 까닭입니까?

대한의 강역은 동남쪽은 둘러싼 바다가 하늘이 준 경계이고, 서북쪽은 청국과 경계를 접하는데 백두산 분수령 위에 돌에 새겨 기록하기를 '서쪽은 압록으로 하고 동쪽은 토문으로 한다'라고 한 것은 청국 사신 목극등(穆克登)이 한국 관리와 함께 모여 강희(康熙) 51년, 임진(壬辰) 5월 15일에 세웠습니다. 토문 이남의 땅을 대한의 판도에 모두 싣는 것은 강경한 변론을 기다리지 않고도 자명합니다.

그러나 두만과 토문 사이 한 폭의 강토를 특별히 텅 빈 황무지[閑荒]로 삼고 한국과 청국 두 나라가 각기 엄한 조항을 세워 건너가 거주하는 것을 엄하게 금지한 지 100여 년에 저 청국이 홀로 먼저 금법을 느슨하게 해서 백성들에게 황무지 개간을 허락하고 관아와 군대를 설치하여 넘어와 전 구역을 점유하고 흘러들어와 사는 한국인을 자기네 백성으로 여겨 껍데기를 벗겨내고 침범하여 학대하는 것이 사나운 짐승보다 심하니 이는 소위 손님이 주인의 권리를 빼앗는 것이고 적반하장입니다.

과거 수십 년 이래로 북쪽 변경에서 충성과 의리로 분격한 사람이 누차 정부에 울며 호소하여 조정에서 특별히 관원을 파견하여 경계를 조사하고 살피고 탐사한 것이 한두 번에 그치지 않습니다. 그런데 어떤 경우에는 청국 관원에게 견제되어 구역을 바로잡지 못하고 다른 경우에는 형편을 분명히 가렸으나 도리어 종이 위의 빈 공문이 되었으니 실로 뜻을 가진 선비가 한을 품고 길게 탄식하는 바입니다.

그런데 한 번 관리(管理) 이범윤(李範允) 씨가 백성들의 호적을 편성한 후로 청국 관원의 반대와 간사한 무리의 방해가 갖가지로 바뀌면서 나왔습니다. 혹은 러시아 관아에 가서 이간질하고 몰래 도모하여 해쳤으며 혹은 청국공사에게 거짓으로 호소하여 조회해 책임을 지워 소환합니다. 이들 거짓 계책은 다름이 아니라 강토를 되찾는 사무와 백성을 구제하는 방략을 기어이 와해시켜 영구히 청국 군인을 살찌우는 한 가지 이로운 실마리입니다. 청국공사의 조회 공문 중에도 '즉시 관원을 파견하여 경계를 조사한 후 육로장정을 다시 논의하자'라고 하였으니 비록 매우 다행인 듯하지만 이 또한 말 중에 속셈이 있으니 그 말을 확신할 수 없습니다. 저들이 쓰는 마음은 필시 한국에 있지 않고 당연히 청국을 위한 것입니다. 다수의 청국 병사를 이끌고 위엄을 보여 협박하고 후일 경계 조사의 책임을 막고자 할 뿐이니 강토를 회복하느냐 못하느냐는 이 한 가지 조치에 달렸으니 적의 계책을 우리의 계책으로 삼을 때입니다.

정부에서 파견하는 경계 조사의 직임을 평범한 관리에게 맡길 수 없습니다. 옛 일에 익숙하며 시무(時務)를 잘 알고 지피지기하여 잘 다루는 연후에야 이 일을 맡길 수 있습니다. 전 종성진위대장 참령(參領) 김원계(金元桂) 씨는 수년간 변경을 진무한 공과 백성을 보호한 은택이 매우 넉넉하여 북문(北門)의 자물쇠라 칭송하였고 동쪽 땅 간성(干城)에서 애타게 기다리며 병사들과 백성들이 오랫동안 생각하여 잊지 않았고 청국 사람도 평소 그 이름을 알았습니다. 감계사(勘界使)로 특파하면 국가와 변경의 업무에 매우 다행일까 합니다. 살펴본 후 하찮은 말로 버려두지 말고 혹 채택해주시기를 천 번 만 번 삼가 바랍니다.

광무 8년 2월 일

북간도 거주민 이승호(李升鎬), 강윤혁(姜允赫), 황용주(黃龍周),
오재영(吳載英), 이홍식(李弘植), 이병진(李秉進), 지용수(池用洙)

외부대신(外部大臣) 각하

청원서의 내용을 읽어보았다. 일이 타당하니 다만 정부의 처분을 기다릴 것. 25일

27 만국공법에 의거하여 북간도에서 한국 사람을 보호하고 서둘러 경계를 조사할 관리를 파견하기 바란다는 청원

함북 간도(墾島) 유생 한태교(韓台教), 정익환(鄭翼桓) 등이 삼가 목욕재계하고 백번 절하며 외부대신 각하께 글을 올립니다. 삼가 지금 세계 공법에 동양의 인민이 서양에 옮겨 살면 동양의 관리가 직접 보호를 관장하고 서양의 인민이 동양에 옮겨 살면 서양의 관리가 직접 보호를 관장하는데 어찌 유독 한국과 청국 두 나라는 당연한 법을 시행하지 않는단 말입니까. 북간도(北墾島) 전 지역의 땅은 바로 우리 땅이고 백성 또한 우리 백성인데, 길림의 관속이 엿보고 건너와 차지하여 깊은 구렁텅이 같은 사사로운 욕심을 제멋대로 채우며 만족을 모르고, 흉악한 저들 비적 무리가 창궐해 두루 돌아다니며 마을 곳곳에 뜻밖의 큰 변란을 모질게 일으키니, 어진 사람이나 군자가 보고 들으면 측은하게 돌아보아야 할 곳입니다. 이웃 강국

은 비록 그 나라 백성과 땅이 아니더라도 항상 관할하는데 대한은 어찌 옛 강토의 호구를 태연히 도탄에 두는 것입니까.

청국 공사가 지금 도성 내에 있으니 의리로 담판한 후에 해당 공사의 문서를 얻어 간도에 주재하는 청국 관원에게 전달하여 다시는 보호하는 백성을 관리하는 길을 방해하지 못하게 하십시오. 또 경계를 조사하는 것은 쉽지 않고 마땅한 사람을 얻는 것이 가장 어려우니 먼저 예사롭지 않은 대관(大官)을 선택하며 지세를 익히 알고 시무에 익숙한 자를 널리 구하여 함께 경계를 조사한다면 성스러운 조상의 5백여 년 옛 강토를 도로 회복하고 수천수만 호의 백성을 안전하게 호적에 실을 수 있을 것입니다. 만약 지연되는 일이 있게 되면 대한 구역의 인민을 어느 나라에 붙이겠습니까. 즉시 세계 공법에 의거하여 직접 보호를 관장하기를 삼가 바랍니다.

광무 8년 3월 일

이승호(李昇鎬), 장봉한(張鳳翰), 양도응(梁道膺),
이재한(李載瀚), 김철범(金哲範), 지용수(池用洙), 오재영(吳在英),
오상원(吳相元), 박시환(朴時煥), 강윤혁(姜允赫), 황용주(黃龍周)

의정부찬정외부대신(議政府贊政外部大臣) 각하

해당 간도 주민이 침탈과 학대를 당한 것은 참으로 불쌍하다. 경계를 조사하는 문제는 매우 중요한 일이다. 다만 정부의 처분을 기다릴 것

28 관리사의 소환 명령 이후 청국 비적이 창궐하니 서둘러 관리사를 파견하고 각 군의 산포를 단속하여 방어하도록 해달라는 청원

청원서

서변계(西邊界) 간도(墾島) 거주민 박만기(朴萬基), 이자진(李子搢) 등

저희들은 본래 곤궁한 형세로 간도에 흘러들어와 살며 의지할 곳이 없으나 스스로 교화 속의 백성이 되었습니다. 그런데 어찌나 다행인지 지난 임인년(壬寅年)쯤에 황제의 명령으로 관리사(管理使)를 임명하여 호구를 조사하고 호적을 편성하여 백성을 위무하며 접경지에서 몹

시 어여삐 여겼습니다. 또 청국 사람에게 위엄을 보여 우리 한국 백성들로 하여금 편안히 생업에 종사하고 호구를 늘려서 강토의 백성임을 모두 알게 하였으며, 저들 청국 백성으로 하여금 귀화를 그치고 갑자기 법령의 규정을 깨닫게 하였습니다. 그런데 관리를 소환하는 명령이 있다 하니 (청국 백성들은 – 역자 주) 슬며시 떨치고 일어났습니다.

지금 러시아 병사가 청국 비적과 더불어 강 주변에 창궐한 때를 맞아 백성들이 흩어지고 고을은 비었음은 아뢰지 않아도 환히 알 수 있는데, 하물며 저희들이 살고 있는 땅은 하루아침에 관리가 없어진 연후에 백성들은 누가 법에 의지하고 무엇을 따르겠습니까. 급박하고 갑작스러워 이에 감히 연명으로 달려와 호소하니 통촉한 후 하루빨리 관리(管理)를 독촉해서 보내 강 주변 각 군이 이미 설치한 산포(山砲)를 조직을 엄히 단속하여 러시아와 청국 비적을 방어하여 대한 교화 속의 이 백성들로 하여금 하늘의 해가 환하게 비추는 것을 다시 볼 수 있게 해주시기를 삼가 빕니다.

광무 8년 4월 일

변계(邊界) 대동면(大同面) 집강(執綱) 박만기(朴萬基), 이자진(李子搢)
강별면(江別面) 집강 김유성(金有聲), 박효원(朴孝元)
간도면(間島面) 집강 김성률(金成律), 고제붕(高齊鵬)
신별면(新別面) 집강 전응록(全應彔), 야순재(夜順在)
구도면(九道面) 집강 김하룡(金河龍), 이기련(李基連)
팔도면(八道面) 집강 이성달(李成達), 김사운(金士雲)
칠도면(七道面) 집강 김인숙(金仁淑), 최성준(崔成俊)
천금면(千金面) 집강 서정룡(徐廷龍), 김성준(金成俊)
모산면(帽山面) 집강 홍희준(洪希俊), 이기갑(李基甲)
대황면(大篁面) 집강 박시규(朴時圭), 이자정(李子貞)
소황면(小篁面) 집강 나성삼(羅成三), 김일지(金一枝)
구룡면(九龍面) 집강 서정갑(徐貞甲), 김병렬(金炳烈)
태평면(泰平面) 집강 박치운(朴致云), 이용준(李用俊)
유수면(楡樹面) 집강 김흥태(金興泰), 최형원(崔亨元)
앙도면(央島面) 집강 정문병(鄭文丙), 승기갑(承基甲)
운하면(雲下面) 집강 이예수(李禮守), 박내심(朴乃心)

운상면(雲上面) 집강 김예수(金禮守), 방사겸(方士兼)
연상면(蓮上面) 집강 최달성(崔達成), 이유관(李惟官)
연하면(蓮下面) 집강 이지춘(李枝春), 이수원(李守元)
신상면(新上面) 집강 김여수(金汝水), 김용관(金用官)
신하면(新下面) 집강 박인하(朴仁河), 한원용(韓元用)
오룡면(五龍面) 집강 승한준(承漢俊), 박효원(朴孝元)
복강면(福江面) 집강 박정원(朴正元), 김창록(金昌彔)
노청면(爐靑面) 집강 이정례(李正禮), 이자진(李子眞)
용성면(龍成面) 집강 원중거(元中巨), 김□형(金□亨)
수상면(水上面) 집강 김달하(金達河), 이효심(李孝心)
수하면(水下面) 집강 김치문(金致文), 오춘화(吳春化)
노두면(老頭面) 집강 김원효(金元孝), 배문협(裵文協)
서대야면(西大夜面) 집강 허도(許道), 문병철(文丙哲)
흥도면(興道面) 집강 김기용(金基用), 장달춘(張達春)
구산면(九山面) 집강 이봉구(李奉求), 왕영준(王永俊)

외부대신(外部大臣) 각하

당연히 정부의 처분이 있을 것. 6월 10일

29 북간도의 경계를 서둘러 획정지어 달라는 주민들의 호소

고소장

북간도(北墾島) 거주민 한태교(韓台教) 등

고소의 경우, 백두산 분수령 아래 토문 이남과 두만 이북은 이름을 북간도(北艮島)라 하며 숙종 때인 임진년에 청국에서 오랄총관 목극등(穆克登)을 보내와서 서북을 조사할 때 우리 조정에서도 접반사 박권(朴權)을 보내 함께 강토의 경계를 살피고 정계비를 분수령 위에 세워 '동쪽은 토문으로 하고 서쪽은 압록으로 한다'라고 하였습니다. 당시 청국에 복종하는 때에 우물쭈물하고 두려워하여 양쪽의 땅을 안으로 몇 천 리를 줄이고 겨우 북간도(北艮島) 하나를 남기니 천고의 뜻있는 선비가 장탄식하는 바입니다.

이 땅은 오랫동안 황무지로 있더니 우리 백성이 들어와 개간한 이래 40여 년 동안 호(戶)가 7, 8만이 되었고, 청국 사람이 또 우리 지역을 침입하여 자칭 그들 관할이라고 하고 갖가지로 침탈하고 학대하자 백성들이 물결처럼 흩어지게 되었습니다. 저희들이 누차 울며 호소하여 임인년(壬寅年)에 내부에서 이범윤(李範允)을 시찰(視察)로 삼아 가서 강토를 조사하고 계속해서 백성의 호적을 받았고 겸하여 부동산과 살림살이 성책을 작성하여 내부에 바쳤습니다. 그러자 임금께서 관리(管理)를 특별히 선임하여 생명과 재산을 보호하라는 처분이 있었고, 무기 2백 자루를 내려주어 청국의 학대를 방어하라 하였습니다.

그러나 강토의 경계를 청국공사와 아직 공정하게 처리해 완전히 타결하지 못하였기에 수백만 백성의 형세는 도탄에 있는데 단지 관리 이범윤만이 다친 사람을 돌보듯이 아낌에 의지하여 겨우 지탱하고 있습니다. 이에 일제히 소리 내어 울며 호소하니 살펴보시고 청국공사와 따져서 당당한 대한의 수천 리 강토와 울부짖는 선왕의 수백만 순수한 백성을 바르게 되돌리시길 삼가 바랍니다.

광무 8년 음3월 일

북간도 거주민 오재영(吳在英), 장봉한(張鳳翰), 조항식(曺恒植), 김응룡(金應龍), 이승호(李昇鎬), 강윤혁(姜允爀), 김창학(金敞學), 오상원(吳相元), 최병준(崔秉俊), 지용수(池用洙), 황용주(黃龍周), 김극렬(金克烈), 박인회(朴麟會), 황원오(黃元五)

외부대신(外部大臣) 각하

당연히 정부의 처분이 있을 것임. 6월 6일

30 러일전쟁 개전 이후 러시아의 군용물자 조달 압박이 심하기에 부재한 경흥항감리를 속히 임명해달라는 청원

청원서

함경북도 경흥항 백성들의 등소(等訴)

본 항은 삼국의 경계 지역에 있는데 한 줄기 긴 강이 자연스럽게 구역을 나누고 있습니다. 비록 평온할 때라도 청국 비적과 러시아의 위협이 없는 날이 없으므로 내치(內治)는 군수가 주무하고 외교는 감리가 온전히 관할합니다. 하물며 현재 일본과 러시아가 개전한 이후로 러시아 병사의 왕래가 무인지경에 들어오듯이 하여 군량의 운수와 도로의 수선과 전신주의 억지 요구에 변경 백성들이 의심을 품고 도망하여 겨우 남아있는 노약자 역시 버티기 어렵습니다. 그러한 나머지 청국 비적이 어지러운 때를 틈타 잇달아 일어나고 있지만 이미 감리가 없는 항구에 교섭하거나 방비할 계책은 자연히 방도가 없어 북방의 온 지역은 장차 공허해지고야 말 것입니다. 감리의 직임을 이미 임명했으나 부임하지 않으니 도리어 역시 폐지하여 그런 것입니까.

저희들 역시 교화로 길러지는 백성입니다. 이런 변경의 소요가 날로 더하는 때를 맞아 바로 잡아 구할 계책이 좋은 것이 전혀 없으므로 이에 일제히 소리 내어 우러러 호소하니 통촉하여 본 항 감리를 즉시 재촉해서 내려보내 변경을 대비하고 백성을 구제하여 말썽이 일어나는 폐단을 막아주시기를 천 번 만 번 삼가 빕니다.

갑진(甲辰) 6월 일

고천약(高天若), 황천일(黃天一), 김인제(金仁濟), 정익주(鄭翼柱) 등

외부대신(外部大臣) 각하

IV

『외부훈령부보고』 번역문

1 한국 병사가 안원보 일대에서 경계를 넘어 약탈하고 조세 납부를 가로막고 있으니 조처해달라는 청 외무부의 공문을 전한다는 보고

보고 제3호

방금 청국 외무부의 조회를 접수하였는데, 한국 병사가 강을 건넌 문제로 본국 정부에 전보로 전달하도록 요청하였습니다. 이에 보내온 조회를 뒤에 기록해 보고하니 살펴보고 처리하기 바랍니다.

광무 7년 2월 24일

주차청국특명전권공사(駐箚淸國特命全權公使) 박제순(朴齊純)

의정부찬정외부대신(議政府贊政外部大臣) 이도재(李道宰) 각하

조회

흠명전권대신편의행사총리외무부사무화석(欽命全權大臣便宜行事總理外務部事務和碩) 경친왕(慶親王)이 조회하는 일입니다.

광서 29년 1월 12일 길림장군 등의 공문서에 따르면, "화룡욕(和龍峪) 위원이 아뢰기를, '한국 경무관과 한국 시찰 이윤범[1]이 병사를 데리고 강을 건너 안원보(安遠堡)에서 관아 식량이라 억지로 칭하고 부세 납부를 가로막아 어지럽히고 아울러 각 사(社)에 제멋대로 방자하게 향약(鄕約)을 시행하고 통행증[執照]을 팔아 호에 따라 가혹하게 돈을 거두어들이고, 또 큰 소리로 위협하여 그곳의 인심이 두렵고 당혹하여 말썽을 일으킬까 우려됩니다'라고 하였습니다. 또 혼춘부도통(琿春副都統)의 편지에 따르면, '한국 변경의 병사와 관리 다수가 경계를 넘어 불태우고 약탈하는 정황입니다'라고 하였습니다"라고 했습니다.

본 외무부에서 살펴보니, 작년에 한국 병사가 경계를 넘어 곡식을 베어 약탈하고 중국인을 죽게 한 것은 이미 출사(出使) 허(許) 대신이 조회하여 귀국 정부가 조사해 처리하도록 한 공

1 '이범윤'의 오기로 보인다.

문이 보존 문안에 있습니다. 현재 한국 병사가 다시 경계를 넘어 불태우고 약탈하며, 아울러 경계를 넘어 개간하는 한국 백성을 관리하고자 조세 납부를 가로막고 어지럽히니 진실로 변경 거주민들이 두렵고 당혹하여 달리 사단을 일으킬까 걱정됩니다.

이에 조회해 요청하니 귀 대신은 귀국 정부에 전보로 전달하여 엄히 지시해서 금지하고, 아울러 장차 한국 병사를 제대로 단속하지 못하는 무관은 분별해 조사하여 처리해서 서로가 편안하기를 기대합니다. 이를 간절히 바랍니다. 이어서 바라건대 귀 대신은 본부에 조복해주시기 바랍니다. 이에 조회합니다.

광서 29년 1월 23일

대한국흠차전권대신(大韓國欽差全權大臣) 박(朴)

2 한국인이 도문강에 설치한 다리를 철거하고 간도 지역에 실시한 향약 등을 중지해달라는 청 외무부의 공문을 전한다는 보고

보고 외부 제14호

방금 청국 외무부의 조회를 접수하였는데, "도문강(圖們江)을 교계소(交界所)로 삼고, 한국 사람이 강에 교량을 수축하는 것 및 차례로 정전(丁錢)을 조사하는 등의 일로 정부에 전달하기를 요청합니다"라고 하여 이에 보고하며, 원래 조회를 뽑아 기록해 첨부하니 살펴보고 처리하기를 바랍니다.

광무 7년 8월 6일

주차청국특명전권공사(駐箚淸國特命全權公使) 박제순(朴齊純)

의정부찬정외부대신(議政府贊政外部大臣) 이도재(李道宰) 각하

청국 외무부에서 보내온 조회

조회하는 일입니다.

광서 29년 6월 6일 길림장군 등의 공문에 따르면, "연길청(延吉廳) 동지(同知)가 보고한 바에 따르면, '화룡욕 분방 지역은 한국과 땅을 접하는데, 봄이 된 이래 안원(安遠), 수원(綏遠), 영

원(寧遠) 각 보(堡)는 한국 병사와 순사가 임의로 개간 백성을 가지고 해독을 끼쳐 생화보(生化甫) 이옥정(李玉廷) 등이 붙잡히거나 살해되는 사안이 발생하기에 이르렀습니다. 3월 이후 각 둔(屯)의 개간 백성이 붙잡히고 가옥이 파괴된 자가 또 3, 4명입니다. 한국 관리에게 조회하였지만 모두 그대로 두고 다스리지 않습니다.

강이 열린 후에 과거처럼 도선(渡船)을 설치하려고 해도 여전히 열지 않고 있습니다. 한국인들은 우리가 자세히 조사함에 따라 왕래가 불편하게 되었다고 말하고 연달아 다리 3좌(座)를 건설하였습니다. 그래서 한국 관리에게 다시 조회하여 교량을 철거하도록 지시하기를 요청하였지만 한국 관리는 그대로 말만 꾸미고 미루어 왔습니다.

4월 5일 개간 백성 엄공칠(嚴公七)이 보고한 바에 따르면, 『한국 사람 6명이 경계를 넘어 삼탄도구(三灘渡口)에서 도부(渡夫) 윤순약(尹旬若), 한개(韓介) 등을 잡아갔고, 별도로 2명은 집에서 싸움을 일으켰다』고 하였습니다. 관원을 보내어 조사하게 했더니 사실이었습니다. 13일에 또 건너와서 엄공칠을 잡아갔습니다. 18일 총향약(總鄕約)이 보고한 바에 따르면, 『경무관이 현재 파견한 사람이 39사(社)에 와서 장정을 조사하고 장정마다 한국 돈 1조(吊) 6백 20문(文)을 징수하여 강 남쪽의 군량으로 삼는데 장정은 이미 차례로 조사하였지만 돈은 아직 납부하지 않았습니다』라고 하였습니다.

살펴보건대 중한조약 제12관에는 '이후 만약 몰래 변경의 경계를 넘는 자가 있으면 서로가 모두 이를 금지하여 사단이 일어나는 것을 피해야 한다'라는 등의 말이 실려 있습니다. 도문강은 중한의 경계이므로 그곳에 배를 설치하여 건너고 왕래하는 행인을 자세히 조사하는 것은 여러 해 되었습니다. 현재 한국 사람이 강 위에다 교량을 세우고 도부를 잡아들였습니다. 청컨대 서울 주재 한국 공사에게 전달하고 상의하여 방책을 세워 막기를 바랍니다"라고 하였습니다.

이에 따라 조회로 요청하니 귀 대신은 귀국 정부에 전달하여 이상의 각 사항에 대해 엄히 지시하여 금지하고, 아울러 변경의 각 관리에게 지시해 하인[從人]을 단속하여 모쪼록 변경을 각별히 지키고 다시는 침범하고 넘어서 소란을 일으키지 말도록 하여 서로 서로 편안하기를 기대합니다. 이를 간절히 바랍니다. 이어서 바라건대 귀 대신은 본부에 조복해주시기 바랍니다. 이에 조회합니다.

광서 29년 6월 12일

3 한국 군사가 경계를 넘어 청국 사람을 사로잡고 초소를 설치하는 행위를 중단하고 다시는 경계를 넘지 않도록 지시해달라는 청 외무부의 공문을 전한다는 보고

보고 제27호

앞서 청국 외무부에서 보내온 공문에 따라 길림과 우리 서북 변경의 일로 여러 차례 보고하였지만 지금까지 지령을 받지 못했습니다. 지금 또 변경의 일로 연달아 외무부에서 조회하였습니다. 그러므로 이에 뽑은 기록을 첨부해 보고하니 어떻게 답장할지 지시해주시기를 여전히 바랍니다.

재(再). 귀 외부와 주한 청국공사가 변경의 일로 왕복한 문서를 아울러 뽑아 기록하여 보여주기 바랍니다.

광무 7년 11월 23일

주차청국특명전권공사(駐箚淸國特命全權公使) 박제순(朴齊純)

의정부찬정외부대신서리(議政府贊政外部大臣署理) 이하영(李夏榮) 각하

청국 외무부 조회

조회하는 일입니다.

광서 29년 9월 29일 길림장군의 편지에 따르면, "연길청이 올린 보고에 따르면, '숭화(崇化), 선화(善化) 등 사(社)의 개간 백성들이 거두어들인 곡식을 한국 외병대(外兵帶)가 이끌고 온 한국 사람들에 의해 하나도 남김없이 약탈당하고, 개간 백성 숙언명(宿彦明), 조풍화(曹風和), 오배고(吳培告), 회용(會勇) 장운각(蔣雲閣)을 잡아갔습니다. 숙언명은 이미 죽고 조풍화와 오배고는 병으로 석방되어 돌아왔으나 장운각은 생사를 모르며, 나머지 개간 백성 또한 모두 도망해 흩어졌습니다. 또 때로는 파병이 강을 넘어 상화(尙化), 덕화(德化) 등의 사를 정탐하였습니다. 또 화룡욕 경력(經歷)의 보고에 따르면, 우심산(牛心山) 일대에 한국 병사가 점거하고 초소를 설치하였고, 한국 병사의 통령(統領)이 양(楊) 관대(管帶)에게 편지를 보냈는데, 전쟁을 벌여 경계를 넘어 개간한 땅을 요구하겠다는 말이 있었습니다.' 중국과 한국의 경계는

도문강으로 나누었는데 천연의 경계에 속합니다. 이제는 강을 건너 멋대로 소란을 일으키고 드디어는 경계를 넘어 개간한 땅을 요구한다는 말이 여러 편지에 드러난 것은 자못 화목과 우의에 어긋납니다. 청컨대 서울 주재 한국공사에게 조회하여 긴급히 조사해 금지하여 분쟁의 단서를 일으키는 것을 피하기를 바랍니다"라고 하였습니다.

살펴보건대 도문강은 중국과 한국의 경계입니다. 각각 마땅히 준수하여 서로 침범해 넘지 말아야 합니다. 조약 12관 중에, '변경 백성이 이미 경계를 넘어 개간한 자는 편안히 생업에 종사하도록 허락하고 이후 만약 몰래 변경 경계를 넘는 자는 서로 모두 금지해야 한다'라는 등의 말이 실려 있습니다.

현재 한국 병사가 강을 건넌 것은 종전에 경계를 넘어 개간한 변경의 백성이 아님을 알 수 있습니다. 또 양식을 약탈하고 사람을 죽이고 점거해 초소를 설치하는 등의 일은 실로 조약과 부합하지 않습니다. 이에 따라 조회하니 귀 대신은 살펴보고 즉시 귀 정부에 전달하여 변경의 병사와 지휘관에게 엄히 지시하여 다시는 경계를 넘어 소요를 일으키지 않도록 하여 변경을 편안히 하여 친목을 돈독히 하기를 간절히 바랍니다. 이에 조회합니다.

광서 29년 10월 1일

청국 외무부 조회

조회하는 일입니다.

지난번 길림장군의 편지에 "한국 병사가 경계를 넘어 약탈하고 아울러 우심산 일대를 점거하고는 초소를 설치했다"라고 한 것은 이미 귀 대신에게 조회하여 귀국 정부에 전달해서 엄히 지시하여 금지하도록 한 것은 보존 문안에 있습니다.

이번에 또 길림장군의 공문에 따르면, "통령 능유기(凌維琪)의 보고에 따르면, '9월 11일 진각(辰刻)에 십용(什勇) 5명을 파견하여 남쪽 둔토에 가서 도로를 조사하게 하였는데, 돌연 한국 외병대 40여 명이 총으로 공격하고 또 십용 호경청(胡景淸)과 정용(正勇) 엄진산(嚴振山)이 총에 부상을 입었습니다. 15일 진각(辰刻)에 한국 병사가 강을 건너 경계를 넘어 개간한 한국 백성과 무리지어 우리 병영을 공격하고 날이 어두워지자 비로소 그쳤습니다. 한국 백성이 결국 남촌 일대의 청국 사람 집을 모두 불태웠고, 그러한 나머지 상화(尙化), 상덕(尙德) 등의 사(社)도 또한 모두 갑자기 경계를 넘어 개간한 한국 백성은 노인과 아이, 부녀가 모두 도망쳐 본국으로 돌아가고 남은 장정은 1명당 총 1자루를 주고 해당 부대에 골라 넣어 억지로 우리 군대를 공격하는 것을 돕게 하고 어기면 불태워 죽였습니다. 아울러 강을 따라 참호를 급히 쌓고 왕래하는 우리 병사를 만나면 곧바로 총을 쏘아 공격했습니다'"라고 하였습니다.

살펴보건대 청국과 한국의 경계는 강 하나를 사이에 두었으므로 한국 백성이 경계를 넘어 개간한 지 여러 해가 되었고, 중국은 편안히 생업에 종사하는 것을 들어주었으므로 우의와 의리를 겸하여 다했다고 할 수 있습니다. 그런데 변경의 군 지휘관이 두 나라의 친목을 본받지 않고 번갈아가며 강을 건너 십용을 공격하고 경계를 넘어 개간한 한국 백성과 무리를 지어 방어 진영을 공격하고 청국 백성의 집을 불태웠습니다. 이같이 종종 일어나는 소요는 실로 입술과 치아는 서로 의지한다는 의리가 아닙니다. 이에 따라 귀 대신에 조회하오니 살펴보고 즉시 귀국 정부에 전보하여 신속히 군 지휘관에게 엄히 지시해서 한국 병사들로 하여금 경계를 넘지 말고 아울러 개간 백성으로 소요를 일으키는 자는 조약에 비추어 금지하기를 요청합니다. 바라건대 즉시 답장을 보면 좋겠습니다. 이에 조회합니다.

광서 29년 10월 3일

4 임강현 장생보와 경생보 일대에 한국 병사가 월계하여 청국 사람에게 피해를 입혔으니 병사들의 월계를 금지하고 소요를 일으킨 자를 조사할 것을 요청한 청 외무부의 공문을 전한다는 보고

보고 第28호

청국 외무부에서 보내온 공문에 따라 길림과 우리 서북 변경에 관한 일로 이미 보고하였습니다. 그리고 이번에 또 외무부에서 보내온 공문을 받아보니 전보할 것을 청하였고 또 대면해서 전보 보내기를 독촉하였습니다. 그러나 전보문은 간략하여 상세하지 않으므로 이에 원문을 뽑아 기록하여 보고하니 어떻게 답변할지 지시해주시기를 여전히 바랍니다.

광무 7년 11월 29일

주차청국특명전권공사(駐箚淸國特命全權公使) 박제순(朴齊純)

의정부찬정외부대신서리(議政府贊政外部大臣署理) 이하영(李夏榮) 각하

청국 외무부 조회

조회하는 일입니다.

광서 29년 10월 초8일 성경장군 등의 전보에 따르면, "임강현(臨江縣)에서 아뢰기를, '8월쯤에 해당 현 장생보(長生堡) 지방에서 한국인이 회방(會房)을 둘러싸고 공격한 일이 있었고, 9월 4일 한국 병사 지휘관이 천여 명을 데리고 강을 건너와서 장생보(長生堡) 회방(會房)을 공격하고 상강(上江) 일대에서 가옥을 불사르고 물품을 약탈하고 아울러 부녀를 약탈하고 다수의 노인과 아이를 살해했는데 현재 수를 조사하기 어렵습니다. 또 경생보(慶生保) 우구자(于溝子), 상외자(上崴子)도 또한 한국 삼수성(三水城)의 병사에 의해 세 집이 불태워진 것은 이미 한국 후창 군수에게 조회하여 조사했습니다. 청컨대 서울 주재 한국공사에게 조회하여 병사를 철수하고 조사해 처리해서 혼란의 단서를 열지 말도록 해주시기 바랍니다"라는 내용이었습니다.

살펴보건대 한국 병사가 개간한 백성[墾民]을 규합하여 누차 길림 변경에서 소요를 일으킨 일은 이미 귀 대신에게 조회하여 조사해 금지할 것을 전달하였습니다. 이번에 또 성경장군의 전보에 따르면, 중국과 한국은 입술과 치아의 관계와 같은 나라의 우의로 기쁨과 슬픔을 같이 해왔는데 변경의 병사 지휘관이 어찌하여 고의로 분쟁의 단서를 찾고 변경 백성을 해친단 말입니까. 만약 격앙하여 사단이 생기면 실로 두 나라에 모두 장애가 발생할 것이고, 이러는 가운데 이해관계도 생각하지 않을 수 없습니다.

이에 따라 다시 귀 대신에게 조회하니 살펴서 신속히 귀국 정부에 전보하여 한국 병사를 철회하고 다시는 경계를 넘지 말도록 하고, 아울러 말썽을 일으킨 사람을 조사해 밝히고 조치하기 바랍니다. 이어서 답장을 볼 수 있기를 바랍니다. 이에 조회합니다.

광서 29년 10월 초9일

5 임강현에서 한국 군사가 소요를 일으켰으니 철수해달라는 청 외무부의 공문을 전한다는 보고

보고 第30호

청국 외무부 조회에 따라 길림, 봉천 등지에서 우리 병사가 강을 넘은 것에 대해서는 이미 여러 차례 보고했습니다. 그런데 이달 3일에 또 외무부 조회를 접수했는데 내용에, "길림장군의 공문에 따라 한국 병사 7, 8백 명이 신설한 임강현을 공격해 쳐부수었으니 청컨대 전보하여 병사를 철수해 주십시오"라고 하였습니다. 이에 원 조회를 뽑은 기록을 첨부해 보고하니 어떻게 답장할지를 즉시 훈시하기 바랍니다.
광무 7년 12월 5일

주차청국특명전권공사(駐箚淸國特命全權公使) 박제순(朴齊純)

의정부찬정외부대신서리(議政府贊政外部大臣署理) 이하영(李夏榮) 각하

조회

흠명전권대신편의행사총리외무부사무화석(欽命全權大臣便宜行事總理外務部事務和碩) 경친왕(慶親王)이 조회하는 일입니다.
광서 29년 10월 12일 길림장군의 보고에 따르면, "들으니 한국에서 온 병사 7, 8백 명이 봉천의 신설한 임강현을 공격해 부수고 살인이 몹시 많이 했습니다. 서울 주재 한국 대신에 조회로 알려 속히 엄금하기 바랍니다"라고 했습니다. 살펴보건대, 한국 병사가 경계를 넘어 소요를 일으키는 일에 대해서는 본 외무부에서 이미 여러 차례 귀 대신에게 조회하여 전달한 공문이 보존 문안에 있습니다. 이번에 해당 장군의 보고가 과연 확실하다면 필시 동아에 대국적으로 변경의 분쟁을 급격히 일으키게 될 것이니 관련되는 바가 실로 큽니다. 이에 따라 다시 귀 대신에게 조회하니 모쪼록 즉시 귀국 정부에 전보하여 곧바로 조사해 밝히고 변경의 군대를 신속히 철수하고 다시는 멋대로 일을 일으켜 나라의 교제에 장애되지 않도록 해주시기 바랍니다. 이는 몹시 긴요합니다. 아울러 신속히 답장해 주십시오. 이에 조회합니다.
광서 29년 10월 15일

대한국흠차전권대신(大韓國欽差全權大臣) 박(朴)

6 우리 병사가 경계를 넘어 소요를 일으켰다는 청국 측의 조회가 있었으나 이는 청비에 대한 분노가 쌓여 일어난 충돌이며 그동안 경무서, 원수부와 왕복한 공문을 첨부해 보낸다는 훈령

훈령 제11호

한국과 청국 변경에 우리 병사와 백성이 경계를 넘어 소요를 일으킨 일로, 귀 보고서 제28호와 전보 두 건을 차례로 접수하여 살펴보았습니다. 이에 따라 원수부와 정부와 내부에 조회로 알렸더니, 정부와 내부는 아직 조복이 없고 현재 원수부군무국총장 심상훈(沈相薰)의 답장을 받아 보니 "계속해서 더욱더 지시하여 수습을 잘하도록 도모하겠습니다"라고 했습니다.

이어서 접수한 함경북도관찰사 이윤재(李允在)의 전보에는 "참령과 교계관 및 청국 관리가 함께 모여 평화를 이루었습니다"라고 했습니다. 또 함경북도교계관 최남륭(崔南隆)과 김병약(金炳若)의 보고를 접수했는데, "저희들이 등이 진위대 참령과 무산, 종성 두 군수와 더불어 통령 능유기(凌維琪), 연길청 이사(理事) 진작언(陳作彦) 등과 함께 모여 담판하고 평화를 이루었습니다"라고 하였습니다.

여러 문안을 참조하면 해당 지역의 갑작스러운 소요가 곧바로 진정된 것을 헤아려 알 수 있으니 나라의 교섭을 위해 몹시 다행이며 이미 대개의 내용을 전보로 답장하였습니다. 이번 양쪽 지역 병사와 백성이 일으킨 소요가 매우 놀라워 각각 관련 아문에 공문을 보내 별도로 조사해 처리하겠습니다.

그러나 참으로 원인을 따져보면, 청국 지역에서 왕래하는 비적 무리가 우리 변경 백성을 침략한 것이 근년에 더욱 심하여 우리나라 병사와 백성이 분노를 품고 쌓으며 이제나저제나 하다가 쌓인 감정이 솟구쳐서 비적 무리를 방어할 때에 격변의 지경에 이른 것입니다. 이후 각기 변경 지역을 지킬 방침은 각기 병사와 백성들에게 지시하여 별도로 징계해서 삼가고 함부로 넘지 못하도록 하는 것에 지나지 않습니다. 각처에서 온 공문을 뽑아 기록해서 별도로 첨부하여 이에 훈령하니 살펴보고 청국 외무부에 이에 의거해 답장함이 좋겠습니다.

광무 7년 12월 10일

의정부찬정외부대신임시서리궁내부특진관(議政府贊政外部大臣臨時署理宮內府特進官)

이하영(李夏榮)

주차청국특명전권공사(駐箚淸國特命全權公使) 박제순(朴齊純) 각하

원수부 조복 1장

함경북도관찰사 전보 1장

함경북도교계관 보고 1장 겸 성책 1장

함경북도교계관 최남륭(崔南隆), 김병약(金炳若) 보고

무산군 건너편의 간도(墾島) 거주민 몇천 몇백 호구가 청국 관리의 강제 수취를 가혹하게 당하고 비적의 약탈을 감당하기 어려워 거주지에서 살지 못하는 까닭에 더러 순검을 파견하여 막고 더러 공문을 보내 찾아 돌아온 것이 한 해 동안 한두 번에 그치지 않습니다. 비적 우두머리 중의 우두머리가 욕심이 채워지지 않는 것에 오랫동안 감정을 품었다가, 올해 음력 8월 20일 이후 그 지역 근처 황무지를 차지하여 살아가는 청국 사람 장서유(張瑞有), 강기순(江起順), 양덕승(楊德勝), 조유산(曹裕山) 등이 감히 철거에 저항할 계획과 채찍질하여 건널 뜻을 내어 패거리를 불러 모아 관병을 사칭하고 이유도 없이 출병하여 오로지 부녀를 겁주어 묶고 백성들의 재산 약탈을 일삼기에 여지가 없었습니다.

또 군사를 지휘하여 싸우겠다는 뜻으로 무산 분주대참(分駐隊站)에 격문을 전했으므로 일이 매우 급박하여 부대는 병사를 내고 군(郡) 또한 포수를 이끌고 요충지를 견고히 지켰습니다. 우리는 강을 건널 수 없고 저들은 우리 땅에 들어올 수 없어서 서로 지키며 적을 상대한 지 달포가 후딱 지났습니다. 흉악한 저 비적이 먼저 강을 사이에 두고 사격하므로 형세상 부득이하여 군의 포수와 부대 병사 또한 대응하여 총을 쏠 때 저들 패거리가 더러 죽고 더러 부상 입은 자가 몇십 명인지 알 수 없고, 우리 병사 중 총을 맞아 죽은 자는 단지 사포(私砲) 한붕혁(韓鵬赫) 한 사람뿐이었습니다. 해당 비적이 스스로 대적하지 못함을 생각하고 9월 20일 후에 이르러 다소 달아나는 모양새였습니다. 그런데 오히려 부리지 않은 독이 남아서 그러한지 한국인 개간호의 가옥과 곡식창고를 일제히 불지르고, 있는 살림살이를 닥치는 대로 약

탈하니 촌락이 적막해지고 남녀노소가 잠시도 보존하기 어려워 모두 강을 건너 무산군 등지로 피난하였습니다.

헤아릴 수 없는 비적이 민가가 모두 빈틈을 타서 소굴로 간주하고 다시 근처 연안에 와서 머물러 공공연히 말하기를 "저녁 한밤중에 마땅히 군과 부대를 소탕하겠다"라고 하니 방어할 계책은 오직 소굴을 파괴하는 것뿐입니다. 군수와 부대 지휘관이 서로 충분히 논의하고 화를 피한 개간 백성을 불러 모아 각기 집주인으로 하여금 몇 채의 가옥을 불태워 청국 비적들로 하여금 하나도 머물 곳이 없게 하니 저들이 어찌할 바를 모르고 각기 흩어져 돌아갔습니다.

상강분서(上江分署) 총순(總巡) 안수익(安壽益)이 연달아 근심을 보고했는데, "본 분서는 해당 건너편 지역과 멀리 수백 리나 떨어져 있고 수중에는 사용할 수 있는 무기가 없어 가까이서 도와 줄 겨를이 없고 공연히 한 가닥 신경만 쓰고 있었습니다. 삼가 생각하건대 본관의 직무는 변경 백성을 보호하는 책임을 겸하고 있으나 헛되이 변경 백성이 무너져 흩어진다는 보고를 듣고서 멀리 그 모습을 생각하면 근심과 애통함으로 한탄할 뿐이었습니다. 그런 가운데 전투의 승패도 오히려 헤아리지 못하는데 백성이 짓밟히는 것은 실로 근심스럽고 두려워서 화해가 필요하여 여러 번 세작(細作)을 풀고 혹은 공적인 조회로 대세를 모두 자세히 설명하였습니다. 그러자 저들 또한 화약(和約)을 청하고 만나기를 기약하며 병사를 거두겠다는 뜻으로 사적인 편지와 공적인 조회가 한두 번만이 아니었습니다.

그러므로 음력 9월 26일에 본관 등이 진위대 참령 서정규(徐廷圭)와 더불어 각 부대의 위관을 거느리고 무산 군수 지창한(池昌翰), 종성 군수 주철준(朱哲濬)과 함께 모여서 종성 건너편의 강변으로 가니 청국 동불사(銅佛寺)에 와서 주둔하는 통령(統領) 능유기(凌維琪), 연길청(延吉廳) 이사(理事) 진작언(陳作彦), 해당 분방(分防) 장조기(張兆麒)가 일제히 나와서 회동해서 담판하였습니다. 청국 관원이 말하기를, '현재 무산 건너편에서 서로 싸우는 사안은 삼가 생각하건대 군사 대 군사로 양쪽이 서로 살상하기는 서로 일반이니 모두 중지하도록 하여 다시 두터운 우의를 닦자'라고 하였습니다. 이에 본관 등과 여러 부대 지휘관 또한 화해하여 이웃나라와의 교제를 더욱 두텁게 하자다는 뜻의 말로 자리를 마치고 흩어졌으니 백성들을 위해 크게 다행입니다.

상강분서는 마침 해당 군의 강변인 양영(梁永)의 옛 터전에 있으나 갑자기 이런 변을 당하여 저들의 총알이 어지러이 비처럼 쏟아져 내려 문과 벽을 뚫고 부쉈으나 맨손에 작은 칼로는 감히 몸소 나가서 적에 맞서려는 생각을 하지 못하고, 단지 얼굴을 숨기고 총알을 피하여 당번인 여러 순검이 겨우 사상을 면하였습니다. 그러나 이때에 우리가 총기를 가졌다면 스스로 호위할 방책이 있어서 분명히 갑작스러운 재난에 이르는 지경은 없을 것입니다. 참으로 이번 교전 형편을 따지자면, 저들 병사가 명분도 없이 출동하여 일이 성사되지 못하자 형세를 헤아려 도주하고 화해에 따르고 철수한 것입니다. 비록 일시적으로 다행이지만, 저들의 헤아릴 수 없는 점은 양의 머리를 내걸고 개고기를 파는 성질입니다. 지금 비록 잠시 물러났으나 만약 다시 침범하는 날에는 1차 전투에 진위대 병사를 격파하고 2차 전투에 군의 포수를 죽인다면 다음은 누구이겠습니까? 치가 떨리는 근심이 조석으로 닥치면 비록 의기와 충심이 있더라도 맨손으로 어찌하겠습니까? 무릎을 꿇고 곤경을 당하는 것은 분명히 이르게 될 형세입니다. 그 때를 당하면 후회해도 소용이 없을 것입니다.

만약 순검 2백 명으로 각기 예리한 무기를 지니고 뜻밖의 일에 대비하면 적들이 스스로 낙담할 것이고 백성들은 편안하게 살아가 변경이 안정될 것입니다. 일의 형편이 이러한데 순검이 총을 메는 것은 비록 확실한 규정이 없으나, 위험에 빠진 상태에서 임기응변이 없을 수 없으므로 이미 누차 보고로 청구한 것은 진실로 그 까닭이 있어서였습니다. 각지의 변경 백성이 사는 곳이 가루처럼 사라진 것을 들으니 몹시 불쌍하여 본관이 이달 17일에 해당 지역에 직접 가서 마을마다 순찰하여 위무하였으나 거주할 집이 없고 먹을 곡식이 없어서 차가운 날씨에 울부짖는데 편안히 할 방책이 없습니다. 살려달라는 소리가 헛되이 마음에 닿아 목이 메여 말하기 어려웠습니다. 각 동네 백성과 부녀들이 잡혀가고, 살림살이가 약탈당하고, 가옥과 곳간이 불태워진 것이 얼마인지를 일일이 구별해서 목록을 정리하여 청국 관리에게 조회하고 또한 성책을 만들어 올려 보냅니다"라고 했습니다.

이에 보고하니 살펴보고 특별히 청국 공사에게 전달 조회하여 건너편의 청국 무관으로 하여금 다시는 병사를 지휘하여 행패하는 일이 없도록 지시하도록 하고, 개간 백성이 잃어버린 물건들을 일일이 되찾게 하며 원수부에 조회하여 총기 2백 자루를 속히 내려 보내 뜻밖의 환난에 대비하기를 바랍니다.

광무 7년 11월 23일

원수부의 조복, 군무국

귀 제38호 조회 내용의 대략에 "청국 변경에서 우리나라 병사와 백성이 소란을 일으킨 일로 서울 주재 청국공사 허태신의 조회와 해당 원문을 뽑아 기록한 것을 별도로 첨부했습니다. 귀 第39호 조회에 따르면, 이달 3일 청국공사 허태신이 외무부의 전보에 따른 조회와 해당 공사의 공문의 일과 청국 주재 공사 박제순이 전보로 말한 청국 외무대신이 한국 병사가 경계를 넘은 것을 따지고 조회로 재촉하여 병사를 철수해달라고 요청했습니다. 어떤 이유로 사단을 일어났는지 사리에 맞게 판별해서 밝혀주어 서울 주재, 청국 주재 두 공관에 답장하는 데 편하도록 요청합니다"라고 하였습니다.

이를 살펴보니 변경 지역에 둔 군대는 단지 엄히 방어해 지킬 뿐이고 함부로 넘어가는 것은 결코 허락한 바가 없습니다. 간간히 비적과 불량한 자들이 도리어 먼저 내침하므로 이 때문에 사단이 생겨 종내 어지러워진 것입니다. 변경을 지키는 우리 무관 중에 만약 과연 장정을 어기는 자가 있으면 합당하게 법률을 적용할 것이고 계속해서 단단히 지시하여 잘 수습하도록 도모하겠습니다. 그리고 서상무, 이범윤의 일은 본 군무국의 소관이 아닙니다. 그러므로 이에 우러러 답장하니 살펴주기를 바랍니다.

광무 7년 12월 8일

함북 관찰사 이윤재(李允在)의 회답 전보

무산의 병사와 백성이 청국 병사와 서로 맞선 일로 참령, 교계관 및 청국 관리가 회동하는데 따라서 참여하였습니다. 지금은 화해했고, 아직 앞날이 어떨지는 모르겠습니다.

7 한국 병사가 경계를 넘은 일에 대해서는 두 나라 관리가 만나 타협하였으며 이에 대한 청 외무부의 공문이 있었다는 보고

보고 제31호

방금 청국 외무부의 조회를 접수해보니 내용에 "9월 26, 27일 길림의 관리와 서정규(徐廷圭)가 날짜를 잡아 만나 논의해 타결 지었다"라고 운운한 일은 한 달 전에 있었습니다. 그런데 외부에서는 아직 살펴보지 않았습니까? 어찌 청국 관리는 정부에 알렸는데도 함경북도 관찰사는 아직 보고가 없단 말입니까? 이에 원 조회를 뽑아 기록해서 첨부하여 보고하니 잘 살펴보기 바랍니다.

광무 7년 12월 18일

주차청국특명전권공사(駐箚淸國特命全權公使) 박제순(朴齊純)

의정부찬정외부대신서리(議政府贊政外部大臣署理) 이하영(李夏榮) 각하

조회

흠명전권대신편의행사군기대신총리외무부사무화석(欽命全權大臣便宜行事軍機大臣總理外務部事務和碩) 경친왕(慶親王)이 조회하는 일입니다.

광서 29년 10월 14일 길림장군의 공문에 따르면, "한국 병사가 경계를 넘어 소요를 일으킨 일에 대해 현재 연길청(延吉廳) 동지(同知) 진작언(陳作彦)과 길안영(吉安營) 통령(統領) 능유기(凌維琪) 등이 아뢴 것에 따르면, '9월 26, 27일에 한국 참령 서정규(徐廷圭) 등과 서로 날짜를 잡아 강을 건너 만나서 한국 병사가 경계를 넘은 정황을 조약에 따라 변론하였으나 한국 참령은 사정을 모두 알지 못하였습니다. 소속 병사가 사적으로 건넌 일에 대해서는 한국 병사를 일률적으로 철수하는 것에 동의하였고, 서로 죽고 부상당한 병정은 각기 서로 맞서지 않고 놔두어 논의하지 않았습니다. 아울러 무산부 지창한(池昌翰)을 파견하고 경력(經歷) 장조기(張兆麒)와 회동하는 것에 동의하여 숭화, 선화 등의 사(社)로 가서 중국과 한국 각 백성의 훼손된 가옥을 공동으로 살펴 공평하게 조처하도록 하였습니다. 개간 백성[墾民]은 과거처럼 연길청의 관리로 돌리고 이후에는 각자 자기 경계를 지켜서 쌍방이 서로 소란을 피우지 않으며, 두 나라의 병사가 강을 건널 때는 모두 각각 본 병영 관리의 통행증[護照]을 소지하게 하고 상인 백성의 왕래에도 또한 각각 이정표[路標]를 발급하기로 하였습니다. 만약 몰래 경계를 넘어서 들어갔다가 붙잡아 처리하는데 불복하는 자는 죽여도 모두 따지지 않으며, 한국 참령과 아울러 교계관, 각 부관(府官)도 모두 각기 승낙하였습니다. 현재 지방은 평안합니다. 청컨대 서울 주재 한국 대신에게 조회하여 한국 정부에 전달해서 조사하여 준수하도록 지시하기 바랍니다'"라고 하였습니다.

살펴보건대 두 나라는 땅이 서로 접하니 마땅히 각자 자기 지역을 지키고 서로 침범하지 않음으로써 서로서로 편안함을 기대할 수 있습니다. 현재 두 나라 변계관이 논의한 각 조항은 모두 타협하였습니다. 이에 따라 귀 대신에게 조회하니 귀국 정부에 전달하여 기록을 살펴보

고 아울러 변계관원에게 지시하여 마찬가지로 준수함으로써 친목을 돈독하게 해주시기 바라며 조회합니다.

대한국흠차전권대신(大韓國欽差全權大臣) 박(朴)

광서 29년 10월 26일

8 이범윤이 간도에서 조세를 거둬갔다고 지적한 청 외무부의 공문에 대한 보고

보고 제8호

방금 청국 외무부의 조회를 접수해보니, "한국 시찰 이범윤이 사람을 파견하여 제하사(霽霞社)에서 조세를 재촉한 일로 향약 한득신(韓得信)을 묶어 강을 건너간 일에 대해 본국 정부에 신속히 전보하기를 요청합니다"라고 하였습니다. 이에 보내온 조회를 뒤에 기록하여 보고하니 조사하여 처리해 주시기 바랍니다.

광무 8년 2월 8일

주청임시대리공사(駐清臨時代理公使) 박태영(朴台榮)

의정부찬정외부대신임시서리(議政府贊政外部大臣臨時署理) 이지용(李址鎔) 각하

청국 외무부에서 보내온 조회

조회하는 일입니다.

금년 12월 15일 길림장군의 편지에 따르면, "연길청에서 바친 보고에 따르면, '11월 19일 한국 시찰 이범윤이 사람을 보내 제하사에서 조세를 재촉한 일로 향약 한득신을 잡아 묶어 강을 건넜고 불법으로 고문하였습니다. 다시 사람을 보내 경계를 넘어 각 사(社)의 향약을 잡아들이고 공공연히 말하기를『땅이 이미 한국에 속하므로 다시 조세를 재촉해서는 안 된다』라고 하였습니다. 이범윤은 금년 10월 이래로 개간 백성에게 억지로 배당하여 훈련비로 수만 조(吊)를 거두어들여 군장과 무기를 마련하고 장정 천여 명을 뽑아 종성에 훈련 병영을 세우니 간사한 백성들이 소문을 듣고 호응하여 인심이 놀라게 되었습니다. 아울러 살펴보건대,

경계를 넘어 개간한 간사한 백성 이여준(李汝俊) 등 10여 명은 모두 이범윤이 파견하여 각 사의 영장(令長)으로 채우고, 다시 해당 시찰이 위원 180여 명에게 일을 맡겼습니다. 또 간사한 백성 성문석(成文錫)의 집에서 이범윤이 경계를 넘어 호적을 편성하고 백성들의 재산을 가혹하게 거두어들인 공문과 호구표 등 다수의 문건을 압수하였습니다'"라고 하였습니다.

본 외무부에서 살펴보건대, 앞서 한국 병사가 경계를 넘어 소요를 일으킨 일로 인하여 거듭해서 본 외무부는 박 대신에게 조회하여 귀국 정부에 전달하여 조사해 금지하도록 한 것이 보존 문안에 있습니다. 이후 길림장군의 공문에 따르면, 통령 능유기(凌維琪) 등이 강을 건너 한국 참령 서정규(徐廷圭)와 만나 이야기하여 철병하고 각기 각자의 지역을 지키기로 정하였습니다. 곧 약속한 말이 오래되지 않아 해당 시찰 이범윤이 갑자기 다시 강을 건너 사람을 잡아가고 호적을 편성하고 돈을 거두어들이고 아울러 개간 백성을 불러 모아 사적으로 훈련하는 병영을 세우는 등의 여러 행위는 실로 의아하게 여겼습니다.

살펴보건대 중한조약 제12관에 '변경 백성으로 이미 경계를 넘어 개간한 자는 편안히 생업에 종사하는 것을 허락하고 생명과 재산을 힘써 보호하며 이후 만약 몰래 경계를 넘는 자가 있으면 서로 모두 금지해야 한다'라는 등의 말이 실려 있습니다. 경계를 넘어 개간한 변경 백성은 서로 편안히 지낸 지 오래되었습니다. 본래 정해진 약속이 있어서 지킬 수 있었는데, 어찌 임의로 소란을 피우고 누차 사단을 일으켜 입술과 치아는 서로 관련이 있다는 뜻을 어그러뜨리는 것입니까.

이에 따라 조회하니 귀 서리 대신은 신속히 귀국 정부에 전보하여 변계관에게 엄히 지시해 각기 각자의 지역을 지키고 다시는 사단을 일으키지 않도록 함으로써 약장(約章)에 부합하고 친목을 온전히 해주시기 바랍니다. 이에 조회합니다.

광서 29년 12월 20일

9 이범윤이 군사를 이끌고 강을 건너 청국 사람을 죽이고 약탈했다는 청 외무부의 공문과 이에 대한 답장을 첨부한다는 보고

보고 제16호

청국 외무부의 조회를 접수했는데, "길림장군이 아뢴 바에 따르면, 한국관리 이범윤이 병사를 이끌고 강을 건너와 불을 지르고 약탈했다"라고 하므로 즉시 답장하였습니다. 해당 외무부의 원 조회와 본 공사가 작성한 답장 각 1건을 이에 별도로 뽑아 기록하여 분명히 보고하니 살펴보고 처리하기 바랍니다.

광무 8년 5월 2일

주차청국특명전권공사(駐箚清國特命全權公使) 민영철(閔泳喆)

의정부찬정외부대신(議政府贊政外部大臣) 이하영(李夏榮) 각하

청국 외무부 조회

조회하는 일입니다.

광서 30년 3월 14일 길림장군이 아뢴 바에 따르면, "한국 관리 이범윤이 15일에 한국 무관 김극렬(金克烈)과 성문석(成文錫)을 파견하여 각기 의병대[義隊] 1백 명을 대동하고 강을 건너 덕화사(德化社) 장대(章大) · 고벽(古壁) 지방을 점거하였고, 19일에 이범윤은 다시 직접 의병대를 대동하고 강을 건너 산계사(山溪社)를 점거하였습니다. 21일에 정탐원이 사금구(沙金溝)에 이르자 갑자기 한국 병사 백여 명이 사방에서 나와 둘러싸고 총으로 공격하고 백금(白金) · 산계(山溪) 등의 사 지방을 점거하였습니다. 23일에 다시 점거 병영의 관리가 병영에 와서 대면해 보고하기를, 덕화 · 숭화 · 선화사 등의 사를 모두 살펴보니 모두 이범윤의 의병대가 차지하고 있으며, 22, 23일 장대 · 고벽 지방에서 한국과 우리 방어병이 맞붙어 싸웠다고 하였습니다. 해당 통령이 분명히 조사하였는데, 이번에 이범윤이 무산 연강 일대를 거쳐 길을 나누어 와서 차지하고 중국인을 몰아서 죽이고 아울러 개간 백성을 핍박하였으며, 백금사 서쪽에서 곧바로 장백산에 가서 모두 차지하였습니다. 살펴보건대 도문강(圖們江)은 중국과 한국의 자연적인 경계가 되어 3백여 년을 준수하였고, 과거 한국이 지칭한 '고간도(古間

島)'는 일찍이 중국의 주한 허(許) 대신이 한국 정부와 변론한 문서가 있으니 당연히 두 나라 파원의 합동조사[會勘]를 기다려야 비로소 경계 지점을 분명히 할 수 있을 것입니다. 이범윤이 한두 번 마음대로 강을 건너 소요를 일으키고 앞장서 병사를 부려 불태우고 약탈하고 죽였으니 인민들에게 독이 되고 몹시 무리한 일입니다. 현재 이미 해당 통령 등에게 급히 지시해서 방책을 세우고 이론을 강구하며 아울러 외무부에서 서울 주재 한국 대신에게 조회해야 할 것입니다"라고 하였습니다.

본 외무부에서 살펴보건대, 도문강은 본래 중국과 한국의 자연적인 경계로 당연히 각기 강역을 지키고 서로 넘으면 안 됩니다. 이범윤이 과거 강을 건너 토지를 개간하고 누차 소요를 일삼기에 일찍이 본 외무부에서 주한 허 대신에게 전보를 보내 귀 정부와 상의해서 요청하여 이범윤을 철수시켰습니다. 그런데 근래 다시 병사를 부려 불태우고 약탈하며 죽이고 지방을 차지하여 두 나라의 화목한 뜻에 매우 어긋나고 있습니다. 이에 따라 조회하니 귀 대신은 살펴보고 신속히 절실하게 귀 정부에 전보하여, 그대로 허 대신이 과거에 논의한 것에 비추어 즉시 이범윤을 철수하도록 하고, 책임지고 강을 건넌 부대를 철수하게 해야 합니다. 아울러 불태우고 약탈하고 죽인 사정을 분명히 조사하여 법률을 살펴 처벌하고 손실을 배상함으로써 변경을 편안하게 하고 친목을 온전히 해야 할 것입니다. 아울러 답장을 바랍니다. 이에 조회합니다.

광서 30년 3월 16일

청국 외무부에 회답한 조회

조복(照覆)하는 일입니다.

귀 조회를 접수해보니 내용에 "길림장군의 보고에 의하면, 한국 관리 이범윤이 지방을 점거한 각 사정에 대한 안건은 자못 두 나라 화목의 뜻에 어긋납니다. 이에 따라 조회하니 살펴보고 신속히 절실하게 귀 정부에 전보하여, 그대로 허 대신이 과거에 논의한 것에 비추어 즉시 이범윤을 철수하도록 하고, 아울러 책임지고 강을 건넌 부대를 철수하게 해야 합니다. 아울러 불태우고 약탈하고 죽인 사정을 분명히 조사하여 법률을 살펴 처벌하고 손실을 배상함으로써 변경을 편안하게 하고 친목을 온전히 해야 할 것입니다. 아울러 답장을 바랍니다"라고 하였습니다.

이에 따라 본 공사가 살펴보건대, 이범윤이 주둔하고 있는 사(社)는 혹 우리나라 소속 땅과 관계되는지 또한 알 수 없으며, 고간도의 경계 조사는 두 나라 파원의 합동조사[會勘]를 기다려야 할 것입니다. 이범윤이 군사를 부려 불태우고 약탈하고 죽인 각 사정의 경우, 본 공사가 우리 정부에 전보하여 자세히 조사해 처리하겠습니다. 보내온 공문을 대조해 기록하여 우리 정부에 보고해 살피도록 하겠습니다. 이에 따라 조복하니 귀 외무부에서 살펴보는 것이 좋겠기에 조회합니다.

광무 8년 5월 2일

V

『청의안』 번역문

1 북간도의 파원감계를 주장한 황우영의 의견을 의정부에 청의하고자 연서를 바란다는 조회의 기안

조회

북간도(北墾島) 경계 조사[勘界] 일로 광무 2년쯤에 조치룡(趙致龍), 오삼갑(吳三甲) 등이 상소하여 정부로 하여금 아뢰어 처리하라고 하신 황제의 지시를 받들어 회의하여 결정하고 실시할 겨를이 없었습니다. 작년에 경흥감리 겸 해삼위통상사무 황우영(黃祐永)의 의견서에 따르면, 지금 러시아와 청국 두 나라가 서로 엿보고 흘러들어와 사는 우리 백성이 학대를 받아 장차 토지와 인민을 모두 잃을 우려가 있다고 합니다. 따라서 해당 의견서에 따라 장차 청의할 것인데, 이 사건은 지방 사무에 해당하기에 해당 청의서를 함께 보내며 이에 조회하오니 살펴본 후 신속히 연서(聯署)하여 돌려보내기를 바랍니다.
광무 8년 5월 14일

외부대신(外部大臣) 이하영(李夏榮)

내부대신(內部大臣) 이용태(李容泰) 각하

청의서 기안

북간도를 관원을 파견해서 경계를 조사하여 강토를 회복하는 것에 관한 청의서 제19호

위는 북간도가 백두산 이남, 두만강 이북에 있는바, 이미 여러 차례 경계를 조사하였사오나 몇백 년 동안 실시할 겨를이 없어서 우리 유민(流民)들로 하여금 이웃 나라에 통제를 받게 하였습니다. 뿐만 아니라 러시아와 청국 사람이 서로 엿보는 때를 맞아 이치상 당연히 우리 정부에서 타결할 관원을 파견하여 지형을 두루 살피고 옛 경계를 살펴본 후 청국 정부에 조회하여 밝히고, 청국 지방관과 함께 모여 답사해 조사하고 약조를 단단히 밝혀 우리 강토를 회복하고 우리 유민을 품어서 편안히 하는 것이 진실로 급무이기에 경흥감리 겸관해삼위 통상사무 황우영(黃祐永)의 의견서를 별도로 적어 회의에 제출합니다.
광무 8년 5월 14일

외부대신(外部大臣) 이하영(李夏榮)

내부대신(內部大臣) 이용태(李容泰)

의정부참정(議政府參政) 조병식(趙秉式) 각하

2 북간도 파원감계 청의서에 대해 연서해 보내달라는 통첩

통첩

지난번에 북간도 경계 조사를 위한 파원감계(派員勘界) 청의서를 연서(聯署)하는 일로 해당 청의서를 작성하여 귀 내부에 보내고 이미 여러 날이 지났는데 아직 어떠한 조처도 없습니다. 지금 저희 외부대신의 지시를 받들어 이에 통첩하니 살펴보고 귀 내부대신에게 분명히 아뢰어 신속히 연서하여 돌려보내기 바랍니다.

광무 8년 6월 14일

외부주사(外部主事) 김봉선(金鳳善)

내부주사(內部主事) 오희선(吳禧善) 좌하

VI

『중추원거안』 번역문

1　변계경무서 폐지 건을 자순하고 답장해달라는 조회

조회 第26호

관제 각 건을 자순(咨詢)해 주실 일

내부의 청의로 함경북도 변경 및 각 개항 시장의 경무서 관제를 폐지하는 건과, 농상공부의 청의로 공업전습소와 측후소와 도량형사무국 관제를 제정하는 건에 대해 자순해주시도록 해당 각 건을 첨부하여 조회하니 잘 살피시고 알려주시기 바랍니다.

광무 11년 1월 28일

의정부참정대신(議政府參政大臣) 박제순(朴齊純)

중추원의장(中樞院議長) 서정순(徐正淳) 각하

(후략)

VII

『각관청공문원문』 번역문

1 변경에서 한국과 청국 백성 간 충돌로 인한 두 나라 갈등에 대해 의정부가 조처해주기를 요청하는 조회

조회 第28호

한국과 청국 변경 백성들이 소란을 일으켰을 때 두 나라 백성들이 피해를 입은 한 가지 사안에 대해서는 여러 번 공문이 오갔습니다. 그리고 함경남도관찰사가 여러 번 보고한 것에 따르면, "청국 관리의 꾸짖음이 몰려들어 매우 답답하고 한탄스럽습니다. 빨리 적절히 처리하여 답장 지령해주십시오"라고 했습니다. 이를 조사하니 해당 사안은 해를 넘기도록 오래 해결되지 못하여 변경의 사정과 나라의 일 처리 원칙이 모두 답답하고 한탄스럽습니다. 그러나 배상 문제는 당연히 의정부를 거쳐 조처하실 일이고 해당 군(郡)에 주둔한 부대에서 이미 거둔 소값[牛價]은 또한 마땅히 군부에 조회를 전달하여 도로 받아내도록 하시는 것이 마땅합니다"라는 뜻으로 이미 올해 5월 23일에 저희 제13호 조복에서 자세히 말씀드리고 처리를 요청했습니다. 그러나 아직까지 의정부의 조처가 없어 여전히 교섭을 타결하지 못했습니다.

의정부의 제83호 조회에 첨부되어온, 삼수군과 갑산군이 정유년과 무술년 이후 청국 비적들에게 피해를 입은 각 항목은 마땅히 교섭하여 처리해야 합니다. 하지만 음력 계묘년 12월 12일 갑산군수 이근풍(李根豐) 등이 청국 관리 손장청(孫長青) 등과 체결한 약서(約書)의 제1관에 "시간상 무릇 광서 29년 8월 이전에 서로 간에 이미 먼저 조회한 문건이 있지 않으면 마땅히 동일하게 추궁을 면제하여 두 나라 사이의 관계를 단단히 한다"라는 어구가 있습니다. 따라서 계묘년 8월 이전 것은 거론하기 어렵습니다.

이번 함경남도관찰사의 보고와 서류를 뽑아 기록하고 따로 첨부하며 이에 조회하니, 잘 살피시고 적절히 처리하셔서 즉시 조복해주시기 바랍니다.

광무 9년 9월 9일

외부대신(外部大臣) 이하영(李夏榮)

의정부참정대신(議政府參政大臣) 한규설(韓圭卨) 각하

보고 第22호

계묘년 9월 삼수군, 갑산군 두 군의 변경에서 청국 사람들을 한국인들이 살해하고, 방화한 사건과 정유년 이후 한국인을 청국 사람들이 살해하고, 방화한 일에 대해 문서를 갖춰 여러 번 보고했으나 아직 조처를 받지 못했습니다. 올해 5월에 청국 관리가 떠들썩하게 독촉하자 해당 군에서 긴급 보고하였기에 옛 문서를 베껴 첨부해 의정부와 외부에 상세히 작성해 보고했습니다.

그랬더니 외부의 지령에 "마땅히 청국 공사와 장정에 따라 처리할 일이다"라고 하였으나 어떻게 처리했는지를 받들지 못했습니다. 지금 갑산군수 이승현(李承鉉)의 보고를 보니, "청국 부대의 방대(幫隊) 왕온정(王韞亭) 등이 문서로 배상을 촉구했는데 '만약 계속 미루면 병사를 데리고 강압적으로 뜯어내겠다'라고 했습니다"라고 합니다.

이 사안을 생각하면 이미 3년이나 되었으나 무엇 때문에 아직 조처가 없어 밖으로는 이웃나라가 공갈하였으며 안으로는 변경 백성들이 놀라고 겁을 먹게 되었는지 모르겠지만 나라의 일 처리 원칙상 매우 답답하고 한탄스러운 일입니다. 군수의 보고와 청국 관리의 문서를 베껴 써서 첨부하고 이에 보고하니, 잘 살피셔서 교섭하고 잘 처리하여 빨리 조처해주시고 속히 답장 지령을 내리셔서 변경의 분란을 영원히 막게 해주시기를 요청합니다.

광무 9년 8월 7일

함경남도관찰사(咸鏡南道觀察使) 신기선(申箕善)

외부대신(外部大臣) 이하영(李夏榮) 각하

지난 계묘년 가을 삼수군, 갑산군 두 군의 변경에서 소요가 발생한 일에 대해 당시 한국과 청국의 여러 관리들이 모여서 담판하였습니다. 그때, 한국인들을 청국 사람들이 인명을 살해하고, 집을 불태우고, 재물을 빼앗았으며 청국 사람들을 한국인들이 인명을 살해하고, 집을 불태운 사건은 정부에 갖추어 보고하여 조처를 기다리게 했습니다. 그리고 청국 사람들이 빼앗아간 한국 군대의 총 34자루, 탄환 9천 발과 한국인들이 빼앗아 온 청국 사람들의 소, 말, 노새 1백 25마리를 서로 교환하자는 뜻으로 담판하여 약정했습니다. 그때 현재 남아있는 소 60마리는 마땅히 해당 소로 보내게 하고 아직 찾지 못한 소와 말 65마리는 돈 4천 냥으로 대신 갚아주기로 약속했습니다.

그런데 이 대금 4천 냥은 출동해 주둔한 부대에서 군대 물건을 교환하기 위해 이미 보고하고 사용했고 부대는 폐지되어 철수했습니다. 그리고 현재 남아있는 소 60마리는 삼수군수서리가 이미 청국 사람들에게 보내줬고, 군대 물건과 탄환은 하나도 받아오지 못했습니다. 지금 또 청국 임강현 친병대(親兵隊) 방대(幫隊) 왕온정(王韞亭), 왕보산(王寶山) 등이 삼수군 건너편의 그들 지역 경생보(慶生保)에 와서 당일 보내온 편지 내용의 대략에 "한국 병사에게 방화, 약탈 등 재앙을 당한 청국 사람들을 구휼하기 위한 금액 2만 8천 95냥을 보내주어 총과 탄환과 바꾸도록 하라. 만약 끝내 배상을 질질 끌며 응하지 않아서 서경발(徐慶發)이 병사를 데리고 가서 강압적으로 뜯어내면 사단이 벌어질까 두렵다"라고 했습니다.
이에 대답하기를, "구휼금을 교환하는 일은 아직 정부의 조처가 없으니 일단 정부의 처리를 기다려야 한다. 서경발의 경우, 임강현 친병대가 엄히 단속하고 금지시켜 두 나라 변경 백성들을 보호하고, 이웃나라 간의 우의 돈독하게 해달라"라고 왕온정 등에게 답장 편지를 했습니다. 그러나 청국 비적들이 시도 때도 없이 출몰하여 변경 백성들이 놀라고 겁을 먹는 것이 이전과 같습니다.
이 편지의 원본을 첨부하여 동봉하며, 처음에 변경 지역의 일로 담판한 사유를 모두 아뢰어 보고하니 살피시기를 삼가 바랍니다.
광무 9년 7월 26일

임강현 친병대 방대(幫隊) 왕온정(王韞亭)의 서함(書函)

멀리서 인사드립니다.
갑산군수 대인(大人) 각하에게 보냅니다. 삼가 아룁니다. 계묘년에 변경 구휼 문제를 의논해 정했는데 귀국에서는 경생보 및 장생보 두 보에서 귀국 병사에게 방화, 약탈 등 재앙을 당한 백성들에게 금액 2만 8천 95냥을 배상하기로 했습니다. 그런데 지금까지 1년 넘게 여러 번 재촉했으나 끝내 약속을 어기고 응하지 않았습니다. 서명을 하고 도장을 찍은 문서가 있어 증빙을 할 수 있습니다. 사안이 구휼에 관련된 것인데 어찌 마음대로 끌 수 있단 말입니까. 오랫동안 우리 백성들은 머물 곳과 먹을 것 둘 다 부족했습니다. 마땅히 약속한 대로 구휼금을 보내주셔서 총과 탄환으로 교환하도록 하시고 오랫동안 이 사안이 해결되지 않은 상태에서 벗어날 수 있게 해주십시오. 범인을 해결하지 않으면 백성의 원한이 더욱 깊어져서 뜻밖의 근심이 빚어질 것입니다. 만약 끝내 배상을 미루고 응하지 않으면 아마도 서경발이 병사를 이끌고 와서 강제적으로 뜯고 사단을 일으키면 이웃나라 간의 우의를 잃을 것이니 삼가 이래서는 안 됩니다. 주실 것인지 여부를 빨리 답변해주시기 바랍니다.
6월 20일

보고서 제23호

삼수군과 갑산군 두 군의 계묘년 변경 소요 때 청국 사람에 대핸 구휼금의 일로 올해 5월에 갑산군수가 긴급하게 보고하여 문안을 작성해 보고했습니다. 8월 7일에 또 갑산군수가 긴급하게 보고하여 문안을 작성해 보고했습니다. 지금 해당 갑산군수 이승현의 보고서를 보니 내용에 "청국 관리 왕보산이 공문을 보냈는데 '구휼금 일로 음력 7월 6일 혜산(惠山)에서 만나자'라고 했습니다. 군수가 설사 증세로 직접 가지 못하고 따로 향원(鄕員) 및 서기를 정해서 대신 담판하게 했습니다. 구휼금에 대해서는 '정부의 지시를 받지 못했다'라는 일로 답서를 작성하여 보냈으나 아마도 분명 문제가 생길 우려가 있어서 진실로 매우 황송하고 답답합니다. 왕보산의 공문을 베껴 보고합니다"라고 했습니다.
이를 조사하니, 해당 사안은 질질 끌어 이미 3년이 지났습니다. 이번 청국 관리가 편지로 꾸짖고 독촉하다가 또 만나기를 재촉하니, 군의 처지상 무슨 말로 답하여 다시 어물쩍 넘기기를 도모하겠습니까. 나라의 일 처리 원칙상 매우 답답하고 한탄스럽고, 변경에 관련된 것이 더욱 우려스럽기 그지없습니다. 청국 관리의 편지를 베껴서 첨부하고 이에 다시 보고하오니 잘 살피셔서 빨리 교섭하고 적절히 처리해 답장 지령해 주시기 요청합니다.
광무 9년 8월 21일

함경남도관찰사(咸鏡南道觀察使) 신기선(申箕善)

외부대신(外部大臣) 이하영(李夏榮) 각하

청국 사람 왕보산(王寶山) 편지를 베껴 쓴 문건

공손히 인사드립니다.
이대인(李大人) 각하에게 드립니다. 삼가 아룁니다. 구휼금에 관한 한 가지 사항에 대해 정한 약속 문건은 서명하고 날인했으니 뚜렷이 증빙할 수 있습니다. 여러 번 재촉했는데 굳세게 버티며 응하지 않아 이 사안은 오랫동안 해결되지 않게 되었고, 업신여기고 위반하여 일의 체모가 이뤄지지 않습니다. 지금 원래 몸소 계신 곳으로 찾아뵙고 손을 붙잡고 마음을 터놓고 이야기하려고 하였습니다. 그러나 이내 사람과 말들을 허둥대게 하고 들어가는 비용이 커서 많은 사람들에게 피해를 끼칠까 두렵습니다. 그렇다고 편지만 오가면 한갓 종이와 먹만 없애는 것일 뿐입니다. 감히 바라건대 각하께서는 여행하시는 수고로움을 꺼리지 마시고 혜산에 오셔서 서로 얼굴을 맞대고 진심을 이야기하고 결정해주십시오. 삼가 잘 살피시기를 바랍니다. 삼가 각하의 가마가 빨리 오기를 기대합니다. 귀한 발걸음을 아끼지 마십시오. 서서 오래 기다리겠습니다. 끝으로 여름날 편안하시기를 바라며 이만 마치겠습니다. 7월 6일을 기대하며 자리를 마련하고 공손히 기다리겠습니다.
을사 6월 29일 친병대 방대 왕보산 인사드립니다.

보고 제25호

현재 갑산군수 이승현의 보고서를 접수해 보니 내용에 "청국 임강현 파견 관리 왕보산 등이 계묘년 구휼금에 관한 일로 모여서 처리할 것을 요구해왔습니다. 그러나 군수는 일본 군대의 요청에 따라 북청군으로 나갔고, 향원 김경준(金景俊), 한해붕(韓海鵬)을 대신 보냈습니다. 그들이 돌아와 아뢴 내용에 '청국 관리 왕보산, 유영지(劉永芝)가 관병 45명을 이끌고 혜산으로 넘어왔습니다. 접대할 쌀과 닭, 돼지를 해당 사(社)에서 마련해주었는데 해당 비용은 5백여 냥이었습니다. 청국 관리가 군수와 만나 처리하기를 요구했기에 음력 8월 초순에 군수가 돌아온 후 다시 모이기로 약속을 정했고 왕보산은 즉시 임강현으로 갔으며 유영지는 그쪽 편에 머물렀습니다'라고 했습니다.
연달아 혜산 풍헌(風憲) 박언석(朴彦錫)의 보고를 접수해 보니 내용에 '청국 비적 서경발이 무리 10여 명을 거느렸는데 각자 무기를 지녔고 본 사 송봉리(松峯里)로 넘어와서 따지기를, 『올해 5월에 청국 사람 2명을 한국 포수가 계양포(界陽浦)에서 쏴죽였다』라고 하였습니다. 그리고 우두머리 백성 7명을 묶고 강을 건너가서 마구 때리며 말하길, 『포영장(砲領將) 채인권(蔡仁權)을 직접 만난 후에 풀어주겠다』라고 하자, 위 채인권은 즉시 넘어갔습니다.
또 서경발이 보낸 글 속에 『청국 사람을 살해한 자는 한국 포수 김낙윤(金洛允), 김성용(金成

用), 윤정봉(尹正奉) 세 사람이니 청컨대 잡아서 보내도록 하라』라고 했습니다. 이에 붙잡힌 7명의 여러 가족들이 김낙윤과 윤정봉을 잡아서 저쪽에 보냈더니 매질하지 않고 심문할 때에 바르게 아뢰었습니다. 때문에 채인권과 백성 7명을 풀어 보냈습니다. 그때 서경발이 말하기를, 『이번 청국 사람을 살해할 때에 빼앗은 은 17냥쭝, 소 3마리, 은전 1백 70원, 서양 지폐 4장, 흰 무명 4필, 금 6냥쭝을 8월 7일 안으로 돌려보내도록 하라』라고 했습니다. 해당 범인들의 집 사람들에게 배정해 거둬서 보내, 변경의 분란이 커지는데 이르지 않도록 해주십시오' 라고 했습니다.

양계포의 청국 사람 2명을 총으로 쏴 죽인 사건은 군수인 제가 부임하기 전에 정말로 이런 변고가 있었습니다. 위 김낙윤, 김성용, 윤정봉 3명에게 정말 살인하고 약탈한 일이 있으면 죽어도 아깝지 않습니다. 하지만 혹시라도 억울하다면 원통한 일입니다. 이에 따로 서기를 보내서 근본 원인을 철저히 조사했습니다. 군수인 제가 관아로 돌아오기 전에 유향(留鄕)이 부근의 산포수를 징발하여 바야흐로 지키고 있었습니다"라고 했습니다.

이를 조사해보니, 흉악한 저 세 놈은 이웃 나라 사람을 함부로 살해하고 약탈하여 이러한 변경 분쟁에 이르게 했으니 매우 밉살스럽기 그지없습니다. 김낙윤, 윤봉정은 이미 백성들이 잡아서 보냈고, 도망친 김성용은 기어이 체포하여 철저히 조사 보고하여 법에 따라 처리하게 했습니다. 약탈한 물건들은 조사하여 되돌려주라는 뜻으로 해당 군에 지령 지시했습니다.

계묘년 구휼금에 관한 일은 올해 5월 이후로 여러 번 해당 군수의 긴급 보고함에 따라 3차례 의정부와 외부에 작성해 보고했으나, 아직 처리 판결이 어떠한지를 받들지 못했습니다. 지금 청국 관리가 편지로 꾸짖고 독촉하다가 또 만나 모이기를 재촉했으니 군수의 처지상 무슨 말로 이야기하여 다시 어물쩍 넘기기를 도모하겠습니까. 나라의 일 처리 원칙상 매우 답답하고 한탄스러우며, 변경 소요와 관련된 것은 더욱 우려스럽기 그지없습니다. 이에 다시 보고하오니 잘 살피셔서 빨리 교섭하여 적절히 처리하고 답장 지령해 주시기를 요청합니다.

광무 9년 9월 11일

함경남도관찰사(咸鏡南道觀察使) 신기선(申箕善)

외부대신(外部大臣) 이하영(李夏榮) 각하

2 서간도 내 한국인을 보호하기 위해 일진회에서 민장 파견을 요청하는 청원서

서간도(西間島)는 두 나라 사이에 걸쳐 있는 중간 지역으로 방치된 지 3백여 년이었습니다. 이후 십수 년간 두 나라 사람들이 흘러들어와 동굴에 모여 사는 것이 바로 유소(有巢)의 백성과 같았습니다. 그러나 청국 사람은 수가 많고 우리나라 사람은 수가 적어서 업신여기고 깔보아 서로 다투었지만 의지할 자가 없었습니다. 그래서 관할해줄 것을 진정으로 원했던 것이 한두 번이 아니었습니다. 몇 년 전부터 정부에서 시찰을 파견해 보냈으나 잔인하게도 탐욕스럽고 포악스럽게 굴어 백성들이 평안하지 못했기 때문에 소환되었습니다. 경계를 나누고 땅을 가르는 것은 앞으로 나라 간의 교섭을 기다려 결정될 것입니다. 하지만 지금 거주하는 사람들은 모두 한국인이어서 생명과 재산을 재빨리 보호하지 않을 수 없었습니다.

따라서 따로 지회(支會)를 설치하여 회원이 6천여 명이나 됩니다. 수천 리나 되는 넓은 땅에서 산에 의지하고 강을 끼고 사이사이에 거주하는 백성들은 무려 수만 명은 넉넉히 될 것입니다. 관할하는 사람이 없으면 살아갈 수가 없기 때문에 본회에서는 정직하고 청렴하며 총명하고 재주가 뛰어난 사람인 이광수(李光洙)를 공식 추천하고 가려 뽑아서 특별히 민장(民長)으로 삼아 파견해 보내 해당 땅의 사람들을 어루만지고 어질게 다스려 생명과 재산을 보호하고 각자 생업에 평안히 종사하게 하려고 합니다.

이에 아래와 같이 삼가 요청하오니 이를 잘 살펴 승인해주시기를 요청합니다.

광무 9년 10월 3일

일진회회장(一進會會長) 윤시병(尹始炳)

의정부참정대신(議政府參政大臣) 한규설(韓圭卨) 각하

좌개(左開)

1. 서간도 민장은 대한제국 정부에서 대한제국 국민대표인 일진회의 청원에 따라 승인하여 특별히 파견함.
2. 서간도 민장은 그 안에 사는 대한제국 사람 남녀의 생명과 재산을 보호하여 대한제국 국가의 교화에 복종하게 함.
3. 서간도 민장은 일진회의 지휘감독을 직접 따라서 시행함.

4. 서간도 민장은 그 안에 사는 대한제국 사람 남녀보다 우수하니 해당 사람들을 전체 관리할 권한이 있음.
5. 서간도 내 거주 대한제국 사람 남녀는 그 민장의 전체 관리 권한에 복종할 의무가 있음.
6. 민장은 거주 백성의 호구를 조사하고 문건을 거둬서 상세하게 작성해 보고함.
7. 민장은 거주 백성의 생산을 늘리고 생업을 일으키는 방침을 도모하고 부지런히 힘쓰며 교육의 진보상 발전하는 것을 전담함.
8. 민사(民事) 소송은 관습에 따라서 여러 사람의 의견을 좇아 결정함. 형사상 중대한 사건이 발생할 때에는 근처 대한제국 관청에 민장이 조회하여 결정함.
9. 민사가 대한제국과 청국 두 나라 사람과 관계될 때에는 관습에 따라서 협의하여 절절히 결정함.
10. 형사(刑事)가 대한제국과 청국 두 나라 사람과 관계될 때에는 관습에 따라서 준행(準行)하되 민장은 감정(鑑定)에 참여할 권한이 있음. 단 중요한 사건은 두 나라 정부에게 맡김.
11. 서간도 안에 사는 대한제국 사람은 호구세[戶錢]와 의무[應役]에 복종함.
12. 호구세는 대한제국 정부에서 원래 정한 법에 따라 봄가을로 등급을 나누어 배정해 납부함(봄에 1냥 5전, 가을에 1냥 5전으로 정함).
13. 호구세는 대한제국 국고로 거둬들이되 서간도의 대한제국 사람의 교육비 및 민장의 난방, 식수, 가옥 및 기타 경비를 제외함.

서간도 구역[지계]

의주, 삭주, 창성, 벽동 4개 군(郡)의 건너편은 바로 청국 안동현, 관전현 등지로 지극히 크고 평평한데 압록강에서 너비가 2백여 리, 길이가 4백여 리임.

초산, 위원, 강계, 3개 군 건너편은 바로 청국 회인현, 통화현, 신병보(新兵堡), 집안으로 압록강에서 신병보까지 너비가 5백여 리, 길이가 3백여 리임.

자성, 후창, 삼수, 갑산 4개 군의 건너편은 바로 청국 임강현, 탕하 등지로 압록강에서 탕하 서대령(西大嶺)까지 너비가 8백여 리, 길이가 9백여 리임.

너비 총합 1천 5백여 리

길이 총합 1천 8백여 리

Ⅷ

『중추원내문』 번역문

1 서북 변계는 다른 내지와는 치안 상황이 다르므로 백성을 보호할 관원을 따로 파견해야 한다는 조복

조복 제11호

귀 제34호 조회를 모두 살펴보았습니다. 변경과 개항장 두 경무서의 관제 폐지 건의 경우, 날을 허비한 지 오래되었으니 진실로 논의 규정에 어긋나기에 '가결(可決)'로 해서 보냅니다. 그러나 서북 변경 지역은 내지의 경찰권이 널리 미치지 못하며, 간도의 유민(流民)들이 의지할 곳을 잃은 정황은 매우 안타깝고 답답합니다. 보호할 관원을 빨리 설치하는 것이 타당합니다. 잘 살펴 실시하시기 바랍니다.
광무 11년 2월 8일

중추원의장훈이등(中樞院議長勳二等) 서정순(徐正淳)

의정부참정대신(議政府參政大臣) 박제순(朴齊純) 각하

광무 11년 2월 8일 회의 개최 가부(可否) 기록
경무서 폐지 후에 서북간도 유민을 보호할 관원을 다급하게 설치하라는 뜻으로 정부에 권고하는 일

의장	서정순(徐正淳)	
부의장	이재곤(李載崐)	
찬의(贊議)	김학진(金鶴鎭)	지방에 있음.
	김만수(金晩秀)	병으로 나오지 않음.
	홍승목(洪承穆)	유민 보호가 합당함을 정부에 권고. 가(可)
	김재풍(金在豐)	사안이 중요하니 이대로 권고할 것. 가(可)
	이충구(李忠求)	유민을 보호하라는 뜻으로 권고. 가(可)
	정인흥(鄭寅興)	병으로 나오지 않음.
부찬의(副贊議)	박용원(朴用元)	병으로 나오지 않음.
	송영대(宋榮大)	때에 맞게 적절히 조치. 가(可)

여병현(呂炳鉉) 만약 관원을 설치하여 백성을 보호하지 않으면 백성을 버리는 것과 같기 때문에 빨리 방침을 강구하는 것이 옳음. 가(可)

심의성(沈宜性) 하나는 폐지하고 하나는 설치하는 것이 옳음. 가(可)

윤흥섭(尹興燮) 폐지 후에 따로 해당 백성을 보호할 규정을 정할 것. 가(可)

중추원

2 변계경무서 폐지 후 관원을 파견해달라는 헌의서가 지속되니 조치를 바란다는 조회

조회 제23호

'변계 경무서 폐지 후 간도의 유민들이 의지할 곳을 잃은 정황은 진실로 안타깝고 답답합니다. 보호할 관원을 다급히 설치해주십시오'라는 뜻으로 이전에 조회로 요청했으나 여러 날 귀를 기울였으나 아무런 소식이 없었습니다. 어떤 어려움이 있기에 아직 실시되지 않은 것인지 매우 의아합니다. 지금 해당 서간도 백성들의 건의서가 중추원에 도착했는데, 바로 민장을 설치해달라는 뜻의 요청이었습니다. 그런데 해당 건의서의 내용이 자못 모호하기에 제의하는 것을 허락하지 않았습니다. 하지만 유민들의 정황이 정말로 불쌍하고 참혹하다는 것은 미루어 알 수 있습니다. 이에 또한 삼가 알리니 잘 살피셔서 즉시 관리를 설치하여 보호함을 도모하시기 바랍니다.

광무 11년 4월 8일

중추원의장훈이등(中樞院議長勳二等) 서정순(徐正淳)

의정부참정대신(議政府參政大臣) 박제순(朴齊純) 각하

IX

『궁내부내문』 번역문

1 토문 감계 문제로 내각 관보과에 있는 전 승문원 서류를 보내달라는 통첩

통첩

우리나라 변경의 토문(土們) 감계(勘界) 일에 대해 죽 살펴볼 일이 있기에 이에 삼가 알리니 잘 살피신 후 내각 관보과에 있는 궁내부 관할 이전 승문원(承文院) 서류를 즉시 빌려주셔서 살펴보는 데 편리하도록 해주시기를 바랍니다.

광무 11년 6월 20일

내각서기랑(內閣書記郞) 김화규(金華圭)

궁내부주사(宮內府主事) 박서양(朴敍陽) 좌하

2 빌려준 계하자문책 중 도착하지 않은 9권을 빨리 보내달라는 통첩

통첩

빌려주신 승문원 계하자문책 총 12권은 받았습니다. 그중 제1, 제2, 제3, 제4, 제5, 제6권과 제11, 제12권과 제16권 등 총 9권은 도착하지 않았습니다. 거듭 이에 삼가 알리니 잘 살피신 후 위의 도착하지 않은 9권의 책자를 모두 빌려주시어 차례대로 살피는 데 편리하도록 해주시기 바랍니다.

광무 11년 7월 17일

내각서기랑(內閣書記郞) 이주방(李柱邦)

궁내부주사(宮內府主事) 박서양(朴敍陽) 좌하

3 토문 감계에 관해 통감부의 재촉을 받고 있으니 빨리 누락된 자료를 보내달라는 통첩

통첩

귀 궁내부에 보관된 승문원의 계하자문책을 지난날 본 내각에서 빌렸는데 제11, 12, 16책 등 총 3책이 오지 않아서 감계(勘界) 사실을 죽 살피는 데 큰 장애가 됩니다. 뿐만 아니라 통감부에서 날마다 재촉하고 따지고 있습니다. 이에 삼가 알리니 잘 살피신 후 위 3책을 답장하는 편에 즉시 빌려주시기를 바랍니다.

융희 원년 11월 22일

내각서기랑(內閣書記郎) 이주방(李柱邦)

궁내부서기랑(宮內府書記郎) 안상열(安商說) 좌하

4 토문 감계에 관한 서류 중 일부를 분실해서 내각에 보내줄 수 없다는 회첩

회첩

내각의 통첩을 접수하였는데, 승문원의 계하자문책 제11, 12, 16책 등 총 3책을 답장하는 편에 즉시 빌려달라는 일은 전날 이미 살펴봤습니다. 세월이 오래되어 잃어버려 찾을 수가 없습니다. 이에 삼가 답장하니 잘 살피시기 바랍니다.

융희 원년 11월 23일

궁내부서기랑(宮內府書記郎) 안상열(安商說)

내각서기랑(內閣書記郎) 이주방(李柱邦) 좌하

5 1907년 궁내부에서 빌렸던 토문 감계 관련 서류를 반납한다는 통첩

통첩

광무 11년 6월에 귀 궁내부에서 계하자문책 총 18책을 빌려왔습니다. 이번에 살피는 일을 마쳤습니다. 이에 돌려보내니 조사하여 수령하시기 바랍니다.

융희 4년 8월 28일

내각주사(內閣主事) 김화규(金華圭)

궁내부주사(宮內府主事) 남중섭(南重燮) 좌하

X

『각부청의서존안』 번역문

1 통화현에서 비적 무리를 잡아온 사람들에게 시상할 것을 요청하는 청의서 존안

주(奏) 169

내부 관할 강계군의 비적 무리를 붙잡아 바친 백성들에게 줄 상금을 예산 외로 지출해달라는 청의서

이번 달 2일 내부대신의 제108호 조회의 내용에 "평안북도관찰사 서상우의 제12호 보고표(報告表)를 접수해 보니 내용에 '이번 달 3일에 도착한, 강계군수 윤충구(尹忠求)가 지난달 25일로 날짜를 써넣은 제2호 보고서를 접수해 보니 내용에 『강 주변 일대에서 비적 무리[匪徒]가 소란을 일으키며 말썽을 부린 한 가지 일로 포수를 뽑아 달려가 돕게 했더니, 열심히 엄히 수비하여 변경의 우려가 점차 그친 사유에 대해서는 이미 이전 관찰부에 보고했습니다. 그런데 이번 달 15일쯤에 본 군 건너편 통화현 관할 강북령(江北嶺) 안의 5, 6, 7도(道) 3 동네에 있는 우리 백성 김이호(金利浩), 김이규(金利奎), 송인숙(宋仁淑), 배용운(裵龍雲) 및 소묘동(小廟洞)에 거주하는 백성 오치경(吳致京), 안봉일(安鳳一)과 통화현 관병으로 이름이 용운(龍雲)이라는 사람이 비적 무리 우두머리 중 신익수(申益秀) 부대의 영관(領官) 조명호(趙銘鎬), 삼수군에서 말썽을 부린 이른바 좌장군(左將軍) 이치영(李致永)이 거느린 중군겸서기(中軍兼書記) 이용광(李容光)을 꽁꽁 묶어 잡아 바쳤습니다.

이치영이 위조하여 사용한 나무 도장과 첩자(帖字), 도장 찍힌 분대(分隊) 군안(軍案) 책자, 민가에 있는 개인 총기를 거두어들인다는 전령(傳令), 해당 지역에 있는 민호(民戶) 성책(成冊)을 거두어들인다는 전령, 중군 이용광이 사용한 나무도장, 행군 날짜 개인 통문 1장, 좌우초십장(左右哨什長)의 손깃발 2장을 뒤져서 바칩니다.

흉악한 저 도적 무리가 스스로 '선후군장(先後軍將)'이라고 하고 나무를 새겨 만든 첩자 도장을 사용하며 백성들의 집을 뒤져서 조총을 거두어 모으는 일은 놀랍고 밉살스럽기 그지없고 법률상 용서하기 어렵습니다. 때문에 조명호, 이용광을 잡아들여 지금까지 부린 행패에 대해 엄히 조사하여 진술을 받아낸 후 진술 내용을 별지에 베껴 올립니다.

조명호의 경우, 혹 '정호(貞鎬)'라고 하며, 이용광(李容光)의 이름 글자는 혹 '광(光)' 자라고 하거나 혹 '광(廣)' 자라고도 합니다. 이름 글자가 다른 것은 더욱 그지없이 헤아리기 어렵습니다. 죄인을 붙잡아 바친 김이호 등은 비적의 우두머리 이치영 등을 기어이 붙잡아 바쳤으니 후하게 포상을 시행하라는 뜻으로 타일러 보냈습니다. 위 조명호, 이용광의 경우, 지금까지 저지른 짓이 이미 무겁고 또한 크니 군에서 판단해 처리하기 어렵습니다. 별도로 순교(巡校)와 사령(使令)을 선정해 결박하고 수갑을 채워 잡아올립니다. 거둬들인 첩자 나무도장, 전령, 개인 서신, 군안 책자를 모두 동봉하여 올려보내니 잘 살피신 후 법대로 살펴 처리하시기를 바랍니다』라고 했습니다.

조명호, 이용광 두 놈의 행적은 비록 해당 군수의 봉초기(捧招記)를 다 살펴봤으나 진실로 관례대로 전달하여 올릴 수 없어서, 모두 관찰부 재판정으로 잡아들여 철저히 조사했습니다. 그랬더니 진술한 것은 해당 군수의 봉초기와 별달리 다른 것이 없었습니다. 따라서 진술 내용을 책자로 만들어 기록하고 올려보냅니다'라고 했습니다.

이에 따라 조사해보니 조명호, 이용광 두 놈의 흉악하고 사나운 정황에 대해서는 해당 율문이 분명히 있기에 법부에 이미 이조(移照)했습니다. 계획을 세워 붙잡아 바친 백성 김이호, 김이규, 송인숙, 배용운, 오치경, 안봉일과 청국 통화현 관병 용운 등의 공로를 말하면, 해당 범인들이 다른 나라 영토에 둥지를 틀고 걸터앉아 있으니 본국으로서는 뒤쫓아 소탕하기가 어려웠습니다. 그런데 이 사람들은 몸을 떨쳐 붙잡아 묶었고, 법망에서 빠져나간 나머지 무리를 모두들 의심하고 두려워하게 하였습니다. 이처럼 뛰어난 공로는 특별히 포상하여 앞으로 권장하는 것이 타당합니다. 해당 두 범인을 붙잡아 바친 사건에 대해서는 경무상여령(警務賞與令) 제3조의 특별상으로 베풀어 주었는데 금액은 30원(元)으로 참작해 적절히 정했습니다. 이에 삼가 알리니 잘 살피신 후 해당 상여금 30원을 예산 외로 지출해주시기 바랍니다"라고 했습니다.

이에 따라 조사해보니 해당 백성들은 힘을 내어 도적을 붙잡아서 공로가 이미 많으니 앞으로 권장하는 것이 타당하겠기에 별지의 조서(調書)대로 예비금 중에서 지출하도록 회의에 제출하는 일입니다.

광무 원년 9월 21일

탁지부대신서리탁지부협판(度支部大臣署理度支部協辦) 김영덕(金永悳)

의정부의정(議政府議政) 심순택(沈舜澤) 합하

예비금 지출 조서

총금액 30원 강계군의 비적 무리를 체포한 사람들에게 주는 상금

2 청국 비적을 방어하는 데 사용한 비용을 삼수군에 정산해줄 것을 요청하는 청의서

주(奏) 206

군부 관할 삼수군의 청국 비적이 일으킨 소요 때의 방어 비용을 예산 외로 지출해 달라는 청의서 제170호

군부대신 제203호 조회를 접수해 보니 내용에 "방금 함경남도관찰사 황기연(黃耆淵)의 보고를 접수해보니 내용에 '지금 삼수군수 채규승(蔡奎昇)의 보고를 접수해 보니 말하기를, 『본군의 이번 봄 소요를 겪었을 때 성을 지킨 포수 20명은 읍내에 주둔하였는데, 음력 3월 1일부터 4월 1일까지 총 60일 동안 매일 각 사람의 식비는 5전씩 총 6백 냥이며, 각 사(社)의 사포수 1백 명을 불러 모아서 각 주요 도로와 요충지를 수비했는데 음력 윤3월 3일부터 4월 4일까지 총 30일 동안 매일 각 사람의 식비는 5전씩 총 1천 5백 냥을 민간에게 먼저 빌렸습니다. 각 사 병향전(兵餉田)의 귀리쌀[耳米] 2백 74섬 5되를 주둔 부대에 운반한 운반비를 민간에게 먼저 빌린 몫은 6백 14냥 1전입니다.
청국 사람 왕청산(王淸山)이 우리 변경 백성을 위하다가 비적 무리에게 상처입고 포수 30명을 이끌고 흥남사(興南社)와 남별사(南別社)에 와서 주둔하여 병을 치료했습니다. 그런데 군부의 지령을 받들어 보니 내용에「왕청산의 지금까지의 공로는 또한 가상하다. 입은 상처의 경중을 자세히 탐지하여 따로 넉넉하게 구휼하는 뜻을 보이는 것이 마땅할 일이다」라고 하셨습니다. 넉넉하게 구휼하는 방법은 다른 도리가 없습니다. 50일 동안 치료했을 때에 두 사의 각 마을에서 식량을 제공한 것이 총 3천 5끼이며 각 끼니의 값 2전씩 총 6백 1냥입니다.
지금까지 민간에게 먼저 빌린 몫을 계산해보니 총금액은 3천 3백 15냥 1전인데 일단 획정(劃定)할 방법이 없고, 결호전(結戶錢)을 추가로 징수하는 것은 장정에서 금지하는 바입니다. 하물며 소요를 겪은 백성에게 이렇게 먼저 빌린 금액을 만약 내주지 않으면 원통함을 호소하는 것이 혹시라도 다시 어떠하겠습니까. 백성들의 상황과 일의 형세는 그냥 내버려두기가 답답하여 지금까지 들인 돈을 건건이 구별해서 이에 아래와 같이 보고합니다. 즉시 보고를 전달하여 획정을 요청하시기 바랍니다』라고 했습니다.
이에 따라 조사해 보니 해당 군은 여러 번 비적 소요를 겪어 전혀 지탱하기 어려웠고 그 가운데 민간에게 먼저 빌린 몫은 무려 3천 3백여 냥이 되었으나 다른 곳에서 획정할 방법이 없습니다. 고을의 형세와 백성의 정황이 어찌 답답하지 않겠습니까. 지금까지 들어온 돈을 모두 고을의 보고에 따라 아래와 같이 보고하니 액수대로 획하(劃下)하고 즉시 내주어 난리를 겪은 백성의 마음을 위로하고 어루만져 주게 하시길 삼가 바랍니다'라고 했습니다.

이에 따라 조사해보니 이런 난리를 겪은 미약한 군으로서는 예산을 획정할 방도가 전혀 없습니다. 그러나 상황을 살펴보니 계산해 내주지 않을 수 없습니다. 따라서 이에 삼가 조회하니 잘 살피셔서 해당 군의 공금 중에서 정산해주시기를 요청합니다"라고 했습니다.

조사해보니 해당 비용은 바로 임시로 전용하는 것에 해당되니 급히 먼저 획정하지 않을 수 없습니다. 별지의 조서(調書)에 따라 예비금 중에서 지출하도록 회의에 제출하는 일입니다.

광무 2년 9월 12일

의정부찬정탁지부대신(議政府贊政度支部大臣) 민영기(閔泳綺)

의정부참정(議政府參政) 윤용선(尹容善) 각하

예비금 지출 조서

총금액 6백 63원 2전	삼수군 청국 비적 소요에 대한 방어 비용

실제 사용한 금액

돈 6백 냥	성을 방어한 포수 20명의 음력 3월 1일부터 4월 1일까지 총 60일 동안 매일 각 사람의 식비 5전씩
돈 1천 5백 냥	각 사(社) 사포수 1백 명의 음력 윤3월 3일부터 4월 4일까지 총 30일 동안 매일 각 사람의 식비 5전씩
돈 6백 14냥 1전	각 사 병향전의 귀리쌀 2백 74섬 5되를 주둔 부대에 운반한 운반비
돈 6백 1냥	청국 사람 왕청산이 상처 입은 후 포수 30명을 이끌고 홍남사, 남별사에 와 머무르면서 50일 동안 치료할 때의 식비(매 끼마다 2전씩 3천 5끼의 값)

총금액 3천 3백 15냥 1전

3 갑산군, 자성군에서 포수를 배치해 방어한 비용을 정산해줄 것을 요청하는 청의서

군부 관할 갑산군, 자성군에서 포수를 설치하고 방어한 비용을 예산 외로 지출해달라는 청의서 제33호

지난 달 17일 군부대신서리의 제56호 조회를 접수해 보니 그 내용에 "원수부회계국총장 육군부장 민영환(閔泳煥)의 14호 조회 내용에 '방금 관서사령관(關西司令官) 육군부장 이도재(李道宰)의 보고를 접수해 보니 내용에 『각 군의 산포수를 모집하는 일은 바로 칙유사목(勅諭事目) 중의 한 가지 일입니다. 그래서 이미 제3호 보고에서 「자성군수의 보고에 근거해 포수의 식비를 획하(劃下)하고, 한편으로는 군부(軍部)에 조회로 알리겠다」라는 뜻으로 작성해 보고했더니, 모두 알았다는 지령을 받들었습니다.

그리고 군부의 조복 내용에 「이는 군사 기밀에 관련되니 본 군부에서 혼자 처리할 수 없고, 식비는 또 예산에 없으므로 지금 획하할 수 없으니 직접 원수부에 보고하고 조처를 기다리기를 바랍니다」라고 했습니다. 이어서 자성군수가 보고한 것을 접수해 보니 내용의 대략에 「포수의 식비, 검정 군복비, 미투리 값 등 총 5백 92냥 8전의 경우, 먼저 본 군의 공금에서 전용하고 정산을 위해 성책을 만들어 올려 보냅니다」라고 했습니다.

이에 따라 조사해보니 자성군, 후창군 등의 경우, 지난번 손양한(孫良翰) 안건 및 이 조이[召史]를 총으로 쏴 죽인 일 때문에 저 비적들이 변경을 넘을 근심이 순식간에 닥쳐와서 배로 방어하지 않을 수 없습니다. 새로 부대를 뽑는다면 무기와 군복을 제때 정돈할 수 없기에 먼저 포수들을 혹 소탕하고 붙잡는데 이용했고, 혹 순찰하는데 이용했더니 공로가 없지 않았습니다. 논의해 상을 주어 뜻을 보이는 것도 또한 옳다고 할 수 있습니다. 그런데 이들 포수의 비용 중 이미 썼던 것은 예산에 없는 항목이라고 하여 듣지도 알지도 못했던 것으로 돌릴 수는 없습니다. 그래서 해당 군의 식비 명세서를 베껴서 첨부하고 이에 보고하니 잘 살피신 후 군부에 조회로 알려 정산하는 바탕으로 삼아 주시기를 삼가 바랍니다』라고 했습니다.

이에 따라 조사하고 아래와 같이 삼가 조회하니 잘 살펴 빨리 처리해주시기를 요청합니다'라고 했습니다. 이에 따라 조사해보니 이미 사용한 금액의 경우, 달리 조처할 수 없어 이에 아래와 같이 삼가 조회하니 잘 살피셔서 비용 금액 5백 92냥을 자성군 경자년 결호전(結戶錢) 중에서 정산하고 영수증[尺文]을 내주시기 바랍니다"라고 했습니다.

이어서 이번 달 3일에 제66호 조회를 접수해보니 내용에 "방금 함경남도관찰사 김종한(金宗漢)의 제4호 보고를 접수해보니 내용에 '지금 갑산군수 김좌봉(金佐鳳)의 보고를 접수해 보니 내용에 『전에 혜산 변경 경보에 대한 긴급 보고에 따라 도영장(都領將) 연진헌(延振憲)으로 하여금 사포수 77명을 이끌고 강 주변 요충지를 방어하도록 했습니다. 그리고 방어한 9일 동안의 식비 2백 77냥 2전을 획정해주실 것을 요청하고 정산해달라는 뜻으로 따져 보고한 바가 있습니다.

그랬더니 방금 받은 지령 내용에 「방어에 들어갈 식사의 경우, 분명 변경의 백성들에게 먼저 바치도록 해놓고 정산해 주지 않으면 비적 무리가 쓸어가는 것과 조금이라도 나은 것이 무엇이 있겠는가. 슬프게도 이들 변경 백성들은 분명 스스로 보존할 수 없어서 하루아침에 흩어질 것이고, 단지 한 조각 빈 땅은 분명 도적의 소굴이 되어 다시 방어할 바람이 없게 될 것이다. 어찌 역대 임금님[祖宗]의 영토를 비적 무리에게 내버릴 수 있겠는가. 공금을 멋대로 지출하는 것은 비록 미안한 일이나 이미 달리 조처하여 획하할 방법이 없으니 먼저 공금 중에서 하나하나 계산해 주어 변경 백성들이 그 땅에서 편히 살게 하는 것이 급선무이다. 공금을 멋대로 지출하여 얻은 죄는 본 관찰사가 기꺼이 감수할 일이다」라고 하셨습니다.

이에 위 방어비용 2백 77냥 2전을 강 주변 해당 각 사(社)의 공금 중에서 하나하나 계산해줬고 사의 이름과 금액을 아래와 같이 기록해 보고하니 잘 살펴주시기를 삼가 바랍니다』라고 했습니다.

변경의 정황과 일의 형세를 계속해서 긴급 보고하겠습니다. 강 주변 요충지의 경우, 진실로 사포수들이 방어하지 않으면 비적 무리가 야단스럽게 소동을 일으켜 변경 백성들이 스스로 보존할 수 없어서 하루아침에 흩어질 것이고 단지 남은 한 조각 빈 땅은 분명 도적의 소굴이 될 것입니다. 방어하는 동안의 식비의 경우, 획정하기 어렵다고 하여 내버려둘 수는 없기 때문에 포수들의 식비는 공금 중에서 먼저 지급하라고 했더니 사포수 77명의 9개월 식비 2백 77냥 2전을 공금 중에서 획정하여 지급했다고 합니다. 이에 사실을 들어 보고하니 잘 살피셔서 해당 비용은 액수대로 정산하게 하여 변경을 방어하는 계책을 성실하게 수행하여 백성들이 편안히 살 수 있게 해주시기를 바랍니다'라고 했습니다.

이에 따라 조사하니 이미 사용한 비용은 정산하지 않을 수 없습니다. 이에 삼가 조회하니 잘 살피셔서 정산을 허락해주시기 바랍니다"라고 했습니다.

조사해보니 해당 두 군이 포수를 설치하고 철저히 계획해 온 힘을 다해 방어하여, 변경을 경계함에 근심이 멈추기에 이르렀으니 해당 비용은 지출하지 않을 수 없어서 공금에서 정산했습니다. 별지의 조서(調書)대로 예비금 중에서 지출할 것을 회의에 제출하는 일입니다.
광무 5년 5월 20일

의정부찬정탁지부대신육군부장(議政府贊政度支部大臣陸軍副將) 민병석(閔丙奭)
의정부참정(議政府參政) 서정순(徐正淳) 각하

예비금 지출 조서

총금액 1백 73원 84전　　갑산군, 자성군 방어비

내역

55원 44전　　갑산군에서 포수를 설치하여 방어한 비용

1백 18원 40전　　자성군에서 포수를 설치하여 방어한 비용

4　군부 관할 증설 진위대 경비를 지출해달라는 청의서

군부 관할 증설 진위대의 경비를 예산 외로 지출해 달라는 청의서 제130호

지난달 22일 군부대신의 제172호 조회를 접수해 보니 내용에 "각 진위대(鎭衛隊)의 신구 병력 실제 수효와 예산 명세표를 이에 작성해 보내니 잘 살피셔서 해당 각 진위대의 경비를 빨리 지불해주시기 바랍니다"라고 했습니다. 조사해보니 각 진위대의 병력 수효를 증설했으니 해당 경비를 빨리 지불하지 않을 수 없으므로 별지의 조서(調書)대로 예비금 중에서 지출할 것을 회의에 제출하는 일입니다.
광무 4년 11월 14일

의정부찬정탁지부대신육군부장(議政府贊政度支部大臣陸軍副將) 민병석(閔丙奭)
의정부의정임시서리찬정내부대신(議政府議政臨時署理贊政內部大臣) 이건하(李乾夏) 각하

예비금 지출 조서

총금액 27만 4천 1백 50원 8전 9리　　진위대 증설 경비

군부 관할 올해 세출 경상부 제2관 군사비 중 증가 경정 조세서

항목	본 예산액	추가 예산액	현 예산액	1~9월 지출 명령 금액	잔액
제2관 제6항 [진위대비]	87,710원	50,860원 47전	138,570원 47전	129,705원 2전	8,865원 45전
제7항 [지방대비]	303,067원	0원	303,067원	231,499원 21전 9리	71,567원 78전 1리
합계	390,777원	50,860원 47전	441,637원 47전	361,204원 23전 9리	80,433원 23전 1리

이상은 각 진위대 증설 경비를 청구한 금액 35만 4천 5백 83원 72전 중에서 해당 부대 경비 잔액 8천 8백 65원 45전과 지방대 경비 잔액 7만 1천 5백 67원 78전 1리, 총 8만 4백 33원 23전 1리를 보충했으며 부족액 27만 4천 1백 50원 48전 9리는 예산 외로 지출을 증액함.

5 종성대 포함 군사비 증액을 지출해달라는 청의서

군부 관할 군사비 증액을 예산 외로 지출해 달라는 청의서 제30호

지난달 25일 군부대신 제40호 조회를 접수해 보니 내용에 "귀 제17호 조회 내용의 대략에 '서울과 지방의 각 부대 식비를 계산해 지급해 주십시오'라고 했습니다. 이에 따라 지난번 원수부 군무국에 상의하여 지방 부대 중 의주, 강계, 종성 등 세 곳에 있는 진위대는 현재 방어와 순찰이 매우 중요하니 비록 졸병 하나라도 태연하게 출동시킬 수는 없습니다. 삼수, 갑산, 안주, 해주, 황주, 북한, 안성, 공주, 안동, 남원, 광주, 고성 등 각 분주대(分駐隊)는 병력 수효가 원래 적어 주둔 및 출동을 거론할 수 없습니다. 나머지 서울과 지방의 각 부대는 모두 귀 군부의 의견에 따라 출동하는 군량을 계산하여 아뢰어 임금님의 뜻을 받들었습니다. 그래서 각 부대의 식비 부족액을 이치상 예산 외로 지출하는 것이 마땅합니다. 그 사이 3개월은 바로 예산이 정해지기 이전이었기 때문에 지방 각 부대는 예산에 비해 식비를 추가로 사용한 것이 배나 됩니다. 올해 4월 1일부터 12월 말일까지는 10일 중 1일과 5일에 출동하는 것 외에 절반이 넘는 식비와 분주대에서는 배를 더한 식비를 계산하여 아래와 같이 조회하오며, 이에 따라 즉시 예산 외로 항목을 세우고 지방부대 식비 부족 몫을 획정하는 훈령을 작성하여 보

내도록 지금 원수부 군무국에서 임금님의 지시를 받들어 조복해왔습니다. 이에 분명히 알리니 모두 잘 살피셔서 그믐 전까지는 지불하시기 바랍니다"라고 했습니다.

조사해보니 올해 예산을 편성할 때에 각 부대의 식비 감액은 정말 부득이한 일에서 나왔으나 전체 인원이 군영에 머무르는 긴요한 곳과 출동할 수 없는 분주대는 형편을 참작하여 금액을 늘려 지출하지 않을 수 없기에 별지의 조서(調書)대로 예비금 중에서 지출할 것임을 회의에 제출하는 일입니다.

광무 6년 4월 2일

의정부찬정탁지부대신(議政府贊政度支部大臣) 심상훈(沈相薰)

의정부의정(議政府議政) 윤용선(尹容善) 합하

예비금 지출 조서

총금액 20만 4천 8백 97원 50전	군사비 증액
내역	
1만 1천 4원 75전	시위대비 증액
1만 1천 4원 75전	친위대비 증액
1천 3백 18원	군악대비 증액
18만 1천 5백 70원	진위대비 증액
(중략)	
종성대(鍾城隊)	1월~12월 365일, 4백 명, 식사비 6천 1백 32말 값 1만 2천 2백 64원, 부식비 7천 3백 원
(후략)	

6 관서 주변 각 군 방어비를 지출해달라는 청의서

군부 관할 관서 주변 각 군 방어비를 예산 외로 지출해달라는 청의서 제27호

지난달 23일 군부대신서리의 제52호 조회를 접수해 보니 내용에 "광무 5년 11월에 원수부 조회로 인해 자성군, 후창군, 위원군, 초산군, 벽동군, 강계군 등 6군의 방어비를 아래와 같이 해당 각 군의 공금 중에서 획정(劃定)하여 지불할 일로 이미 조회로 알린 것이 보존 문서에 있습니다. 그러나 여러 해가 지났는데 아직 답장을 받들지 못해 상황이 매우 의아하고 답답합니다. 무릇 해당 각 군의 방어비의 경우, 그때의 형편을 생각해보면 획하(劃下)하지 않을 수 없는 것임은 이미 이전의 조회에 상세합니다. 해당 비용을 마련할 길이 없어 관찰사와 군수 사이에서 답답함을 아뢰는 보고가 매일 잇따르고 있습니다. 거듭 이에 삼가 조회하니 잘 살피시고 해당 방어비를 이전 조회의 아래 사항을 상세히 살피셔서 해당 각 군의 공금 중에서 액수대로 계산해 주시기를 요청합니다"라고 했습니다.

조사해보니 포수들이 앞장서서 방어했던 것은 이미 짐작할 수 있는 것이고 해당 각 군에서 식비로 전용한 것을 획정해주지 않을 수 없기에 별지의 조서(調書)대로 예비금 중에서 지출할 것임을 회의에 제출하는 일입니다.

광무 7년 5월 13일

의정부찬정탁지부대신(議政府贊政度支部大臣) 김성근(金聲根)

의정부의정(議政府議政) 이근명(李根命) 합하

예비금 지출 조서

총금액 1천 5백 96원 17전 8리	관서 주변 각 군 방어비
좌개(左開)	
자성군 내 3곳 방어비	2백 32냥 5전 8푼
주변 방어비	1천 3백 93냥 3전 5푼
후창군 방어비	2천 75냥 4푼
위원군 주변 순찰 및 방어비	3백 6냥 4전 7푼
방어비	1천 8백 23냥 7전 1푼
초산군 충의(忠義) 출주비(出駐費)	6백 37냥 7푼
벽동군 주변 방어비	3백 39냥 6전 7푼
강계군 방어비	1천 1백 73냥
합계	7천 9백 80냥 8전 9푼

7 갑산군에서 청비를 방어한 포사들의 식비를 지출해달라는 청의서

내부 관할 갑산군 청국 비적 수비 때 포수의 식비를 예산 외로 지출해달라는 청의서 제28호

이번 달 5일 내부대신의 제10호 조회를 접수해 보니 내용에 "함경남도 갑산군수의 보고에 의거하여 갑산군에서 청국 비적들이 소요를 일으켰을 때 포수 50명이 방어하는 동안의 식비 6백 60냥과 후창군 변경에서 소요가 일어났을 때 강변의 여러 곳을 방어하던 식비 3백 20냥과 삼수군 변경에서 소요가 일어났을 때 운총강(雲寵江), 혜산강(惠山江)을 방어하던 식비 2백 77냥 2전 등 3차례 합계 1천 2백 57냥 2전을 예산 외로 회의를 거쳐 지출하셔서 해당 각 군의 공금 중에서 신속히 정산해 해주시기를 요청합니다"라고 했습니다.

조사해보니 포수들이 청국 비적을 맞서 물리친 것은 포상하기에 합당한데 해당 방어했던 동안의 식비를 아직 마련하여 획하(劃下)해주지 않아 원통함을 호소하기에 이르렀으니 아마도 뒷날을 격려하는 도리는 아닐 것 같습니다. 별지의 조서(調書)대로 예비금 중에서 지출할 것을 회의에 제출하는 일입니다.

광무 7년 5월 15일

의정부찬정탁지부대신(議政府贊政度支部大臣) 김성근(金聲根)

의정부의정(議政府議政) 이근명(李根命) 합하

예비금 지출 조서

총금액 2백 51원 44전	갑산군 청국 비적 방어 당시 포수 식비

8 러시아에 전쟁을 선포한 일본을 지지하는 칙선서 발표를 요청하는 청의서

청의서

대한정부는 일본이 러시아에 대해 전쟁을 선포한 것이 한갓 대한의 독립을 유지하여 동양 전체의 평화를 확정하는 데 있다고 생각합니다. 기존에 의정서를 맺고 협력하여 일본이 전투를 벌이는 목적을 달성하는 데 편하게 하였습니다. 지금 또 러시아 주재 공사관을 철수했기에 이로써 한국과 러시아 사이의 외교 관계는 사실상 단절되었습니다. 그러나 또 앞으로 우리 대한의 방향을 명백하게 하고, 러시아가 이전과 같이 그대로 조약과 특별히 승인한 계약 등을 핑계 대며 침략적 행위를 다시 못하도록 하기 위해, 이에 칙선서안(勅宣書案)을 회의에 제출하는 일입니다.

광무 8년 5월 17일

외부대신(外部大臣) 이하영(李夏榮)

의정부참정(議政府參政) 조병식(趙秉式) 각하

칙선서

1. 기존 한국과 러시아 두 나라 사이에 체결된 조약과 협정은 모두 폐기하고 전부 시행하지 말 일
1. 러시아의 관리와 백성들이나 회사(會社)에 승인한 특별 허가 계약 가운데 지금까지 아직 기한이 남아있는 것은 이제부터 대한 정부가 무방하다고 하는 것이면 이전대로 그 승인한 것을 계속 누릴 수 있게 한다. 그러나 두만강, 압록강, 울릉도의 산림의 벌목과 식목 등의 특별 허가권은 본래 한 개인에게 허락한 것인데, 사실상 러시아 정부가 마음대로 운영하였을 뿐 아니라 해당 특별히 승인한 규정을 지키지 않고 제멋대로 빼앗아 차지하는 행위를 하였으니, 해당 특별 승인은 폐지하고 전부 시행하지 말 일

9 갑산군, 삼수군에서 포수를 배치하여 방어한 비용을 지출해달라는 청의서

군부 관할 갑산군, 삼수군에서 포수를 설치하여 방어한 비용을 예산 외로 지출해달라는 청의서 제87호

올해 2월 25일 군부대신의 제46호 조회를 접수해 보니 내용에 "광무 3년 10월 10일 원수부 군무국장 조동윤(趙東潤)의 조회 내용에 '방금 함경남도관찰사 박봉빈(朴鳳彬)이 갑산군수 김좌봉(金佐鳳), 삼수군수 채승규(蔡奎昇)의 보고에 의거하여 베껴 보고했는데, 『청국 비적들이 변경을 넘어와 제멋대로 겁주고 약탈하자, 삼수군, 갑산군의 주둔 부대의 병사들이 맞서 진을 치고 맞붙어 싸웠습니다. 그즈음에 비적 무리가 우리 백성들을 잡아가서 그들의 옷으로 바꿔 입혔는데 불행히도 총 맞은 자는 한 사람이었고, 동인사(同仁社) 함정포(咸井浦)의 백성들의 막사 17집이 불탔으며, 길가 각 마을의 백성과 정탐하는 아전 군교 2명 등 모두 11명이 붙잡혔으며, 개취리(介聚里) 16 백성들의 집도 또한 불탔습니다. 약탈당한 숫한 소와 말 등 재산은 아직 미처 두루 살피지도 못했습니다. 두 군수가 각 관아의 사포수 3, 40명과 주둔부대 장교와 함께 힘을 합해 뒤쫓았으나 비적 무리 백여 명은 이미 눈 깜짝할 사이에 강을 건너버린 일입니다』라고 했습니다.

이러한 변경의 상황을 돌아보건대 비록 주둔 부대가 있어도 이처럼 사건이 발생했을 때에 군수가 거느리고, 성을 지키고 요충지를 방어하는 자들은 모두 이들 사포수입니다. 따라서 변경을 지키고 근심에 대비하는 방도를 마땅히 별도의 조처가 있어야 합니다. 삼가 일이 발생했을 때 각 군에서 포수를 설치하는 건은 건양 원년 6월 11일 칙령 제28호에 『갑산군, 삼수군의 두 군수에게 각각 보호 포수 40명을 설치하도록 알리는 것이 어떻겠습니까?』라는 뜻으로 아뢰어 재가가 내렸습니다. 이에 삼가 알립니다'라고 한 것이 보존 문안에 실려있습니다. 지금 갑산군수 이근풍의 보고를 접수해 보니 내용에 '본 군 보호 포수 40명의 경우, 이미 원수부의 훈령 지시를 받들어 모집해 설치했고 사람당 호전(戶錢) 3냥, 전결(田結) 40부(負) 씩을 세칙에 따라 덜고 주었습니다. 그리고 탁지부에 감안해줄 것을 보고하였더니, 『군부에 보고하여 정산을 요청하는 조회를 전달하도록 하라』라고 수정사항[朱記]을 내려보냈습니다. 기해년 11월부터 계묘년 12월까지의 결호전을 감해줄 몫을 아래와 같이 보고합니다'라고 했습니다.

계속해서 삼수군수 이민중(李敏重)의 보고를 접수해보니 내용에 '본 군의 정유년, 경자년, 신축년 방어비 총 7천 7백 75냥 2전에 대해 매년마다 요청하는 보고를 올렸으나 아직 감해주지 않았습니다. 해당 정유년, 경자년, 신축년 몫을 모두 아래와 같이 보고합니다'라고 했습니다. 이에 의거하여 조사해보니 해당 두 군이 포수를 설치하고 방어한 것은 원수부에서 임금님의 칙령을 받들어 저희 부에 조회하고, 해당 군에 훈령 지시한 것입니다. 해당 비용은 모두 마땅히 정산해야 하기에 두 군의 몫을 모두 아래와 같이 삼가 조회하니 잘 살피셔서 갑산군은 9백 93냥 1전 7푼, 삼수군은 7천 7백 75냥 2전을 두 군의 공금 중에서 영수증을 내주고 정산해 주시기를 요청합니다"라고 하셨습니다.

확인해보니 해당 두 군이 포수를 배치하고 방어한 비용을 이미 해당 군의 공금 중에서 끌어썼고 매년 조회로 그 정산을 요청한 것이 실로 민망하니 지출하여 정산해주지 않을 수 없습니다. 별지의 조서(調書)대로 예비금 중에서 지출할 것임을 회의에 제출하는 일입니다.

광무 8년 7월 5일

탁지부대신(度支部大臣) 박정양(朴定陽)

의정부참정(議政府參政) 심상훈(沈相薰) 각하

예비금 중 지출 조서

총금액 1천 7백 53원 67전 4리	갑산군, 삼수군의 포수 설치 방어비
1백 98원 63전 4리	갑산군 방어비
1천 5백 55원 4전	삼수군 방어비

XI

『주본』 번역문

1 평안북도와 함경남북도에 진위대대를 설치하는 일에 관한 주본

주본 제122호

의정부의정 신 윤용선, 참찬임시대행찬정 신 이윤용이 삼가 황제께 아룁니다. 올해 6월 29일 원수부군무국총장 신 이종건이 평안북도와 함경남북도에 진위대대를 설치하는 일에 대해 청의하여 칙령안은 이미 회의를 거쳤습니다. 투표상 가부(可否)는 따로 첨부하고 아울러 원안(原案)을 바칩니다. 삼가 황제의 재가를 기다립니다.

광무 4년 6월 30일 황제의 지시를 받들었는데, '가(可)'라고 하였다.

신(臣) 윤용선(尹容善), 신(臣) 이윤용(李允用)

광무 4년 6월 29일 의정부회의

원수부군무국총장이 청의한 평안북도, 함경남북도 진위대 설치 건에 관한 칙령안

의정	윤용선(尹容善)	청의한 대로 시행
참정	김성근(金聲根)	청의한 대로 설치하는 것이 마땅함.
찬정 궁내부대신서리	윤정구(尹定求)	명을 받들어 지방에 있음.
찬정 내부대신	이건하(李乾夏)	청의한 대로 시행
찬정 외부대신	박제순(朴齊純)	청의한 대로 시행하는 것이 마땅함.
찬정 탁지부대신	조병식(趙秉式)	청의한 대로 시행
찬정 군부대신	윤웅렬(尹英烈)	청의한 대로 시행하는 것이 옳음.
찬정 법부대신		미임명. 찬정 민종묵이 임시로 서리함.
찬정 학부대신	김규홍(金奎弘)	명을 받들어 지방에 있음.
찬정 농상공부대신	민병석(閔丙奭)	빨리 경비(警備)하는 것이 옳음.
찬정 경부대신		미임명. 탁지부대신이 임시로 서리함.
찬정	심상훈(沈相薰)	청의한 대로 시행
찬정	민종묵(閔種默)	청의한 대로 시행
찬정	이윤용(李允用)	청의한 대로 시행하는 것이 옳음.

찬정	이도재(李道宰)	명을 받들어 지방에 있음.
찬정	민치헌(閔致憲)	병으로 참석하지 못함.
찬정	이재극(李載克)	병으로 참석하지 못함.

참석	10명
불참	5명
찬성	10명
반대	0명
심사보고서	0건

평안북도와 함경남북도에 진위대를 설치하는 청의서 제2호

이번 달 16일 황제께서 조칙(詔飭)하시길, "변경을 막고 단단히 방어하는 것은 나라의 다급한 업무다. 그리고 서쪽과 북쪽 두 지역은 더욱 중요한 곳이다. 병력을 늘리고 경비하는 것을 조금도 늦출 수 없다. 원수부에 명령해 편제하여 들이도록 하라"라는 일로 명령을 내렸습니다. 삼가 황제의 조칙을 받들어 평안북도 의주군, 강계군과 함경남도 북청군, 함경북도 종성군에 각각 해당 진위1대대를 설치해서 주변의 요충지를 수비함이 옳습니다. 따라서 진위대대를 편제하는 칙령안을 회의에 제출하는 일입니다.

광무 4년 6월 23일

원수부군무국총장육군부장(元帥府軍務局總長陸軍副將) 이종건(李鍾健)

의정부의정(議政府議政) 윤용선(尹容善) 합하

칙령 제22호
평안북도와 함경남북도에 진위대대를 설치하는 건

제1조 평안북도와 함경남북도에 진위대대를 설치해서 지방의 진무(鎭撫)와 변경의 수비를 전담하게 할 것

제2조 진위대대의 위치는 네 곳으로 나누고 부대의 호칭은 지방을 따라서 ○○진위대대라

고 부를 것

제3조　각 진위대대는 다섯 중대로 편성할 것

제4조　각 진위대대는 원래 위치 외에 긴급하고 중요한 지역이 있으면 참작하여 수시로 나누어 설치하고 출동해 주둔도 할 것

제5조　각 진위대대의 위치는 아래의 제1표에 따를 것

제6조　각 진위대대의 장교 정원 및 병졸의 수는 아래의 제2표에 따를 것

제7조　각 진위대대의 장교 및 병졸의 봉급, 급료는 아래의 제3표에 따를 것

제8조　각 진위대대의 경비는 아래의 제4표에 따를 것

제9조　함경남도 북청군과 함경북도 종성군에 증설한 지방대는 모두 폐지할 것

제10조　이 칙령은 반포한 날부터 시행할 것

제1 위치표

평안북도 의주, 강계

함경남도 북청

함경북도 종성

제2 직원표

대대본부

관등	직명	인원
참령(參領)	대대장	1명
1, 2, 3등 군사(軍司)	향관(餉官)	2명
부위(副尉)	부관(副官)	1명
부참위(副參尉)	무기주관(武器主管)	1명
정교(正校)		1명
부교(副校)		3명

중대부(中隊附)

관등	직명	인원	5개 중대 인원
정위(正尉)	중대장	1명	5명
부참위	소대장	4명	20명
정교		1명	5명
부참교(副參校)		14명	70명
병졸		188명	900명
합계		200명	1,000명

곡호대(曲號隊)

임명(任名)	인원
부교	1명
곡호수(曲號手)	10명
고수(鼓手)	10명

제3 봉급표

관등	봉급
참령	77원 35전
정위	46원 75전
부위	34원
참위	28원 5전
1등군사	46원 75전
2등군사	34원
3등군사	28원 5전
정교	9원
부교	7원 50전
참교	6원 50전
병졸	3원

제4 경비표

장관 봉급	1만 2천 90백 64원 20전
사졸 급료	3만 9천 8백 52원
장관 복장비	1천 6백 45원
사졸 피복비	1만 4천 2백 75원
쌀값	2만 7천 5백 94원
부식품비(副食品費)	1만 8천 2백 50원
장비 유지비[保續費]	1천 5백 원
소모비	6백 원
말 사료 값	2백 88원
말 및 말 장구 값	1백 36원
난방 땔감 값	1천 5백 원
치료비	2백 원
훈련비	2백 원
여비	1백 50원
매장비	1백 원
새로운 설치 비용	1천 원
수리비	5천 원
합계	12만 5천 2백 54원 20전

2 진위연대를 편제하는 일에 관한 주본

주본 제141호

의정부의정서리찬정탁지부대신 신 조병식, 참정 신 성기운이 삼가 황제께 아룁니다. 올해 7월 24일 원수부군무국총장 신 이종건이 진위연대를 편제할 것을 청의하였고 칙령안은 이미 회의를 거쳤습니다. 투표상 가부(可否)를 따로 갖추어 첨부하고 아울러 원안(原案)을 바칩니다. 삼가 황제의 재가를 기다립니다.

광무 4년 7월 25일 황제의 지시를 받들었는데, '투표의 다수에 따라 시행하라'라고 하셨다.

신(臣) 조병식(趙秉式), 신(臣) 성기운(成岐運)

광무 4년 7월 24일 의정부회의

원수부군무국총장이 청의한 진위연대 편제에 관한 칙령안

의정	윤용선(尹容善)	몸조리 중
참정		미임명
찬정 궁내부대신서리	윤정구(尹定求)	참석하지 않음.
찬정 내부대신	이건하(李乾夏)	편제하는 것은 좋지만 재정이 답답함.
찬정 외부대신	박제순(朴齊純)	참석하지 않음.
찬정 탁지부대신의정서리	조병식(趙秉式)	편제는 비록 시의에 맞지만 군사비는 실제 좋은 계책이 없음.
찬정 군부대신	윤웅렬(尹英烈)	청의한 대로 편제하는 것이 옳음.
찬정 법부대신		찬정 민종묵이 임시로 서리함.
찬정 학부대신	김규홍(金奎弘)	미래의 위협에 대비하여 편제하지 않을 수 없으나 재정이 답답함.
찬정 농상공부대신	민병석(閔丙奭)	청의한 대로 시행하는 것이 옳음.
찬정 경부대신		탁지부대신이 임시로 서리함.
찬정	민종묵(閔種默)	설치하는 것은 어렵지 않으나 재정이 급함.

찬정	이헌영(李鑂永)	황제의 지시를 받지 못함.
찬정	이용직(李容稙)	경비는 비록 어렵지만 미래 위협에 마땅히 대비해야 함.
찬정	권재형(權在衡)	편제하는 것이 매우 옳음.
찬정		미임명
찬정	성기운(成岐運)	변경을 방어하는 것이 현재 다급한 업무임.

참석	9명
불참	4명
찬성	5명
반대	4명
심사보고서	0건

진위연대를 편제하는 청의서 제3호

올해 7월 21일 황제께서 조칙(詔勅)하기를, "지방의 각 군대를 더러 '진위'라고도 하고, 더러 '지방'이라고 한 것은 군대의 형태가 일정한 규정이 없기 때문이다. 이제 모두 '진위대'라고 하고 원수부에 지시해 연대를 편제하여 들이도록 할 일이다"라고 명령을 내리셨습니다. 황제의 지시를 삼가 받들어 진위연대를 편제하는 칙령안을 회의에 제출하는 일입니다.

광무 4년 7월 21일

원수부군무국총장육군부장(元帥府軍務局總長陸軍副將) 이종건(李鍾健)

의정부의정(議政府議政) 윤용선(尹容善) 합하

칙령 제26호
진위연대 편제 건

제1조 전국 각 도부(道府) 혹은 군(郡)의 중요한 지방에 진위연대를 설치해서 지방의 백성들을 진정시키고 어루만지는 것과 변경을 수비하는 것을 전담하게 할 것

제2조 진위연대의 위치는 다섯 곳에 나눠 배치할 것

제3조 각 진위연대는 3대대로 편성할 것

제4조 각 진위연대의 병졸과 병력 수와 군량과 경비는 동일하게 정할 것

제5조 각 진위연대의 위치와 부대 번호는 좌개(左開)의 제1표에 따를 것

제6조 각 진위연대의 직원 및 병졸 수효는 좌개의 제2표에 따를 것

제7조 각 진위연대의 장교와 병졸의 봉급 및 급료는 좌개의 제3표에 따를 것

제8조 각 진위연대의 경비는 좌개의 제4표에 따를 것

제9조 광무 3년의 칙령 제2호 진위대 지방대 편제 개정건과 올해 칙령 제22호 평안북도 함경남북도 진위대대 설치건은 모두 폐지할 것

제10조 이 칙령은 반포일로부터 시행할 것

제1 위치표

<table>
<tr><th>부대 번호</th><th colspan="2">구역</th></tr>
<tr><td>진위 제1연대</td><td rowspan="4">경기</td><td>강화</td></tr>
<tr><td>제1대대</td><td>강화</td></tr>
<tr><td>제2대대</td><td>인천</td></tr>
<tr><td>제3대대</td><td>개성</td></tr>
<tr><td>진위 제2연대</td><td rowspan="2">경기</td><td>수원</td></tr>
<tr><td>제1대대</td><td>수원</td></tr>
<tr><td>제2대대</td><td>충청북도</td><td>청주</td></tr>
<tr><td>제3대대</td><td>전라북도</td><td>전주</td></tr>
<tr><td>진위 제3연대</td><td rowspan="2">경상북도</td><td>대구</td></tr>
<tr><td>제1대대</td><td>대구</td></tr>
<tr><td>제2대대</td><td>경상남도</td><td>진주</td></tr>
<tr><td>제3대대</td><td>경상북도</td><td>경주</td></tr>
<tr><td>진위 제4연대</td><td>평안남도</td><td>평양</td></tr>
<tr><td>제1대대</td><td></td><td>평양</td></tr>
<tr><td>제2대대</td><td>평안북도</td><td></td></tr>
<tr><td>제3대대</td><td></td><td>평양</td></tr>
<tr><td>진위 제5연대</td><td>함경남도</td><td>북청</td></tr>
</table>

부대 번호	구역	
제1대대	강원도	원주
제2대대	함경남도	북청
제3대대	함경북도	종성
진위 제6연대[1]	평안북도	의주
제1대대		의주
제2대대		강계

(후략)

3 함경북도 변경에 경무서를 설치하는 일에 관한 주본

주본 제23호

의정부의정서리찬정탁지부대신 신 민병석, 참찬임시대행찬정 신 조동윤이 삼가 황제께 아룁니다. 올해 2월 16일 경부대신서리 신 민영철이 함경북도 변경에 경무서를 설치하는 일을 청의하였고, 칙령안은 이미 회의를 거쳤습니다. 투표상 가부(可否)를 따로 갖추어 첨부하고 아울러 원안(原案)을 바칩니다. 삼가 황제의 재가를 기다립니다.

광무 5년 2월 16일 황제의 지시를 받들었는데, '청의한 대로 시행하라'라고 하셨다.

신(臣) 민병석(閔丙奭), 신(臣) 조동윤(趙東潤)

광무 5년 2월 16일 의정부회의

경부대신서리가 청의한 함경북도변계경무서 설치 건에 관한 칙령안

의정 윤용선(尹容善) 황제의 명을 받들어 지방에 있음.

1 이 칙령안은 본래 제5연대까지만 작성되어 있으나, 황색 별지에 제6연대를 따로 작성하여 풀로 붙였다. 6연대가 증설된 이후 추가한 것으로 보인다.

참정	조병식(趙秉式)	몸조리 중
찬정 궁내부대신서리	이지용(李址鎔)	참석하지 않음.
찬정 내부대신	이건하(李乾夏)	변계경무서 설치는 좋은 게 좋지만 혹시라도 폐단이 없어야 함.
찬정 외부대신	박제순(朴齊純)	더할 필요는 없음.
찬정 탁지부대신의정서리	민병석(閔丙奭)	관원을 배치해 진무(鎭撫)하는 것은 늦출 수 없음.
찬정 군부대신		미임명. 외부대신이 임시로 서리함.
찬정 법부대신임시서리	김영준(金永準)	천 리 밖의 변경에 경무서 하나 설치한다고 해서 효과를 볼 수 없음.
찬정 학부대신		김규홍 황제의 명을 받들어 지방에 있음.
찬정 농상공부대신	권재형(權在衡)	참석하지 않음.
찬정 경부대신서리	민영철(閔泳轍)	청의함.
찬정	서정순(徐正淳)	황제의 명령을 받지 못함.
찬정	이용직(李容稙)	병으로 참석하지 않음.
찬정	이윤용(李允用)	몸조리 중
찬정참찬대행	조동윤(趙東潤)	관원의 설치는 좋은 게 좋지만 혹시라도 폐단이 없어야 함.
찬정	한기동(韓耆東)	황제의 명령을 받지 못함.
찬정	민영찬(閔泳瓚)	병으로 참석하지 않음.

참석	6명
불참	10명
찬성	2명
반대	4명
심사보고서	0건

함경북도변계경무서를 증설하는 청의서 제2호

여러 해 전부터 함경북도 변경 지방에 빈둥거리는 불량한 비적들이 몰래 일어나 약탈하는 것이 날마다 더 심해져서 황무지를 개간하는 변경의 백성들은 형세상 살아가기가 어려웠습니다. 따로 경찰 관리를 배치하고 관제(官制)를 추가 보완하여, 비적 무리를 규찰하고 금지하며 변경의 백성들을 보호하는 것이 타당할 듯합니다. 적절한 직원의 수효는 아래와 같습니다. 이번 칙령안을 회의에 제출하는 일입니다.

광무 5년 2월 일

의정부찬정경부대신서리경부협판육군참장(議政府贊政警部大臣署理警部協辦陸軍參將)

민영철(閔泳喆)

의정부의정서리의정부찬정탁지부대신육군부장(議政府議政署理議政府贊政度支部大臣陸軍副將)

민병석(閔丙奭) 각하

칙령 제 호

함경북도 변경에 경무서를 설치하는 건

제1조 함경북도 변경에 경무서를 설치하여 황무지를 개간하는 모든 변경의 백성들을 보호하되, 위치는 지방의 형편에 따라 정할 것

제2조 해당 경무서는 경부의 관할하에 있으니 해당 관리는 경부대신이 이어서 모두 황제께 아뢰고 파견할 것

제3조 직원은 다음과 같을 것

경무관 2명 주임관

총순 4명 판임관

제4조 순검은 2백 명으로 정할 것

제5조 해당 관리의 봉급은 각 개항장 경무서 봉급에 따라 지급할 것

부칙

제6조 본 칙령은 반포일부터 시행할 것

4 함경북도변계경무서의 봉급과 경비에 관한 주본

주본 第27호

의정부의정서리찬정내부대신 신 이건하, 참찬 신 민영찬이 삼가 황제께 아룁니다. 올해 3월 7일 경부대신서리 신 민영철이 함경북도변계경무서의 봉급 및 경비 건을 청의하였고, 칙령안은 이미 회의를 거쳤습니다. 투표상 가부(可否)를 따로 갖추어 첨부하고 아울러 원안(原案)을 바칩니다. 삼가 황제의 재가를 기다립니다.

광무 5년 3월 8일 황제의 지시를 받들었는데, '가(可)'라고 하셨다.

신(臣) 이건하(李乾夏), 신(臣) 민영찬(閔泳瓚)

광무 5년 3월 7일 의정부회의

경부대신서리가 청의한 함경북도변계경무서의 봉급 및 경비에 관한 칙령안

의정	윤용선(尹容善)	몸조리 중
참정	조병식(趙秉式)	몸조리 중
찬정 궁내부대신서리	이지용(李址鎔)	참석하지 않음.
찬정 내부대신의정서리	이건하(李乾夏)	청의한 대로 하는 것이 옳음.
찬정 외부대신	박제순(朴齊純)	참석하지 않음.
찬정 탁지부대신	민병석(閔丙奭)	청의한 대로 시행하는 것이 옳음.
찬정 군부대신		미임명. 농상공부대신이 임시로 서리함.
찬정 법부대신		미임명. 내부대신이 임시로 서리함.
찬정 학부대신	김규홍(金奎弘)	병으로 참석하지 않음.
찬정 농상공부대신	권재형(權在衡)	청의한 대로 제정하는 것이 옳음.
찬정 경부대신서리	민영철(閔泳轍)	청의함.
찬정	서정순(徐正淳)	청의한 대로 마련하는 것이 마땅함.
찬정	이용직(李容稙)	이미 관원을 설치했으니 재정이 없을 수 없음.
찬정	이윤용(李允用)	몸조리 중
찬정참찬대행	조동윤(趙東潤)	병으로 참석하지 않음.

찬정 한기동(韓耆東) 황제의 지시를 받지 못함.
찬정 민영찬(閔泳瓚) 청의한 대로 시행

참석 7명
불참 8명
찬성 7명
반대 0명
심사보고서 0건

함경북도변계경무서 예산 청의서 제3호

저희 부서 관할 함경북도 변계경무서의 경비예산 별표(別表)를 따로 정하지 않을 수 없습니다. 이번 칙령안을 회의에 제출하는 일입니다.

광무 5년 3월 6일

의정부찬정경부대신서리경부협판육군참장(議政府贊政警部大臣署理警部協辦陸軍參將) 민영철(閔泳喆)

의정부의정서리의정부찬정내부대신(議政府議政署理議政府贊政內部大臣) 이건하(李乾夏) 각하

함경북도변계경무서 경비 예산 별표

명목	사람 수	1인 월급	1년 합계
경무관	2명	58원 가량	1,400원
총순	4명	20원	960원
순검	200명	6원	14,400원
청사(廳使)	3명	3원	108원
압뢰(押牢)	3명	3원	108원
관청 운영비[廳費]			2,000원
여비			2,000원
수리비			400원
여름 의복비			600원

명목	사람 수	1인 월급	1년 합계
겨울 의복비			660원
부속 도구			3,076원
죄수비			286원
신건비(新建費)			2,000원
합계			27,998원

5 러시아인과의 삼림계약 기한 연장에 관한 주본

주본 제41호

의정부참정 신 조병식, 참찬 신 이용태가 삼가 황제께 아룁니다. 올해 4월 4일 외부대신 신 박제순, 농상공부대신 신 권재형이 연이어 서명하고, 러시아인과의 삼림계약의 기한을 연장하는 일을 청의하고, 이미 회의를 거쳤습니다. 투표상 가부(可否)를 따로 갖추어 첨부하고 아울러 원안(原案)을 바칩니다. 삼가 황제의 재가를 기다립니다.

광무 5년 4월 5일 황제의 지시를 받들었는데, '청의대로 시행하라'라고 하셨다.

신(臣) 조병식(趙秉式), 신(臣) 이용태(李容泰)

광무 5년 4월 4일 의정부회의

외부대신, 농상공부대신이 연이어 서명하고 청의한 러시아인과의 삼림계약 기한 연장에 관한 건

의정	윤용선(尹容善)	참석하지 않음.
참정	조병식(趙秉式)	실제로 심각하기에 선불리 논의할 수 없음.
찬정 궁내부대신서리		미임명. 찬정 윤정구가 임시로 서리함.
찬정 내부대신	이건하(李乾夏)	심각함.
찬정 외부대신	박제순(朴齊純)	청의함.
찬정 탁지부대신	민병석(閔丙奭)	청의한 대로 시행하는 것이 옳음.

찬정 군부대신		미임명. 농상공부대신이 임시로 서리함.
찬정 법부대신		미임명. 참정이 임시로 서리함.
찬정 학부대신	김규홍(金奎弘)	청의한 대로 기한을 연장함.
찬정 농상공부대신	권재형(權在衡)	연명으로 서명하여 청의함.
찬정 경부대신	이종건(李鍾健)	참석하지 않음.
찬정	서정순(徐正淳)	사안이 매우 심각함.
찬정	김성근(金聲根)	의논을 거쳤으나 심각하기 그지없음.
찬정	이용직(李容稙)	불가함.
찬정참찬대행	이윤용(李允用)	병으로 참석하지 않음.
찬정	윤정구(尹定求)	참석하지 않음.
찬정	이용태(李容泰)	심각하기 그지없음. 섣불리 논의할 수 없음.

참석	10명
불참	4명
찬성	4명
반대	6명
심사보고서	0건

러시아인과의 삼림계약 기한 연장에 관한 청의서 제1호

다음은 개국 505년에 조선목상회사(朝鮮木商會社) 설립 권한을 러시아 상인 브리너에게 허가하는 계약을 체결했습니다. 해당 계약 제2조에 "20년간 나무 베고 나무 기르기로 결정한다"라고 했습니다. 또 제15조에는 "이 약정은 도장 찍은 후 1년 기한으로 만약 작업을 시작하지 않으면 이 약정은 진행하지 않는다. 만약 전쟁이 발생하면 협의하여 기한을 물린다"라고 했습니다. 제16조에는 "이 기한 안에 회사는 사무를 넘겨줄 권한이 있다"라고 했습니다.

광무 4년 11월쯤 러시아공사 파블로프가 편지에 말하기를, "작년 여름에 러시아인 마튜닌이 해당 삼림에 씨 뿌리고 베는 권리를 도로 사기를 요구했습니다. 지금 형편을 살펴보고 해당 계약의 기한 및 작업 시작 기한은 브리너 계약을 참조해 계속할 수 있도록 해주십시오"라고 했습니다.

그리고 이번에 해당 조회를 계속해서 접수해보니, "우리 달력으로 1896년에 대한(大韓)은 두만강, 압록강 주변에 있는 삼림에 씨 뿌리고 베는 권리를 러시아인 브리너에게 줬습니다. 1899년 러시아인 마튜닌 및 상무고문관 알베르트 씨는 대한에서 사업을 확장하여 실제 본 사업에 진출하고, 아울러 대한에게 핵심적인 이익을 보충해 줄 생각으로 2년간 자본금을 모으고 일 잘하는 사람을 모집하는 데 마음과 힘을 많이 써서 진실로 효과를 얻었습니다. 그리고 바야흐로 계약 기한에 맞추어 압록강 주변에서 사업을 시작할 계획이었습니다.

그런데 갑자기 대한의 변경에서 청국의 변란이 일어나 뜻대로 할 수 없었습니다. 청국의 변란에 대한 조사가 완전히 결론 나기 전에는 해당 삼림회사는 사업을 시작하기 어려워 모두 손해를 입었습니다. 그래서 해당 삼림회사의 마튜닌 씨가 진심으로 바라는 것은 '압록강과 두만강 주변의 삼림에서 작업을 시작하는 권리를 1901년 1월 1일부터 3년 내에 시작하고 또 계약에 실려 있는 20년 기한도 또한 올해 날짜로부터 시작하여 계산합니다. 만약 3년 안에 해당 회사가 작업을 시작하지 못하면 해당 계약을 시행하지 않겠다'라는 뜻으로 허가해주는 것입니다"라고 했습니다.

이를 조사하니 러시아 상인 브리너와 계약을 체결한 이후 광무 원년까지 나무를 벤 몫으로 3백 77원을 보내왔습니다. 따라서 작업 시작 기한을 위반했다고 할 수 없습니다. 그리고 마튜닌이 다시 사들였으니 작업 시작 기한을 3년 물리고 나무를 베고 기르는 기한은 올해부터 시작해서 20년으로 계산하고자 합니다. 따라서 작업을 시작하는 3년 기한 또한 20년 이내에 있습니다. 청국에서 사변이 발생하는 때를 맞이하여 우리나라 변경이 청국과 맞닿아있어 사무에 어려움이 있어서 기한을 물리도록 요청한 것은 원래 계약 제15조를 검토한 것입니다. 정황을 따져보고 계약의 취지를 참조할 때 아마도 허가하지 않을 리가 없습니다. 이를 회의에 제출하는 일입니다.

광무 5년 4월 1일

의정부찬정외부대신(議政府贊政外部大臣) 박제순(朴齊純),

의정부찬정농상공부대신(議政府贊政農商工部大臣) 권재형(權在衡)

의정부의정(議政府議政) 윤용선(尹容善) 합하

6 이번에 해산하는 변계경무서 직원에게 위로금을 지급하는 것에 관한 주본

주본 제137호

의정부참정대신 신 박제순, 탁지부대신 신 민영기가 삼가 아뢰니다. 올해 3월 30일 탁지부대신 신 민영기가 청의한 변계경무서에서 해산하는 인원들에게 위로금 2천 8백 32환을 예비금 중에 지출할 일에 대해서는 이미 회의를 거쳤습니다. 투표상 가부(可否)를 따로 갖추어 첨부하고 아울러 원안(原案)을 바칩니다. 삼가 황제의 재가를 기다립니다.

광무 10년 3월 31일 황제의 지시를 받들었는데, '가(可)'라고 하셨다.

신(臣) 박제순(朴齊純), 신(臣) 민영기(閔泳綺)

광무 10년 3월 30일 의정부회의

탁지부대신이 청의한 변계경무서의 해산하는 인원들에게 위로금 2천 8백 32환을 예비금 중에서 지출하는 건

의정대신		미임명
참정대신	박제순(朴齊純)	찬성
내부대신	이지용(李址鎔)	찬성
탁지부대신	민영기(閔泳綺)	청의함.
군부대신	이근택(李根澤)	병에 걸림. 탁지부대신이 임시로 서리함.
법부대신	이하영(李夏榮)	청의대로 할 것
학부대신	이완용(李完用)	찬성
농상공부대신	권중현(權重顯)	지출에 찬성

참석	6명
불참	0명
찬성	9명

반대 0명

심사보고서 0건

내부 관할 변계경무서에서 해산하는 인원에게 위로금을 예산 외로 지출할 것을 요청하는 청의서 제198호

내부대신의 제33호 조회 내용에 "변계경무서의 순검 2백 명이 성실하게 근무하여 북진군(北進軍)이 요구하는 모든 사항을 열심히 잘 따랐습니다. 지금은 인원수를 줄여서 다만 20명만 근무하게 되었습니다. 따라서 해산된 인원들의 정황을 생각하지 않을 수 없습니다. 위로금으로 2천 8백 32환을 특별히 예산 외로 지출하셔서 변경 백성들의 정황이 진정될 수 있도록 해주시기를 요청합니다"라고 했습니다. 조사해보니 해당 비용을 지출하지 않을 수 없기에 별지(別紙)의 조서(調書)대로 예비금 중에서 지출할 것을 회의에 제출하는 일입니다.

광무 10년 3월 24일

탁지부대신(度支部大臣) 민영기(閔泳綺)

의정부참정대신(議政府參政大臣) 박제순(朴齊純) 각하

제2 예비금 지출 조서

총금액 2천 8백 32환 변계경무서 해산 인원 위로금

7 함경북도변계경무서와 개항 시장 경무서 관제를 폐지하는 것에 관한 주본

주본 제48호

의정부참정대신육군부장훈일등 신 박제순, 내부대신육군부장훈일등 신 이지용, 탁지부대신육군부장훈일등 신 민영기가 삼가 아룁니다. 올해 1월 31일 내부대신 신 이지용, 탁지부대신 신 민영기가 연이어 서명하여 경무서를 폐지하는 건을 청의하였고 칙령안은 이미 회의를 거쳤습니다. 투표상 가부(可否)를 따로 갖추어 첨부하고 아울러 원안(原案)을 바칩니다. 삼가 황제의 재가를 기다립니다.

광무 11년 2월 20일 황제의 지시를 받들었는데, '가(可)'라고 하셨다.

신(臣) 박제순(朴齊純), 신(臣) 이지용(李址鎔), 신(臣) 민영기(閔泳綺)

광무 11년 1월 31일 의정부회의

내부대신, 탁지부대신이 연이어 서명하고 청의한 경무서를 폐지하는 것에 관한 칙령안

의정대신	조병호(趙秉鎬)	몸조리 중
참정대신	박제순(朴齊純)	찬성
내부대신	이지용(李址鎔)	청의함.
탁지부대신	민영기(閔泳綺)	청의함.
군부대신	권중현(權重顯)	찬성
법부대신	이하영(李夏榮)	병으로 참석하지 않음.
학부대신	이완용(李完用)	찬성
농상공부대신	성기운(成岐運)	찬성

참석	6명
불참	2명
찬성	6명
반대	0명
심사보고서	0건

청의서

경무서 폐지에 관한 건

다음은 함경북도변계경무서와 각 개항 시장 경무서 관제를 모두 폐지하는 칙령안을 아래와 같이 회의에 제출하는 일입니다.

광무 11년 1월 1일

내부대신육군부장훈일등(內部大臣陸軍副將勳一等) 이지용(李志容),

탁지부대신육군부장훈일등(度支部大臣陸軍副將勳一等) 민영기(閔泳綺)

의정부참정육군부장훈일등(議政府參政陸軍副將勳一等) 박제순(朴齊純) 각하

칙령 제 호

경무서 폐지에 관한 건

제1조 광무 5년 칙령 제5호 함경북도 변경에 경무서를 설치하는 건과 광무 9년 칙령 제17호 각 개항 시장 경무서 관제는 모두 폐지한다.

부칙

제2조 이 칙령은 반포일부터 시행한다.

8 종성대의 경비 중 아직 내려주지 못한 금액을 예비금에서 지출하는 것에 관한 주본

주본 第218호

의정부참정대신육군부장훈일등 신 박제순, 탁지부대신육군부장훈일등 신 민영기는 삼가 아룁니다. 올해 4월 27일 탁지부대신 신 민영기가 청의한 광무 8년도 종성대의 경비 중 아직 내려주지 못한 몫 3천 5백 14환 98전 9리를 예비금 중에서 지출할 일에 대해서는 이미 회의를 거쳤습니다. 투표상 가부(可否)를 따로 갖추어 첨부하고 아울러 원안(原案)을 바칩니다. 삼가 황제의 재가를 기다립니다.

광무 11년 4월 27일 황제의 지시를 받들었는데, '가(可)'라고 하셨다.

신(臣) 박제순(朴齊純), 신(臣) 민영기(閔泳綺)

광무 11년 4월 27일 의정부회의

탁지부대신이 청의한 광무 8년도 종성대 경비 중 아직 내려주지 못한 몫 3천 5백 14환 98전 9리를 예비금 중에서 지출하는 건

의정대신		미임명
참정대신	박제순(朴齊純)	찬성
내부대신	이지용(李址鎔)	찬성
탁지부대신	민영기(閔泳綺)	청의함
군부대신	권중현(權重顯)	찬성
법부대신	이하영(李夏榮)	찬성
학부대신	이완용(李完用)	찬성
농상공부대신	성기운(成岐運)	찬성

참석	7명
불참	0명
찬성	7명
반대	0명
심사보고서	0건

군부 관할 종성대 광무 8년도 경비 중 아직 내려주지 않은 몫을 예산 외로 지출하는 건에 관한 청의서 제499호

군부대신 제54호 조회 내용의 대략에 "전 종성대의 광무 8년도 경비 중 아직 내려주지 않은 몫 3천 5백 14환 98전 9리는 정말로 시급히 지불해야 할 것이기에 이미 지출해달라고 삼가 요청한 바가 있었습니다. 만약 이전 연도 잔액이 모두 되돌아오기를 기다린다면 저희 군부에서 빠르게 처리할 수 있겠지만, 해당 종성대의 다급한 정황상 질질 끌게 되어 늦출 수가 없습니다. 사안이 매우 답답하고 절박합니다. 들어올 잔액은 따로 조처하기를 기다릴 수 있으나 해당 부대의 비용은 이전의 조회대로 지출하여야 조처할 수 있습니다. 광무 9년도 지방 각 부대의 잔액 중 2천 5백 환을 올해 세입(歲入)으로 현재 넣었고 올해 2월에 되돌아올 1천 34환

9전 3리와 합하여 총계 3천 5백 34환 9전 3리는 이미 세입이 되었습니다. 다만 이번 종성대 몫은 예산 외로 지출해주실 것을 요청합니다"라고 했습니다. 조사해보니 해당 비용은 지출하지 않을 수 없으니 별지의 조서에 따라 예비금 중에서 지출할 것을 회의에 제출하는 일입니다.
광무 11년 4월 18일

탁지부대신(度支部大臣) 민영기(閔泳綺)

의정부참정대신(議政府參政大臣) 박제순(朴齊純) 각하

제2항 예비금 지출 조서
총금액 3천 5백 14환 98전 9리 광무 8년도 종성대 경비 중 내려주지 않은 몫
군부 관할 임시부
제3관 종성대 광무 8년도 경비 중 내려주지 않은 몫 3천 5백 14환 98전 9리
제1항 종성대 광무 8년도 경비 중 내려주지 않은 몫 3천 5백 14환 98전 9리

9 압록강과 두만강의 삼림경영 협동 계약에 관한 주본

주본 제483호

의정부참정대신 신 박제순, 탁지부대신 신 민영기, 농상공부대신 신 권중현은 삼가 아룁니다. 올해 10월 17일 탁지부대신 신 민영기, 농상공부대신 신 권중현이 연이어 서명하여 청의한 압록강과 두만강의 삼림을 경영하는 협동 계약에 관한 일에 대해서는 이미 회의를 거쳤습니다. 투표상 가부(可否)를 따로 갖추어 첨부하고 아울러 원안(原案)을 황제께 바칩니다. 삼가 황제의 재가를 기다립니다.
광무 10년 10월 17일 '아뢴 대로 하라'라고 하셨다.

신(臣) 박제순(朴齊純), 신(臣) 민영기(閔泳綺), 신(臣) 권중현(權重顯)

광무 10년 10월 17일 의정부회의
탁지부대신, 농상공부대신이 연이어 서명하여 청의한 압록강, 두만강 삼림경영 협동 계약에 관한 건

의정대신		미임명
참정대신	박제순(朴齊純)	찬성
내부대신	이지용(李址鎔)	찬성
탁지부대신	민영기(閔泳綺)	청의함.
군부대신	이근택(李根澤)	찬성
법부대신	이하영(李夏榮)	병으로 참석하지 않음.
학부대신	이완용(李完用)	찬성
농상공부대신	권중현(權重顯)	연이어 서명하여 청의함.

참석	6명
불참	1명
찬성	6명
반대	0명
심사보고서	0건

압록강, 두만강 삼림경영의 협동 조항에 관한 청의서 제856호

압록강, 두만강 삼림경영의 협동 조항을 따로 갖춰 회의에 제출하는 일입니다.

광무 10년 10월 16일

탁지부대신(度支部大臣) 민영기(閔泳綺), 농상공부대신(農商工部大臣) 권중현(權重顯)

의정부참정대신(議政府參政大臣) 박제순(朴齊純) 각하

압록강, 두만강 삼림경영에 관한 협동 조항 안

압록강 및 두만강의 삼림은 한국 변경에 있는 가장 풍부한 이익의 원천으로 생각된다. 따라서 한국과 일본 두 나라 정부는 그 경영에 대해 아래의 조항을 체결한다.

제1조 압록강 및 두만강 삼림은 한국과 일본 두 나라 정부가 협동 경영하는 것이 옳다.

제2조 두 나라 정부는 경영 자본을 1백 20만 원(圓)으로 하고 각자 60만 원씩 자금을 낸다.

제3조 삼림경영 사업 및 수입 지출을 계산하는 것에 대해서는 특별한 회계를 세워서 명확하게 한다. 해당 회계는 매년 1회 두 나라 정부에 반드시 보고한다.

제4조 사업의 손익은 자본을 낸 금액에 따라 한국 및 일본 두 나라 정부 사이에 분배한다.

제5조 제2조의 자금 내는 것을 뒷날 증가할 필요가 있을 때에는 두 나라 정부의 상호 승인을 거쳐야 하는 것으로 한다.

제6조 본 조약의 시행에 대해서 따로 세칙을 설치할 필요가 있을 때에는 두 나라 정부가 임명한 위원이 이를 결정하는 것이 옳다.

제7조 본 사업이 진행됨에 따라 두 나라 백성들에게 추가로 들어올 수 있도록 하기 위해 회사조직으로 만들 필요가 있을 경우에는 두 나라 정부가 협정하여 방법을 정하는 것이 옳다.

XII

『기안』 번역문

1 서상무의 치적 때문에 백성들이 유임을 요청한다고 하니 다시 조사하여 전보하라는 전훈 기안

강북 팔도동 우두머리 등에게 운산(雲山)

관리의 다스린 공적으로 많은 백성들이 여러 차례 유임을 원했다. 정말 나중에 원통함을 호소하는 것이 없을지에 대해 각 면 백성들의 정황을 의논을 모아 사실대로 다시 전보할 것

광무 7년 5월 20일

의정부

2 변경 고을에서 향전의 토색을 금지하라는 전훈 기안

함흥전사 유변계 김형태

전보의 이야기가 대부분 무엄하다. 주변 고을에 향전(鄕錢)을 나누어 소속시켜 뜯어낸다고 하니 바야흐로 전보로 지시해 모두 금지할 것

광무 7년 5월 23일

의정부

3 변경 백성을 연강 고을에 소속시키고 향록전 토색을 금지하라는 전훈 기안

평북관찰부

방금 강북 백성들의 전보 소장을 접수해 보니, "변경 백성들을 초산군, 후창군 등 강 주변 고을에 나누어 소속시키고 향록전(鄕錄錢) 20냥을 매 호당 바치게 합니다"라고 했음. 이것이 무슨 곡절인지 모르겠지만, 강변의 각 군에 훈령으로 지시하여 금지하도록 하고 해당 관리가 변경의 행정 및 지역 밖의 변경 백성에 관한 일에 대해 다시는 간섭하지 못하게 할 것

광무 7년 5월 23일

의정부

4 연강 고을에서 변경 백성을 상대로 향록전을 토색하지 못하게 하고, 무엄한 소장을 낸 김형태를 처벌하라는 훈령 기안

훈령 제22호

변경 사무에 더욱 유념하고, 전보 내용에 무엄한 백성은 엄히 징계할 것
방금 변경 지역 백성 김형태 등의 전보 소장을 접수했다. 변경 지역은 이미 내지(內地)가 아니고 뿐만 아니라 지방의 구역은 부나 군에서 함부로 처리할 바가 아니다. 그런데 변경의 백성을 초산군, 후창군에 나누어 소속하고 향록전(鄕錄錢)을 뜯어내어 비할 바 없는 말썽이 발생했다고 하니 이것이 무슨 곡절이냐? 지금 해당 도에 전보로 훈령하여 금지하게 하고 무릇 변경 백성에 관한 한 가지 일은 주변 군에서 다시는 간섭하지 말라는 뜻으로 엄히 지시하라.
귀 관리(管理)는 이미 황제의 지시를 받들어 변경 백성들의 생명과 재산을 보호하는 것이 직분상 중대한 사무이다. 그런데 관찰사나 수령이 만약 더러 정말로 이런 행위를 한 일이 있다면 어찌 즉시 조회를 보내거나 훈령을 내 통렬하게 금지하지 않아서, 이렇게 많은 백성들이 멀리 달려와서 전보로 하소연했는지 모르겠지만 일 처리 원칙을 살펴보면 정말로 놀랍고 한탄스럽다. 이후 변경의 사무를 더욱 유념하여 죄를 따지고 처벌하는 지경에 이르지 않도록 해야 한다. 전보로 하소연한 해당 백성에 대해 말하더라도, 원통함을 소리치고 하소연을 호소하는데, 어찌 할 말이 없을 것을 걱정하여 감히 '맑고 흐린 것을 구분하지 않는다', '모든 일이 관계없다', '외국 국적에 들어간다', '백성들에게 나라를 배반하게 한다'라는 등 무엄한 어구를 써서 거리낌 없이 전보했다. 그 백성들의 짓거리를 캐보건대 어찌 단지 한탄스럽다고만 하겠는가. 진실로 마땅히 서울 관아로 압송해 올려 법에 따라 엄히 처벌해야 한다. 다만 이는 먼 변경 백성들이 겪은 일들이 처음 있는 상황임을 충분히 참작하여 용서한다.
이에 훈령을 발송하니 소장의 우두머리 김형태를 귀 관리가 잡아 가두고 엄히 징계한 후에, 조정에서 먼 지역을 편안하게 하고자 특별히 용서하는 본래 뜻을 갖추어 말하여 징계하기 전에 먼저 조심하는 실제 효과가 있게 하라. 거행한 경위를 빨리 보고하도록 할 일이다.
광무 7년 5월 23일

의정부참정(議政府參政) 김규홍(金奎弘)

변계관리사무(邊界管理事務) 서상무(徐相懋) 좌하

5 삼수군에서 변경 백성에게 막세를 징수하도록 지시한 탁지부 훈령의 존안을 보내달라는 조회 기안

조회 第55호

삼수군에 막세(幕稅)를 거두는 일에 관한 탁지부 훈령 보존문서를 베껴 보낼 일
현재 변경 백성들이 전보 소장(訴狀)을 접수해 보니 그 내용에 "매일 전보로 조회하니 황공합니다. 현재 삼수군수 이민중이 탁지부 훈령이라고 핑계대고 막세라는 명목으로 각 호당 3냥씩 거두었고, 그밖에 수없이 함부로 해쳤습니다. 밝히 살피시고 엄히 훈령하셔서 이런 폐단이 다시는 없게 해주시기를 천만 번 빕니다"라고 했습니다. 귀 탁지부에서 삼수군 변경 백성들에게 막세를 3냥씩 거두라고 훈령을 보낸 일이 있으면 보존 문서를 베껴서 보내라고 하신 참정대신의 지시를 받았습니다. 이에 삼가 알리니 잘 살피시고 즉시 베껴서 보내주시기 바랍니다.
광무 7년 6월 4일

의정부주사(議政府主事) 이용규(李容圭)

탁지부주사(度支部主事) 윤영태(尹榮兌) 좌하

6 삼수군 삼사 막세를 언제부터 징수했는지 알려달라는 조회 기안

조회 第56호

귀 조복(照覆)을 접수해 보니 내용의 대략에 "삼수군 삼사(三社)의 막세(幕稅)는 60호에서 각 호당 2냥 씩 거둬서 상납하도록 했고, 애당초에 3냥을 거둬들이라고 훈령한 적이 없습니다" 라고 했습니다. 삼사라는 지명은 본래 내지(內地)에 관계되어 삼수군에서 관할하는 구역이며, 막세로 2냥씩을 거두었습니다. 어느 때 처음 시작하였는지에 대해서는 죽 살펴 주시기를 요청합니다.
광무 7년 6월 6일

의정부주사(議政府主事) 이용규(李容圭)

탁지부주사(度支部主事) 조익원(趙益瑗) 좌하

7 호세전을 건몰하고 향록전을 토색한 이동준, 오승주가 살해당한 정황을 조사해 보고하라는 훈령 기안

훈령 제39호

강북 백성 이동준(李東俊), 오승주(吳承周) 일을 조사하여 보고할 것

방금 강북 백성 이봉구(李鳳求), 임창수(林昌洙)의 소장(訴狀)을 접수해보니, "관리사무(管理事務)가 비밀주본 1건, 보고 1건, 호적 1천 장, 호세전(戶稅錢) 8백 냥을 이동준에게 맡겨 상납했습니다. 그런데 도중에 후창군, 초산군 두 군수와 한 통속이 되어 숨기고 횡령했습니다. 그리고 오승주와 함께 관찰사의 훈령이라고 핑계대고 오승주는 향집사(鄕執事), 이동준은 변경 지역 도집강(都執綱)이 되어, 변경 백성들을 꽁꽁 묶고 향록전(鄕錄錢)을 뜯어냈습니다. 그래서 사람들의 마음은 분하고 답답하여 모여서 두 놈을 때려죽이려고 했으나 관리가 금지시켰습니다. 두 놈은 또 후창군, 초산군 군수에게 관리를 무고했습니다. 주본과 호적, 상납전을 횡령한 것이 이미 바로 죽어 마땅한 죄입니다. 하물며 변경 백성들의 재산을 탈탈 털어먹었기 때문에 그 살을 씹어 먹고자 하지 않을 수 없어서 발을 싸매고 와서 호소합니다"라고 했다.

또 귀 관리의 전보(電報)를 접수해 보니, "말썽을 부린 이동준을 여러 사람들이 태워 죽였고, 간악한 우두머리인 오승주는 백성 집에 붙잡혀 갇혔다가 초산군에서 한밤중에 빼앗아갔습니다"라고 했다. 또 평안북도관찰사의 전보를 접수해 보니, "'관리사무가 강북 백성 이동준을 꽁꽁 묶고 돌을 달아서 강에 던져 죽였고, 오승주는 수없이 맞아서 목숨이 아침저녁 한다'라는 초산군수의 보고가 있었습니다. 함부로 사람 목숨을 죽이는 것은 중대한 일이기에 먼저 전보로 보고합니다"라고 했다.

이를 조사하니 백성의 소장과 관리의 전보를 보자면 두 놈의 죄는 죽여도 오히려 가벼우나 그 죽음이 여러 백성들이 분노한 탓에서 나왔다. 또 평안북도 전보로 따지자면 돌을 달아 강에 던진 것은 귀 관리가 한 것이라고 한다. 여러 백성들이 죽였든 관리가 죽였든 간에 따질 것 없이 불법적으로 사람을 죽인 것은 법률상 해당 율문이 있다. 따라서 이는 법률에 비추어 결단해 처리할 뿐이다. 그런데 이미 내지의 백성이 아니며 죽임을 당한 것이 또한 내지가 아니므로, 부(府)나 군(郡)에서 조사를 할 수 없다. 이에 훈령을 내리니 먼저 귀 관리는 조금이라도 요행으로 벗어나려고 마음먹지 말고, 백성 이동준이 어느 날 어디에서 무슨 일로 어떤

사람에 어떻게 살해되었는지 명확한 증거나 실제 자취를 자세하게 보고하여, 파원(派員)을 별도로 파견하여 일을 크게 벌이는 조치에 이르지 않도록 하라.

정말로 만약 여러 백성들이 살해한 것이거든 앞장선 놈을 모두 잡아 가둬 엄히 조사하고 구별해 보고하여 법률에 비추어 처벌케 하라. 훈령이 도착한 날짜와 거행한 경위를 먼저 즉시 긴급 보고하되, 오승주의 경우 비록 해당 부나 군에 훈령을 발송하고 조회를 보낸다고 하더라도, 즉시 잡아 가두도록 하고, 수령과 한통속이 되어 거짓으로 관찰부 훈령이라고 하여 변경 지방에서 향록전을 뜯어낸 지금까지의 정황을 철저히 조사해 보고하도록 할 일이다.

광무 7년 6월 26일

의정부참정(議政府參政) 김규홍(金奎弘)

변계관리(邊界管理) 서상무(徐相懋) 좌하

XIII

『조회』 번역문

1 간도 지역에서 병사를 모집하고 예산을 편성하여 군대를 운용하여 백성들을 지켜달라는 소장

소장

삼가 백성이 있어야 관아가 있는 것은 조정의 일반 원칙이고 우리가 우리 백성을 다스리는 것은 세계적인 규칙입니다. 저희들은 떠돌며 의지할 곳 없는 백성으로서 청국과 한국의 경계가 모호하여 결정되는 않은 지역에 살고 있습니다. 청국 사람들이 사납게 대우하는 것은 노예나 하인보다 심했고 구차스럽고 고생하며 살아가는 것은 단지 개간하여 농사짓는 것에 불과합니다. 스스로 교화를 입은 백성이라고 생각했지만 다른 사람들은 교화를 입었다고 보지 않고, 스스로 예의가 있는 풍속이라고 하지만 사람들은 예의로써 대하지 않았습니다.

하물며 또한 요즈음 청국 비적들이 갈수록 매우 세차게 퍼져 사람을 해치고 재물을 빼앗는 것을 마치 밥 먹듯이 여깁니다. 애달프게도 하찮은 저희들은 가족을 데리고 산에 올라갔다가 밤을 지내고 집으로 돌아오니 이것이 어찌 사람이 할 짓이겠습니까. 소리치고 싶어도 소리칠 하늘이 없고 돌아가고 싶어도 돌아갈 땅이 없습니다. 매우 다행스럽게도 경무서장 각하께서 말을 타고 변경 지역에 오셨기에 모든 사람들이 환호했습니다. 뿐만 아니라 마치 복성(福星)과 활불(活佛)이 특별한 지역에 빛나게 오신 것 같았습니다. 삼가 어떤 계책을 부릴지 모르겠지만, 아뢸 길이 없었던 수십 만 명을 반드시 구제하려는 것이 아니겠습니까.

보잘 것 없는 저희들이지만 삼가 현재 긴요한 계책으로 삼는 것은 단지 '비적 무리를 소탕하고 백성을 보호한다[勦匪保民]'는 4글자에 있습니다. 첫 번째는 병사를 모집하는 것입니다. 각 지방의 동네에서 건장하고 나이 어린 사람들을 1천 명을 선발하여 의복과 무기를 주고 요충지에 나누어 배치하여 스스로 생업을 보호하게 할 것입니다.

두 번째는 예산입니다. 지금 안팎으로 호적에 둔 숫자는 수만여 호(戶)에 그치지 않습니다. 호당 10꿰미만 거두더라도 장교와 병졸들의 월급은 넉넉하고도 남습니다.

세 번째는 통솔하는 것입니다. 황제의 은택이 골고루 미쳐 경무서를 처음 설치한 본래 뜻은 특별히 황무지를 개간하는 변경의 백성들을 특별히 보호하려는 것입니다. 수많은 백성들은 처음으로 임금의 교화 속에 길러진 사람임을 알게 되어 잠시 편안한 오늘날 이미 감격하고 우러렀습니다. 그러나 회령의 한 귀퉁이에서 팔짱을 끼고 있으면서 매번 미치지 못할까하는 탄식을 하며 걱정합니다. 설령 해당 지역이라도 병사들이 정예이고 군량이 풍부하다면 차라리 강을 건너 관리를 정하고 우리 병사를 호령하게 하면 어찌 견고히 방어하여 변경 안정시키는 것에 그치겠습니까.

그러니 청국 관원은 토지세[地租]를 거두고 우리 관원은 한국 백성을 다스리면 무슨 장애가 될 만한 꼬투리가 있겠습니까. 대개 변경의 경계라는 것은 근거가 있어서 경계를 정하고 우리 백성들이 머물러 지내는 것입니다. 무산군, 회령군, 종성군, 온성군, 경원군, 경흥군의 6개 군과는 강 주변 일대를 사이에 두고 집들이 서로 마주보고 있어서 말과 글이 서로 통하는 집이 수만 호 남짓에 이릅니다. 따라서 집집마다 병사가 되더라도 한없이 자신의 분수로 여길 것이고 집집마다 무기를 갖추게 되더라도 스스로 담당하기를 원할 것입니다. 하물며 장교와 병졸의 옷감을 넉넉히 댈 수 있는 경우는 어떻겠습니까.

청국 사람 집과 비교하면, 한국 사람의 집이 1백이면 청국 사람의 집은 1에 불과합니다. 그러자 청국은 스스로 사포수를 설치하고 모임을 만들었습니다. 매번 모임에 불과 20명뿐인 병사가 한국 백성에게 채찍을 휘두르며 수백 수천 명에게 심하게 거둬들이니 유명한 비적보다 심합니다. 한국인의 물건으로 옷을 만들어 입고 한국인의 피와 기름을 짜서 먹습니다. 한국 백성도 또한 청국 백성들의 사례에 따라 '포수를 설치하자'라고 말하는 것이 무슨 어려움이 있겠습니까? 이렇게 하지 않으면 나라의 어린 백성들이 누구 손 안의 물건인지 모르게 될 것이니 어찌 원망이 없겠으며 어찌 통탄하지 않겠습니까.

이에 일제히 하소연하니 특별히 여러 백성들의 피 끓는 소원과 지금에 맞는 대책을 살피시고 의정부에 보고하고 요청하여 이 위험한 형세 속에서 스스로 보호하고 스스로 편안하게 살 수 있게 해주시기를 천 번 만 번 삼가 바랍니다.

광무 6년 12월 17일

무산군 건너편 백금사(白金社) 해사인(解事人) 정기만(鄭基萬) 등[1]

경무서장(警務署長) 각하

1 원문에는 5백 명 이상의 청원인 이름이 모두 기록되어 있으나, 지면의 문제로 이 번역문에는 대표자 '정기만'의 이름만 적었다. 번역문에서 생략한 청원인들의 이름은 원문에서 볼 수 있다.

2 간도의 백성들이 민병 설치를 요청하는 소장을 올렸기에 이를 전달한다는 보고

보고 제1호

현재 함경북도 변계경무관 최남룡(崔南隆)의 보고를 접수해 보니 내용에, "본 경무서가 설치된 지 이에 2년이 되었습니다. 그러나 경찰하는 것이 아직 효과가 없어서 민심은 아직 만족하고 기뻐하지 않는 것은 무엇 때문입니까. 진실로 정황과 형편을 따지자면 6개 군 건너편의 강 주변 위아래 7, 8백 리에 건너가서 살고 있는 우리 백성은 수만 호 남짓이 되는데, 바로 먹지 못한 젖먹이와 같습니다. 그런데 한 번 변계경무서가 설치된 후로는 위험에 빠졌던 백성들이 매우 기뻐하며 서로 말하기를 '원하건대 잠깐이라도 죽지 않고 살아서 임금님의 거룩한 덕화를 보기를 바랍니다'라고 했습니다.

그러나 돼먹지 않은 오랑캐 무리는 겉으로는 '관병'이라는 이름을 핑계대고 속으로는 비적의 심보를 품고 삼삼오오 낮에는 엎드려 있다가 밤에 돌아다니면서 각각 총과 무기를 들었고, 가는 곳마다 약탈하며 목숨을 해치고 재산을 거덜 내니 날마다 별개의 사건이 일어났습니다. 그런데도 저들은 호랑이를 몰아 늑대를 삼키듯이 하며 조금도 거리낌 없었습니다.

집이 많은지 적은지를 보면 한국 백성은 10집 중에 8, 9집이었으나 형세가 강한지 약한지를 보면 청국 백성 한 사람이 백 명 천 명을 감당합니다. 우리 백성들이 의지할 데 없음을 깔보아서 위협하고 다그쳐서 억누르고 업신여기는 것이 어느 지경에 이를지 모르겠습니다. 이때에 백성들은 고향을 그리워하는 마음에 모두 강이 얼어붙기 전에라도 건너 돌아가고 싶어했습니다. 그러나 먹고 살 걱정에 어쩔 수 없이 산에 울타리를 치고 살면서 속수무책으로 모욕을 당했습니다. 하지만 뼈를 끊는 고통을 견디지 못해 금지하는 방책을 요청하여 사(社)의 보고와 백성들이 소장(訴狀)에서 날마다 답답함을 알렸습니다.

그러나 관아도 그 백성들의 소원을 따를 수 없었고 매번 소요를 당할 때마다 이렇게 팔짱 끼고 서서 보는 것은, 저들은 총인데 우리는 칼 한 자루여서 뒤쫓을 수 없는 형세는 거의 계란으로 돌을 치는 것과 같습니다. 백성들을 보호해야 할 관리의 처지에 누군들 비적을 소탕하려는 마음에 부지런하지 않겠습니까마는 사실은 실제로는 전혀 힘을 쓸 수가 없습니다.

삼가 생각하건대 할 수 있는 한 가지의 경우, 순검이 총을 메는 것은 아마도 사례가 없지만 매우 가까이 땅이 붙어 있는 곳에서 이웃 봉수에서 번번이 경고를 보내고 순식간에 재앙을 빚어내는데 칼만을 어찌 쓰겠습니까. 변경 지역이 중요함은 다른 곳과는 다르고 지금의 형세가 위급함은 이처럼 심한 것이 없습니다. 때맞은 대책을 얘기하지 않을 수 없습니다. 특별히 총 2백 자루를 내려주시면 변계경무서 본서 및 분서 3곳에 보관하고, 이를 사용할 수 있다는 뜻을 보여야 합니다. 평상시에는 함부로 쓰지 못하지만 도적의 경보가 있는 날에만 이를 사용한다면 비적은 그에 따라 줄어들 것이고 백성들은 저절로 의지하게 믿게 되어 백성을 보호하고 변경을 안정시키는 뜻을 두 지역에 다 보일 수 있을 것입니다.

비적의 소요는 이미 저와 같고 백성의 고통은 또한 이와 같습니다. 그래서 민병(民兵)을 설치해달라고 개간하여 먹고 사는 변경 백성들의 소장이 매일 몰려들고 있습니다. 신중한 일 처리 원칙으로 따지면 들어주기 어렵습니다만, 대적할 수 없는 현재 형세를 비교하자면 그지없이 감당하기 어려워 간절히 호소하는 많은 백성들의 피맺힌 소원을 내버려두기도 어려워서 또한 끝부분에 원래 소장을 첨부합니다.

지금 건너편인 저들과 우리의 형세를 합하여 말하면 원래 청국 사람은 바로 몇 곳 관청의 군사나 노예 따위에 불과하고 위아래 폭넓은 지역은 모두 우리 백성들이 땅을 개간하고 건물을 지었습니다. 청국 관원이 여기에 머물렀는데 만약 우리 백성이 없었다면 먹을 곡식도 없었고 위세를 부릴 곳도 없었을 것입니다. 그래서 매번 머리를 강제로 깎고 호적에 편성해서 모두 영토 안으로 넣으려고 생각하고 오로지 청국 백성의 대열에 넣고자 하였습니다. 그러나 우리 백성은 인간의 본성을 굳게 지키면서 어려움과 고난을 피하지 않고 점차 머리를 기르고 우리 모자를 쓰고 우리의 호적에 들어갔습니다. 우리 임금님의 교화가 미친 것에 감동하여 이를 갈며 고통을 견디는 상황은 시시때때로 버티기 어려웠습니다.

그러나 우리가 경무서를 설치하여 관할하게 한 이후로는 저들은 눈의 부스럼이나 목구멍의 가시처럼 알고 갖은 계책으로 뜯어내서 우리 백성들에게 스스로 우리의 약함을 한탄하고 청국의 강함을 따르기를 원하고자 했던 행위임은 매우 의심할 것이 없습니다. 우리 백성의 마음이 변치 않음을 생각하여 낱낱이 거론하여 조회해서 꾸짖었고 순검을 파견해서 금지했습니다. 그러나 매번 교섭을 하면 겉으로는 받드는 듯하지만 속으로는 위반하며, 도리어 밭두둑의 달팽이 같은 형세가 되어 앞으로 어부의 이득이 어느 곳으로 돌아갈지 모르며, 백성들은 결코 수없이 부리는 행패를 견디기 어려워 중립하지 않을 수 없을까 걱정이 될 뿐입니다.

때마침 빨리 잘 마무리할 것을 도모하지 않으면 정말로 수만 명의 사람들은 결코 우리의 백성이 안 될 것입니다. 뿐만 아니라 알면서 아뢰지 않는 것도 또한 뒷날에 두려워할 일이 될 것이기에 이에 사실대로 보고하니 조사하여 특별히 우리가 우리 백성을 다스려 스스로 편안히 하고 스스로 보호할 수 있는 계책을 별도로 도모하여 변경을 단단히 해주시기를 바랍니다"라는 사정이 왔습니다.

삼가 조사해보니, 막돼먹은 오랑캐 무리가 '관병'이라고 핑계되어 비적 무리를 양성하여 각각 총과 무기를 지니고 재산을 약탈하고 사람을 해치고 죽였습니다. 그러자 지나간 성과 마을에는 남아있는 것이 없었습니다. 애달프게도 우리 변경의 백성은 머리 모아 탄식하나 어찌할 수 없어서 민병(民兵)을 설치하는 뜻을 세 조항으로 나누고 일제히 소리 높여 하소연하는 것이 매일 몰려들고 있습니다. 그래서 이를 보고의 말미에 첨부하여 보내게 되었습니다. 백성의 정황을 생각해보면 정말로 걱정스럽고 답답합니다. 변경 백성의 소장을 첨부하여 보고하니 잘 살피셔서 결정 처리해주시기를 모쪼록 바랍니다.

광무 7년 2월 13일

경무사육군참장(警務使陸軍參將) 이봉의(李鳳儀)

의정부의정(議政府議政) 이근명(李根命) 합하

3 삼수군 삼사의 막세를 변계관리사무 서상무에게 이속할 수 없다는 조복

조복

귀 제55호 조회를 접수했습니다. 삼수군 삼사(三社)의 막세(幕稅)는 60호의 매 호당 2냥씩 거둬서 상납했던 것이고 애당초, 3냥을 거둬 납부하라는 뜻으로 훈령을 보낸 것은 없습니다. 진난 4월 함경남도관찰사의 제16호 보고 내용에, "변계관리사무(邊界管理事務) 서상무(徐相懋)의 조회 내용에 '삼수군 삼사의 막세와 호포(戶布)를 즉시 관리사에게 옮겨 소속시켜 본 관리사가 주관하게 해주시기를 요청합니다'라고 했습니다. 옮겨 소속시키는 여부를 하나로 지목해 처분해 주시기를 요청합니다"라고 했습니다. 그래서 저희 탁지부에서 지령한 내용에, "삼사의 세금은 공식 공물이다. 중요함이 매우 특별하니 옮겨 소속시킬 수 없다"라는 뜻으로 처리했습니다. 이를 잘 살피셔서 분명히 아뢰어 주시기를 요청합니다.

광무 7년 6월 6일

탁지부주사(度支部主事) 조익원(趙益瑗)

의정부주사(議政府主事) 이용규(李容圭) 좌하

4 삼사군 삼사에서는 각 호당 2냥씩 수납한다는 조복

조복

귀 제56호 조회를 접수했습니다. 삼수군 삼사(三社)는 건너편 산속 가구[山戶] 60호를 삼사라고 부르고 각 호당 2냥씩 거둬 납부하는 것은 정유년부터 시작되었습니다. 이를 잘 살펴주시기를 요청합니다.

광무 7년 6월 8일

탁지부주사(度支部主事) 조익원(趙益瑗)

의정부주사(議政府主事) 이용규(李容圭) 좌하

5 의정부 조회에 따라 삼사군 건너편 삼사 막세를 영원히 폐지한다는 조복

조복 第35호

삼수군 건너편 삼사(三社)의 변경 지역 백성들이 전보로 말한 '막세(幕稅)를 금지해 달라'라는 일에 대해 황제께 아뢰었고 황제의 지시를 받든 귀 제62호 조회를 접수하였습니다. 해당 막세의 경우, '영원히 변경 백성들을 침범하지 말라'라는 뜻으로 해당 도관찰사에게 훈령으로 지시했습니다. 이에 조복하니 잘 살펴주시기를 요청합니다.

광무 7년 7월 8일

의정부찬정탁지부대신(議政府贊政度支部大臣) 김성근(金聲根)

의정부참정(議政府參政) 김규홍(金奎弘) 각하

6 한국 군대와 백성이 변경을 넘어 청국에서 소요를 일으켰다는 청국 측의 힐문을 전달한다는 조회

조회 제4호

서울 주재 청국공사 허태신(許台身)의 조회를 연이어 접수했습니다. 그리고 청국 주재 공사 박제순의 전보를 연이어 접수했습니다. 우리나라 군대와 백성들이 건너편 지역에서 소요를 일으켜 변경 충돌이 가볍지 않고 따지고 꾸짖는 말이 연이러 이르렀습니다. 국제교섭상 우려가 없지 않습니다. 해당 조회와 전보 각 2통을 뽑아 기록하고 첨부하여 이에 삼가 조회하니 잘 살펴주시기를 요청합니다.

광무 7년 12월 5일

의정부찬정외부대신임시서리궁내부특진관(議政府贊政外部大臣臨時署理宮內府特進官)

이하영(李夏榮)

의정부참정(議政府參政) 김규홍(金奎弘) 각하

12월 3일 청국공관 조회

4일 청국공관 조회

1일 청국 주재 공관 전보

4일 청국 주재 공관 전보

청국공사관에서 온 조회

조회합니다. 중국 달력으로 10월 1일 및 2일 등 날짜에 우리 외무부의 전보를 연달아 받아보니, "한국 병사들이 강을 넘어 길림성 변경 각 지역에서 소란을 일으켰다"라는 것이었습니다. 이에 조회를 통해 귀 대신에게 요청하기를, "즉시 대한제국 황제에게 아뢰어 특별히 칙령을 내려 조사하고 금지시키도록 해주십시오"라고 한 것이 보존 문서에 있습니다(이번 봄에 청국 공사가 (한국 관리가 – 역자 주) 토지를 조사하고 성을 쌓았다고 외부를 통해 조회로 힐문한 것입니다)[2] 그런데 8일에 다시 우리 외무부의 전보를 받아보니, "성경장군(盛京將軍)의 전보에 '임강현의 보고를 보니, 『9월 4일 한국군 장교가 병사 1천여 명을 이끌고 강을 건너 장생보(長生保) 회방(會坊)과 상강(上江) 일대를 공격했습니다. 한국 관원은 이곳이 모두 한국의 땅에 속한다고 이야기하며 집을 불태우고 물건을 노략하며 부녀자 여러 명을 빼앗고 노인과 아이들을 살해했습니다.

또 경전보(慶田保)의 우구자(于溝子), 상위자(上葳子)도 한국 삼수군 병사들에 의해 공격을 받아 집 세 채가 불타 무너졌습니다(이는 삼수군, 갑산군 건너편에서 북청지방대 및 본군의 사포(私砲)들이 전투를 벌인 일입니다). 이전에 한국관리 서상무(徐相懋)가 군사를 이끌고 강을 건너 관서를 세운 것을 이미 금지했는데, 지금 다시 행패가 방자히 크게 일어나니 이를 주동하는 사람이 있는 것 같습니다』라고 했습니다(북청대 및 삼수군, 갑산군 사포들의 일은 애초에 변계관리사무 서상무와 무관합니다).

한국 병사들이 경계를 넘어 방자하게 소요를 일으킨 것은 봉천성과 길림성의 강변 지역에서 동시에 보고하여 경계했습니다. 그 행패를 부린 상황을 살펴보면 정말로 헤아리기 어렵습니다. 한국 공사에게 조회하는 것 외에 외부에 다시 확실하게 알려서 이웃 나라 간의 우의를 분명하게 하고 이해관계를 자세히 살펴서 문제가 발생하지 않도록 하십시오'라고 했습니다. 신속하게 지시를 전달하여 한국 병사들이 다시는 경계를 넘지 않도록 금지하십시오. 문제를 일으키는 주동자들은 조사하여 처벌하고 헛된 말로 얼버무리지 못하게 하십시오. 그리고 금지를 지시한 것과 조사하여 처벌한 곳이 어떠한지 신속히 전보로 알려주시기 바랍니다"라고 했습니다.

또 성경장군이 보내온 공문에 따르면, "통화현의 보고에 '한국 관리 서상무가 통역과 병정을 이끌고 관할 지역인 강전자(江甸子) 지방으로 와서 말하길 『통화현, 회인현, 집안현, 관전현에서 경계를 넘은 한국인들이 있어 땅을 얻어 건물을 세워서 관리를 편하게 하려고 한다』라고 했습니다(애초에 병사를 데리고 가지 않은 것은 이미 위에서 소명했습니다. 이 조회에서 말한 관계(管界)는 관할 경계의 안을 말합니다. 건물을 지으려고 했다는데, 이는 잠시 머무르는 곳에 불과합니다. 왜 서로 충돌한 것이 이렇게 되었는지요). 그리고 이 현들을 다니면서 우리 관원을 방해하고는 배

---

2 괄호 안의 내용은 청국공사관의 조회에 대해 한국 외부에서 반박하는 내용을 별지에 써서 붙인 것이다. 이 건의 모든 괄호 안 내용이 동일하다.

척당해 도망갔습니다.

서상무가 이전에 경계를 넘어 성을 수리한 것은 그 진상을 추궁해도 여전히 해결되지 않았습니다. 이번에 또 땅을 얻어 건물을 세우고 개간한 자기 백성들을 관리하겠다는 것은 실로 약속을 위반한 일에 속합니다. 이에 망령되이 자문으로 요청하니 (한국 정부에 – 역자 주) 조회하여 철수시키고 문서를 두루 보내 징벌하도록 하십시오.

또 우리 상인 손충경(孫忠慶)이 올해 4월간에 관전현 고당구(褲襠溝) 지방에서 갑자기 한국 병사 10여 명에게 습격을 받았는데, 그들은 배를 타고 총을 쏘며 뗏목 2개 및 뗏목 위의 서양 돈과 의복을 모두 빼앗아갔고 뗏목패[簰夥] 이(李) 씨를 함께 잡아갔습니다. 7월 13일이 되어서야 한국 병사들이 이 씨를 비로소 마태시(馬台市)로 보냈습니다. 15일에는 한국 병사들이 또 뗏목패 왕영창(王永昌)과 진휼 관리인 윤(尹) 씨를 묶어 잡아갔습니다. 돌아온 이씨는 학대를 당하여 병을 얻었고 한국 병사들의 구타로 부상을 입어 17일에 사망했습니다. 조사하고 검시해보니 사실임이 확실합니다. 자문으로 요청하니 (한국 정부에 – 역자 주) 조회하여 조사해 처리하고 아울러 왕영창 등을 속히 석방하게 해주십시오'라고 했습니다.

또 길림성 연길청(延吉廳)의 보고를 보니 '한국인들이 강을 건너는 다리를 만드는 것에 대해서는 이전에 아뢰어, 조회를 보내 금지해주시기를 요청했습니다(이범윤이 새로 부임하여 관리한 후의 일입니다). 그런데 수개월 이래 수시로 한국 병사들이 연길청 경계로 와서(이것은 북간도의 일입니다) 숭화사(崇化社) 등에서 난리를 일으켜 곡식을 약탈하고 사람을 잡아간 일은 조사해보니 한국 장교 김(金) 정위(正尉)가 저지른 일입니다. 지휘하는 병사와 백성이 수백 명이며 잡아간 사람을 고문하고 속이며 핍박하여 재물을 빼앗았습니다. 숙언명(宿彦明)이 고문으로 죽은 것 외에도 장운각(蔣雲閣)이라는 사람도 살해당했다고 합니다(연길은 북간도와 관계있는 지역으로, 이것은 북간도의 일입니다).

아울러 시찰사(視察使)라고 하는 이범윤이 문서를 보내와서 갑자기 함북간도생민재산보호관리사(咸北墾島生民財産保護管理使)라고 관직명을 바꾸고 항구의 통상조계(通商租界) 안에 있는 상인들은 자기 나라 영사관(領事官)이 보호한다고 억지를 부렸습니다. 그리고 경계를 넘어와 개간한 한국인들은 응당 한국 관리의 관할에 속한다고 하며, 조약의 조항을 불문에 부치고 고집을 부리며 어지럽게 하여, 백성들이 살기가 어렵습니다"라고 했습니다(우리 땅이 되었다고 확실히 말할 수 있습니다. 본래 청계(淸界)가 아닌 것을 알 수 있습니다. 그래서 고집을 부리며 어지럽게 하고 있습니다).

본 대신이 조사하니 중국과 한국의 경계는 도문강(圖們江), 압록강(鴨綠江)이 자연적인 경계선이 되어온 지 오래입니다(아직 확정되지 않은 안(案)으로 끝까지 압제하는 말입니다). 무릇 강 주변 일대에 속하는 땅은 모두 우리 영토에 속합니다. 그래서 양국의 조약에는 이미 경계를 넘어와 개간한 변경의 백성들은 그 생업을 평안히 할 수 있도록 허락하여 생명과 재산을 보호하되, 이후에도 만약 몰래 변경의 경계를 넘는 사람이 있으면 피차 모두 금지하여 일이 일어나는 것을 방지하자는 내용이 자세히 실려 있습니다. 조약문에는 경계를 건너 개간한다고 분명히 실려있으니, 그것이 우리 땅임을 알 수 있습니다.

또 한국 관리가 경계를 넘어 개간한 백성들을 관리한다는 확실한 문구는 없습니다. 즉 당연히 우리 관리가 개간한 백성들이 생업을 평안히 영위할 수 있도록 하여 생명과 재산을 보호하는 것이 또한 분명함을 쉽게 알 수 있습니다(조약문 중에는 원래 '우리 관리[我官]'라는 두 글자가 없습니다. 즉 한국 백성들은 응당 한국 관리가 보호해야 함을 쉽게 알 수 있습니다). 이범윤이 항구의 통상조계 안의 장정에 대해 억지를 부린 것(애초에 이런 일이 없었습니다. 또 억지로 비난하니 더욱 감당하기 어렵습니다), 경계를 건너 개간한 한국인들은 응당 한국 관리가 보호해야 한다고 갑자기 말한 것, 서상무가 처음에 경계를 넘어 성을 쌓으려고 했고 지금 또 경계를 넘어 건물을 세워 개간한 백성들을 관리하기 편하게 하려고 한 것은 모두 정한 조약을 위반한 것입니다. 만약 이를 철회하고 조사하여 처벌하지 않으면 반드시 소란이 일어나 경계를 넘어 확산될 것입니다.

재산을 약탈하고 생명을 살상하는 것은 원래 비적들이 저지르는 일입니다. 지금 관원과 군대를 보내는 것은 문명국에 응당 있어야 하는 일이 아닐 뿐만 아니라 두 나라가 수백 년 동안 쌓아온 우의로 논해도 역시 이와 같이 부당합니다. 또 봉천성, 길림성이 동시에 난리를 당한 것이 더욱 감당하기에 너무나 놀랍습니다. 이를 위해 조회하며 힘써 요청하니 조사하시고 전에 말씀드린 각 내용들을 확실히 처리하셔서 일을 일으킨 주동자를 돌려보내고 처벌하도록 하며(이미 말했거니와 주동자란 반드시 관리(管理)를 지목하여 한 말은 아닙니다), 한국 병사들이 이후에는 절대로 경계를 넘지 못하게 금지하십시오. 처리하시고 회답을 주셔서 우리 정부에 전보로 보내기 편하게 해주십시오.

재(再)

전에 받은 조회에, 삼수군에서 비도들이 성을 침범하여 총을 빼앗았으니 이전과 같이 상의하여 처리하기를 바란다고 하셨습니다. 마적(馬賊) 사례에 비추어 문서를 만들어 처리하자는 것은 이전에 본 대신이 조복에서 확실히 밝힌 것입니다. 만약 비도들이 양국의 변경에 난입하여 소란을 일으키면 피차 각 사안을 동일한 법률로 처리한다는 내용이 보존 문서에 있습니다.

지금 봉천성과 길림성에서 한국 관리가 병사와 백성 다수를 이끌고 경계를 넘어 해를 끼친 것은 비도와 다름이 없습니다(음력 8월 25일 밤에 청국의 비적들이 와서 삼수군을 침범했습니다. 그래서 9월 4일 한국 군대가 비도들을 쫓아갔습니다. 지금 비도들을 쫓아간 한국 군대가 도리어 비도와 다를 것이 없다고 말하는 것입니까). 귀 대신께서 일을 처리하시는 것은 원래 매우 진지하십니다. 이번에 징계하고 금지한 후에라야 관원과 병사들이 다시 경계를 넘어 소란을 일으키는 일이 없을 것입니다(청국 관리는 비적 무리들이 한국 경계로 넘어와 소요를 일으키는 것을 금지하지 못합니다. 그러니 한국의 관원과 병사들이 어찌 경계를 넘어 소요를 일으킨 비도들을 쫓아가지 않을 수 있겠습니까. 책망할 수 있는 경우는 명확합니다. 만약 한국 군대가 아무 이유 없이 먼저 경계를 넘어서 소요를 일으켰다면 청국 관리들이 무기를 사용하여 몰아내는 것이 당연합니다. 그러나 마적들을 몰아내는 것은 한 가지 사안으로 변경의 경계를 논할 수는 없습니다. 외부에서 마땅히 이것을 가지고 문서를 보내 조약을 정해주십시오). 만약 무리를 이끌고 무기를 가져오는 불법적인 행동이 이전처럼 계속 일어나면, 이미 우리 땅을 지키는 장교들이 결단코 내버려두기 어렵습니다. 그러므로 귀국에 마땅히 조회합니다. 마적들을 방어하는 방법은, 누구이든 상관없이 무기를 갖고 있으면 몰아내는 것입니다. 만약 체포를 거부하면 쳐 죽이는 것입니다. 문서를 첨부하여 자세히 말하여 조회하니, 청컨대 귀 대신은 살피시기 바랍니다. 이에 조회합니다.

광서 29년 10월 14일

청국공사관에서 온 조회

조회합니다. 중국 달력으로 10월 13일 받은 우리 외무부의 전보에 "근래에 또 길림장군의 서신을 받았는데 '10월 2일 보고에 따르면 한국 병사 7, 8백 명이 모두 총을 사용하여 봉천성

임강현을 공격하여 봉화가 긴급히 올라갔으며 사람을 무수히 죽였습니다(이것은 북청대 및 삼수군과 갑산군의 사포들의 일입니다). 그러나 양하(陽河)와는 산 하나를 사이에 두고 떨어져 있어 다른 성(省)에 관계된 일이기에 이미 성경장군에게 자문을 보내 문의했습니다'라고 했습니다. 한국 병사가 만약 정말 임강현을 공격해서 그 형세가 점점 더 창궐하면 중국의 관원과 병사들이 그들과 다투지 않을 수 있겠습니까. 다시 한국 외부에 힐책하여 경계를 침범해 양국 모두에 방해되는 일이 없도록 하십시오"라고 했습니다. 이는 절실히 필요한 바입니다.

또 14일 길림장군이 보내온 서신에 "9월 22일 길안영(吉安營) 통령(統領) 능유기(凌維琪)의 보고에, 11일 좌초(左哨) 초관(哨官) 강기순(江起順)이 보낸 용병(勇兵) 5명이 남둔(南屯)으로 가서 길을 조사했는데, 한국인 허(許) 씨가 한국 병사 40여 명을 매복시키고 있다가 갑자기 나와 총을 쐈고, 전초(前哨)의 용병들도 두 차례나 한국 병사들의 사격을 당했습니다. 또 월간한 한국인들이 무기를 들고 함께 공격하여 우리 병사 호경청(胡景清), 엄진산(嚴振山)이 총을 맞고 부상을 입었습니다.

또 관대(管帶) 호옥록(胡玉祿)과 양덕승(楊德勝)의 보고에 따르면 15일 전초의 초관 부산(富山)의 보고에, 한국 병사가 강을 넘어와 월간한 한국인들과 함께 우리 군영을 공격해 하늘이 어두워진 후에야 비로소 그쳤습니다. 한국의 병사와 백성들은 남촌(南村) 일대 중국인의 가옥과 상점을 남김없이 불태웠습니다. 그 외에 상화사(尙化社), 상덕사(尙德社) 등도 소란을 겪어 월간한 한국인 중 노인, 아이, 부녀자들은 모두 본국으로 도망쳐 돌아갔습니다. 남은 장정은 각 사람이 총 한 자루씩을 들고 한국 부대에 편입되어 우리 군대를 공격하는 것을 도우라는 명령을 강제당했으며, 이를 어기면 불태워 죽였습니다. 아울러 강변 지역에 전투를 위한 참호를 파고, 왕래하는 우리 병사를 만나면 즉시 총을 쏴서 공격했다고 합니다(이곳은 북간도에서 서로 관여하는 땅이며, 종성군의 일입니다).

조사해보니 연길청 소속 화룡욕(和龍峪) 지방의 연길청 관리 및 통령 능유기의 보고에, 한국 병사가 우심산(牛心山) 일대에서 관문을 설치하고 우리 군대가 행진하는 것을 막았고 편지를 보내 싸움을 걸고 통행세를 거둔다는 말이 있었습니다(점거하고 관문을 설치하며 편지를 보내 싸움을 걸고 통행세를 거두며 군대를 공격하고 가옥을 불태우며 참호를 파는 등의 일은 북간도에서 조사해서 금지하지 않을 수 없습니다). 이에 조사하여 금지하도록 조회해주실 것을 아뢰어 요청한 것이 보존 문서에 있습니다.

그리고 다시 통령 능유기가 보고하기를, 한국 병사들이 강을 건너 개간한 한국인들을 규합하고 총과 무기를 나눠줘서 우리 군대를 공격하고 우리 백성들의 가옥을 불태우며 관문을 설치하고 참호를 파서 우리 군대를 왕래하지 못하게 했습니다. 실로 무리하게 소란을 일으켜 일부러 분란을 만들려는 것입니다. 다시 외무부에 자문을 보내는 것 외에, 바라기는 한국 정부에 이를 전달하여 강을 건너는 행위를 엄히 금지하게 해주십시오"라고 했습니다.

본 대신이 조사해보니 한국 병사들이 무리를 이끌고 무기를 가지고 경계를 넘어 소란을 일으켜 봉천성과 길림성이 동시에 난리를 당했기에 연이어 귀 대신에게 조회를 보내 조사하여 금지하시길 요청했고, 아울러 대면하여 모든 것을 간절히 고했습니다. 그런데 지금 우리 외무부가 다시 받은 길림장군의 공문에 따르면 봉천성 임강현이 한국 병사 여러 명에게 공격을 당했다고 이구동성으로 말하고 있으며, 길림성 화룡욕 지방군대도 다시 공격을 받았습니다. 심지어 경계를 넘어와 개간한 한국인들을 규합하여 총을 나눠주고 한국 군대를 도울 것을 강제하는 여러 모습이 어찌 평범한 변경 백성들이 다투는 일이겠습니까. 만약 즉시 이들을 징계하고 철수하지 않는다면 반드시 사단이 일어날 것이고 중국과 한국 간 수백 년의 우의도 상하게 될 것이며 양국에 모두 손해가 있게 될 것입니다.

이에 특별히 다시 문서를 갖춰 조회로 요청하니, 귀 대신께서는 이익과 손해를 잘 살피셔서 신속하게 위 여러 사안들을 조사하시고 엄히 징벌하고 금지하시기 바랍니다. 답변을 기다리겠습니다. 이에 조회합니다.

광서 29년 10월 16일

청국 주재 공관

청국 외무대신이 한국 병사가 경계를 넘은 것을 힐문하고 어떻게 조처했는지 빨리 알려달라고 했음.

광무 7년 12월 1일 도착

어제 전보에 신속하게 조복하여, "외무대신이 조회로 재촉하기를 한국 군대 철병은 대국(大局)과 관계되어 큰 문제가 된다"라고 했음.

광무 7년 12월 4일 도착

7 함경남북도의 기근을 진휼하기 위해 내장원에서 쌀을 사서 보내는 데 사용한 비용을 정산해달라는 조회

조회 제2호

현재 함경북도관찰사 이윤재의 보고를 접수해 보니 내용에 "지난해 흉년이 들어 도 안의 백성들의 정황이 매우 다급했던 사유에 대해서는 이미 여러 번 보고했습니다. 입춘 이후로 각 군의 형편은 배고파 우는 것이 날로 심해졌으나 구제할 대책이 없어서 매우 근심스럽고 답답하였습니다.

그런데 올해 2월 23일 황제 폐하의 조칙에 '함경남북도가 거듭 흉년이 들어 오두막집의 곳간은 텅 비어 있고 백성들은 식량이 떨어져서 길거리에서 엎어지고 뿔뿔이 흩어지는 상황이 눈앞에 보는 듯하다. 어린아이 같은 백성들을 생각하면 밤낮으로 근심 걱정이다. 더구나 봄철이 이미 되어 쟁기질을 계속해야 할 터인데 쌀독은 이미 비었고 굶주린 빛에 누렇게 떴고, 곱사등이가 되어 비실대다가 스스로 생존할 수 없게 되었으니 무엇으로 밭일에 힘쓰게 하여 추수를 바랄 수 있겠는가? 경상도와 전라도의 사환미(社還米) 가운데 2만 석을 특별히 해당 도로 이획(移劃)하여 죽어가는 목숨을 빨리 구제하게 하고 또한 농사지을 양식으로도 보태게 하여 조정에서 불쌍히 여기고 어루만지는 지극한 뜻을 보이게 하라'라고 하셨습니다.

그래서 진휼미 5천 석이 음력 5월 21일에 함경남도 덕원항에 도착했기에 별도로 파원(派員)을 정하여 즉시 받아서 경성의 독진(獨鎭)으로 운반했습니다. 그리고 각 군의 가난한 집의 수효를 참작하여 나누어주도록 하되, 비록 한 되의 쌀이라도 절대로 관아로 들이지 못하게 하고 바로 각 사(社)에 진휼로 배정한 후에 하나도 빠짐이 없이 사실대로 성책(成冊)을 작성해 보고해 오라는 뜻으로 문안을 만들어 관할 각 군에 훈령으로 지시했습니다. 각 군수가 각 사를 직접 둘러보고 사실대로 각 고을의 가난한 백성들에게 배정해 나누었고 소명성책을 지금 막 보고해 왔습니다. 모두 11책을 모아서 단단히 밀봉하여 이렇게 내부에 올려 보냈습니다. 각 군의 진휼 분배 쌀 포대를 아래와 같이 보고합니다"라고 했습니다.

함경남도관찰사도 일체를 보고해왔습니다. 함경남북도가 연이어 흉년이 들어 이번 봄에 이르러 많은 백성들이 먹을 것이 없어 뿔뿔이 흩어졌습니다. 이는 참혹하여 차마 들을 수 없었습니다. 황제께서 걱정 근심하여, "경상도와 전라도의 두 도의 사환미 중 2만 석을 이획하여 진휼하라"라는 일로 조칙을 내리셨습니다.

그런데 그때 경상도와 전라도의 형편은 밀과 보리가 갑자기 흉년이 들어 해당 도 안의 백성들의 정황도 역시 먹을 것이 떠들썩하였습니다. 그래서 해당 사의 쌀을 선불리 이획하기 어려웠습니다. 그래서 "본 내장원에서 사들인 쌀 중 8천 석을 우선 획정(劃定)하여 보내도록 하라"라는 일로 황제의 지시를 받들어 저희 내장원에서 사들인 쌀 8천 석을 해당 도로 실어 보냈습니다. 그중 3천 석은 함경남도 각 군에 진휼하고, 5천 석은 함경북도 각 군에 진휼하게 하여, 지금 이미 나누어 진휼했다는 보고가 왔습니다. 이 쌀 값을 도로 채우는 방법은 마땅히 의정부에서 조치해야 하는 것이기에 이에 삼가 알려드립니다. 잘 살피신 후 해당 쌀 8천 석의 값과 아울러 운송비 및 잡비 총액 36만 3천 6백 30냥 7전 4푼을 즉시 획정해 보내주셔서 공금을 채우게 해주시기 바랍니다.

광무 7년 12월 19일

내장원경(內藏院卿) 이용익(李容翊)

의정부의정(議政府議政) 이근명(李根命) 합하

8 서상무가 경계를 넘어와 행패를 부린다는 청국 측의 힐문이 있었으니 서상무를 즉시 잡아와서 처벌하라는 조회

조회 제4호

서울 주재 청국 공사 허태신(許台身)의 조회를 접수해 보니 내용에 "이번 봉천장군이 보내온 공문에 따르면 '전에 한국 백성 이석범(李錫範), 이성지(李盛之) 등이 두 차례에 연이어 서명하여 하소연을 바치기를, 『서상무(徐尙武)가 제멋대로 위협하며 관리를 사칭하고 고문하고 속이니 백성들은 학대를 감당할 수 없습니다. 간청하니 지시하여 쫓아내주십시오』라고 했습니다. 즉시 집안현에 명령을 내려 조사하여 보고토록 했습니다. 곧바로 아뢴 것에 따르면, 『정식으로 지시하여 조사해보니 바로 이성지(李聖之), 임병수(林炳秀), 이석범, 김경수(金京守), 정형여(鄭亨汝) 등이 서상무(徐尙武) 즉 서상무(徐相懋)가 집안현 지역을 왕래하면서 소요를 일으켜 끼친 피해가 다시 심해져서 빨리 몰아내주기를 간청했습니다.

아울러 한국 백성 김여원(金汝元)이 바친 것에 따르면, 「제 아비 김영하(金永河)가 서상무에게

잡혀가서 모진 매질을 당해 다그쳐 뜯어내 거의 죽을 지경에 이르렀습니다」라고 했습니다. 아울러 방문 조사해보니, 해당 관원이 작년 2월쯤에 경계를 넘어 중국으로 오는데 따라온 자가 30여 명이고 모두 총과 무기를 지녔습니다. 사적으로 집안현 소속 영후(嶺後)의 강전자(江甸子), 태평구(太平溝), 괘패령(掛牌嶺), 유수림(楡樹林) 등에 갔는데 오가는 것이 일정치 않았습니다. 또 간혹 통화현, 회인현, 임강현, 관전현 등 소속 지역에 가서 몰래 머무르면서 스스로 '임금님의 명령을 받들고, 경계를 넘어와 개간한 한국 백성의 호구를 자세히 조사한다'라고 하면서 이를 핑계로 집마다 뜯어낸 돈이 10여 조(吊)에서 5, 60조에 이르는데 등급이 같지 않았습니다. 이른바 '호전(戶錢)'이라고 하면서 내놓지 않는 자는 붙잡아서 머무는 곳에 이르러 고문하고 때리고 강제로 벌주었습니다.

아울러 5월쯤에는 한국 백성 이동준(李東浚)을 데리고 태평구의 머무는 곳 안으로 끌고 와서 구타하여 죽이고 시체를 큰 강에 버린 일이 있었습니다. 전체 계산해보면 집안현 소속 11개 보(保) 안의 개간한 백성 1천여 명에게 대략 뜯어간 것은 한국 돈으로 2만여 조였습니다. 나중에 파견한 사람이 가서 조사한 것을 들으니 비로소 따르는 사람들을 데리고 강을 건너 그 나라로 돌아갔습니다.』라고 했습니다.

이후 10월쯤에 서상무가 보내온 편지를 접수해보니 갑자기 말하기를, 『이성삼, 임병수는 반역하고 도망쳐서 백성의 재물을 훔치고 백성의 재산을 없애버렸다』라고 했고, 또 말하기를, 『민가에 맡겨둔 선비와 일반인들의 임명장, 정성 문서, 일 처리 문건, 관패(官牌), 도장함, 공복(公服) 의물(衣物), 잡건(雜件), 마필(馬匹) 등을 모두 훔쳐가서 해당 집안현의 병방(兵房)에 나눠 두었다』라고 했고, 또 말하기를, 『차인(差人) 서상국(徐相國) 등 9명이 또한 총에 맞고 집안현의 백성 가게에 끌려가 갇혔는데, 모두들 증거로 삼을 만한 일이 하나도 없어서 집안현에 명령하여 붙잡아다가 조사하고 돌려보내도록 하라』라고 했습니다. 이에 집안현에서는 이치를 들어 반박하는 조복을 보냈습니다.

서상무의 세 번째 편지에서 『다시 부절을 지니고 군대를 동원한다면 장차 해당 집안현과 더불어 일을 할 것이다』라는 말이 있습니다. 아울러 또 제6연대 김(金) 참령(參領)을 편지를 보내 병사를 파견하여 붙잡아오라고 했던 일의 경우, 그로 인해 억지로 지시해 조사하고 사안을 착각하여 꼬투리를 핑계대어 얽어매려고 했던 것이 드러나 쉽게 볼 수 있습니다. 지금은 비록 무리를 이끌고 강을 건너가지만, 다시 와서 소요를 일으키지 않는다고 보장할 수 없습니다. 청컨대 빨리 한국 정부에 조회하여 즉시 서상무를 철수시키시고 아울러 주변의 장교들에게 엄히 지시하여 경계를 넘는 것을 금지시켜주십시오'라고 했습니다.

본 대신이 조사해보니, 지난번 봉천장군에게서 온 공문에 따르면, 서상무는 여러 차례 무리를 이끌고 경계를 넘어 처음에는 성을 쌓으려고 시도했고 계속해서 관아를 세우려고 하면서 종종 조약을 위반하고 사건을 일으켰습니다. 연이어 조회하여 귀국 외부에게 조사하고 철수시키도록 요청한 것이 보존 문안에 있습니다. 그런데 어찌하여 현재 오히려 봉천성의 주변 일대에 머무르면서 이처럼 가혹하게 괴롭히는 일을 제멋대로 한단 말입니까. 이는 이미 민생에 해를 끼치는 것이며, 마음대로 한 망령된 행동은 또한 변경 분란을 세차게 만드는 것입니다.

이 때문에 문서에 근거해 조회로 요청하니 귀 대신께서는 여러 차례 조회한 것을 조사하시고 이를 모두 황제께 아뢰어, 빨리 서상무가 그날로 빨리 철수하고 주변의 장교들에게 엄히 지시해 병사를 이끌고 경계를 넘어가지 말도록 요청해주십시오. 아울러 조약을 살펴서 절대로 몰래 경계를 넘지 않도록 금지하여 엉뚱하게 사단이 발생하는 데에서 벗어날 수 있도록 하시고, 빨리 답변해주십시오"라고 했습니다.

이를 조사하니 해당 서상무가 무리를 이끌고 강을 건너서 제멋대로 가혹하게 괴롭혔으며 망령되이 행동하여 변경의 분란을 만들었으니 매우 놀랍고 한탄스럽습니다. 이에 조회하니 조사하여 해당 서상무를 즉시 붙잡아서 샅샅이 조사하여 엄히 징계하고 곧바로 답장해주시기 바랍니다.

광무 8년 3월 8일

의정부찬정외부대신임시서리의정부찬정법부대신

(議政府贊政外部大臣臨時署理議政府贊政法部大臣)

이지용(李址鎔)

의정부의정(議政府議政) 이근명(李根命) 합하

9 삼수군 변경에서 청국과 우리나라가 충돌하여 서로 발생한 피해를 상호 배상하기로 약정한 내용을 보고하고 책임자 처벌에 대해 문의하는 조회

조회 제5호

함경남도관찰사 서정순의 보고에 의거해 보니, "삼수군 변경 소요사건에 대해 갑산군과 삼수군 두 군수에게 청국 관리와 만나 처리하도록 한 연유에 대해서는 전에 이미 긴급 보고했습니다. 음력 계묘년 12월 10일에 갑산군수 김근풍(金根豊)과 삼수군수 이민중(李敏重)과 출주대(出駐隊) 장교 조기설(趙基卨), 김사직(金思稷)이 청국 관원 무민부(撫民府)의 손장청(孫長青), 임강현의 오광국(吳光國)과 함께 모여 이야기하여 처리하였습니다. 그 후 우리 관원 중 수석이었던 갑산군수의 보고서가 지금 막 도착했기에 청국 관리의 조회, 서로 간의 약속 문건 및 문답 기록, 우리 백성들이 무술년 이후 살해, 약탈된 성책(成冊)을 모두 베껴 써서 올려 보냅니다.

대체로 이번에 모여 처리했을 때 단지 계묘년에 두 나라 변경에서 발생한 살해 약탈한 것만을 분명히 조사하여 배상하는 것으로 서로 간에 약속을 정했습니다. 이후에는 각각 영토를 지켜서 교섭하는 것을 돈독히 하고 백성들을 편안하게 하자는 등의 일로 문서를 만들고 도장을 찍었습니다. 갑산군과 삼수군의 두 군의 변경 백성들이 비록 조금은 편안히 살게 되었으나 우리 백성들 중 요즈음 이래로 살해되고 약탈당한 자는 배상받지 못했으니 매우 개탄스럽습니다. 해당 군이 보고한 것을 보니, 삼수대가 빼앗긴 총과 탄환 중 총 30자루와 탄환 1천 발은 원 물건으로 돌려받았고, 총 4자루와 탄환 8천 발의 경우, 총은 한 자루당은 32원, 탄환은 한 발당 전 3전씩으로 하여 돌려받기로 약속을 정했습니다.

청국 백성이 빼앗긴 소, 나귀, 말 중에서 소 60마리는 원 물건으로 돌려보내주고, 그 나머지 65마리는 한 마리당 61냥 5전씩, 총 4천 냥을 더러 잡아먹었거나 더러 몰래 판 사람에게 값을 징수해 보내주기로 약속을 정했습니다. 진휼 곡식 30석은 우리 백성이 가져온 것으로 보내주었습니다. 위 항의 여러 조목에 대해서는 이미 타결되어 다시 따질 것이 없습니다.

우리 백성 중 살해된 14명, 빼앗긴 평전(平錢) 5천 냥, 엽총 10자루와 청국 사람 중 살해된 18명, 불타버린 가게와 기름집 등 총 52곳의 배상은 두 나라 정부에서 처리하기를 기다리는 것으로 약속을 정했습니다. 청국 관원이 약속한 문서에, "살해된 사람은 한 사람당 화평은(華平銀) 3백 냥, 불타버린 큰 가게는 17곳으로 총 모두 2백 칸이니 매 칸당은 40냥, 작은 가게는 40곳으로 총 2백 44칸이니 매 칸마다 은 20냥씩 구휼금을 준다"라고 이야기했습니다. 삼가 처리하여 알려주시기만을 기다립니다.

이번 우리 지역 변경 분쟁은 처음에는 삼수군의 소농인 사민(社民) 이영식(李永植)이 청국 사람이 흘려 내려보낸 나무를 건져내 가졌던 것에서 말미암았고, 결국 재앙이 된 것은 사실 운총대(雲寵隊)가 경계를 넘어 말썽을 일으킨 것에서 말미암았습니다. 이영식은 본래 옮겨 다니며 머무는 백성인데 그대로 즉시 온 집이 도망쳐서 간 곳을 알지 못합니다. 부대 장교 최양혁(崔兩爀)은 병사를 풀어놓고 약탈과 살해했고 포령(砲領) 연진헌(延振憲)이 밉살스런 짓을 도와 흉악한 짓을 저질렀던 것에 대해서는 청국 관리와 약속한 문서에 증거가 있으니 별도로 징계 처리하지 않을 수 없습니다.

포령 연진헌은 우선 해당 군의 감옥에 엄히 수감하고 아울러 최양혁과 함께 저지른 죄는 처리해주시기를 기다리겠습니다. 나머지 청국 백성들의 소, 나귀, 말과 곡식들을 약탈한 자는 병사들의 경우 부대에서 징계 처리하고 백성들의 경우, 군에서 징계 처리하라는 뜻으로 전에 이미 해당 부대에 조회했고, 또한 이미 해당 군에도 지령 지시했습니다. 이에 보고하니 청국 관원 약속 문서 중에 공문이 오고 간 것을 음력 1월 25일을 기한으로 삼았습니다. 조사하여 어서 빨리 처리하여 지령해주시기를 요청합니다"라고 했습니다.

이를 조사하니 부대 장교 및 포령을 조사 징계하는 것은 마땅히 원수부의 적절한 처리를 거쳐야 하나 배상 한 가지 사항은 귀 의정부에 관계되는 사안입니다. 이에 조회하니 조사하여 어떻게 처리할지를 하루빨리 답장하여 해당 약속 문서에 공문 왕복 기한 전에 전달 지시하게 해주시기를 삼가 요청합니다.

광무 8년 3월 8일

의정부찬정외부대신임시서리의정부찬정법부대신

(議政府贊政外部大臣臨時署理議政府贊政法部大臣)

이지용(李址鎔)

의정부의정(議政府議政) 이근명(李根命) 합하

10 이범윤을 철수시키고 간도문제는 재차 파원감계하자는 청국의 조회에 대한 조치를 바란다는 조회

조회 제7호

서울 주재 청국공사 허태신의 조회를 접수해보니 내용에 "본 대신은 전에 우리 외무부의 전보에 따라 조회하여 '귀국 대황제 폐하께서 특별히 지시하여 병사와 백성들이 경계를 넘는 것을 엄히 금지하고 아울러 이범윤을 철수시켜 주십시오'라고 황제 폐하께 아뢰어 달라고 요청했습니다. 그러나 지금까지도 귀 대신의 조복을 접수하지 못하였습니다.

이번에 또 거듭 우리 외무부의 편지 및 길림장군이 광서 29년 11월, 12월, 금년 1월까지의 상세한 문서에 따르면, '연길청영(延吉廳營)에서 문서를 보내 아뢴 것에 거듭 의거하면, 『9월 쯤에 한국 군대가 경계를 넘어 소요를 일으켰고 아울러 군대를 모집해 강 주변을 죽 수비하고 있다』고 했습니다. 해당 연길청영이 9월 27일에 화룡욕(和龍峪)에서 한국의 문무 관리와 육군참령 서정규(徐廷圭) 등을 맞이하여 의논해 정하기를, 『각자는 각자의 경계를 지킨다[各守各界]. 이후 만약 병사와 백성들이 몰래 넘는 일이 있을 경우, 조사하여 증명서가 없으면 쳐 죽이더라도 따지지 않는다』라는 것이 보존 문안에 있습니다.

어찌된 일인지 수원보(綏遠堡) 향약(鄉約) 조계정(曺啓貞) 및 대산(對山), 무공(茂功) 등의 12개 향사(鄉社)가 직접 아뢰기를, 『한국 관리 이범윤의 인원을 파견하여 각 사(社)에 전달해 알리기를, 「매 20호당 장정 1명씩을 뽑아 포수로 충당하고 5호마다 1명의 포병을 양성하라」라고 하였습니다. 정한 시기인 12월 20일 이후에 강을 건너가서 관리가 각 집에 금령을 내리고 중국에 조세 납부하는 것을 허락하지 않았습니다. 따르지 않는 자가 있으면 그 즉시 잡아가서 고문하고 때렸습니다. 다시 이미 중국 국적에 들어간 개간 백성 지문준(池文俊) · 성문석(成文錫) · 오진사(吳進士) 등 10여 명을 강총위원(岡總委員), 사수(社首) 등의 명목으로 삼아 파견하여 중국 지역에서 돈 수십만을 거둬들여 총과 화약을 구매하였고 보(堡) 백성 1천 명을 뽑아 훈련시켰습니다』라는 등의 말을 하였습니다.

다시 총향약(總鄉約) 한득신(韓得信) · 서수산(徐守山) 등이 고발하기를, 또한 『이범윤이 12월 20일로 기한을 정하고 강을 건너 관리를 설치한다』라는 말이 있었는데, 바로 한득신은 토지세를 완납하도록 재촉한 일로 인해 제하사(霽霞社)에서 이범윤이 파견한 사람에게 붙잡혀서 강을 건너갔습니다. 이어서 또 이범윤이 파견해 넣은 의대(義隊)의 영장(領長)·검찰(檢察)·참리(參理)·감무(監務) 등의 관원들이 이미 중국 국적에 들어간 개간 백성 김성련(金成連)·박만수(朴萬秀)는 바로 박선달(朴先達)·박춘식(朴春植)·김치성(金致聲)·이백천(李百千)·강룡(姜龍)·강윤주(康潤周)·김자천(金子天)·정부권(鄭富權)·김두경(金斗庚)·이병일(李秉一) 및 간첩 하연승(許連昇)·이병윤(李炳允)·강윤관(姜允寬) 등 14명을 조사했더니 모두들 진술하기를, 『연길청 소속인 용지(勇智), 대양(對揚) 등의 사(社)에 나눠 살면서 모두 이미 여러 해 머리 깎고 옷을 바꿔 입고 중국 국적에 들어가 중국 백성이 되었습니다. 광서 26년 이후로 이범윤이 머리 깎는 것을 허락하지 않아 비로소 각자 머물렀습니다.

이어서 이범윤은 도장 찍힌 증명서를 발급하고 김성련·박만수는 바로 박선달·이백천을 파견하여 의대의 영장으로 삼고, 김자천은 부영장으로, 정부권·박춘식은 검찰로, 김치성·강룡·김두경은 참리로, 이병일은 감무로 삼아서 각기 호구를 조사해 편성하고 호구를 살펴 장정을 뽑아 병사를 훈련하고, 매 호당 호적 비용으로 돈 1천 1백 50문을 거둬 이범윤에게 넘겨주어 총기를 구매하였습니다. 금년 10월에 조사해 보니, 모아산(帽兒山) 앞에 있는 이도구(二道溝)·팔도하자(八道河子)·서강(西崗)과 아울러 강 주변 훈춘 등지에 한국 부락은 모두 60개이고 한국 백성은 무려 2만 호나 되는데 각 부락에 참리와 영장 각 1명씩을 두었습니다. 또 매 호에서 돈 6천 5백 문(文)과 좁쌀 6말씩을 강제로 받아서 군비로 삼고 12월 10일까지 종성으로 보내주도록 약속해 정하였습니다. 20일에 강을 건너기로 회의하고 먼저 화룡욕에서 병영을 만들고 관리를 설치하였고, 육도구 천주당에 잠시 병사를 주둔시켰습니다.

다음 해 봄에 다시 모아산·마안산(馬鞍山)에 병영 2곳을 만들었고, 서강의 두도구에 병영 1곳을 만들었습니다. 한국 서울에서 이미 출발하여 도착한 총 5백 자루는 해양(海陽)에 보관해 두었습니다. 화룡욕 연병총관(練兵總管)으로 파견되었던 성문석(成文錫)은 문패(門牌)와 공문을 잃어버린 것으로 인해 향약 한득신과 서수산이 고발하여 붙잡혔는데, 성문석은 현재 종성으로 도망쳐 숨었습니다. 이병윤의 사촌동생인 이여준(李汝俊)은 바로 이승호(李昇昊)인데 이범윤의 참모입니다. 강윤관의 친형인 강사언(姜仕彦)은 의대 영장이며, 강윤주의 아버지인 강관석(康觀錫)은 도사찰(都查察)이며, 허연승은 성문석의 부하로 중국 군대의 동정과 허실을 탐지하였습니다"라고 했습니다. 진술한 각 정황은 김성련 등과 차이가 없고 아울러 이범윤의 공문, 훈령, 도장 찍힌 문서, 편지 등을 압수하였습니다.

다시 12월 15일에 한국 참령 김명환(金名煥)이 화룡욕에 와서 해당 연길청영과 모여 이야기하였습니다. 참령은 처음에 통상조약의 일반 사례를 가지고 말하였는데 그 뜻은 건너가 개간 한국 백성을 관리하는 데 있었습니다. 해당 연길청영에서 이치를 들어 반박하였고, 아울러 이범윤이 발행한 도장 찍힌 지시문과 허가증을 함께 펼쳐보이자 비로소 변명할 수 있는 것이 없었습니다. 또 김성련 등을 풀어줄 것을 요구하고, 계속해서 또 예전처럼 개간한 백성이 단결하는 것을 허락하고자 하여 해당 참령이 매 부락마다 내준 총 5자루는 모두 굳센 말로 거절하여 물리쳤습니다. 아울러 아뢰기를, '모쪼록 참령 서정규 등이 원래 의논했던 『각각 각자 지역을 지키고 만약 병사와 백성들이 몰래 넘을 경우 서로 간에 때려 죽여도 따지지 않는다』라는 것을 준수하겠습니다'라고 하였습니다. 해당 참령이 부탁하기를, '각 관리가 아직 갖추어지지 않았으니 내년 2월을 기다려 다시 논의하자'라고 하였습니다.

18일 해당 참령이 조회를 보내 공식적으로 말하기를, '중국 병사는 모두 비적의 무리로서 하루빨리 병사를 파견해 강을 건너 비적을 소탕하겠다'라고 하였습니다. 20일 오전 인시(寅時)에 정말로 한국 병사 50여 명이 둘로 나누어 경계를 넘어 냉수하자(涼水河子)를 거쳐 애호전자(艾蒿甸子)로 불쑥 들어왔습니다. 해당 참령이 이미 전에 말한 것이 있어서 우리 초관(哨官) 사문승(謝文陞) 등은 자연 준비하고 부대를 합하여 가서 가로막았습니다. 그런데 한국 병사들이 갑자기 먼저 총을 쏘자 우리 군대도 또한 반격하니 한국 병사 한 명을 죽였고, 부위(副尉) 최제강(崔齊剛) 한 명과 한국 병사 여섯 명을 포로로 붙잡았고, 모슬총 9자루와 서양 칼 한 자루를 빼앗았고, 나머지는 비로소 도망하여 돌아갔습니다. 사건 이후에 계속 따져 물었는데, 해당 참령의 말은 간교함이 많았습니다'라고 하였습니다.

본 대신이 조사해보건대, 이범윤이 파견된 이래 변경에 많은 일들이 일어나서 여러 차례 조회해 철수하도록 요청하였으나 지금까지 하나도 시행된 것을 보지 못했습니다. 지금 각 개간 백성들이 진술한 것에 의거하면, 이범윤은 경계를 넘어 호구를 편성하고 재산을 거두고 조세에 저항하며 관리를 두고 병사를 훈련하며, 계획을 세우고 군영을 만들며, 기한을 정해 변경을 엿보았으며, 종종 행하는 조치는 전혀 정황과 이치에 가깝지 않습니다. 공문 각 건을 검사해보니 더욱더 거짓으로 날조하여 소요를 일으키고, 모의를 꾸며 분란의 꼬투리를 찾고, 약속을 어기고 사건을 만들어 내는 것에 확실히 근거가 있음을 볼 수 있습니다.

요즈음 한국의 장교와 병사가 군사가 여러 차례 소요를 일으켰습니다. 이번에 김명환과 최제강이 병사를 거느리고 경계를 넘은 것은 모두 분명히 이범윤이 사주한 것입니다. 사건 이후에 우리 병사가 소를 약탈하고 우리 관리가 만나 담판을 요청했다고 말을 꾸미고 허물을 떠넘긴 것이 또한 드러나 쉽게 알 수 있고, 변경의 분쟁을 열기에 충분합니다. 하물며 우리 나라 백성들은 서울과 인천에서 농사를 짓는데 매년 귀국의 담당 아문에 농사짓는 것에 대해 세금을 바쳐도 본 대신과 각 영사들이 끝내 막지 않았으며, 또한 해당 백성들에 대해서도 별도의 조세 비용 등의 항목을 거둔 적이 없습니다. 그런데 해당 이범윤은 이 간민(墾民)들에게 돈을 걷고 또 저지하여 중국 세금을 완납하지 못하도록 하였으니, 이는 무슨 이치입니까?
탐욕스럽고 포악한 자세한 상황은 이범윤을 철수시키지 않으면 단연코 서로 편안치 못할 것입니다. 때문에 여러 차례 금지하여 철수할 것을 요청하였습니다. 우리 정부는 과거에 교제했던 의리나 요즈음의 시국으로 볼 때 진실로 서로가 편안하고 아무 일 없는 것이 정말로 두 나라의 복이 되기 때문에 지난번 조회에서 거리낌 없이 충고하기를 두세 번 했습니다. 이에 특별히 다시 길림성이 획득한 이범윤의 각 문서를 뽑아 보내니 청컨대 귀 정부는 잘 살펴보시면 아마도 해당 이범윤이 공법을 위배하고 우리 나라를 멸시하고 개간 백성을 못살게 군 것이지, 본 정부가 한쪽 말만 듣고 가혹하게 요구한 것이 아님을 아시게 될 것입니다.
중국과 한국의 맞닿은 변경의 경우, 도문(圖們)강과 압록강 두 강은 천연의 경계로 그 유래가 이미 오래되었습니다. 지난 광서 13년의 두 나라가 공동 조사한 안건이 지체되며 결정되지 못하여 오늘날 종종 갈등이 발생하였습니다. 바라건대 즉시 관원을 파견하여 서둘러 가서 이전의 안건을 살펴보고 공동으로 거듭 조사해서 신속하게 결정한 후에야 다시 육지 문제를 의논하여 영원히 준수할 것을 기대할 수 있을 것입니다. 다만 아직 조사하여 결정하기 전에는 반드시 장교와 병사들에게 엄히 지시하여 결코 경계를 넘어 사건을 일으키지 말도록 하여 돈독한 우의를 손상하거나 아울러 큰 국면을 방해하는 일에서 벗어날 수 있도록 해주십시오.
이렇게 글을 갖추어 조회하니 귀 대신께서는 청컨대 번거롭겠지만 당일로 답변을 해주시면 각 파원이 공동 조사하는 곳에 전달하도록 하겠습니다. 이것이 시행되기를 간절히 바랍니다(길림에서 뽑아 보내온, 이범윤이 돈을 거둔 것과 백성을 파견해 총을 제작한 것 등의 불법적인 일을 포고한 지시문 증거 1본, 총 16쪽을 참조하여 기록합니다)"라고 하였습니다.
이를 조사해보니 이범윤을 소환하고 징계 처리할 일에 대해 내부에 공문을 보냈으나 아직 그대로 시행되었다고 듣지 못했습니다. 이번에 관원을 파견하여 경계를 조사하는 것은 참으로 정부에서 적절히 처리해야 합니다. 이에 조회하니 잘 살펴주기를 삼가 바랍니다.
광무 8년 3월 16일

외부대신임시서리의정부참정(外部大臣臨時署理議政府參政) 조병식(趙秉式)

의정부의정(議政府議政) 이근명(李根命) 합하

11 이범윤과 군대의 철수와 파원감계를 요청한 청국공사의 공문을 보낸다는 조회

조회 제14호

서울 주재 청국공사 허태신의 조회를 접수해 보니 내용에 "지난번 우리 외무부의 전보에 따르면, '길림장군이 아뢰기를, 『이범윤이 2월쯤에 병사를 데리고 강을 건너 산계(山溪) · 백금(白金) · 덕화(德化) · 숭화(崇化) · 상화(尙化) · 선화(善化) 등의 사(社)를 점거하고 무산의 강주변을 거쳐 길을 나누어 병사를 전진시켜 중국인을 몰아 죽이고 이어서 우리 병사와 싸웠습니다』라고 했습니다.

살펴보니 중국과 한국의 변경 업무는 두 나라에서 관원을 파견하여 공동조사하기를 기다려야 하는데 어찌하여 병사를 거느리고 강을 건너 중국 백성을 몰아 죽이고 웅크리고 사(社)를 차지할 수 있단 말입니까. 바라건대 한국 정부에게 절실하게 꾸짖고 모쪼록 이범윤을 소환하고 아울러 강을 건넌 군사를 철수시켜 다시는 사건을 일으키지 않도록 해주십시오. 전보로 답장해주기를 즉시 바랍니다'라고 하였습니다.

본 대신이 조사해보니, 요즈음 귀국 병사들이 여러 차례 경계를 넘어 소요를 일으켰습니다. 이범윤이 도착 후로는 하는 짓이 날로 더욱 심해져서 계속 우리 정부의 명령을 받들고는 조회로 '조사하여 징계하고 철수해주십시오'라고 요청한 것이 보존 문안에 있습니다. 작년 9월에 경계를 넘어 재산을 약탈하고 불태우며 인명을 상처 입히고 죽였던 등의 안건에 대해서는 아직 귀 정부가 실제로 힘을 써서 처리한 것을 보지 못했습니다. 올해에 조회로 '관원을 파견하여 변경을 조사하자'라고 요청했는데도 또한 아직 답장 문건을 접수하지 못했습니다. 그리고 이범윤은 비단 철수되지 않았을 뿐만 아니라 또한 다시 병사를 이끌고 경계를 침범하여 백성들을 내몰고 땅을 차지하였으니 정말로 이해되지 않습니다.

모쪼록 청하건대 귀 대신께서는 이 문서를 접수한 후 즉시 귀국 대황제 폐하께 아뢰어 이범윤을 소환하고 아울러 강을 건넌 부대를 철수시켜 주시고 서로 관원을 파견하여 변경을 합동 조사하기를 기다려야 합니다. 빨리 조복을 주시어 우리 정부에 전달하는 데 편리하게 해주십시오. 그리고 이런 행동이 아울러 귀 정부의 본래 뜻에서 나온 것이 아님을 분명히 드러냄으로써 서로 평화롭게 협상하여 우정을 손상시키는 데 이르지 않기를 매우 바랍니다. 이렇게 조회로 알리니 귀 대신께서는 청컨대 번거롭겠지만 조사하여 빨리 처리해주십시오. 답장해주시기를 매우 기다립니다"라고 하였습니다. 이에 조회하니 조사해주시기 바랍니다.

광무 8년 5월 24일

외부대신(外部大臣) 이하영(李夏榮)

의정부참정(議政府參政) 조병식(趙秉式) 각하

12 간도에서 조선인을 수탈한 청국 비적을 단속하고 파원감계하여 영토 문제를 해결해줄 것을 요청한 이범윤의 보고를 전달한다는 조회

조회 제15호

간도관리(墾島管理) 이범윤의 보고에 의거해 보니 내용에 "현재 해당 간도에 청국 비적이 더욱더 세차게 번져 살아있는 목숨을 죽이고 재산을 약탈했습니다. 우리 백성들이 국상(國喪)에 상복을 입는 것을 금지하였고 흰 갓을 쓴 자를 보기만 하면 번번이 붙잡아 가두고 재산을 빼앗았습니다. 백성들이 짓이겨진 물고기처럼 내몰려 보존할 수 없었던 정황에 대해서는 이미 지난번에 보고에서 다했습니다. 제가 갖추어 조회하여 여러 번 청국 관원을 꾸짖었습니다. 그러나 청국 관원은 답장을 건내주지 않고 마치 들어 알지 못하는 듯이 더욱 멋대로 법에 벗어나게 못살게 굴었습니다.

지난 음력 12월 21일에 종성진위대의 온성 주둔 부위(副尉) 최제강이 오랑캐 비적의 습격을 받아 붙잡혀갔고, 해당 부위가 데리고 있던 병사 1명은 비적이 쏜 총에 맞아 그 자리에서 죽었습니다. 해당 부위와 진위대 병사 6명은 지타소(芝他所)의 청국 관아에 갇혔다가, 이번 음력 1월 26일에 해당 부위 최제강은 목숨을 도모하여 벗어나 돌아왔으나 빼앗긴 무기와 군복은 아직도 돌려받지 못했습니다.

청국 비적들이 더욱 세차게 번져서 무산 · 회령 · 종성 · 온성의 강 주변 언덕 위아래에 무리를 불러 모아 진을 치고서 강변의 교통을 금지하고, 마을로 가서 부녀자와 재산 및 곡식을 겁주어 약탈하였습니다. 비적 무리는 가는 곳마다 닭과 돼지 등 살아있는 가축을 모두 남김없이 잡아먹었고 심지어 무리를 모아 강을 건너 종성군 · 회령군 땅인 동관(潼關) · 삼봉(三峯) · 방원(防垣) · 학포(鶴浦) 등지에서 거리낌도 없이 노략질하여 행인들의 발길이 끊어졌습니다. 청국 관원은 번번이 '관군이 아니라 오랑캐 비적이다'라며 그들의 못된 짓을 도와주었습니다. 그래서 해당 간도의 포수 백성은 그지없는 억눌림과 못살게 구는 짓에 도리어 분하고 한탄스러움이 생겨 죽을 각오로 간간이 비적 무리와 다투고 싸웠으나 형세상 가로막기 어려웠습니다.

대개 이 간도는 당당한 우리 대한의 조상들이 터를 닦고 다스려 온 땅입니다. 그런데 정부의 조처는 게으르고 꾸물거려 즉시 변경을 적절히 조사하지 못함에 따라 수십 만의 대한의 어린 백성들로 하여금 그대로 오랑캐 비적들의 깔보고 무시하는 것을 받도록 하고 물과 불구덩이에 떨어지게 하였으니 어찌 한심하지 않겠습니까. 대개 청국 비적의 그지없이 못살게 굴고 하늘을 찌를듯한 못된 짓은 하늘이 모조리 죽이는 것을 스스로 부르는 길입니다. 우리 백성은 형세가 곤궁하고 한탄이 뼈에 사무쳐서 분명 다투다 죽으려고 서로 싸우는 분쟁이 있었습니다.

연유를 이에 감히 사실을 갖추어 보고하니 삼가 바라건대 살펴본 후 청국공사에게 조회를 보내어 해당 청국 관원이 비적 무리를 풀어 약탈하는 짓거리를 엄히 꾸짖고 하루빨리 관원 파견하여 변경을 조사하고 우리 한국의 상서로움이 일어난 터전의 땅을 넓히기를 천 번 만 번 삼가 바랍니다"라고 하였습니다. 이에 조회하니 조사하시기 바랍니다.

광무 8년 5월 24일

외부대신(外部大臣) 이하영(李夏榮)

의정부참정(議政府參政) 조병식(趙秉式) 각하

13 이범윤 철회를 요청하는 청국공사와 주청공사의 공문을 보낸다는 조회

조회 제17호

간도관리 이범윤을 철수시키는 한 가지 일로 이미 조회하였습니다. 청국공사 허태신의 조회와 청국 주재 공사 민영철(閔泳喆)의 보고가 또 도착하였기에 해당 조회와 보고 2건을 뽑아 기록하고 별도로 첨부하여 다시 조회하니 조사하여 처리하고 즉시 답변해 주시기 바랍니다.
광무 8년 6월 1일

외부대신(外部大臣) 이하영(李夏榮)

의정부참정(議政府參政) 심상훈(沈相薰) 각하

청국공사관 조회

조회합니다. 여러 번 길림장군에게서 온 공문에 따르면, "연길청(延吉廳)에서 광범위하게 조사하여, 이범윤을 위해 경계를 넘어 재물을 거두고 소식을 정탐한 심덕순(沈德順), 박문화(朴文化)들을 체포했고, 증명서와 지도를 압수해 심문하여 진술을 받았습니다. 이에 요청하니, 조회해서 철수시키고 금지시켜 주시기를 요청합니다"라고 했습니다.
이를 조사해보니 이범윤이 우리 길림성 일대에 있으면서 종종 행한 망령된 짓은 손가락으로 꼽을 수 없었습니다. 모두 조회하여 철수하고 금지시켜 줄 것을 요청했습니다. 이전에 본 정부의 전보를 받들어 또다시 절실하게 조회로 알렸고, 아울러 귀 대신과 여러 번 면담하여 바르게 의논해 처리했습니다.
이번에 심덕순, 박문화의 지금까지의 진술 내용을 읽어보니, 바로 이범윤이 오래 모의하여 침입해 점거하였고, 날조하여 선동하는 등 여러 가지 온당하지 못한 곳이 많았다는 점은 이구동성으로 분명하고 정확하였습니다. 아마도 이번 엉뚱한 지엽적인 문제는 여기에서 일어난 것입니다. 따라서 즉시 변경 분란에 대해 본 정부에 보고를 하는데 거리낌 없이 번거롭게 이야기하여 겨우 즉시 철수하도록 요청한 것인데, 이는 오랜 우호 관계를 생각하고 큰 국면을 돌아보아 서로 간에 편안하게 하기 위함이 아님이 없습니다.

이를 위해 지금 진술서의 기록을 참고하시도록 보내드리니 읽어보시면 아마도 이범윤이 공법을 위반하여 재물을 모으고 권력에 관여해 모의를 꾸며 일을 일으킨 것을 아실 것입니다. 본 정부에서는 여러 번 철수하고 금지시키고자 하면서도 아울러 가혹하게 요구하는 것을 좋아하지는 않습니다. 모쪼록 청컨대 귀 대신께서는 정말로 힘써 시행하고 아울러 엄중하게 금지하도록 지시해주십시오. 이후 만약 다시 함부로 경계를 넘어 관원을 설치하여 가혹하게 거두고, 병사들을 풀어놓아 소요를 부린다면 일체의 정황에 대해서는 즉시 엄중히 징계해 주십시오. 간절하게 답장해 주기를 바랍니다. 이에 조회합니다.

심덕순, 박문화의 진술서를 첨부합니다.

광서 30년 4월 15일

심덕순 진술서 요약 기록

해당 범인 심덕순이 진술에 의거하면,

"이 연길청 지역의 화룡욕(和龍峪) 회녕외자(會甯崴子)의 한국 백성들이 경작지 4상(垧) 2(畝)를 소유하고 있으며, 그 차지하여 가진 땅이 크고 그대로 충당한 것이 과분합니다. 넘어간 개간 지역 안의 백옥사(白玉社) 마을에 대략 광서 28년 4월 한국 관리 시찰사(視察使) 이범윤이 경계를 넘어와 문패를 나눠주고 한국인들의 호적을 조사했습니다. 그리고 한국 백성 정영관(鄭永寬)을 파견하여 흑정자(黑頂子)의 동쪽 4개 사(社)의 호구를 조사케 하여 각 호마다 호적 비용 돈 1적(吊) 1백 문(文)을 징수했습니다.

광서 29년 윤5월 27일 이범윤은 정영관을 거느리고 철수하고, 저를 동쪽 4개 사(社)의 도감무(都監務)로 임명하고 인수하여 조사하게 했습니다. 그래서 흑정자 동쪽 4개 사의 한국 백성 7백 62호를 함께 분명 조사했습니다. 9월 28일에 이르러 호적 비용 돈 6백 80적을 거두어서 이범윤에게 보내니 거두어 사용했습니다.

이범윤은 또 흑정자의 동쪽 4개 사를 고쳐 알동(斡東), 귀화(歸化), 석간(石澗), 옥천(玉泉), 금당(金塘), 능곡(陵谷), 노동(蘆洞), 회룡(回龍) 등의 8개 사로 나뉘었습니다. 그리고 감무(監務) 이종혁(李鍾赫), 참리(參理) 김굉섭(金宏燮), 검찰(檢察) 이백영(李百英), 최수인(崔守仁)을 풀어서 알동사를 다스리게 했고, 참리(參理) 김영섭(金永涉), 검찰 황만굉(黃萬宏)은 귀화사를 다스리고, 참리 정욱남(鄭栯楠), 검찰 주임선(朱任先)은 석간사를 다스리고, 참리 김병렬(金丙烈), 검찰 황의중(黃義中)은 옥천사를 다스리고, 참리 김승룡(金昇龍), 검찰 이일굉(李日宏)은 금당사를 다스리고, 참리 유진열(兪鎭悅), 검찰 엄윤대(嚴允大)는 능곡사를 다스리고, 참리 정약후(鄭若㖙), 도검찰 이증선(李增先), 검찰 강근보(姜根甫)는 노동사를 다스리고, 참리 안대섭(安大涉), 검찰 한규량(韓奎良)은 회룡사를 다스리게 했습니다.

이는 모두 이범윤이 매 호당 강제로 파견하여 양병전(養兵錢) 6적 5백 문씩 가혹하게 거둬들였는데, 병사들을 훈련시켜 사태를 일으켜 혼춘(琿春) 전 지역을 점거하고 합이파령(哈爾巴嶺)에 이르러 청국과 경계를 나누기 위해 준비한 것입니다. 10월에 이범윤은 한국의 종성에서 가옥 20칸을 값 1천 7백 적에 샀는데, 강을 건너 파견하여 한국 백성 매 호당 방값 돈 4백 20문을 저는 흑정자에서 있으면서 거둬들인 1백 28적을 11월 초 3일에 이범윤에게 보내니 받았습니다.

12월 상순에 이범윤의 간악한 모의가 탄로 나서 명령을 받고 각처에 군대를 보내 간악한 백성들을 체포하였습니다. 저는 종성으로 도망쳐 피하는데 감히 강을 건너갈 수 없었습니다. 올해 1월 14일 이범윤이 청국 병사의 방어가 자못 엄격하다는 것을 알려주자 저는 다시 흑정자로 가서 각 호에 넘겨주지 않은 돈을 거두고 연길청 지역에 가서 청국 병사들의 허실을 탐지하고 소식을 다시 보고하였습니다.

16일 저물녘에 저는 석건평(石建坪)에 도착해서 청국 병영과 병사의 수를 정탐하다가 생각지도 못하게 수비병에게 붙잡혀서 철저히 조사를 받았고 몸에 지니고 있는 각종 증거 문서와 지도, 보낸 문서 등을 압수하고 심문했습니다"라고 했습니다.

박문화 진술서 뽑은 기록

해당 범인 박문화가 진술한 것에 의거하면, "저는 연길청 지역 화룡욕 마패(馬牌) 지방의 개간 백성으로서 농사를 지으며 살아가고 있습니다. 광서 29년 5월 한국 관리 시찰사 이범윤은 남강(南岡)을 점거하려고 모의하여, 진실로 러시아 관리와 통해 일을 처리하고자 하였습니다. 제가 러시아어를 환히 알고 있기 때문에 저를 거두어 러시아어 통역관으로 임명했습니다.

윤5월에 이범윤을 따라 암저하(岩杵河)에 도착하여 러시아 사람 곽미살이(廓米薩爾)에게 '러시아 병사를 빌려주어 보호해주면 남강에 도착하는 대로 관아를 설치하겠다'라고 하였으나 곽미살이는 모두 허락하지 않았습니다. 그 후에 이범윤은 거짓으로 말하기를, '러시아 관리가 병사를 빌리는 것을 허락했으니 남강에 관아를 설치하겠다'라고 하면서 병사를 꾀이고 포수들을 데리고 강을 건너 청국 지역 숭화사(崇化社), 선화사(善化社), 덕화사(德化社) 등을 불지르고 약탈했습니다.

올해 1월 이범윤은 민간 병사 70명을 선발해 훈련시켜 소종성(小鍾城)을 방어하게 했으며, 저를 파견하여 부대의 영장(領長)에 임명하였습니다. 그리고 서울에서 모슬총 2백 자루를 보내왔는데 저희 부대에서 70자루를 사용하고 나머지 130자루는 대종성(大鍾城) 민간 병사들에게 보내어 사용케 했습니다. 저는 민간 병사 두목을 담당했는데, 또한 먹을 식량이 없었습니다. 이범윤은 남강에서 빼앗아 손에 넣기를 모의했고 별도로 사람을 파견하는 것이 좋을 것이라는 말을 들었습니다.

이야기를 듣건대 '3월쯤에 서울에서 다시 모슬총 8백 자루를 보냈기에 병사들을 모아 훈련시키며 대기한다'라고 하였는데 바로 청국과 전쟁을 하자 청국 지역 문무관원을 몰아 내쫓고 이범윤의 관리로 귀속시켰습니다. 현재 한국 종성 일대에 군량이 부족하여 저를 파견해 강을 건너가게 해서, 강을 건너 개간하는 한국인들에게 식량을 제공하도록 독촉하게 했습니다. 마패 지방에 도착했는데 생각지도 않게 수비병에게 붙잡혀서 철저히 조사를 받았고 통사 증명서와 보낸 문서 등을 압수하고 심문했습니다"라고 했습니다.

보고 제16호

청국 외무부의 조회를 접수해보니 말하기를, 길림장군이 아뢰어 보고하기를, "한국 관리 이범윤이 병사를 이끌고 강을 건너 불 지르고 약탈하고 살인하였습니다"라고 했습니다. 즉시 조복해 주시고, 해당 외무부의 원 조회와 본 공사가 작성한 조복 각 1건씩을 이에 별도로 뽑아 분명히 보고합니다. 조사하시고 처리해주시기를 바랍니다.

광무 8년 5월 2일

주차청국특명전권공사(駐箚淸國特命全權公使) 민영철(閔泳喆)

외부대신(外部大臣) 이하영(李夏榮) 각하

14 북간도에서 청국의 방곡령을 풀어달라는 함경북도의 요청을 전달한다는 조회

조회 第20호

함경북도관찰사 이윤재(李允在)의 질품서(質稟書)에 의거하면, "삼가 본 도는 토지가 메마르고 농사가 풍요롭지 않아 비록 풍년이 들지라도 한 해를 넘기기가 어려워 남도 각 항구의 쌀과 북쪽 군(郡) 간도의 쌀을 수많이 사와서 생계를 꾸리게 됩니다. 또한 하물며 작년과 올해 두 해는 거듭 흉년을 만나 9월과 10월에 마당을 만들고 벼를 들이는 계절에도 오히려 기근을 이기지 못하여 떠돌아다니며 연달아 구렁텅이에 빠지는 자가 연이어 도로에 끊이지 않고 있으니, 봄여름 먹을거리가 적을 때에는 오히려 다시 어떠하겠습니까. 온 얼굴 누르스름한 빛에 울부짖는 정황이 눈에 가득 차고 가슴이 아파와 감히 다 아뢸 수 없습니다.
지금 뱃길이 막히고 끊어져 남쪽의 쌀이 이르지 못했고, 사서 운반해온 것은 오직 북간도 쌀뿐이었습니다. 종성군 건너편 간도에 주둔한 청국 장교는 무관이 무슨 불만이 있는지 모르겠지만 곡물 유출 방지를 몹시 엄하게 하여 무산 · 회령 · 종성 · 온성 · 경원 · 경흥과 건너편 간도 등지에서는 비록 한 말 한 되라도 우리 백성들이 사서 옮길 수 없게 하였습니다. 심지어는 곡물 유출 방지 전에 사서 쌓아둔 경우도 또한 옮길 수 없게 하여 1개 성(省) 내의 수만 백성들로 하여금 모두 굶어죽을 지경에서 벗어나지 못하게 하였습니다. 백성들의 사정을 생각하면 삼가 당황스러움을 이길 수 없어서 이에 어리석음을 무릅쓰고 질품합니다. 조사하시고 빨리 청국영사관에 조회하여 북간도 곡물 유출 방지령을 다행히 풀어서 흉년을 구제할 수 있게 해주시기를 요청합니다"라고 하였습니다.
서울 주재 청국공사에게 금지령을 철회하도록 공문을 보내고 이에 조회하니 조사해주시기 바랍니다.
광무 8년 6월 8일

외부대신(外部大臣) 이하영(李夏榮)

의정부참정(議政府參政) 심상훈(沈相薰) 각하

15 이범윤이 소득 없이 문제만 일으켜 간도와 변경의 백성들이 어려움을 겪고 있다는 조회

보고 제5호

변계경무관 최남륭(崔南隆)의 보고서를 접수해 보니 내용에 "제가 관리를 하는데 권한이 특수하여 매번 청국 관원이 관리에 대해 꾸짖으며 조회했을 때와 개간 백성들을 몰아다가 못살게 구는 학대를 몰아내는 일에 대해 답변하는 것이 어둡고 진압하는 데 기술이 모자랍니다. 그래서 올해 1월 30일에 사실을 들어 보고했습니다. 지령에 '보고한 내용은 잘 알았다. 형세가 비록 매우 답답하지만 사안이 묘당(廟堂)과 관계되니 마땅히 내부에 전달 보고하고 답장 제음을 기다려 조처할 일이다'라고 하셨습니다. 변경을 편안히 방법을 밤낮으로 매우 기다리는데 먹는 것도 숨 쉬는 것도 달갑지 않습니다.

방금 상강분서(上江分署)의 총순(總巡) 안수익(安壽益)이 매일 긴급 보고한 것을 접수해 보니 내용에, '관리(管理)의 사포수들이 연이어 올라와서 무산군 간도(間島)로 넘어 갔습니다. 그러자 백성들이 모두들 말하기를, 『관리가 종성군에서 와서 지금 4년인데, 강을 사이에 두고 간도를 바라보면서 공개적으로 말하기를, 「건너편 마을을 얻겠다」라고 했지만, 하나도 효과가 없었습니다. 한갓 청국 사람과의 꿍꿍이만 더해져 피해가 여러 백성에게 미쳐 이미 보존하기 어렵게 되었습니다. 게다가 사포수들이 두 나라가 허가증 없이 언뜻 오가게 되자 아무런 잘못이 없는 우리들에게 스스로 무기를 잡으라고 재촉하면서 마을마다 가로막아서 집집마다 살고 있는 사람이 없습니다.

포수 무리가 깊이 함락동(咸樂洞)의 청국 사람 기만인(紀萬仁) 집에 깊이 들어가서, 청국 장교 주여즙(周汝楫)이 데리고 와 머무르고 있던 26명의 병사들과 음력 2월 21일에 서로 싸웠는데 해당 장교는 그 자리에서 패배하여 돌아갔습니다. 23일에 방향을 바꾸어 해당 간도 산계사(山溪社)의 사초덕(沙草德)으로 향하여 가서 맞서 싸우자 청국 병사들이 사방으로 흩어져 도망쳐 달아났습니다. 사포수들은 스스로 승리했다고 하면서 간도의 동경덕(東境德)에 모여 있었습니다. 그리고 28일이 되자 청국 병사들이 뜻밖에 나타나서 무방비 상태를 공격하였는데 마치 붙잡아놓은 듯이 취약했던 포수들이 어찌 수없이 강력한 병사 무리를 감당할 수 있겠습니까.

적을 만나 버티지 못하고 갑옷을 버리고 도망치며 더러는 강을 건너서 멈추고, 더러는 산을 넘어 도망쳤습니다. 때문에 청국 병사들이 간도를 마구 다니면서 한국 백성들을 만나면 총으로 쏴 죽였고 한국 집을 보면 불 질렀습니다. 그리고 승리의 기세를 타고 강을 건너 깊이 무산군 안쪽 무계사(茂溪社)로 가서 죽 늘어선 마을에서 벌건 대낮에 불을 놓아 34호를 연달아 불태우고 오히려 또 총을 쏘니 남녀노소가 모두 놀라 산으로 올라가서 단지 집이 다 타는 것만을 바라보기만 하며 하늘을 올려다보며 소리 내어 울었습니다.

그 후 청국 병사들은 도로 간도의 각 곳으로 들어갔고, 동경덕(東境德), 나리전(羅里田), 방천항(防川項), 곽살봉(郭獐峰), 작대곡(斫大曲), 자미내(者味乃), 함박동(咸朴洞), 상광포, 하광포 좌우 주변의 수백 리 남짓의 땅이 몽땅 불에 탔습니다. 그리고 잇따른 마을 모두 불태웠는데 4백 47호였습니다. 강 주변 안팎에서 갑자기 혹독한 재앙을 당한 백성들이 집도 없고 먹을 것도 없어 노인을 부축하고 아이들을 데리고 정처 없이 도로를 떠돌아다니는 상황은 참혹하여 차마 볼 수가 없습니다'라고 했습니다.

이를 조사하니 사포수들이 함부로 강을 건넌 것은 힘쓰는 것에서 벗어나려고 괜히 일을 만들어낸 것입니다. 이미 변경에 관계된 사안이어서 놀랍고 참혹하기 그지없어서 진실로 시일을 노닥거리며 가만히 앉아있을 수 없어서 정황을 조사하고자 하여 제가 무산으로 가서 각 곳을 두루 살펴보았습니다. 그러나 청국 패거리들이 여전히 각 동네에 머물러서 어디서나 조사할 길이 전혀 없었습니다. 먼저 약간 듣고 본 것으로 알아보니 강 주변 집에 불을 놓은 것이 4백 70여 호이고, 총에 맞아 죽은 자는 일반 백성이 9명이며 사포수는 2명입니다. 수만 명의 생명이 갑자기 이러한 변고를 당하여 방향을 바꿀 계책이 없어 도로를 방황하는 모습은 눈물이 앞을 가려 차마 볼 수가 없으며, 울음으로 목이 메어 말하기 어렵습니다. 그 밖의 집, 살림살이, 곡식, 소말 등 따위는 이루 다 헤아릴 수 없습니다. 안정되기를 기다린 후에 다시 조사해 책자로 만들어 추후에 보고할 계획입니다.

관리(管理)의 일 처리에 대해 말하면, 종성군 읍내에 있으면서 여러 포수들에게 부탁하고 공개적으로 말하기를, '강을 건너 청국을 없앤 후 관아를 세우자'라고 한 것이 청국 관원의 귀에 전파되어 들어갔습니다. 저들은 말하기를, '땅은 바로 청국의 지역이고 한국인들을 개간해 길러주었는데 도리어 침탈당하는 재앙을 받았다'라고 하며, 한국인들을 내쫓아서 각각 원래 호적지로 돌려보내겠다는 뜻으로 점점 수없이 못된 짓을 부리고 가혹하게 괴롭혀서 마침내 거주하는 수만 명의 백성들이 터 잡고 살지 못하게 했습니다.

또 곡식 유출 금지령을 내려서 쌀 한 톨도 사들이지 못하게 되어 강 주변 근처의 백성뿐만 아니라 길주 이북의 모든 지방이 갑자기 참혹하고 흉악한 일을 당하자 은밀히 서로 말하기를 '한국에 살면서 굶주리느니 청국에 들어가 변발을 하고 곡식으로 배를 불리는 것만 못하다'라고 합니다. 짐을 진 사람들이 길게 이어지고 있습니다. 개인적인 사정을 생각하면, 물이 아래로 떨어지는 듯한 형세를 어떻게 막아서 돌이킬 수 있겠습니까. 또한 경계를 넘어 살던 수만 호의 개간 백성들은 법에 벗어난 고통스럽고 한탄스런 강제와 협박을 수없이 받아서, 대부분 청국 머리를 하고 청국 옷을 입으려고 생각했지만, 오히려 한 가닥 남은 하늘이 주신 착한 본성이 있어서 차마 섣불리 변경하지 않았습니다.

두 지역의 민심은 자연히 시끄럽게 요동쳐서 일제히 백성을 구하고 편안케 하는 방책을 호소하고 있습니다. 그래서 관리(管理)는 스스로 백성을 보호하고 안정시킬 수 없는 형세가 아님을 알고는 사포수들에게 총을 메고 장비를 정돈하게 한 뒤 지시하여 무산군으로 보냈고, 자신은 종성군을 떠나서 경원 등 지역으로 내려갔다고 합니다. 관리는 현재 어디에 머무르고 있는지 자세히 알 수 없습니다. 사포수들은 무산에 들어가자 이렇게 뜻밖의 변경 분쟁이 발생하기에 이르렀습니다. 머물던 백성 무리들이 흩어지고 다친 것은, 그 싹이 스스로 지은 것에서 말미암았지만 아무런 잘못이 없는 일반 백성들이 엉뚱하게 목숨을 잃고도 아뢸 곳이 없었고 그밖에 재산이 불에 타 몽땅 없어져 버려서 보전될 수 있는 희망이 없으니 이들 백성에게 무슨 죄가 있단 말입니까? 이러한 상황은 밝은 해는 빛이 없고 시름에 찬 구름이 저절로 기울어지는 것을 하늘도 느낄 것입니다.

또 청국 병사에 대해 말하더라도 병사는 병사를 상대로 하여 총을 쏘고 부딪쳐야 자연 승패가 나게 마련입니다. 그런데 간도를 두루 다니면서 불 지르는 것은 오히려 의롭지 못한 일에 속합니다. 심지어 경계를 넘어 국내로 들어와 마을에 연달아 불을 질러 잿더미로 만들었으니 이 무슨 못된 짐승 같은 심보입니까. 북쪽을 개척한 이래 국내에서 처음 있는 변고라고 할 수 있습니다. 어느덧 저들과 우리의 민심이 각각 고집하며 버티려고 하다가 곧바로 원수가 되었습니다. 참혹하게 당한 당장의 재앙은 잠시 내버려두더라도 앞으로 닥칠 분란이 어느 지경에 이르러 그칠지 모릅니다.

오늘날 변경의 상황을 통틀어 따지자면, 관리(管理)는 강을 사이에 둔 건너편에 앉아서 매번 무력을 과시하며 영토를 회복하려고 하였고 시행하는 모든 계획은 대개 땅을 얻으려는 지극한 정성에서 나온 것입니다. 나라의 형편을 생각하면 삼가 매우 다행스럽습니다. 그런데 변경을 조사하고 경계를 정하는 것은 분명 두 나라가 법에 근거해서 결정하는 것에 달려 있지, 한낱 관리의 기묘한 꾀로 가능한 것이 아닙니다. 대략 2백 자루의 총만으로는 형세가 마치 계단을 버리고 건물에 오르는 것과 같으며 노 없이 바다를 건너려는 것과 같은 경우입니다. 따라서 자연히 변경 분쟁이 초래되고 먼저 백성들이 재앙을 당하게 되었습니다. 청국 관리는 스스로 말하기를, '경계를 두만강 일대로 생각한다'라고 했으니 당연히 각각 지킬 것입니다. 그런데 두 나라 정부가 공포한 증서는 생각지 않고 한낱 관리(管理)가 스스로 함부로 경계를 넘으려고 하였으니 이것이 다그치고 못살게 군 것이 아니면 무엇이겠으며 업신여기고 깔보는 것이 아니면 무엇이겠습니까.

이대로 엄히 경계하는 것을 평소보다 배나 더하고 영토의 경계를 수비하는 것을 제외하고는 조금이라도 어기고 넘지 못하게 해야 합니다. 일어난 여러 분란은 모두 이 속에서 나왔고 간도의 백성에게 재앙이 옮겨갔고 변경에 피해를 입혔습니다. 일이 생기면 진나라와 월나라와 같이 원수로 여겨 대합니다. 지금 입은 참혹한 재앙은 경계를 넘었기 때문이며 뒷날의 폐단을 막을 대책이 먼저 더욱 걱정스럽고 답답합니다. 삼가 현재의 상황을 헤아려보면 비록 백명의 관리(管理)와 천 명의 사포수라도 법으로 경계를 정하기 전에는 결코 섣불리 의논하기 매우 어렵습니다. 이러한 시국에 적절치 않은 일을 일으켜서 문제가 발생하여 쓸데없이 물고기처럼 입만 뻐끔대는 백성들이 한갓 재앙을 당하게 된다면 삼가 생각건대 백성들을 불쌍히 여기는 정치가 도리어 백성을 뒤흔드는 재앙이 되었으니 어찌 매우 두렵지 않겠습니까.

저는 관리(管理)처럼 모두 정부의 명령을 받은 관리이고 또한 변경을 보호하고 안정시키는 직책을 맡았습니다. 따라서 살피고 신중해야 함은 대체로 구분이 없으니, 이 사람이 잘하고 저 사람이 못했다고 따질 수는 없습니다. 그러나 변경에 관련된 일은 이치상 감히 줄곧 입을 다물고 곁에서 쳐다볼 수만은 없습니다. 뿐만 아니라 일을 맡았는데 아뢰지 않은 것 또한 후회할 수 있기에 이에 사실대로 보고합니다. 만약 하루빨리 별도의 조치가 없으면 간도에 사는 수만 호 남짓의 호는 결코 우리의 것이 아니게 될 것이며, 변경의 분쟁은 한없이 점점 커질 것임은 서서도 볼 수 있습니다. 조사하신 후 빨리 지령해주십시오"라고 했습니다.

해당 관리(管理)가 무력을 사용해 사건을 일으켜서 백성들에게 해독을 끼친 것은 이미 매우 한탄스럽기 그지없습니다. 간도의 백성들이 가혹하게 학대를 받고 집이 불태워지고 목숨을 잃는 것은 삼가 참혹하고 놀랍습니다. 그러나 본 경무청이 함부로 할 수 있는 일이 아니고 오직 묘당에서 적절하게 처리하는 것에 달려있습니다. 이에 전달 보고하니 잘 살피셔서 결정 처리해주시기를 바랍니다.
광무 8년 6월 14일

경무사(警務使) 신태휴(申泰休)

의정부참정육군부장(議政府參政陸軍副將) 심상훈(沈相薰) 각하

16 이범윤의 소요 때문에 우리 백성이 피해를 입고 청국과 갈등이 생겼다는 조회

조회 第23호

함경북도교계관 최남륭(崔南隆)과 김병약(金炳若)의 보고에 의거해 조사해보니, 해당 관리(管理) 이범윤이 멋대로 망령되이 행동하여 강을 건너가 사건을 일으켜서 우리 백성들에게 피해를 끼쳤을 뿐만 아니라 한국과 청국의 변경에서 한갓 분쟁을 단서를 열었으니 해당 보고서를 베껴 첨부합니다. 이에 조회하니 조사하여 즉시 처리하여 사단을 일으키지 않게 해주시기 바랍니다.
광무 8년 6월 13일

외부대신(外部大臣) 이하영(李夏榮)

의정부참정(議政府參政) 심상훈(沈相薰) 각하

17 이범윤 소환을 신속히 처리해달라는 조회

조회 第28호

간도관리 이범윤을 소환할 일로 여러 차례 조회하였습니다. 청국공사가 보내온 공문을 또 접수해 보니 내용에 "본 대신은 여러 차례 귀정부에 이범윤을 소환하고 병사를 철수하는 한가지 사안에 대해 조회하여 요청하였습니다. 비록 귀 대신은 만난 자리에서 소환할 것에 동의했으나 아직 조복을 접수하지 못했습니다. 현재 또한 잠깐 사이에 많은 시간이 지났는데 결국 이미 소환하지 않았습니다. 모쪼록 바라건대 즉시 답장을 보내주어 우리 정부에 전달하여

조회로 알리는 데 편리하게 해주십시오. 이렇게 조회하니 귀 대신께서는 청컨대 번거로우시겠지만 조사하여 빨리 답장을 보여주십시오."라고 하였습니다.

외국 사신이 조회하여 꾸짖는 것이 한두 번은 아니지만 아직 어떠한 답장도 없었습니다. 외교를 생각해보면 몹시 답답합니다. 이에 조회하니 조사하여 신속히 처리해주시기 바랍니다.

광무 8년 7월 5일

외부대신(外部大臣) 이하영(李夏榮)

의정부참정(議政府參政) 심상훈(沈相薰) 각하

18 삼수군, 갑산군에서 발생한 군사 충돌에 대한 배상 문제를 빨리 처리해달라는 조회

조회 제33호

삼수와 갑산 두 군수가 청국 관리가 모여 배상 사항을 처리하는 한 가지 일에 대해 이미 조회하였습니다. 귀 제7호 조복을 바로 접수해 보니 내용의 대략에 "갑산, 삼수 두 군에서 우리 백성이 살해되고 약탈당한 것이 요즈음 이래로 없는 해가 없었습니다. 이번에 모여 처리할 때에 어찌하여 단지 계묘년 두 지역 배상만을 거론하여 약속을 정했는지는 모르겠지만 몹시 분하고 한탄스럽습니다"라고 하였습니다.

이에 따라 함남관찰사에게 훈령으로 지시하여 관할의 강직하고 명석한 군수를 선정하여 상세히 조사하게 하였습니다. 해당 보고를 이에 의거해보니 내용에 "삼수군수 이민중(李敏重)으로 선정하고 상세히 조사하여 분명히 보고하라고 하였더니, 현재 해당 군수의 보고서를 접수해보니 내용에 '삼가 훈령 지시를 받들어 요즈음 이래 삼수, 갑산 두 군에서 청국 비적에게 살해되고, 불태워지고, 약탈당한 것을 건건이 구별하여 성책하는데 각 두 건씩 작성하여 올립니다. 작년 겨울 변경 소요에서 청국 백성에게 구휼금을 배상하는 사항으로 두 나라 관원이 함께 모여 처리할 때 배상하는 한 가지 사항은 정부의 처분을 기다려 정리해 넘긴다는 뜻으로 청국 관리에게 약속해 주었습니다. 이미 연유에 대해서는 외부와 의정부에 보고하였습니다.

그러나 아직 논의해 결정한 지시를 받들지 못하였는데, 배상 지급을 거절했다고 하며 임강현은 조회하는 공문과 편지로 여러 차례 번거롭게 비난했습니다. 해당 현에서 파견한 유영지(劉永芝)는 본 군과 마주보는 건너편에 계속 머물면서 교체되어 돌아가기를 여지없이 독촉하였습니다. 특별히 이 전달 보고에 의거하여 빨리 타협하여 이들 변경의 고을이 청국 관리에게 시달리는 지경에서 벗어나게 해주시기를 삼가 바랍니다'라고 하였습니다. 해당 성책 각 1건씩을 첨부하여 올려 보냅니다. 이에 보고하니 조사하여 어서 빨리 적절히 처리하고 지령해 주시기 바랍니다"라고 하였습니다.

해당 성책 2건을 뽑아 기록하고 별도로 첨부하며 이에 조회하니 조사하여 처리하고 즉시 답장해 주시기 바랍니다.

광무 8년 7월 15일

외부대신(外部大臣) 이하영(李夏榮)

의정부참정(議政府參政) 심상훈(沈相薰) 각하

19 청국에서 감계를 연기하고 변경의 침범을 통제할 것을 요청했다는 조회

조회 第38호

한국과 청국의 변경을 조사해 정하는[勘定] 한 가지 일에 대해서는 이미 조회하였습니다. 서울 주재 청국공사 허태신이 조회한 것을 접수해 보니 내용에 "전에 귀국 병사와 백성이 여러 차례 경계를 넘어 사태를 일으켜서 이로써 조회로 요청하여 '엄히 징계해 금지하고 아울러 즉시 관원을 파견하여 경계를 모여 조사하자'라는 것이 보존 문안에 있는데 지금까지도 파견 관원을 보지 못했습니다. 생각건대 귀 정부 역시 지금 많은 사건으로 인하여 미처 즉시 시행하지 못하였을 것입니다.

지난번 본 대신이 우리 외무부에 도착한 전보를 받들어 보니, '서울 주재 일본공사가 만나서 말하기를, 『도문강과 간도는 중국과 한국의 변경으로 두 나라가 서로 다투어 현재 관원을 파견해 모여 조사할 것을 의논하고 있습니다. 그런데 일본과 러시아의 전쟁이 급박하여 변경에 대한 일은 기한을 정해 처리 경정할 수 없습니다. 청컨대 잠시 논의를 늦추고 지방관에게 각기 지시하여 병사와 백성들이 사단을 일으키지 않기로 약속하고 기다렸다가 적당한 기회를 참작해 나눈다면 아마도 눈앞의 평화과 안정을 보존할 수 있을 것입니다』라고 하였습니다. 시국이 아직 안정되지 않았으니 변경 조사는 다만 늦출 수밖에 없습니다. 길림장군에게 조회로 알려 적절하고 신중하게 지키도록 해야 합니다. 그밖에 바라건대 대한(大韓) 외부에 알려 거듭 밝게 약속하고 다시는 경계를 넘지 않도록 하여 서로 간에 안정되기를 기대합니다'라고 하여, 이미 변경 조사 한 가지 사항은 잠시 논의를 늦추었습니다. 그러나 병사와 백성들이 경계를 넘는 한 가지 사항의 경우, 두 나라 외교상의 의리에 관계될 뿐만 아니라 또 현재 동양의 시국에 관련된 바가 있습니다.

우리 외무부에서 길림성에 조회하고 알리는 것 외에 매우 바라건대 귀 대신은 빨리 절실하게 변경 관리에게 훈령하여 절대로 다시는 경계를 넘지 말도록 해야 합니다. 특별히 자잘한 일이 생겨나 전쟁과 관련되는 우려에서 벗어나서 큰 정세를 안정시켜 여러 사람의 논의에 믿음을 주기를 바랍니다. 이에 조회하니 생각건대 귀 대신께서는 또한 당연히 그렇게 여길 것입니다"라고 하였습니다. 이에 또한 조회하니 조사하여 처리하고 즉시 답장해주시기 바랍니다.

광무 8년 8월 4일

외부대신(外部大臣) 이하영(李夏榮)

의정부의정임시서리법부대신(議政府議政臨時署理法部大臣) 박제순(朴齊純) 각하

20 러시아 군대가 함경북도 지역에서 도로를 건설하고 있음을 알리는 조회

보고 제13호

함경북도변계경무관 최남륭(崔南隆)의 보고서 내용에 "러시아 장교와 병사들이 바닷길을 통해 경성(鏡城)에 나와 주둔했고, 더러 1~2백 명 더러 3~4백 명이 곧바로 경흥(慶興) 건너편으로부터 연이어 나와서 남북 각 군에 오갔던 경위에 대서는 이미 보고했습니다. 이번 달 25일 러시아 관원이 기병 50명을 이끌고 경흥군에 나와서 '도로를 만든다'라고 하며 한쪽 길은 바다를 따라서 곧바로 경성으로 통하게 했고, 한쪽 길은 경원군, 온성군, 종성군을 돌아 운영하여 당일 회령에 도착했습니다. 매일 일꾼 4~5백 명이 밤낮을 가리지 않고 나누어서 길을 만들었습니다. 그래서 회령으로부터 한쪽 길은 서쪽으로 무산까지 만들고 장차 갑산 등지까

지 통할 것이다고 하고, 한쪽 길은 남쪽으로 부령군에 이르고 돌아서 경성 지역까지 간다고 합니다. 이에 보고합니다"라고 했습니다. 이대로 보고하니 잘 살펴주시기 바랍니다.

광무 8년 9월 20일

경무사육군참장(警務使陸軍參將) 원우상(元禹常)

의정부참정(議政府參政) 신기선(申箕善) 각하

21 한청 지방관들이 합의했으니 이범윤을 빨리 소환해달라는 조회

조회 제48호

간도관리(墾島管理) 이범윤을 소환하는 일로 여러 차례 조회하였습니다. 그리고 함경북도교계관 최남륭(崔南隆), 김병약(金炳若)의 보고를 또 의거해 보니 내용에 "변경의 정황에 대해서는 이미 여러 차례 보고했습니다. 간도 시찰(視察)이 종성군 읍내에 와서 머문 지 지금 3년입니다. 그런데 매번 청국 관리가 힘으로 막아 강 근처로 애당초 한 걸음도 향한 적이 없었으나 기어이 일을 이루려는 계책을 도모하였습니다. 지난 섣달부터 사포수를 불러 모으고 군장을 사서 입히고 '충의(忠義)'라는 두 글자를 부대의 호칭으로 소리 높여 부르고 총을 메고 형세를 도와 마치 장차 강을 건너 일을 처리할 모양으로 날마다 공개적으로 이야기한 것이 수백 수천 가지의 계책이었습니다.

한탄스럽게도 저 청국 관리들은 이것으로 불만을 품고 무력을 사용하고, 간도 백성 중에서 사포수에 몰래 참여하는 자 수백 명을 뒤져서 붙잡고 매질하고 가두기를 마치 원수처럼 하였습니다. 별도로 변경 각 지역에 병사들을 파견하여 보내어 날마다 더욱 기세를 부리고 주둔하고 떠나지 않으면서 명분을 말하기를, '비적을 방어하기 위해 강을 막고 배를 철수시키고 또한 곡물 유출을 방지하기 위해 훔친 곡식은 가져갈 수 없다'라고 하니 시찰하는 관리와 간도 백성은 시행할 계책이 없고 대적할 방법이 없었습니다.

종성군을 떠나 회령군 읍내에 와서 머무르면서 거느렸던 사포수는 무산 등지로 가서 머물러 기다리라는 뜻으로 단단히 지시해 들여보냈는데, 제멋대로 총을 들고 강을 건너 청국과 맞서 싸울 즈음에 불행히도 패배하여 도망쳐 숨었습니다. 그런데 어리석은 청국 병사가 마치 재앙을 즐기듯이 일반 백성 10여 명을 살해했고 5백여 집을 불태워서 수천 명 백성들의 양식이 떨어지고, 수없는 집안 살림살이, 옷감, 곡식, 돈, 소, 말 등이 대부분 불타고 약탈되는 변고에 이르렀습니다.

청국 관리의 그칠 줄 모르는 남은 독기는 오히려 한층 더해져 재앙을 간도 백성에게 옮겨서 여러 못살게 굴며 뜯어내는 것은 번거롭게 말할 수 없을 정도입니다. 심지어는 전쟁을 하자는 뜻으로 진위대에게 격문을 전하는 등 활개 치고 위세 부리는 형세의 단서가 하나는 아닙니다. 만약 진위대에게 적을 대적하게 한다면 아마도 방법이 없지는 않을 듯하지만 전쟁을 시작하는 날에 아무런 잘못 없이 먼저 몰락하게 되는 자는 수만의 간도 백성일 뿐입니다. 그밖에 현재 외국인들이 오가며 번득이는 것이 어찌 다른 겨를이 있겠습니까.

또 방곡령을 풀어주는 한 가지 사항은 가장 긴급하게 먼저 힘써야 할 것입니다. 작년 가을 농사의 상태가 흉작이어서 길주 이북 전 지역에 사는 백성 가운데 간도를 통하지 않고서 곡식으로 배를 채우는 자는 없습니다. 그리고 강 주변 6군의 모든 집들이 강을 건너가 농사짓는 백성이 없습니다. 궁핍한 여름에 어렵게 이어지는 현재 사정과 가을이 되어 예고 없이 희망이 사려져 곳곳에서 소란스러운 것이 바로 가장 답답합니다.

변경을 지키는 각 관리는 무너져 버린 백성을 잠시라도 두고 보기 어려워 여러 차례 회의하여 강화(講和)하는 것이 낫다고 판단하여 이치를 들어 청국 관리 여러 곳에 조회하였습니다. 그러면 항상 조복에서 말하기를, '각각 각자의 경계를 지킨다'라고 하였고, '한국 백성으로 넘어와 개간한 자는 이미 중국 국적에 들어간다'라고도 하였고, '곡식이 항구에서 나가는 것을 허락하지 않는 것이 나라의 금지령에 실려 있다'라고도 하였고, '도문(圖們) 일대 경계를 몰래 넘는 것을 엄히 금지한다'라고도 하였고, '근거로 삼는 말은 한국과 청국이 의논한 조약 가운데 제 몇 관에서 논의한 것이다'라고도 핑계 대었으며, '관리(管理)가 간도 백성의 관리를 요구하는 것은 이미 너희 정부가 인준하는 공식 약속이 없었는데도 오히려 분란이라고 하는 것은 바로 법에서 벗어난 것이다'라고 하였습니다.

현재의 국면과 맞지 않은 말이 매번 거슬렸으나, 단지 백성을 보호하고 변경을 안정시키는 계책상 백성의 고통과 백성의 굶주림, 변경의 소요와 경계의 위기를 가만히 앉아서 받아들일 수 없었습니다. 그래서 저들이 따지는 것을 돌아보지 않고 기어이 곡식 금지를 풀도록 요구하는 것이 바로 현재 국면에서 가장 좋은 계책이므로 억지스런 말을 조화롭게 하여 저들과 겨우 서로 만났습니다. 저들이 말하기를, '말과 일이 어긋나면 화합하지 못하는 것만 같지 않으니 조약을 잘 만들고 연이어 이름을 쓰고 도장을 찍자'라고 요청하였습니다. 여러 날을 끌다가 끝내 물리치기 어려워 서로 이야기하며 만든 것이 20여 조항이 되었습니다. 그러나 말에 다그치는 것이 많아 일 처리 원칙에 상처를 입힐까 두려워 매일 번거롭게 이야기하여 겨우 열두 조항으로 서로 약속하였으나 아직도 타결하지 못한 구절이 있습니다. 모였던 변경 관리가 줄곧 입을 다물고 침묵한 것은 대개 어쩔 수 없는 임시방편에서 나왔습니다.
청국 관리가 처음부터 끝까지 불만을 둔 것은 모두 시찰(視察)을 빌미를 삼았고 조약 중의 이야깃거리는 오로지 시찰에게 두어졌습니다. 대개 이처럼 청국 관리가 일마다 꾸짖고 지적한 것은 그 땅을 핑계로 간도 백성을 전적으로 관리하려는 하나의 큰 계획에서 벗어나지 않습니다. 이는 관리(管理)가 틈을 타서 법을 실시했다는 의심과 불만에서 말미암았으니 이러한데도 서둘러 해결하지 않으면 변경은 위기에서 편안한 날이 없을 뿐만 아니라 간도 백성이 짓이겨진 물고기처럼 되는 일이 눈앞에 달려 있습니다.
지금 세상일 중 급한 업무는 오직 변경 조사에 달려있습니다. 일단 먼저 서울 주재 청국공사에게 조회해서 청국 관원에게 '북간도의 관리 중 우리 백성을 우리가 다스린다'라는 것을 승인하게 하는 것이 아마도 지금 사정에 합당할 것입니다. 청국 관리와 서로 약속한 것 1부를 보냅니다. 이에 보고하니 조사해주시기를 바랍니다"라고 하였습니다.
이를 조사해보니 해당 관리가 망령되게 멋대로 한 행동은 놀랍고 한탄스러운 일에 속합니다. 만약 하루라도 그대로 머무르게 하면 정말로 변경 분란이 날이 갈수록 더욱 열리게 될 것이고 뿐만 아니라 이번에 정한 장정(章程)에도 '해당 관원을 철수시킨다'라는 문구가 있습니다. 변경 조사 한 가지 사항은 신속한 처리가 어려우나 해당 관리를 먼저 철수해 돌아오게 하여 변경의 상황을 안정시키는 것이 타당합니다. 해당 장정 1통을 뽑아 기록하고 별도로 첨부하였습니다. 이에 또 조회하니 조사하여 처리하고 아울러 즉시 답장해주시기 바랍니다.
광무 8년 9월 29일

외부대신(外部大臣) 이하영(李夏榮)

의정부참정(議政府參政) 신기선(申箕善) 각하

회의한 중국-한국 간 변계의 사후 조치를 위한 장정

대한국 함경북도교계관겸경무관 최남륭(崔南隆), 김병약(金炳若)
대한국 진위 제5연대 3대대 육군참령 김명환(金命煥)

대청국 보용지부(補用知府) 연길청(延吉廳) 이사 무민부(撫民府) 진작언(陳作彦)

대청국 통령길강군(統領吉强軍) 마보전대(馬步全隊) 도곤부(都閫府) 호전갑(胡殿甲)

오랜 우호를 다지기 위하여 청국력 광서 30년 5월 2일, 한국력 광무 8년 6월 15일 청국의 경계 내에 있는 광제욕(光霽峪) 분방경력(分防經歷) 장북기(張北麒) 사무소에서 변경 지역의 화목을 위한 공동회의에서 강구한 사후조치를 위한 장정에 서명 날인하고 후일의 증빙을 위하여 이에 의정된 12조를 다음과 같이 열거한다.

제1조 양국의 경계는 백산비기(白山碑記)에서 입증되고 있으나 양국 정부에서는 파견한 감정원의 감정 결과를 기다리기로 하였다. 그리고 감정되지 않은 곳은 이전의 옛 영토를 따라 도문강(圖們江) 일대를 간격으로 그 양쪽 강변을 각자가 수비하고 병사들을 시켜 무기를 소지하고 몰래 침입하여 문제를 일으키지 못하게 한다.

제2조 시찰 이범윤(李範允)이 누차 변경 지역에서 사단을 일으켰다. 이 조약이 약정된 후에는 한국 경계의 문무관으로서 이 회의에 참석하여 신속한 조처로 변경 지역의 소요를 금지시켜야 한다. 만일 또다시 청국의 경계를 침범하는 일이 있으면 한국 관리 등의 승인을 받았다고 하더라도 까닭 없이 조약을 위반한 것으로 간주함으로써 분쟁의 논의가 일어나지 않도록 마음 써 경계한다.

제3조 시찰 이범윤이 관리하는 북간도(北間島)는 청국 정부가 비준하는 문서를 발급하지 않았으며, 청국 경계 안의 관리가 승인하지 않았을 뿐만 아니라 한국 경계 안의 관리가 요구한 적도 없다.

제4조 이승호(李昇昊) · 김극렬(金克烈) · 강사언(姜仕彦) · 성문석(成文錫) 등 모두가 청국에 입적한 반역 인민이므로 공법에 따라 청국 관리가 수색하고 체포하여 법에 따라 처분할 권한이 있으므로 회의에 참석한 한국 관리는 신속히 체포하여 청국 관리에게 인도하고 이들을 관리하고 단속하여 변경 지역을 편안하게 한다.

제5조 회의에 참석한 한국 관리는 이범윤을 철수시키고 이승호 등을 체포하여 인도해야 한다는 것을 한국 정부에 말하고, 이것을 규정대로 처리하기를 기대하고 있을 뿐만 아니라 이번 회의에서 약정한 후 만일 이범윤 · 이승호 등을 철수시키고 체포 · 인도하지 않고 이전처럼 변경을 침범하는 일이 있으면 이 역시 회의에 참석한 한국 관리들의 승인하에 까닭 없이 조약을 위반한 것으로 간주함으로써 분쟁의 논의가 일어나지 않도록 마음 써 경계한다.

제6조 강변 지역에 설치된 다리와 배는 인민들이 강을 건너기 편하도록 한 것이다. 지금부터 교량을 철거하고 선박을 설치하는 것 역시 별다른 뜻이 있어서 그런 것이 아니다.

제7조 양 지역의 인민들은 각자 편하게 왕래하며, 군인은 사정으로 인하여 무기 휴대 없이 평복으로 왕래하면 평민의 예에 따라 취급된다. 다만 무기를 지참하고 경계를 통과하면서 신분에 대한 증명서를 소지하지 않은 자는 말할 것도 없이 사살한다.

제8조 간도(間島)는 즉 광제욕의 가강지(假江地)로서 건너편의 종성(鍾城) 한국인들의 조세에 준하여 징수하며, 지금은 전례에 따라 처리한다.

제9조 두 지역의 병사나 인민들이 불행하게도 살상사건이 발생하면 두 지역의 문무관은 공문을 보내 조회하여 신속하게 진범을 체포하여 공평한 재판하에 즉시 엄벌에 처하여야 하며, 선량한 자를 거짓으로 고소하여 일을 지연시키거나 헛된 공문만을 왕복하면서 문제가 일어나게 해서는 안 된다.

제10조 청국이 앞으로 미곡을 외국으로 반출하는 것을 허가하지 않는다는 것은 중한조약 제6관에 기재된 바 있다. 현재 두 지역이 화목하기 때문에 편의상 인민의 운반 · 판매를 허가하여 한국인들의 식량에 충당하고 있으나 만일 흉년으로 인해 징수량이 줄어들어 변경 지역이 불안해지면 조약에 따라 미곡 수출을 금지시키고 땔나무와 풀도 역시 이 규례에 따라 처리한다.

제11조 두 지역의 수비병들은 원래 위치가 있으니 각자 그에 따라 주둔한다. 강변 지역 위아래의 순시는 약정한 후 평화롭고 무사하게 되면 참작하여 철수한다.

제12조 청국과 한국 두 지역의 교섭이 빈번하기 때문에 하나하나 의논을 결정하기 곤란하므로 이미 조약에 등재되어 있는 것은 모두 조약에 따라 처리하고 조약에 명문이 없는 부분은 공법을 적용하여 처리한다.

대한 광무 8년 6월 15일, 대청 광서 30년 5월 2일

22 간도 방곡령은 이범윤 소환 이후에 해제하겠다는 청국 측의 입장을 전달하는 조회

조회 第52호

간도관리(墾島管理) 이범윤을 소환하는 한 가지 일로 여러 차례 조회하였습니다. 청국공사 허태신이 보내온 공문을 또 접수해 보니 내용에 "앞서 귀 대신이 조회한 것에 따르면, '길림의 변경 관리가 곡물 유출 방지를 매우 엄하게 한다'라는 등의 사정에 대해서는 전달해 자문했고 아울러 먼저 조복한 것이 보존 문안에 있습니다. 저번 답장 공문에 따르면 내용에, '중국과 한국은 본래 땅이 이어진 나라로 평소 호의적이고 불만이 없었습니다. 삼가 이범윤 한 사람이 재앙을 일으키려는 마음을 품고 거듭해서 분란의 틈을 만들자 중국을 방어하는 군영과 지방관이 어쩔 수 없이 기회를 보고 대응하여 맡은 바의 임무를 다하였습니다. 이미 지금 한국이 금지령을 풀어주도록 요청하였습니다. 만약 이범윤을 철수하여 돌아가도록 할 수 있다면 식량에 관한 한 가지 일은 진실로 방해하지 않을 것이고 조금씩 일은 잘 처리될 것입니다' 라고 하였습니다.

또 자문에서 말하기를, '이범윤은 이전 광서 27년 2월에 경계를 넘어서 백성들의 재산을 불태우고 약탈한 것이 중국 돈으로 7천 3백 37냥 8전 1푼에 해당하고, 또 광서 29년 9월에 경계를 넘어 백성들의 재산을 불태워 약탈한 것이 중국 1만 9천 5백 46냥 4전 6푼에 해당하였습니다. 당연히 조회하여 한국 정부로 하여금 액수대로 배상하도록 하고 또 두 차례에 걸쳐 죽은 중국인 16명의 목숨도 또한 길림성에서 러시아 병사가 중국 백성을 구타하여 죽인 일을 배상하는 장정(章程)에 비추어 사람에 따라 배상을 요구해야 합니다'라고 하였습니다.

아울러 피해를 입은 자의 성명과 항목 장부를 자문으로 요청한 조회가 왔습니다. 본 대신이 살펴보니 중국은 지난번 곡식을 운반해 항구를 나가는 것을 허락하지 않으면서 말하기를, '두 나라의 영토가 이어져 한국인들이 넘어와 개간하는 것이 비교적 많은 상황은 (다른 나라와는 – 역자 주) 조금 다른 점이 있습니다. 또 모름지기 변경이 조용하고 농민이 편안히 생업에 종사하여 집안 곡식에 여유가 있으면 비로소 임시적으로 참작해 처리할 수 있을 것입니다'라고 하였습니다.

이전부터 종종 발생한 소란은 모두 이범윤으로 말미암아 생겨났습니다. 만약 해당 관원을 철수시키지 않으면 다시 사단이 일어나지 않으리라고 보장하기 어렵습니다. 더러 곡식을 심었지만 때맞춰 수확할 수 없거나 더러 간직해두더라도 불태워지거나 약탈당하여 텅비게 됩니다. 따라서 잠시 운송하는 것을 들어주고자 하여도 또한 협력하여 구제할 수가 없습니다. 귀 정부가 만약 백성들의 먹거리를 염려한다면 당연히 이범윤을 철회하는 것을 먼저 해야 할 임무로 삼아야 하고 아울러 해당 관원이 두 차례에 걸쳐 사람을 죽이고 재산을 불태우거나 약탈한 것을 액수만큼 배상하여 모쪼록 백성들의 원망을 다소간 누그러뜨리고 농민들이 빨리 생업에 돌아가도록 해야 할 것입니다. 변경의 문무 각 관리에게는 엄히 지시하여 달아난 범인을 빨리 넘겨주고 병사들을 단속할 것을 약속하여 다시는 도문강을 건너 사건을 일으키지 않도록 해야 합니다.

동양의 큰 상황이 점차 진정되기를 기다려 각기 전담 관리를 파견해 확실히 변경을 조사하고 장정을 타결하여 서로 오랫동안 준수하여 편리하게 하는 것이 실로 타당합니다. 보낸 조사장부의 경우 조금 날짜를 지체하여 뽑아 보내는 것 외에 이를 조회합니다. 귀 대신은 청컨대 번거로우시겠지만 빨리 시행하고 절대로 지연하지 않기를 몹시 바랍니다"라고 하였습니다. 이에 또 조회하니 조사하고 즉시 철회하여 사안이 발생하는 데에서 벗어나기 바랍니다.

광무 8년 10월 12일

외부대신(外部大臣) 이하영(李夏榮)

의정부참정(議政府參政) 신기선(申箕善) 각하

23 압록강, 두만강 연안의 삼림은 일본이 경영하겠다는 일본공사의 조회를 전달하는 조회

조회 第57호

서울 주재 일본공사 임권조(林權助)의 조회를 접수해 보니 내용에 "귀국 서북 지역의 압록강, 두만강 두 강변의 삼림은 현재 제국 출정군의 수요에 필요합니다. 군대가 나아감에 따라 나무를 베는 것과 경영을 시작하겠습니다. 또 앞으로 해당 지방 일대는 또한 귀국 국방에도 관계되기 때문에 그 일대의 삼림 경영은 일한의정서(日韓議定書)의 취지를 준수하여 제국정부에서 행하는 일로 결정하겠습니다. 또 위 항과 관련된 여러 종류의 규칙들은 필요에 따라 귀 정부와 협의해 정하겠습니다. 위의 뜻을 귀 정부에 공식적으로 밝히는 것은 제국정부의 훈령에 말미암은 것입니다"라고 했습니다. 이에 조회하니 조사하여 답장해주시기 바랍니다.

광무 8년 12월 12일

외부대신(外部大臣) 이하영(李夏榮)

의정부참정(議政府參政) 신기선(申箕善) 각하

24 이범윤의 소환을 요청한 청국공사의 조회를 전달한다는 조회

조회 第58호

간도관리 이범윤의 소환 문제로 여러 차례 조회하였습니다. 서울 주재 청국공사의 조회를 또 접수해보니 내용에 "중국 달력으로 11월 초10일에 도착한 우리 외무부의 전보를 받들어보니, '길림장군이 공문에서 말하기를, 『한국 시찰사 이범윤이 여러 차례 사태를 일으켰습니다. 현재 강물이 얼어서 변경의 분란이 생겨나지 않는 것에서 벗어나기 어렵습니다. 청컨대 한국 정부에 재촉하여 빨리 이범윤을 철수시키도록 해주십시오』라고 하였습니다. 본 외무부는 전에 불안정한 시국의 일로 귀 대신에게 전보했습니다. 이를 한국 정부에 전달해 알려서 병사와 백성들의 단속을 약속하고 분쟁의 단서가 생기지 않도록 해주십시오. 만약 이범윤이 계속해서 사태를 일으킨다면 다만 서로 편안히 하자는 뜻은 아닐 것입니다. 바라건대 다시 간절하게 철수를 독촉해 주시기를 요청합니다'라고 하였습니다.

본 대신이 조사해보니 이범윤을 철회하는 한 가지 사항의 경우, 여러 차례 우리 정부와 길림장군의 공문과 전보를 받들어 조회하고 만나서 협상한 것이 모두 이미 여러 차례이고 거의 붓이 닳고 혀가 마를 지경이었습니다. 현재 또 우리 외무부에서 전보로 빨리 철회하기를 재촉한 것을 받들어 다시 글을 갖추어 조회합니다. 귀 대신께서는 바로 황제께 분명히 아뢰어 즉시 이범윤을 철수시키고 아울러 병사와 백성들을 단속할 것을 엄하게 약속하고 다시는 강을 건너 사태를 일으키지 않도록 하여 분란을 그치게 하고 큰 상황을 유지해 주십시오. 아울러 바라건대 명백하고 빨리 답장하여 본 대신이 우리 정부에 답장할 수 있도록 해주시기를 발돋움하며 매우 바라마지 않습니다"라고 하였습니다.

이에 또 조회하니 조사하여 처리하고 즉시 분명히 보여주시어 답장하는데 편리하게 해주시기 바랍니다.

광무 8년 12월 20일

외부대신(外部大臣) 이하영(李夏榮)

의정부참정(議政府參政) 신기선(申箕善) 각하

XIV

『의정부내거안』 번역문

1 의정부 조회에 따라 삼수군 막세 징수를 금지하도록 했다는 조복 기안

조복 의정부

삼수군 건너편 사(社) 3곳의 변경 백성들이 전보로 말한 막세(幕稅)를 금지해달라는 일로 황제의 지시를 받든 귀 제62호 조회를 접수하였습니다. 해당 막세의 경우, 영원히 변경 백성들에게 강요하지 말라는 뜻으로 해당 함경북도관찰사에게 훈령으로 지시했습니다. 이에 조복하니 잘 살펴주시기 바랍니다.
광무 7년 7월 7일

XV

『훈령편안』 번역문

1 변계경무서의 경비를 소재 군에 배정했으니 그렇게 지시하라는 통첩

통첩

경무사의 제4호 조회를 접수하고 조사하였습니다. 지방의 각 도 및 함경북도변계경무서의 올해 경비를 해당 각서가 소재한 군에 모두 영원히 배정하라고 하신 탁지부대신의 지시를 받들어서 아래와 같이 삼가 알립니다. 잘 살피신 후 해당 각 군에 경비를 획정하는 훈령을 작성해 발송해 주시기 바랍니다.

광무 7년 1월 16일

사계국장(司計局長) 유정수(柳正秀)

사세국장(司稅局長) 이건영(李健榮) 각하

좌개(左開)

(중략)

함경북도변계경무서　　2만 3천 7백 62원

(하략)

2 삼수군의 막세 징수를 중지시키도록 함경남도관찰부에 내린 훈령

훈령 함남관찰

현재 의정부 조회를 접수해보니 내용에, "방금 삼수군 건너편 사(社) 3곳의 변경 백성이 전보로 하소연하기를, '변경은 이미 국내가 아니고, 떠도는 백성을 관할하는 것은 자연히 관리(管理)의 사무입니다. 그런데 삼수군수 이민중(李敏重)이 탁지부 훈령을 핑계 대고『막세(幕稅)』라고 하면서 매 호(戶)당 3냥씩을 거둬갔습니다. 그 외에 유첩(儒帖)이니, 향첩(鄕帖)이니 하며 수없이 뜯고 숱하게 침범하여 못살게 군 것을 죽 나열하여 원통함을 하소연합니다'라고 하였다. 그래서 사유를 갖추어 황제께 아뢰었더니 '삼수군의 받아들인 막세를 즉시 금지하라'라고 하신 황제의 지시를 받들었다.

이에 조회하니 잘 살피시고 삼가 따라서 즉시 훈령을 발송하고 막세 한 가지 사항의 경우, 삼수군에서는 변경 백성들을 침범하지 말기를 요청한다"라는 내용이었다. 이에 따라 조사하여 훈령을 발송하니 이대로 삼수군에 전달 지시하여 이른바 막세를 영원히 강요하지 말도록 하고 경위를 보고해 올리는 것이 옳을 일이다.

광무 7년 7월 4일

3 삼수군의 막세 징수를 중시시키도록 탁지부에 보낸 조회

조회 第62호

삼수군 건너편 사(社) 3곳의 변경 백성이 전보로 하소연하기를, "변경은 이미 국내가 아니고, 떠도는 백성을 관할하는 것은 자연히 관리(管理)의 사무입니다. 그런데 삼수군수 이민중(李敏重)이 탁지부 훈령을 핑계 대고 '막세(幕稅)'라고 하면서 매 호(戶)당 3냥씩을 거둬갔습니다. 그 외에 유첩(儒帖)이니, 향첩(鄕帖)이니 하며 수없이 뜯고 술하게 침범하여 못살게 군 것을 죽 나열하여 원통함을 하소연합니다"라고 하였습니다. 그래서 사유를 갖추어 황제께 아뢰었더니 삼수군의 받아들인 막세를 즉시 금지하라고 하신 황제의 지시를 받들었습니다. 이에 조회하니 잘 살피시고 삼가 따라서 즉시 훈령을 발송하고 막세의 경우, 삼수군이 변경 백성들에게 강요하지 말기를 요청합니다.

광무 7년 6월 29일

의정부참정(議政府參政) 김규홍(金奎弘)

의정부찬정탁지부대신(議政府贊政度支部大臣) 김성근(金聲根) 각하

4 종성진위대 경비 지급을 속히 추진하도록 해당 군에 지시하라는 훈령

훈령 함북관찰사

종성대(鍾城隊)의 경비를 각 군(郡)에 배정했는데 이를 제때 지불하지 않아 군량이 부족한 지 오래되어 병사들이 뿔뿔이 흩어졌다는 군부의 조회를 지금 접수했다. 군량의 지급에 착오가 있을 것을 염려하여 원래 배정한 군이 있고 당연히 지급해야 할 기한이 있으니 즉시 지불하는 것이 바로 당연한 일이다. 해당 각 군은 진실로 무슨 생각으로 쓸데없이 어겨서 마침내 군대의 보급을 결국 실패하게 만든단 말이냐? 말과 생각이 여기에 미치니 나도 모르게 놀랍고 한탄스럽다. 별도로 이에 훈령을 발송하니 도착하는 즉시 문서를 만들어 원래 정한 모든 군에 단단히 지시하여 해당 부대의 경비를 배정해준 바에 따라 낱낱이 내주어 다시는 번거롭게 말썽이 생기지 않도록 하는 것이 옳을 일이다.
광무 7년 8월 8일

5 종성대의 경비를 즉시 지급하도록 해당 관찰사에게 훈령을 발송하라는 통첩

통첩

군부대신의 제113호 조회를 조사해보니, "종성대(鍾城隊)의 경비를 외획(外劃)한 금액을 받아낼 수 없어 군량이 오래 부족하여 군사들이 뿔뿔이 흩어졌다"라고 하였습니다. "훈령을 발송하여 해당 도의 관찰사에게 독촉하여 지시하고 원래 정한 각 군에 별도로 단단히 독촉하여 하루빨리 지불하라"라는 대신의 지시를 받들어 알리니 잘 살피신 후 해당 훈령을 즉시 만들어 발송하기 바랍니다.
광무 7년 8월 7일

사계국장(司計局長) 유정수(柳正秀)

사세국장(司計局長) 이건영(李健榮) 각하

XVI

『경부내거문』 번역문

1 변계경무서 본서 및 무산, 종성 분서의 건물 신축비 부족액을 변계경무서 인건비 예산 중에서 지출하는 것을 승인해달라는 조회 기안

조회 제3호

함경북도변계경무관 최남륭(崔南隆)의 보고서에 의거하면 내용에 "본서 및 무산, 종성 두 분서(分署)를 연이어 건축했습니다. 관청 건물 1백 44간(間), 담장이 5백 60파(把)를 모두 새로 지었습니다. 물가가 매우 올랐고 흉년에 백성들을 모집하여 이미 많은 어려움을 겪었습니다. 간신히 큰 공사를 마쳤으나 원래 정한 건축비 2천 원을 대략 배정해 사용해도 부족액은 총 2백 12원 20전입니다. 이에 사실을 들어 보고하니 잘 살피신 후 해당 부족액을 좋은 쪽으로 별도로 떼주시기를 바랍니다"라고 했습니다.

해당 경무서를 새로 세우는 데 여러 번 어려움을 겪으면서 지금 겨우 완공했음을 알립니다. 그러나 원래 정한 액수가 부족하여 부족액이 2백 12원 20전에 이르지만 구별해 획정(劃定)할 방법이 없으니, 저희 경무청 관할 함경북도변계경무서 경비 예산 봉급 중에서 전용하게 하는 것이 타당합니다. 이에 조회하니 잘 살펴주시기 바랍니다.

광무 8년 2월 일

경무사육군참장(警務使陸軍參將) 구영조(具永祖)

의정부찬정탁지부대신(議政府贊政度支部大臣) 이용익(李容翊) 각하

2 변계경무서 본서 및 무산, 종성 분서의 건물 신축비 부족액을 변계경무서 인건비 예산 중에서 지출하게 해달라는 요청을 승인한다는 조복 기안

조복 경무청

귀 제3호 조회 내용에 "함경북도변계경무서 및 무산, 종성 두 분서를 건축할 때 부족액 2백 12원 20전을 함경북도변계경무서 광무 5년도 봉급 잔액 중에서 전용하겠습니다"라는 일로 청구하셨습니다. 이를 조사해보니 이미 건축하기로 정한 것은 다시 논의할 수 없으나 흉년이

든 나머지 백성들의 정황을 생각하지 않을 수 없습니다. 이에 승인하고 삼가 답장하니 잘 살펴주시기 바랍니다.

광무 8년 2월 10일

의정부찬정탁지부대신(議政府贊政度支部大臣) 이용익(李容翊)

경무사(警務使) 구영조(具永祖) 각하

3 함경북도변계경무서 경비를 소재한 군의 공금에서 획정한다는 조복 기안

조회 第7호 경무청

"귀 경무청 관할 각 지방, 각도 및 함경북도변계경무서 광무 8년도 경비를 각 해당 경무서의 소재 군에서 의례히 배정해 떼주는 것으로 영구히 정한다"라는 훈령을 이에 만들어 보내니 잘 살피시고 전달하여 보내서 가져다 사용할 수 있게 해주시기 바랍니다.

광무 8년 3월 15일

탁지부대신(度支部大臣) 박정양(朴定陽)

경무사(警務使) 구영조(具永祖) 각하

4 변계경무서의 경비를 정산해달라는 조회 기안

조회 第19호

올해 1월 25일 도착한 함경북도변계경무관 최남륭(崔南隆), 김병약(金炳若)의 제30호 보고 내용의 대략에 "본 경무서를 창설할 때 광무 5년도에 외획(外劃)한 각 항목의 경비 중 경무서를 설치 못했거나 남은 잔액은 총 4천 6백 55원 30전입니다. 그중 1천 76원은 탁지부에서 거두지 못한 몫으로 제외하고 남은 금액 3천 5백 79원 30전 중 2백 8원 60전은 경무관 채현식(蔡賢植), 김병약이 새로 부임하는 여비로 주었고, 2천 원은 건축비 원금 몫으로 들여 주었고, 2백 12원 10전은 건축비 부족 몫으로 주었고, 1백 4원 30전은 경무관 최남륭이 새로 부임하는 여비로 주었고, 3백 2원 90전은 전전 경무관 유진호(兪鎭浩), 이경순(李敬順)이 교체되어 돌아갈 때 추가로 주었는데, 경무서에서 여러 번 독촉해 거둔 것이 한두 번이 아니었는데도 해당 관원들은 모두 서울에 있어서 결코 제때 거둬들일 방법이 없어서 도로 거두는 금액을 제외하고 계산하면 실제 남은 도로 거두는 금액은 7백 51원입니다. 이 가운데 1백 21원 46전 2리는 경무서에서 서울까지 20리당 64식(息)인 운반비로 제외하면 남은 금액은 6백 29원 83전 8리입니다. 이를 1엽전으로 만들어 3천 1백 49냥 1전 9푼을 총순 송의식(宋義植)이 지니고 실어 납부했습니다. 이에 아래와 같이 보고합니다. 유진호와 이경순에게 추가로 준 몫은 본 경무청에서 엄히 지시해 납부할 것을 독촉하여 공금에 부족함이 없도록 해주시기를 바랍니다"라고 하여 모두 잘 알았습니다.

광무 5년도 경비 지출 잔액 중 6백 29원 83전 8리는 규례대로 도착하였고 탁지부에서 거두지 못한 몫 1천 76원은 당연히 조사하고 계산할 것입니다. 건축비 부족액 2백 12원 20전은 당연히 탁지부에 전달 조회하여 조사해 처리토록 할 것입니다. 경무관 채현식, 김병약의 부임하는 여비 2백 8원 60전의 경우, 사안이 경위원과 관계되니 본 경무청에서 장부를 조사하는 것은 이치상 부당합니다. 경무관 최남륭의 부임하는 여비 1백 4원 30전은 지금 청의 중에 있으며 정부에서 황제께 아뢰어 재가가 내려지기를 기다려 후 처리할 것이니 지레 먼저 가져다 쓸 수 없습니다.

전 경무관 유진호, 이경순에게 추가로 준 3백 2원 90전은 사사로이 횡령한 것을 경무서에서 납부를 독촉할 것이지 번거롭게 보고하는 것은 마땅하지 않으니 즉시 거둬 올려보내야 합니다. 남은 금액을 운반하는 운반비 1백 21원 46전 2리는 본래 규정이 없어서 허락할 수 없습니다. 이상 납부를 지체한 몫 총 7백 37원 26전 2리를 모두 즉시 하루빨리 올려보내라는 뜻으로 지령하였습니다. 그러나 그중 귀 탁지부에 있는 1천 76원은 마땅히 보존 문안에서 살필 수 있습니다. 건축비 부족 몫 2백 12원 20전의 경우, 저희 경무청에서 비록 함부로 결단할 수는 없지만 이미 명세가 있으니 아마도 공제하는 것이 합당할 것입니다. 경무관 최현식, 김병약의 부임하는 여비 2백 8원 60전은 비록 나중에 경위원으로 소속시켰으나 명령서는 경부 때의 것이니 굳이 경위원에 떠넘길 것이 없습니다. 따라서 해당 남은 금액 중 먼저 온 몫 6백 29원 83전 8리를 보내며 이에 조회하니 잘 살펴 조사하여 거두신 후 위 항의 세 가지 몫을 구별하는 방법을 알려주시기 바랍니다.

광무 8년 5월 19일

경무사임시서리헌병사령관육군참장(警務使臨時署理憲兵司令官陸軍參將) 신태휴(申泰休)
탁지부대신(度支部大臣) 박정양(朴定陽) 각하

5 변계경무서의 경비 정산방침을 답장하는 조복 기안

조복 경무청

귀 제19호 조회를 접수하여 보니, "함경북도변계경무서 광무 5년도 남은 금액 4천 6백 55원 30전 중 변계경무서 건축비 원 금액 2천 원과 위 부족액 2백 12원 20전은 그중 조사해 거뒀습니다. 위 피복비 1천 76원과 경무관 채현식(蔡賢植), 김병약(金炳若)의 부임 여비 총 2백 8원 60전을 계산해 지불하여, 현재 거둬들인 몫 6백 29원 83전 8리와 총계 1천 9백 14원 43전 8리를 국고로 도로 바쳤기에 영수증을 작성해 주었습니다. 광무 5년 나머지 액수로 아직 거둬들이지 못한 것이 있으니 정말로 너무 놀랍고 한탄스럽기 그지없습니다. 이에 삼가 답장하니 잘 살피신 후 나머지 거둬들일 몫 5백 28원가량을 또한 즉시 하루빨리 독촉해 거둬들이도록 하시기 바랍니다.
광무 8년 5월 23일

탁지부대신(度支部大臣) 박정양(朴定陽)

경무사(警務使) 신태휴(申泰休) 각하

XVII

『군부내거안』 번역문

1 고성군수의 보고에 따라 고성군에서 종성대에 먼저 보낸 공금은 계감하자는 조회

조회 제16호

현재 종성대 참령 김원계(金元桂)의 보고를 접수해 보니 내용에 "종성대의 올해 경비를 창녕, 동래, 고성, 거제 4개 군에서 먼저 뗀 것 중 고성군에서 먼저 뗀 돈 2천 원은 이미 바쳐왔기에 떼라는 해당 훈령을 올려보내지 못했습니다. 기장, 창년, 거제, 동래에서 떼라는 훈령 4장만 묶어서 올려보냅니다"라고 했습니다.
연이어 고성군수 이완수(李完洙)의 보고를 접수해 보니 내용에 "탁지부 훈령에 따라 본 군 임인년 몫 중 종성대 경비 2천 원을 운반비와 합쳐 총 2천 4백 41원 66전 6리를 해당 종성대 장교 나영훈(羅泳熏)에게 내주었습니다. 그런데 나중에 탁지부 훈령에서 '실행하지 말라'라고 하셨습니다. 하지만 장교는 이미 부대로 돌아가서 다시 거둘 길이 없습니다. 해당 영수증을 첨부해 보고하니 해당 돈을 다시 거두어주시든지 조회하여 계산해 줄여주시든지 하나를 지목해 조처해주십시오"라고 했습니다.
이에 근거하여 기장, 창녕, 거제, 동래 등 4개 군에서 떼주라는 훈령을 묶어 보냅니다. 고성군수가 이미 준 돈을 지금 다시 거두게 한다면, 종성대와 고성군은 거리가 멀어 쓸데없이 경비가 추가되고 분란이 없지 않을 것입니다. 따라서 일단 거둔 것은 그대로 두고 해당 종성대에서 계산해 제외한 후에 획정하는 것이 매우 편리할 것입니다. 이에 삼가 조회하니 잘 살피셔서 해당 돈은 고성군에서 정산하는 것을 허락하시고 종성대 비용은 나중에 획정할 때 계산하여 제외하는 것으로 해주시기 바랍니다.
광무 7년 2월 6일

의정부찬정군부대신임시서리원수부군무국총장육군부장
(議政府贊政軍部大臣臨時署理元帥府軍務局總長陸軍副將) 심상훈(沈相薰)

의정부찬정탁지부대신(議政府贊政度支部大臣) 김성근(金聲根) 각하

2 종성대 광무 6년도 경비를 4개 군에 획정했음을 확인하고 고성군이 보낸 돈은 계감한다는 조복

조복 군부

귀 제16호 조회를 접수하여 조사했습니다. 종성대 광무 6년도 경비를 창녕, 동래, 거제, 기장 4개 군에서 떼어 지불하라고 하였던 훈령 4장을 묶어 보내주신 대로 받았습니다. 고성군에서 이미 지불한 몫과 운반비를 합쳐 총 2천 4백 41원 66전 6리는 해당 군에서 보고해오기를 기다려 계산하고 정산했습니다. 종성대 경비를 나중에 나누어 획정할 때에 계산하여 제외하겠습니다. 이에 삼가 조복하니 잘 살펴주시기 바랍니다.

광무 7년 2월 14일

의정부찬정탁지부대신(議政府贊政度支部大臣) 김성근(金聲根)

의정부찬정군부대신임시서리원수부군무국총장육군부장

(議政府贊政軍部大臣臨時署理元帥府軍務局總長陸軍副將) 심상훈(沈相薰) 각하

3 종성진위대 경비를 지급하기로 획정된 종성군과 무산군이 탁지부 지시를 핑계로 상납을 지체하고 있다는 조회

조회

종성진위대 광무 5년도 남은 금액 6천 7백여 원을 6년도로 옮겨 쓴 것이 정말로 적절한 것이었습니다. 따라서 광무 6년 획하(劃下)한 금액 중 6천 5백 64원을 획정(劃定)하는 훈령 3통을 만들어 보냈습니다. 그리고 광무 5년도 단천군에 획하한 공금 대신 각 군에 획정한 것 중 종성군과 무산군 두 군의 공금으로 이미 바친 4천 원을 5년도의 수입으로 하라는 뜻으로 지난해 8월 20일에 상세히 조회했습니다.

그런데 올해 9월 10일 귀 군부 제81호 조복 내용의 대략에 "아래 중 해당 부대에 바치거나 바치지 못한 각 군 공금의 액수에 따라 광무 5년도 납부한 공금으로 조사해 계산하여 정산했습니다. 획정한다는 훈령 3통은 보내신 대로 받았습니다. 이에 삼가 조복합니다"라고 했기에

해당 두 군의 공금을 이대로 종성진위대의 문서에 기록했습니다.
그런데 현재 종성진위대의 보고를 접수해 보니 내용의 대략에 "광무 5년도 외획한 경비 중 종성군 2천 원과 무산군 2천 원을 탁지부에서 6년도 획정으로 옮겨서 처리했다"라고 하였고 "해당 두 군의 6년도 외획 중 4천 원을 계산해 제외하고 내주어서 본 부대의 경비가 부족하게 되었습니다. 부족 금액을 빨리 획하해주셔서 딱한 형편에서 벗어나게 해주십시오"라고 했습니다.
이를 조사하니 해당 두 군의 공금에 대해서는 이미 귀 군부와 타협하여 구별하였으니 생각건대 분명 어긋날 단서가 없습니다. 그런데 해당 종성군과 무산군 두 군이 귀 탁지부에서 붉은 글씨로 수정했다고 하면서 여전히 매우 중요한 군대 경비의 납부를 지체하여 군량이 부족하기에 이르렀습니다. 이는 해당 군들이 핑계대며 떠넘긴 것은 아닌지, 아니면 혹 귀 탁지부에서 아직 보존 문서를 조사하지 못하신 것인지 모르겠지만, 사안이 매우 의아합니다. 이에 삼가 조회하니 잘 살피신 후 종성대 광무 6년도 외획 중 종성군, 무산군 두 군에서 아직 납부하지 않은 4천 원을 즉시 종성대에 실어보내도록 하는 일로 해당 두 군에 훈령으로 재촉하여 군사들의 군량이 부족하지 않게 해주시기 바랍니다.
광무 7년 7월 3일

의정부찬정군부대신임시서리원수부기록국총장
(議政府贊政軍部大臣臨時署理元帥府記錄局總長) 윤웅렬(尹雄烈)

의정부찬정탁지부대신(議政府贊政度支部大臣) 김성근(金聲根) 각하

4 종성진위대 경비를 종성군과 무산군에 속히 지급할 것을 지시하는 훈령을 만들었다는 조회

조복 군부

현재 군부의 제90호 조회를 접수해 보니 내용의 대략에 "종성진위대 광무 5년도 경비로 단천군에 획하한 것을 각 군에 대신 획정한 것 중 종성군과 무산군 두 군의 공금으로 이미 받아낸 4천 원을 5년도 몫으로 계산하도록 해당 종성진위대에 문서에 기록했습니다. 현재 해당 종성진위대의 보고를 접수해 보니 내용의 대략에 '광무 5년도 외획 중 종성군 2천 원과 무산군

2천 원을 탁지부에서 조사하여 6년도 획정으로 옮겨서 처리했다'라고 하였고 '해당 두 군의 6년도 외획한 4천 원을 계산해 제외하고 내주어 본 부대 경비가 부족하였습니다. 부족 금액을 빨리 떼주어 딱한 형편에서 벗어나게 해주십시오'라고 했습니다.

이를 조사하니 해당 두 군의 공금의 경우, 이미 귀 군부와 타협하여 구별하였으니 생각건대 분명 어긋날 단서가 없습니다. 그런데 해당 종성군과 무산군 두 군이 귀 탁지부에서 붉은 글씨로 수정했다고 하면서 매우 중요한 군대 경비를 여전히 납부를 지체하여 군량이 부족하기에 이르렀습니다. 이는 해당 군들이 핑계 대며 떠넘긴 것은 아닌지, 아니면 더러 귀 탁지부에서 아직 보존 문서를 조사하지 못하신 것인지 모르겠지만, 사안이 매우 의아합니다. 이에 삼가 조회하니 잘 살피신 후 종성대 광무 6년도 외획 중 종성, 무산 두 군에서 아직 납부하지 않은 4천 원에 대해 즉시 훈령으로 재촉해주시기를 요청합니다"라고 했습니다.

이를 조사해보니 종성대 비용으로 광무 5년도 단천군에 대신 획정한 것 중에 종성군과 무산군의 4천 원은 아직 계산하여 제외하지 않았고 광무 6년도 종성군에 원래 획정된 금액 4천 원과 증액된 금액 2천 원, 무산군에 원래 획정한 금액 3천 원만 계산하여 줄였습니다. 따라서 5년도 단천군에 대신 획정된 것은 자연 부족하게 되었습니다. 이에 해당 두 군에 지불을 독촉하는 훈령 2통을 작성하여 보내니 잘 살피신 후 전달하여 보내서 즉시 받아 사용할 수 있게 해주시기 바랍니다.

광무 7년 7월 9일

의정부찬정탁지부대신(議政府贊政度支部大臣) 김성근(金聲根)

의정부찬정군부대신임시서리원수부기록국총장(議政府贊政軍部大臣臨時署理元帥府記錄局總長) 윤웅렬(尹雄烈) 각하

5 무산군 보고에 따라 종성대가 미리 빌려 쓴 금액과 무산군에 획정된 종성대 예산을 모두 계산해 제외해달라는 조회

조회 제107호

방금 무산군수 지창한(池昌翰)의 보고를 접수해 보니 내용에 "본 무산군의 각 연도 문서를 탁지부에 보고했습니다. 광무 4년 종성대 병력을 설치할 때 미리 빌린 금액 1만 냥을 광무 6년

도 외획으로 옮겨서 제외하라고 붉은 글씨로 수정하였습니다. 또 광무 3년도 종성대 경비 1백 6냥 6푼과 광무 4년도 4천 43냥 4전 1푼, 광무 5년도 6천 냥에 대해서는 아직 계산해 제외하라는 허락을 받지 못했습니다. 이에 보고하오니 청컨대 탁지부에 조회해 주십시오"라고 했습니다.

이를 따라 조사해보니, 광무 4년도 1만 냥의 경우, 바로 종성대를 증액할 때 귀 탁지부에서 관찰부에 배정해 획정하라고 훈령으로 지시했는데, 해당 훈령이 미처 도착하기 전에 종성대에서 먼저 전용한 것입니다. 따라서 해당 연도의 획정한 공금 중에서 계산해 제외하는 것은 다시 논의할 필요가 없습니다. 광무 3년도 1백 6냥 6푼의 경우, 이미 삼가 조회한 것이 보존 문서에 있으니 굳이 번거롭게 설명하지 않겠습니다. 광무 4년도 4천 43냥 4전 1푼과 광무 5년도 6천 냥의 경우도 모두 마땅히 계산해 제외해야 합니다. 이에 삼가 조회하니 잘 살피셔서 해당 각 연도 금액을 모두 무산군의 보고대로 하여 영수증[尺文]을 내주고 조사해 계산하여 제외할 수 있도록 해주시기 바랍니다.

광무 7년 7월 30일

의정부찬정군부대신(議政府贊政軍部大臣) 윤웅렬(尹雄烈)

의정부찬정탁지부대신(議政府贊政度支部大臣) 김성근(金聲根) 각하

6 종성대가 미리 빌려 쓴 금액과 무산군에 획정된 종성대 예산을 모두 계감한다는 조복

조복 군부

무산군수 지창한(池昌翰)의 보고에 의거한 귀 제107호 조회 내용의 대략에 "본 무산군의 각 연도 문서를 탁지부에 보고했습니다. 광무 4년 종성대 병력을 설치할 때 미리 빌린 돈 1만 냥을 귀 탁지부에서 관찰부에 나눠서 획정하도록 훈령으로 지시했는데, 해당 훈령이 미처 도착하기 전에 종성대에서 먼저 전용한 것입니다. 따라서 해당 연도의 획정한 공금 중에서 계산해 제외하는 것은 다시 논의할 필요가 없습니다. 광무 3년도 1백 6냥 6푼의 경우, 이미 삼가 조회하였고, 광무 4년도 4천 43냥 4전 1푼과 광무 5년도 6천 냥은 모두 마땅히 계산해 제외해야 합니다. 이에 삼가 조회하니 잘 살피셔서 해당 각 연도 금액을 모두 무산군의 보고대로

하여 영수증[尺文]을 내주고 조사해 계산하여 제외할 수 있도록 해주시기 바랍니다"라고 했습니다. 조사해보니 해당 금액은 정말로 마땅히 조처해야 하기에 이에 조사해 계산하여 제외하고 삼가 조복하니 잘 살펴주시기 바랍니다.

광무 7년 8월 일

의정부찬정탁지부대신(議政府贊政度支部大臣) 김성근(金聲根)

의정부찬정군부대신(議政府贊政軍部大臣) 윤웅렬(尹雄烈) 각하

7 종성대 예산으로 획정된 금액을 보내지 않는 각 군을 징계하고 빨리 실어 보내도록 하라는 조회

조회 제113호

방금 종성대 참령 서정규(徐廷圭)의 전보를 접수해 보니 내용에 "종성대에 획정해준 예산을 거둘 수가 없어서 여러 달 군량이 부족하였습니다. 여러 번 보고하고 여러 번 전보해도 아직 획정하도록 조처하는 처분이 없었습니다. 흉년에 군사들의 형세가 지탱해 보존하기 어려워 원한을 품고 떠나니 장차 어떻게 해야 합니까"라고 했습니다.

이에 의거하여 조사해보니, 종성대의 경비를 여러 달 거두지 못해 군량이 오래 부족함에 이르게 된 상황에 대해 보고와 전보도 지금 이미 여러 차례 했습니다. 올해 부대 경비의 경우는 이미 원래 정해졌던 것이니 해당 각 군에서도 또한 확실하게 정해진 것으로 알고 다시 어긋나는 것이 없어야 했습니다. 때문에 군부에서는 독촉해 거두라고 지령 지시했습니다. 지금 온 전보를 접수해보니, 또한 다시 줄곧 고집스레 거부하니 이는 분명 해당 각 군수가 관망하면서 고의로 잡아떼어 규정을 벗어나 면제해주기를 도모한 것입니다. 이를 만약 그대로 맡겨두면 군사들은 뿔뿔이 흩어지게 될 것이니 우려하는 바가 어디까지 미치겠습니까. 이에 조회하니 조사하셔서 납부를 지체한 해당 각 군수들을 따져서 황제께 아뢰어 징벌하여 앞으로의 경계로 삼으시든지, 훈령을 발송하여 해당 관찰사를 엄히 독촉하여 별도로 단단히 감독하여 하루빨리 실어 보내게 하시든지 두 가지 중에서 빨리 처리해주시기 바랍니다.

광무 7년 7월 31일

의정부찬정군부대신(議政府贊政軍部大臣) 윤웅렬(尹雄烈)

의정부찬정탁지부대신(議政府贊政度支部大臣) 김성근(金聲根) 각하

8 종성대 예산으로 획정된 금액을 빨리 보내도록 조처했다는 조복

조복 군부

귀 제113호 조회를 조사해보니, "종성대의 경비를 여러 달 거두지 못해 군량이 오랫동안 부족했다"라고 하셨습니다. 이미 원래 정한 바인데 각 군에서 거행하는 것이 진실로 놀랍고 한탄스럽습니다. 해당 관찰부에 엄히 지시해 지불하기를 독촉하는 훈령을 이에 작성해 바칩니다. 잘 살피셔서 전달하여 보내 즉시 거두어 사용하게 해주시기 바랍니다.

광무 7년 8월 7일

의정부찬정탁지부대신(議政府贊政度支部大臣) 김성근(金聲根)

의정부찬정군부대신(議政府贊政軍部大臣) 윤웅렬(尹雄烈) 각하

9 종성대 설치 당시 김원계가 여비 및 운반비로 쓴 경성군 공금을 계감해달라는 조회

조회 제111호

방금 경성군수 이종한(李鍾漢)의 보고를 접수해보니 내용의 대략에 "본 경성군 각 연도 서류를 묶어 탁지부에 보고했습니다. 그리고 광무 4년도 종성대 참령 김원계(金元桂)가 전용한 몫 1천 냥을 군부에 보고하도록 붉은 글씨로 수정하였습니다. 이에 보고합니다"라고 했습니다. 이에 따라 조사해보니 해당 금액은 바로 광무 4년에 종성대를 확대할 때 해당 참령 김원계가 여비 및 군수품 운반비로 전용했습니다. 그때 귀 탁지부에서 관찰부에 훈령으로 지시하여 나누어 획정한 것이니 확실히 마땅히 계산하여 제외해야 합니다. 이에 삼가 조회하니 잘 살피셔서 해당 금액 1천 냥을 해당 경성군 경자년 공금 중에서 처리한 것으로 영수증[尺文]을 내주시고 계산하여 제외할 수 있도록 해주시기 바랍니다.

광무 7년 8월 3일

의정부찬정군부대신(議政府贊政軍部大臣) 윤웅렬(尹雄烈)

의정부찬정탁지부대신(議政府贊政度支部大臣) 김성근(金聲根) 각하

10 종성대 설치 당시 김원계가 여비 및 운반비로 쓴 경성군 공금을 계감한다는 조복

조복 군부

귀 제111호 조회에 따라 조사해보니, 광무 4년 종성대를 확대했을 때 해당 참령 김원계(金元桂)가 여비 및 군수품 운반비로 경성군 공금 중 전용한 몫 1천 냥을 해당 경성군 경자년 결전 중에서 계산하여 제외하며 이에 삼가 조복하니 잘 살펴주시기 바랍니다.

광무 7년 8월 10일

의정부찬정탁지부대신(議政府贊政度支部大臣) 김성근(金聲根)

의정부찬정군부대신(議政府贊政軍部大臣) 윤웅렬(尹雄烈) 각하

11 폐지된 종성진위대의 예산을 정산하여 처리하라는 조회

조회 군부

귀 군부 관할 각 진위대 중 북청대와 종성대 두 부대는 지난번 귀 군부에서 이미 황제께 아뢰어 결재가 내려 폐지했습니다. 해당 부대의 광무 8년도 관할 경비 중 무릇 폐지한 후의 각종 항목은 이치상 어서 빨리 도로 바쳐야 마땅합니다. 각 연도 나머지 액수도 또한 모두 샅샅이 조사해서 정산해 넘기는 것이 정말로 이치에 맞는 일입니다. 이에 삼가 조회하니 잘 살피신 후 해당 두 부대에 전달하여 지시하셔서 빨리 조사해 들이도록 해주시기 바랍니다.

광무 9년 1월 12일

탁지부대신(度支部大臣) 민영기(閔泳綺)

군부대신(軍部大臣) 이종건(李鍾健) 각하

12 종성대 폐지 명령을 내렸는데도 못 받은 돈이 많아 해산하지 못하고 있으니 빨리 정해진 예산을 보내라는 조회

조회 제39호

귀 제4호 조회 내용의 대략에 "북청대, 종성대 두 부대를 폐지한 후 각종 예산 잔액을 모두 정산하여 넘겨주십시오"라고 했습니다. 이를 조사해보니 확실히 그대로 처리하는 것이 마땅합니다. 다만 두 곳으로 가는 도로는 험하여 소식을 주고받을 길이 없어 지금까지 아직 하지 못했습니다. 요즈음 전달하는 편에 대략의 정황을 들으니, "두 부대는 작년도 외획(外劃) 공금을 대부분 거두지 못하여 폐지 전에 써야 할 각종 비용을 지불할 길이 없어서 오히려 군사들을 해산시키지 못했고 이미 교체된 장교들이 포위되어 곤욕을 당하고 몸을 빼 서울로 올라올 수 없었다"라고 합니다. 일의 형세를 생각하면 매우매우 걱정스럽고 답답합니다.

저희 군부에서는 육군정위(正尉) 노백린(盧伯麟)을 특별히 위임하여 해당 지역에 가서 쓰지 못한 각 항목을 조사하여 바로잡고, 흩어지지 않은 군사들을 밝게 타일러 해산해 보내게 했습니다. 다만 외획을 미처 거두지 못한 군(郡)에 대해서는 이미 부대의 보고에서 지적하지 않았으니 지금 자세히 공개적으로 말할 수 없습니다. 부대 폐지를 실시하는 것 또한 날짜를 미리 정할 수 없습니다. 따라서 올해 연도 안의 몇 개월 몫을 계산해 액수를 증가시킬지는 정하기 어렵습니다. 해당 두 부대가 연달아 변경 소요를 만났을 즈음에 예산 외 임시비용 또한 액수를 구체화할 수 없습니다.

우선 먼저 귀 탁지부에서 함경남북도 각 군에 일제히 훈령하여 광무 8년도 부대 비용 가운데 획정했으나 아직 부대에 운반해오지 않은 금액을 모두 보내도록 하라는 뜻으로 매우 엄하게 단단히 지시하십시오. 올해 부대가 해산하기 전에 계산해 증가시킬 몫과 예산 외 임시비용은 저희 군부의 위임관이 조사해서 청구하기를 기다려 각 부대가 소재한 군의 공금 중에서 지불하도록 북청군과 종성군 2개 군에 훈령을 발송하여 다급하게 닥친 위급함을 푸는 것이 아마도 타당할 것입니다. 이에 조회하니 조사하여 빨리 처리해주시기 바랍니다.

광무 9년 3월 21일

군부대신(軍部大臣) 권중현(權重顯)

탁지부대신(度支部大臣) 민영기(閔泳綺) 각하

13 북청대와 종성대를 위해 획정된 예산을 지급하지 않은 각 군의 이름과 금액을 알려달라는 조복

조복 군부

폐지한 북청, 종성 두 부대 경비를 훈령으로 지시할 일로 귀 제39호 조회를 접수하여 조사했더니, "해당 두 부대는 이미 폐지되었으니 이후 경비는 자연히 따질 것이 없습니다. 광무 8년도에 미처 거두지 못한 액수는 이미 해당 부대에서 지적한 것이 없기에 자세히 공식적으로 말할 수는 없습니다"라고 했는데 저희 탁지부는 더욱 아는 것이 없습니다. 해당 두 부대의 경비 중 미처 거두지 못한 몫의 경우, 광무 8년도 폐지하기 전의 것만을 가지고 계산하여 해당 비용 중 획정해야 하는 데 지불하지 못한 군의 명칭과 금액을 빨리 보여주시면 결단코 엄히 훈령하여 독촉하여 지불하도록 하겠습니다. 이에 삼가 답장하니 조사하시고 빨리 처리해주시기를 요청합니다.

광무 9년 3월 23일

탁지부대신(度支部大臣) 민영기(閔泳綺)

군부대신(軍部大臣) 권중현(權重顯) 각하

14 부대 폐지 훈령이 북청대, 종성대에 도착한 날짜를 알려주기 바라며 임시예산 지출은 인정할 수 없다는 조복

조복 군부

북청대, 종성대를 폐지하기 위해 해당 부대의 경비로 획정되었으나 보내지지 않은 금액을 보내도록 독촉하는 일로 군부의 제39호 조회를 받았습니다. 이를 조사했더니, 해당 두 부대의 폐지는 광무 8년 12월에 있었습니다. 따라서 거두지 못한 부대 경비의 경우, 해당 각 군에 훈령으로 지시해 거두어 쓰도록 하고 연말에 장부를 마감하게 했습니다. 올해 1월분 날짜부터 계산한 경비는 이미 폐지한 이후의 일에 속하기에 거론할 수 없습니다. 해당 두 부대의 폐지는 분명 귀 군부의 훈령이 도착한 후에 시행되었을 것입니다. 훈령이 도착한 날짜를 자세히 알려주시면 해당 두 부대의 1월달 날짜를 계산한 경비는 각각 부근의 군(郡) 공금 중에서 획정해 지급하겠습니다. 해당 명세서를 만들어 넘겨주십시오. 예산 외 임시경비는 인정할 수 없습니다. 이에 삼가 조복하니 조사하시기 바랍니다.

광무 9년 3월 25일

탁지부대신(度支部大臣) 민영기(閔泳綺)

군부대신(軍部大臣) 권중현(權重顯) 각하

15 북청대의 폐지 날짜와 받지 못한 외획 공금 금액을 보내며, 종성대는 길이 막혀 보고를 받지 못해 자세한 내용을 알 수 없다는 조회

조회 제45호

귀 제26호 조복 내용에 "폐지한 북청, 종성 두 부대 경비를 획정하도록 훈령하였으나 아직 거두지 못한 몫을 지불하도록 독촉할 일로 귀 군부의 제39호 조회를 접수하여 조사했더니, 해당 두 부대의 폐지는 광무 8년 12월에 있었습니다. 따라서 거두지 못한 부대 경비의 경우, 해당 각 군에 훈령으로 지시해 거두어 쓰도록 하고 연말에 장부를 마감하게 했습니다. 올해 1월부터 계산한 경비는 이미 폐지한 이후의 일에 속하기에 거론할 수 없습니다. 해당 두 부대의 폐지는 분명 귀 군부의 훈령이 도착한 후에 시행되었을 것입니다. 훈령이 도착한 날짜를 자세히 알려주시면 해당 두 부대의 1월달 경비는 각각 부근의 군(郡) 공금 중에서 획정해 지급하겠습니다. 해당 명세서를 만들어 넘겨주십시오. 예산 외 임시경비는 인정할 수 없습니다. 이에 삼가 조복하니 살피시기 바랍니다"라고 했습니다.

이에 따라 조사해보니, 해당 두 부대의 폐지 훈령이 도착한 날짜와 폐지 전에 쓴 실제 액수를 기록하여 조회로 요청하는 것이 회계규칙에 합당하다는 것을 본 대신이 또한 어찌 모르겠습니까. 그러나 다만 해당 지역은 도로가 막혀서 소식이 통할 수 없어 공문이 오가는 것도 서로 장애가 되니 모든 장부를 계산할 때 조사할 근거가 없습니다. 때문에 이전 조회에서 다 갖추어 설명했습니다만, 귀 대신이 아직 다 살피지 못하고 평소 때의 규정을 따라 회계할 것을 기다리고 있으니 너무나 매우 안타깝습니다.

북청대의 문서는 며칠 전에 처음으로 올라왔는데 폐지 훈령이 도착한 날짜는 올해 1월 22일입니다. 따라서 우선 조사하여 해당 명세를 따로 기록하여 보냅니다. 작년도 외획 중 안변군, 함흥군 두 군에 거두지 않은 몫 1만 4천 3백 60원은 재촉하는 훈령을 만들어 보내고 부족한 몫 1만 2천 1백 56원 88전은 북청군 공금에서 획정하는 훈령을 만들어 보내십시오.

종성대의 경우, 작년 7월 이후로 문서는 하나도 올라오지 않았습니다. 폐지 훈령이 정확히 며칠에 실시되었는지도 일단 추측할 수 없습니다. 일의 형세에 대해 말하자면, 작년 외획 중 거두지 못한 것과 올해 해산하기 전에 사용한 액수를 만약 지금 조처하지 못하면 현재 군사를 해산시킬 방법이 없습니다. 이미 폐지된 부대가 오히려 이렇게 떼지어 모여 국고를 낭비하고 있는 것이 실로 민망합니다.

이 부대는 모두 본 대신의 이전 조회한 대로 이미 획정했으나 아직 거두지 못한 각 군에 일제히 훈령하여 독촉하시고, 올해 폐지 전 사용한 경비는 저희 군부의 조사위임관의 청구대로 지출하라는 뜻으로 부대가 있는 군에 훈령으로 지시하시면 사실대로 조사하여 해산을 실시하겠습니다. 그렇지 않으면 연말까지 미루어도 다시 달리 변통하여 처리할 방법이 없을 것입니다. 이에 조회하니 조사하여 빨리 처리해주시기 바랍니다.

광무 9년 3월 31일

군부대신(軍部大臣) 권중현(權重顯)

탁지부대신(度支部大臣) 민영기(閔泳綺) 각하

재(再). 북청대의 명세서는 그 대략의 내용을 요약해 기록합니다. 물건들의 목록과 자질구레한 것들의 명세를 지금은 구분하여 기록할 수 없습니다. 이는 내부적으로 논의하여 결산할 때 확실히 결산하겠으니, 살펴주시기를 모두 바랍니다.

16 북청대, 종성대가 받지 못한 경비를 보내도록 독촉하는 훈령을 만들어 보낸다는 조복

조복 군부

귀 제45호 조회를 접수하여 조사하여 북청대, 종성대 두 부대가 폐지된 후 올해 1월 달 경비 중 북청대의 4천 원, 종성대의 5천 원, 삼수군과 혜산군에 출동해 주둔한 경비 중 1천 원을 각각 부근 군(郡)에 획정하라는 훈령과 광무 8년도 북청대 경비 중 획정하도록 훈령했으나 거두지 못한 금액 1만 4천 3백 60원을 독촉하는 훈령 2통을 만들어 건네니 잘 살피시고 전달하여 보내주시기 바랍니다.

광무 9년 4월 15일

탁지부대신서리탁지부협판(度支部大臣署理度支部協辦) 유정수(柳正秀)

군부대신(軍部大臣) 권중현(權重顯) 각하

17 종성대 외획 경비를 아직 보내주지 않은 각 군에 독촉하는 훈령을 만들어달라는 조회

조회 第53호

종성대의 광무 8년도 경비로 원래 각 군에 획정하도록 훈령한 바가 있었습니다. 그 획정한 금액 중에 오히려 지금 거두지 못한 돈이 무려 5만 7천 6백 25원 72전으로 그때 부대 군량이 매우 모자랐던 것은 다시 이야기할 것이 없습니다. 해당 부대 장부를 조사하여 정산할 방법이 없으니 사안이 개탄스럽고 답답합니다. 귀 탁지부에서 독촉하는 훈령이 없으면 지금 가서 거둘 수 없기에 해당 거두지 못한 각 군과 금액을 아래와 같이 삼가 조회하니 잘 살피셔서 해당 거두지 못한 각 군에 광무 8년도에 획정하도록 훈령한 몫을 즉시 내주라는 뜻으로 재촉하는 훈령을 작성해 넘겨주시기 바랍니다.

광무 9년 4월 20일

군부대신(軍部大臣) 권중현(權重顯)

탁지부대신서리탁지부협판(度支部大臣署理度支部協辦) 유정수(柳正秀) 각하

18 종성대 외획 경비를 아직 보내주지 않은 각 군에 독촉하는 훈령을 만들어 보낸다는 조복

조복 군부

종성대 광무 8년도 경비 중 거두지 못한 몫을 훈령으로 독촉하라는 일로 귀 군부의 제53호 조회를 조사하였습니다. 원래 경비를 획정한 각 군에 해당 금액 5만 7천 6백 25원 72전을 독촉해 지불하라는 훈령을 작성해 넘깁니다. 삼가 조복하니 잘 살피셔서 전달하여 보내 즉시 조사해 거두게 해주시기 바랍니다.

광무 9년 4월 22일

탁지부대신서리탁지부협판(度支部大臣署理度支部協辦) 유정수(柳正秀)

군부대신(軍部大臣) 권중현(權重顯) 각하

19 종성대 경비 중 길주군에 획정된 금액을 분산할 것이니 해당 각 군에 보낼 훈령을 만들어달라는 조회

조회 제71호

종성대 광무 8년도 경비 중 길주군에 획정한 2만 3천 4백 97원 80전 중에서 2천 1백 42원은 무산군에, 3천 원은 온성군에, 2천 3백 36원은 경원군에 나눠 옮겨 획정하고, 1만 7천 19원 80전은 길주군에 그대로 획정해서 각 주둔 부대의 경비를 마감하는 것이 편의에 맞을 듯합니다. 길주군에 이미 획정한 2만 3천 4백 97원 80전을 귀 탁지부에서 독촉하는 훈령 1통을 만들어 보냅니다. 이에 삼가 조회하니 잘 살피셔서 해당 각 군에 나누어 획정하는 훈령을 빨리 갖춰 보내시기 바랍니다.

광무 9년 6월 2일

군부대신(軍部大臣) 이용익(李容翊)

탁지부대신(度支部大臣) 민영기(閔泳綺) 각하

20 종성대 경비 중 길주군에 획정된 금액을 분산한다는 내용의 해당 각 군에 보낼 훈령을 만들어 보낸다는 조복

조복 군부

귀 군부 제71호 조회를 접수하여 종성대 광무 8년도 경비 중 길주군에 획정한 2만 3천 4백 97원 80전 중 2천 1백 42원은 무산군에, 3천 원은 온성군에, 2천 3백 36원은 경원군에 나눠 획정하고 1만 7천 19원 80전은 길주군에 그대로 획정한다는 훈령 총 4건을 작성해 넘기니 잘 살피셔서 전달하여 보내시기 바랍니다.

광무 9년 6월 9일

탁지부대신(度支部大臣) 민영기(閔泳綺)

군부대신(軍部大臣) 이용익(李容翊) 각하

21 고원군이 추가로 획정된 종성대의 경비를 내주는 것을 거부하고 있으니 이를 독촉하는 훈령을 만들어달라는 조회

조회 제18호

종성대의 광무 8년도 경비를 거두지 않은 각 군에 귀 군부의 독촉하는 훈령을 따로 육군부위(副尉) 김원흥(金元興)을 시켜 지니고 다니면서 거두게 하였습니다. 현재 해당 관원의 보고를 접수해보니, "고원군수 박기호(朴淇昊)의 조회 내용의 대략에 '종성대 경비로 원래 정한 금액 5천 원 중 4천 3백 32원은 전에 이미 지불했기에 나머지 금액 6백 68원만 지급하겠습니다'라고 했습니다. 탁지부의 독촉 훈령 중에 실려있는 금액을 액수대로 거두지 못하면 부대 경비를 마감할 날이 없을 것입니다"라고 했습니다.

이것에 의거하여 조사해보니 고원군에 원래 정한 경비 액수 5천 원 외에 부식비(副食費)로 추가로 획정한 9백 15원은 광무 8년 6월에 보냈고, 쌀값으로 추가 획정한 8백 44원 60전은 광무 8년도 10월에 보냈습니다. 이번에 원래 정한 액수 중 나머지 몫 6백 68원만 파원에게 내주었는데, 부식비 및 쌀값으로 추가로 획정한 몫 1천 7백 59원 64전은 아직 거두지 못했는데 해당 군에서 떠넘기는 것은 정말로 놀랍고 한탄스럽습니다. 군에 남아 있는 것이 없으면 귀 탁지부에서 독촉하는 훈령을 했을 리가 있겠습니까. 부대 경비의 마감은 한 시가 급하므로 이를 급하게 거두지 않을 수 없기에 이에 삼가 알리니 잘 살피셔서 독촉 훈령 1통을 엄히 작성해 넘기니 도착하는 즉시 거두게 해주시기 바랍니다.

광무 9년 8월 17일

군부대신육군부장(軍部大臣陸軍副將) 권중현(權重顯)

탁지부대신서리탁지부협판(度支部大臣署理度支部協辦) 유정수(柳正秀) 각하

22 종성대의 경비가 획정된 고원군에 경비 잔액을 빨리 보내도록 독촉하는 훈령을 만들어 보낸다는 조복

조복 군부

귀 제108호 조회를 접수하여 조사해 보니 종성대 광무 8년도 각종 경비를 고원군에 획정하라고 훈령했으나 거두지 못한 것이 무려 1천 7백 59원 64전이 됩니다. 해당 부대의 정황을 캐보면 하물며 이렇게 해산하는데 마감할 길이 없을 뿐더러 군에서 거행하는 것이 더욱 놀랍고 한탄스럽기 그지없기에 엄히 지시하여 지불을 독촉하는 훈령 1통을 만들어 부칩니다. 잘 살펴 전달해 보내시기 바랍니다.

광무 9년 8월 29일

탁지부대신서리탁지부협판(度支部大臣署理度支部協辦) 유정수(柳正秀)

군부대신(軍部大臣) 권중현(權重顯) 각하

23 탁지부에서 파견한 일본인이 각 군에 획정된 종성대 경비의 납부를 방해하고 있다는 조회

조회 제162호

함경남북도 각 군에 전 종성대의 광무 8년도 경비로 획하(劃下)된 돈을 한 해를 넘기도록 거

두지 못하여 부대 장부를 조사하기 어렵기에 이미 조회하여 이 뜻을 분명히 하였습니다. 이 일로 귀 탁지부에서 독촉하는 훈령도 보냈습니다. 종성군에는 광무 9년도 상반기 6개월 중 며칠 동안의 경비가 책정되었기에, 군부에서 육군부위(副尉) 김원흥(金元興)으로 하여금 독촉하는 훈령 및 원래 획정한 훈령을 가지고 가서 받아오도록 했습니다. 그러나 러일전쟁이 한창이어서 도로가 통하지 않아 오랫동안 막혔다가 이번 가을에야 비로소 사령부의 인가를 얻어 경비가 획정된 각 군에 도착할 수 있었습니다만, 이미 시기가 늦어 경비를 받아내는 것이 극히 어려웠습니다.

파원 김원흥의 전보에 따르면, "경성에 주재하는 탁지부 파원 일본인이 각군의 군수에게 통지하여 상납금(부대 경비로 획정된 금액 – 역자 주)을 내주지 말라고 했습니다"라고 했습니다. 이를 조사하니, 각 군이 책임을 떠넘기는 것만을 일삼으면서 납부를 거절한 나머지, 일본인 파원이 이렇게 통지한 것입니다. 일본인 파원의 말을 빙자하여 종성대 경비를 내주는 것을 미루는 것이 이치상 너무 분명합니다.

탁지부가 파송한 일본인이 이와 같이 통지한 것은, 생각해보면 그 이유를 잘 알지 못해 그랬을 것입니다. 이 종성대의 경비는 광무 8년도에 관련된 것이고 광무 9년도 경비도 상반기 6개월만 해당되는 것이니 모두 금고(金庫)를 실시하기 전에 해당됩니다. 지금 각 군으로 하여금 출급하지 말라고 하니 이것이 어찌 말이 되겠습니까. 종성대 회계장부를 언제 마감할 수 있을지 이렇게 되면 기약할 수조차 없게 됩니다. 종성대 병사들이 응당 받아야 할 월급도 날마다 쌓이고 있으니 일이 되어가는 기틀을 말하고 생각하면 너무나 답답하고 원통합니다.

마땅히 귀 탁지부에서 종성대 경비가 획정된 각 군에 지시하여 지체 없이 내주도록 하며, 또 파견된 일본인과 다시 교섭하여 군부에서 파견한 파원을 방해하지 않도록 하여 이미 폐지된 종성대 경비를 마감할 수 있게 해주십시오. 획정한 각 군을 아래에 밝히고 조회하니 속히 조처해주시기 바랍니다.

광무 9년 12월 15일

군부대신(軍部大臣) 이근택(李根澤)

탁지부대신(度支部大臣) 민영기(閔泳綺) 각하

(하략)

24 증빙을 위해 종성대가 그동안 각 군에서 받은 경비 금액을 알려달라는 조복

조복 군부

종성대의 광무 8년, 9년 2개년도 경비를 거두지 못한 몫을 지불하도록 훈령하는 일로 귀 제166호 조회를 접수하여 조사해 보았습니다. 해당 비용을 획정하도록 훈령한 지 이미 해를 넘겼고 부대는 하물며 폐지되었습니다. 따라서 부대와 군(郡) 사이의 관계상 경비를 하나도 보내주지 않았을 리는 없습니다. 귀 군부에서 따로 해당 부대에 훈령으로 문의하여 그간 받은 액수를 보고하여 영수증과 맞춰봐야 지금 내역을 장부에 정리할 때 뒷날의 우려가 없을 것입니다. 이에 조복하니 헤아리셔서 종성대에 훈령을 보내 그 보고가 오기를 기다린 후 자세히 알려주시기를 요청합니다.
광무 9년 12월 28일

탁지부대신(度支部大臣) 민영기(閔泳綺)

군부대신(軍部大臣) 이근택(李根澤) 각하

25 길주부가 다시 나누어졌으니 길주부에 배정된 종성진위대 공금도 나누어 배정해달라는 조회

조회 제93호

방금 길주부윤 권상익(權益相)의 보고를 접수해 보니 내용에 "본 길주부에 떼준 종성진위대의 올해 경비는 바로 이전에 길주군과 성진군을 합쳤을 때의 결총(結總)으로 계산하여 배정한 것입니다. 지금 성진군으로 나뉜 것이 이미 관보에 기재되었으니 결총도 또한 줄어들게 되었습니다. 따라서 소유한 종성대의 경비를 형세상 획정한 액수대로 보내기는 어렵습니다. 이에 보고하니 탁지부에 전달 조회하여 비용의 절반을 다른 군으로 옮겨 획정해주십시오"라고 했습니다.
이를 조사해 보니 군(郡)이 이미 반으로 나뉘었으니 상황상 그럴듯하여 이에 조회하니 잘 살펴 처리하시고 알려주셔서, 원수부 회계국에 전달하여 조회해서 황제께 아뢰고 그 지시를 받들어 원래 정한 책자에 수정표를 붙이는 것을 편하게 해주시기 바랍니다.

광무 7년 7월 8일

의정부찬정군부대신임시서리원수부기록국총장

(議政府贊政軍部大臣臨時署理元帥府記錄局總長)

윤웅렬(尹雄烈)

의정부찬정탁지부대신(議政府贊政度支部大臣) 김성근(金聲根) 각하

26 길주군과 성진군이 나뉘어졌으니 길주군에 배정된 종성대 경비 중 절반을 성진군으로 이획한다는 조복

조복 군부

"종성진위대 1903년도 경비는 길주군과 성진군을 합했을 때 배정한 비용이며, 지금은 성진군이 나뉘었으니 전체 배정한 금액의 반을 다른 군으로 옮겨 획정해 주십시오"라는 귀 제93호 조회를 접수했습니다. 따라서 이 부대의 경비 절반인 7천 원을 성진군으로 옮겨 획정하겠으니 해당 내용을 원수부 회계국에 전달해서 조회하여, 황제께 아뢰고 그 지시를 받들어 원래 정한 성책(成冊)에 수정표를 붙이신 후 다시 알려주셔서 훈령을 보내는 데 편하게 해주십시오.

광무 7년 7월 11일

27 종성대 경비 중 절반을 성진군에 이획했음을 알리는 훈령을 만들었으니 종성대에 보내달라는 조회

조회 군부

길주군에 획정한 종성대 경비 1만 4천 원 중 7천 원을 성진군에 옮겨 획정하고 훈령 1통을 이에 만들어 넘기니, 잘 살피신 후 해당 부대에 보내서 잘 거둬 쓰게 하시기 바랍니다.

광무 7년 8월 12일

XVIII

『공문편안』 번역문

1 함경도 갑산군, 삼수군의 백성이 가혹한 세금 때문에 간도 등으로 흩어지고 있는 상황을 호소하는 소장

함경도 갑산, 삼수에 사는 백성 연세건, 김기학 등의 정황 보고 문건

교화를 입은 백성으로서 어찌 감히 공납의 폐단을 말할 수 있겠습니까. 그러나 장차 고을의 모양새를 지킬 수 없기 때문에 황송함을 무릅쓰고 눈물로 하소연합니다. 본 고을은 외딴 한 귀퉁이에 있는데, 4월이면 농사를 준비해도 6월에 서리가 내리고 찬바람이 오래 불어 벼와 기장을 심지 못합니다. 산그늘이 걷히지 않아 뽕과 마도 자라지 않고 먹을 것은 귀리와 냉이이며, 입을 것은 개가죽 옷과 얽어 만든 갓입니다. 널따란 들판은 전혀 없고 푸른 높은 절벽과 녹색 숲길뿐이고 모두 산과 물이 돌아가는 깎아지른 절벽에 집을 짓고 몇 집이 이웃이 되고 열 집이 고을을 이루었으니 다른 고을에 비하면 한 귀퉁이만도 못합니다. 그러나 각종 공납은 다른 고을의 배가 됩니다. 그래서 골짜기 보잘것없는 백성들은 더러는 남쪽으로 옮겨가거나 더러는 북쪽으로 강을 건너가서 거의 반이 텅 비었습니다. 열 집이 담당해야 할 역(役)을 다섯 집이 이중으로 역을 맡고 있습니다. 백 이랑[畝]의 진세(陳稅)를 다섯 집이 나누어 담당하니 거주하는 백성들은 그 역을 감당할 수가 없어 밤낮으로 떠돌고 있습니다. 고을이 고을다울 수 없기 때문에 일제히 소리 높여 달려와 하소연합니다. 잘 살피신 후 특별히 따로 처분하여 삼수, 갑산의 하찮은 백성들이 안도할 수 있도록 해주실 일입니다.

1. 녹용과 사향(麝香)의 경우, 고을을 설치한 초기에 녹용은 3대(對) 반, 사향은 12부(部)의 대금은 녹용이 대당 2백 50냥씩, 사향이 부당 15냥씩 남영(南營)의 심약처(審藥處)에 냈습니다. 그런데 지금은 매년 세월이 갈수록 늘어나서 녹용은 9백 냥이 되었고 사향은 40냥이 되어, 한 해에 백성에게 거두는 것이 3천여 냥입니다. 또 계미년의 새로운 규정 이후에 감영의 결정문에 "무산군의 녹용 3대는 갑산군에 떼주고 대당 1천 냥씩을 바치도록 하라"라고 하셨습니다. 총 6대 반을 한 해에 백성에게 거두면 5~6천 냥이 됩니다.

1. 공물로 지정된 소피(召皮)는 바쳐야 할 공물은 아닙니다. 그런데 두 영(營)에서 각각 1백 장씩 하루빨리 바치기를 독촉하는데, 만약 조금이라도 지체되면 우두머리 아전과 향임을 잡아들이는 지경에 이릅니다. 그래서 각 사(社)의 백성들이 사방으로 흩어져서 더러 산에 올라 사냥해 얻거나 더러 저들 지역에서 사오기도 합니다. 그 수를 채우지 못하면 대금으로

15~16냥씩을 내는데, 증명서에 적어주는 것은 2~3냥에 불과합니다. 이렇게 한 해에 백성에게 3천여 냥을 거두는 것이 가장 고질적인 폐단입니다.

1. 월과(月窠)의 경우, 매년 화약을 사서 창고에 들이기 위한 돈입니다. 그런데 감영의 공문 중에 "이 돈을 상납한 후에 화약을 내려 보낸다"라고 하여 아무런 의심 없이 상납하였습니다. 그런데 지금 7년인데 끝내 해당 담당하는 곳에 운반에 보낸 것이 없습니다. 양쪽이 낭패보지 않도록 해주실 입니다.

1. 연보전(捐補錢)의 경우, 1백 20냥을 바쳤습니다. 그런데 요즈음에는 2백 40냥에다가 운반비까지 합쳐 3백여 냥을 백성에게 거두니, 가장 고질적인 폐단입니다. 정부의 결정문 내용에 "소피, 월과, 연보전은 영원히 없앤다. 녹용의 진상은 따로 바로잡으라는 뜻으로 공문을 발송했다"라고 했습니다. 만약 두 영에 납부하는 것이 전과 같다면 함부로 거둔 것이니, 대금을 정하여 탁지부에 직접 납부하라는 뜻으로 절목(節目)을 만들어 내려 보내기를 삼가 바랍니다.

갑오 11월 28일

함경도 갑산, 삼수에 거주하는 백성 연세건(延世健), 김기학(金基學) 등

함경감사(咸鏡監司) 갑산관(甲山官), 남병사(南兵使) 삼수관(三水官)

뎨김[題音]. 계미년에 정한 규정의 경우, 백성들이 편안히 생업에 종사하게 하려고 한 것인데, 어찌 두 영에서는 공물을 바친다고 핑계 대고 규정 외로 징수하여 이런 그지없는 지역에 이르렀단 말이냐. 백성들이 살아갈 바가 없으니 말하자니 마음이 아프다. 그중 담비 가죽을 바치는 일의 경우, 이는 바로 해당 항목이어서 비록 정부에서 단단히 지시하지만 감영, 남병영 두 영에서 만약 더러 따르지 않는다면 증거를 가지고 와서 하소연하도록 하라. 녹용의 경우 돈을 가지고 와서 바칠 필요는 없다. 두 고을이 모여 상의하여 현물을 사냥해서 바치게 한다면 과다하게 거두는 폐단에서 벗어날 수 있을 것이다. 병영과 고을에서는 이를 모두 알아서 시행하는 것이 옳을 것이다.

2 삼수군에 포수를 배치하기 위해 공금을 사용한 것을 인정해줄 것을 요청하는 질품서

삼수군수 유완수의 질품서

본 군은 변경의 가장 요충지에 있어서 방어하고 경계하는 일 때문에 "포수 2백 명을 선발하고 서울 군영에 바치는 것 중 비례하여 군량을 조달하라"라고 하시며 배정하라는 부(部)의 훈령이 있었습니다. 그러나 하찮은 고을의 형편으로는 2백 명의 군량을 마련하기 어려워서 50명의 포수만 선발하여 방어했습니다. 그런데 그사이 여러 차례 변경의 소요로 포수를 이끌고 변경을 순찰하고 백성들을 안정시켰습니다.

갔다가 돌아오는데 들어간 식비와 조달 군량의 총수효는 30여 석이 됩니다. 서울 군영에 바치는 것은 이미 다해 남은 것이 없고, 본 군 관할의 폐지된 두 진(鎭)의 급료 중 작년 10월부터 12월까지 3개월 묶인 봄보리가 30여 석이 됩니다. 이미 "서울 군영에 바치는 것 중에서 군량에 조달하라"라는 지시를 받들었기 때문에 이를 급료로 옮기고 난 뒤에 이런 연유를 함흥부에 보고했습니다. 그러자 돌아온 결정문 내용에 "보고한 것이 비록 당연한 조치이나 서울 관아의 지시를 기다려서 시행할 일이다"라고 하셨습니다. 이를 조사하여 위 쌀 30여 석에 대해 타당하니 문제 삼지 말아주시기를 바랍니다.

건양 원년 7월 16일

삼수군수(三水郡守) 유완수(柳完秀)

지령. 설치한 포수의 숫자는 군부에 보고하여 결정을 기다리도록 하라. 이전 두 진의 급료 묶은 어떻게 지불했으며 포수 급료가 매달 얼마였는지 상세히 성책을 작성하여 보고해오는 것이 옳다.

3 강계부에 강북의 향비를 방어할 관군 1백 명을 배치하는 비용을 마련해달라는 보고서

제3호 보고

본 강계부는 서쪽 변경의 중요 지역에 있는데 강 북쪽의 향비(响匪)가 빈번하게 놀라게 합니다. 보호할 계책과 막을 꾀로서는 병사를 배치하는 것보다 나은 것이 없습니다. 만약 근심에 대비하지 못하면 백성들이 모두 뿔뿔이 흩어질 것이니 백성들을 안정시키는 방법은 무기를 갖추는 것보다 지나친 것이 없습니다. 이전에 군부의 훈령에 따라 본 강계부에서 관군 1백 명으로 정원을 정하고 날마다 훈련하여 이미 정예가 되었기에 적을 꺾고 막을 수 있습니다. 그러나 그 수는 매우 적고 오히려 부족합니다. 급료는 우선 각 군(郡)의 공금 중에서 전용해 지불했습니다만 급료를 획하(劃下)하는 방법을 지금 확정하지 않는다면 군사들은 대부분 뿔뿔이 흩어져버릴 마음을 품을 것이니 변경을 지키는 계책은 분명 소홀하게 될 것입니다. 관군 1백 명의 한 달 급료 돈 액수와 각 항의 비용이 얼마인지를 아래 기록합니다. 이전에 동학 소요의 일로 말하자면 적들의 형세가 너무 커서 이미 성 아래에 이르자, 성안에 사는 백성들은 소문을 듣고 도망쳐 흩어져서 열 집에 열 집이 모두 비어있습니다. 당장의 일의 상황은 관군이 몸을 떨쳐 적을 막아내고 탄환을 무릅쓰고 돌격하지 않으면 어떻게 적의 무리가 별처럼 흩어지고 기왓장처럼 깨지게 되겠습니까? 성을 지키고 마을 백성을 안도하게 하는 것이 이 병사들이 아니면 누구이겠습니까. 관군 1백 명의 1년 급료 및 각 항의 잡비는 각 군의 공금에서 전용하여 지급하니 잘 살피고 떼주시어 변경을 단단히 하고 백성들을 편안하게 할 수 있도록 해주시기를 바랍니다.
건양 원년 4월 16일

강계부관찰사

지령. 이것은 군사 업무에 관계된 일이니 군부에 보고하고 전달 조회하는 것이 옳을 것이다.

4 강계부 후창군에 병력을 배치하는 비용을 공금 중에서 획정해 처리하겠다는 보고서

강계부관찰사 조승현 제26호 보고

본 강계부 관할의 후창군수의 보고 내용에 "본 군은 변경 끝에 있어 매번 비적의 소요가 많습니다. 그래서 예전에는 엄히 방어하여 뜻밖의 걱정에 대비하였습니다. 그러나 한번 방어를 폐지한 후로는 향마(响馬)의 도적 무리가 줄줄이 소요를 일으켜 작년 8월에 상인 고학선(高學善)이 총에 맞아 죽었고, 또 올해 3월에는 변경 백성 최이첨(崔已僉)이 또한 총에 맞아 죽었습니다. 게다가 단목(檀木) 청국 사람들이 각각 총과 칼을 지니고 강 주변을 두루 다니면서 멋대로 나무를 운반하고 백성의 재산을 약탈했습니다. 본 강계군 연성면(蓮城面) 건너편 고미동(古味洞)에 이른바 청국 사람으로 이름이 손양한(孫良漢)이라는 자는 본래 향마 도적의 우두머리로 무리를 이끌고 말썽을 일으켜 사람을 죽이고 재산을 약탈하는데 시도 때도 없었습니다. 그러니 강 주변에 사는 백성들이 어떻게 목숨을 보전하겠습니까. 삼가 생각해보면 얼마 안 되어 민심은 뿔뿔이 흩어지고 고을은 장차 텅 비게 될 것이기 때문에 사실을 들어 보고합니다. 자성군의 사례에 따라 때를 맞춰 방비를 설치하여 단단히 막을 수 있게 해주십시오"라고 했습니다.

향마의 비적 무리와 나무를 운반한 청국 사람들이 사람을 죽이고 재산을 빼앗아서 백성이 보호될 수 없었던 것은 단지 해당 후창군만이 그러한 것은 아닙니다. 강계부 관할 군에서 관할하는 강 주변도 "이렇게 말썽부리는 짓이 줄줄이 있어서 백성들은 편안히 거주하기 어려웠습니다"라고 하였습니다. 방비를 설치한 자성군은 일단 그런 폐단이 없습니다. 적을 방어하는 꾀와 백성을 보호하는 계책은 바로 방비를 설치하는 것보다 나은 것이 없습니다.

하지만 군사를 설치해 변경을 지키는 일은 이미 신중히 해야 하는 것에 관계될 뿐만 아니라 방비를 설치하는 급료는 현재 마련할 계책이 없습니다. 오는 가을 새로 거두는 것 중에서 헤아려 획하(劃下)하는 것이 아마도 일 처리에 적절할 것입니다. 하지만 강계부에서 감히 함부로 할 수 없어서 사실을 들어 보고합니다. 그리고 이런 뜻을 내부와 군부에도 모두 작성해 보고하니 잘 살피셔서 전처럼 방비를 설치하여 변경을 단단히 하고 백성들을 편안하게 해주시기를 바랍니다.

건양 원년 9월 5일

강계부관찰사(江界府觀察使) 조승현(趙承顯)

지령. 다만 군부와 내부 두 부의 처리를 기다릴 것

5 강계부 초산군에 침범한 비적 무리를 토벌할 때 사용한 비용을 요청한 보고서

강계부관찰사 조승현 제34호 보고서

본부 관할 초산군에 비적 무리 4백여 명이 침범해 와서 본 강계부 병정 43명을 즉시 모아 보냈고, 강계부 관할 군(郡) 부근 5개 면에 명령을 내려 포군(砲軍)을 징발하였고 군사 비용은 본 강계부 경비 중에서 전용하였기에 아래와 같이 기록하여 보고합니다. 잘 살피셔서 액수대로 감하(減下)해주시기 바랍니다.

좌개(左開)

돈 25냥 8전	병정 43명이 신을 짚신 86부(部) 값
돈 25냥 2전	병정이 발을 싸맬 흰 무명 1백 26자 값
돈 60냥	비적 무리가 초산군 지역을 침범한 일로 보고를 갖고 간 사령(使令)의 여비
돈 14냥 6전	화약과 탄환을 싣는 말을 빌린 값
돈 1백냥	조총 50자루 수리대금

총합 2백 25냥 6전

건양 원년 9월 22일

강계부관찰사(江界府觀察使) 조승현(趙承顯)

지령. 군수(軍需)는 군부 관할이며 경비는 내부 관할임. 두 부에 따로 보고하고 본부(本部)에 전달 조회하여 처리하게 하는 것이 옳음.

6 청국과 개시할 때 사용했던 청국의 관청 건물을 판매해 백성들에게 지급하라는 훈령

훈령 군수 김홍서

본 군 백성 오상립(吳相立) 등의 소장에 따르면, "개시(開市) 때에 청국 관청이 있는데 철거하거나 수리하는 사항은 백성에게 비용을 거둬 보충한 것을 이미 수백 년간 해왔습니다. 그런데 한번 개시가 중지된 이래 폐쇄된 관청 건물만이 외따로 우뚝 남아서 비바람에 무너지자 최근 종성대 병영에서 아무런 까닭 없이 철거했습니다. 군의 백성들에게 없어지지 않게 해야 합니다"라고 했습니다. 이를 조사하니 청국 관청이 설치된 처음에 회령군 백성들의 힘으로 건물을 세웠습니다. 지금 청국과의 개시가 이미 없어지고 관청 건물은 오래되어 무너졌으니 군에서 판매해서 백성들을 돕게 하고 경위를 긴급 보고하는 일입니다.

광무 2년 1월 31일

회령군수(會寧郡守) 김홍서(金鴻瑞)

7 북청지방대 출동비를 지급하라는 훈령

훈령 군수 조두현

군부 조회에 의거하여 이에 훈령하니, 삼수군과 갑산군에서 비적이 소요를 일으켰을 때 북청지방대가 출동해 주분한 비용 2천 5백 원을 본 길주군의 공금 중에서 지불하고 영수증을 받아 보고하니, 근거로 삼아 조사하는 것이 옳을 것입니다.

광무 2년 12월 26일

길주군수(吉州郡守) 조두현(趙斗顯)

8 종성진위대의 경비를 위해 지방 둔전을 판매한 경위를 해명한 보고서

광무 2년 1월 29일 관찰사 조존우 제1호 보고

탁지부의 제4호 훈령 내용에 "관할 각 군(郡)의 관둔(官屯)을 남김없이 작성해 보고하여 본 탁지부에서 도조(賭租)를 정하는 일로 조금 전에 이미 훈령하였습니다. 이번에 처음 도조를 정하는 때를 맞아 왜 군이 군의 둔전에만 시행하겠습니까. 부의 둔전도 아울러서 모두 시행하는 것이 바로 당연한 일입니다. 본 강계부의 둔전도 역시 즉시 뽑아 보고하여 살펴보게 하였습니다. 한 치 한 자의 땅이라도 명목상 공공 물건이면 어리석은 사내나 아녀자라 할지라도 분명 관계되는 바가 중요하다는 것을 알 것입니다.

그런데 지금 듣자니 경성군 관둔 중 몇 곳을 팔았는데 받은 값이 1만 2천 냥이라고 하고, 부령군 관둔 몇 곳을 팔았는데 받은 값이 3천 5백 냥이라고 합니다. 이렇게 법을 깔보는 것이 옛날에 있었단 말입니까. 한심한 일 처리가 이보다 심할 수가 없으니 마땅히 별도로 징계해야 합니다. 일단 먼저 훈령을 발송하니 부의 둔전 결수를 사실대로 작성해 보고하고 경성군, 부령군의 현재 관의 토지 결수도 또한 조사해 보고하고, 땅을 판 돈은 부리나케 본 탁지부에 액수대로 들이도록 하되 조금이라도 지체하지 말아서 처벌에 걸려드는 것에서 벗어나라는 뜻으로 문구를 만들어 엄히 지시하는 것이 옳습니다"라고 했습니다.

삼가 생각해보면 부의 둔전 중 부령군에 있는 4결 85부의 경우, 전 관찰사 때에 팔아서 돈 1천 냥을 본 부의 각 항목을 바로잡는 데에 이미 보충했습니다. 경성군의 관둔전 15결 64부 5속의 경우, 원래 상납과는 관계없고 해당 경성군의 일의 형세가 어렵기 그지없었기 때문에 지난 봄에 백성들이 모여 판매하고 모은 돈 1만 2백 냥을 받아 백성들에게 나눠주고 종잣돈을 만들고 이자를 받아 고을의 공공 비용에 삼았습니다. 그런데 현재 종성진위대에서 군대 자금으로 징발하여 매년 이자 몫만 받아서 쓴다는 일을 이미 타협해 정했습니다. 그런데 지금 훈령 지시를 받들어보니 진실로 답답하기 그지없습니다. 그러나 일의 형세가 이와 같아서 지금 강계부에서 함부로 들일 수 있습니다. 강계부의 둔전 중 경성군 주촌(朱村)에 있는 12결 중 경인년에 물난리를 만나 없어진 토지를 제외하고 현재 경작 중인 5결 10부와 부령군 관둔 1결 2부 8속도 또한 지방대로 들어가서 조사 중입니다. 때문에 이에 보고하니 조사하여 처리하시기를 요청합니다.

광무 2년 1월 29일

함경북도관찰사(咸鏡北道觀察使) 조존우(趙存禹)

지령. 각 도 각 군의 관둔은 모두 본 탁지부에 속하고 폐지된 영과 진의 둔토는 지방대에 속한다. 경성군의 둔토를 함부로 판매하여 군의 비용으로 썼다고 말하는 것은 진실로 무엄하기 그지없다. 때문에 이전에 백성들의 하소연에 따라 도조를 정하고 개간을 허용하라는 뜻으로 증명서를 만들어 훈령으로 지시했으니 이대로 시행하라. 그리고 이전의 영둔(營屯)은 지방대에 소속시키며 관할 각 군의 관둔은 또한 즉시 훈령으로 지시하여 남은 액수를 빠짐없이 작성해 보고하라는 뜻으로 엄히 각 군에 훈령할 일이다. 광무 2년 3월 21일

9 종성진위대의 경비를 위해 지방 둔전을 판매한 경위를 재차 해명한 보고서

광무 2년 2월 28일 관찰사 조존우 제6호 보고

방금 경성군수 지봉령(池鳳翎)의 보고서를 접수해 보니 내용에 "해당 군의 여섯 사(社)의 유향(儒鄕) 차철제(車哲濟) 등이 아뢴 것을 살펴보니, 군의 둔전은 원래는 군 백성들의 밭이고 애당초 국가의 결총(結總)과는 관계가 없었기에, 백성에게 경작하여 먹는 것을 허락하시고 세금의 경우, 매년 거두어 받아서 군 백성들의 필요에 충당했습니다.

그런데 많은 백성들이 징세를 원통해 하는 것의 경우, 바로 경인년, 병신년에 원전과 속전은 재해 토지로 인정받지 못했던 몫입니다. 그래서 이를 팔고 위 돈으로 종잣돈을 만들고 이자를 받아 계산해 재해 토지에서 제외하면 군에서 추가로 걷는다는 한탄이 없을 것이고 백성에게는 세금 걷는 것을 없애주는 효과가 있습니다.

그래서 지난봄에 각 사(社)의 여러 백성들이 읍회(邑會)에서 함께 논의했고 위 밭 15결 64부 5속을 팔았던 총합계 1만 2백 냥이 되었습니다. 3할의 이자를 받아 각 사의 종잣돈으로 만들고 경인년 재해 토지로 인정받지 못한 몫 6백 55냥 4전 2푼, 병신년 재해 토지 중 6/5를 인정받지 못한 몫 1천 1백 96냥 9전 6푼, 합계 1천 8백 52냥 3전 8푼을 계산해 제외하고, 남아있는 돈 1천 2백 7냥 6전 2푼은 도전(賭錢)으로 계산하여 들이는 것으로 결정했습니다.

그런데 지난번 종성진위대에서 도세(賭稅)는 시행하지 않고 위의 돈 이자 몫 3천 60냥 중 2천 40냥을 군대의 경비로 이미 가져가 썼습니다. 그리고 1천 20냥은 관찰부에서 뗀 것을 관찰부에서 본 군에 도로 주셨기에 백성에게서 거두는 것에 보충해 사용할 것입니다. 만약 탁지부의 증빙 문서를 받들어 행한다면 지금 이후로 재해 토지에 대해 조처하는 것은 매년 백성에게서 거두는 것 외에는 정말로 방법이 없습니다.

둔전 백성들이 서울의 관청에 하소연하는 글로 아뢰는 것에 대해 말하자면 어찌 그리도 어리석고 고집이 세단 말입니까. 속이는 일은 끝내 가리고 덮기 어렵습니다. 그런데 한 고을의 둔전을 자기가 자치하려는 좋은 기회로 여기고 전해져오는 둔전이라고 하면서 이야기를 꾸며내고 거짓으로 아뢰어 예전에 경작하던 백성들이 경작하여 먹고 도세를 4백 냥을 정하라는 뜻으로 증명서가 도착하기에 이르렀으니 어찌 이처럼 이치에 어그러지게 걸핏하면 소송하는 자가 있단 말입니까. 온 고을이 함께 의논하여 팔았던 둔전을 변변치 못한 백성이 거짓으로 하소연하여 지금 만약 되물린다면 문란하게 땅을 산 백성들은 오히려 따질 것 없지만 나라를 이롭게 하고 백성을 편하게 하려는 본래의 뜻은 정말 어디에 있는 것입니까. 나라를 이롭게 하는 것으로 말하면 4백 냥의 도세를 위에 바치는 것과 2천 40냥의 이자 수익을 부대에서 사용하는 것 사이의 이익과 손해는 하늘과 땅처럼 매우 다릅니다.

백성을 편하게 하는 것으로 말하자면 1천 20냥의 매년 이자 수익으로 민간에서 거두는 것을 없애면 그 혜택이 적지 않을 것입니다. 그런데 이치를 왜곡하는 무리가 한갓 공전을 사사로이 경작하는 한없는 욕심만 생각하고 이 지역 여러 백성들이 노력한 것은 돌아보지 않으니 그 뜻이 흉악하고 사납습니다. 둔전을 경작하는 백성에 대해 말하더라도 불과 백여 명의 백성을 함부로 3백여 명이라고 기록한 것은 속였다는 죄가 없을 수 없습니다. 동쪽 서쪽 창고의 둔전 2결을 여규홍이 경작해 먹고 세금을 바치는 일에 대해 말하더라도, 전에 있었으니 관노들이 경작해 먹고 세금을 바치는 것은 비록 어린아이라고 하더라도 이미 모두 알고 있는 것이지만, 여규홍이 빼앗아 경작하고 세금을 바치는 일의 경우 어찌 그릇되게 속이는 짓이 아니겠습니까? 이것을 바로 욕심을 채우는 것에 불과합니다.

일이 매우 통탄스럽고 한탄스러워 이에 일제히 아룁니다. 사실대로 관찰부에 보고하고 서울 관아에 따져 보고하여 위 돈 1만 2백 냥을 전처럼 종잣돈으로 만들어 이자를 받아서 한편으로는 나라의 쓰임새를 보충하고 한편으로는 백성에게서 거두는 것을 보충하여 나라와 백성이 서로 이익이 되게 해주십시오. 서울 관아에 거짓으로 하소연한 소장의 우두머리 백성의 경우 사실을 조사하여 엄히 처리하셔서 뒷날의 짓거리를 막도록 해주십시오"라고 했습니다.
삼가 조사해보니 해당 둔토의 경우, 대체로 백성들에게 예전에 경작하던 것을 그대로 경작하도록 허락한 것은 백성을 생각하고 보호하려는 정책입니다. 그런데 이자를 받는 것과 도세의 이익과 손해의 크고 작은 것에 대해 말하자면 대략 1만 2백 냥에 대한 이자로 받는 것은 매년 3천 60냥인데 군대 경비에 보충하고 백성에게 거두는 것을 보충하면 덕이 퍼지는 효과는 여하간 역참에서 소식을 전하는 것보다 빠른 것을 볼 수 있습니다. 예전대로 할 수 있다면 이른바 도세는 겨우 4~5백 냥에 불과하니 돈을 보충해 쓰는 것은 경중이 완전히 다릅니다. 이는 편리함이 편리함을 반대하는 것일 뿐만 아니라 땅을 산 사람이 문란하게 억울함을 호소하는 일이 바로 반드시 이르게 될 형세입니다. 또 종성진위대에 이미 내려준 돈을 지금에 이르러 완전히 돌려받는 것은 매우 어려워질 것입니다.
총괄하면, 애달프게도 저 농사짓는 백성들이 하소연한 것을 어찌 한없는 욕심이라고 할 수 있습니까. 지금 일제히 호소하는 백성들의 논의를 보건대 적절하다고 할 수 있지만 지금 탁지부의 훈령과 증거 문서가 있는 마당에 함부로 할 수 없어 이에 보고하니 조사하고 지령하여 바로잡아주시기 바랍니다.
광무 2년 2월 28일

함경북도관찰사(咸鏡北道觀察使) 조존우(趙存禹)

지령. 폐지한 영(營)과 진(鎭)의 둔전은 지방대에 부치고 각 군의 관둔 창고 터는 모두 본 탁지부에 속하며 세금과 도조도 모두 국고에 속한다. 지방대가 경계를 알지 못하고 근거 없이 거두어 간 것은 정말로 일 처리 원칙이 아니다. 따라서 군부에 조회하여 지금 바로 결론 내리도록 하라. 군에서 거리낌 없이 공공 토지를 팔아서 "자기 고을에 보충해 썼다"라는 것도 무엄하기 그지없다. 농사를 짓는 백성에 대해 말하더라도 오랫동안 경작하던 백성이 갑자기 그 땅을 잃어버리고 발을 싸매고 와서 하소연하는 것은 불쌍하지 않을 수 없다. 이른바 땅을 산 백성들은 해당 돈만 도로 거두면 무슨 억울함이 있겠는가. 땅을 팔아서 이자를 받는 것은 비록 유리하다고 할 수 있지만 본 탁지부 관할의 둔토를 일단 팔 이치가 없기 때문에 도세를 정하여 백성들에게 경작을 허가하는 까닭이다. 이를 해당 군에 엄히 지시하여 증거 문서 그대로 시행하라. 지금 관둔전에서 나오는 것은 군의 경비와 관계가 없으니 모두 해당 군에 엄히 지시하여 나쁜 짓거리를 뒤쫓지 말 게 할 일이다. 광무 2년 3월 23일

10 종성진위대에 보내기로 한 이자 수익은 그대로 인정해달라는 보고서

광무 2년 2월 16일 관찰사 제4호 보고

탁지부의 제5호 훈령에 "무릇 재관(財款)으로 거두어 국고에 들일 수 있는 것을 남김없이 조사하는 것이 나라를 부유하게 만드는 정치입니다. 중앙과 지방의 관청이 마땅히 모두 따라야 할 것입니다. 함경북도로 말하더라도 아오지(阿吾地) 변경 공금(公錢), 동포(洞布) 변경 공금, 대련(隊練) 변경 공금, 포위(砲衛) 변경 공금을 갑오년 이전에는 모두 취소했고, 변경의 공금은 경장 이후 을미년, 병신년에는 이전의 법식을 그대로 따를 필요가 없습니다. 경장 이후에는 마땅히 옳은 대로 조처해 처리한 것이 있는데 왜 백성들에게 세금을 그대로 거둬서 국고에 납부하지 않고 어떤 곳에 쓴 것입니까. 공계(公計)와 관련이 있으면 비록 적은 액수라도 마땅히 귀속시켜야 하는데 하물며 큰 금액은 어떻겠습니까. 빨리 탁지부에 납부하되, 각 군과 폐지한 진영에서 받은 이자 수익과 본전은 특별히 탕감하겠습니다. 하지만 을미년, 병신년에 변경의 세금으로 거둔 것은 이미 모두 확인하여 장부에 기록했으니 마땅히 납부해야 합니다. 만약 공용에 썼다고 핑계를 대거나 혹은 민간에 돌려줬다고 하면서 기한을 넘기면 각 군의 향장(鄕長)과 서기는 결단코 마땅히 잡아들여 엄히 받아낼 것이며 지시를 어긴 책임을 먼저 물을 것입니다. 유념하여 그대로 시행하되 훈령이 도착한 일시와 거행한 상황을 먼저 속히 보고하는 것이 옳습니다"라고 하셨습니다.

이어서 도착한 탁지부의 제6호 훈령에 "폐지한 진보(鎭堡)의 건물 및 창고, 마당(馬堂) 등을 각별히 관리하며 지키도록 일찍이 여러 번 훈령하여 엄히 지시했습니다. 그런데 지금 들으니 지방대에서 폐지된 진(鎭)의 터를 자기 부대에 부속시키고 건물을 철거했다고 하여 놀라웠는데 각 군이 이를 심상히 보고 금지하지 못했다고 했습니다. 법과 기율을 살피면 지극히 통탄스럽습니다. 이에 다시 훈령하니, 훈령이 도착하는 즉시 각 군에 지시하여 금지하게 하고 이전처럼 새나가지 않게 하여 각별히 지키도록 철저히 지시하는 것이 옳습니다"라고 하셨습니다.

이어서 도착한 탁지부 제7호 훈령에 "본부의 별향미(別餉米)와 폐지한 각 진의 창미(倉米)는 곧 나라의 곡식이니 너무나 중요합니다. 그런데 지금 있는 것들을 이번 봄에 관찰부에서 멋대로 팔아버렸고 또 현재 진영을 치고 있는 지방대에서 임의로 요구해 쓰고 있다고 합니다.

이것이 어찌 말이 되겠습니까. 환곡은 비록 경장이 있었어도 그 존폐를 어찌 함부로 결정하겠습니까. 법에 어긋날 뿐만 아니라 국계(國計)에도 크게 관계됩니다. 하물며 예산을 변경하기 어려운 때가 아닙니까. 매우 놀랍고 의아합니다. 이에 먼저 훈령을 보내니 그 곡식을 판매한 돈 6만 6천 7백여 냥을 지금 훈령을 받은 후 20일 안에 순교를 정해 곧바로 운반해 올리되 만약 명령을 어기거나 지체되면 문제가 생기는 것을 면하기 어렵습니다. 심상히 여기지 말고 조심하여 따르는 것이 옳습니다"라고 하셨습니다.

이어서 도착한 제8호 훈령에 "볼하진(乶下鎭) 안의 소나무를 판매하여 1천 5백 냥을 그 값으로 받았다는 것은 지금 이미 들었습니다. 그런데 이것은 전 관찰사들이 관할한 일이지만 왜 탁지부에 공문을 보내지 않고 이렇게 멋대로 처리했습니까. 이는 탁지부의 관할이며 법에 따르면 마땅히 국고에 귀속해야 합니다. 이에 훈령을 보내며, 훈령이 도착한 후 20일 안에 해당 금액 1천 5백 냥을 반드시 납부하되 만약 근거 없는 말로 무시하고 버티면 그 당시의 장리(將吏)는 엄한 처벌을 면할 수 없을 것입니다. 확실히 깨닫고 삼가 따르되 그 값을 더러 판 사람에게 중복 징수하면 이는 법 외의 행동이니 일체 거론하지 말도록 하여 문제를 일으키지 말도록 하십시오. 해당 진의 토지는 지방대에 맡기는 것이 옳습니다"라고 하셨습니다.

제5호 훈령 중 아오지 변경 공금은 병신년에는 법부의 지령에 따라 징수하지 않았습니다. 정유년 이후에는 지방대에 이속하여 각종 이자를 받았으나 이는 함경북도관찰부와는 관계가 없습니다. 동포전은 각 군에 더러 남아있기도 하고 없어지기도 했으나 처음에는 이자를 받는 전례가 없었습니다. 연대전 및 별포전은 병신년까지는 포수들의 급료로 들여 썼고, 정유년에는 지난 가을 군부 훈령에 따라 각 군의 각종 이자 수입을 지방대에 속하게 했습니다.

제7호 훈령 중 별향미의 대전(代錢)은 전 관찰사 재직 시 각 군에서 상납한 것을 올려보냈는데, 이를 끌어서 탁지부에 납부했습니다. 이번 봄에 결호전(結戶錢) 중에서 충당하여 지방대에 보낸 것은 군부의 훈령에 따른 것입니다.

제6호 훈령 중 폐지한 진보의 건물 및 창고, 마당 등 땅은 지금 철거되지는 않았습니다. 그러나 이 또한 지방대 관할입니다.

제8호 훈령 중 볼하진의 소나무는 전 관찰사 때 팔아서 그 값으로 1천 5백 냥을 받았습니다. 그러나 새로운 제도가 제정된 후에는 관찰부의 형편상 재정을 유지하기 어려워 장차 흩어지기에 이를 지경이므로 부득이하게 이 돈으로 모자란 재정을 메꿔왔습니다. 또 몇 개의 부속(府屬)이 이번 흉년을 당하여 더욱 살기가 어려워져 원한을 품고 흩어질 지경이라고 합니다.

그래서 이미 자질구레한 비용을 지출했습니다. 그래서 지금 도로 받아내라고 훈령하신 것은 실로 시행할 방법이 없습니다.
이를 아우르면, 각종 이자로 받은 금액은 모두 군부에 관계되며 여러 번 훈령을 받아 지방대에 형세상 보내야 할 상황인데 이번에 탁지부 훈령을 차례대로 확인했습니다. 그래서 마땅히 받들어 행할 여유가 없습니다. 종성진위대의 배치는 이미 칙령을 받들어 병사를 모집하고 있으니 지금 관찰부에서 함부로 탁지부 명령을 시행할 방도가 없습니다. 따라서 이에 보고하니 조사하셔서 군부에 이조(移照)하시고 확실히 의논하여 바로 잡으시고 정책을 통일하여 지령해주시기를 요청합니다.
광무 2년 2월 16일

함경북도관찰사(咸鏡北道觀察使)

지령. 각 군에서 이자로 받은 금액은 지금 지방대에 속했으니 거론할 필요가 없다. 을미년, 병신년의 변경 공금은 민간에서 받아냈으나 따로 귀속시킬 곳이 없기에 한 번 조사하지 않을 수 없어서 전에 훈령을 내렸다. 지금 포수들의 급료로 사용했다고 보고했는데, 이미 없어진 포수에게 왜 급료를 주는가. 비록 온당하지 않지만 특별히 헤아리겠다. 포진의 소나무를 함부로 판 것은 지극히 해괴하다. 보고의 내용과 군부의 조복에 다른 부분이 있으니 매우 의아하고 의심스럽다. 나무값은 마땅히 보내야 할 곳에 보내서 납부하도록 하고, 별향미와 진창미 값도 군부와 협의하여 지방대에 획부(劃付)하라. 폐지한 진영의 건물과 각 군의 창고는 이미 탁지부의 관할이니 철거하거나 판매하는 것을 논의하지 말고 모두 지켜내도록 각 군에 엄히 지시할 것이다. 광무 2년 3월 31일

11 탁지부가 상납을 요구한 어염선세, 곽암세, 토염전세는 종성진위대에 보내지고 있다는 보고서

광무 2년 3월 7일 관찰사 조존우 제7호 보고

제10호 탁지부 훈령 내용에 "도내 각 군의 을미년, 병신년, 정유년 어염선세(漁鹽船稅), 곽암세(藿岩稅), 토염전세(土鹽田稅) 바치기를 매년 지체했을 뿐만 아니라 또한 그중 대부분이 숨

겨지거나 빠져나갔다. 세법을 살펴보면 매우 놀랍기 그지없다. 이에 훈령을 발송하니 각 항의 세금을 철저히 조사해내고 그간 미납한 세금을 빠짐없이 거두어서 이번에 가는 박병필(朴丙必)에게 질질 끌지 말고 내주고 지체되어 말썽이 생기는 데에서 벗어나는 것이 옳은 일이다"라고 하셨습니다.

위의 다섯 조목의 세금은 모두 이미 종성진위대에 모두 모였고 그중 곽암세는 또한 궁내부에 부쳐 절반은 공물로 바치고 절반은 바닷가 백성들에게 채취를 허락했습니다. 그런데 지금 탁지부 훈령을 받았으니 어떻게 받들어 행해야 할지 알 수 없어 두렵습니다. 관찰부에서는 감히 함부로 할 수 없어 이에 보고하니 조사하여 궁내부와 군부에 조회하고 확정하여 지령해주시기를 바랍니다.

광무 2년 3월 7일

함경북도관찰사(咸鏡北道觀察使) 조존우(趙存禹)

지령. 어염선세는 본 탁지부의 공식 공물에 관계되며 명목 없는 잡세(雜稅)와는 다르다. 따라서 규정대로 각 군에서 바치기를 요구하는 것이다. 지방대는 이 세금과 무슨 관계가 있어서 공식 공물을 바치는 것을 어그러뜨린단 말이냐. 바야흐로 군부에 조회하여 침해하지 말도록 하겠다. 10개 군의 을미년, 병신년, 정유년 3년 동안 바치지 않았던 어염선세와 토염전세는 엄하게 독촉해 거두어서 이전 훈령대로 박병필에게 내주어 말썽이 생기지 않도록 하라. 곽암세는 본 탁지부에서 관할이 일이 아니다. 광무 2년 3월 31일

12 종성진위대 예산과 관련된 함경북도의 각종 세금에 대한 관할을 지정하니 그대로 준수하라는 훈령

훈령 관찰사 조존우 제22호

관할 각 군에 관계된 일로 본 탁지부, 군부에서는 그사이 협의하여 종성진위대에 내려보낼 해당 부(部)의 훈령을 만들어왔기에 이에 발송하니 도착하는 즉시 살펴보시고 해당 부대에 전달해 보내 즉시 밝게 알게 하여 다시는 분란이 없게 하라. 이 조목 저 항목이 지금은 확실히 나뉘어졌으니 각자 그 관할에 따라서 모두 준수하여 어기지 말라.

그중 관둔은 해당 훈령의 아래를 보면 비록 군부에 속하지만 현재 왕복하였으나 아직 결정되지 않았으니 앞으로 어떻게 될지는 보도록 하라. 어염세의 경우, 본 탁지부에 이미 속했으니 다시 어찌 다름이 있겠는가. 모두 이전 훈령대로 어세, 선세, 염분세(鹽盆稅), 염전세(鹽田稅)의 을미년, 병신년, 정유년, 무술년 몫의 경우, 즉시 빨리 파원(派員) 박동필(朴東弼)에게 내주어와서 바치게 하라. 다시 더러 지체하면 이는 본 함경북도관찰부가 하고자 하지 않은 것이지 어쩔 방법이 없어 그렇게 된 것은 아니다. 진실로 그렇다면 세금을 바쳐서 빠짐없이 장부를 정산하는 것을 어찌 바라겠느냐. 모두 유념하고 준수해 시행하여, 다시는 우물쭈물 얼버무려 말썽이 생기지 않도록 하는 것이 옳은 일이다.

광무 2년 4월 28일

함경북도관찰사(咸鏡北道觀察使) 조존우(趙存禹)

13 종성진위대에서 역토 도세를 과도하게 징수하고 있다고 항의하는 소장 내용에 대해 해명하는 보고

광무 2년 9월 28일 관찰사서리경성군수 지봉령의 제42호 보고

방금 10개 군(郡)에 사는 백성 이병극(李秉極) 등의 소장을 보니, "역토(驛土) 백성의 전세 부과가 고르지 않은 것은 일찍이 80년 양안(量案)을 수정할 때부터였습니다. 그때 문서를 담당한 사람이 5등 이상은 역(役)을 지지 않는 역토에 넣었고, 6등 이하는 역을 담당하도록 소속시켰습니다. 이것이 비록 백성들을 편하게 하려는 등급이지만 실제로는 공공에 피해를 끼치는 터무니없는 등급이었습니다. 당시 역인(驛人)들이 만약 뒷날에 더러 결세(結稅)의 폐단이 있을 줄 알았다면 하등의 밭을 명목상 상등으로 기꺼이 만들었겠습니까?

새로운 법이 시행될 때 시찰사(視察使), 사판관(查辦官), 지방대 파원(派員)이 역토를 현장 조사할 때에 토지의 품질을 상세히 조사하고 '남도(南道)의 토지 품질과 비교하면 중등급보다 아래는 전혀 아니다'라고 하고 6등으로 타협해 정하고 사안을 결단해 결론 내렸습니다. 탁지부와 관찰부 사이에서 이렇게 공정한 마음과 바른 눈을 가진 세 사람이 모두 하나로 결론지었습니다. 그러니 명확한 조사와 명확한 증거가 어찌 이보다 심한 것이 있겠습니까.

이는 정말로 공정하기 때문에 현재 종성진위대에서 군부 훈령에 따라 역토의 도세(賭稅)는 복결을 풀어 6등으로 하여 바치기를 요구하니 도세는 높더라도 백성들의 원망은 없습니다. 탁지부 관련 역토 결세의 경우, 남도의 상등급 좋은 밭의 세금으로 모두 바치기를 요구하니 결전이 비록 낮더라도 백성들의 원망은 있습니다. 따라서 어찌 동쪽에는 해가 뜨고 서쪽에는 비가 온다는 한탄이 없겠습니까. 탁지부에 바친 하소연한 글을 첨부하여 삼가 하소연합니다. 위토전은 옛 양안에서 진전(陳田) 등급이니 그대로 두고, 6등급의 결세로 풀어주기로 조사하여 정한대로 올려 바치도록 탁지부에 보고하여 백성들의 원망이 없게 해주시기를 요청합니다"라고 했습니다.

해당 백성들이 탁지부에 바친 지령을 확인해보니, "역토의 결수는 관찰부가 보고한 조세장부[租案]를 시행하고, 결세(結稅)는 해당 각 군의 민결(民結) 사례대로 시행할 일이다"라고 하셨습니다.

와서 아뢴 것을 듣고 속사정을 알아보니, 역토는 6등급으로 등급을 나눠 역을 부과하지 않는 것으로 두고 민전은 원전과 속전으로 나눠 역을 지도록 하였습니다. 현재 개혁하는 날에 역토와 민전을 따지지 않고 모두 바치기를 요구하는 때에 역토로 말하자면 개인 백성의 원전(元田)과 비교하면 비록 중간 등급의 토지라도 실제로는 갑절로 징수하였습니다. 민전에 대해 말하자면 원전과 속전(續田)으로 구별하고 또한 등급을 나눠 세금을 부과하니 하등급이라 할지라도 정말로 함부로 징수한다는 원망이 없습니다. 관찰부에 있는 조세장부는 이전에 6등급의 총수를 보고한 것이니 이에 따라 시행하면 해당 백성에게 복결을 풀어 세금을 징수할 것이 없을 것입니다. 해당 각 군 민결의 사례에 따라 시행하는 일에 대해 말하자면 6등급 복결을 풀어 총액을 줄인 이후에야 민결 사례를 시행하는 것이 정말로 편의에 맞겠습니다.

그러나 역토와 민전은 모두 국가 토지 총수에 관계되니 백성의 원망이 비록 이와 같더라도 아래에서 함부로 결단할 수 없어 경성군, 명천군, 길주군 3군의 역토 중 6등급으로 복결을 풀었던 수를 아래와 같이 보고합니다. 조사하신 후 특별히 똑같이 간주하여 지금 이후로는 6등급 복결을 풀어 세금 총액을 계산하고 민전의 원결 사례대로 지령해주시기 바랍니다.

광무 2년 9월 28일

함경북도관찰사서리경성군수(咸鏡北道觀察使署理鏡城郡守) 지봉령(池鳳翎)

좌개(左開)

경성 역토 1백 57결　　　7부 7속

명천 역토 66결 73부 6속

길주 역토 1백 12결 97부 7속

지령. 매우 중요한 나라의 결세(結稅)를 선불리 의논해 등급을 풀고 세금 총액을 줄일 수 없다. 작년 사례대로 거두어올려 바치라는 뜻으로 별도로 3개 군에 지시할 일이다. 광무 2년 12월 26일

14 삼수군 경비 부족액 중 새 군수의 여비는 월변 백성들에게서 거둬 마련했다는 보고

광무 2년 3월 23일 관찰사서리정평군수 허호 第6호

관할 각 군의 정유년 상반기 6개월 경비 명세서는 전에 이미 거두어 올렸습니다. 하반기 6개월 경비 명세서와 1년간 받아 내준 회계성책이 지금 방금 일제히 도착했기에 단단히 싸서 올려 보냅니다.

북청군의 경우, "해당 군의 역도세(驛賭稅)를 이미 지방대에서 주관하였으니 체전부(遞傳夫) 4명의 급료 3백 60냥을 처리할 길이 없어 결호전(結戶錢) 중에서 지불했습니다"라고 해당 군수 윤자설(尹滋卨)이 이와 같이 보고했습니다.

삼수군의 경우, 올해 경비 부족 몫은 탁지부 지령을 받고 군에서 조처했고 성책을 작성하여 올려보내서 이미 마감했습니다. 새로운 군수가 내려오는 여비 3백 86냥 5전은 조처할 수 없어 어쩔 수 없이 원총 이외 경계 건너 백성 가구에 돈 1백 20냥 및 중평장(中坪場) 1백 가구에서 돈 2백 10냥을 거둬서 채웠습니다. 그러나 "해당 지방의 백성 가구는 민호가 모이고 흩어지는 것이 일정하지 않아 올해에 이르러 작년처럼 세금 총액을 파악할 수 없습니다"라고 해당 군수 채규승(蔡奎昇)이 보고한 것이 이와 같습니다. 두 군의 일의 형세는 실제로 읍의 보고와 같으며, 각 군에서 올려 바쳤던 영수증을 돌려보내지 않은 것에 대해서는 않은 것은 연달아 더욱 엄히 독촉해야 하기에 보고하는 일입니다.

광무 2년 3월 23일

관찰사서리정평군수(觀察使署理定平郡守) 허호(許鎬)

지령. 관할 각 군의 정유년 결호마감성책은 모두 살펴본 후 붉은 색으로 수정해 내려보내니 이대로 시행하라. 앞으로 마감할 때에는 성책 2개씩 작성해 올려보내 1건은 반첩(反貼)하여 내려보내고 1건은 본 탁지부에 두어 서로 검토하게 하라. 병신년 몫 마감도 또한 작성해 보고하라는 뜻으로 엄히 지시하고 각 군에 있는 돈의 경우, 부리나케 와서 바쳐서 말썽이 생기지 않도록 하라는 뜻으로 해당 각 군에 알리도록 할 일이다. 광무 2년 5월 30일

15 비적 무리의 공격을 겪은 갑산군, 삼수군 백성들의 호역을 면제시켜 달라는 보고

광무 2년 8월 29일 관찰사 황기연 제11호 보고

갑산군과 삼수군 2개 군에서 이번 봄에 비적들이 소요를 부릴 때 재앙을 당해 버티기 어려운 백성을 사실대로 조사하여 위로하고 구제하는 방안을 따로 강구하여 보고해오라는 뜻으로 훈령을 발송하여 단단히 지시했습니다.

두 군의 보고가 지금 막 일제히 도착했기 때문에 차례대로 접수해 보니 내용에 "이번 봄에 흩어져 떠돌아다니는 백성들이 비록 이미 돌아와 모였지만 그중 더욱 심한 가구는 갑산군 운총사(雲寵社), 혜산사(惠山社), 보천사(普天社) 3개 사의 각 마을을 합쳐 계산하니 1백 12호이며, 삼수군의 인차외사(仁遮外社)의 각 마을을 합쳐 계산하니 36호입니다. 명단성책을 각각 작성해 올립니다. 그리고 현재 머물러 지내게 할 길이 정말로 없으니 서울 관아에 전달 보고하여 회복되는 될 때까지 5년을 기한으로 호역(戶役)을 면제해주십시오"라고 했습니다.

이에 따라 조사하니 소요를 겪은 백성의 사정을 생각하지 않을 수 없습니다. 그러나 괴롭게도 위무하고 진휼할 방법을 생각해내기 어렵습니다. 군의 보고가 이와 같으니 5년에 한하여 호역을 면제해줘서 조정이 백성들을 돌아보고 진휼하는 뜻을 보이는 것이 삼가 어떨지요. 백성들의 이름을 기록한 성책을 이에 아래와 같이 보고하니 조사하여 주시기 바랍니다.

광무 2년 8월 29일

관찰사(觀察使) 황기연(黃耆淵)

지령. 소요를 겪은 후 백성의 정황이 근심스럽고 답답하기 그지없다. 보고한 바가 이미 이와

같으니 3년을 기한으로 줄여줄겠다는 뜻으로 해당 두 군에 알리고 기어이 실제 효과를 거두도록 도모할 일이다. 광무 2년 9월 20일

16 삼수군, 갑산군에서 소요를 일으킨 비적 무리 진압을 위한 부대 출동 비용을 단천군 공금에서 지출하라는 훈령

훈령 군수 김동만

군부 조회에 의거하여 이에 훈령을 발송하니 삼수군, 갑산군에서 비적 소요 때 출동해 주둔한 비용을 올해 8월부터 12월까지 경비 4천 1백 31원 56전을 본 단천군 공금 중에서 액수대로 지불하고 영수증을 받아 보고하여 마감토록 하는 것이 옳은 일이다.
광무 2년 10월 21일

군수(郡守) 김동만(金東萬)

17 삼수군, 갑산군에서 소요를 일으킨 비적 무리 진압을 위한 부대 출동 비용을 북청군 공금에서 지출하라는 훈령

훈령 군수 윤자설

군부 조회에 의거하여 이에 훈령을 발송하니 삼수군, 갑산군에서 비적 소요 때 출동해 주둔한 비용을 올해 1월부터 7월까지 경비 5천 6백 5원 93전 8리를 본 북청군 공금 중에서 액수대로 지불하고 영수증을 받아 보고하여 마감토록 하는 것이 옳은 일이다.
광무 2년 10월 21일

군수(郡守) 윤자설(尹滋卨)

18 삼수군, 갑산군에서 소요를 일으킨 비적 무리 진압을 위한 부대 출동 비용을 지출하기에는 잔액이 모자라다는 보고

광무 2년 11월 20일 군수 윤자설 보고

방금 훈령을 받들어 보니 내용에 "군부 조회에 의거하여 이에 훈령을 발송하니 삼수군, 갑산군에서 비적 소요 때 출동해 주둔한 비용을 올해 1월부터 7월까지 경비 5천 6백 5원 93전 8리를 본 북청군 공금 중에서 액수대로 지불하고 영수증을 받아 보고하여 마감토록 하는 것이 옳은 일이다" 라고 하였습니다. 이를 받들어 마땅히 거행하겠습니다.

그러나 본 북청군의 올해 하반기 6개월간 거둬야 할 것은 5만 3천 6백 31냥가량입니다. 그런데 양력 5월 21일에 내려보낸 탁지부 훈령을 받들었는데, 본 북청군 지방대 경비는 올해 6월부터 12월까지 총 7개월간의 경비와 그 외에 본 군의 각종 경비를 모두 액수대로 지불했고 남은 돈은 단지 3천 냥가량입니다. 이 나머지 돈으로는 부대의 주둔 경비 몫을 떼서 보낼지에 대해 다시 삼가 처분을 기다립니다. 하반기 6개월 거둬야 하고 내려보내야 할 것을 아래와 같이 삼가 보고하오니 잘 살펴주시기를 삼가 바랍니다.

광무 2년 11월 20일

군수(郡守) 윤자설(尹滋卨)

좌개(左開)

하반기 6개월 거둬야 할 돈 총 5만 6천 6백 31냥 8전 6푼 중에서 6천 3백 87냥 2전

본 북청군 6개월 경비는 2천 63냥 3전 5푼이고,

관찰부 경비는 6천 냥이고,

우체사의 6개월간 경비는 대략 33냥이고,

본 군 관할 보청사(甫靑社)의 화재를 당한 백성들의 민호전(民戶錢)으로 훈령 지시대로 면제해주었는데 3만 8천 56냥 4전 4분 5리이고,

7개월간 지방대 경비는 1천 91냥 7전 6푼이고,

역결세전은 지방대가 받아 맡아두었다가 내려준 것이 총 5만 3천 6백 31냥 7전이고,

이를 제외하면 남은 것은 3천 냥 7푼이다.

지령. 아래 사항을 모두 살펴봤다. 이미 떼준 것은 빨간 점을 찍었고, 그 외는 먼저 대략은 상세히 참고할 것이 없다. 이미 획정(劃定)한 출동 · 주둔 경비는 액수대로 획급(劃給) 후 영수증을 첨부하여 보고할 일이다. 광무 2년 12월 8일

19 명천군의 민호 중 상당수가 강을 넘어 이주했으니 호총을 줄여달라는 질품

함북관찰사 원우상 건양 2년 4월 3일 제3호 질품

관할 각 군 명천군수 신명기(申命沂)의 질품서를 접수해 보니 내용에 "각 산(山)에 사는 백성들이 하소연하여 아뢴 내용을 보니, 계미년 호구 총수는 1천 8백 37호인데 매 호당 6전씩 갖추어 바쳤습니다. 그런데 경작하던 토지는 바람에 날아가고 비에 씻겨가서 모두 돌덩이, 모래밭이 되었기 때문에 의지할 데 없어 서북으로 이주한 자가 백성들의 거의 절반이 됩니다. 지난 갑오년쯤에 읍회(邑會) 자리에서 원통하다고 하여 신임(信任)을 선정해 집집마다 다녔더니 겨우 9백 36호가 1천 8백 37호의 세금을 대신 담당했으며, 바쳐야 할 돈 1천 1백 2냥 2전은 매번 억울함이 있었습니다.

이번에는 각 호당 3냥씩 1천 8백 37호에 배정하게 되었으니 위 돈 5천 5백 11냥은 형세상 마땅히 현재 남은 9백 36호에게 분배했더니 각 호당 돌아가는 돈은 5냥 8전씩이 되었습니다. 이전에 6전씩 하는 없어진 호구의 역(役)도 어려웠는데 하물며 무려 3냥이겠습니까. '대부분 뿔뿔이 흩어질 것이다'라고 하면서 각 산의 백성들의 소장이 날마다 몰려들고 있습니다. 백성을 다스리는 처지상 입 다물고 말없이 있을 수 없어서 사실대로 보고하니 없어진 호구 9백 1호를 제외하고 줄여주셔서 백성들을 안도할 수 있게 해주십시오"라고 했습니다.

이를 조사하니 계미년에 새로 법이 시행되었을 때 산속의 호구는 1천 8백 37호로 총수를 계산했습니다. 그런데 해마다 흉년이 들어 강서, 강북으로 옮겨가 사는 자가 많아서 현재 남아 있는 호는 겨우 9백 36호입니다. 이전에 비해 호구는 절반인데, 이것의 배나 되는 돈을 징수하니 굶주림과 추위가 뼈에 이르면 분명 토지의 이익이 많은 비옥한 곳으로 옮겨가려고 강을 건너려는 마음을 대부분 가지고 있을 것입니다. 백성이 사라지고 호구가 줄어드는 경우는 관찰사라는 직책상 정말로 지극히 답답합니다. 하지만 호구 수를 줄이는 것은 관찰부에서 함

부로 할 수 없기에 이에 질품하오니 조사하신 후 없어진 호구는 액수대로 줄여주어 남아있는 산골 백성들이 안도할 수 있게 해주시기를 바랍니다.

건양 2년 4월 3일

함북관찰사(咸北觀察使) 원우상(元禹常)

지령. 명천군의 호구 총수는 이전에 8천 4백 47호인데 계미년에 계산한 총수가 1천 8백여 호라니 거의 이치에 맞지 않다. 그런데 지금 보고에는 또 그 절반이라고 하니 이러한 폐단은 분명 아전과 이서 무리들이 호구를 줄여서 잇속을 채우려고 하여 자기 배를 불렸기 때문이다. 번거롭게 보고하지 말고 이전 총수대로 베[布]를 거두라는 뜻으로 해당 군에 엄히 지시할 일이다. 건양 2년 4월 22일

20 명천군의 민호 중 상당수가 강을 넘어 이주했으니 호총을 줄여줄 것을 재차 요청한 질품

관찰사 원우상 건양 2년 5월 27일 제7호 질품

올해 4월 3일에 명천군수 신명기(申命沂)의 보고를 접수하여 해당 군 산속 호구의 계미년 원총(原總)은 1천 8백 37호였는데 그중 떠돌며 도망한 호[流亡戶]가 9백 1호였습니다. 그래서 이름 아래 호포(戶布)를 특별히 감면해달라는 일로 본 탁지부에 질품했습니다. 그랬더니 지령 내용에 "명천군의 호구 총수는 이전에 8천 4백 47호인데 계미년에 계산한 총수가 1천 8백여 호였다니 이치에 맞지 않다. 그런데 지금 보고에는 또 그 절반이라고 하니 이러한 폐단은 분명 아전과 이서 무리들이 호구를 줄여서 잇속을 채우려고 하여 자기 배를 불렸기 때문이다. 번거롭게 보고하지 말고 이전 총수대로 베를 거두라는 뜻으로 해당 군에 엄히 지시할 일이다"라고 하셨습니다.

이를 확인하고 명천군에 엄히 지시했더니 다시 명천군수 신명기가 보고한 것에 따르면 내용에, "본 군의 계미년 호적 총수는 8천 4백 47호이며 원역호(原役戶)는 4천 2백 98호이고 그 중 산속 호는 1천 8백 37호였습니다. 이후 10여 년간 여러 번 홍수를 겪었고 해마다 흉년이 들고 땅이 메말라 먹고 살기 어려운 사람들이 목숨을 부지할 길이 없어, 북쪽으로 청국 경계

를 넘거나 동쪽으로 러시아 땅으로 달려가는 백성을 어찌 금지할 수 있겠습니까. 산골 백성 중 현재 남아있는 호수가 겨우 9백 36호인데 지금 1천 8백 37호에 해당하는 호포가 배정한 것은 억울하게 대신 징수당하는 것일 뿐만이 아닙니다. 호적장부와 실제 호역의 숫자가 같지 않는 것은 이전에 호적을 작성할 때 호구가 줄어드는 책임에서 벗어나려고 하여 아버지, 아들, 형, 동생이 한 지붕 아래인데 각각 따로 호적에 기록하는 폐단이 있어서 호적장부의 호가 실제 역호의 배가 됩니다.

이렇게 호적법을 새로 정한 때에는 이것이 더욱 특별합니다. 산속 호구 중 도망쳐 떠돌아 호구가 9백 1호인데 그 이름 아래의 호포를 어떻게 징수하겠습니까. 만약 현재 남아있는 9백 36호에게 도망쳐 떠돌아다니는 9백 1호의 호포를 추가로 배정할 경우에는 무리를 이끌어 뿔뿔이 흩어져버려 남아있거나 도망치거나 차이가 없을 정황입니다. 누더기 옷을 입고 여윈 얼굴을 한 사람들이 날마다 관청을 가득 채우니 백성을 다스리는 직책상 눈뜨고 차마 볼 수가 없습니다. 이에 소원들을 모아서 보고하니 서울 관아에 다시 보고하여 도망쳐 떠도는 9백 1호를 특별히 줄여주어 지극히 가난한 산골 백성들이 하찮은 목숨이나마 보전하게 해주시기를 바랍니다"라고 했습니다.

지령 내용이 이미 엄중하기 그지없으나 현재 일의 형세가 마땅히 변통한 후에라야 산골 백성들을 머물러 살게 할 수 있을 것입니다. 이에 다시 질품하오니 조사하셔서 호적 호구나 실제 호구도 구분해주시고 해당 산속 호구 중 도망쳐 떠돌아다니는 9백 1호를 특별히 감면하여 현재 남아있는 산속의 백성들이 하찮은 목숨이나마 보전하게 해주기를 바랍니다.

건양 2년 5월 27일

관찰사 원우상(元禹常)

지령. 명천군의 호구 총수는 호적 호구와 실제 호구에 더러 늘거나 주는 것이 있을 수 있으나 어찌 이같이 다를 수 있단 말이냐. 철저히 조사하여 남아있는 계미년에 계산한 총수로 하라는 뜻으로 별도로 해당 군에 지시할 일이다. 건양 2년 6월 19일

21 종성진위대 경비를 지급할 돈이 모자라다는 보고

관찰사 조존우 광무 원년 10월 4일 제5호 보고

종성진위대 참령 신림(申林)의 제2호 조회 내용에 "종성진위대 경비 중 행본영과 각 진(鎭)의 군량미 대금 6만 8천 9백 60냥 1전 8푼 2리 9호는 옛 관찰사가 이미 거둬두었다"라고 합니다. 따라서 이것은 원래 군대 경비에 사용된 물건입니다. 부대 설치 초기에 시급히 써야하므로 먼저 보내주십시오. 그리고 작년에 받은 각 항목의 이자돈과 올해 받은 부대 훈련 돈도 또한 잇달아 보내주시기를 요청합니다"라고 했습니다.

본 부(府)의 별향미(別餉米) 값을 계산했더니 먼저 거둔 것이 단지 3만여 냥일 뿐입니다. 이전 관찰사가 각 군의 상납을 거두어 받아 먼저 바칠 때에 금액이 적은 것을 우려하여 위 쌀 값을 전용해 상납하였습니다. 다만 각 군에서 바치지 못한 청산하는 날에 완전히 채우려고 한 경우였는데 갑자기 서울로 올라가버려 마감할 겨를이 없었습니다. 공식 공물을 전용하고 거두지 못한 것을 검토해 채우려고 한 것은 먼저 상납하고 나중에 채워 갚으려고 한 것입니다. 하물며 각 군의 상납을 해당 군에서 바치라는 일로 탁지부 훈령이 도착한 마당에 바치지 못한 것을 거두라고 요구하는 것은 매우 처리하기 어렵습니다. 그러나 군대에 쓸 경비는 매우 시급하기에 이에 보고하니 조사하여 지령해주시기를 바랍니다.

광무 원년 10월 4일

관찰사(觀察使) 조존우(趙存禹)

지령. 어떤 형태의 공금인지를 막론하고 지방대 경비는 군부에서 본 탁지부에 조회로 알린 후에 마땅히 알리겠다. 본 부 훈령이 도착하기 전에는 절대로 획정하여 보내지 말도록 할 일이다. 광무 원년 10월 29일

22 명천군의 산호가 강북으로 이주하여 줄게 되었음을 설명하고 호총을 줄여줄 것을 다시 요청한 보고

군수 신명기 광무 원년 9월 10일 보고

본 군 산골 백성 중 도망친 9백 1호에 대한 일로 이전에 관찰부를 거쳐 문서로 보고했으나, "감축을 얻지 못했다"라는 관찰부 훈령이 떠들썩합니다. 무릇 호구라는 것은 문서로 명목을 삼는 것은 고을마다 모두 그렇습니다. 하지만 유독 본 군은 다른 고을과는 다르며 산골 백성과는 차이가 있는 것은 다른 것이 아닙니다. 산이 많고 들판이 적어서 살아갈 방법이 쓸쓸한 것이 다른 고을보다 더욱 심합니다. 때문에 백성들은 일정한 마음이 없어서 언뜻 모였다가 바로 옮겨가게 됩니다.

그런 이유로 들판의 경우, 일정한 재산인 토지를 가진 집으로 2천 4백 61호로 하나도 더하거나 줄일 수 없다는 일로 분명히 규칙으로 정했습니다. 그러나 각 항목의 부역(賦役)이 모두 결두전(結頭)으로 귀속되었기 때문에 이미 호결전(戶結錢)에 배정하여 징수했는데 그때 결세 12냥과 과다한 호전에 대해 날마다 원통하다고 합니다. 하지만 세금은 국가에서 부과하는 것이어서 감면해주는 규정은 없습니다. 따라서 액수대로 배정해 거두는데 감히 옥신각신할 수 없습니다.

하지만 산은 모두 화전(火田)으로 살아가는 백성들입니다. 1년의 공역(公役)이 각 호당 6전씩으로 경략사(經略使)의 사례책자(事例冊子)에 기록된 1천 8백 37호를 기준으로 배정하여 거두었습니다. 그러나 호구 총수는 시간이 갈수록 줄었고 호전은 매년 증가하여 현재 남아있는 호수는 9백 36호인데 공납은 배가 되어 1냥 2전씩이라고 하면서 산골 백성들이 눈물로 하소연하면서 매일 몰려들고 있습니다. 새로운 규정 아래에서 만약 이 도망친 호구를 감면해주지 않으면 사무의 원칙상 아마도 처리하기 어려울 듯합니다. 약한 말에게 짐을 지워서는 정말로 안도할 수 없습니다.

이에 보고하니 조사하여 산골 백성들의 호전 1천 1백 2냥 4전은 바꾸지 말고 차례대로 내게 하고, 도망친 호구 9백 1호는 폐단을 바로잡아 감면해주시기를 바랍니다.

광무 원년 9월 10일

군수(郡守) 신명기(申命沂)

지령. 진실로 철저하게 호구를 조사했다면 어찌 9백여 호까지 줄어들었겠는가. 아전들의 농간이 없지 않으니 시행을 허락하기 어려운 일이다. 광무 원년 11월 4일

23 명천군의 산호가 강북으로 이주해서 줄었다고 하더라도 호총을 줄여줄 수는 없다는 훈령

훈령 군수 신명기

본 군의 산골 백성들의 소장에 의거해 보니, "산골 백성은 돌로 쌓아 집을 짓고 화전을 경작해 삶을 도모합니다. 이전 환곡을 시행할 때에도 들판의 백성들은 조적(糶糴, 환곡을 꾸고 갚는 일)이 있었으나 산골 백성들은 막세(幕稅) 6전씩을 공전으로 납부했습니다. 그리고 지금 새로운 규정이 시행되어 본 군에서 산골 백성들의 막세를 이전 총액을 기준으로 수를 계산하여 떠돌거나 도망친 것을 따지지 않고 마련하여 바치기를 독촉하니 억울하고 원통함을 이길 수 없습니다. 서울 관아의 장부에 실려있는 본 군 산골 백성 돈 1천 2백 2냥 4전을 근거로 매년 상납하도록 훈령을 내려주십시오"라고 요청했다.

산골 마을의 정황은 불쌍하지 않을 수 없으나 세금을 바치는 액수를 섣불리 줄이기 어렵다. 따로 조사하고 공정하게 결정하여 원통함을 호소하는 일이 없게 하며 들판의 백성과 산골의 백성의 호수는 하나도 빠짐없이 사실대로 조사하여 보고하라. 그리고 이번에 퍼진 일 때문에 계미년의 정해진 총액을 검토할 수는 없다. 철저히 조사하여 공납이 줄어드는 일이 없게 하는 것이 옳은 일이다.

광무 원년 12월 29일

군수(郡守) 신명기(申命沂)

24 삼수군을 침략한 청국 비적들을 격퇴한 포수들에게 줄 포상금을 획정 해달라는 보고

광무 4년 1월 4일 관찰사 박봉빈 1호 보고

관할 삼수군, 갑산군 2개 군에 청국 비적들이 침입해 약탈한 일에 대해서는 전에 이미 원수부에 작성해 보고했습니다. 그랬더니 지령 내용에 "보고 내용을 들여다보았다. 그랬더니 황제의 지시 내용에, '이전에 사태가 발생하여 각 군에 포수(砲軍)을 두라는 건에 대한 칙령에 따라 삼수군, 갑산군 2개 군에 지방대 외에 각각 보호 포수 40명씩을 설치하고 해당 군수에게 관할하게 하다가 사태가 발생한 경우면 주둔 부대와 상의하여 힘을 합쳐 방어할 일에 대해 명령을 내렸다. 본 칙령 및 세칙을 베껴서 지령하니 도착하는 즉시 알리고 빠르게 처리할 일이다'라고 하셨다. 세칙을 아래와 같이 훈령을 발송하니 이에 따라 거행한 후 경위를 긴급 보고할 일이다"라고 하셨습니다.

이를 받들어 삼수군에 베껴 지시했더니 현재 해당 군수 채규승(蔡奎昇)의 보고서를 접수했더니 내용에 "베낀 훈령을 받들고 아래의 세칙을 조목조목 준수하여 지역 내에 있는 포수 1백 44명을 모집해서 포수명단[砲手案]을 작성했습니다. 그리고 그중 두령 1명을 감당할만한 자로 따로 선택하였습니다. 그 후 모두 보호포수증[保護砲帖]을 주고 먼저 사격 시험을 보고 우등 포수 35명을 뽑아내 또한 우등포수증[優等砲帖]을 주었습니다. 그리고 보호포수명단[保護都案]과 우등포수명단[優等砲案] 각각 바르게 작성하여 원수부에 보냅니다.

본 군은 소요를 겪은 이후로 백성들의 정황이 아직도 편안하지 않습니다. 그런데 주둔 병사 50명으로는 여전히 부족할까 걱정스럽습니다. 그래서 관아와 백성 사이에 방책을 강구하여 작년 가을 사이에 지역 내 등의 포수 1백여 명을 모집하여, 경보를 들으면 다급히 구해주라는 뜻으로 확실히 약속을 맺었고, 그 이름을 '포계(砲契)'라고 했습니다. 이미 계를 설치했으니 계의(契誼)가 있어야 합당하기 때문에 군수가 50냥을 내놓고 각 사람이 각 1냥씩 냈고, 또 의로운 마음으로 돕는 사람이 있어서 총 3백 냥으로 종잣돈을 삼고 이자를 받아서 포상하는 밑천으로 삼았습니다. 그래서 거의 변경 지역을 방어하는 방법을 볼 수 있게 되었습니다.

그러나 지금 이 포계가 동쪽 5사(社) 및 서쪽 3사 지역 등에 널리 펴져있는데, 군에서 동쪽으로 5사의 거리가 80~90리가 되며, 서쪽으로 3사의 거리는 1백 30리로 멉니다. 사태가 발생하여 다급하게 구하는 것이 미치지 못할까라는 한탄이 없지 않습니다. 이 계로 하여금 지역 병사 1백 명을 만들게 하고 주둔병의 월급을 지역 병사들에게도 덜어주고 항상 관문(官門)에 있다가 사태가 발생하면 일제히 나아가는 것이 정말로 백성과 고을이 의지하고 보호할 수 있는 계책이 될 것입니다. 따라서 이를 사실대로 따져 보고해달라는 뜻으로 거주 백성들의 연명 소장이 한두 번에 그치지 않습니다. 사안이 매우 크기 때문에 낱낱이 보고하지는 못했고, 단지 약속을 어기지 말라는 뜻으로 따로 단속했습니다.

그런데 지난 8월 갑산 지역을 청국 비적들이 침입해 약탈했을 때 비적 무리들을 뒤쫓아내고 강을 넘어가게 한 것은 정말로 계의 포수들의 노력 때문입니다. 하지만 두루 흩어져 있는 해당 포수들을 일제히 모으는 사이에 경계를 넘어가버렸다는 것은 한탄이 없을 수 없으나 형세가 어쩔 수 없었습니다. 다만 삼가 권장하는 뜻을 보이라는 훈령을 받들고 호포(戶布)와 40부 결가(結價)를 계산해 줄여주었더니 모두들 기뻐했습니다. 그러나 지역병을 기어이 설치하자는 뜻으로 백성들의 논의가 다시 일어나 부(部)와 부(府)에 달려가 하소연하는 것을 막을 수 없었습니다. 따라서 위와 같은 정황에 대해서는 생각건대 백성들의 소장에서 이미 환히 살피셨을 것입니다. 백성들의 정황과 일의 형세상 의지하고 보호하는 계책에 적합합니다. 이에 보고하니 잘 살피셔서 백성과 고을이 의지하고 편안하게 해주십시오. 우등포수 35명에게 1년간 호포와 결가를 줄이기 위한 돈이 사람당 5냥으로 훈령이 반포되는 날부터 시행해야 합니다. 지금은 절반 몫인 2냥 5전씩, 35명이면 총 87냥 5전이 필요한데 본 군의 올해 경비가 이미 부족하여 다른 군에서 떼서 줄여주시기를 삼가 바랍니다"라고 했습니다.

이를 조사하니 우등포수 35명의 호포와 결가 절반 몫 87냥 5전은 해당 삼수군 지난해 경비가 부족하여 보고한 것이 이와 같습니다. 이에 보고하니 조사하셔서 삼수군 포수 상여금 87냥 5전을 다른 군의 공금 중에서 획정하여 줄여주시기 바랍니다.

광무 4년 1월 4일

함경남도관찰사(咸鏡南道觀察使) 박봉빈(朴鳳彬)

지령. 삼수군의 포수 상여금은 군부에 보고할 일. 광무 4년 1월 24일

25 비적 무리가 삼수군에서 일으킨 난리를 진압할 때 민간에 빌린 돈을 북청군 공금 중에서 상환하라는 훈령

훈령 북청군수 윤헌섭

삼수군이 소요를 겪을 때에 군사비를 민간에서 빌린 금액 2천 7백 38냥 5전 2푼을 지금 지불하지 않을 수 없습니다. 그러나 해당 삼수군 공금이 지금 남아있지 않아서 이에 훈령을 발송하니 도착하는 즉시 본 북청군 공금 중에서 액수대로 획정하여 보내고 해당 군수가 영수증을 받아서 올리되 해당 돈의 명목, 연도를 상세히 보고해와서 증빙하여 마감하는 데 편리하게 하는 것이 옳은 일입니다.

광무 4년 1월 7일

북청군수(北青郡守) 윤헌섭(尹憲燮)

26 삼수군의 비적 소요 진압비를 운반하는 비용도 북청군 공금에서 지불하라는 훈령

훈령 북청군수 윤헌섭

군부 조회에 의거하여 이에 훈령을 발송하니, 삼수군과 갑산군의 분대(分隊) 경비로 본 북청군에서 획정하여 보낼 금액의 운송비는, 북청군에서 부대에 이르기까지 거리를 계산하여 1백리 당 5전씩을 운반비[馱價]로 하도록 정해진 규정대로 마련해서 본 북청군 공금 중에서 지불하십시오. 그리고 마감한 성책을 기록하여 보고해서 참고하여 증거로 삼도록 하는 것이 옳은 일입니다.

광무 4년 1월 9일

북청군수(北青郡守) 윤헌섭(尹憲燮)

27 종성진위대의 경비로 배정된 온성군 공금은 이미 관찰부에 상납되었기에 지방대로 보낼 수 없다는 보고

광무 4년 1월 25일 관찰사서리경성군수 지봉령 보고 제2호

온성군수 주철준(朱哲濬)의 보고서를 접수해 보니 내용에 "탁지부 훈령을 받들어 보니 내용에 '종성진위대의 올해 경비 5천 7백 74냥 5푼 5리를 본 온성군 공금으로 바꿔 획정하여, 거둬 사용케 했다. 그런데 현재 군부의 조회에 따르면『대부분 아직 거두지 못했습니다』라고 했다. 세금의 납부는 이미 정해진 기한이 있어서 결코 바치지 않을 리가 없고 군량미는 또한 긴급한 것이니 날짜를 허비할 수 없다. 그래서 사정에 따라 고쳐서 획정하여 재정이 궁핍할 걱정에서 벗어나게 하려는 것이었다.

그런데 어찌하여 본 온성군은 제때 지불하지 않고 또 와서 바치지도 않으면서 다만 질질 끌기만을 일삼고 있단 말이냐. 진실로 그렇다면 국토를 지키고 세금을 바치는 책임은 어디에 있단 말이냐. 그 거행한 것을 캐보니 정말로 놀랍고 통탄스럽기 그지없다. 이에 따로 훈령을 발송하니 해당 부대 경비로 아직 획하(劃下)하지 않은 몫 2천 7백 57냥 2전 1푼을 훈령이 도착하는 즉시 액수대로 지불하고 더러 다시는 늦어지는 일이 없도록 하여 큰 말썽이 생기는 것에서 벗어나도록 해야 한다. 만약 더러 전처럼 우물쭈물거려서 각 부대가 제때 거둘 수 없게 되어 군량이 때를 놓치고 비용도 또한 한갓 생겨나서 다시 소식이 이르게 되면 해당 수령은 따져 문책하고 결코 용서하지 않을 것이다. 진정으로 이해하고 모두 두려운 마음을 가지고 후회에 이르지 않도록 하는 것이 옳은 일이다'라고 하셨습니다.

이번 병신년에 추가로 바칠 돈 2천 6백 44냥 2전 7푼을 이미 관찰부에 바쳤습니다. 그런데 이것을 탁지부에서 환히 살피지 못하고 지방대에 떼서 배정한 듯합니다. 이에 보고하니 조사하시고 탁지부에 전달 보고하여 병신년에 추가로 바친 몫을 기해년에 줄여주시기를 바랍니다"라고 했습니다.

해당 온성군의 결호전으로 병신년에 추가로 바친 몫은 관찰부에서 탁지부에 보고한 상납성책(上納成冊)에 이미 실려 기록되었으니 남김없이 환히 살피셨을 것입니다. 이에 보고하니 조사하셔서 병신년에 해당 온성군이 추가로 바친 몫을 기해년도로 옮겨서 이미 바친 것에 방해가 없게 해주시기를 요청합니다.

광무 4년 1월 25일

관찰사서리경성군수(觀察使署理鏡城郡守) 지봉령(池鳳翎)

지령. 이미 온성군의 보고에 지령했다. 병신년에 추가로 바친 몫에 대해 관찰부에서는 "이미 바쳤다"라고 했는데 그 뜻을 이해할 수 없다. 다시 상세히 보고해와서 부대 경비는 마땅히 다른 군으로 옮겨서 획정할 일이다. 광무 4년 2월 10일

28 경성군에 종성진위대 경비가 획정된 것은 너무 과도하여 재정이 부족하게 되었으니 이획해달라는 보고

광무 4년 7월 31일 함경북도관찰사서리경성군수 최제극 보고 제9호

현재 함경북도관찰부 관할 경성군 향장(鄕長) 이정구(李挺球)의 약식 문건[受牒]을 접수해 보니 내용에 "본 경성군이 관찰부와 군의 경비, 우체사의 경비, 학교의 경비 등으로 아울러 지불한 것은 바로 새로운 규정 이후 일반 규례입니다. 그러나 해마다 매번 부족하다는 한탄이 있었습니다. 대략 올해 연도에 이르러서는 결호전(結戶錢) 중 7천 냥을 탁지부에서 종성진위대로 획정한다고 지목하여 위의 각종 비용으로 지불할 몫이 자연 전체 1년 총액수보다 줄어들게 되었습니다. 삼가 생각해보건대 폐지하기 어려운 것은 경비와 각종 비용이고, 또 견디기 어려운 것은 획정한다고 지목한 몫이었습니다. 때문에 이미 종성진위대에 획정한 것은 마감했고 본 군에서 지불해서 남은 돈이 없습니다. 우선 본 군에서 탁지부에 곧바로 보고했고, 이에 사실대로 약식 보고하니 서울 관아에 전달 보고하여 다른 곳으로 지목해 획정하시기를 삼가 바랍니다"라고 했습니다.

해당 군의 돈이 이미 이렇게 말라붙었고 관찰부 하인들에게 지불할 돈이 끊긴 것이 몇 달이 되었습니다. 되돌아보면 이곳은 변경의 중요 지역인데 마땅히 받아야 할 것을 받지 못해 대부분 뿔뿔이 흩어질 마음을 품고 있는 것이 바로 눈앞의 상황입니다. 근처 남쪽과 북쪽 군에서 떼오라고 하신 탁지부에서 지목해 획정하라고 하신 훈령이 있었기에 형세상 다른 군에 호기정할 수가 없고 또 경성군에서 부담할 책임도 없습니다. 뿔뿔이 흩어지는 것을 말리기에는 좋은 방도가 없는 것 같습니다. 때문에 황송함을 무릅쓰고 이에 보고하니 조사하여 관찰부

경비를 다른 곳을 지목해 획정해주시기 바랍니다.

광무 4년 7월 31일

함경북도관찰사서리경성군수(咸鏡北道觀察使署理鏡城郡守) 최제극(崔齊極)

지령. 지금 경성군의 마감성책을 받아보니 착오가 많아서 붉은 글씨로 수정하여 내려보냈다. 매년의 현금 총계는 4만여 냥이니 이렇게 잘 알고 거행하라는 뜻으로 해당 군에 지시할 일이다. 광무 4년 8월 23일

29 종성진위대 경비를 포함해 함경북도에 획정된 경비가 너무 과도하다는 보고

광무 4년 9월 16일 관찰사 이규원 보고 제7호

탁지부 훈령 내용에 "군부 조회에 의거하여 훈령을 발송하니 올해 7월에서 12월까지 종성진위대 비용 2만 원을 해당 부근 각 군의 공금 중에서 편한 대로 획정하여 즉시 거둬 사용케 하라. 그리고 해당 부대 영수증을 남김없이 받아 올려서 살피는 근거로 삼도록 하라는 뜻으로 돈을 획정한 각 군에 모두 베껴 지시하고, 획정한 군의 이름과 돈 액수를 먼저 즉시 긴급 보고하는 것이 옳을 일이다"라고 하셨습니다.

본 관찰사가 부임한 즉시 지역 내 정황을 두루 살필 겨를이 없었으나 이번 획정하라는 훈령이 매우 긴급하고 중요했기에 각 군의 돈을 직접 조사했더니 1년을 통틀어 원속전의 결세전, 호포전, 식리전(殖利錢), 위둔도세(位屯賭稅) 등 수입을 대략 헤아리니 총 41만 4천 4백여 냥이 되었습니다. 그중 관찰부 경비 및 각 부(府)와 군(郡)의 경비, 성진과 경흥의 우체사 경비, 성진과 경흥의 경무서 경비, 경성학교 등 경비로 1년 지불액을 미리 계산해보니 총 23만 8천여 냥이 되었습니다. 남은 돈은 17만 6천 2백여 냥이며 이 또한 봄과 가을에 쓸 여분입니다. 뿐만 아니라 1년 중 두 분기 사이에 각 군이 상납하는 것이 얼마인지, 바치지 못한 것이 얼마인지를 관찰부에서는 애당초 관할하지 않고 단지 상납하라는 명령서를 지시하고 검토할 뿐입니다. 각 군에서 상납하는 몫의 수입과 지출을 하나하나 자세하게 하여 밤을 새워 보고하라는 뜻으로 먼저 훈령을 베껴 단단히 지시했습니다.

그러나 설사 이미 바친 군이 없더라도 지목해 획정한 2만 원의 경우, 남아있는 액수가 부족합니다. 만약 훈령이 도착하기 전에 발송한 군이 있다면 돈은 더욱 모자란 상황입니다. 현재 반년 치 지목해 획정한 몫 2만 원도 위와 같은 일의 형세로는 구별해 획하(劃下)할 수 없는데 다가올 내년에는 2만 원이 자연 두 배가 될 것입니다. 그러면 부와 군에서 지불할 것과 각 항목의 지출은 분명 폐지되고야 말 것이니, 살가죽에 털 하나도 남지 않는 형세를 어찌한단 말입니까. 빨리 변통한 후에야 부대 비용에 궁색함이 없을 것이요, 부나 군도 또한 먹을 것이 없다는 한탄이 없을 것입니다.

중대한 군대 경비를 변경해 배정할 수 없어서 각 군에서 보고하기를 기다려 차례로 자세히 보고할 계획입니다. 그러나 모두 편할 수 있는 방법은 진실로 좋은 계책이 없습니다. 자세히 보고하고 엎드려 계산해보았으나 이 문제를 해결할 좋은 방책은 떠오르지 않았습니다. 각 군에서 상납하는 금액 중 중앙에 보내질 것과 다른 지방으로 보내질 것을 그 항목에 따라 아래와 같이 내부와 군부에 모두 보고했습니다. 이에 보고하니 조사하여 편한 대로 지령해주시기 바랍니다.

광무 4년 9월 16일

관찰사(觀察使) 이규원(李奎遠)

좌개(左開)

각 군 경자년도 결호전, 식리전, 위둔도세, 선염분어곽세(船鹽盆魚藿稅) 수입 지출 구별

성진 세입	4만 3천 1백 72냥 5푼 6리
길주 세입	7만 9백 28냥 5전 1푼 4리
명천 세입	6만 1천 78냥 2전 4푼 8리
경성 세입	7만 2천 1백 43냥 3전 8푼 4리
부령 세입	1만 6천 75냥 1전 2푼 6리
무산 세입	2만 5천 96냥 6전 1푼
회령 세입	2만 9천 9백 46냥 6전 1푼 6리
종성 세입	3만 1천 8백 4냥 1전 6푼 9리
온성 세입	1만 8천 5냥 2푼 7리
경원 세입	2만 8천 4백 89냥 4전 3푼 7리

경흥 세입	1만 7천 6백 92냥 3전 6리
원전(元田) 돈 총합	41만 4천 4백 51냥 4전 9푼 3리 중
5만 3천 7백 5냥 9전	관찰부 경비
2만 6백 9냥	각부군 경비
1만 1천 5백 3냥 8전 2푼	성진, 경성, 경흥 우체사 경비(추정)
4만 1천 9백 85냥	성진, 경흥 경무청 경비
7천 냥	탁지부 훈령에 따라 종성진위대에 떼어 보낸 경성군 결전 중에서
3천 3백 2냥 2전 3푼 1리	학교 경비 및 각 직원 여비
이하 총	23만 8천 1백 96냥 9전 5푼 1리
잔액	17만 6천 2백 34냥 5전 4푼 2리

지령. 부대의 경비는 우선 관할 각 군에서 바치지 않은 액수에서 올해 몫은 지급하고 내년도의 경우 부족한 것은 정부 및 각 부(部)가 분명 적절하게 조처할 일이다. 광무 4년 10월 16일

30 함경북도에 배정된 종성진위대 경비가 이미 과도하여 추가로 다른 경비를 배정받을 수 없다는 보고

광무 4년 11월 7일 함경북도관찰사 이규원의 보고 제14호

탁지부 훈령 내용에 "통신원 조회에 의거하여 이에 훈령을 발송하니 함흥에서 경흥 사이 및 회령에서 경성 사이에 전선을 가설할 때 파원(派員)의 여비 및 역비(役費) 5천 원을 관할 각 군의 공금 중에서 편한 대로 배정하여 지체 없이 지불하고, 군의 이름과 금액을 구별하여 작성해 보고하여 살피는데 근거로 삼게 하는 것이 옳은 일이다"라고 하셨습니다.

훈령의 내용이 정중하여 여비와 역비의 지불은 조금이라도 소홀히 할 수 없습니다. 바로 훈령에 따라 종성진위대 경비 2만 원을 도내 각 군의 공금 중에서 지목해서 뗀 바가 있어서 올해 각 군의 수입 지출 중 일제히 도착한 성책을 상세히 계산해보니 남은 액수는 단지 1만 2천 1백 9냥 1전 5푼 8호에 불과합니다. 때문에 달리 변통해 주실 일로 즉시 분명히 보고합니다. 이전에 획정하신 부대의 경비도 조처할 수 없었는데 하물며 지금 획정하신 5천 원을 어디에

서 지불하겠습니까. 전선 공사가 현재 한창인데 지불할 곳이 없으니 어떻게 해야 적절할지 몰라 삼가 매우 두렵고 답답합니다. 이에 보고하니 조사하여 빨리 달리 조처하도록 지시하여 큰 공사가 궁색해지는 폐단에 이르지 않도록 해주시기 바랍니다.

광무 4년 11월 7일

함경북도관찰사(咸鏡北道觀察使) 이규원(李奎遠)

지령. 관할 각 군의 과거에 바친 것이 거의 떨어져서 전선 가설 비용을 배정해 쓸 수 없다면 형세상 어쩔 수 없이 새로 거두기를 기다려 가져다 쓸 수밖에 없다. 파원들을 불러서 자세히 헤아려 조처할 일이다. 광무 4년 11월 23일

31 종성진위대 예산을 다른 군에 옮겨서 배정하라는 훈령

훈령 관찰사

종성진위대의 올해 경비로 각 군에 배정해 획정했는데 거두지 못한 금액 2만 원을 다시 다른 군으로 옮겨 획정하라는 일로 현재 군부의 조회가 있었다. 이에 훈령을 발송하니 훈령이 도착하는 즉시 해당 부대 부근 각 군의 신결(新結) 공금에 배정해 획정하고 따로 지시해 빨리 지불하여 갈등이 없게 할 일이다.

광무 4년 12월 21일

32 종성진위대 예산으로 배정된 금액 일부를 다른 군에 옮겨서 배정하라는 훈령

훈령 관찰사

종성대 작년 경비를 부령군의 기해년 식리전(殖利錢)에서 획정하도록 훈령했는데 거두지 못한 돈 1천 5백 62냥 1전 9푼 4리를 다른 군으로 옮겨 획정하라는 일로 지금 군부 조회가 있었다. 이 돈이든 저 돈이든 모두 공금이니 구애될 것이 없다. 이에 훈령을 발송하니 다시 다른

군의 돈으로 편한 대로 바꾸어 획정하여 즉시 지불하게 할 일이다.
광무 4년 12월 21일

33 종성지방대 경비를 경흥군 예산 중에서 지출하라는 훈령

훈령 경흥감리

종성지방대 올해 경비 1만 3천 1백 84냥 1전 4푼 8리를 본 항구 작년 세은(稅銀)에서 남은 것으로 바꿔 획정하고 이에 훈령을 발송하니 훈령이 도착하는 즉시 지불하고 해당 부대의 영수증을 받아 올려서 보고하여 마감하는 것이 옳을 일이다.
광무 4년 6월 9일

34 경성군에 배정된 종성지방대 경비를 빨리 지급하라는 훈령

훈령 경성군수 최제극

작년 종성지방대 경비의 경우, 본 군 역도전(驛賭錢)과 식리전(殖利錢) 총 1만 4천 5백 81냥 7전 5리와 무술년에 먼저 바친 결호전(結戶錢) 7천 냥으로 다시 획정하여 지불하라는 일로 이미 지목해서 훈령했다. 그런데 아직 지불하지 않아서 현재 군부의 조회가 있었다. 무릇 공금 납부는 바로 마땅히 바쳐야 하는 것이냐, 마땅히 바치지 않아야 하는 것이냐. 마땅히 바쳐야한다는 것은 어리석은 어린아이라도 모두 안다. 그런데 어찌 군의 수령이 되어 그런 도리를 알지 못하느냐.
그러하니 이번에 바꿔 획정한 것은 바치는 것과 다름이 없는데 획정했는데도 지급하지 않는 것은 도대체 무엇 때문이냐. 거행하는 것을 살펴보면 정말 놀랍고 한탄스럽기 그지없다. 이에 따로 훈령을 발송하니 훈령이 도착하는 즉시 액수대로 지불하고 다시는 우물쭈물하기만 일삼아서 말썽이 일어나지 않도록 하는 것이 옳을 일이다.
광무 4년 4월 14일

35 변계경무서 경비를 각 군 공금 중에서 지급하라는 훈령

훈령 종성 등 아홉 군

경부 조회에 의거하여 이에 훈령을 발송하니 함경북도변계경무서 경비(돈 액수는 아래를 볼 것)을 본 군 공금 중에서 지불하고 영수증을 받아 올리도록 하라. 군에서 해당 경무서까지 운반비는 규정된 운반비 규례에 따라 계산해 지급하고 상세하게 보고해서 마감할 일이다.
광무 5년 4월 8일

좌개(左開)
종성 1만 5천 냥
길주 2만 냥
명천 1만 냥
회령 1만 냥
부령 2천 냥
경성 5천 5백 30냥
이원 1만 5천 냥
문천 1만 냥
안변 1만 냥

XIX

원문

慶興報牒

報告書 第一百三号 全 十 廿六

本月十四日에俄國交界官廓米薩佘第五百三十七号照會ᄅᆞᆯ
接准ᄒᆞ온즉內開敝國商員녜보로시녜위同行夥伴이上員의
방초ᄅᆞᆯ陪從ᄒᆞ야豆滿江과鴨綠江沿岸一帶地方을泝歷ᄒᆞ
야木場形便과排擺運下ᄒᆞᆯ道里夷險을詳探ᄒᆞᆯ지라木場
一事ᄂᆞᆫ韓國上憲에셔海蔘崴商員부리녤이게既准約條酌
給ᄒᆞ얏시며今에該녜보로시녜위該約案에干涉ᄒᆞ야木場事
務ᄅᆞᆯ代辦ᄒᆞ려ᄒᆞ온바該人員더러既皆恁地行善ᄒᆞᆷ을本廓
米亦既素認ᄒᆞᆫ비기로爲此照請ᄒᆞ오니貴監理ᄂᆞᆫ另善保護
ᄒᆞ시오되所有資粮行李領運ᄒᆞᆯ人夫車馬ᄅᆞᆯ二路로分ᄒᆞ야一

1-①

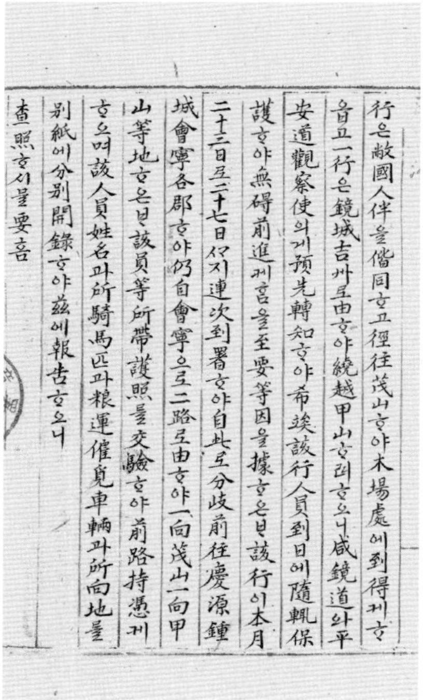

行은敝國人伴을偕同ᄒᆞ고徑往茂山ᄒᆞ야木場處에到得케ᄒᆞ
옵고一行은鏡城吉州로由ᄒᆞ야繞越甲山ᄒᆞ려ᄒᆞ오니咸鏡道와平
安道觀察使의게預先轉知ᄒᆞ야希俟該行人員到日에隨輒保
護ᄒᆞ야無碍前進케ᄒᆞᆷ을至要等因을據ᄒᆞ온바該行이本月
二十三日로二十七日ᄭᆞ지連次到署ᄒᆞ야自此로分岐前往慶源鍾
城會寧各郡ᄒᆞ야仍自會寧으로二路로由ᄒᆞ야一向茂山一向甲
山等地ᄒᆞ온바該員等所帶護照ᄅᆞᆯ交驗ᄒᆞ야前路持憑케
ᄒᆞ오며該人員姓名과所騎馬匹과粮運僱覓車輛과所向地ᄅᆞᆯ
別紙에分別開錄ᄒᆞ야玆에報告ᄒᆞ오니
査照ᄒᆞ시ᄆᆞᆯ要ᄒᆞᆷ

1-②

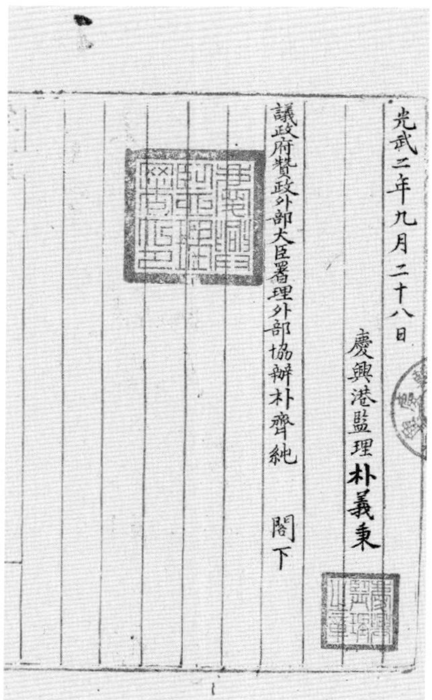

光武二年九月二十八日
慶興港監理朴義東
議政府贊政外部大臣署理外部協辦朴齊純 閣下

1-③

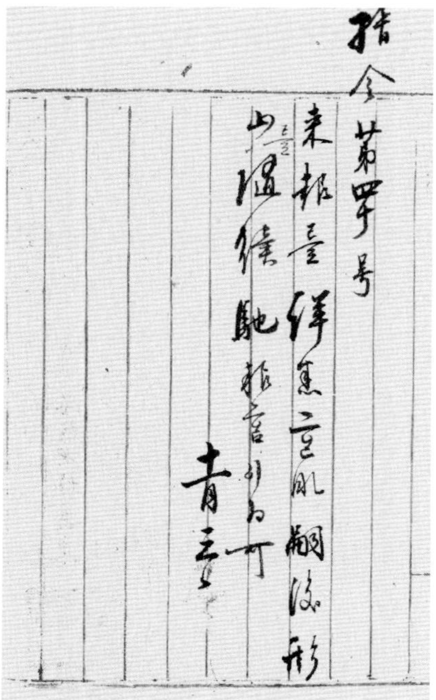

指令 第四号
來報ᄅᆞᆯ詳悉ᄒᆞ고[illegible]形
[illegible]隨續馳報ᄒᆞᆷ이可
十二[illegible]

1-④

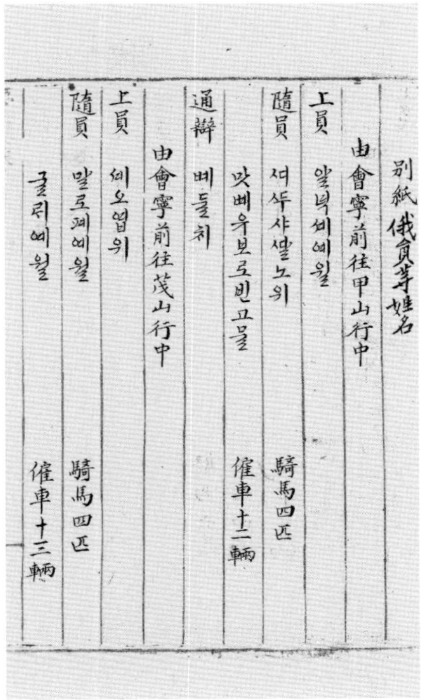

別紙 俄貟等姓名

由會寧前往甲山行中

上貟 알벽쎄예월

隨貟 서뚜샤셸노위 騎馬四匹

맛뻬우보로빈고물 僱車十二輛

通辯 뻬돌치

由會寧前往茂山行中

上貟 쎄오옙위

隨貟 말로꽤예월 騎馬四匹

굴리예월 僱車十三輛

1-⑤

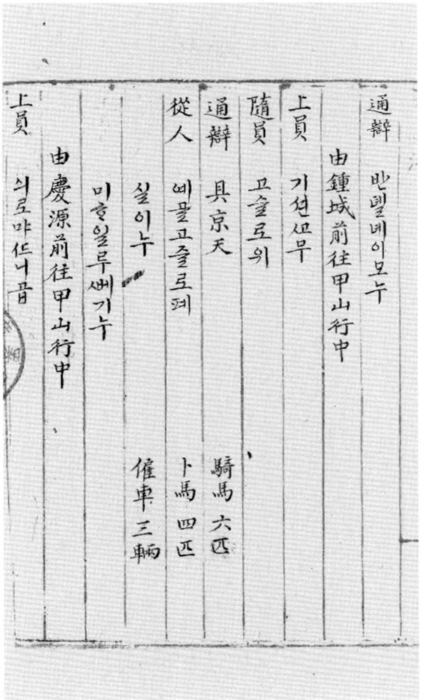

通辯 반뗄네이모누

由鍾城前往甲山行中

上貟 기션쏘무

隨貟 고술로위

通辯 具京天 騎馬 六匹

從人 예물고즐로꽤 卜馬 四匹

실이누 僱車 三輛

미ᄒᆞ일루쎄기누

由慶源前往甲山行中

上貟 의로먀ᄯᅳ니읍

1-⑥

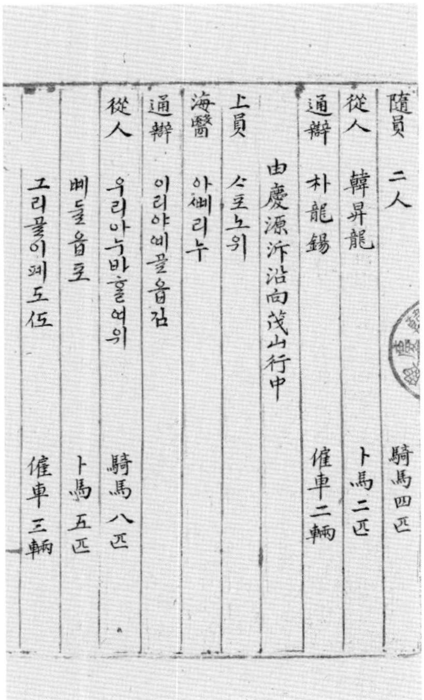

隨貟 二人 騎馬四匹

從人 韓昇龍 卜馬二匹

通辯 朴龍錫 僱車二輛

由慶源泝沿向茂山行中

上貟 ᄾ로노위

海醫 아쎄리누

通辯 이리야예꿀옵김

從人 우리아누바홀여위 騎馬 八匹

뻬돌옵로 卜馬 五匹

그리꿀이꽤도伍 僱車 三輛

1-⑦

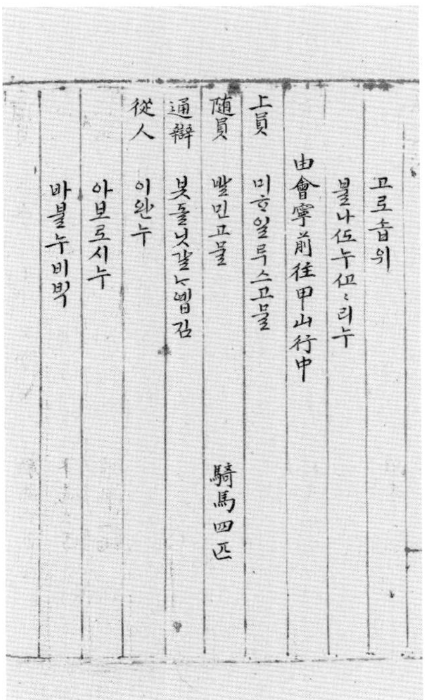

고로숍위

불나伍누仏ᄀ리누

由會寧前往甲山行中

上貟 미ᄒᆞ일루스고물

隨貟 빨민고물 騎馬四匹

通辯 봊돌닛갈ᄂ뻽김

從人 이완누

아보로시누

바블누비빅

1-⑧

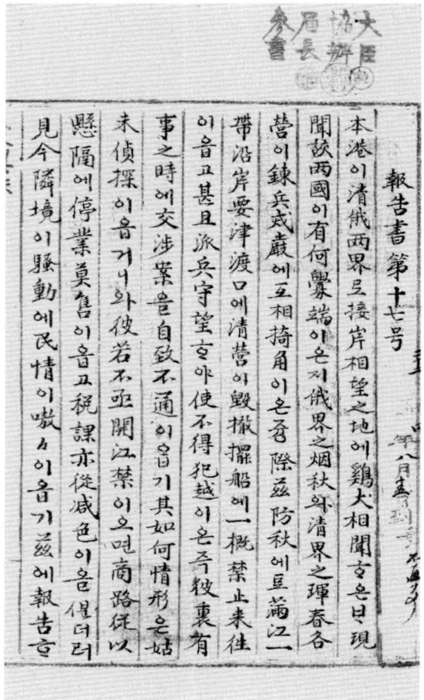
報告書第十七号
本港이清俄兩界로接岸相望之地에鷄犬相聞ᄒᆞ온바現
聞該兩國이有何釁端이온지俄界之烟秋와清界之琿春各
營이鍊兵戒嚴에互相掎角이온ᄃᆡ際玆防秋에豆滿江一
帶沿岸要津渡口에清營이毁撤擺船에一槪禁止來往
이옵고甚且派兵守望ᄒᆞ야使不得犯越이온즉彼裏有
事之時에交涉案을自致不通이옵기其如何情形은姑
未偵探이옵거니와彼若不亟開江禁이오면商路從以
懸隔에停業莫售이옵고稅課亦從減色이올ᄲᅮᆫ더러
見今隣境이騷動에民情이嗷嗷이옵기玆에報告ᄒᆞ

2-①

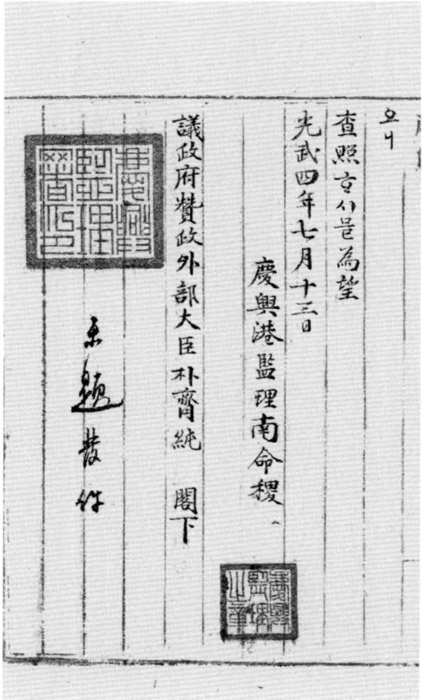
오니
查照ᄒᆞ시믈爲望
光武四年七月十三日
慶興港監理南命稷
議政府贊政外部大臣朴齊純 閣下

2-②

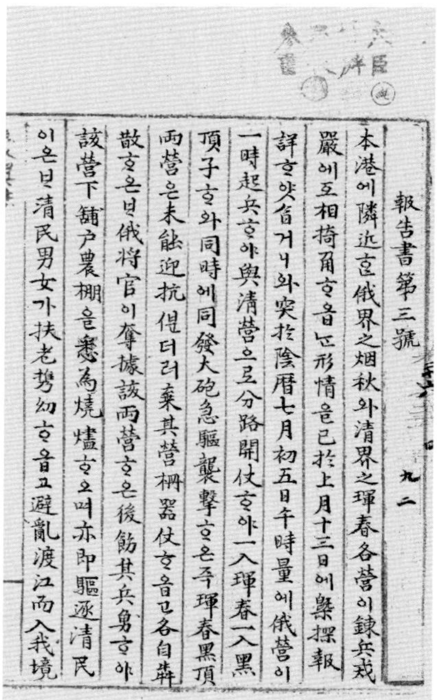
報告書第三號 九二
本港에隣近ᄒᆞᆫ俄界之烟秋와清界之琿春各營이鍊兵戒
嚴에互相掎角ᄒᆞ옵ᄂᆞᆫ形情을已於上月十三日에槩探報
詳ᄒᆞ얏삽거니와突於陰曆七月初五日午時量에俄營이
一時起兵ᄒᆞ야與清營으로分路開仗ᄒᆞ야一入琿春一入黑
頂子ᄒᆞ와同時에同發大砲急驅襲擊ᄒᆞ온즉琿春黑頂
兩營은未能迎抗ᄲᅮᆫ더러棄其營柵器仗ᄒᆞ옵고各自奔
散ᄒᆞ온바俄將官이奪據該兩營ᄒᆞ온後飭其兵勇ᄒᆞ야
該營下鋪户農棚을悉爲燒燼ᄒᆞ오며亦即驅逐清民
이온바清民男女가扶老携幼ᄒᆞ옵고避亂渡江而入我境

3-①

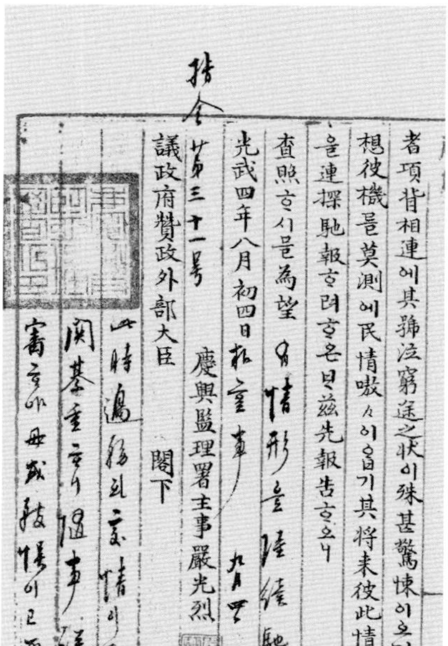
指令 第三十一號
者項背相連에其號泣窮途之狀이殊甚驚悚이오며竊
想彼機를莫測에民情嗷嗷이옵기其將來彼此情形
을連探馳報ᄒᆞ려ᄒᆞ온바玆先報告ᄒᆞ오니
查照ᄒᆞ시믈爲望
光武四年八月初四日
慶興監理署主事嚴光烈
議政府贊政外部大臣 閣下

3-②

報告書第九號

豆滿江沿邊六郡船稅ᄂᆞᆫ自來與對岸淸俄兩國으로旣有分取之權利이온日本年一月三十一日에俄國南方交界官廓米薩甯来到本署ᄒᆞ와豆滿江各渡口船稅一事를請辦이옵기本監理謂言各郡船稅ᄂᆞᆫ旣係通信院管轄而業有派員專察云이온즉該答이凡屬交際上情形은當與貴監理共辦而已오不當與該派員干辦이온故로仍與會商一切에兩界船户로如前分撮케ᄒᆞ옵고琿春公議處에兩界船民을會同ᄒᆞ야船稅를公平케ᄒᆞ얏삽더니俄官通辯與淸人輩計在專奪權利ᄒᆞ야交口濫ᄒᆞ며에自穩城郡對岸水灣子以下로至本府對岸莎草峯ᄭᆞ지十五處渡口에不分渡路要駁ᄒᆞ고ᄒᆞ며至稅幣三千一百四十

4-①

六張之多ᄒᆞ야使韓民으로不敢容ᄒᆞ며이온즉該稅額을分半其數ᄒᆞ야上半年度ᄂᆞᆫ渠先取之ᄒᆞ고下半年度를送與韓官取之라ᄒᆞ온바所謂琿春公議處ᄂᆞᆫ昨秋俄淸兵燹以後에淸人等이籍有俄官之令而設立公所者ㅣ欲破前日半江之權而至若稅幣分取條로反將彼先此後云則寔出於從中傚奬起見을足可推知이옵기卽行照會于廓米衙門ᄒᆞ와詳問裏許이옵더니旋准該覆開渡船一事ᄂᆞᆫ該公議處自下售奸所致기로前約을廢改ᄒᆞᆫ바依前年例彼此分撮之意로知照該公議處施行等因准此ᄒᆞ와沿江六郡船稅ᄂᆞᆫ旣自該派員關涉이옵기據照轉知ᄒᆞ야使之及時設船에改定稅則케ᄒᆞ얏삽더니本年三月二十三日通信院訓令第百八號内開豆滿江沿邊六郡船稅臨時派

4-②

員金應燮을解任ᄒᆞ얏기玆에訓令等因을奉准ᄒᆞ온바見今該稅務를現無主管之處이오나本監理職在交涉之責ᄒᆞ야原来干涉此事이옵기玆에據詳報告ᄒᆞ오니查照ᄒᆞ오셔通信院에轉照ᄒᆞ시와沿江六郡船稅事務를本監理에게委任總察케ᄒᆞ시믈爲望

光武五年七月二十四日

慶興監理沈厚澤

議政府贊政外部大臣朴齊純 閣下

4-③

指令 第　號

來呈을接ᄒᆞ야通信院에轉照ᄒᆞ얏스니措處를待ᄒᆞ야另行訓飭ᄒᆞᆯ事

七月二十六日

4-④

報告書第十二號

昨准俄國南方交界官廨來薩命照會第六百六十九号內開獎國이現方架設電線에黑頂子一帶로由ᄒᆞ야貴慶興ᄭᆞ지連線ᄒᆞᆯ터이기로貴監理에게先玆轉託ᄒᆞ오니貴咸鏡道電報가現至何地이오며那時에連線及抵慶興이올지希速示覆等因을准查ᄒᆞ온바彼將於本港에連着電線一事ᄂᆞᆫ旣未承部訓이옵고亦未承通信院訓飭이온즉有難遵辦이오나該照請을不容緩覆이옵기電報가現至鏡城이라ᄒᆞ옵고連線抵慶興ᄒᆞᆯ時ᄂᆞᆫ姑未預知之由로照覆ᄒᆞ얏ᄉᆞ오며嗣有彼界設線形止를連探ᄒᆞ야從電馳報ᄒᆞ려ᄒᆞ온바玆에報告ᄒᆞ오니

5-①

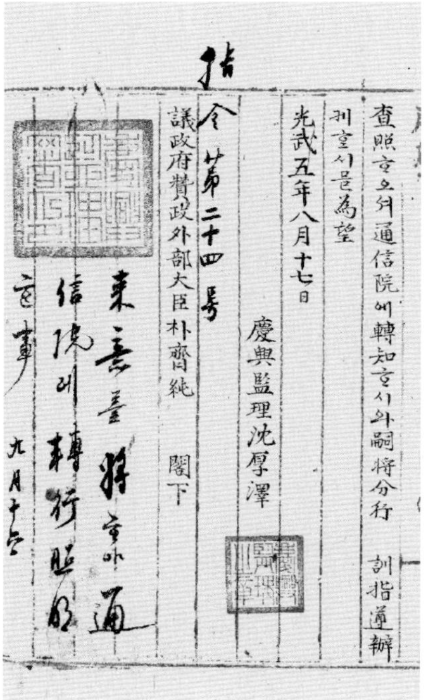
查照ᄒᆞ오셔通信院에轉知ᄒᆞ시와嗣將分行 訓指遵辦케ᄒᆞ시믈爲望

光武五年八月十七日

慶興監理沈厚澤

議政府贊政外部大臣朴齊純 閣下

指令第二十四號

來書를據ᄒᆞ야通信院에轉行照明ᄒᆞᆯ事

九月十六日

5-②

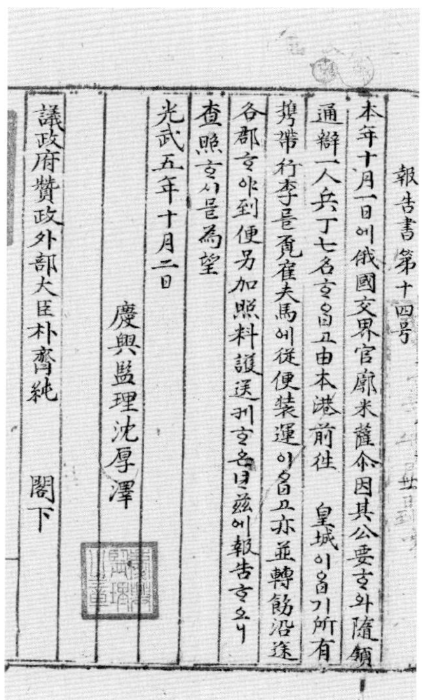
報告書第十四號

本年十月一日에俄國交界官廨來薩命因其公要ᄒᆞ와隨領通辯一人兵丁七名ᄒᆞ옵고由本港前往 皇城이옵기所有携帶行李를覓雇夫馬에從便裝運이옵고亦並轉飭沿途各郡ᄒᆞ야到便另加照料護送케ᄒᆞ온바玆에報告ᄒᆞ오니查照ᄒᆞ시믈爲望

光武五年十月二日

慶興監理沈厚澤

議政府贊政外部大臣朴齊純 閣下

6-①

指令第二十七號

來書를閱悉事

十月四日

6-②

大臣 協辦 局長 參書

報告書第十七號

本監理赴任之路에六郡邊界儒生韓台教等請愿書를接見ᄒ온즉內槪六郡對岸幾百里廢荒이本是韓民舊居之地이옵기로無土窮民이自入墾拓이蓋亦年富矣러니庚子七月俄清開戰以後에清匪狂熾ᄒ야搶奪婦女ᄒ고刼取財物ᄒ오니墾民數十萬餘口가瀕危喫苦ᄂ多寞勿論ᄒ고徐觀俄清動靜에啓上設兵ᄒ야堅守古界호되土們江邊帽兒山은即韓清兩國開市之時에韓人이輸運清國禮物交傳之處而清人이指道曰土們江은韓國邊界라ᄒ고或渡土們江交遞ᄒ며或踰帽兒山交遞者昭在於兩國例法ᄒ니先據土們江帽兒山ᄒ야劃付韓民於韓官

7-①

ᄒ고劃付清民於清官ᄒ야各保其民호되韓界에十家作統ᄒ야每統에各出一砲ᄒ야把守要害면非徒匪類自戢이라莫重藩蔽邊界에兵額自倍ᄒ야亦將緩急에以示可用이옵고砲料則使邊戶定章排歛이면不費廪餼而軍需自足이옵고轉照于俄國交界官ᄒ야駐紮俄兵於光霽峪ᄒ야韓清民間辨其良莠에保良除莠ᄒ야拯其塗炭케ᄒ시믈爲望等情이온바此邑査ᄒ온즉哀此窮民이爲其生命에絜眷流入ᄒ야被其侵虐이聞甚矜憐이오나至若作統設砲와清地에借駐俄兵等事ᄒ야ᄂᆫ事關他界에交渉이重大ᄒ와玆에報告ᄒ오니査照ᄒ신後移照於俄清兩館ᄒ시와措辦 示明ᄒ시믈爲望

7-②

光武五年十一月三日

慶興監理金教碩

議政府贊政外部大臣朴齊純 閣下

據第十七號報告書ᄒ야來意를據悉ᄒ온바此等請愿이本部

7-③

에若是ᄒ기로爲人之[illegible]情困苦ᄒ오며韓清民人을各歸該國ᄒ고更劃界[illegible]事로商量妥理ᄒ려니와作統設砲ᄂ雖難預算이오借使他年은此亦可擬議라先由貴署로照會[illegible]方을實力保護[illegible]

十一月 日

7-④

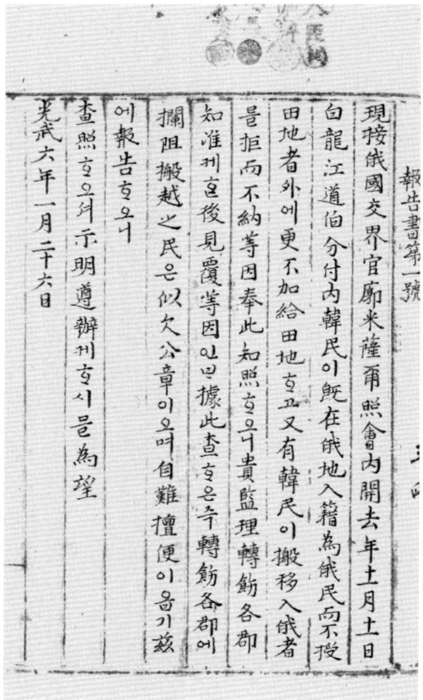
報告書第一號
現接俄國交界官廓米薩甬照會內開去年十月十日
白龍江道伯分付內韓民이旣在俄地入籍爲俄民而不授
田地者外에更不加給田地ᄒᆞ고又有韓民이搬移入俄者
를拒而不納等因奉此知照ᄒᆞ오니貴監理轉飭各郡
知准케ᄒᆞ신後見覆等因이온바據此査ᄒᆞ온즉轉飭各郡에
攔阻搬越之民은似欠公章이오며自難擅便이옵기玆
에報告ᄒᆞ오니
査照ᄒᆞ오셔示明遵辦케ᄒᆞ시믈爲望
光武六年一月二十六日

8-①

慶興監理金敎碩 閣下
議政府贊政外部大臣朴齊純
各郡에轉飭防札이
并無不可ᄒᆞ
二月六日
指令第四號
潛越他界가本係厲禁인즉
任意俄官排納之擧

8-②

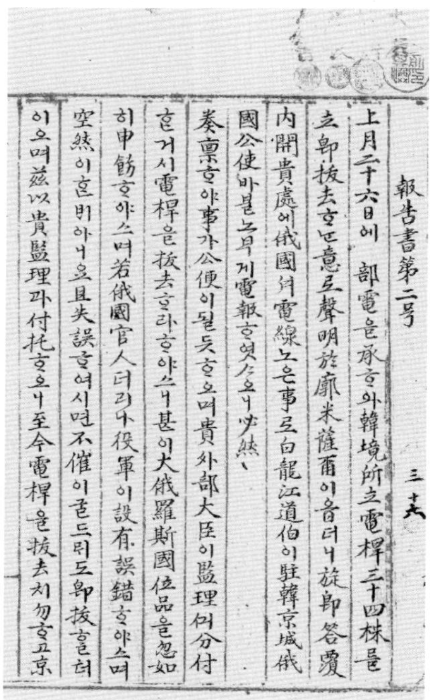
報告書第二号
上月二十六日에 部電을承ᄒᆞ온즉韓境所立電桿三十四株를
立卽拔去ᄒᆞᆫ意로聲明於廓米薩甬이옵더니旋卽答覆
內開貴處에俄國서電線ᄂᆞᆫ事로白龍江道伯이駐韓京城俄
國公使바믈노게電報ᄒᆞ엿ᄉᆞ오니必然、
奏稟ᄒᆞ야事가公便이될듯ᄒᆞ오며貴外部大臣이監理에게分付
ᄒᆞ거시電桿을拔去ᄒᆞ라ᄒᆞ얏ᄉᆞ나甚이大俄羅斯國位品을忽如
히申飭ᄒᆞ얏ᄉᆞ며若俄國官人더러役軍이設有誤錯ᄒᆞ얏ᄉᆞ며
空然이ᄒᆞᆫ비아니오且失誤ᄒᆞ여시면不催이ᄅᆞ드리도卽拔ᄒᆞᆯ터
이오며玆以貴監理파付托ᄒᆞ오니至今電桿을拔去치勿ᄒᆞ고京

9-①

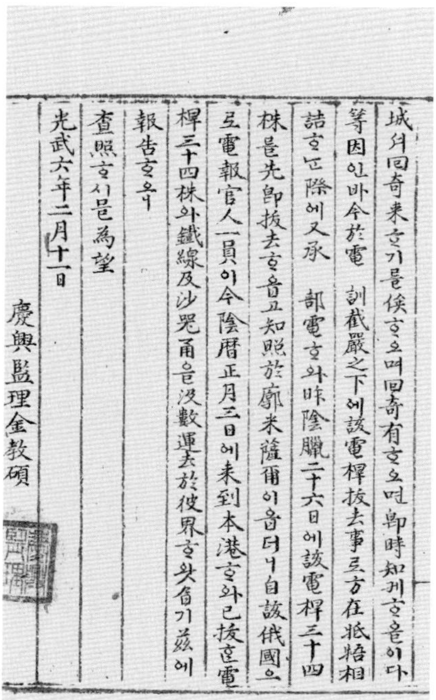
城서回奇來ᄒᆞ기를俟ᄒᆞ오며回奇有ᄒᆞ오면卽時知케ᄒᆞ올이다
等因인바今於電 訓截嚴之下에該電桿拔去事로方在抵梧相
詰ᄒᆞ던際에又承 部電ᄒᆞ와昨陰臘二十六日에該電桿三十四
株를先卽拔去ᄒᆞ옵고知照於廓米薩甬이옵더니自該俄國으
로電報官人一員이今陰曆正月二日에來到本港ᄒᆞ와已拔ᄒᆞᆫ電
桿三十四株와鐵線及沙器甬을沒數運去於彼界ᄒᆞ왓삽기玆에
報告ᄒᆞ오니
査照ᄒᆞ시믈爲望
光武六年二月十一日
慶興監理金敎碩

9-②

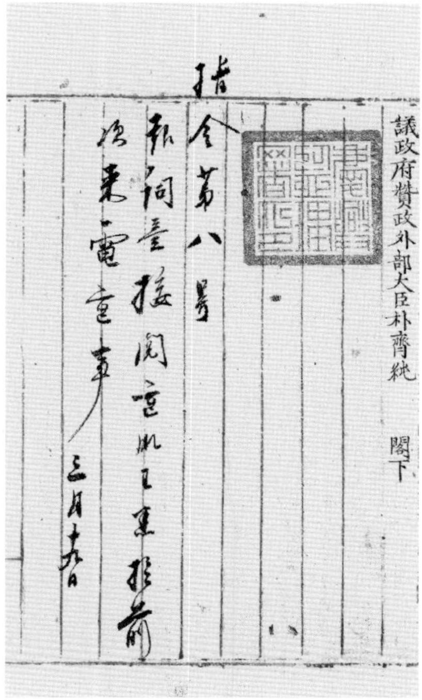
議政府贊政外部大臣朴齊純 閣下
指令第八號
報詞를接閱[illegible]
[illegible]
三月[illegible]日

9－③

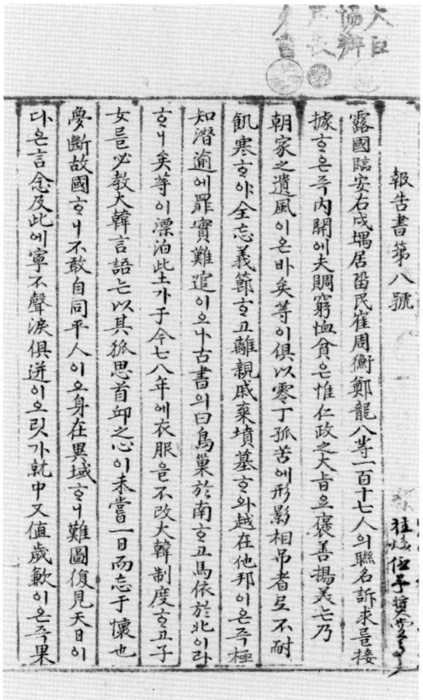
報告書第八號
露國臨安右戍堣居留民崔周衡鄭龍八等一百十七人의聯名訴求를接
據호온즉內開에夫賙窮恤貧은惟仁政之大旨오褒善揚美는乃
朝家之遺風이온바矣等이俱以零丁孤苦에形影相吊者로不耐
飢寒호야全忘義節호고離親戚棄墳墓호와越在他邦이온즉極
知潛逾에罪實難逭이오나古書의曰鳥巢於南호고馬依於北이라
호니矣等이漂泊此土가于今七八年에衣服을不改大韓制度호고子
女를必教大韓言語는以其孤思首卯之心이未嘗一日而忘于懷也
니不敢自同平人이오身在異域호니難圖復見天日이
다온言念及此에寧不聲淚俱迸이오릿가就中又值歲歉이온즉果

10－①

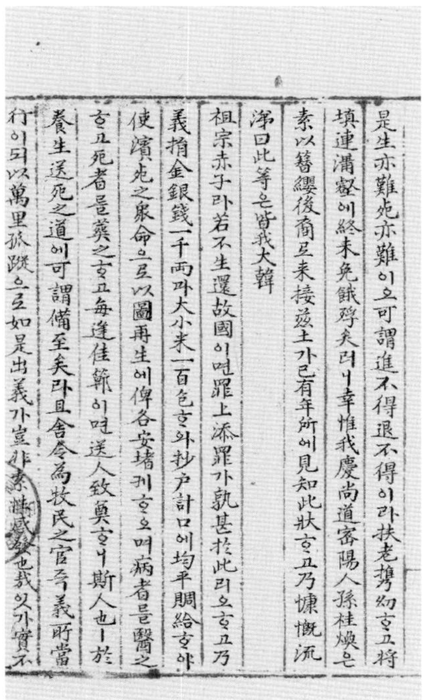
是生亦難死亦難이오可謂進不得退不得이라扶老携幼호고將
填連溝壑에終未免餓殍矣러니幸惟我慶尚道密陽人孫桂煥은
素以簪纓後裔로來接玆土가已有年所에見知此狀호고乃慷慨流
涕曰此等은皆我大韓
祖宗赤子라若不生還故國이면罪上添罪가孰甚於此리오호고乃
義捐金銀錢一千兩과大小米一百包호와抄戶計口에均平賙給호야
使濱死之衆命으로以圖再生에俾各安堵케호오며病者를醫之
호고死者를葬之호고每逢佳節이면送人致奠호니斯人也ㅣ於
養生送死之道에可謂備至矣라且舍令爲牧民之官즉義所當
行이되以萬里孤蹤으로如是出義가豈非[illegible]也哉잇가實不

10－②

勝感歎호와玆에齊訴호오니查照後轉報[illegible]政府호시와俾蒙
褒揚之典을望喜等因이온바彼越墾者도亦是我民이라該孫姓
人의設法賙恤이事甚嘉尚이옵기據此報告호오니優予奬賞호
시와以示 朝家柔遠之惠澤이恐未知何如이올지
查照裁奪호시믈爲望
光武六年五月二十八日
慶興監理卞鼎相
議政府贊政外部大臣署理外部協辦崔榮夏 閣下

10－③

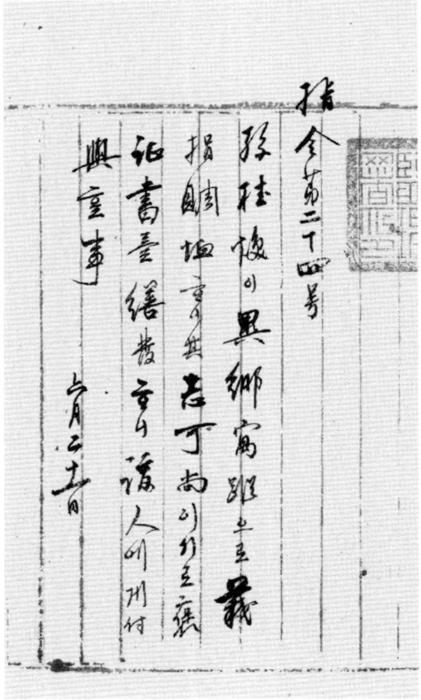
指令第二十四號

10-④

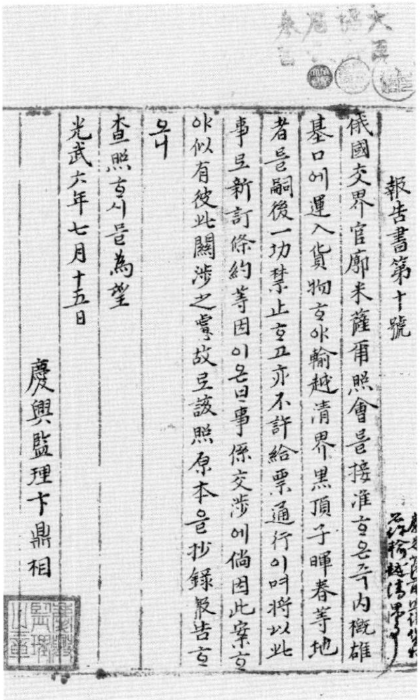
報告書第十號

俄國交界官廊米薩甯照會를接准ㅎ온즉內槪雄基口에運入貨物ㅎ야輸越淸界黑頂子琿春等地者를嗣後一切禁止ㅎ고亦不許給票通行이며將以此事로新訂條約等因이온바事係交涉에倘因此案ㅎ야似有彼此關涉之虞故로玆照原本을抄錄報告ㅎ오니

査照ㅎ시믈爲望

光武六年七月十五日

慶興監理卞鼎相

11-①

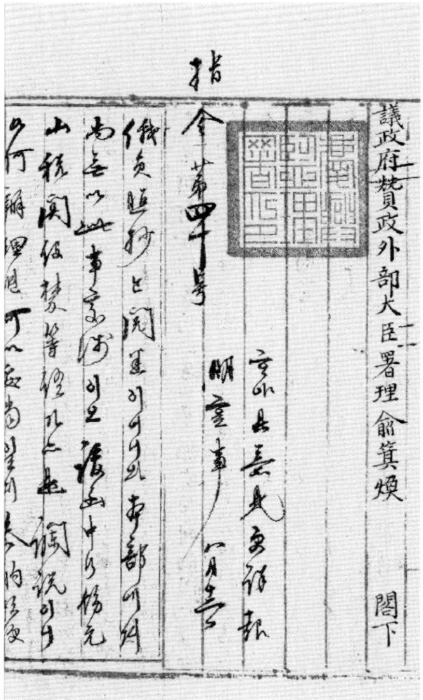
議政府贊政外部大臣署理兪箕煥 閣下

指令第四十號

11-②

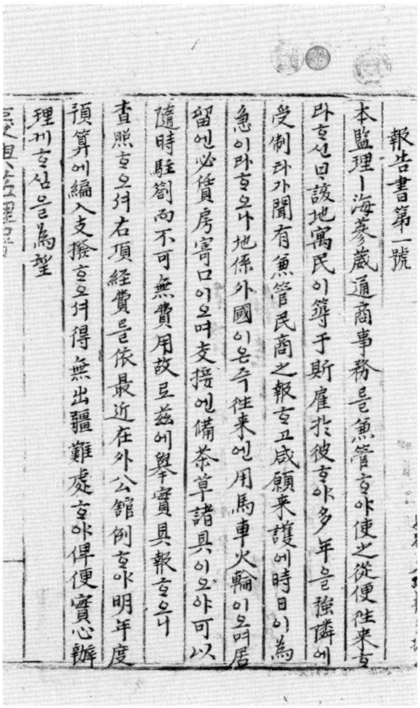
報告書第一號

本監理ㅣ海參崴通商事務를兼管ㅎ야使之從便往來ㅎ라ㅎ신디該地寓民이箒手斯雇於彼ㅎ야多年을陸隣에受侮라가聞有兼管民商之報ㅎ고咸願來護에時日이爲急이라ㅎ오나地係外國이온즉往來에用馬車火輪이오며居留에必賃房寓ㅎ오며支接에備茶草諸具이오니可以隨時駐箚而不可無費用故로玆에擧實具報ㅎ오니

査照ㅎ오셔右項經費를依最近在外公館例ㅎ야明年度預算에編入支撥ㅎ오셔得無出疆難處ㅎ야俾便實心辦理케ㅎ심을爲望

12-①

光武六年十二月十五日
兼管海蔘威通商事務慶興監理黃祐永
議政府贊政外部大臣 閣下
指令第一號

12-②

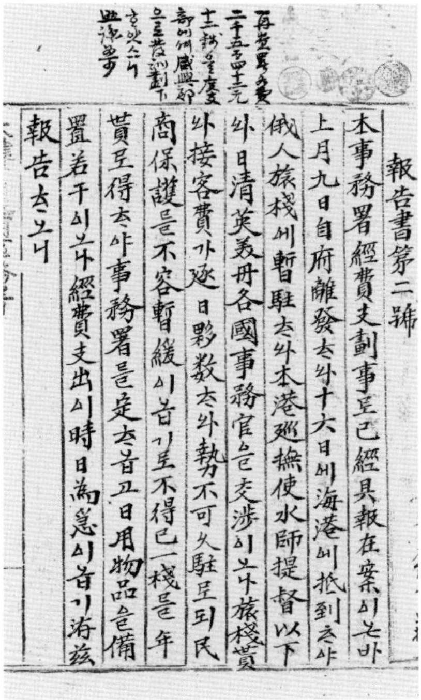
報告書第二號
本事務署經費支劃事로已經具報在案이온바
上月九日自府離發ᄒᆞ와十六日에海港에抵到ᄒᆞ야
俄人旅棧에暫駐ᄒᆞ와本港巡撫使水師提督以下
外日清英美及各國事務官으로交涉이오나旅棧費
外接客費가逐日夥數ᄒᆞ와勢不可久駐로되民
商保護를不容暫緩이옵기로不得已一棧을年
貰로得ᄒᆞ야事務署를定ᄒᆞ옵고日用物品을備
置若干이오나經費支出이時日爲急이옵기洊玆
報告ᄒᆞ오니

13-①

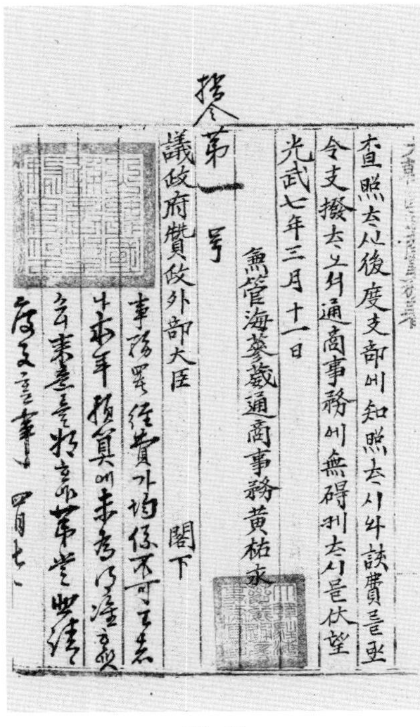
査照ᄒᆞ신後度支部에知照ᄒᆞ시와該費를亟
令支撥ᄒᆞ오셔通商事務에無碍케ᄒᆞ시믈伏望
光武七年三月十一日
兼管海蔘威通商事務黃祐永
議政府贊政外部大臣 閣下
指令第一號

13-②

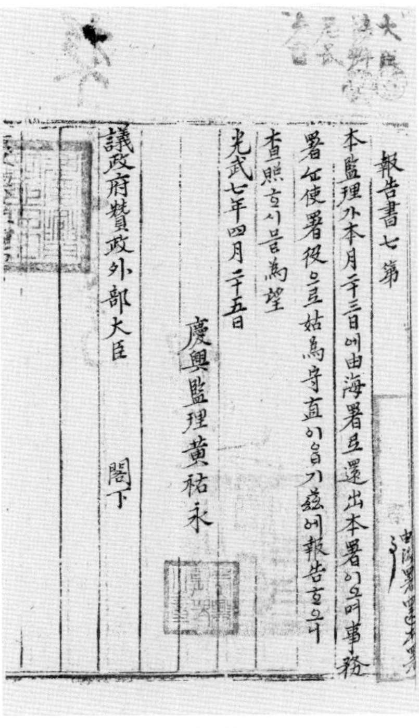
報告書七第
本監理가本月二十三日에由海署로還出本署이오며事務
署는使署役으로姑爲守直이옵기玆에報告ᄒᆞ오니
査照ᄒᆞ시믈爲望
光武七年四月二十五日
慶興監理黃祐永
議政府贊政外部大臣 閣下

14-①

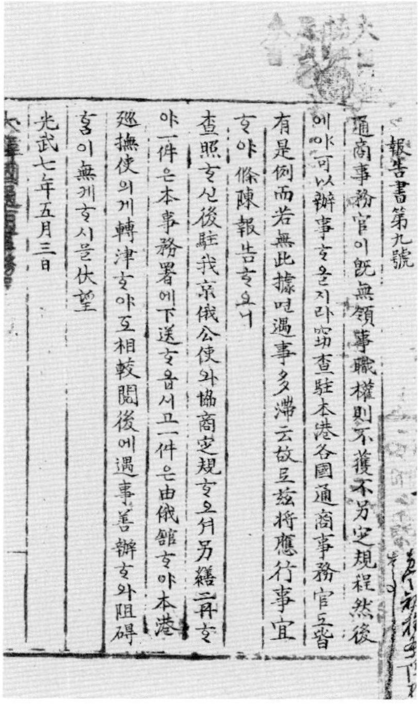
報告書第九號
通商事務官이旣無領事職權則不獲不另定規程然後
에아可以辦事ᄒᆞ옵지라竊査駐本港各國通商事務官도皆
有是例而若無此據면遇事多滯云故로玆將應行事宜
ᄒᆞ야條陳報告ᄒᆞ오니
査照ᄒᆞ신後駐我京俄公使와協商定規ᄒᆞ오며另繕二件ᄒᆞ
야一件은本事務署에下送ᄒᆞ옵시고一件은由俄館ᄒᆞ야本港
巡撫使의게轉津ᄒᆞ야互相較閱後에遇事善辦ᄒᆞ와阻碍
됨이無케ᄒᆞ시믈伏望
光武七年五月三日

15-①

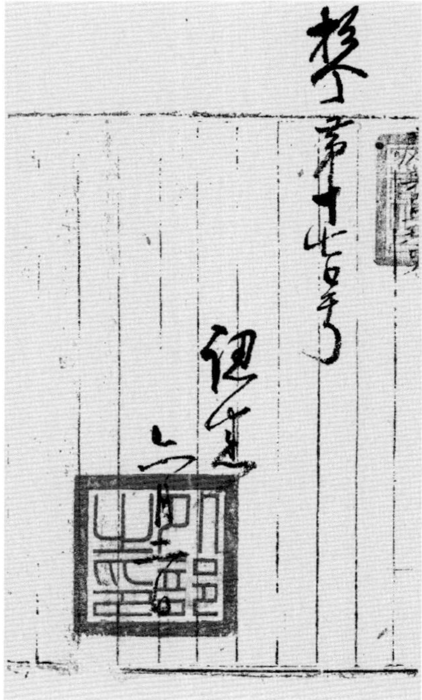

14-②

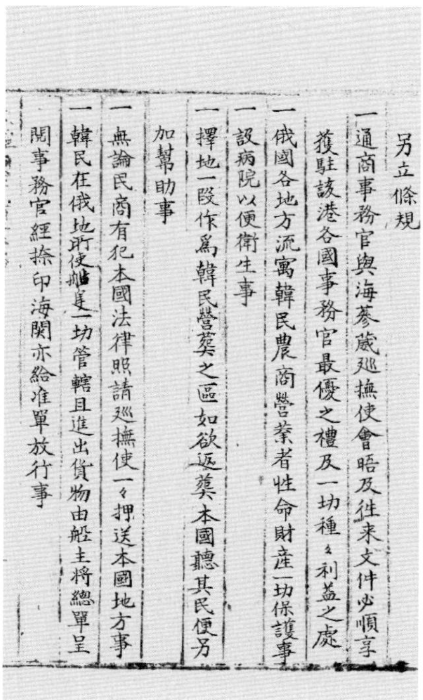
另立條規
一 通商事務官與海蔘葳巡撫使會晤及往来文件必順享
獲駐該港各國事務官最優之禮及一切種々利益之處
一 俄國各地方流寓韓民農商營業者性命財産一切保護事
一 設病院以便衛生事
一 擇地一段作爲韓民營葬之區如欲返葬本國聽其民便另
加幫助事
一 無論民商有犯本國法律照請巡撫使一々押送本國地方事
一 韓民在俄地所使船隻一切管轄且進出貨物由船主將總單呈
閱事務官經捺印海関亦給准單放行事

15-③

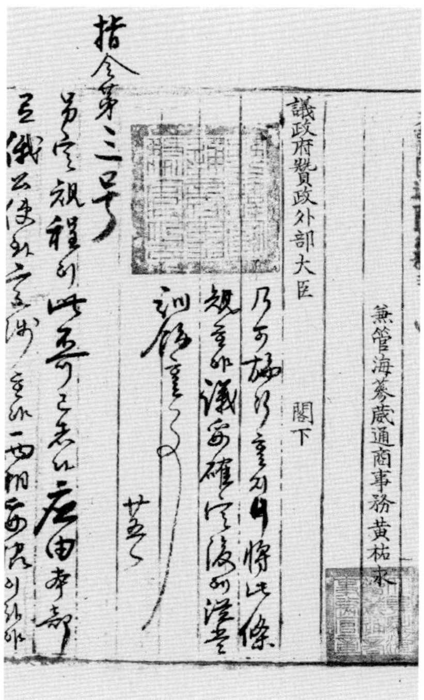
兼管海蔘葳通商事務黃枯木
議政府贊政外部大臣 閣下

15-②

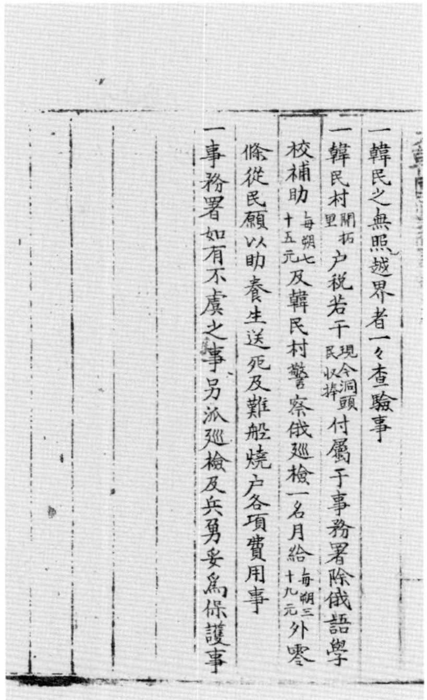

一韓民之無照越界者一々査驗事

一韓民村里開拓戶稅若干(現今洞頭民收拵)付屬于事務署除俄語學校補助(每朔七十五元)及韓民村警察俄廵檢一名月給(每朔三十九元)外零條從民願以助養生送死及難船燒户各項費用事

一事務署如有不虞之事另派廵檢及兵勇妥爲保護事

15-④

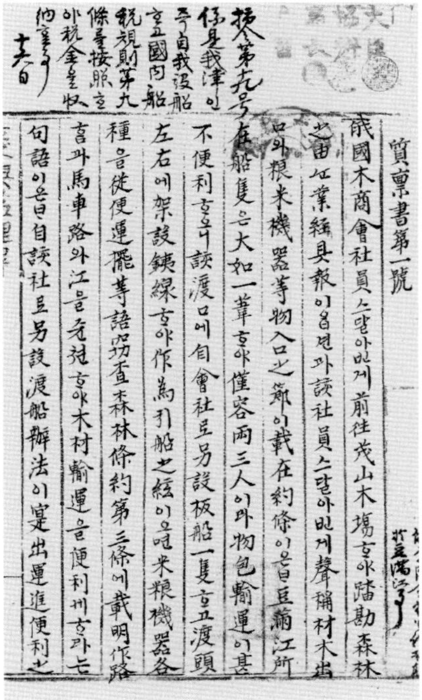

質稟書第一號

俄國木商會社員스탈아비치前往茂山木塲ᄒ야踏勘森林之由ᄂ業經具報이옵더니該社員스탈아비치聲稱材木出口와粮米機器等物入口之節이載在約條이온즉豆滿江所在船隻은大如一葦ᄒ야僅容兩三人이라物色輸運이甚不便利ᄒ오니該渡口에自會社로另設板船一隻ᄒ고渡頭左右에架設鐵線ᄒ야作爲引船之綫이오며米粮機器各種을徙便運罷等語ᄒ고査森林條約第三條에載明作路言과馬車路와江을充通ᄒ야木材輸運을便利케ᄒ라는句語이온즉自該社로另設渡船辦法이寔出運進便利之

挾第九号在船隻은 係是我津이오 自我設船ᄒ고 國內船稅視則第九條를按照ᄒ고 外稅金을收

16-①

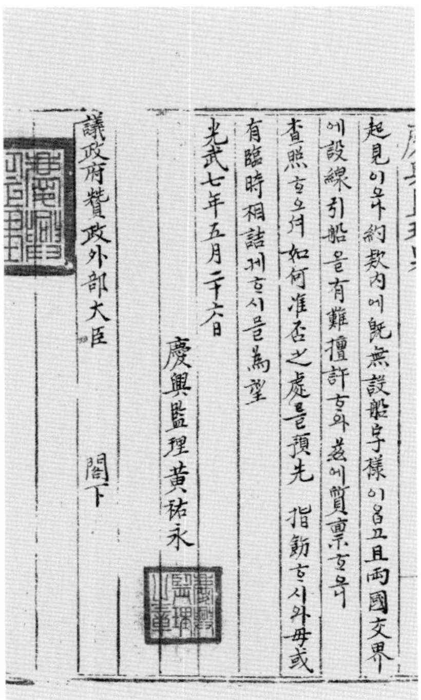

起見이오나約款內에旣無設船字樣이옵고且兩國交界에設綫引船을有難擅許ᄒ오와玆에質稟ᄒ오니査照ᄒ오셔如何准否之處를預先指飭ᄒ시와毋或有臨時相詰케ᄒ시믈爲望

光武七年五月二十六日

慶興監理黃祐永

議政府贊政外部大臣 閣下

16-②

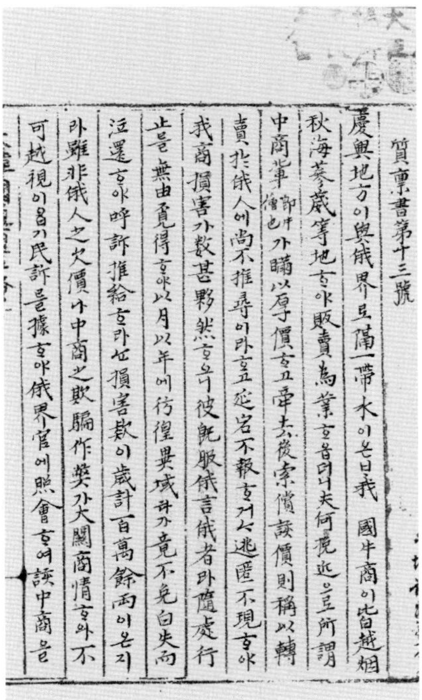

質稟書第十三號

慶興地方이與俄界로隔一帶水이온바我國中商이皆越烟秋海蔘葳等地ᄒ야販賣爲業ᄒ옵더니夫何邇近으로所謂中商輩(卽中俄也)가瞞以原價ᄒ고畢竟索償ᄒ該價則稱以轉賣於俄人에尚不推尋이라ᄒ고延宕不報ᄒ거나逃匿不現ᄒ야我商損害가數甚夥然ᄒ오나彼旣服俄言俄者라隨處行止를無由覓得ᄒ야以月以年에彷徨異域ᄒ다가竟不免白失而泣還ᄒ야呼訴推給ᄒ라ᄂ損害款이歲計百萬餘兩이온지라雖非俄人之欠債나中商之欺騙作奸가大關商情ᄒ오와不可越視이옵기民訴를據ᄒ야俄界官에照會ᄒ며該中商을

17-①

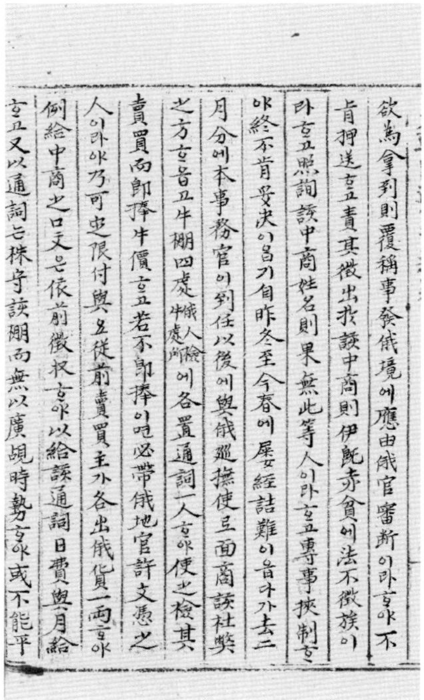

欲為拿刭則覆稱事發俄境에應由俄官審斷이라ᄒᆞ야不
肯押送ᄒᆞ고責其徵出於該中商則伊旣赤貧에法不徵族이
라ᄒᆞ고照詢該中商姓名則果無此等人이라ᄒᆞ고專事挾制ᄒᆞ
야終不肯受決이옵기自昨冬至今春에屢經詰難이옵다가去二
月分에本事務官이到任以後에與俄巡撫使로面商該杜弊
之方ᄒᆞ옵고牛棚四處(俄人檢牛處所)에各置通詞一人ᄒᆞ야使之檢其
賣買而即捧牛價ᄒᆞ고若不即捧이면必帶俄地官許文憑之
人이라야乃可定限付與요從前賣買主가各出俄貨一兩ᄒᆞ야
例給中商之口文은依前徵収ᄒᆞ야以給該通詞日費與月給
ᄒᆞ고又以通詞는株守該棚而無以廣覘時勢ᄒᆞ야或不能平

17-②

定價值故로另置一人ᄒᆞ야巡行各棚而日日周察케ᄒᆞ오니所以保
護我商ᄒᆞ야無復見瞞受虧之弊이옵거늘乃烟秋邊界官廓
米薩甬稱以俄境內에韓民口文目名이不在條約이라ᄒᆞ고從中
沮戲ᄒᆞ며使不得實施케ᄒᆞ오니我商受虧之弊를更何防禁
乎잇가竊査韓俄陸路通商章程第二款第一項에載明朝
鮮官員附近雖慶興不過五里應擇定空地一段長不過
朝鮮里一里作爲俄國民人所有馱牲宰牲牧塲至於該牧
塲擇定看守其地等情該牧塲之約應由兩國地方官嗣
後妥議商定等語이온바彼地所設牛棚은事在三十年前而
距慶興府或三十里或七十里이온되只是檢牛而已오元非賣

17-③

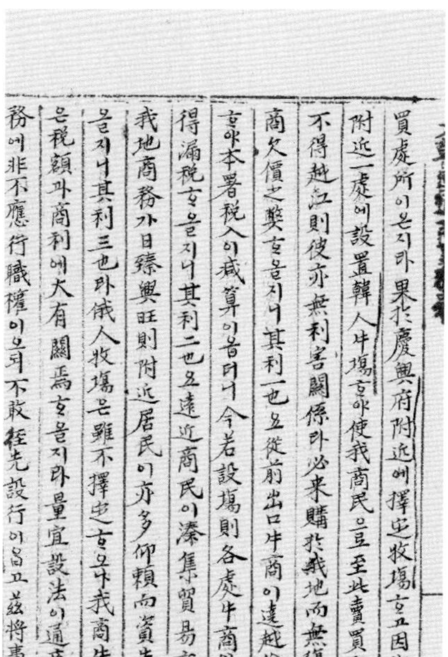

買處所이온지라果於慶興府附近에擇定牧塲ᄒᆞ고因於該
附近一處에設置韓人牛塲ᄒᆞ야使我商民으로至此賣買而槪
不得越江則彼亦無利害關係라必來購於我地而無復瞞
商欠價之弊ᄒᆞ올지니其利一也요從前出口牛商이遠越偷漏
ᄒᆞ야本署稅入이歲算이삽더니今若設塲則各處牛商이不
得漏稅ᄒᆞ올지니其利二也요遠近商民이溱集貿易ᄒᆞ야
我地商務가日臻興旺則附近居民이亦多仰賴而資生ᄒᆞ
올지니其利三也라俄人牧塲은雖不擇定ᄒᆞ오나我商牛塲
은稅額과商利에大有關焉ᄒᆞ올지라量宜設法이通商事
務에非不應行職權이오되不敢徑先設行이옵고玆將事由

17-④

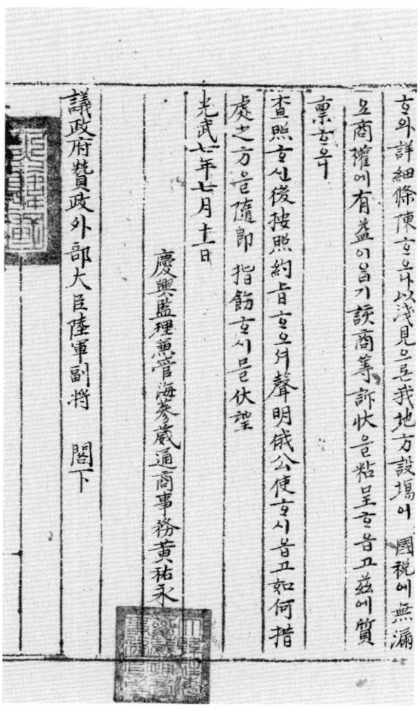

ᄒᆞ와詳細條陳ᄒᆞ오나以淺見으로는我地方設塲이 國稅에無漏
요商權에有益이옵기該商等訴狀을粘呈ᄒᆞ옵고玆에質
稟ᄒᆞ오니
查照ᄒᆞ신後按照約旨ᄒᆞ오셔聲明俄公使ᄒᆞ시옵고如何措
處之方을隨即 指飭ᄒᆞ시믈伏望
光武七年七月十二日
慶興監理兼管海參崴通商事務黃祐永
議政府贊政外部大臣陸軍副將 閣下

17-⑤

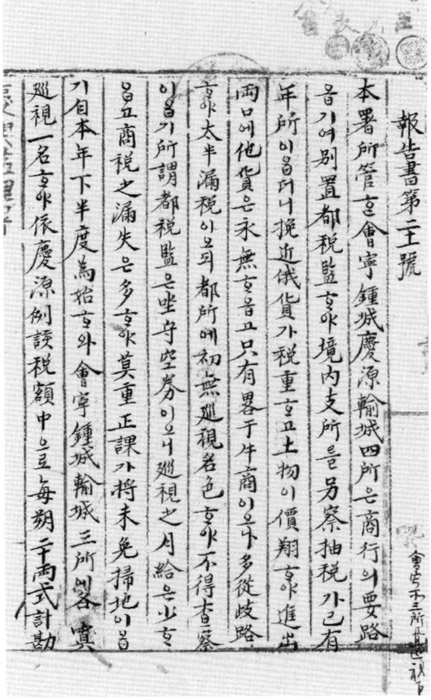

報告書第二十二號
本署所管ᄒᆞᆫ會寧鍾城慶源穩城四所ᄂᆞᆫ商行의要路
옵기여別置都稅監ᄒᆞ야境內支所ᄅᆞᆯ另察抽稅가已有
年所이옵더니挽近俄貨가稅重ᄒᆞ고土物이價翔ᄒᆞ야進出
兩口에他貨ᄂᆞᆫ永無ᄒᆞ옵고只有畧干牛商이오나多從岐路
ᄒᆞ야太半漏稅이오되都所에初無巡視名色ᄒᆞ야不得査察
이옵기所謂都稅監은坐守空务이오니巡視之月給은少ᄒᆞ
옵고商稅之漏失은多ᄒᆞ야莫重正課가將未免掃地이옵
기自本年下半度爲始ᄒᆞ와會寧鍾城穩城三所에各寘
巡視一名ᄒᆞ야依慶源例該稅額中으로每朔二十兩式計劃

18-①

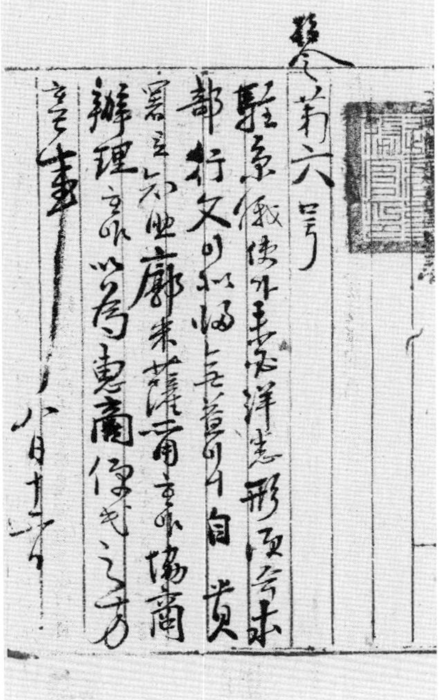

17-⑥

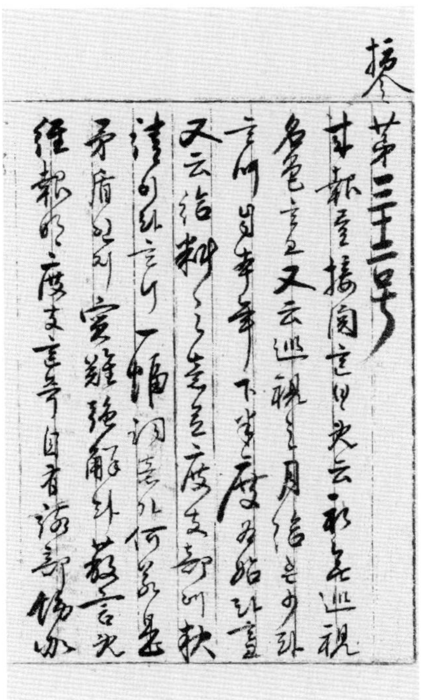

18-③

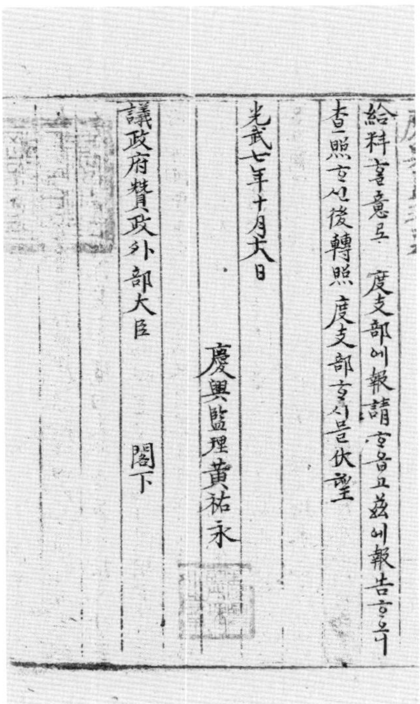

給料ᄒᆞᆯ意로 度支部에報請ᄒᆞ옵고玆에報告ᄒᆞ오니
査照ᄒᆞ신後轉照 度支部ᄒᆞ심을伏望
光武七年十月六日
慶興監理黃祐永
議政府賛政外部大臣 閣下

18-②

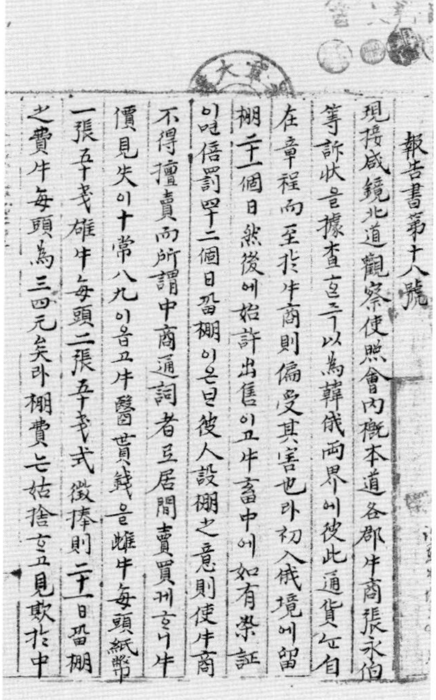
報告書第十八號
現接咸鏡北道觀察使照會內槪本道各郡牛商張永伯
等訴狀을據査ᄒᆞ온즉以爲韓俄兩界에彼此通貨ᄂᆞᆫ自
在章程而至於牛商則偏受其害也라初入俄境에留
棚二十一個日然後에始許出售이고牛畜中에如有祟証
이면倍罰四十二個日留棚이온바彼人設棚之意則使牛商
不得擅賣而所謂中商通詞者로居間賣買케ᄒᆞ니牛
價見失이十常八九이옵고牛醫費錢을雌牛每頭紙幣
一張五十戈雄牛每頭二張五十戈式徵捧則二十一日留棚
之費牛每頭爲三四元矣라棚費ᄂᆞᆫ姑捨ᄒᆞ고見欺於中

19－①

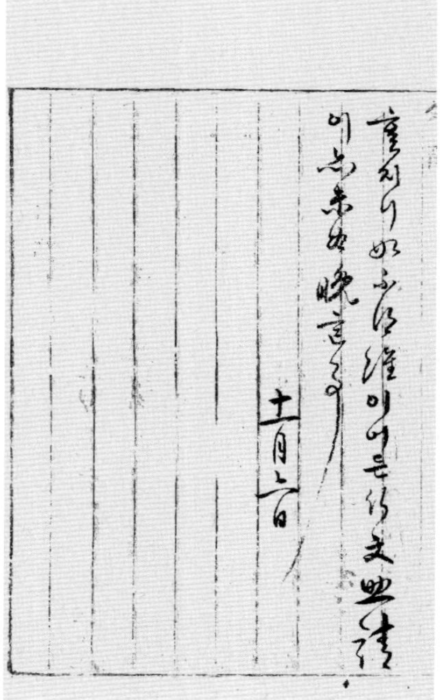
十月二日

18－④

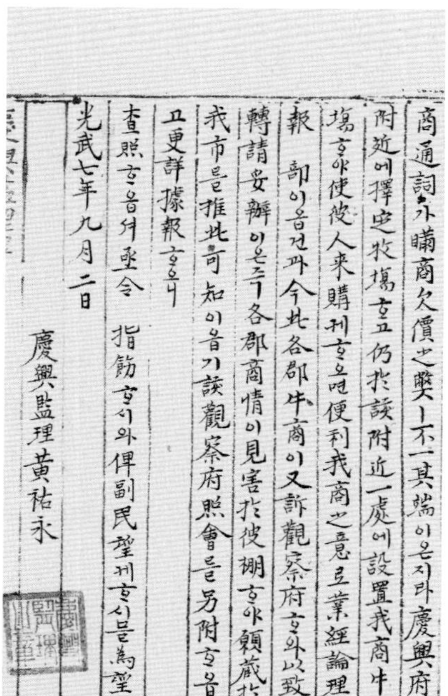
商通詞가瞞商欠價之弊ㅣ不一其端이온지라慶興府
附近에擇定牧塲ᄒᆞ고仍於該附近一處에設置我商牛
塲ᄒᆞ야使彼人來購케ᄒᆞ오면便利我商之意로業經論理
報 部이옵건바今此各郡牛商이又訴觀察府ᄒᆞ와以致
轉請妥辦이온즉各郡商情이見害於彼棚ᄒᆞ야願蔵於
我市를推此可知이옵기該觀察府照會를另附ᄒᆞ옵
고更詳據報ᄒᆞ오니
査照ᄒᆞ옵셔亟令 指飭ᄒᆞ시와俾副民望케ᄒᆞ시믈爲望
光武七年九月二日
慶興監理黃祐永

19－③

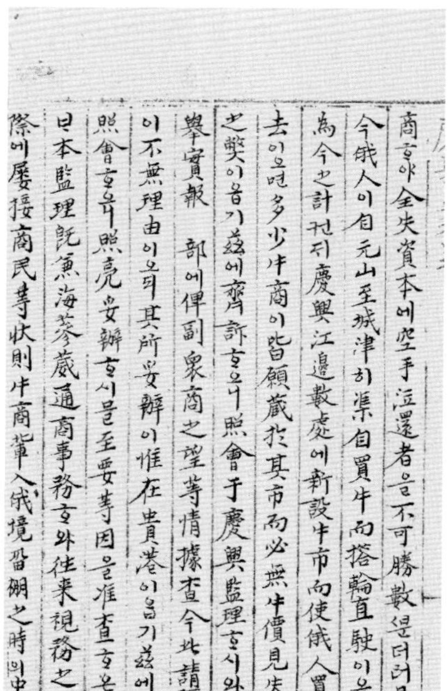
商ᄒᆞ야全失資本에空手泣還者을不可勝數뿐더러且
今俄人이自元山至城津히渠自買牛而搭輪直駛이옵
爲今之計컨ᄃᆡ慶興江邊數處에新設牛市而使俄人買
去이오면多少牛商이皆願蔵於其市而必無牛價見失
之弊이옵기玆에齊訴ᄒᆞ오니照會于慶興監理ᄒᆞ시와
擧實報 部에俾副衆商之望等情據査今此請願
이不無理由이오되其所妥辦이惟在貴港이옵기玆에
照會ᄒᆞ오니照亮妥辦ᄒᆞ시믈至要等因을准査ᄒᆞ온
日本監理旣兼海蔘葳通商事務ᄒᆞ와往來視務之
際에屢接商民等狀則牛商輩入俄境留棚之時의中

19－②

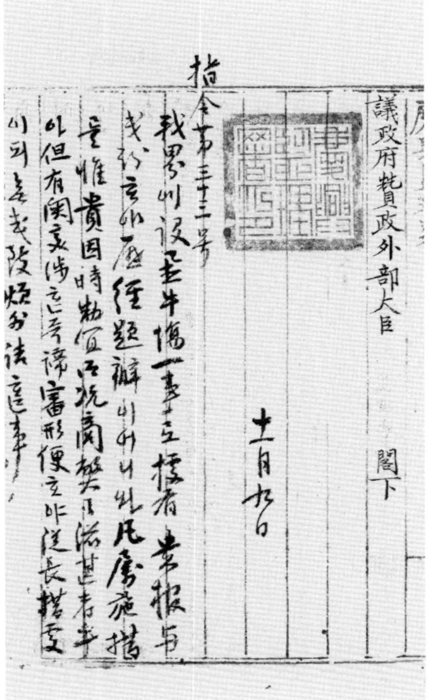
議政府贊政外部大臣 閣下

十二月九日

指令第三十二號

我界에設置牛檮一事ᄂᆞᆫ據有 呈報ᄒᆞ
[illegible]ᄒᆞ야屢經題辭이어니와民虞施措
ᄂᆞᆫ惟貴因時勸宜ᄒᆞ야商[illegible]ᄒᆞ야滋甚者
ㅣ오但有關交涉ᄒᆞᆫ事端富形便ᄒᆞ야從長措處
ᄒᆞ되[illegible]法ᄒᆞᆯ事

19-④

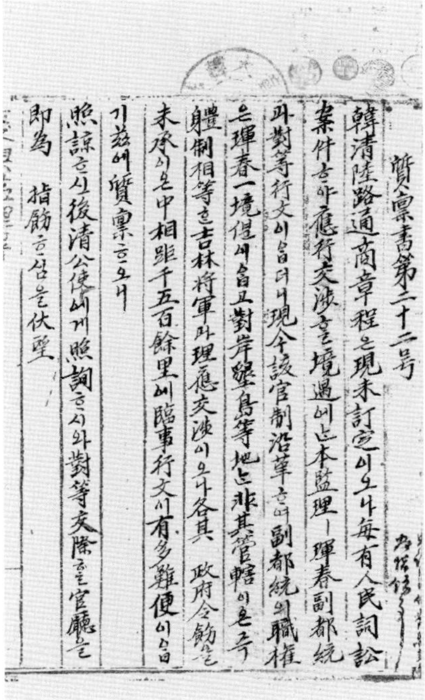
質稟書第二十二號

韓淸陸路通商章程은現未訂定이오나每有人民詞訟
案件ᄒᆞ야應行交涉ᄒᆞᆫ境遇에ᄂᆞᆫ本監理ㅣ琿春副都統
과對等行文이ᄋᆞᆸ더니現今該官制沿革ᄒᆞ야副都統의職權
은琿春一境뿐이ᄋᆞᆸ고對岸墾島等地ᄂᆞᆫ非其管轄이온즉
體制相等ᄒᆞᆫ吉林將軍과理應交涉이오나各其 政府令飭을
未承이온中相距千五百餘里에臨事行文이有多難便이ᄋᆞᆸ
기玆에質稟ᄒᆞ오니
照諒ᄒᆞ신後淸公使에게照詢ᄒᆞ시와對等交際ᄒᆞᆯ官廳을
卽爲 指飭ᄒᆞ심을伏望

20-①

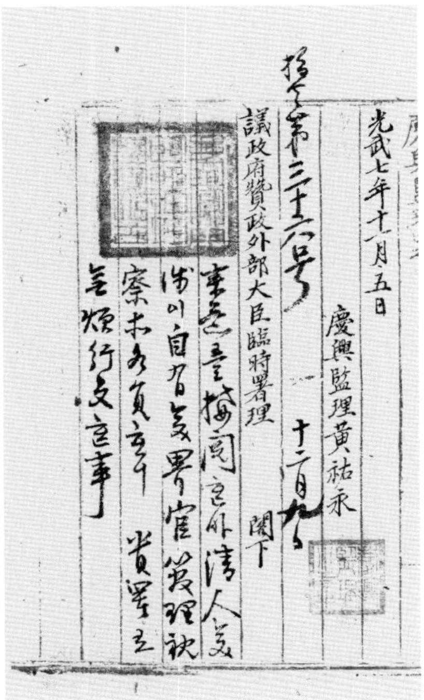
光武七年十二月五日

慶興監理黃祐永

議政府贊政外部大臣臨時署理 閣下

指令第三十六號 十二月九日

事宜ᄂᆞᆫ接閱ᄒᆞᆫ바淸人交
涉이自有該署官辦理
察[illegible]ᄒᆞ야 貴署로
[illegible]行文ᄒᆞᆯ事

20-②

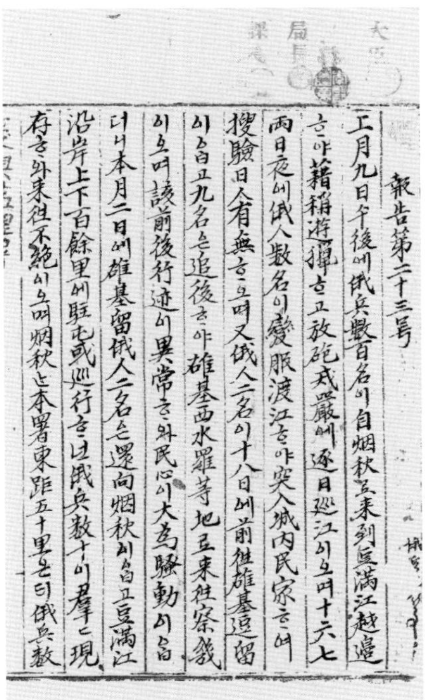
報告第二十三號

正月九日午後에俄兵數百名이自烟秋로來到豆滿江越邊
ᄒᆞ야藉稱游獵ᄒᆞ고放砲戒嚴에逐日巡江이오며十六七
兩日夜에俄人數名이變服渡江ᄒᆞ야突入城內民家ᄒᆞ며
搜驗日人有無ᄒᆞ오며又俄人二名이十八日에前往雄基逗留
이ᄋᆞᆸ고九名은追後ᄒᆞ야雄基西水羅等地로來往察譏
이오며該前後行迹이異常ᄒᆞ와民心이大爲騷動이ᄋᆞᆸ
더니本月二日에雄基留俄人二名은還向烟秋이ᄋᆞᆸ고豆滿江
沿岸上下百餘里에駐屯或巡行ᄒᆞᄂᆞᆫ俄兵數十이羣ᄂᆞᆫ現
存ᄒᆞ와來往不絶이오며烟秋ᄂᆞᆫ本署東距五十里온ᄃᆡ俄兵數

21-①

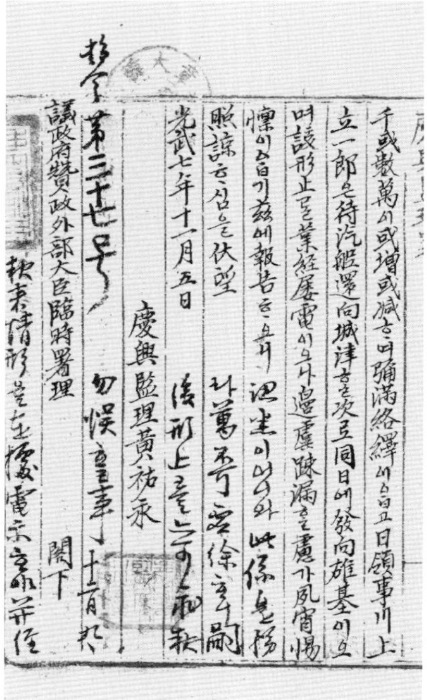

21-②

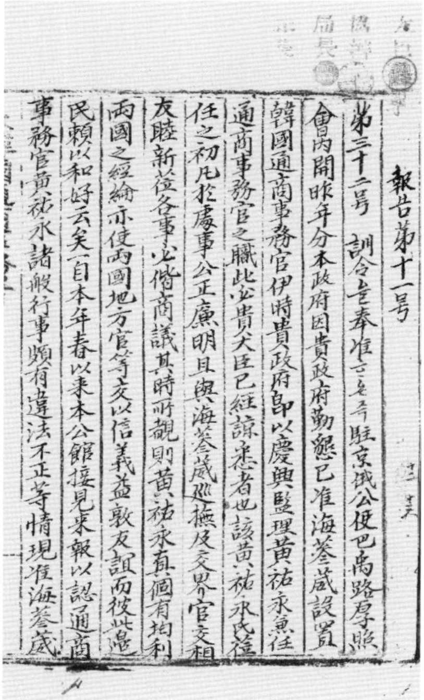

22-①

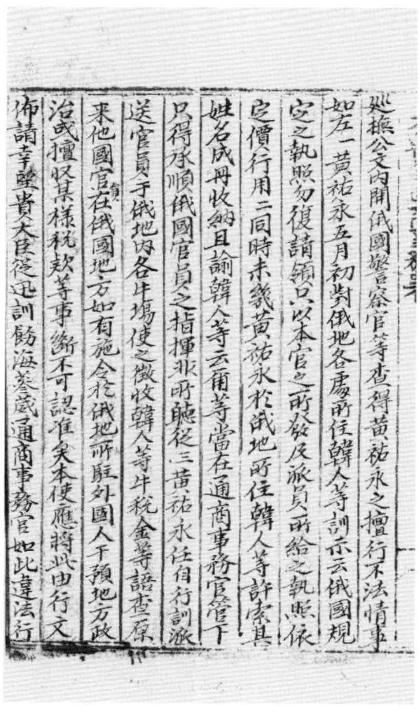

22-②

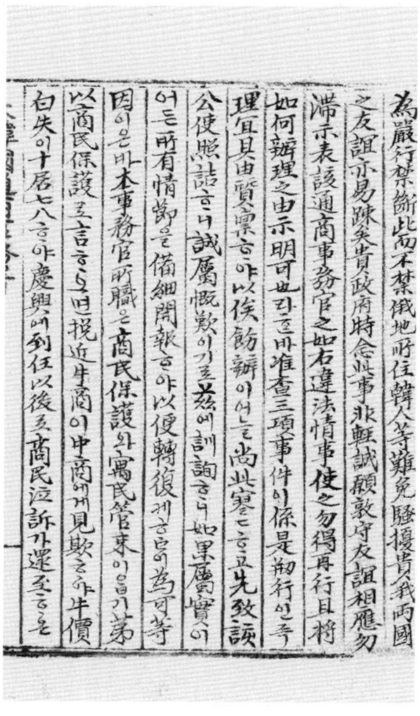

22-③

바被告가俄地에入籍ᄒᆞᆫ我民이오면確據ᄅᆞᆯ准ᄒᆞ야原告에게捧
給ᄒᆞ고入籍아니ᄒᆞᆫ我民이오면押交本署ᄒᆞ야妥辦ᄒᆞᆯ意로
烟秋廓米薩甫게行文ᄒᆞ오되歸以文具ᄒᆞ야商民保護에實效가
無케ᄒᆞ옵고且以寓民管束으로言ᄒᆞ오면我地流民이或資斧
가不敷ᄒᆞ거나或規程에未明ᄒᆞ야執照ᄅᆞᆯ稍帶越去ᄒᆞᆫ者ᄅᆞᆯ自
俄官으로隨捕盤詰ᄒᆞ야罰金ᄋᆞᆯ紙貨三元式索討이옵고哀此所
亾이不能納贖者ᄂᆞᆫ不得已派兵押到慶興이온바凍餒路殍가往〻
相續이오니我無違法에彼多失友이오니噫有生靈ᄒᆞ야益
敦信義이옵드니本年二月二十日海蔘葳到任ᄒᆞ야與俄官으
로未及交涉에商民數十이盈庭籲訴ᄒᆞ오니鶉衣鵠形曾目

22-④

不忍見이온지라聽其理由則或其父兄이牛價白失ᄒᆞ고塡壑致
斃에骸骨永失이라ᄒᆞ고或弟侄及同伴人이漏照就捕에方在
縲絏이라觸目慘酷이온바欲泣撫諭에退歸後日케ᄒᆞ옵고一自
交涉以後로商民保護ᄒᆞᆯ規則과寓民管束ᄒᆞᆯ方便을延
撫使署理廓米薩甫와詢議ᄒᆞᆫ後에俄地寓居ᄒᆞᆫ殷實我
民二人으로牛棚兩處에檢督ᄒᆞ게ᄒᆞ고牛商賣買ᄅᆞᆯ專管케
ᄒᆞ되旣徙扶雜ᄒᆞᆫ居間通辭ᄂᆞᆫ切勿叅幹ᄒᆞ고更或牛價
致損ᄒᆞᄂᆞᆫ弊가有ᄒᆞ면該檢督이據報케ᄒᆞ고從前通辭居
間錢牛一首紙貨二元式例給ᄒᆞ든거슬減ᄒᆞ야一元으로定式ᄒᆞ
야檢督과通辭의月料ᄅᆞᆯ補用케ᄒᆞ고我國南北牛商에게

22-⑤

告示ᄒᆞ야居間中商으로切勿相關ᄒᆞ라ᄒᆞ고該地附近寓民과遠
近流民에게章程과利害로論理告示ᄒᆞ야無照者로帶照ᄒᆞ
야以免外國拿詰케ᄒᆞ고除俄國入籍ᄒᆞᆫ我民外에寓民流民의
姓名을收錄ᄒᆞ야一年에我民幾萬幾千名이俄地에流入ᄒᆞ
야ᄂᆞᆫ가就中歸國과居生과物故ᄒᆞᆫ摠數ᄅᆞᆯ隨其年終ᄒᆞ야
政府에分別修報ᄒᆞᆯ主意로果爲告示이옵더니事未布
行에往日中商으로牛價白呑ᄒᆞ던者流幾名이住吁ᄒᆞᆯ
路가塞ᄒᆞᆷ을含憾ᄒᆞ야烟秋民官通辭朴啓安ᄋᆞᆯ符同ᄒᆞ야
告示本文을故爲誤繙ᄒᆞ야廓米薩甫게違法不正으로誣
囑ᄒᆞ야致有此俄使行文이오니揆其宅心ᄒᆞ오면極庸慨歎

22-⑥

이오나其時牛商等與牛棚檢督에게發付ᄒᆞᆫ訓示와海蔘
葳附近寓民에게曉諭ᄒᆞᆫ告示ᄅᆞᆯ該通辭輩가廓米薩甫
게收納ᄒᆞ야駐京俄公館으로替送이라ᄒᆞ오니自 部妥措ᄒᆞ시
와 考鑑ᄒᆞ신後俄使照檄에擅行不法情事如左下第一項
中俄國規定之執照勿復請領只以本官之所發及派員所
給之執照依定價行用과第二項中且諭韓人等云爾等當
在通商事務官管下只得承順俄國官員之指揮非所聽
從과第三項中派送官員于俄地內各牛場使之徵收韓人
等牛稅金等語三項事件有無ᄅᆞᆯ 准査ᄒᆞ시와俄文으로
繙譯ᄒᆞ야俄使에게照示ᄒᆞ시오면所有情節을自可眧晰이

22-⑦

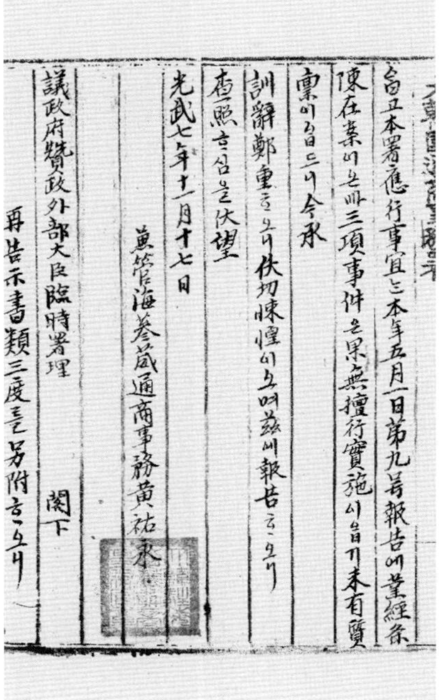
旨로本署應行事宜ᄂᆞᆫ本年五月一日第九号報告에業經條
陳在案이온바三項事件은果無擅行實施이옵기未有質
稟이옵더니今承
訓辭鄭重ᄒᆞ오니伏切悚惶이오며玆에報告ᄒᆞ오니
查照ᄒᆞ심을伏望
光武七年十一月十七日
兼管海蔘葳通商事務黃祐永
議政府贊政外部大臣臨時署理　閣下
再告示書類三度를另附ᄒᆞ오니

22-⑧

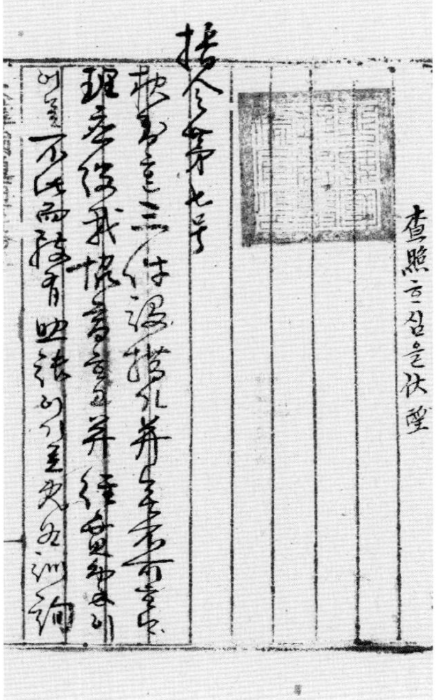
查照ᄒᆞ심을伏望

22-⑨

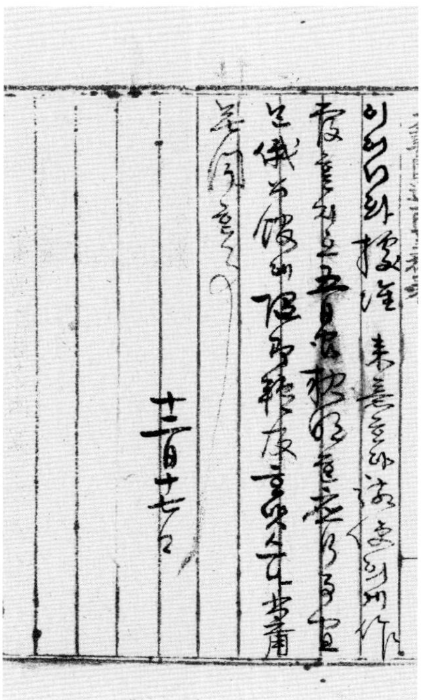
十一月十七日

22-⑩

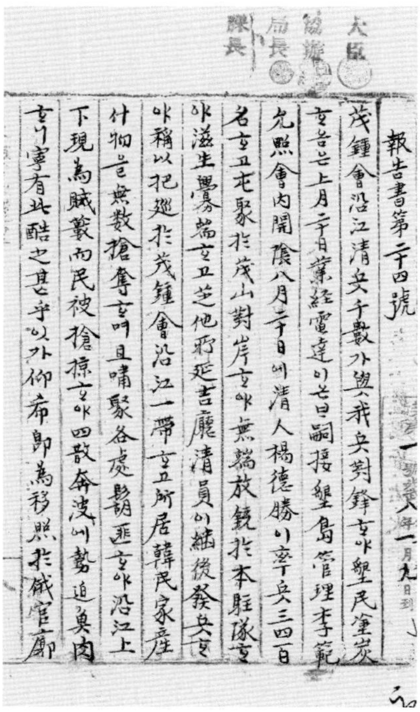
大臣　協辦　局長　課長
報告書第二十四號
光武八年一月九日到
茂鍾會沿江清兵千數가與我兵對鋒ᄒᆞ야墾民塗炭
ᄒᆞ옴은上月二十日業經電達이온바嗣接墾島管理李範
允照會內開陰八月二十日에清人楊德勝이率兵三四百
名ᄒᆞ고屯聚於茂山對岸ᄒᆞ야無端放銃於本駐隊ᄒᆞ
야滋生釁端ᄒᆞ고並他邪延吉廳清員이繼後發兵ᄒᆞ
야稱以把巡於茂鍾會沿江一帶ᄒᆞ고所居韓民家産
什物은無數搶奪ᄒᆞ며且嘯聚各處鬍匪ᄒᆞ야沿江上
下現為賊藪而民被搶掠ᄒᆞ야四散奔渙에勢迫奧內
ᄒᆞ니寧有此酷之甚乎이가仰布即為移照於俄官廊

23-①

米薩甬ᄒ와使之據公法戢清匪ᄒ야勿生邊釁ᄒ고
俾安吾民等因이기로照覆ᄒ엿기를清員이多數發
兵ᄒ야搶掠我民ᄒ미殊甚駭惋이온바但事係壓民이
온즉應由貴管理報明 政府ᄒ야以待指揮措處ᄒ올
지오清匪禁戢ᄒᆯ事로俄官에게照請ᄒ라ᄒ미有違格例
온즉本監理擅難認准이라ᄒ옵고事關邊釁ᄒ와恐
有疎漏이옵기玆에報告ᄒ오니
査照ᄒ시믈伏望
光武七年十一月二十五日
慶興監理黃祐永

23-②

議政府贊政外部大臣臨時署理 閣下

指令第一號
該案具報書는已悉於邊界交涉
告이어니와墾島邊務와所關이甚繁重ᄒ니
嗣後情形을亦隨續報ᄒᆯ事
一月十[illegible]

23-③

報告第二十五號
墾擾情形을業經具報ᄒ엿삽거니와詳探卽示ᄒ라신
電飭을伏承ᄒ와卽行答報ᄒ엿삽고該起擾情節과如何妥
辦ᄒ믈備細示明ᄒ는事로墾島管理에行文ᄒ엿삽더니
旋接復開陰九月初에清兵이嘯聚响匪ᄒ야合四五百名
이無故動擾於茂山對島ᄒ야勢欲過江犯境而與該駐隊
及該郡私砲로隔江交鋒에該島人民이多被搶掠ᄒ고穀
物家舍擧入燒毁ᄒ야民皆波散에勢甚惶急故로本職이
卽爲移照於鍾城隊徐泰領矣러니該泰領이以無故啓釁
之由로討詰於清員而清員이自知理屈ᄒ고屢次乞和ᄒ고

24-①

和清員與徐泰領이互相妥辦ᄒ야清之兵匪는現爲追却
於該島ᄒ고居民家舍燒毁情節은或指謂清人之先手
ᄒ고或指謂茂山私砲巡檢輩之所作俑云故로本職이定
派員前往該島ᄒ야另查其燒毁情節而現爲未還故
로本職이姑未報明于 政府이叨待該查員之前來ᄒ
야更爲備覆等因이옵기此를准ᄒ와玆先報告ᄒ오니
照亮ᄒ심을伏望
光武七年十二月十八日
慶興監理黃祐永

24-②

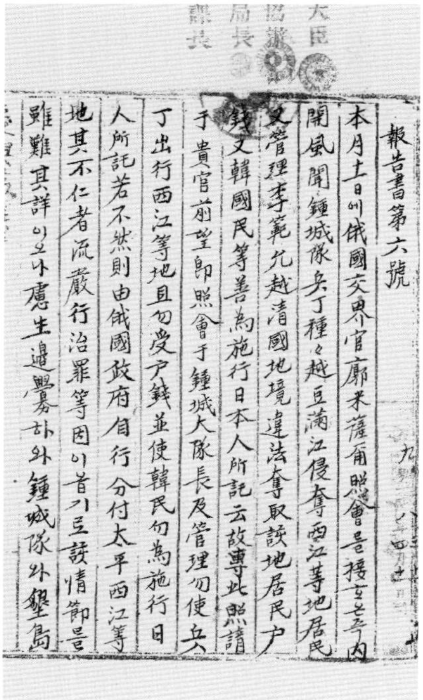
大臣 協辦 局長 課長

報告書第六號

本月十一日에俄國交界官廓米薩甬照會를接호온즉內開
風聞鍾城隊兵丁種々越豆滿江侵奪西江等地居民
文管理李範允越清國地境違法奪取該地居民戶
錢文韓國民等善為施行日本人所記云故專此照請
貴官兩望卽照會于鍾城大隊長及管理勿使兵
丁出行西江等地且勿受戶錢並使韓民勿為施行日
本人所記若不然則由俄國政府自行分付太平西江等
地其不仁者流嚴行治罪等因이看기로該情節을
雖難其詳이오나慮生邊釁흠아外鍾城隊外墾島

25-①

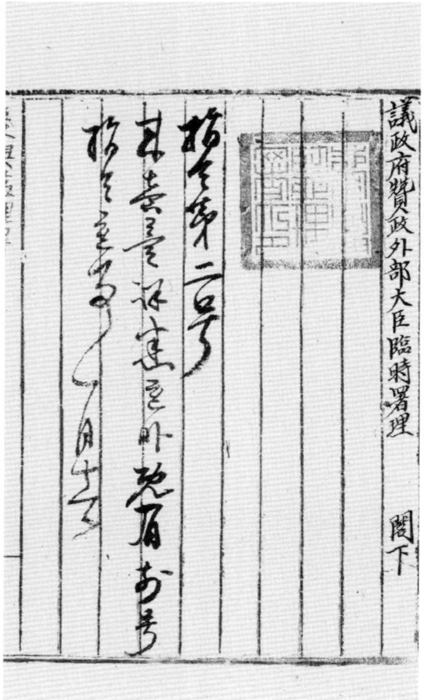
議政府贊政外部大臣臨時署理 閣下

指令第二百号

[illegible]

24-③

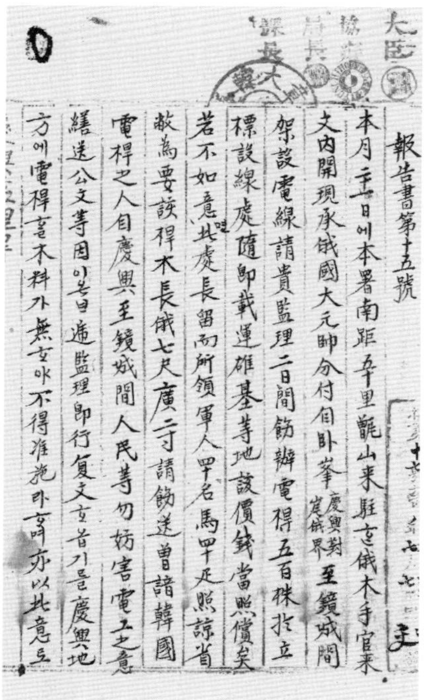
大臣 協辦 局長 課長

報告書第十五號

本月二十一日에本署南距五十里甑山東駐호俄木手官來
文內開現承俄國大元帥命付自卧峯慶興對岸俄界至鏡城間
架設電線請貴監理二日間飭辦電桿五百株插立
標設線處隨卽載運碓基等地該價錢當照償矣
若不如意此處長留而所領軍人四名馬四疋照諒省
敝為要該桿木長俄七尺廣二寸請飭送曾諳韓國
電桿之人自慶興至鏡城間人民等勿妨害電工之意
繕送公文等因이온바로監理卽行復文호온즉기를慶興地
方에電桿호木料가無호야不得准施라호며亦以此意로

26-①

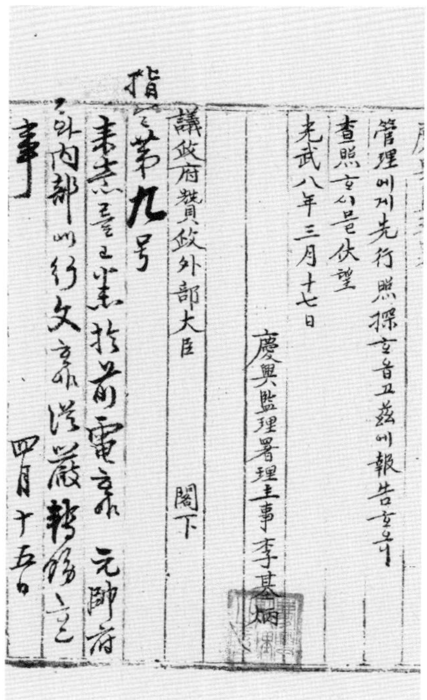
管理에게先行照探호온后五茲에報告호오니
査照호시믈伏望
光武八年三月十七日
慶興監理署理主事李基[illegible]

議政府贊政外部大臣 閣下

指令第九号
來志는悉이며於前電호야 元師府
와內部에行文호야從嚴轉飭호
事
四月十五日

25-②

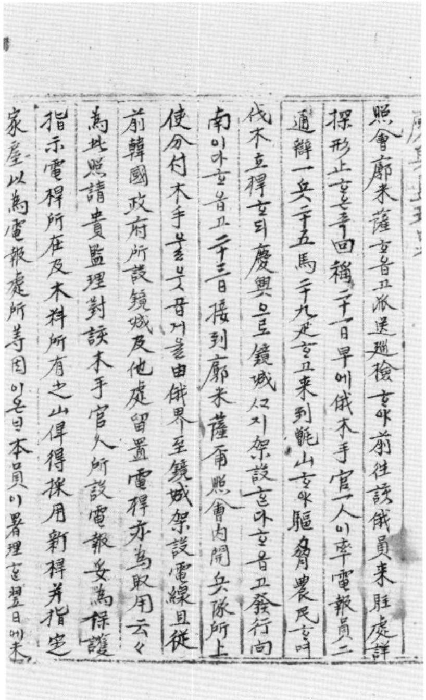

照會廓米薩ᄒᆞ옵고派送廵檢ᄒᆞ야前往該俄員來駐處詳
探形止ᄒᆞ온즉回稱二十一日早에俄木手官一人이率電報員二
通辭一兵二十五馬二十九疋ᄒᆞ고來到甑山ᄒᆞ야驅脅農民ᄒᆞ며
伐木立桿ᄒᆞ되慶興으로鏡城ᄭᆞ지架設ᄒᆞᆫ다ᄒᆞ옵고發行向
南이라ᄒᆞ옵고二十三日接到廓米薩甫照會內開兵隊所上
使分付木手ᄒᆞᆫ다ᄒᆞ옵거ᄂᆞᆯ由俄界至鏡城架設電線且從
前韓國政府所設鏡城及他處留置電桿亦爲取用云云
爲此照請貴監理對該木手官人所設電報妥爲保護
指示電桿所在及木料所有之山俾得採用新桿并指定
家屋以爲電報處所等因이온바本員이署理ᄒᆞᆫ翌日에來

26-②

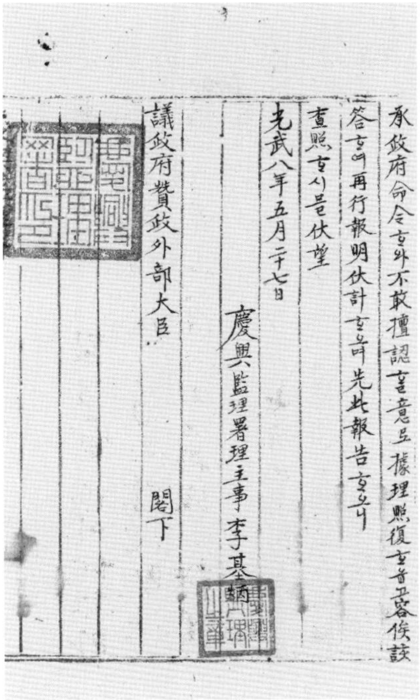

承欽府命令ᄒᆞ와不敢擅認ᄒᆞᆯ意로據理照復ᄒᆞ옵고容俟該
答ᄒᆞ야再行報明伏計ᄒᆞ오며先此報告ᄒᆞ오니
査照ᄒᆞ시믈伏望
光武八年五月二十七日
慶興監理署理主事 李基炳
議政府賛政外部大臣 閣下

26-③

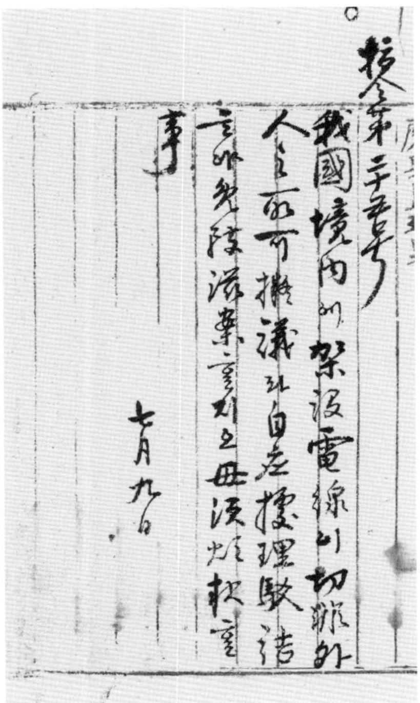

指令第二十五號
我國境內에架設電線이切非外
人의所可擅議라自在據理駁詰
ᄒᆞ야免陵滋案ᄒᆞ게ᄒᆞ고毋須煩稟
事
七月九日

26-④

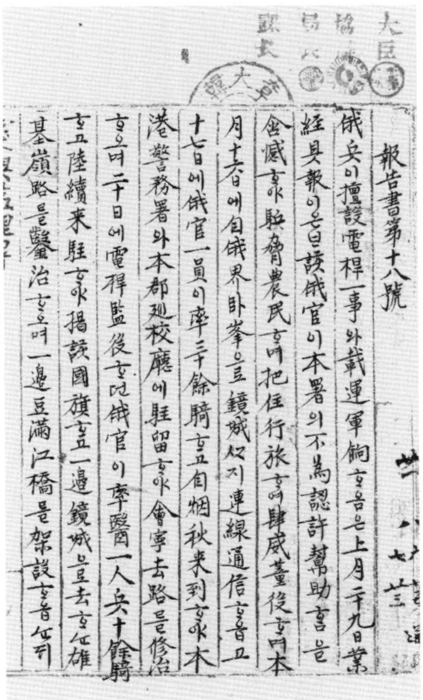

大臣 協辦 局長 課長

報告書第十八號
俄兵이擅設電桿一事와載運軍餉ᄒᆞ온上月二十九日業
經具報이온바該俄官이本署의不爲認許幫助ᄒᆞᆷ을
含憾ᄒᆞ야馳脅農民ᄒᆞ며把住行旅ᄒᆞ며肆威董役ᄒᆞ며本
月十六日에自俄界卧峯으로鏡城ᄭᆞ지連線通信ᄒᆞ옵고
十七日에俄官一員이率二十餘騎ᄒᆞ고自烟秋來到ᄒᆞ야木
港警務署와本郡廵校廳에駐留ᄒᆞ야會寧去路를修治
ᄒᆞ오며二十日에電桿監役ᄒᆞ던俄官이率醫一人兵十餘騎
ᄒᆞ고陸續來駐ᄒᆞ야揭該國旗ᄒᆞ고一邊鏡城으로去ᄒᆞ며雄
基嶺路를鑿治ᄒᆞ오며一邊豆滿江橋를架設ᄒᆞ옵더니

27-①

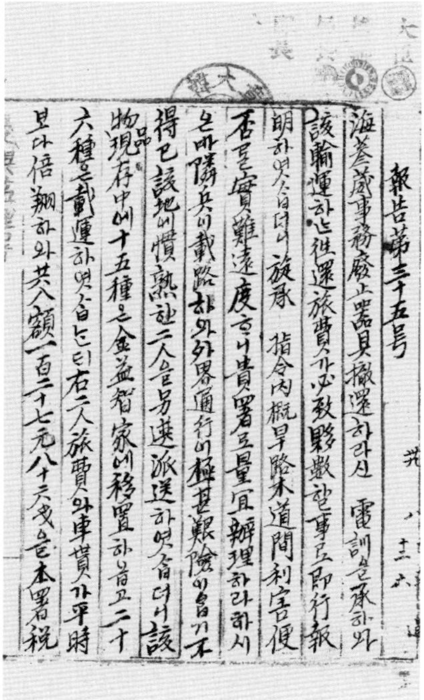
報告第三十五號

海參葳事務廢止器具撤還하라신 電訓을承하와
該輸運하는 往還旅費가必致夥數할事로 即行報
明하옵더니 旋承 指令內概 早晩水道間 利宜便
否를 實難遠度ㅎ니貴署로量宜辦理하라하시
온바 陸兵이 載路하와 外界通行이 極甚艱險이옵기 不
得已該地에 慣熟한 二人을 另選派送하옵더니 該
物品 現存中에 十五種은 金益智家에 移置하옵고 二十
六種은 載運하옵는더 右二人旅費와 車貫가 平時
보다 倍蓰하와 共入額 一百二十七元八十六戔을 本署 稅

28-①

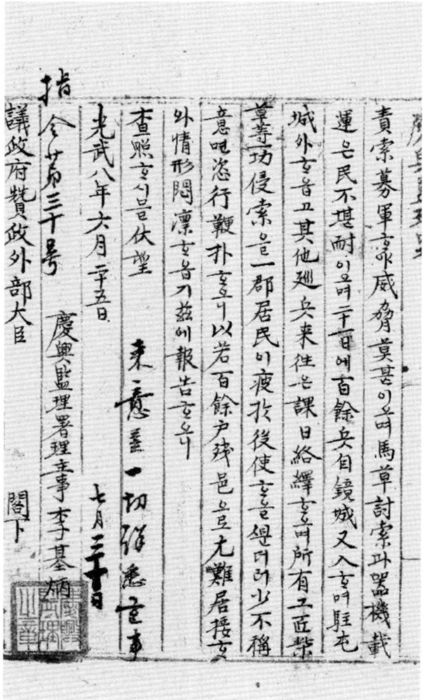
責索募軍ㅎ來 威脅莫甚이오며 馬草討索과 器械載
運은 民不堪耐이오며 二十日에 百餘兵이 自鏡城으로 入ㅎ야 駐屯
城外ㅎ옵고 其他 廻兵來往ㅎ는 課日絡繹ㅎ오며 所有工匠 柴
草等 功役을 索責을 一郡居民이 疲於役使ㅎ옵 셰더러 少不稱
意면 恣行鞭扑ㅎ오니 以若百餘戶殘邑으로 尤難居接ㅎ오
外情形이 悶凛ㅎ옵기 玆에 報告ㅎ오니
査照ㅎ심을 伏望
光武八年六月二十五日 慶興監理署理主事 李基炳
議政府贊政外部大臣 閣下

指令第三十號
來意 悉 一切 從應 主事
七月二十日

27-②

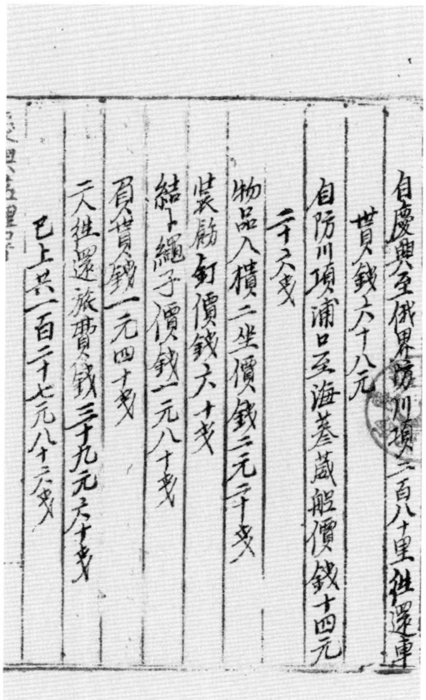
自慶興至俄界豆滿川項 二百八十里 往還車
貫錢 六十八元
自防川項浦口至海參葳 船價錢 十四元
二十六戔
物品入櫃 二坐 價錢 二元 二十戔
裝籐釘 價錢 六十戔
結縛繩子 價錢 一元 八十戔
雇貰錢 一元 四十戔
二人往還旅費錢 三十九元 六十戔
已上共 一百二十七元 八十六戔

28-③

銀中으로 姑先 挪下하옵고 該數目을 分別 左開하와
玆에 報告ㅎ오니
査照ㅎ신 後 筭外 勘下하심을 伏望
光武八年十月十二日
慶興監理署理主事 李基炳
議政府贊政外部大臣 閣下
左開

28-②

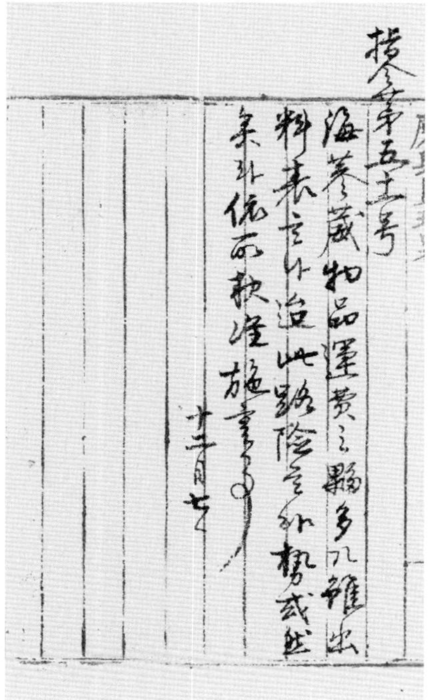
指令第五十二號
海蔘葳物品運費之縣多乃難出
料表호야治此路險을가勢或然
矣라依所稟准施事
十二月七日

28－④

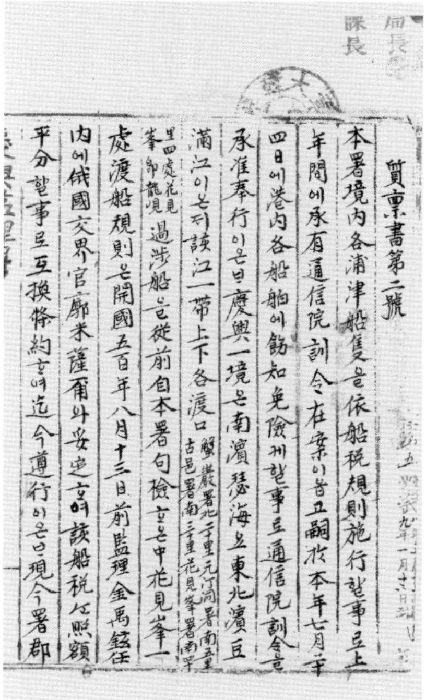
質稟書第二號
本署境內各浦津船隻을依船稅規則施行할事로上
年間에承有通信院訓令在案이옵고嗣於本年七月二十
四日에港內各船舶에飭知免險케할事로通信院訓令을
承准奉行이온바慶興一境은南濱瑟海오東北濱豆
滿江이온뒤該江一帶上下各渡口(蟹巖署北二十里元汀洞署南三十里古邑署南三十里花見峯署南四十
里四處花見峯卽龍峴)過涉船은從前自本署句檢호온中花見峯一
處渡船規則은開國五百年八月十三日前監理金禹鉉任
內에俄國交界官廊米薩甬와妥定호야該船稅은照額
平分할事로互換條約호야迄今遵行이온바現今署郡

29－①

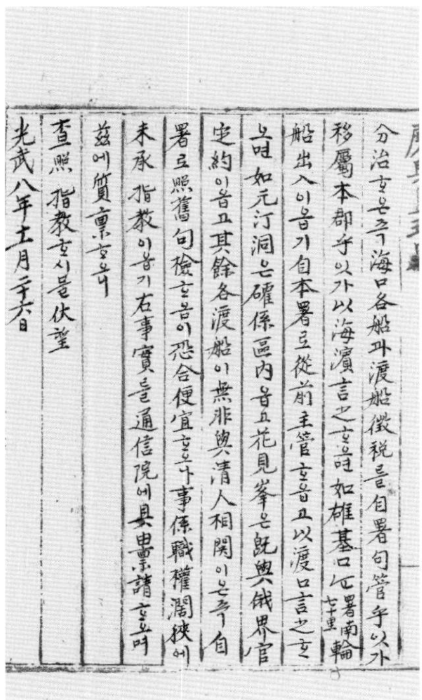
分治호온즉海口各船과渡船徵稅를自署句管手以外
移屬本郡手以가以海濱言之호온즉如雄基口(在署南輪十五里)
船出入이옵기自本署로從前主管호옵고以渡口言之호
온바如元汀洞은確係區內옵고花見峯은旣與俄界官
定約이옵고其餘各渡船이無非與淸人相關이온즉自
署로照舊句檢호옵이恐合便宜호오나事係職權濶狹에
未承指敎이옵기右事實을通信院에具稟請호오며
玆에質稟호오니
查照指敎호시믈伏望
光武八年十一月二十六日

29－②

議政府贊政外部大臣 閣下
慶興監理署理主事李基炳
指令第五號
所質船稅句檢一事
는通信院에具報호야
다가自有該院指揮
辦理事
九年一月十二日

29－③

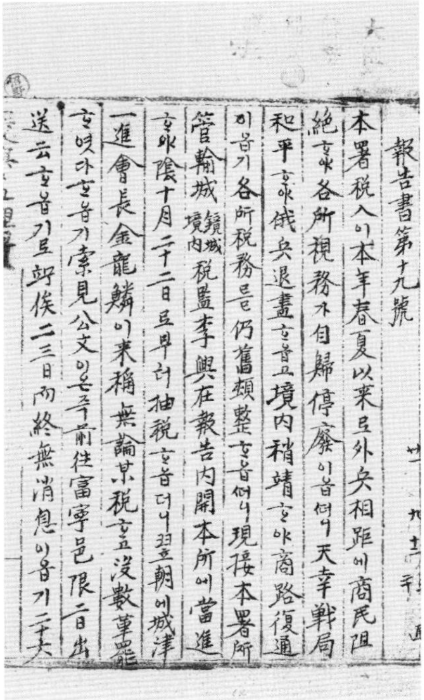

報告書第十九號
本署稅入이本年春夏以來로外兵相距에商民阻
絶ᄒᆞ와各所視務가自歸停廢이옵더니天幸戰局
和平ᄒᆞ와俄兵退盡ᄒᆞ옵고境內稍靖ᄒᆞ와商路復通
이옵기各所稅務를仍舊頓整ᄒᆞ옵더니現接本署所
管輸城鏡城境內稅監李興在報告內開本所에當進
ᄒᆞ와陰十月二十二日로부터抽稅ᄒᆞ옵더니翌朝에城津
一進會長金龍麟이來稱無論某稅ᄒᆞ고沒數革罷
ᄒᆞ엿다ᄒᆞ옵기索見公文이온즉前往富寧邑限二日出
送云ᄒᆞ옵기로姑俟二三日而終無消息이옵기二十六

30-①

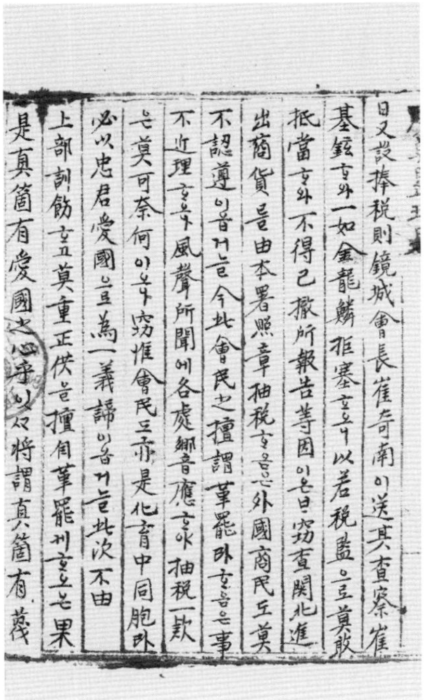

日又設捧稅則鏡城會長崔奇南이送其查察崔
基鉉ᄒᆞ와一如金龍麟拒塞ᄒᆞ오니以若稅監으로莫敢
抵當ᄒᆞ와不得已撤所報告等因이온바窃查關北進
出商貨를由本署照章抽稅ᄒᆞ옵는外國商民도莫
不認遵이옵거ᄂᆞᆯ今此會民之擅謂革罷ᄒᆞ옵은事
不近理ᄒᆞ오나風聲所聞에各處鄕音應ᄒᆞ와抽稅一款
은莫可奈何이오나窃惟會民도亦是化育中同胞라
必以忠君愛國으로爲一義諦이옵거ᄂᆞᆯ此次不由
上部訓飭ᄒᆞ고莫重正供을擅自革罷케ᄒᆞ오ᄂᆞᆫ果
是真箇有愛國之心乎이ᄭᅡ將謂真箇有蔑

30-②

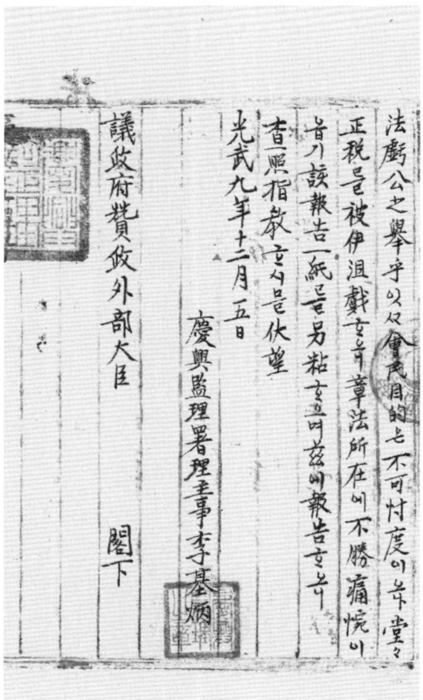

法虧公之擧乎이ᄭᅡ會民目的은不可忖度이오나堂堂
正稅를被伊沮戱ᄒᆞ오니章法所在에不勝痛悗이
옵기該報告一紙를另粘ᄒᆞ오며玆에報告ᄒᆞ오니
查照指敎ᄒᆞ시믈伏望
光武九年十二月五日
慶興監理署理主事李基炳
議政府贊政外部大臣 閣下

30-③

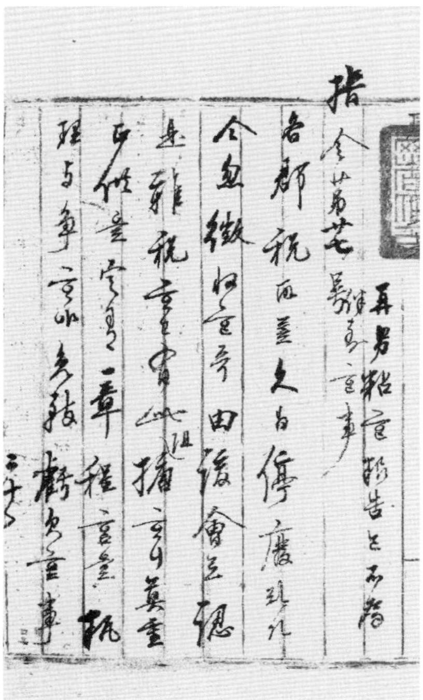

30-④

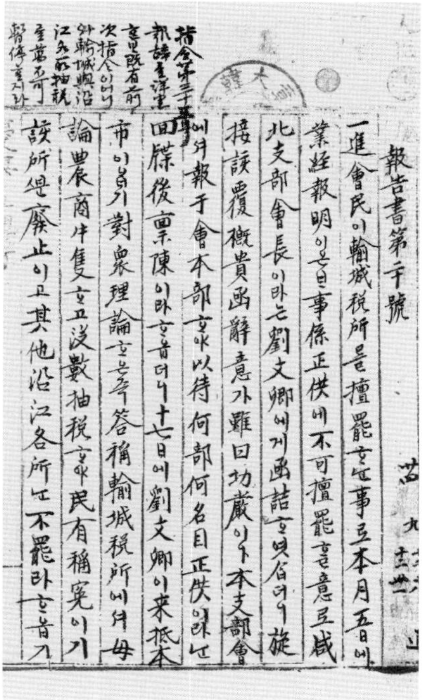

指令第二十一號
報請은 詳悉
ᄒᆞ엿으며 既有前
次指令이어니
와 輸城與沿
江各所抽稅
를 豈可不
擅停ᄒᆞ리오

報告書第千號

一進會民이 輸城稅所를 擅罷ᄒᆞᆫ 事로 本月 五日에
業經報明이온바 事係正供에 不可擅罷ᄒᆞᆫ 意로 箴
北支部會長이라ᄂᆞᆫ 劉文卿에게 函詰ᄒᆞ엿삽더니 旋
接該覆緘貴函辭意가 雖曰切嚴이나 本支部會
에서 報于會本部ᄒᆞ야 以待何部何名目 正供이라ᄂᆞᆫ
回牒後 稟陳이라 ᄒᆞ옵더니 十七日에 劉文卿이 來抵本
市이옵기 對衆理論ᄒᆞ온즉 答稱 輸城稅所에서 毋
論農商牛隻ᄒᆞ고 沒數抽稅ᄒᆞ야 民有稱冤이기
該所ᄂᆞᆫ 廢止이고 其他沿江各所ᄂᆞᆫ 不罷라 ᄒᆞ옵기

31-①

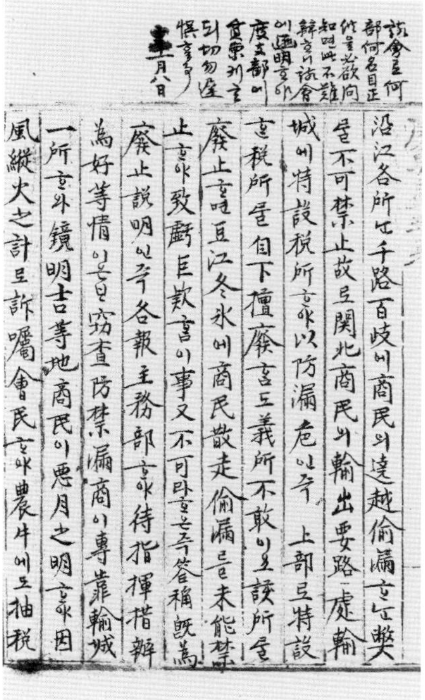

該會로 何
部何名目 正
供을 必欲向
知면 此不難
辨이니 該會
에 函明ᄒᆞ야
廢支部에
貪束케 ᄒᆞ
되 切勿遽
悵ᄒᆞ라
十二月八日

沿江各所ᄂᆞᆫ 千路百岐에 商民의 遠越偷漏ᄒᆞᄂᆞᆫ 弊
를 不可禁止 故로 關北商民의 輸出要路處 輸
城에 特設稅所ᄒᆞ야 以防漏危이온즉 上部로 特設
ᄒᆞᆫ 稅所를 自下擅廢ᄒᆞᆷ도 義所不敢이오 該所를
廢止ᄒᆞ면 豆江冬氷에 商民散走 偷漏를 未能禁
止ᄒᆞ야 致虧巨款ᄒᆞᆷ이 事又不可라 ᄒᆞᆫ즉 答稱 旣爲
廢止說明이온즉 各報主務部ᄒᆞ야 待指揮措辦
爲好等情이온바 竊査 防禁漏商이 專靠輸城
一所ᄒᆞ와 鏡明吉等地 商民이 悉月之明ᄒᆞ야 因
風縱火之計로 詐囑會民ᄒᆞ야 農牛에도 抽稅

31-②

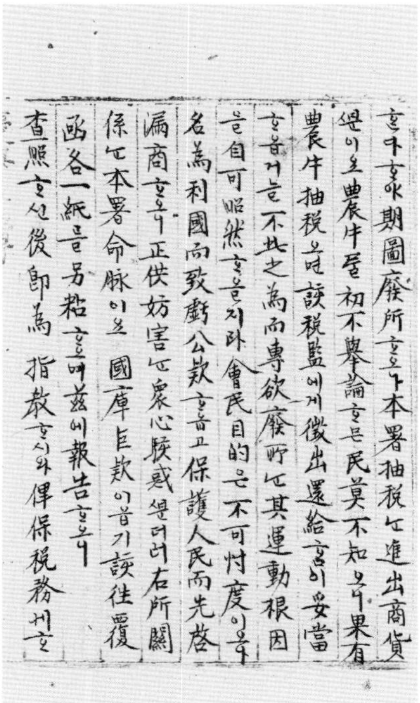

ᄒᆞᆫ다 ᄒᆞ야 期圖廢所ᄒᆞ오나 本署抽稅ᄂᆞᆫ 進出商貨
뿐이오 農牛ᄂᆞᆫ 初不擧論ᄒᆞᆫ 民莫不知오니 果有
農牛抽稅ᄒᆞ면 該稅監에게 徵出還給ᄒᆞᆷ이 妥當
ᄒᆞ옵거ᄂᆞᆯ 不此之爲而專欲廢所ᄂᆞᆫ 其運動根因
은 自可昭然ᄒᆞ올지라 會民目的은 不可忖度이오나
名爲利國而致虧公款ᄒᆞ고 保護人民而先啓
漏商ᄒᆞ오니 正供妨害ᄂᆞᆫ 衆心駭惑뿐더러 右所關
係ᄂᆞᆫ 本署命脈이오 國庫巨款이옵기 該往覆
函各一紙를 另粘ᄒᆞ와 玆에 報告ᄒᆞ오니
査照ᄒᆞ신 後 卽爲 指敎ᄒᆞ시와 俾保稅務케 ᄒᆞ

31-③

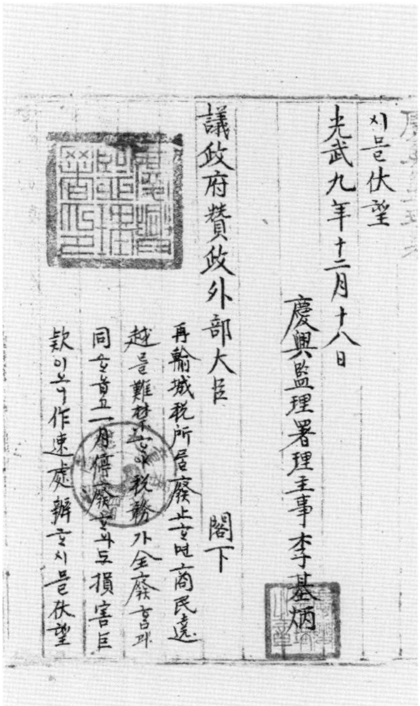

시믈 伏望
光武九年十二月十八日
慶興監理署理主事 李基炳
議政府贊政外部大臣 閣下
再 輸城稅所를 廢止ᄒᆞ면 商民遠
越을 難禁ᄒᆞ야 稅務가 全廢ᄒᆞᆷ과
同ᄒᆞ옵고 一月停廢ᄒᆞ와도 損害巨
款이오니 作速處辦ᄒᆞ시믈 伏望

31-④

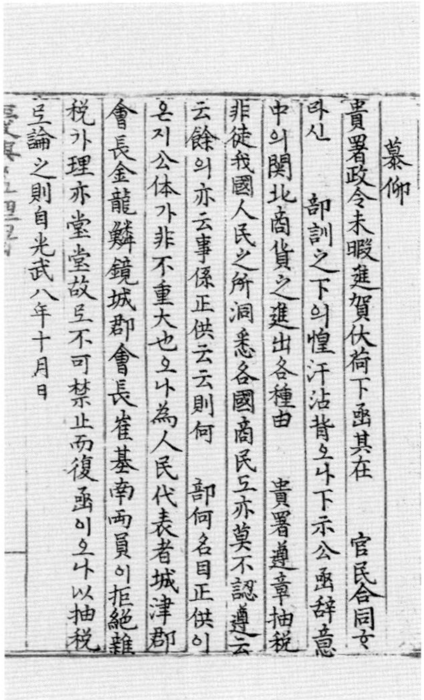
慕仰
貴署政令未暇進賀伏荷下函其在 官民合同ᄒᆞ
라신 部訓之下의惶汗沾背오나下示公函辭意
中의關北商貨之進出各種由 貴署進章抽稅
非徒我國人民之所洞悉各國商民도亦莫不認遵云
云餘의亦云事係正供云云則何 部何名目正供이
온지公体가非不重大也오나爲人民代表者城津郡
會長金龍麟鏡城郡會長崔基南兩員이拒絶雜
稅가理亦堂堂故로不可禁止而復函이오나以抽稅
로論之則自光武八年十月日

31-⑤

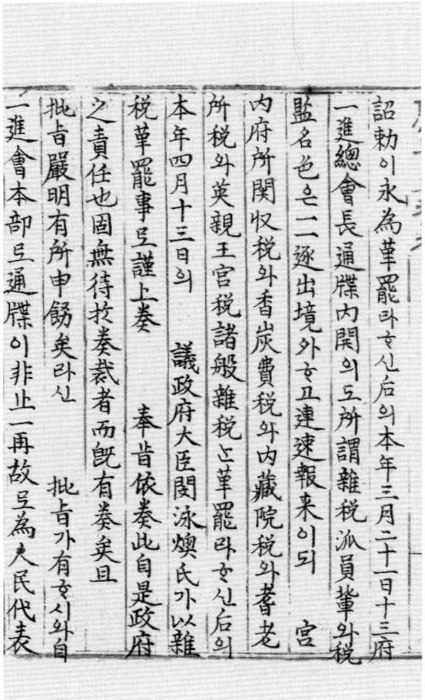
詔勅이永爲革罷라ᄒᆞ신后의本年三月二十一日十三府
一進總會長通牒內開의도所謂雜稅派員輩外稅
監名色은一一逐出境外ᄒᆞ고連速報來이되 宮
內府所関收稅와香炭費稅와內藏院稅와耆老
所稅와英親王宮稅諸般雜稅ᄂᆞᆫ革罷라ᄒᆞ신后의
本年四月十三日의 議政府大臣閔泳煥氏가以雜
稅革罷事로謹上奏 奉旨依奏此自是政府
之責任也固無待於奏哉者而既有奏矣且
批旨嚴明有所申飭矣라신 批旨가有ᄒᆞ시와自
一進會本部로通牒이非止一再故로爲人民代表

31-⑥

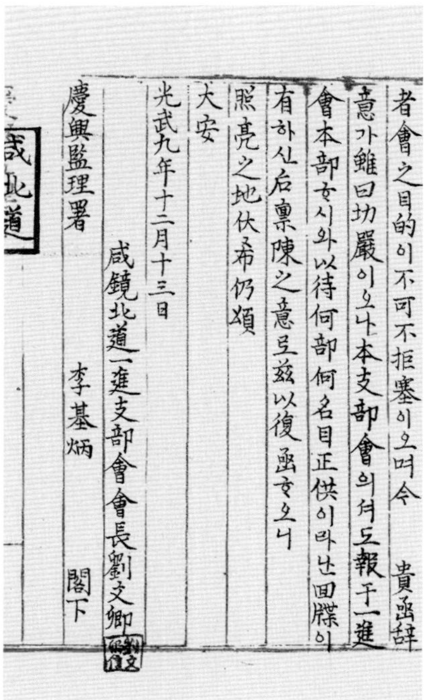
者會之目的이不可不拒塞이오며今 貴函辭
意가雖曰切嚴이오나本支部會의셔도報于一進
會本部ᄒᆞ시와以待何部何名目正供이라ᄂᆞᆫ回牒이
有하신后稟陳之意로玆以復函ᄒᆞ오니
照亮之地伏希仍頌
大安
光武九年十二月十三日
咸鏡北道一進支部會會長劉文卿
慶興監理署 李基炳 閣下

31-⑦

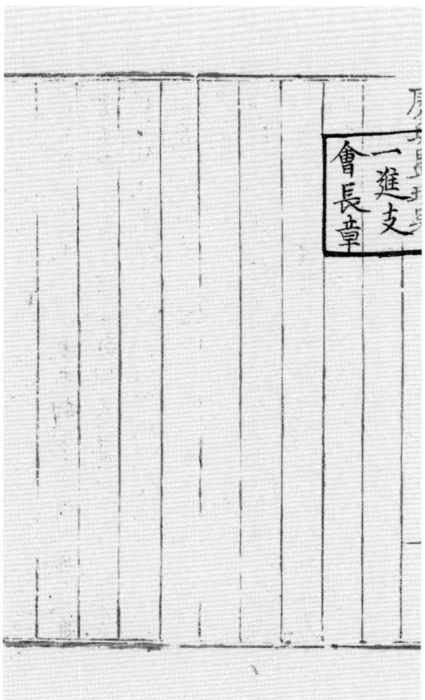

31-⑧

失欽令望未承德儀緬想芝範只切馥誦敬啓閒
北商貨之進出各種由本署遵章抽稅非徒我國民人
所洞悉各國商民亦莫不認遵現據鏡城稅監李
興在報概云云(報辭全刪)等因查北莫重正稅奉遵上
部命令施行已久設或有因時傳癈應由主務部
先行訓飭於本署使即轉知該稅監令城津鏡城
兩會長不帶公文擅自革罷有甚理由殊堪詫異
理應援報上部以待指揮而第未知貴會此舉
寔是出於貴會長所使而然歟抑上部訓飭先
到於貴會而未及於本署歟裏許情節有難懸

31-⑨

揣事係正供致觸巨款故此走告尚求涵亮立候
覆音專致仍頌大安
李基炳 十二月 日
咸北一進支部會長劉文卿 勳啓

31-⑩

疏狀

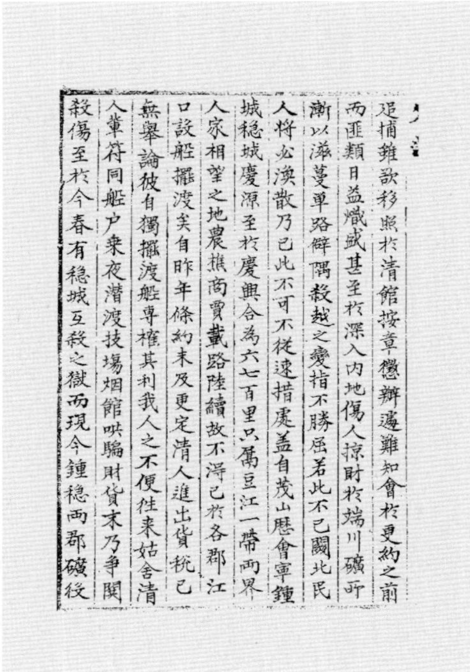
1-②

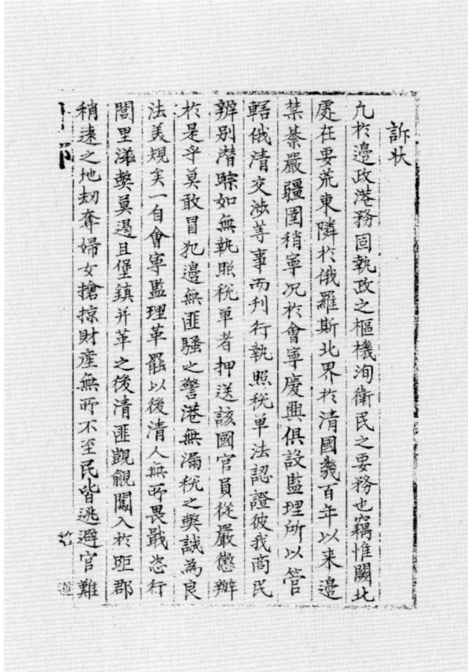
1-①

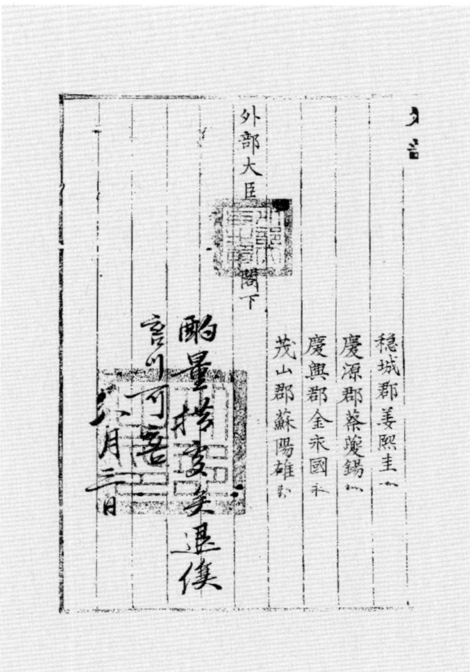
1-④

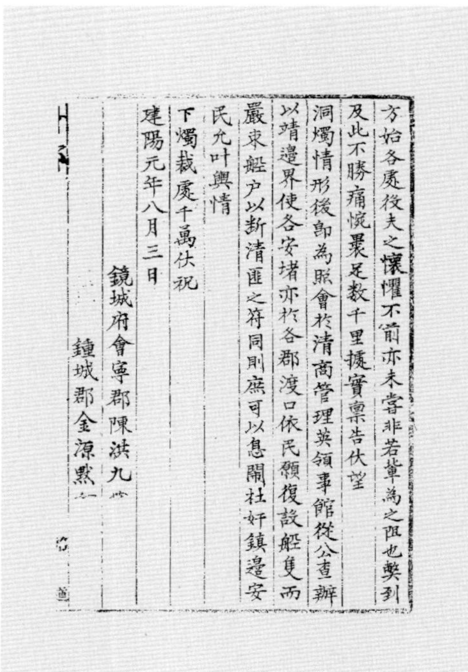
1-③

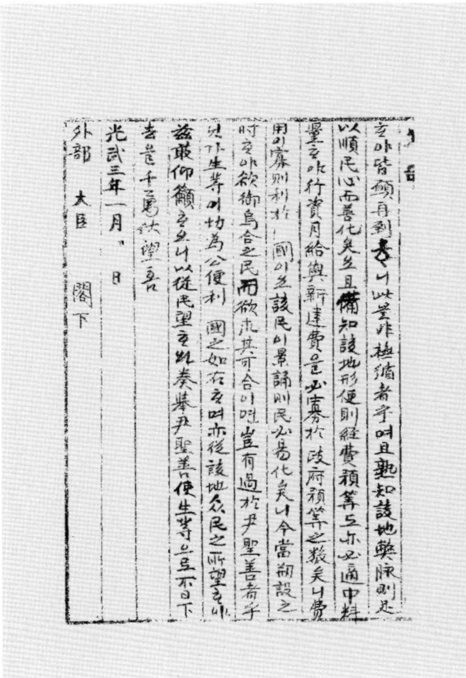
ᄒᆞ와 皆願再到ᄒᆞ오니 此豈非撫循者乎며 且熟知該地與脈則足
以順民心而善化矣오 且備知該地形便則經費額算도 亦必適中料
量ᄒᆞ야 行資月給與新建費을 必寡於 政府額算之數矣니 費
用이 寡則利於 國이오 該民이 景誦則民必易化矣니 今當初設之
時ᄒᆞ와 欲御烏合之民而欲求其可合이면 豈有過於尹聖善者乎
伏乞生等이 均為公便利 國之如右ᄒᆞ며 亦從該地衆民之所望ᄒᆞ와
玆敢仰籲ᄒᆞ오니 以從民望ᄒᆞ와 此奏擧尹聖善使生等으로 不日下
去ᄒᆞ게 千萬伏望ᄒᆞᆷ
光武三年一月 日
外部 大臣 閣下

2-②

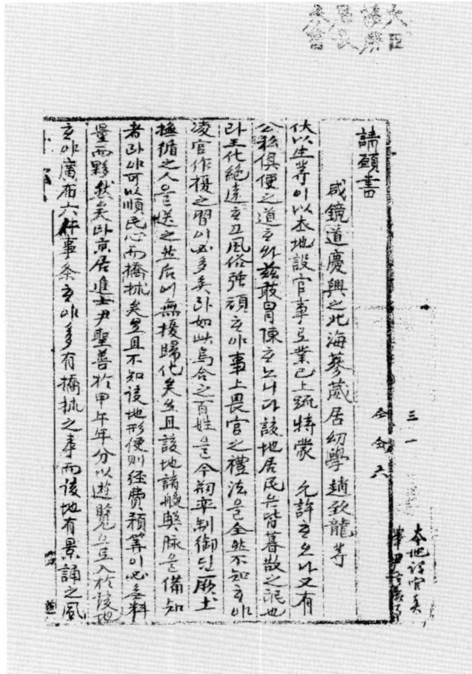
請願書
咸鏡道慶興之北海蔘葳居幼學趙致龍等
伏以生等이 以本地設官事로 業已上疏特蒙 允許ᄒᆞ오나 又有
公私俱便之道ᄒᆞ와 玆敢冒陳ᄒᆞ오니다 該地居民은 皆[illegible]散之民也
라 王化絶遠ᄒᆞ고 風俗強頑ᄒᆞ와 事上畏官之禮法을 全然不知ᄒᆞ와
凌官作梗之習이 必多矣라 如此烏合之百姓을 今初卒制御ᄒᆞᆯ 廉士
撫循之人을 送之然后에 無梗歸化矣오 且該地諸般與脈을 備知
者라야 可以順民心而撟抗矣오 且不知該地形便則經費額算이 必參料
量而黙然矣라 京居進士尹聖善於甲午年分以遊覽으로 入於該地
ᄒᆞ와 廣布六條事奈ᄒᆞ와 多有撟抗之事而該地有景誦之風

2-①

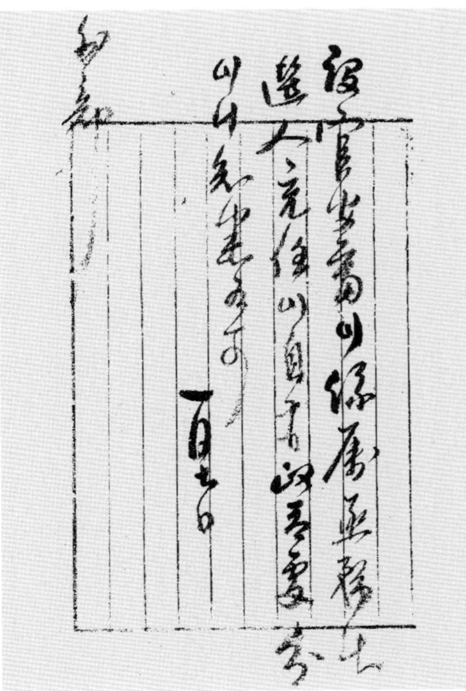
[illegible]
百[illegible]

2-④

李楨律
鄭重益
李錫瀅
全學韶
朴乃弘
李壯懷
朱晃寧

2-③

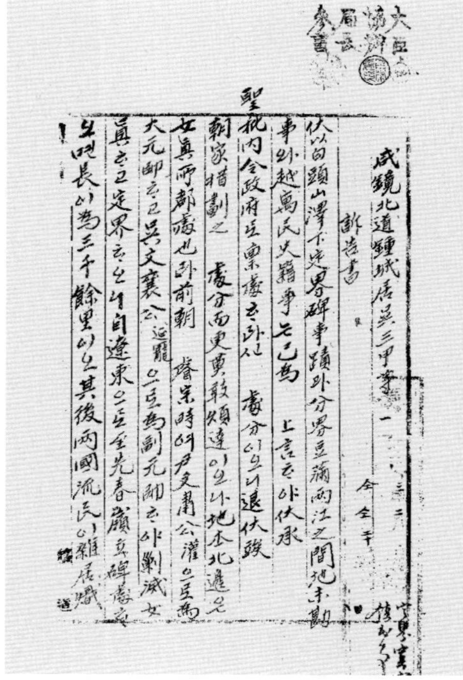

3-①

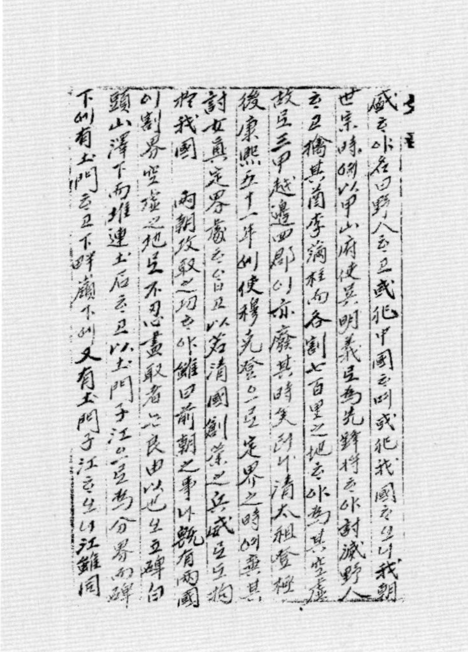

3-②

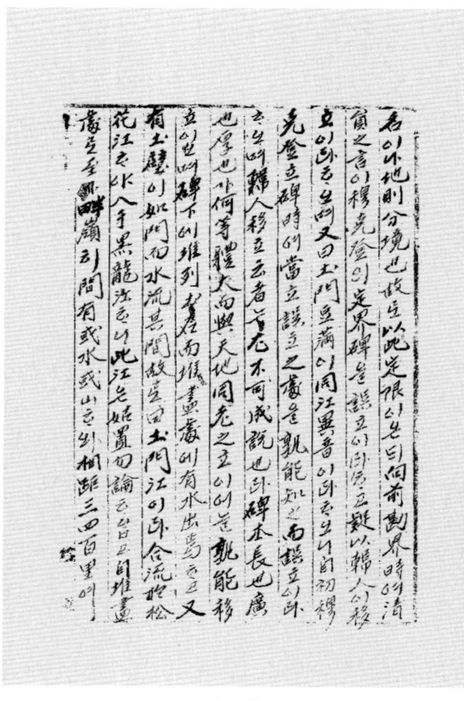

3-③

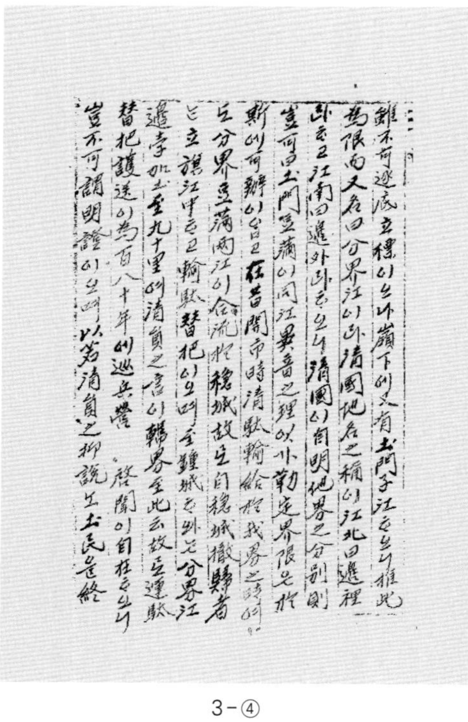

3-④

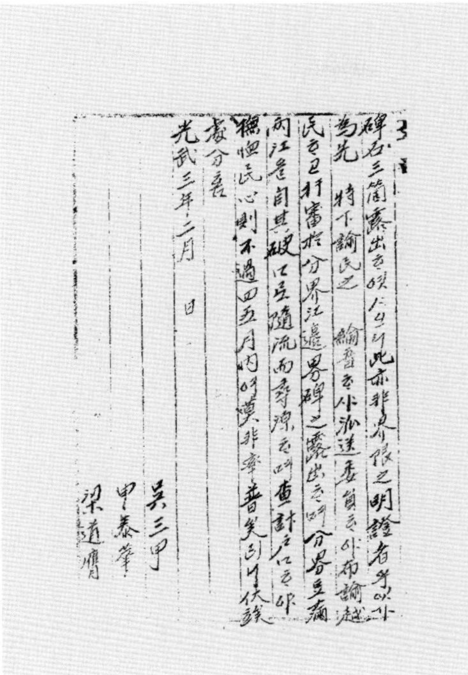

3-⑥

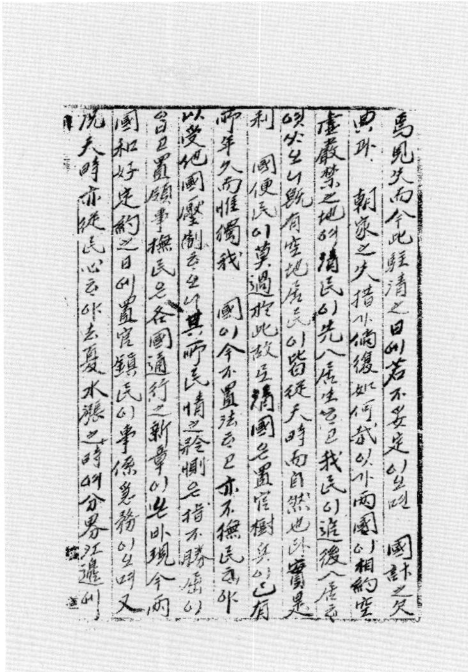

3-⑤

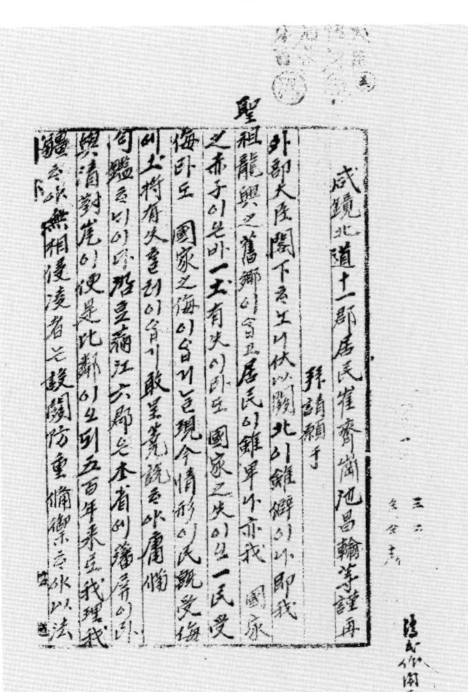

4-①

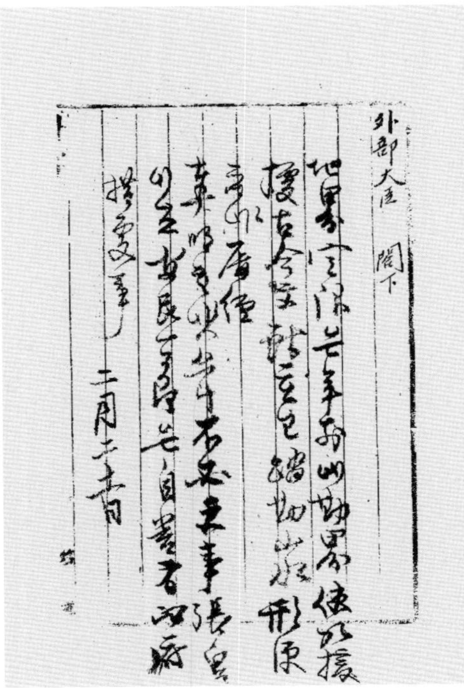

3-⑦

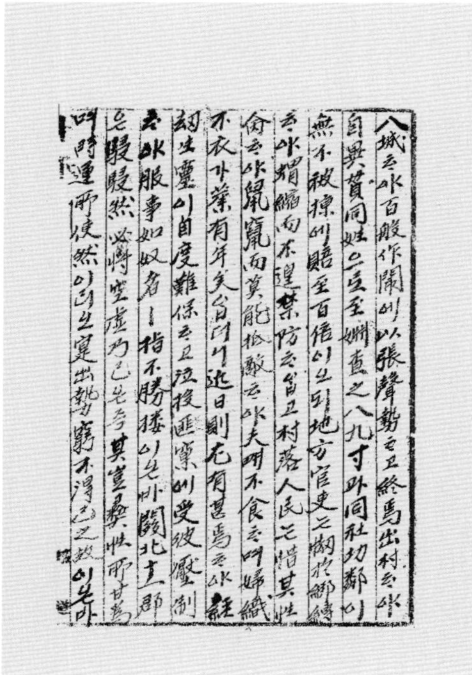

4-③

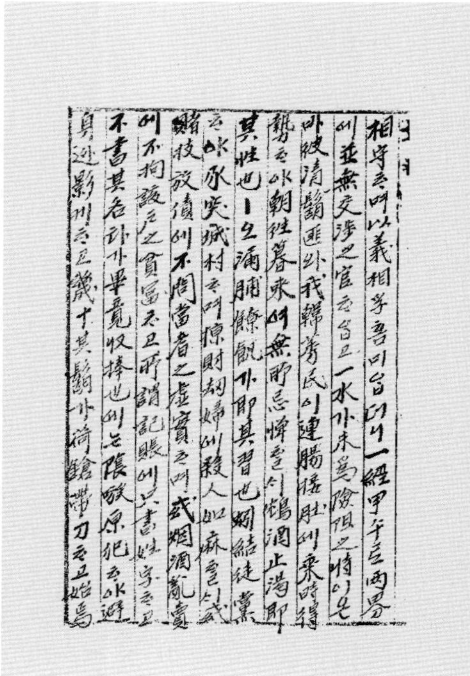

4-②

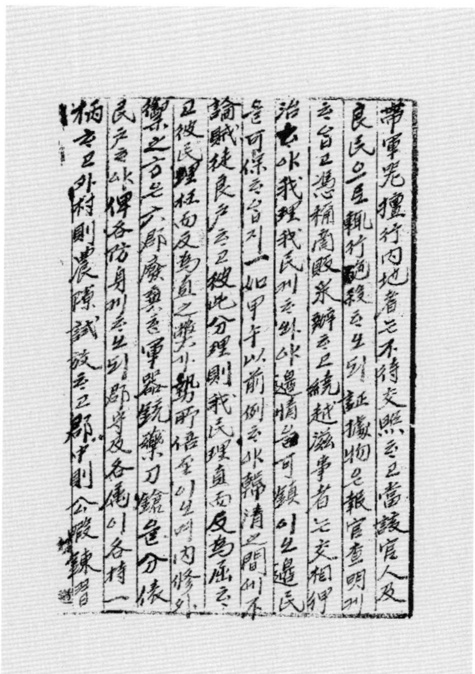

4-⑤

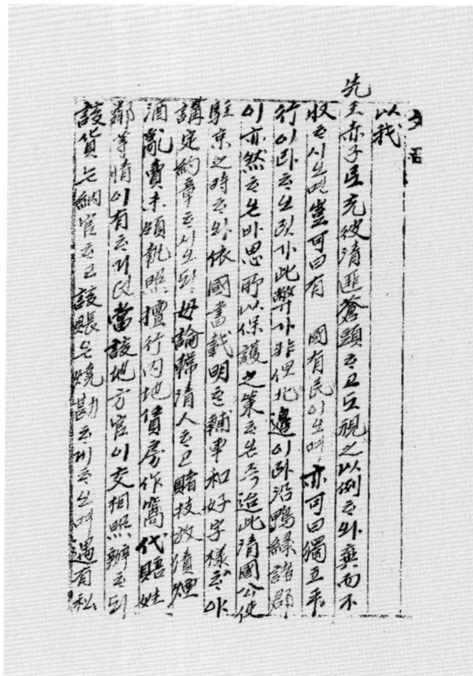

4-④

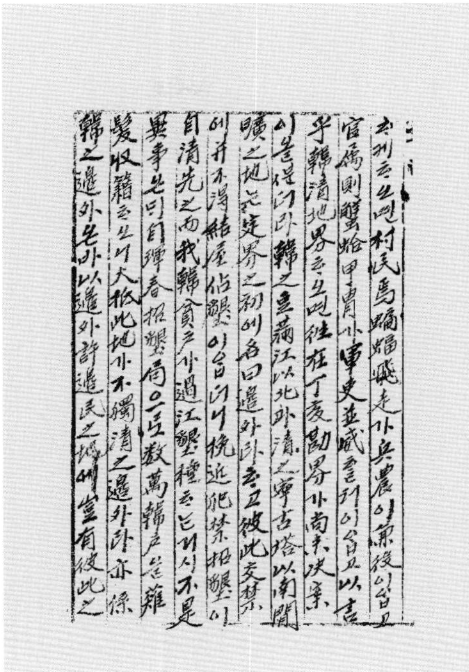

4-⑥

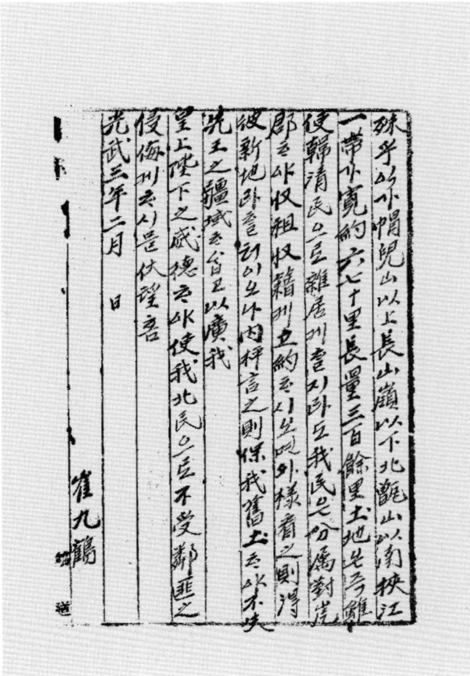

4-⑦

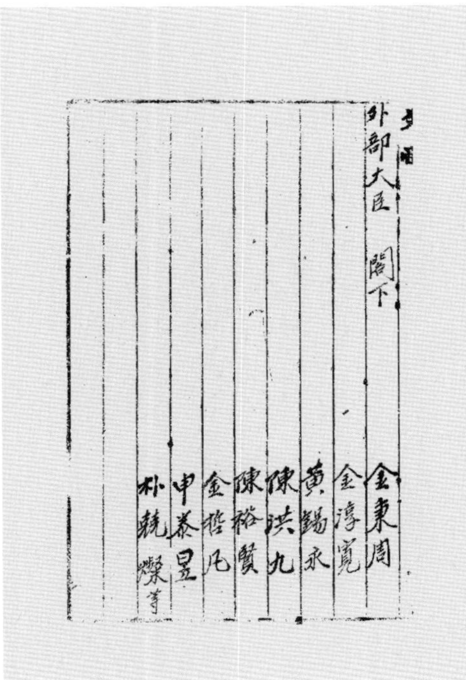

4-⑧

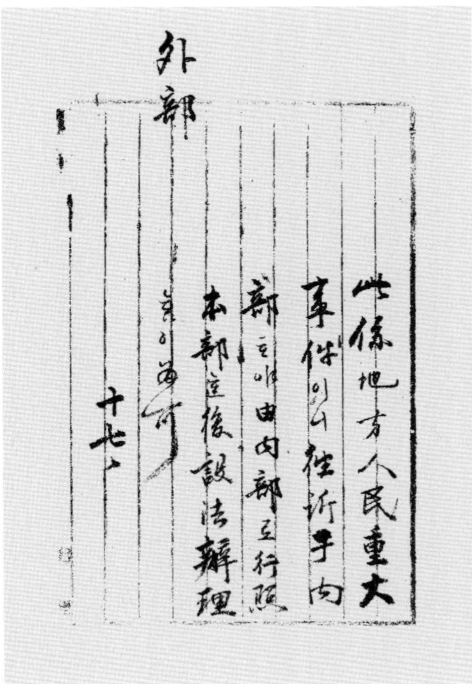

4-⑨

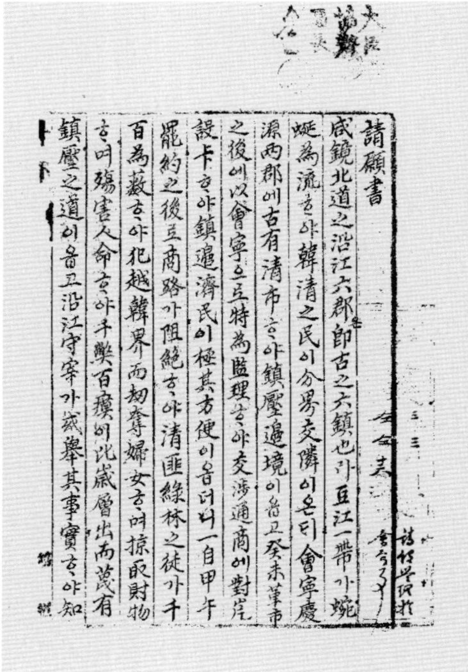
請願書
咸鏡北道之沿江六郡은 卽古之六鎭也라 豆江一帶가 蜿
蜒爲流ᄒᆞ야 韓淸之民이 分界交隣이온ᄃᆡ 會寧慶
源兩郡에 古有淸市ᄒᆞ야 鎭壓邊境이옵고 癸未革市
之後에 以會寧으로 特爲監理ᄒᆞ야 交涉通商에 對岸
設卡ᄒᆞ야 鎭邊濟民이 極其方便이옵더니 一自甲午
罷約之後로 商路가 阻絶ᄒᆞ야 淸匪綠林之徒가 千
百爲藪ᄒᆞ야 犯越韓界而刼奪婦女ᄒᆞ며 掠取財物
ᄒᆞ며 殞害人命ᄒᆞ야 千弊百瘼이 比歲層出而蔑有
鎭壓之道이옵고 沿江守宰가 熟擧其事實ᄒᆞ야 知

5-①

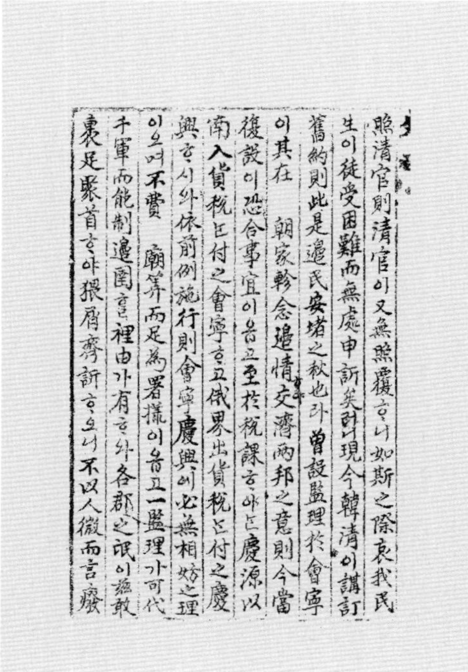
照淸官則淸官이 又無照覆ᄒᆞ니 如斯之際 哀我民
生이 徒受困難而無處申訴矣러니 現今韓淸이 講訂
舊約則此是邊民安堵之秋也라 曾設監理於會寧
이 其在 朝家軫念邊情交濟兩邦之意則今當
復設이 恐合事宜이옵고 至於稅課ᄒᆞ야ᄂᆞᆫ 慶源以
南入貨稅ᄂᆞᆫ 付之會寧ᄒᆞ고 俄界出貨稅ᄂᆞᆫ 付之慶
興ᄒᆞ시와 依前例施行則會寧慶興에 必無相妨之理
이오며 不費 廟筭而足爲署攡이옵고 一監理가 可代
千軍而能制邊圍흘 裡由가 有ᄒᆞ와 各郡之氓이 玆敢
裹足聚首ᄒᆞ야 猥屑齊訴ᄒᆞ오니 不以人微而言廢

5-②

ᄒᆞ옵시고 復設監理於會寧ᄒᆞ야 以濟邊民之地로 伏
望ᄒᆞᆸ
光武三年三月 日 咸鏡北道會寧幼學 吳相成
鄭甲默
李容澈
茂山幼學 申熙徹
鍾城幼學 金周民
金潤甲
慶源進士 徐廷學
穩城出身 全文浩 等

5-③

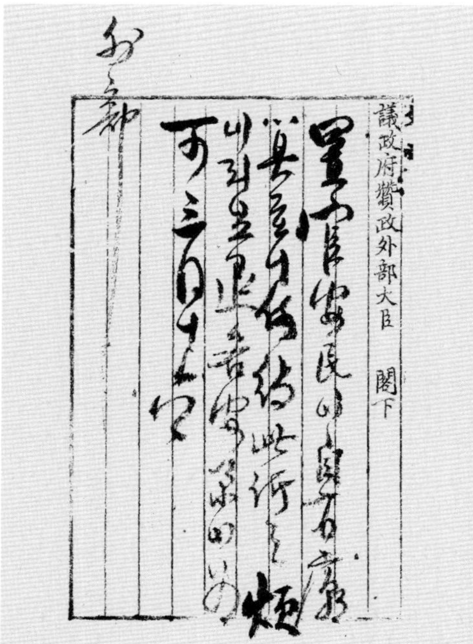
議政府贊政外部大臣 閣下

5-④

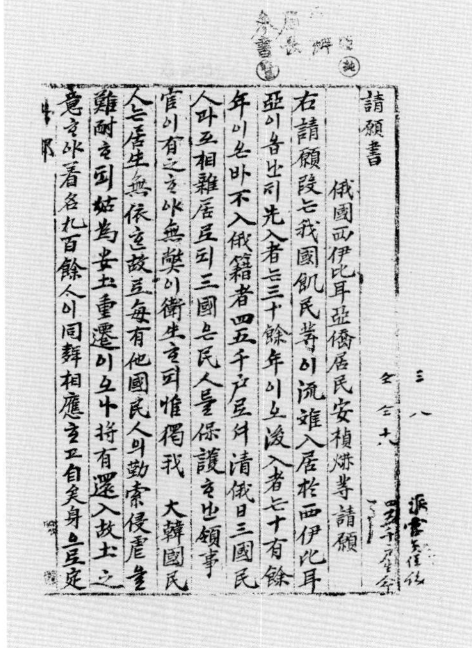
請願書
俄國西伊比耳亞僑居民安楨烌等請願
右請願段은我國飢民等이流離入居於西伊比耳
亞이옵더니先入者는三十餘年이오後入者는七十有餘
年이온바不入俄籍者四五千戶로서淸俄日三國民
人과互相雜居로되三國은民人을保護ᄒᆞᆫ出領事
官이有之ᄒᆞ와無弊이衛生ᄒᆞ되惟獨我 大韓國民
人은居生無依ᄒᆞᆫ故로每有他國民人의勤索侵虐을
難耐ᄒᆞ되姑爲安土重遷이오나將有還入故土之
意ᄒᆞ와着名九百餘人이同辭相應ᄒᆞ고自矣身으로定

6-①

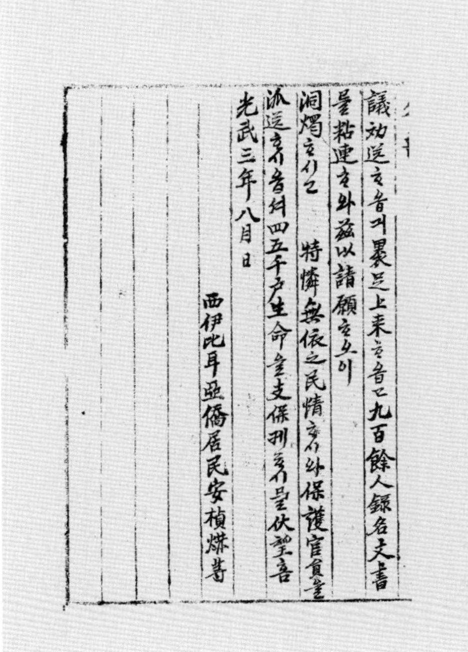
議劾送ᄒᆞ옵거裹足上來ᄒᆞ옵ᄂᆞᆫ九百餘人錄名文書
를粘連ᄒᆞ와玆以請願ᄒᆞ오니
洞燭ᄒᆞ시고 特憐無依之民情ᄒᆞ시와保護官員을
派送ᄒᆞ시옵셔四五千戶生命을支保케ᄒᆞ시믈伏望흠
光武三年八月日
西伊比耳亞僑居民安楨烌等

6-②

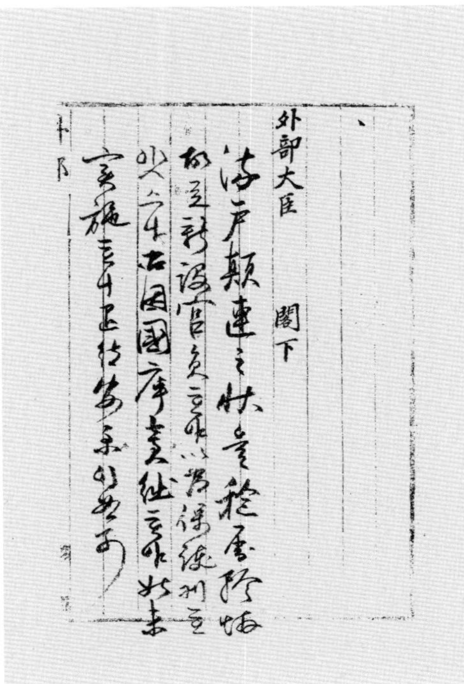
外部大臣 閣下

6-③

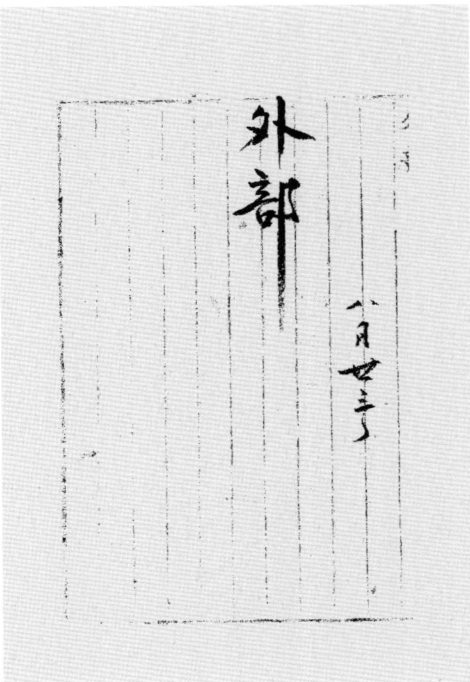
外部

6-④

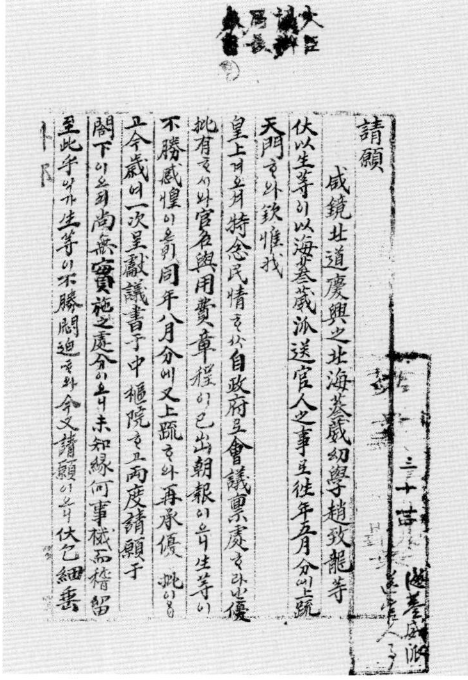

大臣 議政 局長 參書

請願

咸鏡北道慶興之北海蔘葳幼學趙致龍等

伏以生等이以海蔘葳派送官人之事로往年五月分에上疏

天門ᄒᆞ와欽惟我

皇上陛下ㅣ오셔特念民情ᄒᆞᆸ샤自政府로會議稟處ᄒᆞ라신優

批有ᄒᆞ시와官名與用費章程이已出朝報이옵니生等이

不勝感惶이옵더니同年八月分에又上疏ᄒᆞ와再承優 批이옵

고今歲에一次呈獻議書于中樞院ᄒᆞ고兩度請願于

閣下이오되尙無實施之處ᄉᆞ오니未知緣何事機而稽留

至此乎잇가生等이不勝悶迫ᄒᆞ와今又請願이옵니伏乞細垂

7-①

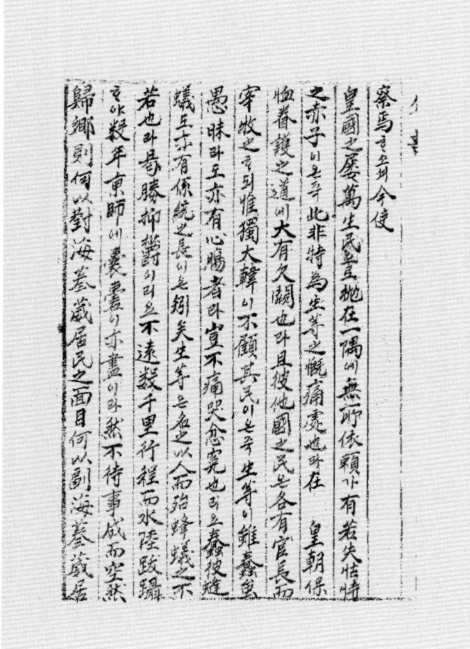

察焉ᄒᆞ오셔令使

皇國之屢萬生民으로雖在一隅에無所依賴가有若失怙恃

之赤子이옵ᄂᆞᆫ즉此非特爲生等之慨痛處也라在 皇朝保

恤眷護之道에大有欠闕也라且彼他國之民은各有官長而

牢牧之ᄒᆞ되惟獨大韓이不顧其民이옵ᄂᆞᆫ즉生等이雖蠢蚩

愚昧라도亦有心腸者라豈不痛哭愈寃也리오蠢彼蝼

蟻도亦有係統之長이온況矣生等은名之以人而殆蜂蟻之不

若也라曷勝抑鬱이리오不遠數千里行程而水陸跋躡

ᄒᆞ야數年京師에囊橐이亦盡이라然不待事成而空然

歸鄕則何以對海蔘葳居民之面目何以副海蔘葳居

7-②

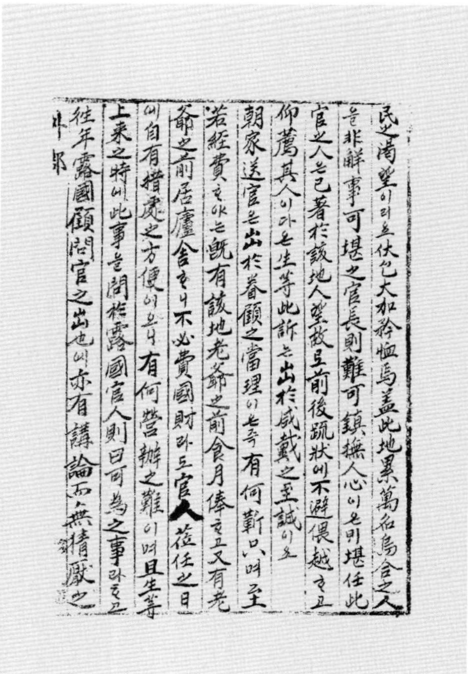

民之渴望이리오伏乞大加矜恤焉蓋此地累萬名烏合之人

을非解事可堪之官長則難可鎭撫人心이오며堪任此

官之人은已著於該地人望故로前後疏狀에不避僭越ᄒᆞ고

仰薦其人이옵ᄂᆞᆫ生等此訴ᄂᆞᆫ出於感戴之至誠이오

朝家送官은出於眷顧之當理이옵ᄂᆞᆫ즉有何靳只이며至

若經費ᄒᆞ야ᄂᆞᆫ旣有該地老爺之前食月俸ᄒᆞ고又有老

爺之前居廬舍ᄒᆞ니不必費國財라도官人莅任之日

에自有措處之方便이옵니有何營辦之難이며且生等

上來之時에此事를聞於露國官人則曰可爲之事라ᄒᆞ고

往年露國顧問官之出也에亦有講論而無猜厭之

7-③

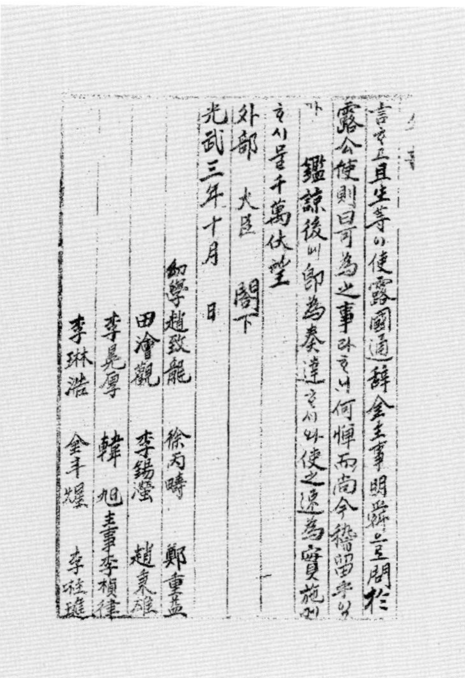

言ᄒᆞ고且生等이使露國通辭金主事明濬으로問於

露公使則曰可爲之事라ᄒᆞ니何憚而尙今稽留乎잇

가 鑑諒後에卽爲奏達ᄒᆞ시와使之速爲實施케

ᄒᆞ시믈千萬伏望

外部 大臣 閣下

光武三年十月 日

幼學趙致龍 徐丙疇 鄭重益

田濬觀 李錫瀅 趙秉雄

李晃學 韓旭 主事李楨律

李琳浩 金丰爗 李柱璡

7-④

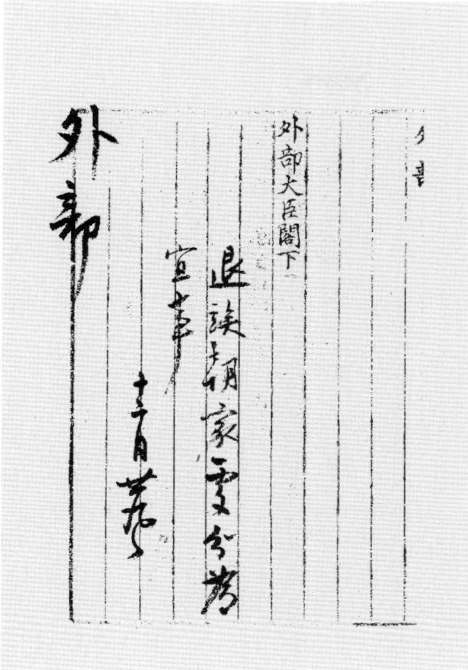
外部大臣閣下

8-②

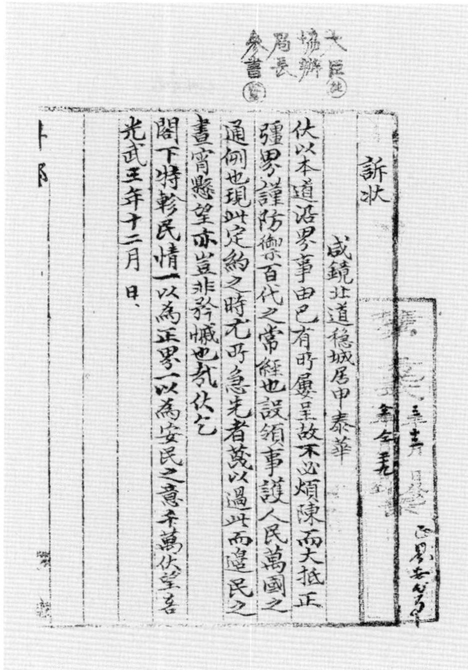

訴狀

咸鏡北道穩城居申泰華

伏以本道沿界事由已有呼籲呈故不必煩陳而大抵正
疆界謹防禦百代之常經也設領事護人民萬國之
通例也現此定約之時尤所急先者蔑以過此而邊民之
晝宵懸望亦豈非發憾也哉伏乞
閣下特軫民情一以爲正界一以爲安民之意千萬伏望吉

光武五年十二月 日

8-①

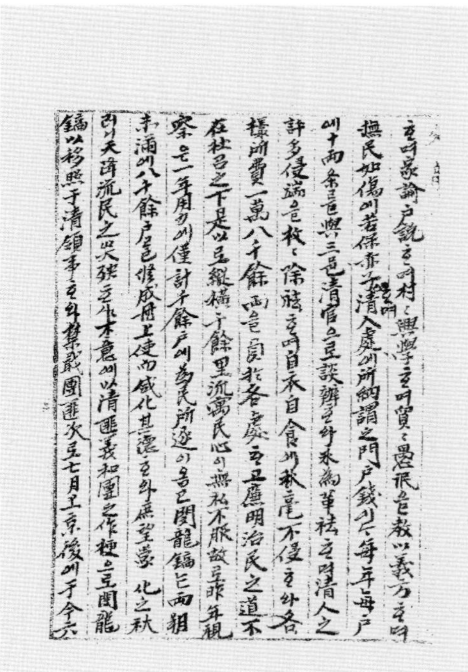

9-②

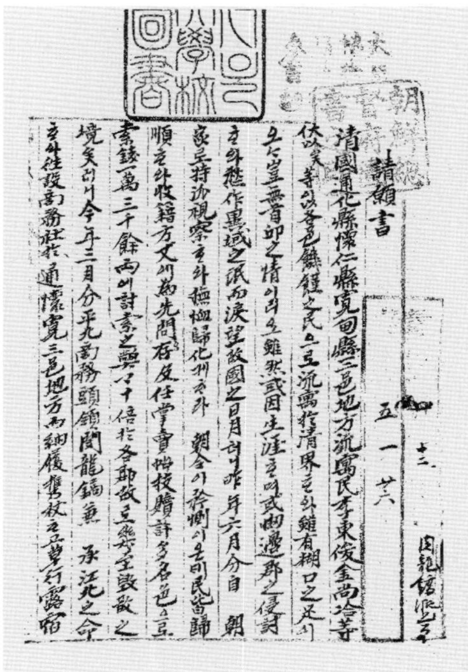
請願書

清國通化縣懷仁縣寬甸縣三邑地方流寓民李東俊金尚洽等

9-①

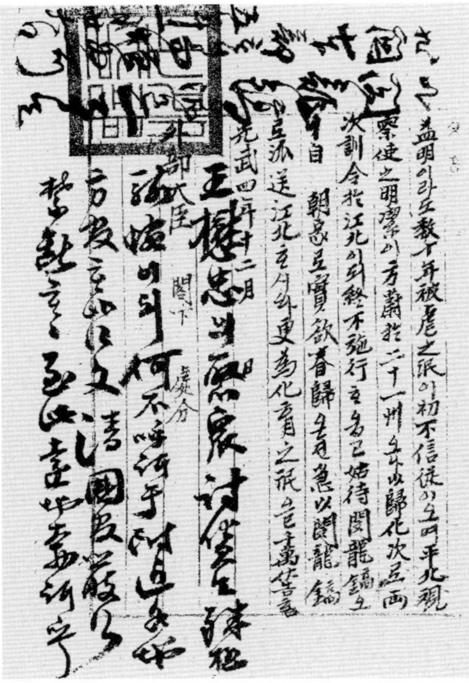

9－④

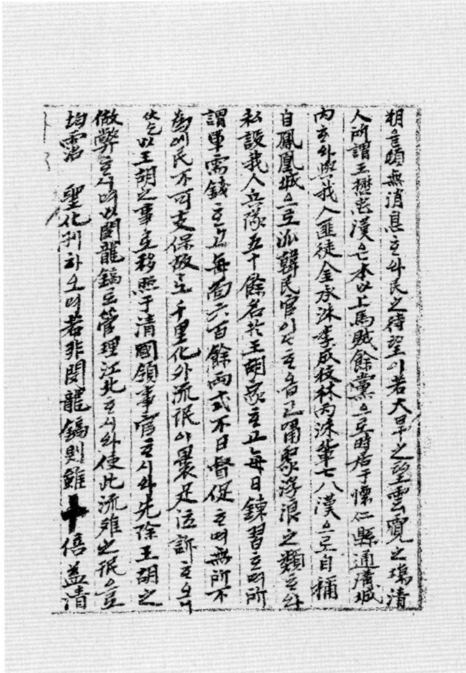

9－③

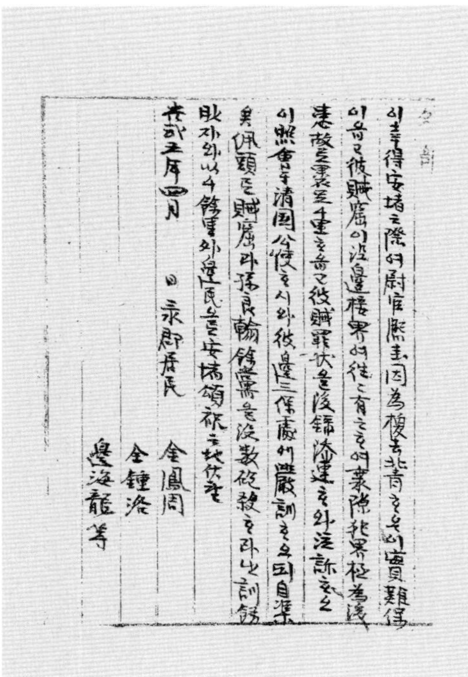

10－②

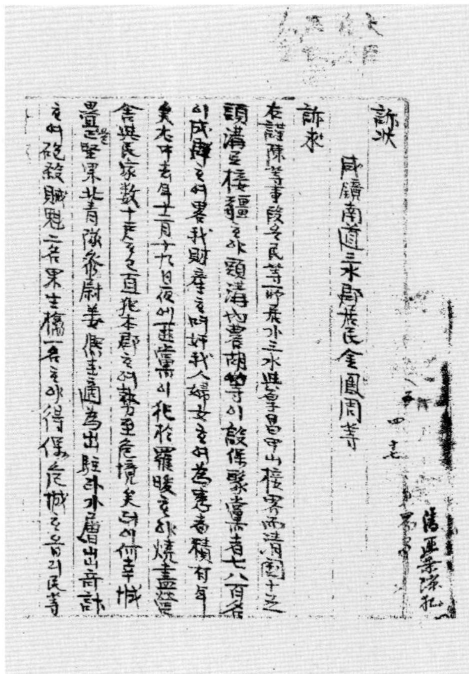

10－①

平安道昌城金春景等
外國人之通商買賣가非港口而組界區域則不可擅行ᄒᆞᆫ自有
章程이어ᄂᆞᆯ挽近以來淸北江邊에開散淸人이徒恃强暴ᄒᆞ고
不閑規則ᄒᆞ야亂入我域ᄒᆞ되移酒載油를看作能事ᄒᆞ야翔
價勒放ᄒᆞ며藏油盤艇ᄒᆞ야搜木貿數를毫無忌憚ᄒᆞ오며
突入山林ᄒᆞ야斫伐草木를視若當行ᄒᆞ며對我民人을貿莫
ᄒᆞ야常用壓制而買賣之間에百弊俱興ᄒᆞ오니因此而江邊民人은雖
歲豊而不見樂日ᄒᆞ고居家而不得安堵ᄒᆞ오니似此情習이日加月增
ᄒᆞ야將不知如何作歎則若不別般禁斷이오면江邊一帶凋殘日甚에
勢將莫保ᄂᆞᆫ明若觀火이오바茲에擧實仰達ᄒᆞ오니

11-①

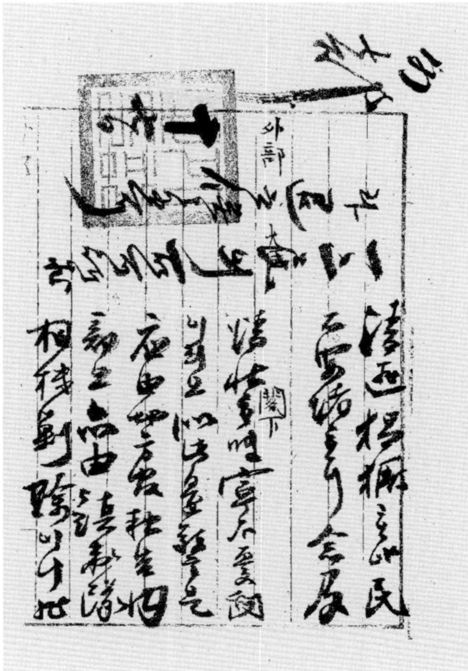

10-③

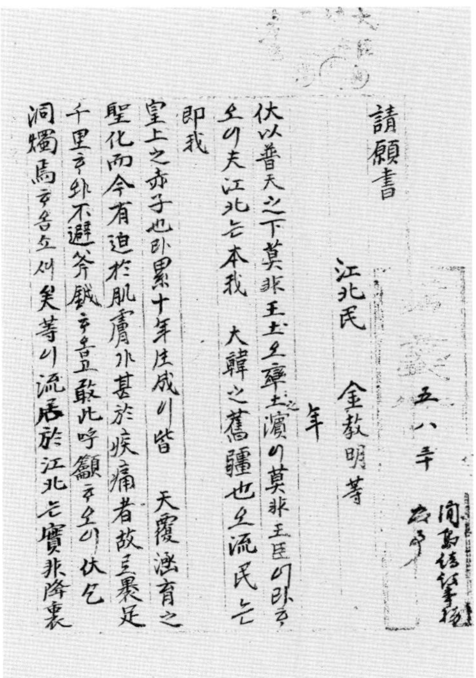
請願書
江北民 金敎明 等
伏以普天之下莫非王土오率土之濱이莫非王臣이라ᄒᆞ
오니夫江北은本我 大韓之舊疆也오流民은
即我
皇上之赤子也라累十年生成이皆 天覆滋育之
聖化而今有迫於肌膚가甚於疾痛者故로裹足
千里ᄒᆞ와不避斧鉞ᄒᆞ옵고敢此呼籲ᄒᆞ오니伏乞
洞燭焉ᄒᆞ옵소서 矣等이流居於江北은實非除裏

12-①

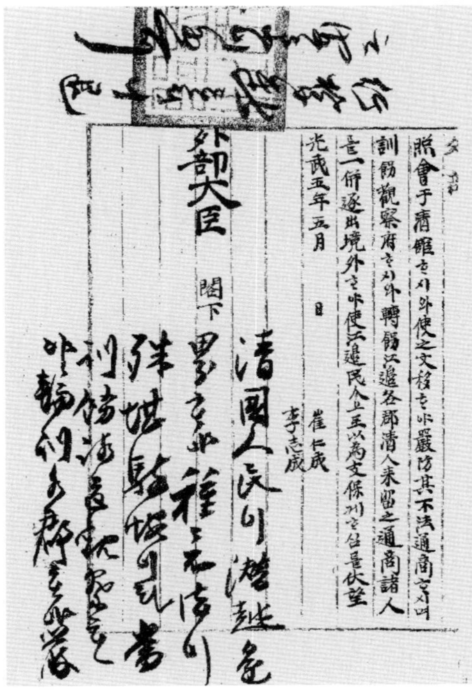
照會于淸館ᄒᆞ시와使之文移ᄒᆞ야嚴防其不法通商ᄒᆞ시며
訓飭觀察府ᄒᆞ시와轉飭江邊各郡淸人來留之通商諸人
을一併逐出境外ᄒᆞ야使江邊民人으로以爲支保케ᄒᆞ심을伏望
光武五年五月 日
崔仁成
李志成
外部大臣 閣下

11-②

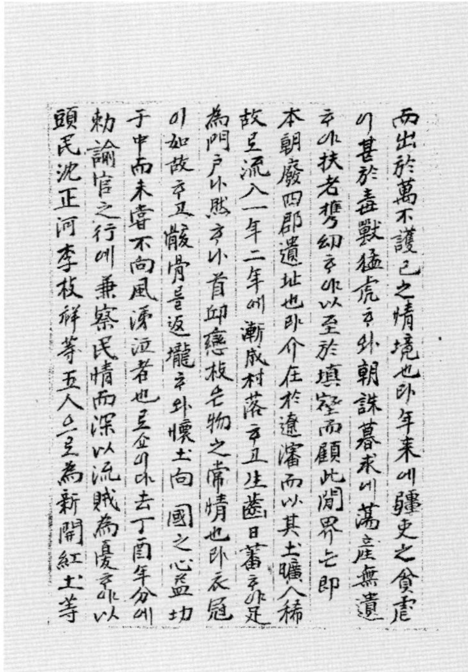
而出於萬不護己之情境也이라年來에疆吏之貪虐
이甚於毒獸猛虎ᄒᆞ와朝誅暮求에蕩産無遺
ᄒᆞ오며扶老携幼ᄒᆞ오며以至於塡壑而顧此間界는卽
本朝廢四郡遺址也이라介在於遼瀋而以其土曠人稀
故로流入一年二年에漸成村落ᄒᆞ고生齒日蕃ᄒᆞ오며足
爲門戶ᄒᆞ오며然ᄒᆞ오며首邱戀故는物之常情也이라衣冠
이如故ᄒᆞ고骸骨을返壠ᄒᆞ와懷土向 國之心益切
于中而未嘗不向風涕泣者也로소이다去丁酉年分에
勅諭官之行에兼察民情而深以流賊爲憂ᄒᆞ오며以
頭民沈正河李枝祥等五人으로爲新開紅土等

12-②

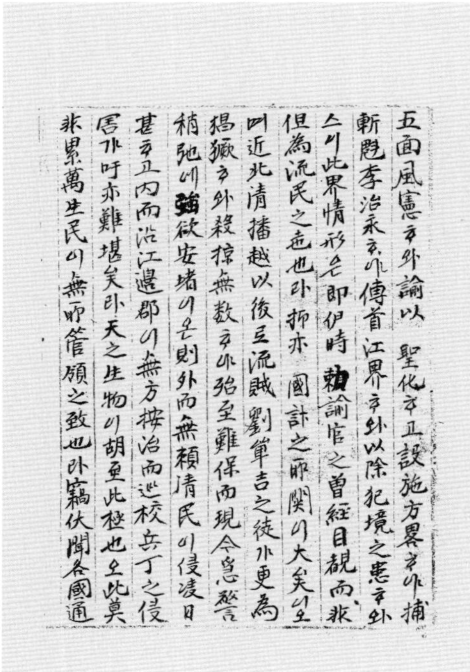
五面風憲ᄒᆞ와諭以 聖化ᄒᆞ고設施方畧ᄒᆞ오며捕
斬匪魁李治永ᄒᆞ오며傳首江界ᄒᆞ와以除犯境之患ᄒᆞ와
ᄉᆞ오니此界情形은卽伊時勅諭官之曾經目覩而非
但爲流民之苦也이라抑亦 國計之所關이大矣오
며近北淸播越以後로流賊劉單吉之徒ㅣ更爲
猖獗ᄒᆞ와殺掠無數ᄒᆞ오며殆至難保而現今息警
稍弛에强欲安堵이온則外而無賴淸民이侵凌日
甚ᄒᆞ고內而沿江邊郡이無方按治而巡校兵丁之侵
虐ᄒᆞ와吁亦難堪矣이라天之生物이胡至此極也오此莫
非累萬生民이無所管領之致也이라竊伏聞各國通

12-③

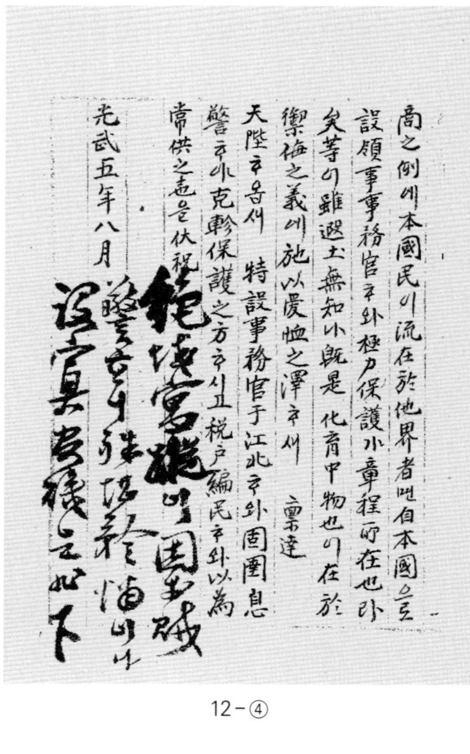
商之例에本國民이流在於他界者면自本國으로
設領事事務官ᄒᆞ와極力保護ᄒᆞ며章程所在也이라
矣等이雖遐土無知ᄒᆞ나旣是 化育中物也이在於
樂育之義에施以優恤之澤ᄒᆞ쇼셔 稟達
天陛ᄒᆞ옵셔 特設事務官于江北ᄒᆞ와固圉息
警ᄒᆞ오며克軫保護之方ᄒᆞ시고稅戶編民ᄒᆞ와以爲
常供之地를伏祝
光武五年八月

12-④

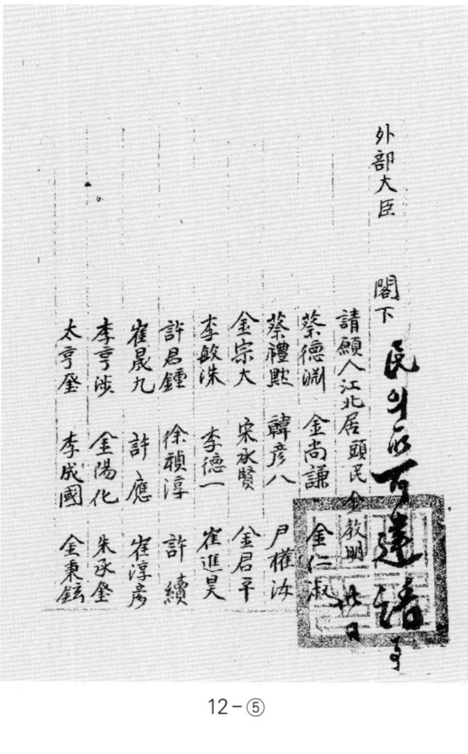
外部大臣 閣下
請願人江北居頭民 金敎明 金仁淑
蔡德淵 金尙謙
蔡禮默 韓彦八 尹權洙
金宗大 宋永贒 金君平
李敏洙 李德一 崔進昊
許君鍾 徐禎淳 許續
崔晟九 許應 崔淳彦
李亨洙 金陽化 朱永奎
李亨奎 李成國 金東鉉

12-⑤

崔國鉉 韓太云 全仁國
李九鉉 金京燁 全宗達
崔相鶴 張道鉉 李文奎
金虎七 方永奎 金基天
韓芳海 金憶碩 金亨錫
金永淩 白雲鶴 陳京永
金達植 申應来 金己彦
趙明八 龍鳳虎 尹星三
李承煥 金尚銑 沈乃彦
金秉植 吳京華 崔奉信

12-⑥

李南壽 李鶴林 金應國
金伯三 吳南鎭 金在壽
朴在永 韓仁洽 崔昌權
韓計鎔 李守蕙 趙秉洽
金河淩 金秉寬 梁台軫
金秉鈿 李鶴鳳 金基鳳
朴文學 金基豐 崔東淵
金萬鍊 全致煥 池大雲
崔尚億 崔致文 李京俊
李昌植 全興植 金光玉

12-⑦

崔元植 韓寬赫 金東俊
李興福 李枝祥 梁順吉
李東信 安京澤
等

12-⑧

訴告書
咸鏡北道邊界墾户民人李昇鎬池龍奎張極彰等
泣血訴告于
外部大臣閣下伏以 本人 等俱以五百年
先王赤子頂踵毛髮長於國家雨露之澤晝畊夜讀早
識君〻臣〻春秋大義豈以一時口體飢寒甘投匪窟
久順受其旗奴之壓制也徃在甲申北土大歉以後年比不登餓
殍流離無處可保思耶以一線活路則吉林西步海蘭江以東
本道豆滿江以西閒荒之地卽韓清邊外之土况麗朝置郡
舊界入我朝會寧 時 開市交輸把限處也我土我畊締有可

13-①

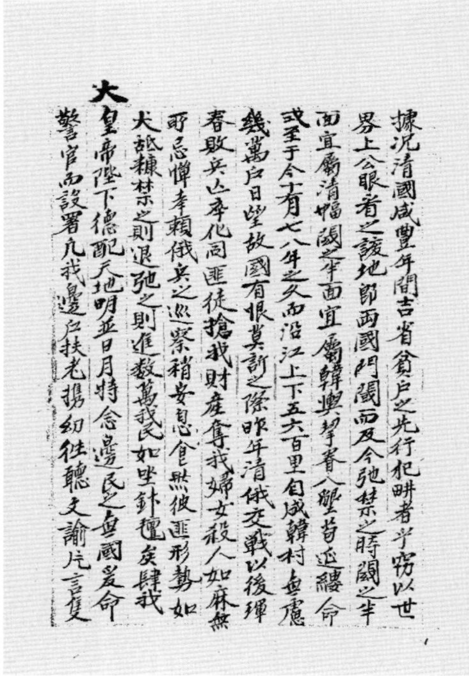

13-②

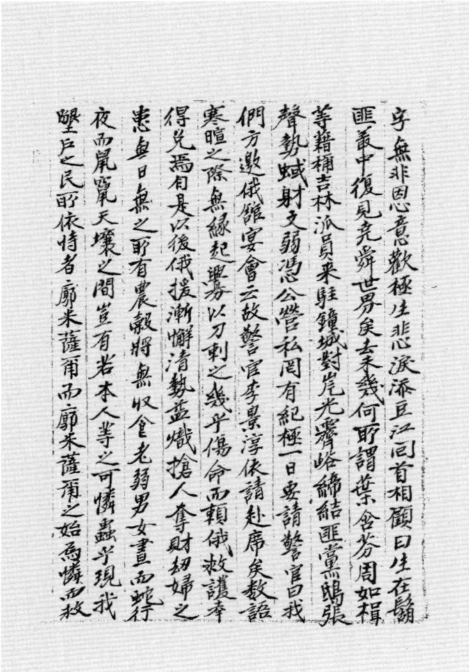

13-③

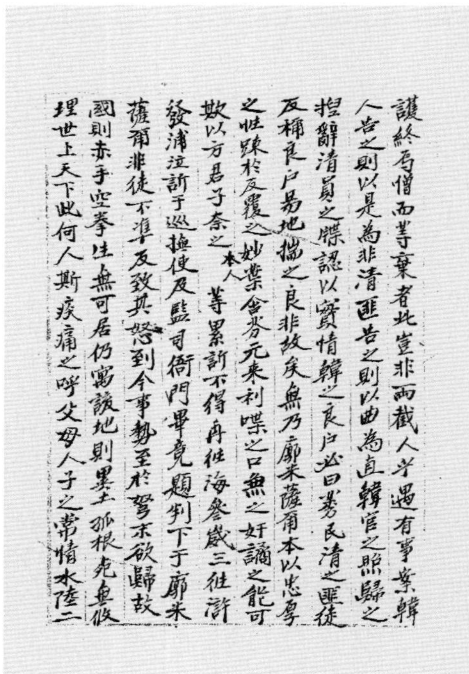

13-④

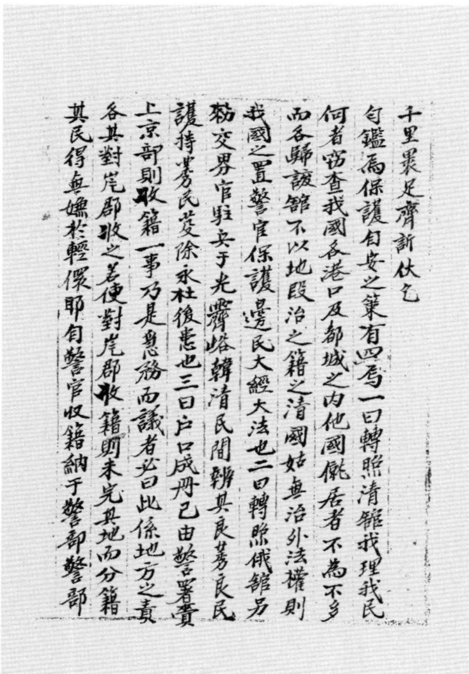

13-⑤

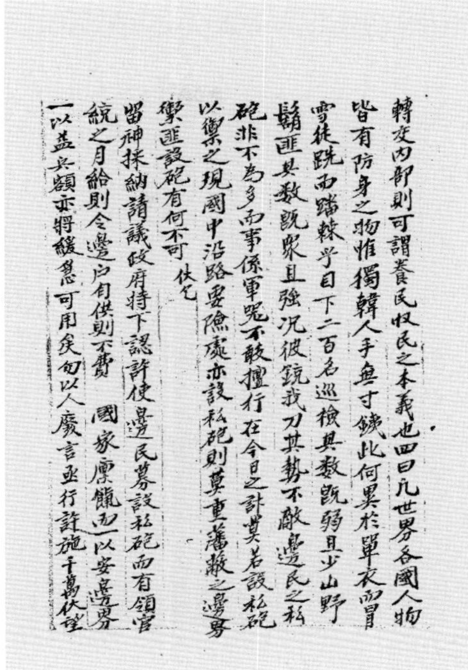

轉交內部則可謂養民牧民之本義也四曰凡世界各國人物
皆有防身之物惟獨韓人手無寸鐵此何異於單衣而冒
雪徒跣而蹈棘乎目下二百名巡檢其數既弱且少山野
鬍匪其數既衆且强况彼銃我刀其勢不敵邊民之私
砲非不爲多而事係軍器不敢擅行在今日之計莫若設私砲
以禦之現國中沿路要險處亦設私砲則莫重藩蔽之邊界
禦匪設砲有何不可 伏乞
留神採納請議政府特下認許使邊民募設私砲而有領官
統之月給則令邊戶自供則不費 國家廩餼而以安邊界
一以益兵額亦將緩急可用矣勿以人廢言亟行許施千萬伏望

13-⑥

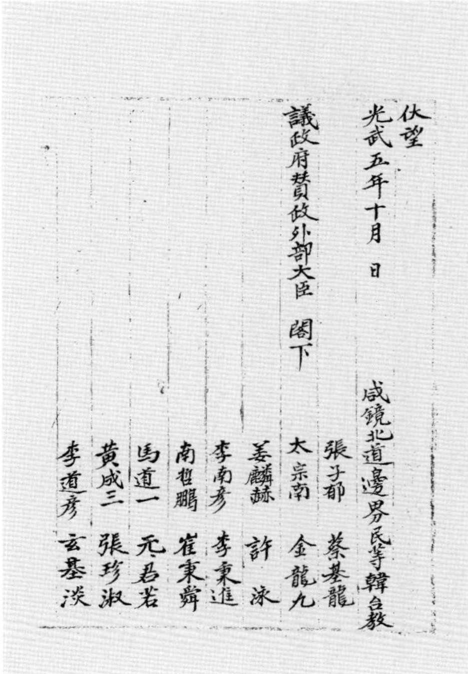

伏望
光武五年十月 日 咸鏡北道邊界民等韓台教
張子郁 蔡基龍
太宗南 金龍九
姜麟赫 許 泳
李南彦 李東進
南哲鵬 崔東舜
馬道一 元君若
黃成三 張珍淑
李道彦 玄基淡
議政府贊政外部大臣 閣下

13-⑦

蔡喜祿 李彦一
韓昌錫 方鳴天
黃君明 許伯允
金成元 朴元直
張京律 沈洛衡
金致允 許 根
金龍國 玄正羲
朴根實 韓商鉉
方弘之 全泰衡
李南極 金尚昊

13-⑧

鄭南翼 劉君三
金希俊 鄭明云
姜明學 金公三
曺尚甲 張希文
崔正三 元氣浩
石仕彦 李仕彦
張錫奎 金京禹
張化錫 金明五
李迎春 金吉甫
姜仲直 朴民三

13-⑨

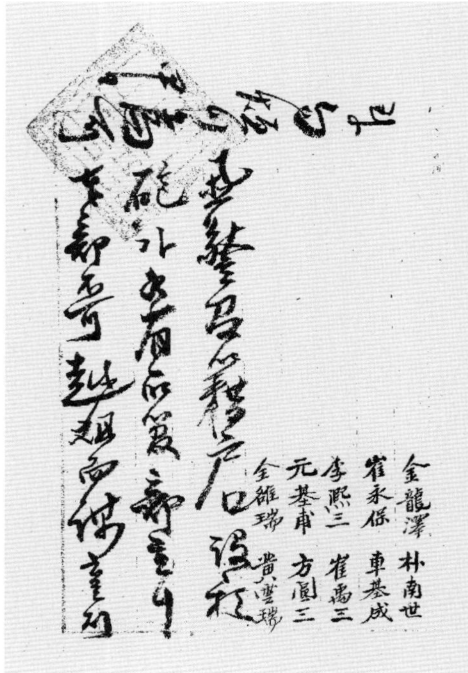
金龍澤 朴南世
崔永保 車基成
李熙三 崔禹三
元基甫 方閏三
金維瑞 黃廷瑞

13-⑩

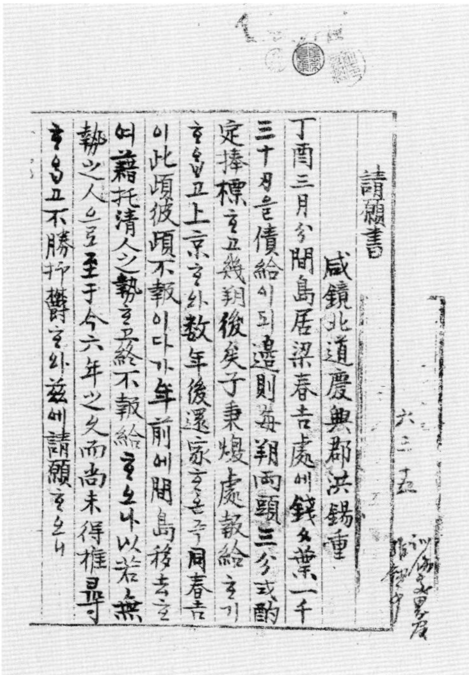
請願書
咸鏡北道慶興郡洪錫重
丁酉三月分間島居梁春吉處에錢文葉一千
三十兩을債給이되邊則每兩兩頭三分式酌
定捧標ᄒᆞ고幾朔後吳子秉煥處敎給ᄒᆞ기
ᄒᆞ옵고上京ᄒᆞ와數年後還家ᄒᆞ온즉同春吉
이此頃彼頃不報이다가年前에間島移去ᄒᆞ오
며藉托淸人之勢ᄒᆞ고終不報給ᄒᆞ오나以若無
勢之人으로至于今六年之久而尙未得推ᄒᆞ오
ᄒᆞ옵고不勝抑欝ᄒᆞ와玆에請願ᄒᆞ오니
六三五

14-①

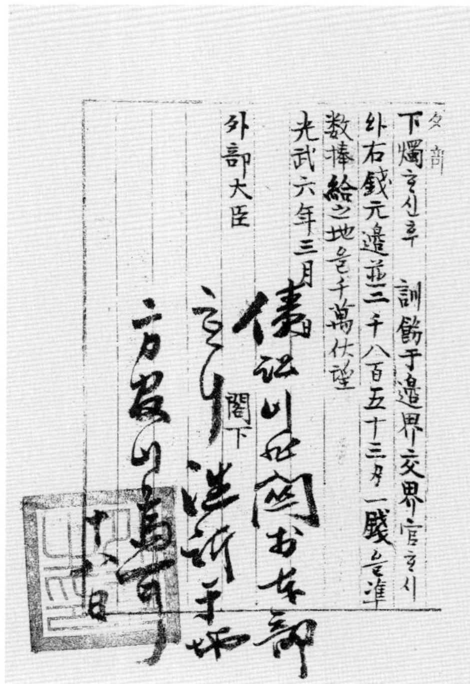
下燭ᄒᆞ신후 訓飭于邊界交界官ᄒᆞ시
와右錢元邊並二千八百五十三兩一戔을準
數捧給之地을千萬伏望
光武六年三月 日
外部大臣 閣下

14-②

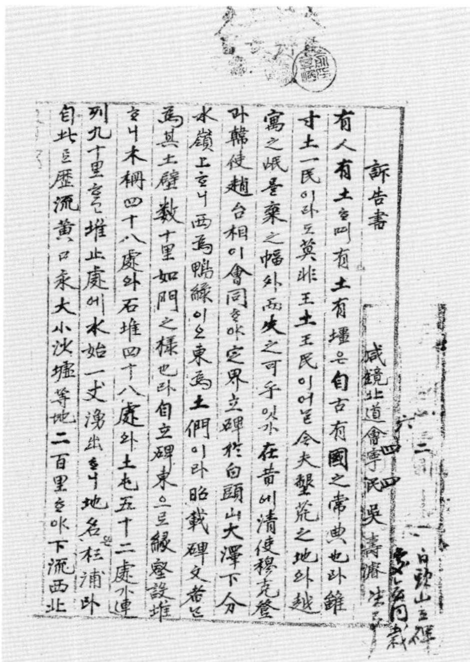
訴告書
咸鏡北道會寧民吳壽濟
有人有土ᄒᆞ며有土有疆은自古有國之常典也라雖
寸土一民이라도莫非王土王民이어ᄂᆞᆯ今夫磬荒之地와越
寓之氓을棄之幅外而失之可乎잇가在昔에淸使穆克登
과韓使趙台相이會同ᄒᆞ야定界立碑於白頭山大澤下分
水嶺上ᄒᆞ니西爲鴨綠이오東爲土們이라昭載碑文者ᄂᆞᆫ
爲其土壁數十里如門之様也라自立碑東으로緣麓設堆
ᄒᆞ니木柵四十八處와石堆四十八處와土屯五十二處가連
列九十里ᄒᆞᆫ堆止處에水始一丈湧出ᄒᆞ니地名은杉浦라
自此로歷流黃口來大小沙堰等地二百里ᄒᆞ야下流西北

15-①

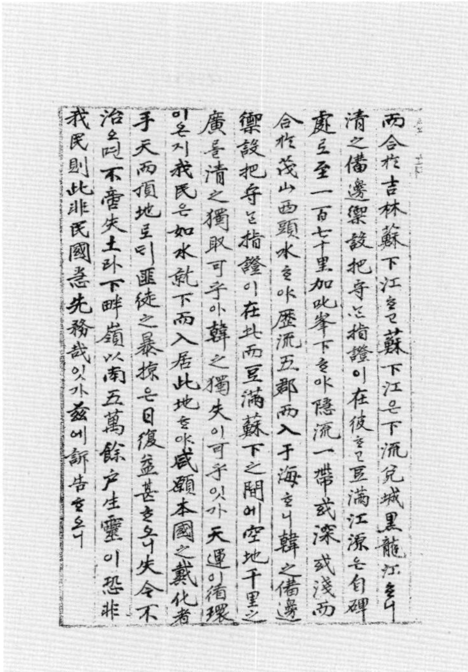
兩合於吉林蘇下江ᄒᆞ고蘇下江은下流兒城黑龍江ᄒᆞ니
清之備邊禦設把守ᄒᆞᄂᆞᆫ指證이在彼ᄒᆞ고豆滿江源은自碑
處로至一百七十里加叱峯下ᄒᆞ야隱流一帶或深或淺而
合於茂山西頭水ᄒᆞ야歷流五郡而入于海ᄒᆞ니韓之備邊
禦設把守ᄒᆞᄂᆞᆫ指證이在此而豆滿蘇下之間에空地千里之
廣을清之獨取可乎아韓之獨失이可乎잇가天運이循環
이온지我民은如水就下而入居此地ᄒᆞ야感頌本國之戴化者
手天而頂地로ᄃᆡ匪徒之暴掠은日復益甚ᄒᆞ오니失今不
治ᄒᆞ면不啻失土ᄅᆞ下畔嶺以南五萬餘戶生靈이恐非
我民則此非民國急先務哉잇가茲에訴告ᄒᆞ오니

15-②

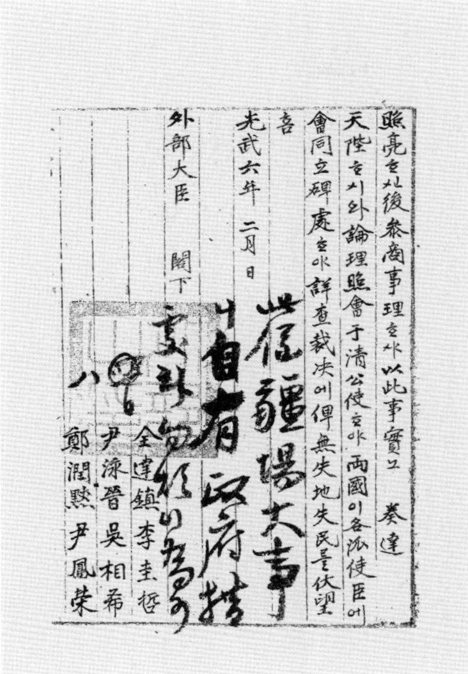
照亮ᄒᆞ신後叅商事理ᄒᆞ와以此事實로 奏達
天陛ᄒᆞ시와論理照會于清公使ᄒᆞ와兩國이各派使臣에
會同立碑處ᄒᆞ와詳查裁決에俾無失地失民을伏望
音
光武六年 二月 日
外部大臣 閣下
全達鎮 李圭哲
尹源晉 吳相希
鄭潤默 尹鳳榮

15-③

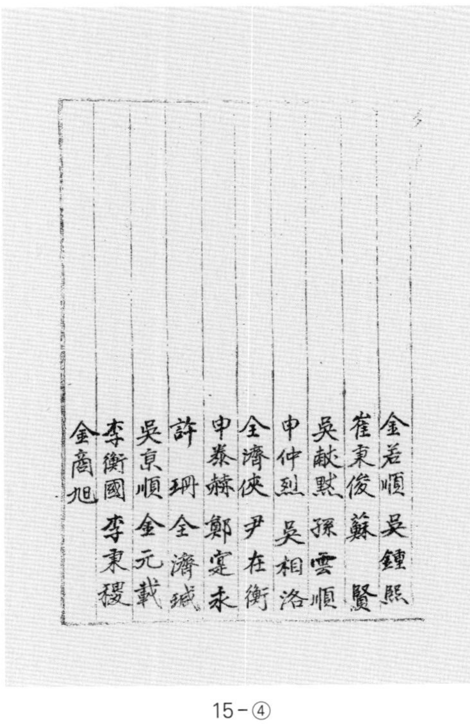
金若順 吳鍾熙
崔東俊 蘇 賢
吳獻默 孫雲順
申仲烈 吳相洛
全濟俠 尹在衡
申泰赫 鄭寔來
許珣 全濟斌
吳京順 金元載
李衡國 李東稷
金商旭

15-④

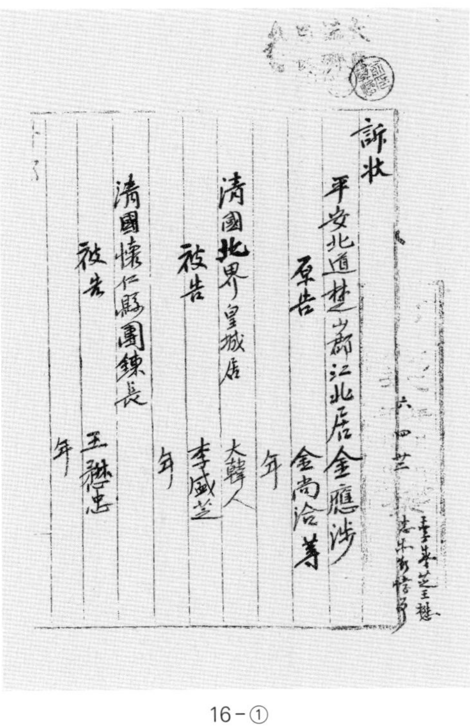
訴狀
平安北道楚山郡江北居金應涉
原告 金尚洽等 年
清國北界皇城居 大韓人
被告 李盛芝 年
清國懷仁縣團練長
被告 王勝忠 年

16-①

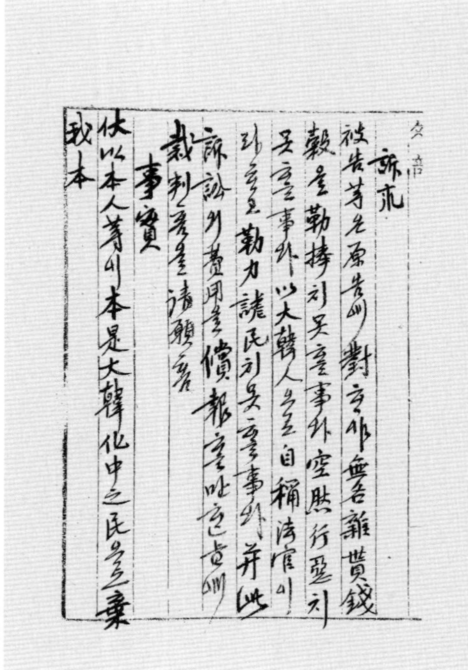

16-②

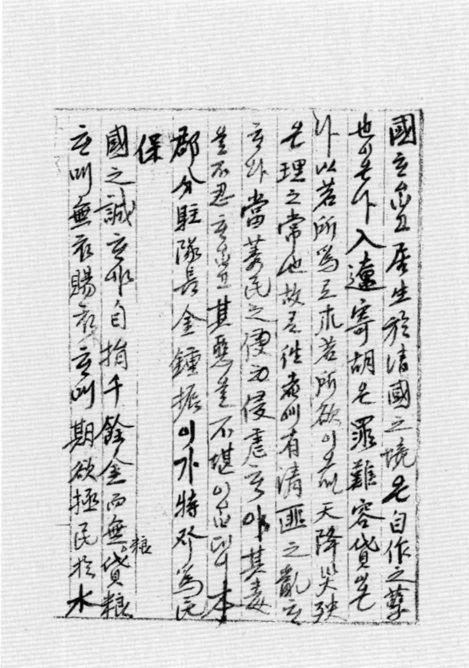

16-③

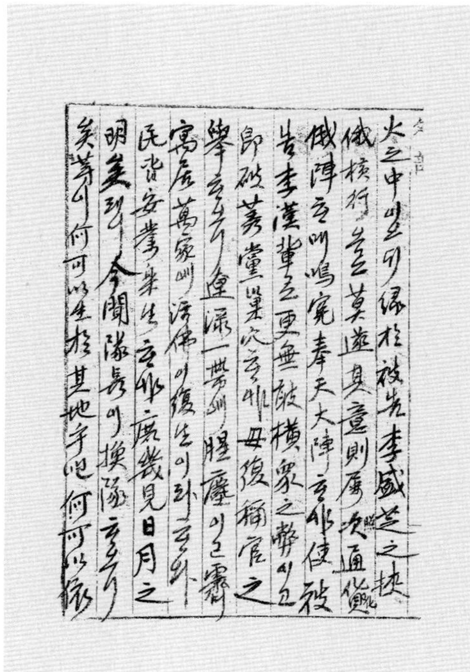

16-④

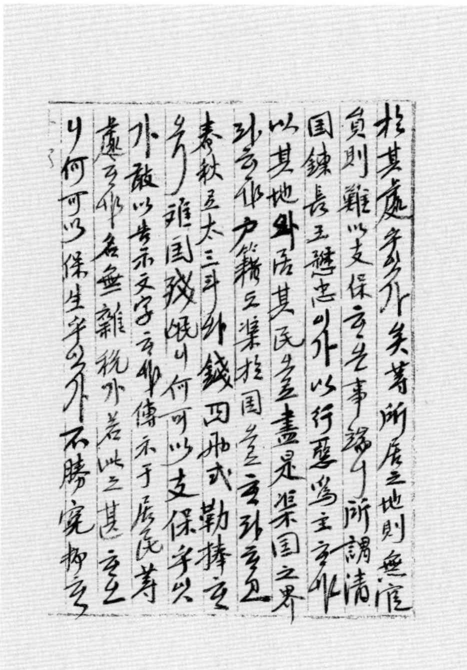

16-⑤

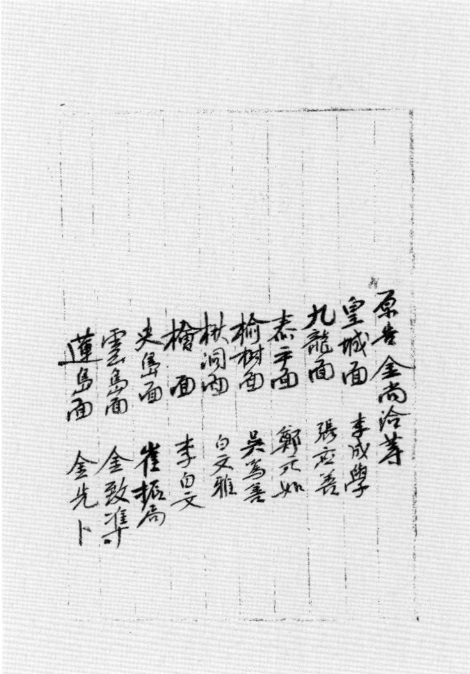
原告金尙洽等
皇城面 李成學
九龍面 張元善
太平面 鄭元如
榆樹面 吳爲善
杻洞面 白文雅
檜面 李白文
夾島面 崔振尙
雲島面 金致準
蓮島面 金先卜

16-⑦

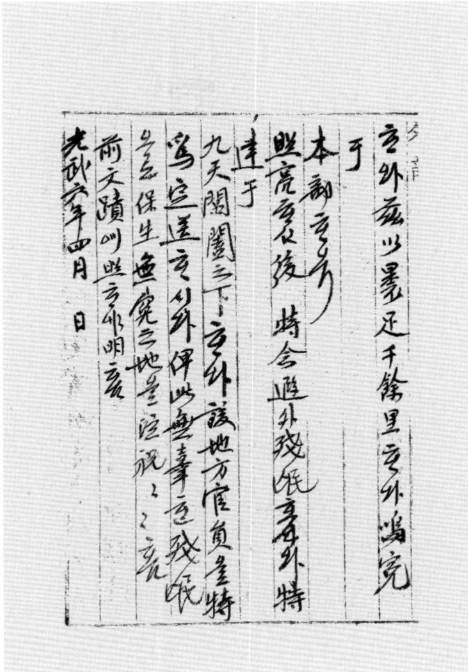

16-⑥

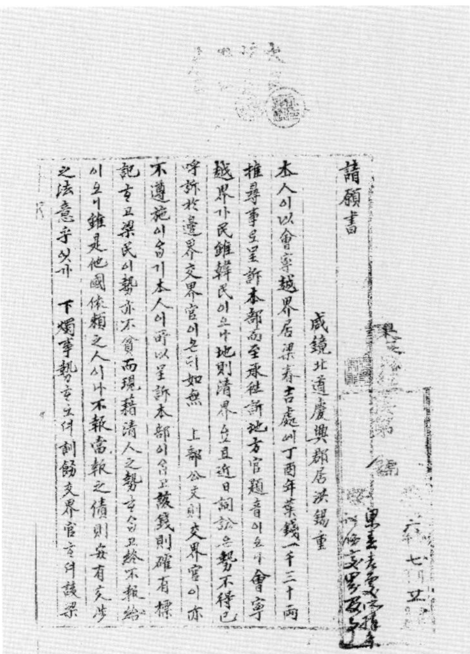
請願書
咸鏡北道慶興郡居洪錫重

17-①

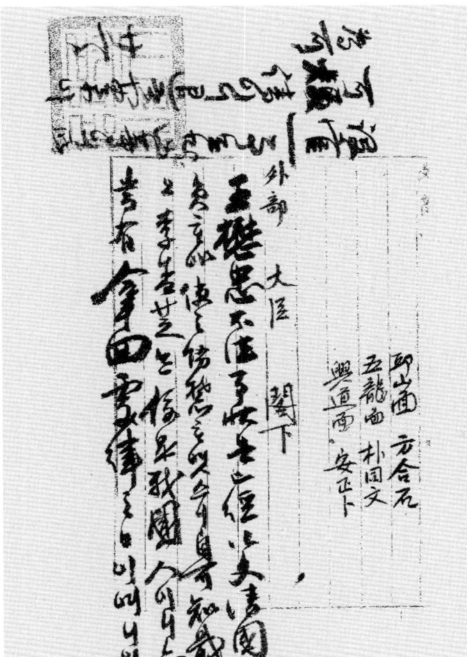

16-⑧

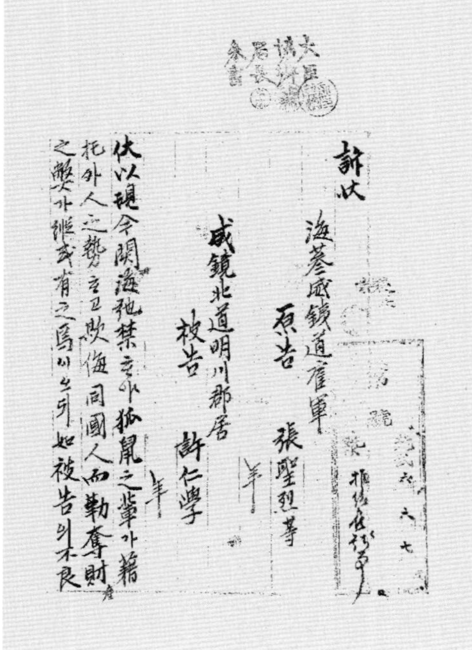

18-①

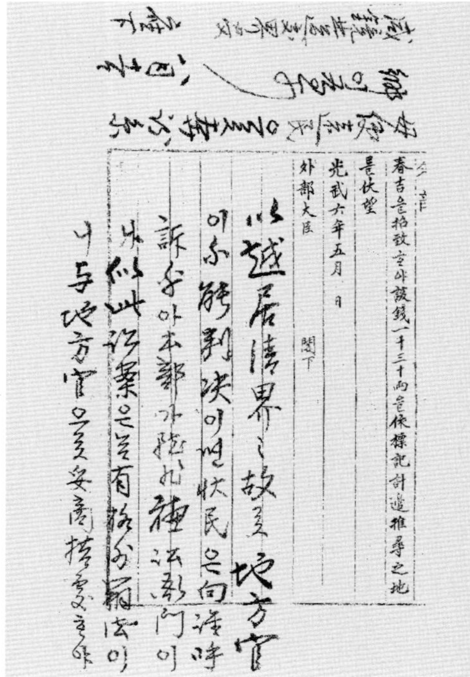

春吉을招致하야放錢一千三十兩을依標記討還推尋之地
是伏望
光武六年五月 日
外部大臣 閣下

17-②

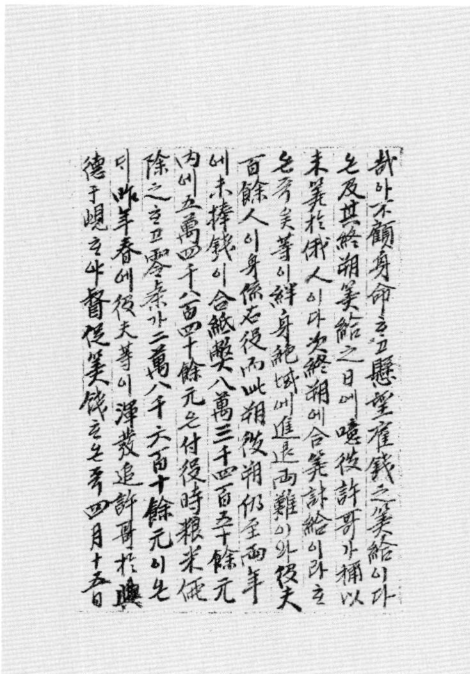

18-③

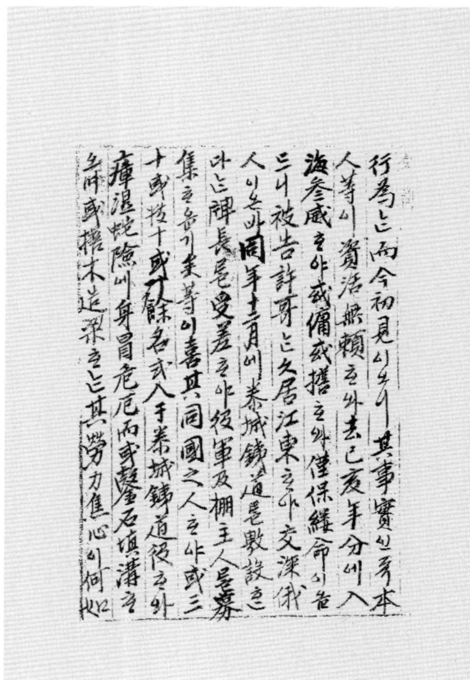

18-②

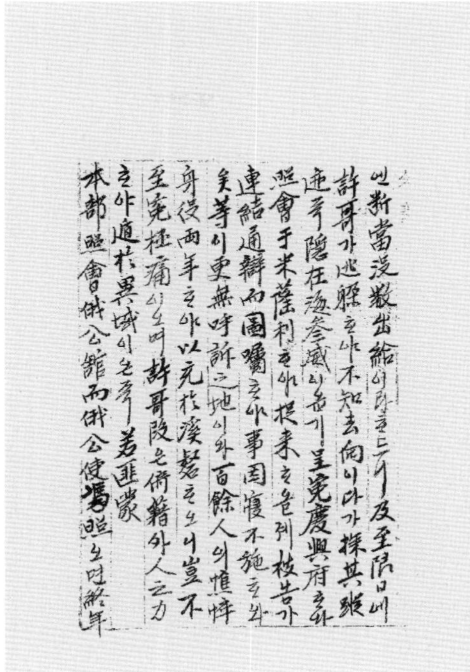

18-④

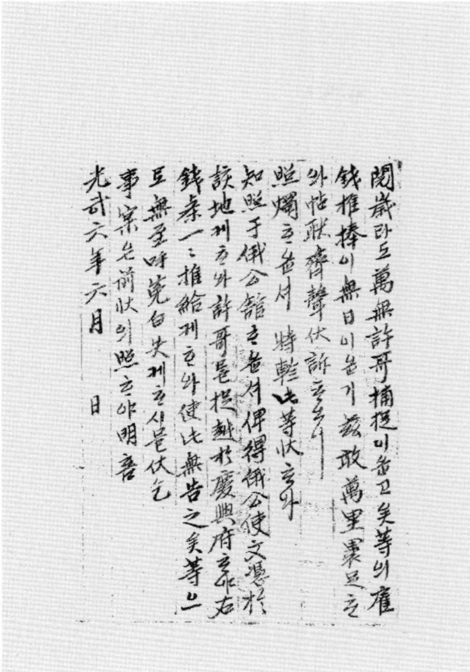

18-⑤

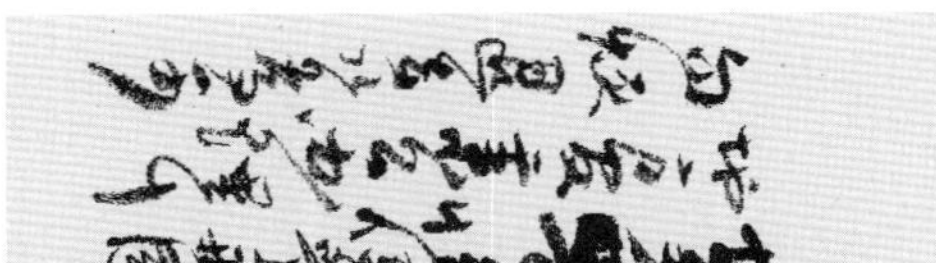

18-⑥

19-①

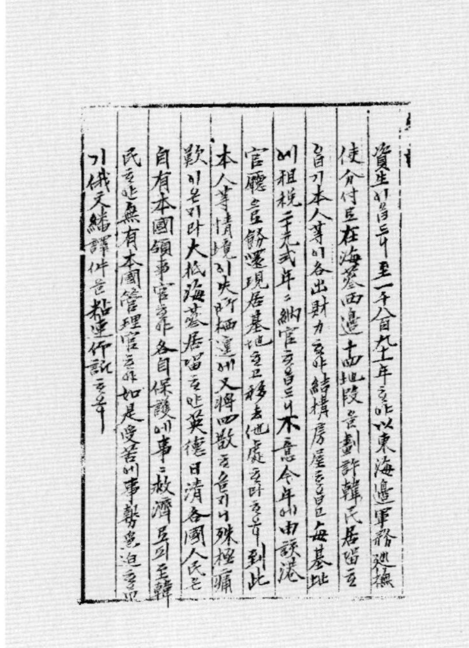

19 - ②

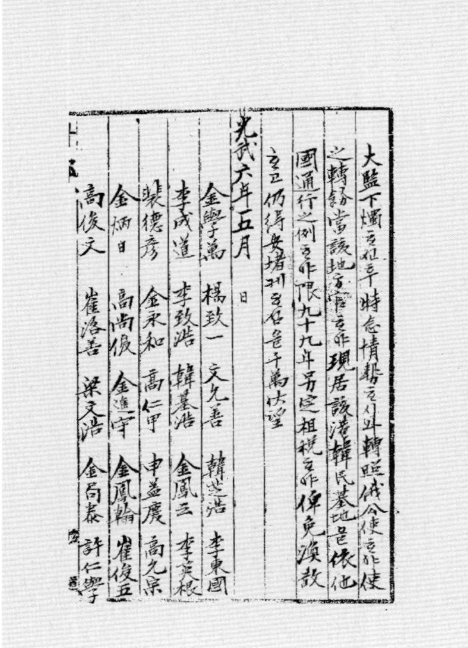

19 - ③

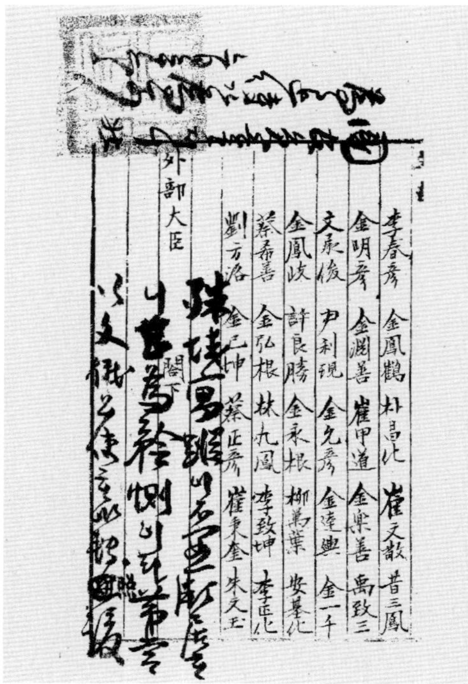

19 - ④

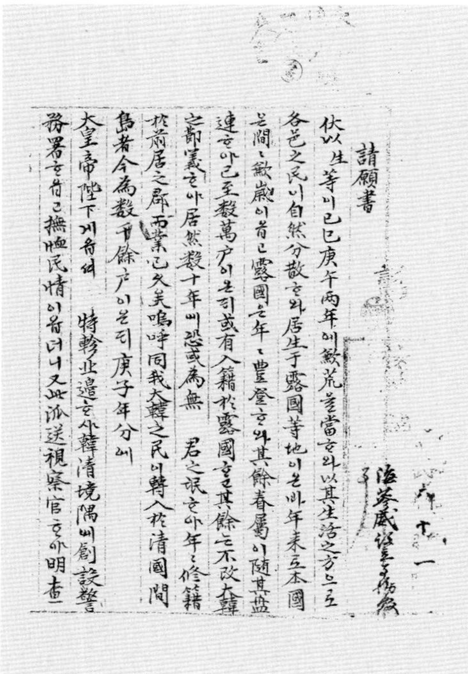

20 - ①

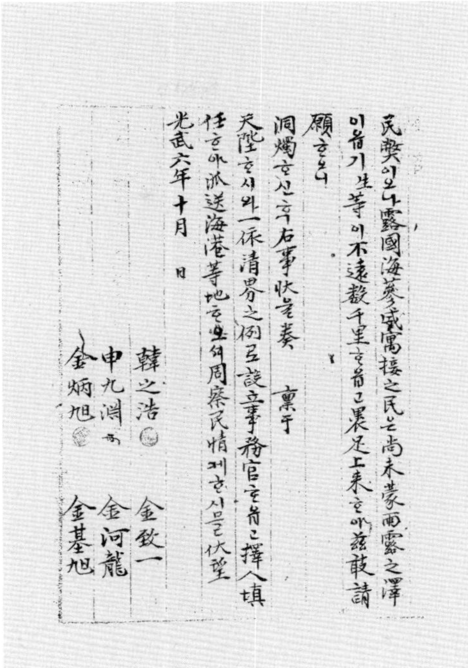
民弊이오나露國海蔘威隔接之民은尚未蒙雨露之澤
이옵기生等이不遠數千里ᄒᆞ옵고裹足上來ᄒᆞ야玆敢請
願ᄒᆞ오니
洞燭ᄒᆞ신ᄒᆞ右事狀을奏 稟ᄒᆞ
天陛ᄒᆞ시와一依清界之例로設立事務官ᄒᆞ옵고擇人塡
任ᄒᆞ야派送海港等地ᄒᆞ오셔周察民情케ᄒᆞ시믈伏望
光武六年十月 日
韓之浩 金致一
申九淵 金河龍
金炳旭 金基旭

20-②

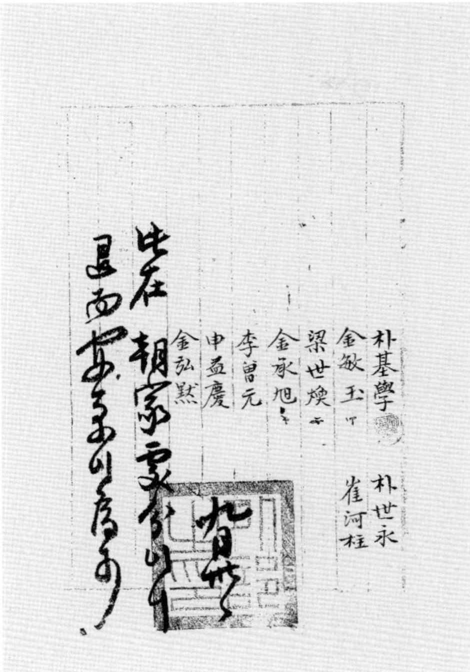
朴基學 朴世永
金敏玉 崔河柱
梁世煥
金永旭
李曾元
申益慶
金弘默

20-③

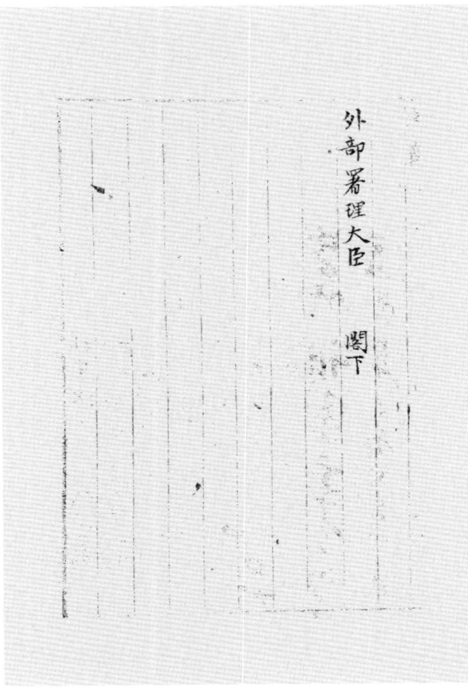
外部署理大臣 閣下

20-④

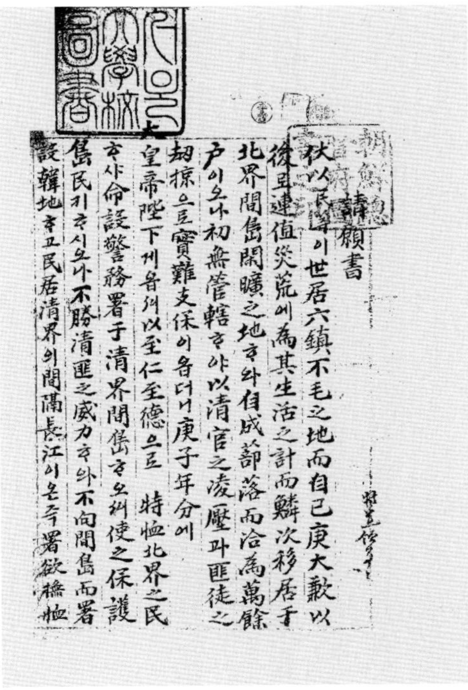
請願書
伏以民等이世居六鎭不毛之地而自己庚大歉以
後로連値災荒에爲其生活之計而鱗次移居于
北界間島閑曠之地ᄒᆞ와自成部落而洽爲萬餘
戶이오나初無管轄ᄒᆞ야以清官之凌壓과匪徒之
刼掠으로實難支保이옵더니庚子年分에
皇帝陛下게옵셔以至仁至德으로 特恤北界之民
ᄒᆞ사命設警務署于清界間島ᄒᆞ오셔使之保護
島民케ᄒᆞ시오나不勝清匪之威力ᄒᆞ와不向間島而署
設韓地ᄒᆞ고民居清界와間隔長江이온즉署欲撫恤

21-①

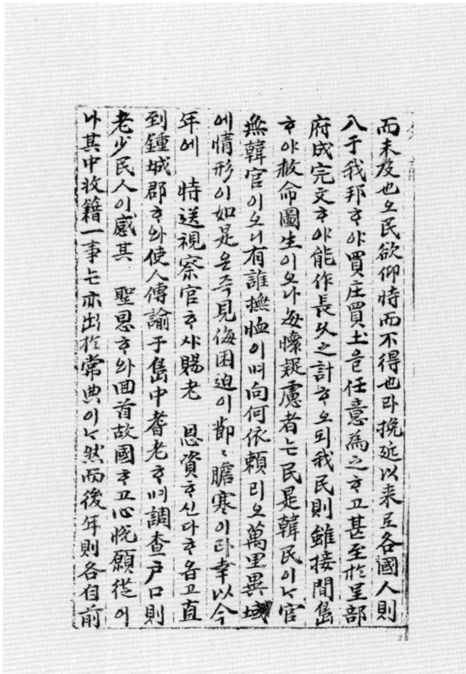
而未及也오民欲仰特而不得也라挽近以来로各國人則
入于我邦ᄒᆞ야買庄買土을任意爲之ᄒᆞ고甚至於星部
府氏完文ᄒᆞ야能作長久之計ᄒᆞ오되我民則雖接間島
ᄒᆞ야赦命圖生이오나每懷疑慮者ᄂᆞᆫ民是韓民이나官
無韓官이오니有誰撫恤이며向何依賴리오萬里異域
에情形이如是온즉見侮困迫이節節膽寒이라幸以今
年에 特送視察官ᄒᆞ사賜老 恩資ᄒᆞ신다ᄒᆞ各고直
到鍾城郡ᄒᆞ와使人傳諭于島中耆老ᄒᆞ며調查戶口則
老少民人이感其 聖恩ᄒᆞ와回首故國ᄒᆞ고心悅願從이
나其中收籍一事ᄂᆞᆫ亦出於常典이나然而後年則各自前

21-②

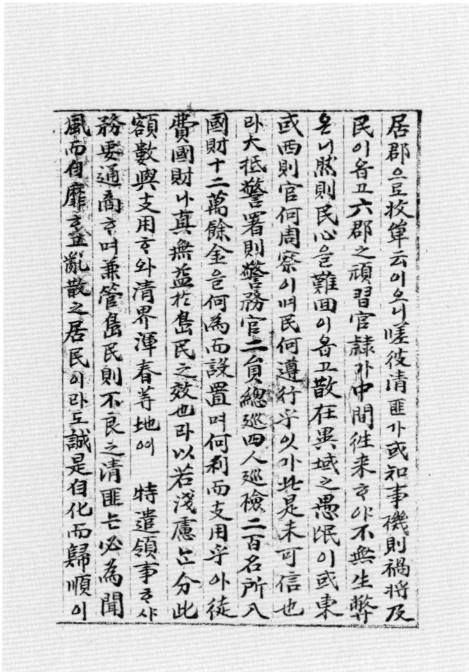
居郡으로救韋云이오니嗟彼清匪가或知事機則禍將及
民이옵고六郡之頑習官隷가中間往来ᄒᆞ야不無生弊
오니然則民心을難回이옵고散在異域之愚氓이或東
或西則官何周察이며民何遵行ᄒᆞᆯ잇가此是未可信也
라大抵警署則警務官二員總巡四人巡檢二百名所入
國財十二萬餘金을何爲而設置며何利而支用ᄒᆞᆯ잇가徒
費國財나真無益於島民之效也라以若淺慮ᄂᆞᆫ分此
額數與支用ᄒᆞ와清界渾春等地에 特遣領事ᄒᆞ사
務要通商ᄒᆞ며兼管島民則不良之清匪ᄂᆞᆫ必爲聞
風而自靡ᄒᆞ고亂散之居民이라도誠是自化而歸順이

21-③

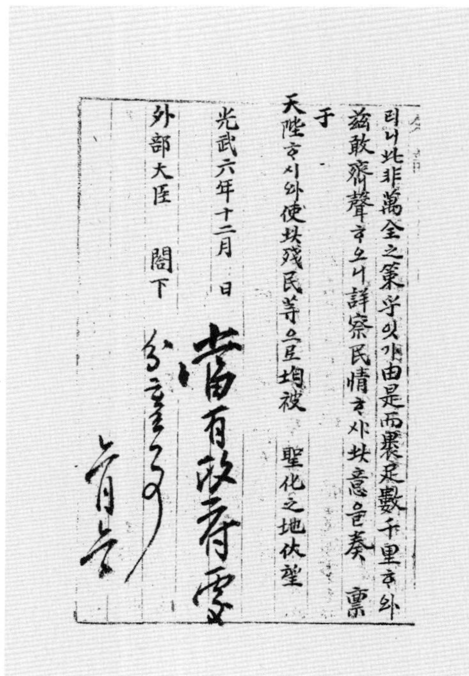
리니此非萬全之策乎잇가由是而裹足數千里ᄒᆞ와
玆敢齊聲ᄒᆞ오니詳察民情ᄒᆞ사犾意을奏 稟
于
天陛ᄒᆞ시와使犾殘民等으로均被 聖化之地伏望
光武六年十二月 日
外部大臣 閣下

21-④

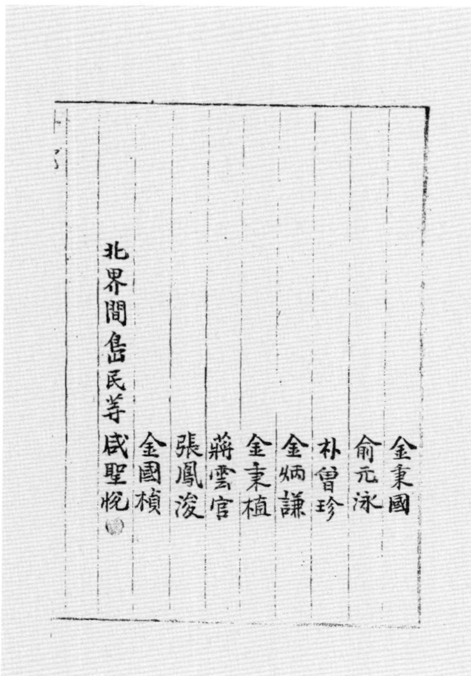
金秉國
俞元泳
朴曾珍
金炳謙
金秉植
蔣雲官
張鳳浚
金國楨
北界間島民等 咸聖悅

21-⑤

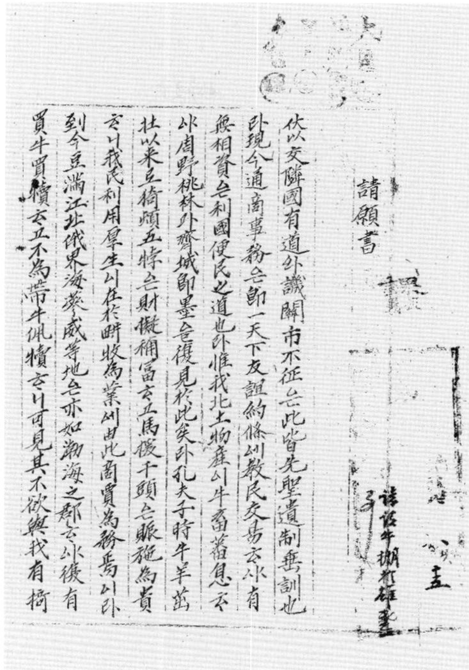
請願書

伏以交隣國有道이오 譏關市不征은 此皆先聖遺制垂訓也라
現今通商事務은 卽一天下友誼約條에 敎民交易ᄒᆞᆸ고 有
無相貿은 利國便民之道也라 惟我北土物産이 牛畜蕃息ᄒᆞ
ᆸ고 周野桃林外齊城郞墨은 復見於此矣라 孔夫子時 牛羊茁
壯以來로 犄頓五牸은 財擬補富ᄒᆞ고 馬援千頭은 賑施爲貴
ᄒᆞ니 我民利用厚生이 在於畊牧爲業에 由此商賈爲務焉이라
到今로 滿江北 俄界海蔘威等地은 亦如渤海之鄭ᄒᆞᆸ고 後有
買牛買犢ᄒᆞ고 不爲帶牛佩犢ᄒᆞ니 可見其不欲與我有犄

22-①

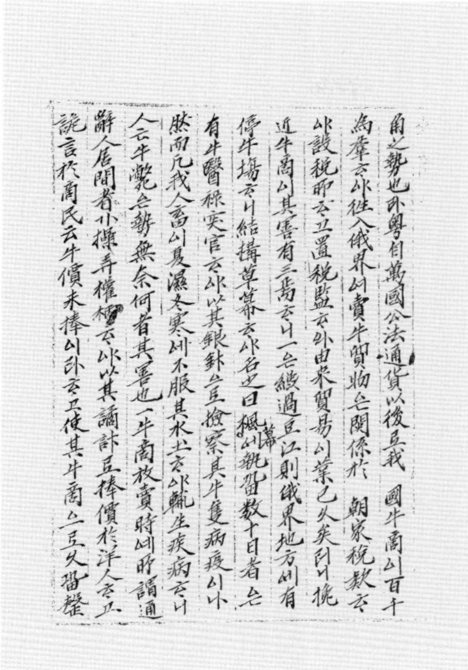
角之勢也라 粤自萬國公法通貨以後로 我 國牛商이 百千
爲群ᄒᆞᆸ고 徃入俄界에 賣牛貿物은 關係於 朝家稅欵ᄒᆞ
ᆸ고 設稅所ᄒᆞ고 置稅監ᄒᆞ외 由來貿易이 業已久矣러니 挽
近牛商이 其害有三焉ᄒᆞ니 一은 纔過豆江則 俄界地方에 有
停牛場ᄒᆞ니 結搆草幕ᄒᆞᆸ고 名之曰 楓幕에 執留數十日者은
有牛醫稱實官ᄒᆞᆸ고 以其銀針로 檢察其牛疫病疫이나
然而凡我人畜이 夏濕冬寒에 不服其水土ᄒᆞᆸ고 輒生疾病ᄒᆞ니
人云牛斃은 勢無奈何者 其害也一 牛商被賣時에 所謂通
辭人居間者 小操弄權柄ᄒᆞᆸ고 以其譎詐로 捧價於洋人ᄒᆞ고
詭言於商民云 牛價未捧이라ᄒᆞ고 使其牛商으로 久留聲[?]

22-②

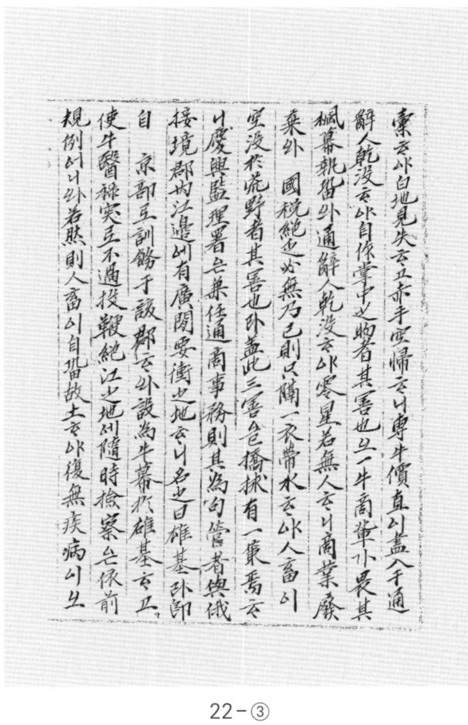
業ᄒᆞᆸ고 白地見失ᄒᆞ고 赤手空歸ᄒᆞ니 專牛價直이 盡入于通
辭人乾沒ᄒᆞᆸ고 自作掌中之物者 其害也二 一牛商輩가 最其
楓幕執留外 通辭人乾沒ᄒᆞᆸ고 零星若無人ᄒᆞ니 商業廢
棄外 國稅絶也 必無乃已則 只隔一衣帶水ᄒᆞᆸ고 人畜이
空沒於荒野者 其害也라 蓋此三害은 矯捄有一策焉ᄒᆞ
니 慶興監理署은 兼任通商事務則 其爲句管者 與俄
接境鄰地 江邊에 有廣闊要衝之地ᄒᆞ니 名之曰 雄基라 卽
自 京部로 訓飭于該鄰ᄒᆞ외 設爲牛幕於雄基ᄒᆞ고
使牛醫稱實로 不過投鞭絶江之地에 隨時檢察은 依前
規例에니와 若然則 人畜이 自留故土ᄒᆞᆸ고 復無疾病이 生

22-③

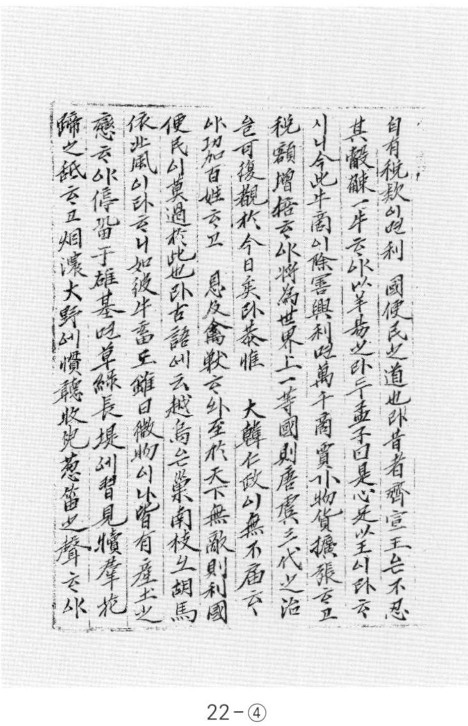
自有稅欵이ᄋᆞᆫ 利 國便民之道也라 昔者齊宣王은 不忍
其觳觫 一牛ᄒᆞᆸ고 以羊易之라 孟子曰 是心足以王이라ᄒᆞ
시니 今此牛商이 除害興利ᄒᆞᆫ 萬千商賈 小物貨擴張ᄒᆞ고
稅額增倍ᄒᆞᆸ고 將爲世界上一等國則 唐虞三代之治
은 可復覩於今日矣라 恭惟 大韓化政이 無不届ᄒᆞ
ᆸ고 功加百姓ᄒᆞ고 恩及禽獸ᄒᆞ외 至於天下無敵則 利國
便民이 莫過於此也라 古語에 云越鳥은 巢南枝오 胡馬
依北風이라ᄒᆞ니 如彼牛畜도 雖曰微物이나 皆有産土之
戀ᄒᆞᆸ고 停留于雄基ᄒᆞᆫ 草綠長堤에 習見犢牽抱
歸之祇ᄒᆞ고 烟濃大野에 慣聽牧兒葱笛之聲ᄒᆞᆸ고

22-④

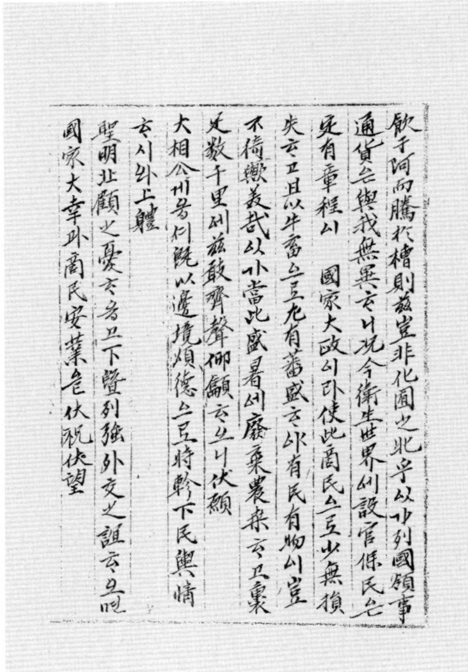

22-⑤

光武七年七月 日
外部大臣 閣下
金聖彦 等
金日玉
張謙弘
鄭汝靜
李南道
俞楢煥

22-⑥

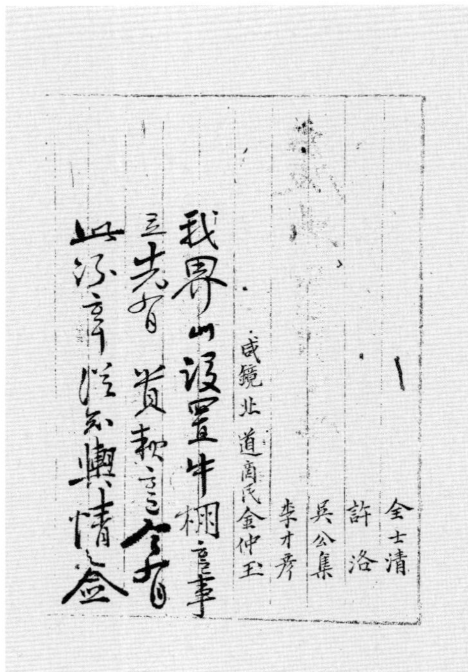

22-⑦

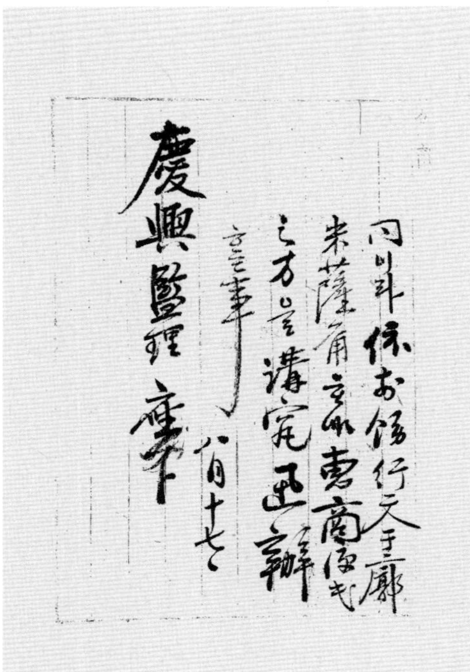

22-⑧

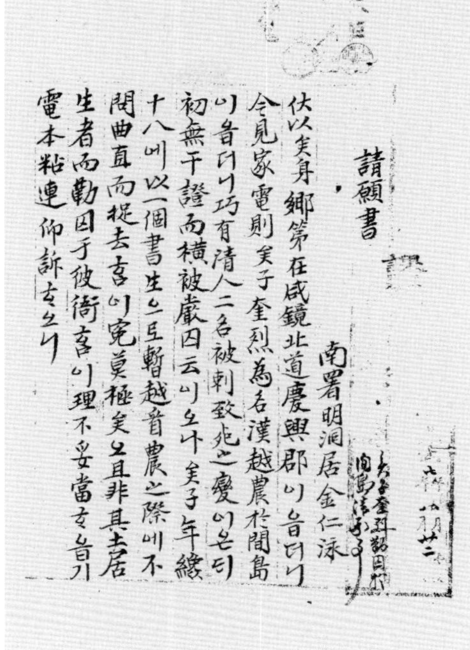
請願書
南署明洞居金仁泳
伏以矣身鄕第在咸鏡北道慶興郡이옵더니
今見家電則矣子奎烈爲名漢越農於間島
이옵더니巧有淸人二名被刺致死之變이온되
初無干證而橫被嚴囚云이오나矣子年纔
十八에以一個書生으로暫越首農之際에不
問曲直而捉去言이寃莫極矣오且非其去居
生者而勸囚于彼衙言이理不妥當ᄒ옵기
電本粘連仰訴ᄒ오니

23-①

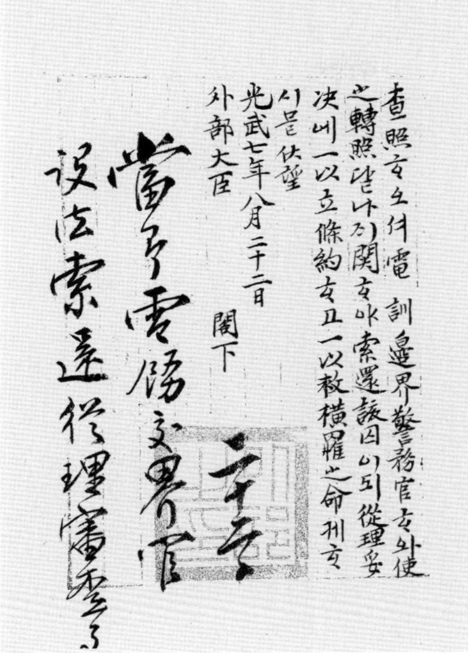
査照ᄒ오件電 訓邊界警務官ᄒ外使
之轉照ᄒ나지閱ᄒ와索還該囚이되從理妥
決에一以立條約ᄒ五一以杖橫罹之命케ᄒ
시믈伏望
光武七年八月二十二日
外部大臣 閣下
當予電飭交界官
設法索還從理審處

23-②

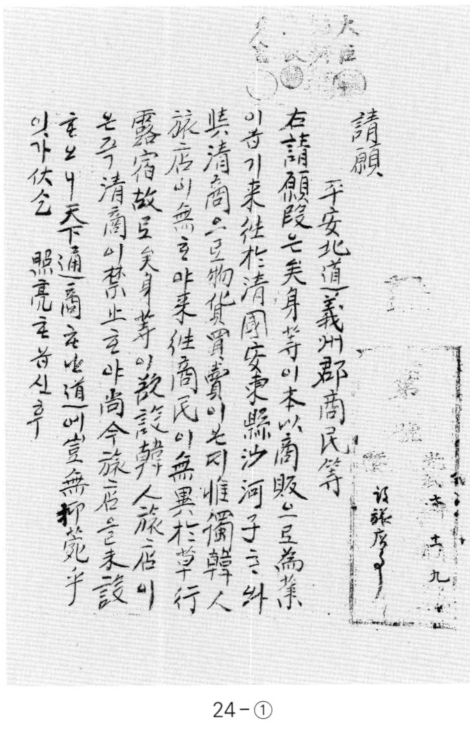
請願
平安北道義州郡商民等
右請願段은矣身等이本以商販으로爲業
이옵기来往於淸國安東縣沙河子ᄒ와
縣淸商으로物貨買賣이온디惟獨韓人
旅店이無ᄒ야来往商民이無異於草行
露宿故로矣身等이欲設韓人旅店이
온즉淸商이禁止ᄒ야尙今旅店은未設
ᄒ오니天下通商ᄒ는道에豈無抑菀乎
이가伏乞 照亮ᄒ옵신후

24-①

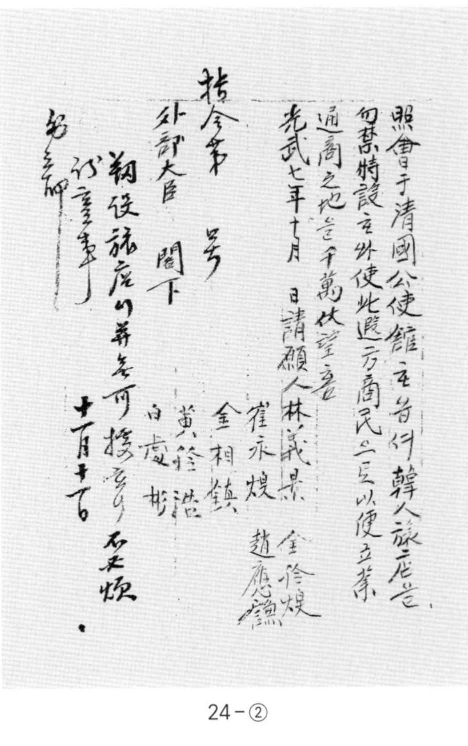
照會于淸國公使館ᄒ와옵신韓人旅店을
勿禁特設ᄒ外使此處商民으로以便立業
通商之地ᄒ옵千萬伏望ᄒ옵
光武七年十月 日請願人林義景
崔永煥
金相鎭
黃聖浩
白慶彬
金洛煥
趙應鎭
指令第 号
外部大臣 閣下
韓設旅店이并無可援ᄒ오니不必煩
呈事
十月十日

24-②

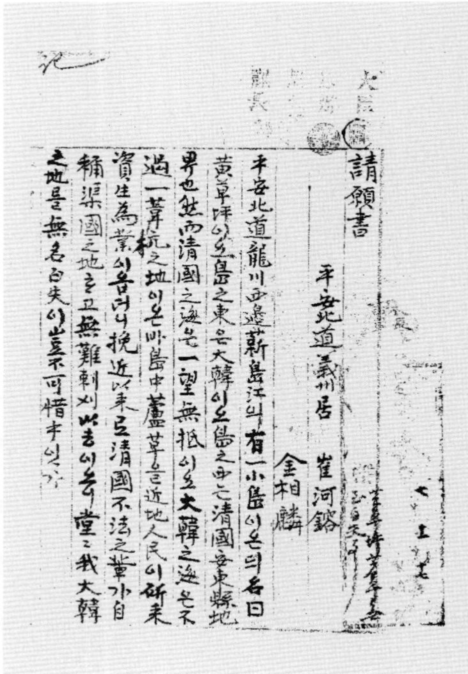

請願書

平安北道義州居 崔河鎔 金相麟

平安北道龍川西邊薪島江의有一小島이온의名曰黃草坪이오島之東은大韓이오島之西는淸國安東縣地界也然而淸國之海은一望無抵이오大韓之海은不過一葦杭之地이온바島中蘆草를近地人民이所未資生爲業이옵더니挽近以來로淸國不法之輩가自稱渠國之地라고無難刺刈바오니堂堂我大韓之地를無名白失이오니不可惜乎잇가

25-①

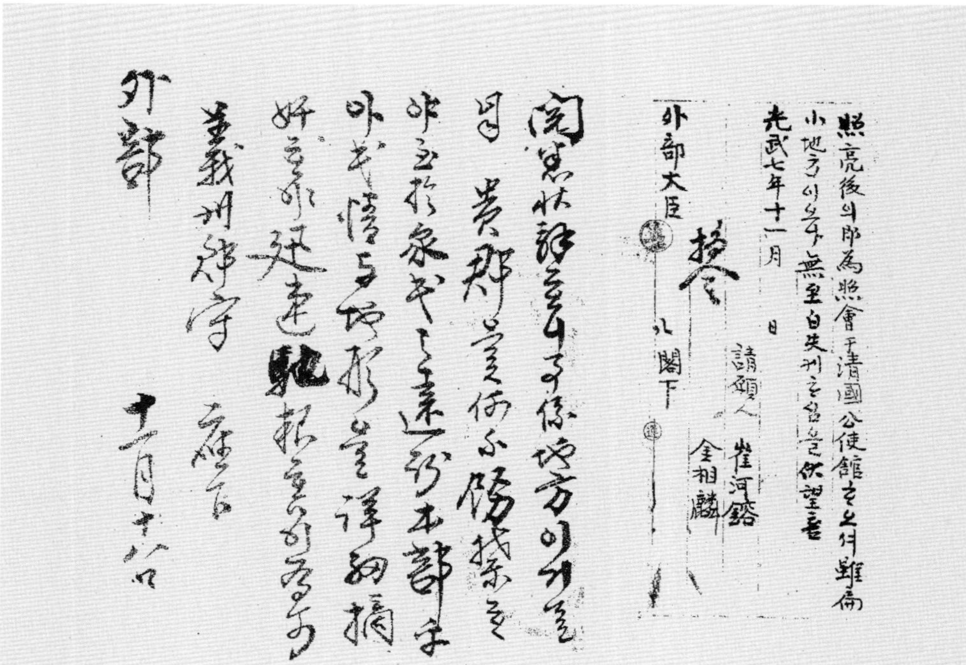

照亮後의卽爲照會于淸國公使館하야雖爲小地라도無至白失케하믈伏望홈

光武七年十一月 日

請願人 崔河鎔 金相麟

外部大臣 閣下

25-②

大臣 協辦 局長 課長

八 二十二 受

請願書

咸鏡北道鍾城居民李戴瀚等 謹再拜仰訴于

外部大臣 閣下

竊伏以邦域之劃定이邊圉之鞏固난政策上第一款大事業也라現今世界列强이莫不以拓疆闢國爲重故로雖尺地寸土라도多費錢款ᄒᆞ며敷植以民ᄒᆞ며守護以兵ᄒᆞ며蚕食而蔽ᄒᆞ며蘇呑而幷者은不能盡摟指而獨我北鍾城之未復者也何哉잇가

大韓之疆域이東南則環海天限也오西北則與淸接界而白頭山分水嶺上勒石爲記曰西爲鴨綠東爲土門者也淸使穆克登

26-①

이會同韓官ᄒᆞ야康熙五十一年壬辰五月十五日所立也오니其土門以南之地을統載于 大韓版圖者也不待强辨而自明矣라豆滿土門之間一幅疆土을別爲閑荒而 韓淸兩國이各立嚴科ᄒᆞ야痛禁越墾者一百有餘年에獨彼淸國이先弭禁法ᄒᆞ야許民墾荒而建官設兵ᄒᆞ야越占全局ᄒᆞ고韓人流寓者을認作己民ᄒᆞ야剝削侵虐이甚於猛獸ᄒᆞ니此所謂客奪主權이오反荷賦稅니라往自數十年來로北邊忠憤義激之人이屢屢鳴訴於

政府ᄒᆞ와自 廟堂으로特派使員ᄒᆞ야勘界査界探界者非止一再而或有見制淸員而未正其區域者ᄒᆞ며或有明辨

26-②

形便而反爲紙上空文者ᄒᆞ니實爲志士之所飮恨長吁矣러니一自管理李範允氏籍民編戶之後로淸員之反對와奸黨之沮戱ㅣ百般幻出ᄒᆞ야或行間於俄官而陰圖謀害焉ᄒᆞ며或誣訴於淸使而照責召還焉ᄒᆞ니此等讒訴と無他ㅣ라期於復疆之事務와濟民之方略을歸之虛解ᄒᆞ야永爲淸弁啖嘗之一利竇也오淸使照牒中에亦即派員勘界後再議陸章이라ᄒᆞ니雖似萬幸이나是亦辭中有許오니不可確信其言이라彼之用意必不在韓而當爲淸矣라多率淸兵而來威脅迫ᄒᆞ야以塞後日勘界之責而已矣리니疆理復不復이在此一擧이오미可以將詐就詐之時也라自

26-③

政府로派送勘界之任은不可使尋常庸官이오習於古事ᄒᆞ며能識時務ᄒᆞ고知己知彼而善御衆然後에야可以任此事오니前鍾城鎭衛隊叅領金元桂氏은즉屢年鎭邊之功과護民之澤이隆洽ᄒᆞ와北門鎖鑰이라稱頌ᄒᆞ고東土干城으로倚望ᄒᆞ야兵民이久思不忘ᄒᆞ나옵고淸人도素識其名이오니勘界使로特派ᄒᆞ시면國家에幸甚이오邊務에幸甚이온가ᄒᆞ오니

照亮ᄒᆞ신後勿以芻蕘之說로抛棄ᄒᆞ시고庶或採納之地을千萬伏望ᄒᆞ압

26-④

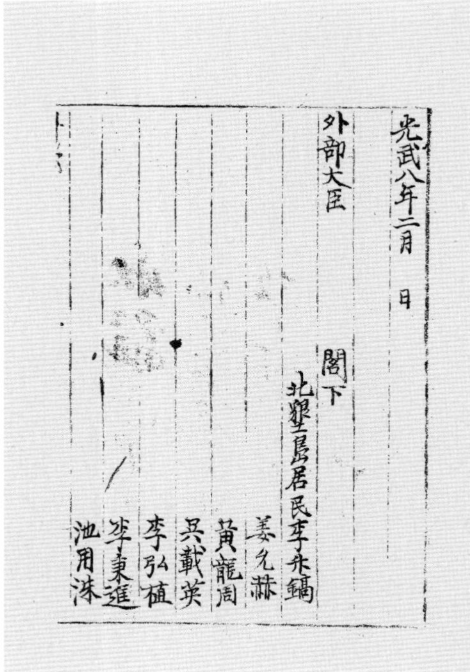

26-⑤

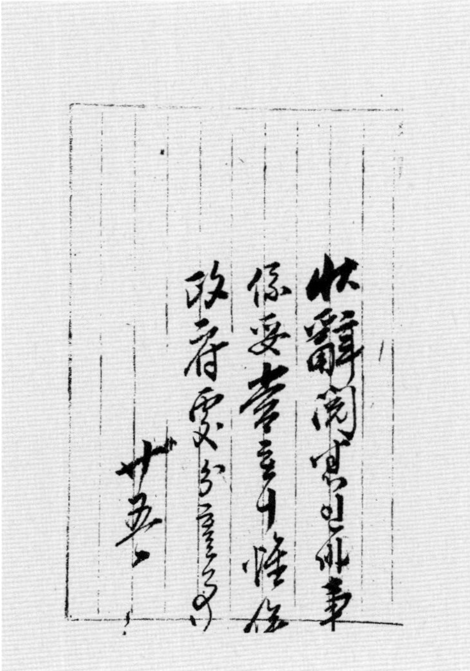

26-⑥

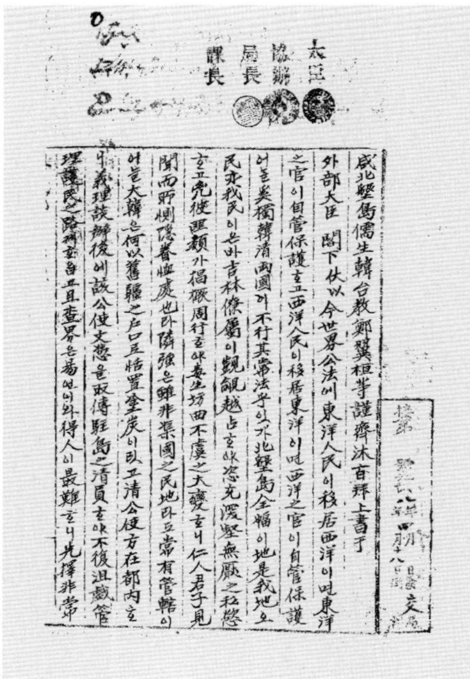

27-①

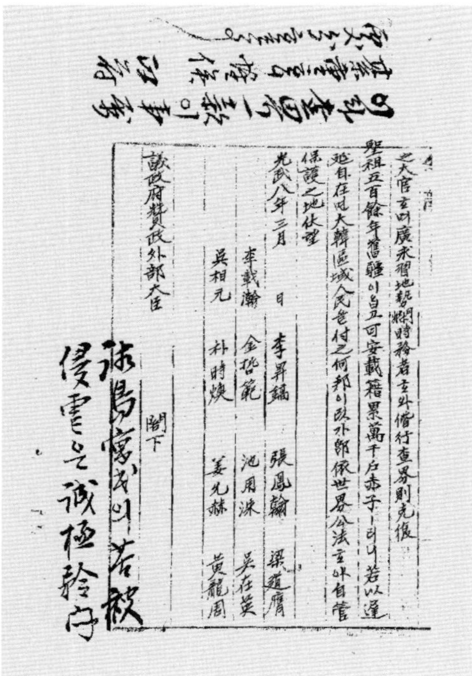

27-②

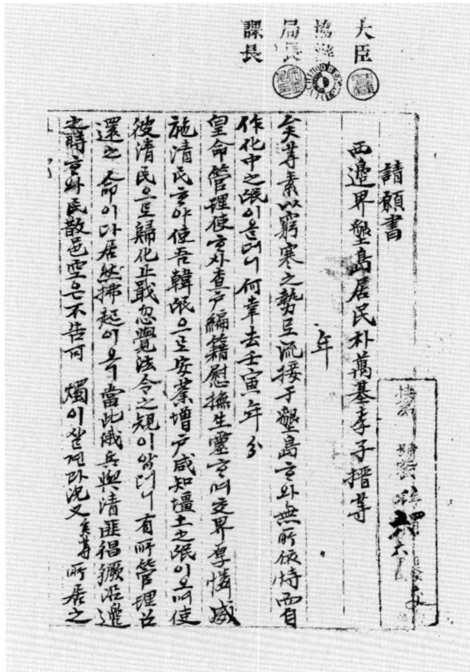

請願書

西邊界墾島居民朴萬基李子揖等

年

矣等素以窮寒之勢로流接于墾島ᄒᆞ와無所依恃而自作化中之氓이온ᄃᆡ 何幸去壬寅年分皇命管理使ᄒᆞ사查戶編籍慰撫生靈ᄒᆞ며交界享憐威施淸民ᄒᆞ야使吾韓氓으로安業增戶咸知疆土之氓이오며使彼淸民으로歸化正戰忽覺法令之規이압더니 有所管理臣還之命이卞居然拂起이온ᄃᆡ當此俄兵與淸匪猖獗沿邊之時ᄒᆞ야民散邑空은不吉何 獨이ᄋᆞᆸ지마況又矣等所居之

28-①

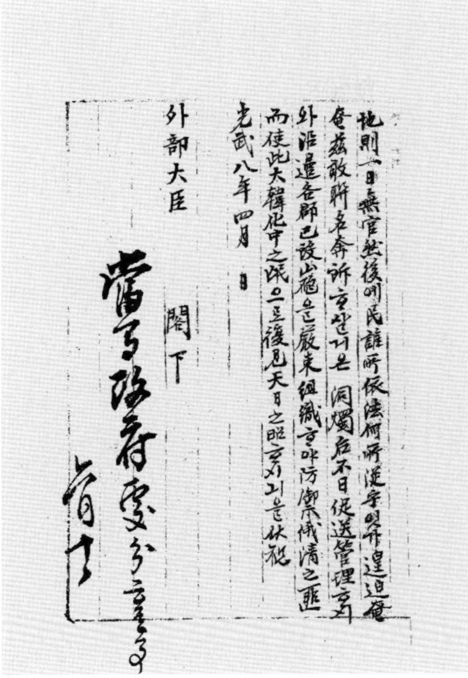

地則一日無官然後에民誰所依法何所從乎이까 遑迫危急玆敢聯名奔訴ᄒᆞ오니 洞燭后不日促送管理ᄒᆞ시고外沿邊各郡已設砲隊嚴束組織ᄒᆞ야防禦俄淸之匪而使此大韓化中之氓으로復見天日之照ᄒᆞ시기를伏祝

光武八年四月 日

外部大臣 閣下

28-②

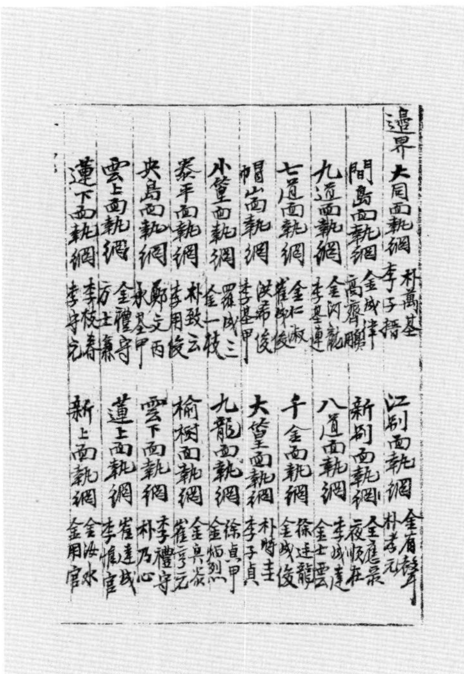

邊界

大周面執綱 朴萬基 李子揖
間島面執綱 金成律 高齊鵬
九道面執綱 金河龍 李基連
七道面執綱 金仁淑 崔鳴俊
帽山面執綱 洪希俊 李基甲
小營面執綱 羅成三 金一枝
泰平面執綱 朴致云 李用俊
央島面執綱 鄭文丙 秋基甲
雲上面執綱 金禮守 方士秉
蓮下面執綱 李枝春 李守元
江別面執綱 金有聲 朴孝元
新別面執綱 金廷泉 夜順在
八道面執綱 李成達 金士雲
千金面執綱 徐廷龍 金成俊
大營面執綱 朴時圭 李子貞
九龍面執綱 徐貞甲 金炳烈
楡樹面執綱 金良浩 崔亨元
雲下面執綱 李禮守 朴乃心
蓮上面執綱 崔達成 李惟宦
新上面執綱 金海水 金用宦

28-③

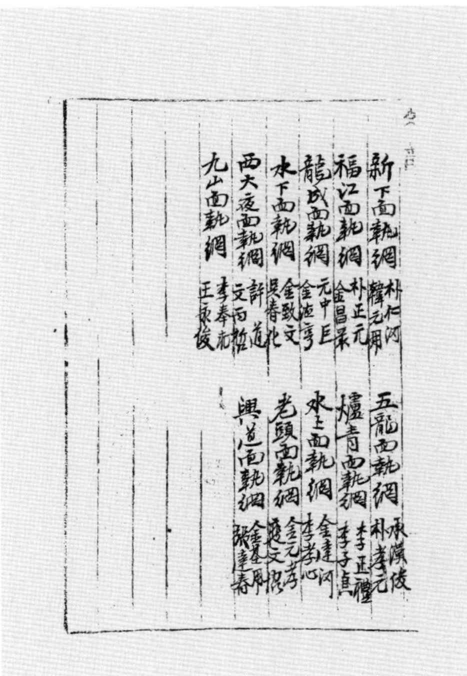

新下面執綱 朴仁河 韓元用
福江面執綱 朴正元 金昌泉
龍城面執綱 元中臣 金流亨
水下面執綱 金致文 吳春化
西大夜面執綱 許道 文丙哲
九山面執綱 李奉祚 王永俊
五龍面執綱 承漢俊 朴孝元
爐青面執綱 李正禮 李子貞
水上面執綱 金達河 李孝心
老頭面執綱 金元英 趙文根
興道面執綱 金基用 張章春

28-④

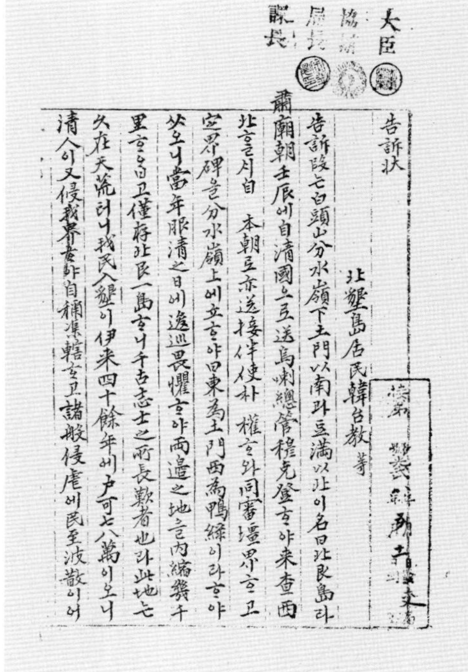
大臣 協辦 局長 課長

告訴狀

北墾島居民韓台教等

告訴段은白頭山分水嶺下土門以南과豆滿以北이名曰北墾島라
肅廟朝壬辰에自淸國으로送烏喇總管穆克登ᄒᆞ야來查西
北ᄒᆞᆯ시自　本朝로亦送接伴使朴　權ᄒᆞ와同審疆界ᄒᆞ고
定界碑를分水嶺上에立ᄒᆞ야曰東爲土門西爲鴨綠이라ᄒᆞ야
ᄊᆞ오니當年服淸之日에邊巡畏懼ᄒᆞ야兩邊之地를內縮幾千
里ᄒᆞ옵고僅存北墾一島ᄒᆞ니千古志士之所長歎者也라此地는
久在天荒ᄒᆞ더니我民入墾이伊來四十餘年에戶可七八萬이오니
淸人이又侵我界ᄒᆞ야自稱准轄ᄒᆞ고諸般侵虐에民至波散이어

29-①

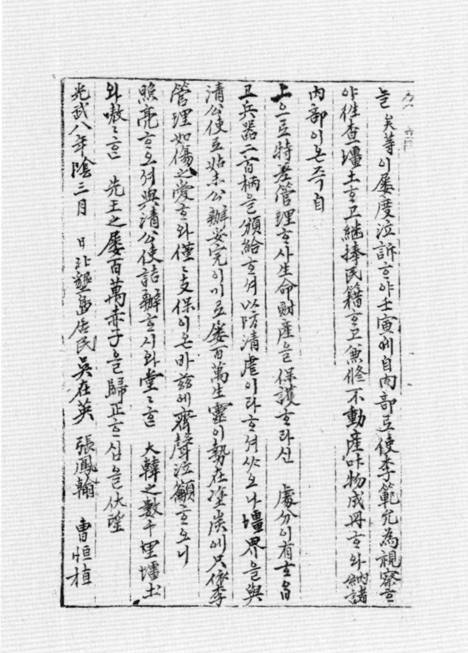
늘 矣等이屢度泣訴ᄒᆞ야壬寅에自內部로使李範允爲視察ᄒᆞ
야往查疆土ᄒᆞ고繼捧民籍ᄒᆞ고兼修不動產什物成冊ᄒᆞ와納諸
內部이온즉自
上으로特差管理ᄒᆞ사生命財產을保護ᄒᆞ라신 處分이有ᄒᆞ옵
고兵器二百柄을頒給ᄒᆞ셔以防淸虐이라ᄒᆞ셔ᄊᆞ오나疆界를與
淸公使로姑未公辦妥完이미로屢百萬生靈이勢在塗炭에只俟李
管理如傷之愛ᄒᆞ와僅僅支保이온바玆에齊聲泣籲ᄒᆞ오니
照亮ᄒᆞ오셔與淸公使詰辦ᄒᆞ시와堂堂ᄒᆞᆫ 大韓之數千里疆土
와嗷嗷ᄒᆞᆫ 先王之屢百萬赤子를歸正ᄒᆞ시믈伏望
光武八年陰三月　日北墾島居民吳在英　張鳳翰　曺恒植

29-②

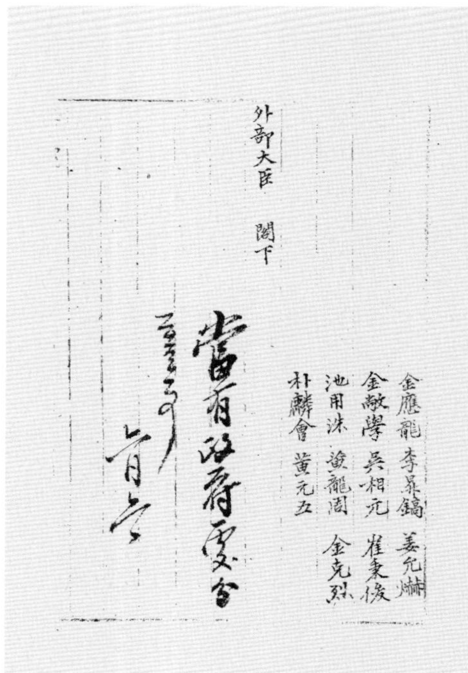
金應龍　李昇鎬　姜允𤁠
金敎學　吳相允　崔秉俊
池用洙　崔龍岡　金克烈
朴麟會　董元五

外部大臣　閣下

當有政府處分

29-③

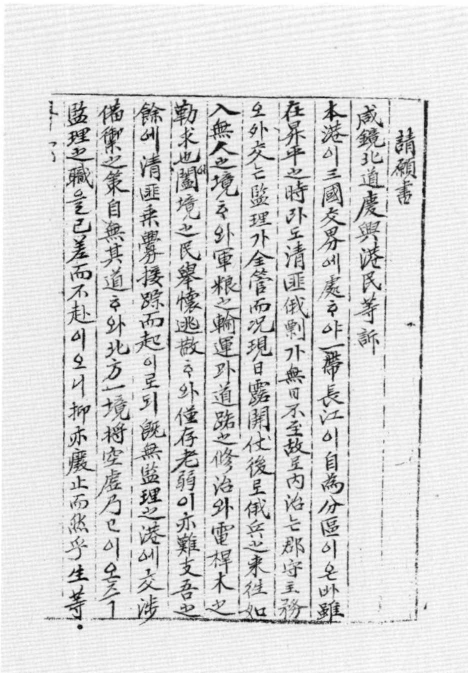
請願書

咸鏡北道慶興港民等訴

本港이三國交界에處ᄒᆞ야一帶長江이自爲分區이온바雖
在昇平之時라도淸匪俄剽가無日不至故로內治는郡守主務
오外交는監理가全管而況現日露開仗後로俄兵之來往如
入無人之境ᄒᆞ와軍粮之輸運과道路之修治와電桿木之
勒求也에闔境之民이擧懷逃散ᄒᆞ와僅存老弱이亦難支吾也
餘에淸匪乘釁搔蹤而起이로되旣無監理之港에交涉
備禦之策自無其道ᄒᆞ와北方一境將空虛乃已이온즉
監理之職을已差而不赴이오니抑亦廢止而然乎生等

30-①

亦化育中民也當此邊擾日層拯捄之策頓無良策이오
기玆齊聲仰籲ᄒᆞ오니 洞燭ᄒᆞ오셔 本港監理를
即爲催促下送ᄒᆞ外備邊濟民以杜生梗之廉千萬
伏祝之至

甲辰六月 日

高天若
黃天一
金仁濟
鄭翼柱 等

外部 大臣 閣下

30-②

外部訓令附報告

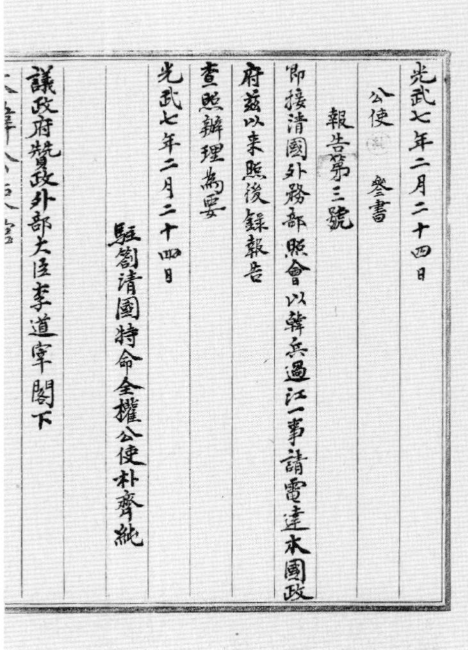
光武七年二月二十四日
公使 參書
報告第三號
即接清國外務部照會以韓兵過江一事請電達本國政
府玆以來照後錄報告
查照辦理爲要
光武七年二月二十四日
駐劄清國特命全權公使朴齊純
議政府贊政外部大臣李道宰 閣下

1-①

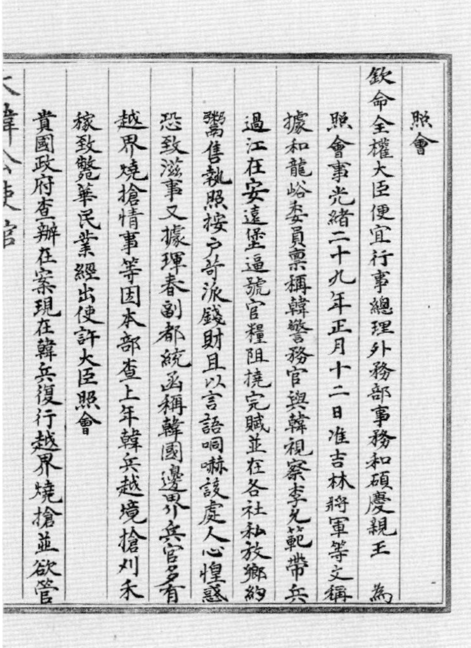
照會
欽命全權大臣便宜行事總理外務部事務和碩慶親王 爲
照會事光緒二十九年正月十二日准吉林將軍等文稱
據和龍峪委員稟稱韓警務官與韓視察李允範帶兵
過江在安遠堡通號官糧阻撓完賦並在各社私放鄕約
鬻售執照按戶苛派錢財且以言語恫嚇該處人心惶惑
恐致滋事又據琿春副都統函稱韓國邊界兵官多有
越界燒搶情事等因本部查上年韓兵越境搶刈禾
稼致釁華民業經出使許大臣照會
貴國政府查辦在案現在韓兵復行越界燒搶並欲管

1-②

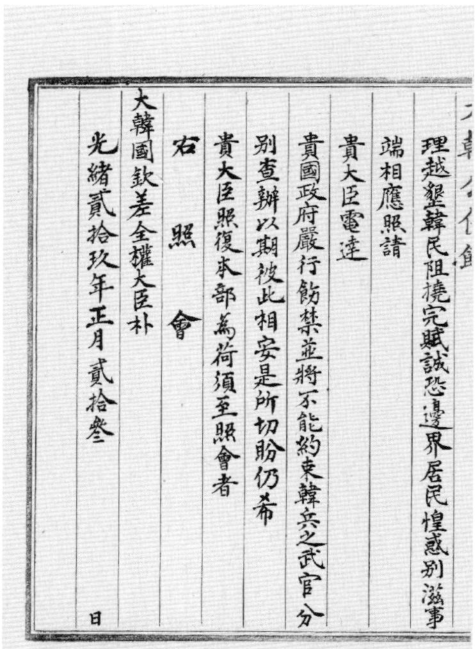
理越墾韓民阻撓完賦誠恐邊界居民惶惑別滋事
端相應照請
貴大臣電達
貴國政府嚴行飭禁並將不能約束韓兵之武官分
別查辦以期彼此相安是所切盼仍希
貴大臣照復本部爲荷須至照會者
右 照 會
大韓國欽差全權大臣朴
光緒貳拾玖年正月貳拾叁 日

1-③

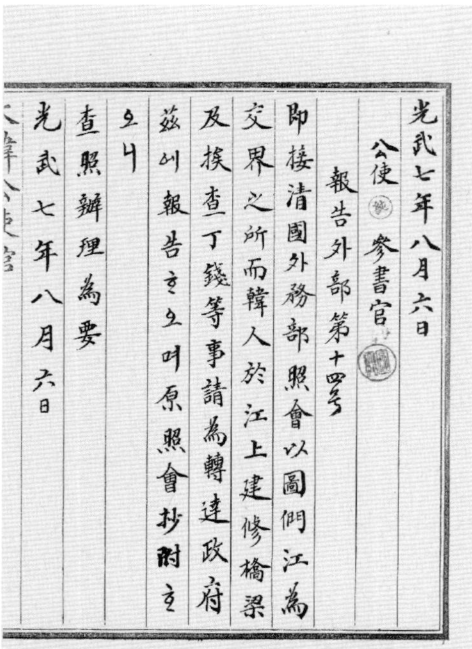
光武七年八月六日
公使 參書官
報告外部第十四号
即接清國外務部照會以圖們江爲
交界之所而韓人於江上建修橋梁
及挨查丁錢等事請爲轉達政府
玆에報告ᄒᆞ오며原照會抄附ᄒᆞ
오니
查照辦理爲要
光武七年八月六日

2-①

大韓公使館

駐紮清國特命全權公使朴齊純

議政府贊政外部大臣李道宰 閣下

2-②

外務部來照

為照會事光緒二十九年六月初六日准吉林將
軍等文稱據延吉廳同知稟報和龍峪分防
地面與韓接壤入春以來安遠綏遠寧遠各
堡被韓國兵巡任意將墾民荼毒至有生化
甫李玉廷等被拿被殺之案三月以後各屯
墾民被其捉獲破家者又三四起照會韓官
悉置不理開江後循舊擺設渡船尚未開行
韓民以謂被我稽查往來不便運建橋梁三
座復經照會韓官請飭將橋梁拆毀韓官

大韓公使館

2-③

大韓公使館

仍藉詞推宕四月初五日據墾民嚴公七喊報
有韓人六人越界在三灘渡口將中國渡夫尹
旬若韓介等拿去另有二人在家滋鬧派差
往查屬實十三日又將嚴公七越拿十八日
據總鄉約聲稱警務官現派人來三十
九社查考人丁每丁收韓錢一吊六百二十
文作為江南兵餉丁已按查錢尚未付等
情查中韓條約第十二款載以後如有潛
越邊界彼此均應禁止以免滋生事端等
語圖們江係中韓交界之所該處設船擺

2-④

渡稽查往來行人歷有年所現在韓人於
江上建修橋梁拘拿渡夫請轉商
駐京韓國大臣設法禁阻等因相應照
請
貴大臣轉達
貴國政府將以上各節嚴行飭禁並飭邊
界各官約束從人務令恪守邊界勿再侵
越滋擾以期彼此相安是所切盼仍希
貴大臣照復本部為荷須至照會者
光緒貳拾玖年陸月 拾貳 日

大韓公使館

2-⑤

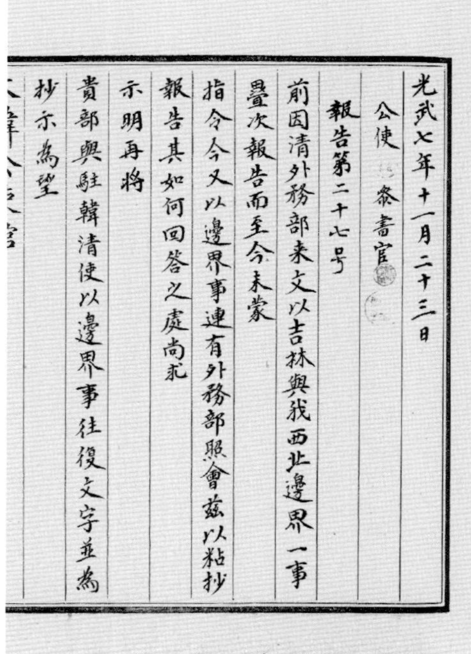
光武七年十一月二十三日
公使 參書官
報告第二十七号
前因清外務部來文以吉林與我西北邊界一事
疊次報告而至今未蒙
指令今又以邊界事連有外務部照會茲以粘抄
報告其如何回答之處尚祈
示明再將
貴部與駐韓清使以邊界事往復文字並為
抄示為望

3-①

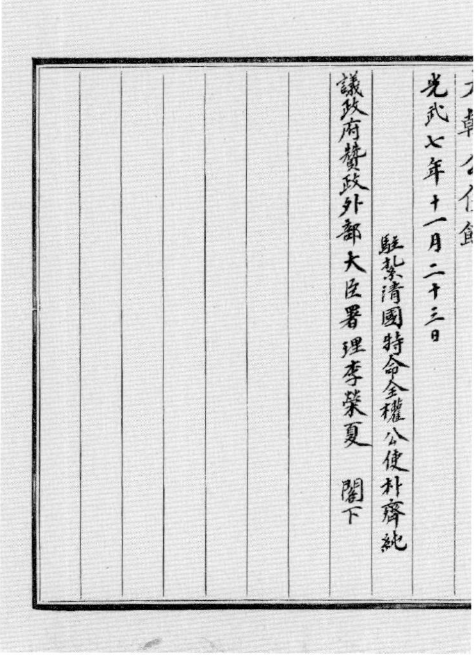
光武七年十一月二十三日
駐紮清國特命全權公使朴齊純
議政府贊政外部大臣署理李榮夏 閣下

3-②

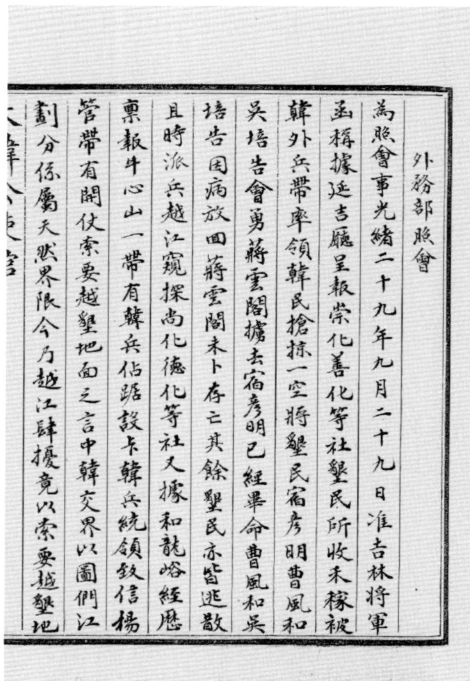
外務部照會
為照會事光緒二十九年九月二十九日准吉林將軍
函稱據延吉廳呈報崇化善化等社墾民所收禾稼被
韓外兵帶率領韓民搶掠一空將墾民宿彥明曹鳳和
吳培告會勇將雲閣擄去宿彥明已經畢命曹鳳和吳
培告因病放回蔣雲閣未卜存亡其餘墾民亦皆逃散
且時派兵越江窺探尚化德化等社又據和龍峪經歷
稟報牛心山一帶有韓兵佔踞設卡韓兵統領致信楊
管帶有開仗索要越墾地面之言中韓交界以圖們江
劃分係屬天然界限今乃越江肆擾竟以索要越墾地

3-③

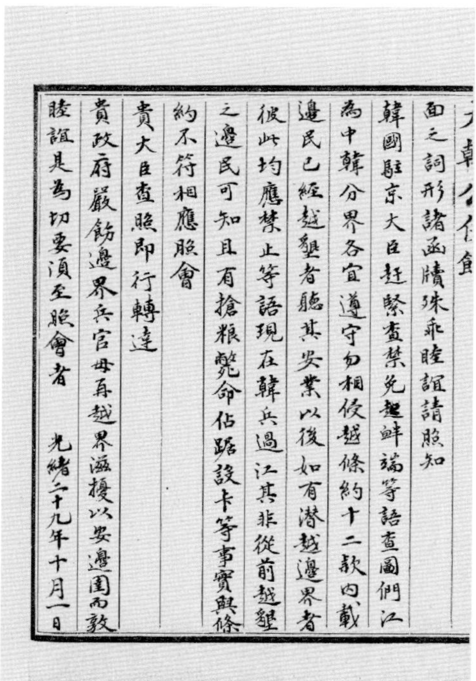
面之詞形諸函牘殊乖睦誼請照知
韓國駐京大臣趕緊查禁免起衅端等語查圖們江
為中韓分界各宜遵守勿相侵越條約十二款內載
邊民已經越墾者聽其安業以後如有潛越邊界者
彼此均應禁止等語現在韓兵過江其非從前越墾
之邊民可知且有搶粮斃命佔踞設卡等事實與條
約不符相應照會
貴大臣查照即行轉達
貴政府嚴飭邊界兵官毋再越界滋擾以安邊圍而敦
睦誼是為切要須至照會者
光緒二十九年十月一日

3-④

外務部照會

為照會事昨准吉林將軍函稱韓兵越界搶掠並在牛心山一帶佔踞設卡等因業經照會　貴大臣轉達　貴國政府嚴飭禁阻在案頃又准吉林將軍文稱據統領凌維琪報稱九月十一日辰刻派什勇五名往南屯查道突有韓外兵帶四十餘名開槍攻打又將什勇胡景清正勇嚴振山槍傷十五日辰刻有韓兵過江與越墾韓民夥攻我營天晚始息韓民遂將南村一帶華民房屋盡行焚燬其餘尚化尚德等社亦均吃緊越墾韓民老幼

大韓公使館

3-⑤

大韓公使館

婦女盡行逃回本國所遺丁壯每名發快槍一桿調入該隊勒令幫攻我軍違則焚殺並於沿江挖築戰濠遇有我兵往來即行開槍攻擊等語查中韓交界一江相隔韓民越墾多年中國聽其安業可謂情義兼盡乃邊界兵官不體兩國睦誼迭次過江攻打什勇並與越墾韓民夥攻防營焚燬華民房屋似此種種滋擾實非唇齒相依之義相應照會　貴大臣查照即行電達　貴國政府迅速嚴飭兵官勿令韓兵越界並將墾民之滋事者照約禁止為要即希　見復可也須至照會者　光緒二十九年十月三

3-⑥

光武七年十一月二十九日

公使㊞　參書官㊞

報告第二十八號

清外務部來文據以吉林與我西北邊界一事已為報告而茲又接外務部來文請為電報又面促發電而電文簡略無以詳細茲抄原文報告其如何答復之處尚乞

指示為望

光武七年十一月二十九日

駐紮清國特命全權公使朴齊純

大韓公使館

4-①

大韓公使館

議政府贊政外部大臣臨時署理李夏榮　閣下

4-②

외무부조회

為照會事光緒二十九年十月初八日准 盛京將軍等電
稱據臨江縣禀八月間該縣長生保地方有韓人圍攻會房
九月初四韓兵弁帶千餘人過江攻打長生保會房上江一
帶燒房掠物並搶婦多名老幼被殺現難查數又慶生保
千溝子上崴子亦被韓三水城兵燒燬三家已照會韓厚
昌郡守查究請照會韓國駐京大臣撤兵究辦勿啓衅端
等因查韓兵糾合懇民屢在吉林邊界滋擾業經照會
貴大臣轉行查禁茲復准 盛京將軍電稱前因中韓層疊
之邦誼同休戚邊界兵官何得有意尋衅擾害邊民倘激成
大韓公使館

4-③

大韓公使館
事端實於兩國均有妨礙此中利害不可不思相應再行照
會 貴大臣查照迅即電達 貴國政府立將韓兵撤回勿
再越界並將滋事之人查明究辦仍望
見復為盼須至照會者
光緒二十九年十月初九日

4-④

光武七年十二月五日
公使 參書官
報告第三十號
清國外務部照會據以吉林奉天等地我兵過江一
事已為迭次報告而本月三號又接外務部照會內開
准吉林將軍文稱韓兵七八百名攻破新設臨江縣
請為電達撤兵等因茲以粘抄原照報告其如何作
復之處仰為
訓示為望
光武七年十二月五日
大韓公使館

5-①

大韓公使館
駐紮清國特命全權公使朴齊純
議政府贊政外部大臣臨時署理李夏榮 閣下

5-②

照會

欽命全權大臣便宜行事軍機大臣總理外務部事務和碩慶親王 爲
照會事光緒二十九年十月十二日准吉林將軍
文稱聞韓國来兵七八百名將奉天新設臨江縣
攻破殺人甚多請照知
韓國駐京大臣速爲嚴禁等語查韓兵越界
滋擾本部已迭次照會
貴大臣轉達在案茲准該將軍報稱前因如果
確實必至激成邊釁於東亞大局所關實鉅
相應再行照會

5-③

貴大臣務即電達
貴國政府立即查明將邊界兵隊迅速撤回
勿再任令生事致碍邦交是爲至要並速
見復爲荷須至照會者
右 照 會
大韓國欽差全權大臣朴
光緒二十九年十月 十五 日

5-④

訓令第十一號

韓清邊界에我兵民이犯越滋擾一事로
貴報告書第二十八號와電報兩度를鱗次
接閱인바准此ᄒᆞ야 元帥府와政府와內部에
知照ᄒᆞ얏더니政府內部ᄂᆞᆫ姑無答照이고現接
元帥府軍務局摠長沈相薰覆槩에連加操
飭ᄒᆞ야以圖善後라ᄒᆞ고繼接咸鏡北道觀察使
李允在電報ᄒᆞᆫ즉參領交界官及清官이會同
和平이라ᄒᆞ고又接咸鏡北道交界官崔南隆金
炳若報告ᄒᆞᆫ즉本官等이與鎮隊參領茂山鍾

6-①

城西郡守로會同統領凌維琪延吉廳理事陳作
彦等ᄒᆞ야談辦平和라ᄒᆞᆫ지라參互諸案ᄒᆞ면該
地의作鬧旋靜을可以料知ᄒᆞ니爲國交萬幸
이기業將梗槩ᄒᆞ야電覆ᄒᆞ얏거니와此次兩界兵
民의滋擾가萬萬驚駭ᄒᆞ니各該所關衙門에
行文ᄒᆞ야另加核辦ᄒᆞ려니와苟究源委ᄒᆞ면清
界往來之匪類侵略我邊民이近年尤甚ᄒᆞ야我
國兵民이積憤含怒가匪今斯今타가積憾斗
起ᄒᆞ야乃於防匪之際에轉致激變之境ᄒᆞᆫ지라
嗣後各守邊界ᄒᆞᆯ方針은各飭兵民ᄒᆞ야另加懲毖

6-②

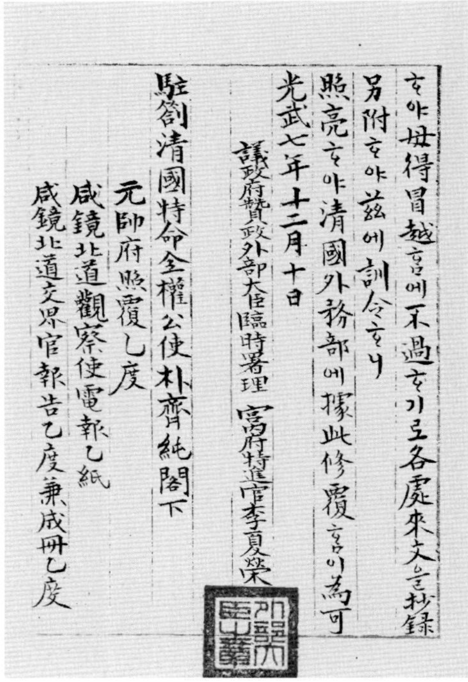

ᄒᆞ야毋得冒越ᄒᆞᆷ에不過ᄒᆞ기로各處來文을抄錄
另附ᄒᆞ야玆에訓令ᄒᆞ니
照亮ᄒᆞ야清國外務部에據此修覆ᄒᆞᆷ이爲可
光武七年十二月十日
議政府贊政外部大臣臨時署理 宮內府特進官李夏榮
駐劄清國特命全權公使朴齊純閣下
元帥府照覆乙度
咸鏡北道觀察使電報乙紙
咸鏡北道交界官報告乙度兼成冊乙度

6-③

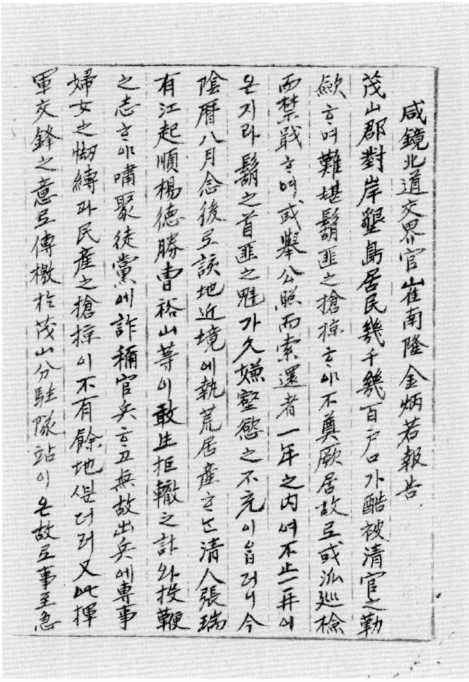

咸鏡北道交界官崔南隆金炳若報告
茂山郡對岸墾島居民幾千幾百戶口가酷被清官之勒
斂ᄒᆞ며難堪鬍匪之搶掠ᄒᆞ야不奠厥居故로或派巡檢
而禁戢ᄒᆞ며或擧公照而索還者一年之內에不止一再이
온지라鬍匪之首匪之魁가久嬈壑慾之不充이옵더니今
陰曆八月念後로該地近境에執荒居產ᄒᆞᄂᆞᆫ清人張瑞
有江起順楊德勝曺裕山等이敢生拒轍之計와投鞭
之志ᄒᆞ야嘯聚徒黨에詐稱官兵ᄒᆞ고無故出兵에專事
婦女之劫縛과民産之搶掠이不有餘地뿐더러又此揮
軍交鋒之意로傳檄於茂山分駐隊站이온故로事至急

6-④

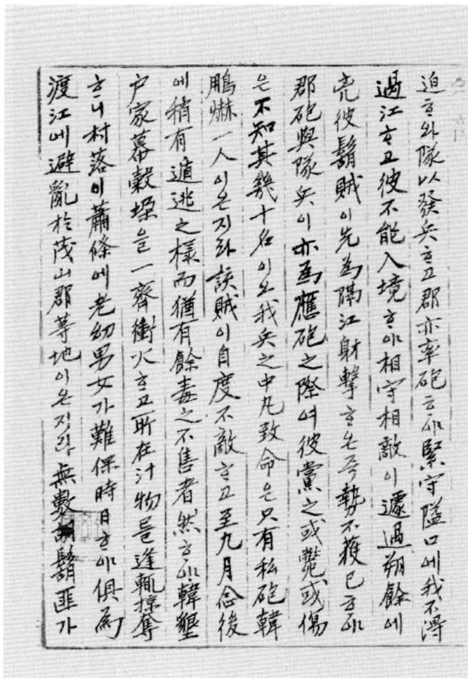

迫ᄒᆞ와隊以發兵ᄒᆞ고郡亦率砲ᄒᆞ야緊守隘口에我不渡
過江ᄒᆞ고彼不能入境ᄒᆞ야相守相敵이遽過朔餘에
竟彼鬍賊이先爲隔江射擊ᄒᆞ온즉勢不獲已ᄒᆞ야
郡砲與隊兵이亦爲應砲之際에彼黨之或斃或傷
은不知其幾十名이오我兵之中丸致命은只有私砲韓
鵬爀一人이온지라該賊이自度不敵ᄒᆞ고至九月念後
에稍有遁逃之樣而猶有餘毒之不售者然ᄒᆞ야韓墾
戶家幕數塲을一齊衝火ᄒᆞ고所在什物을逢輒掠奪
ᄒᆞ니村落이蕭條에老幼男女가難保時日ᄒᆞ야俱爲
渡江에避亂於茂山郡等地이온지라無數鬍匪가

6-⑤

乘其民家之俱空ᄒᆞ야着作窩窟ᄒᆞ고復爲來住近處
沿岸ᄒᆞ야聲言暮夜深更에當爲勦滅郡隊라ᄒᆞ오
니防禦之策이惟在破窟이옵기郡守與隊官이互相
爛議ᄒᆞ고招致避禍之墾民ᄒᆞ야各使家主로燒燼幾坐
家屋ᄒᆞ야使此清匪로一無住處케ᄒᆞ오니彼知無奈ᄒᆞ고
各散各歸ᄒᆞ온지라上江分署總巡安壽益이連報告悶
ᄒᆞ옵ᄂᆞᆫ바本署之於該對岸地隔數百里之遠ᄒᆞ고手無
可用之械ᄒᆞ야未遑一臂之助ᄒᆞ고空費一段之神而竊伏
念本官이職忝邊民保護之責ᄒᆞ야徒聽邊民潰散
之報ᄒᆞᆸ고遙想景狀ᄒᆞ오면悶切惘已之歎이온즉兵之

6-⑥

勝敗도猶未預料이온데民之魚肉이實涉憂懼ᄒᆞ와爲
要和解ᄒᆞ와屢繼細作ᄒᆞ고或擧公照ᄒᆞ와備盡大勢이
온즉彼員이亦須請和約期會晤收兵之意로私書公
照가不啻一再故로陰九月二十六日에本官等이與鎭隊叅
領徐廷珪率各隊尉官偕茂山郡守池昌翰鍾城郡守
朱哲濬會往鍾城對岸江邊則清國銅佛寺來駐統領
凌維琪延吉廳理事陳作彦該分防張兆麟一齊出
來ᄒᆞ와會同談辦ᄒᆞ옵ᄂᆞᆫ듸清員曰現在茂山對岸交仗
一案은竊想以兵對兵而相殺傷彼此一般均屬休棄重
修敦誼云이옵기本官等與諸隊官이亦爲和好益敦

6-⑦

隣交之意로言罷撤敵ᄒᆞ오나爲民萬幸이오며上江分署
가適在該郡江邊梁永舊基而猝當此變에彼之亂丸
이飛如雨下ᄒᆞ와穿破門壁이오되赤手尺刀로莫敢生
意於出身抵敵ᄒᆞ고只自掩面避丸ᄒᆞ와入畓諸檢이僅
免傷命이오나迨此時也에我持銃械오면自有衛護之
方ᄒᆞ와必無急難之境이옵지라苟論今番交仗情形
ᄒᆞ오면彼之兵出無名에事故不成ᄒᆞ와量勢而走ᄒᆞ고
聽和而撤ᄒᆞ나雖是一時之幸이오나彼不可測者ᄂᆞᆫ
犬羊之性也라今雖姑退나若當更犯之日에一戰而
破隊兵ᄒᆞ고再戰而殺郡砲ᄒᆞ면次者ᄂᆞᆫ誰也오甚寒

6-⑧

之患이迫在朝夕에雖義氣忠膽이라도奈赤手에何哉
잇고欽滕受困ᄂᆞᆫ必至之勢也라的當此時ᄒᆞ면悔難所及
이오며若使巡檢二百名으로各持利械ᄒᆞ와以備不虞
이오면賊自膽落ᄒᆞ고民安耕鑿ᄒᆞ와邊境이晏然ᄒᆞ
올지니事勢如此에巡檢荷銃이雖無確例오나陷地
邑境에不可無臨時制宜이옵기已所屢報請求가良
有以也이오며各處邊民之經惻棲屑이聞甚矜憐ᄒᆞ
와本官이於本月十七日躬往該地여巡察坊曲ᄒᆞ와使
之撫諭이오나居無其屋ᄒᆞ고食無其穀ᄒᆞ와歸哭寒天
에鎭安이沒策이라活我之聲이徒傷天良ᄒᆞ와哽塞

6-⑨

難言이온바各洞民婦女見奪과汁物被掠家舍毀壞
被燒幾許을一一區別清單ᄒᆞ와照會于清官ᄒᆞ읍
고亦修成冊上送ᄒᆞ옵기茲에報告ᄒᆞ오니査照ᄒᆞ오
신特爲轉照于清公使ᄒᆞ시와飭使對岸清弁으로
更無揮兵行悖而墾民見失物種을一一還推케ᄒᆞ
오며移照于 元帥府ᄒᆞ옵셔銃械二百柄을從速
下送ᄒᆞ시와以備意外之患을爲望

光武七年十一月二十三日

6-⑩

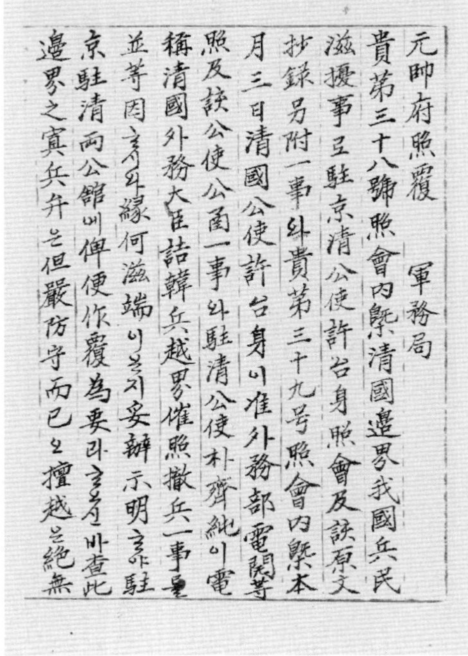

元帥府照覆　軍務局

貴第三十八號照會內槩淸國邊界我國兵民滋擾事로駐京淸公使許台身照會及該原文抄錄另附一事와貴第三十九號照會內槩本月三日淸國公使許台身이准外務部電閱等照及該公使公函一事와駐淸公使朴齊純이電稱淸國外務大臣詰韓兵越界催照撤兵一事로並等因이온바緣何滋端이온지妥辦示明하야駐京駐淸兩公館에俾便作覆爲要라하옵신바査此邊界之寘兵弁은但嚴防守而已오擅越은絶無

6-⑪

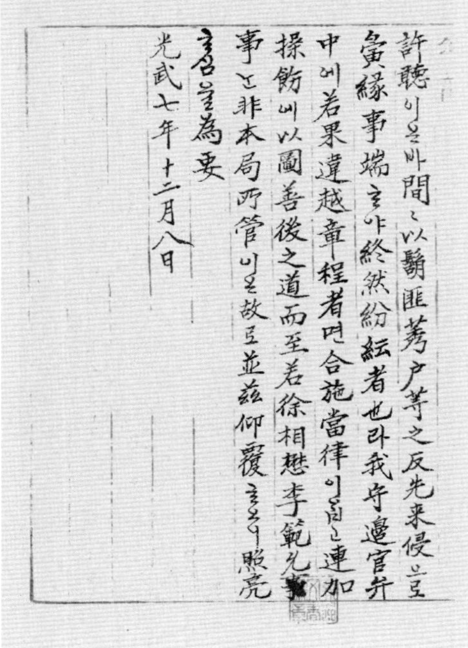

許聽이온바間ㄴ以騎匪莠戶等之反先來侵은呈奠緣事端하야終然紛紜者也라我守邊官弁中에若果違越章程者면合施當律이옵고連加操飭에以圖善後之道而至若徐相懋李範允事事ㄴ非本局所管이온故로並茲仰覆하오니照亮하심을爲要

光武七年十二月八日

6-⑫

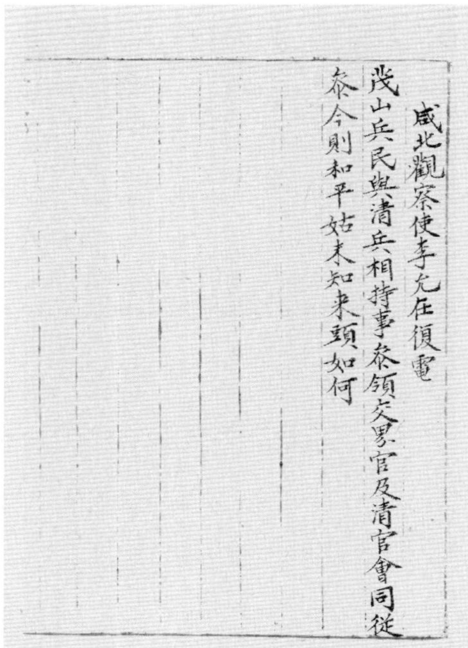

咸北觀察使李允在復電

茂山兵民與淸兵相持事叅領文界官及淸官會同從叅今則和平姑未知來頭如何

6-⑬

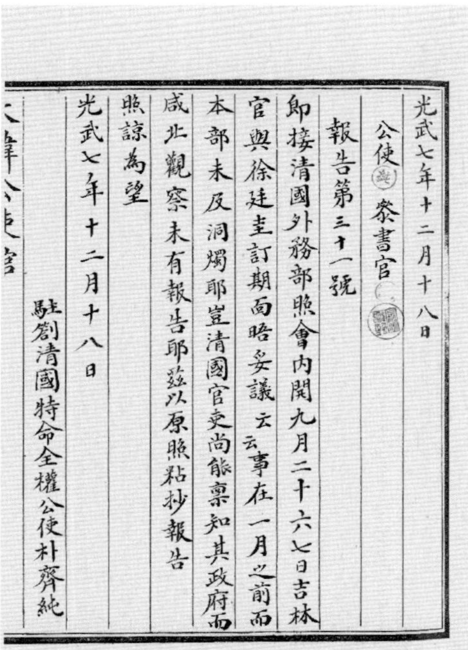

光武七年十二月十八日

公使　叅書官

報告第三十一號

卽接淸國外務部照會內開九月二十六七日吉林官與徐廷圭訂期面晤妥議云云事在一月之前而本部未及洞燭耶豈淸國官吏尙能稟知其政府而咸北觀察未有報告耶玆以原照粘抄報告照諒爲望

光武七年十二月十八日

駐劄淸國特命全權公使朴齊純

7-①

大韓公使館

議政府贊政外部大臣臨時署理李夏榮閣下

7-②

照會

欽命全權大臣便宜行事軍機大臣總理外務部事務和碩慶親王 為
照會事光緒二十九年十月十四日准吉林將軍
文稱韓兵越界滋擾一事現據延吉廳同知陳作
彥吉安營統領凌維琪等稟稱九月二十六七
等日與韓參領徐廷圭等彼此訂期過江會晤
將韓兵越界情形據約辯論韓參領並不知情
係屬兵帶私越允將韓兵一律撤回彼此傷亡
兵丁各不相抵毋庸置議並允派茂山府池昌翰
會同張經歷兆麟前赴崇化善化等社會勘華韓

大韓公使館

7-③

大韓公使館

各民被燒房屋秉公查辦墾民循舊歸廳管理
嗣後各守各界兩不相擾兩國兵弁過江均須
持有各本營官護照商民往來亦各發給路票
如有潛越入界不服拏辦者均格殺勿論韓參
領並交界官各府官均各允諾現在地方安謐
請照會
韓國駐京大臣轉達
韓政府查照飭邊等因查兩國壤地相接自應
各守各界不相侵越以期彼此相安現兩國邊
界官所議各節均屬妥協相應照會

7-④

貴大臣轉達
貴國政府查照備案並飭知邊界官員一體遵
守以敦睦誼須至照會者
右　照　會
大韓國欽差全權大臣朴
光緒二十九年十月　二十六　日

大韓公使館

7-⑤

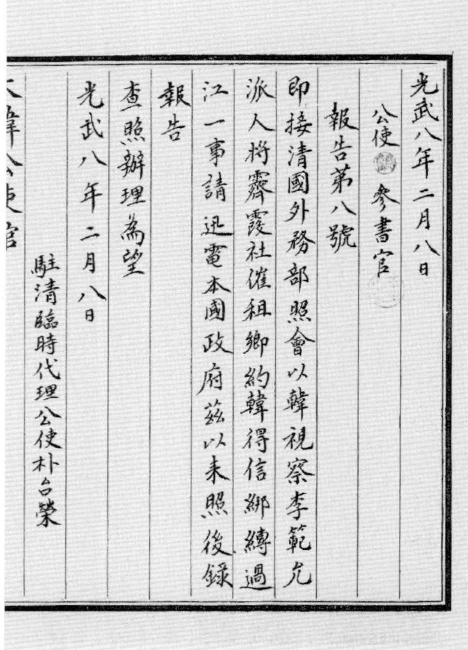
光武八年二月八日
公使 參書官
報告第八號
即接淸國外務部照會以韓視察李範允
派人將霽霞社催租鄉約韓得信綁縛過
江一事請迅電本國政府玆以來照後錄
報告
查照辦理爲望
光武八年二月八日
駐淸臨時代理公使朴台榮
大韓公使館

8-①

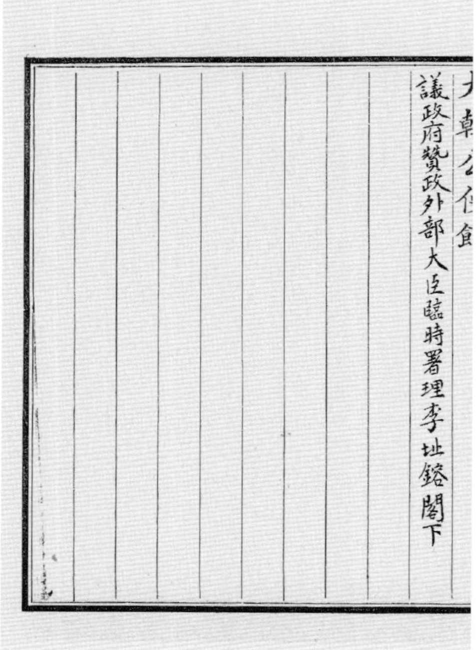
議政府贊政外部大臣臨時署理李址鎔 閣下
大韓公使館

8-②

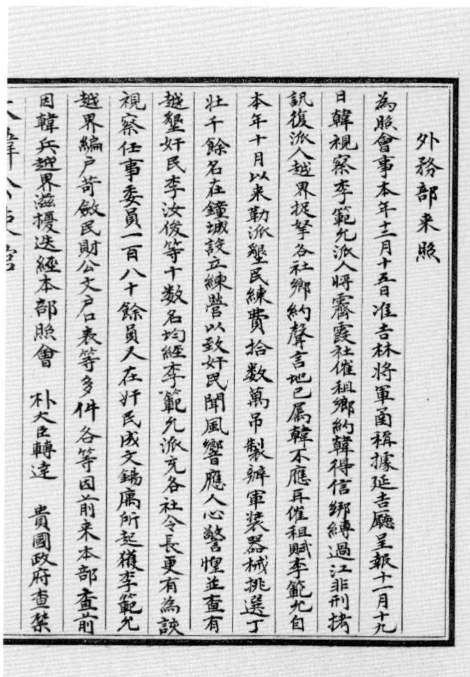
外務部來照
爲照會事本年十二月十五日准吉林將軍函稱據延吉廳呈報十一月十九
日韓視察李範允派人將霽霞社催租鄉約韓得信綁縛過江非刑拷
訊復派人越界捉拏各社鄉約聲言地已屬韓不應再催租賦李範允自
本年十月以來勒派墾民練費拾數萬吊製辦軍裝器械挑選丁
壯千餘名在鍾城設立練營以致奸民聞風響應人心驚惶並查有
越墾奸民李汝俊等十數名均經李範允派充各社令長更有爲訣
視察任事委員一百八十餘員又在奸民成文錫處所起獲李範允
越界編戶苛斂民財公文戶口表等多件各等因前來本部查前
因韓兵越界滋擾迭經本部照會 朴大臣轉達 貴國政府查禁
大韓公使館

8-③

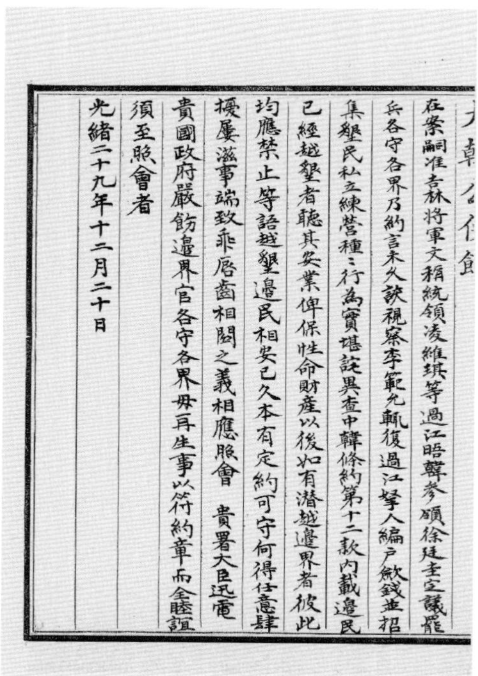
在案嗣准吉林將軍文稱統領凌維棋等過江晤韓參領徐廷圭定議罷
兵各守各界乃約言未久該視察李範允輒復過江拏人編戶斂錢並招
集墾民私立練營種種行爲實堪詫異查中韓條約第十二款內載邊民
已經越墾者聽其安業俾保性命財産以後如有潛越邊界者彼此
均應禁止等語越墾邊民相安已久本有定約可守何得任意肆
擾屢滋事端致乖唇齒相關之義相應照會 貴署大臣迅電
貴國政府嚴飭邊界官各守各界毋再生事以符約章而全睦誼
須至照會者
光緖二十九年十二月二十日
大韓公使館

8-④

光武八年五月二日

公使　參書官

報告第十六號

接准清國外務部照稱에據吉林將軍奏報韓
官李範允率兵過江焚燒搶殺等情이온바隨卽
照復이옵고該外務部原照와本公使作復各一分
을玆에另抄報明ᄒᆞ오니
查照辦理ᄒᆞ심을爲望

光武八年五月二日

駐劄清國特命全權公使閔泳喆

9-①

議政府贊政外部大臣李夏榮　閣下

9-②

外務部照會

爲照會事光緖三十年三月十四日准吉林將軍奏報
韓官李範允於二月十五日派韓弁金克烈咸文錫
各帶義隊百名過江佔據德化社章大古壁地方十
九日李範允復親帶義隊越江據山溪社二十一日
哨探至沙金溝猝被韓兵百餘名四出兜圍開槍攻
擊佔據白金山溪等社地方二十三日復據營官來
面稟探悉德化崇化善化等社均爲李範允義隊
盤踞二十二三等日在章大古壁地方韓與我防兵
接仗經該統領查明此次李範允由茂山沿江一帶

9-③

分道進佔驅殺華人並逼脅墾民自白金社以西直
抵長白山盡行霸佔查圖們江爲中韓天然界限
遵守三百餘年前次韓國所指古間島曾經中國
駐韓許大臣與韓政府辨論有案應俟兩國派員
會勘始能分明界址乃李範允一再越江肆擾率先用
兵焚燒搶殺荼毒人民殊屬無理現已飛飭該統領
等設法向其理論並應由外務部照會　韓國駐京大
臣等因本部查圖們江本係中韓天然界限自應各
守疆域不相越李範允前次越江墾地屢事騷擾曾由
本部電致駐韓許大臣向　貴政府商請將李範允

9-④

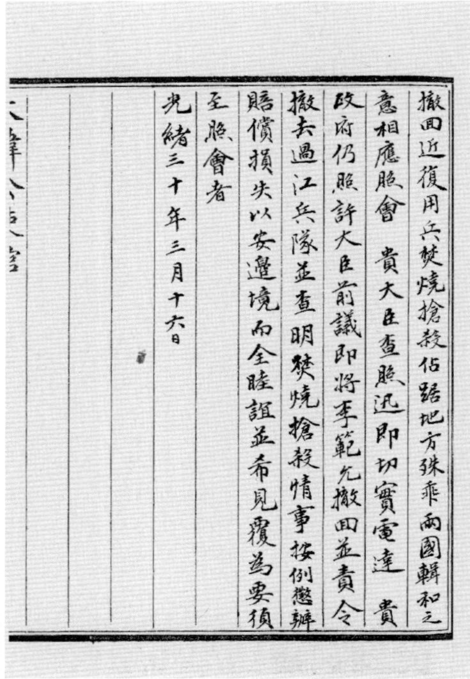
撤回近復用兵焚燒搶殺佔踞地方殊乖兩國輯和之
意相應照會 貴大臣查照迅即切實電達 貴
政府仍照許大臣前議即將李範允撤回並責令
撤去過江兵隊並查明焚燒搶殺情事按例懲辦
賠償損失以安邊境而全睦誼並希見覆為要須
至照會者
光緒三十年三月十六日

9-⑤

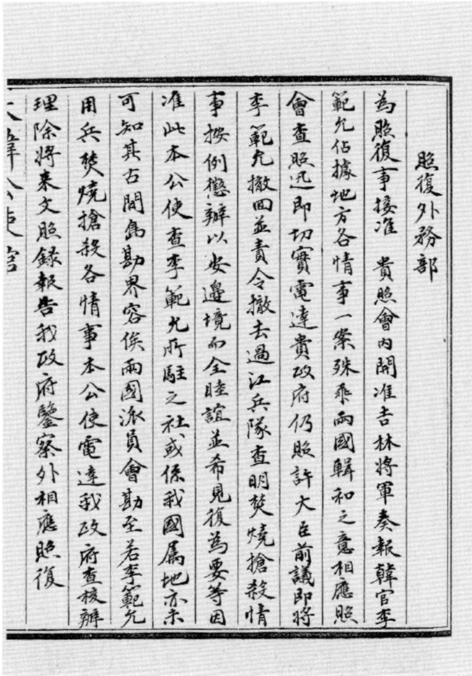
照復外務部
為照復事接准 貴照會內開准吉林將軍奏報韓官李
範允佔據地方各情事一案殊乖兩國輯和之意相應照
會查照迅即切實電達貴政府仍照許大臣前議即將
李範允撤回並責令撤去過江兵隊查明焚燒搶殺情
事按例懲辦以安邊境而全睦誼並希見覆為要等因
准此本公使查李範允所駐之社或係我國屬地亦未
可知其古間島勘界客係兩國派員會勘至若李範允
用兵焚燒搶殺各情事本公使電達我政府查核辦
理除將來文照錄報告我政府鑒察外相應照復

9-⑥

貴外務部查照可也須至照會者
光武八年五月二日

9-⑦

請議案

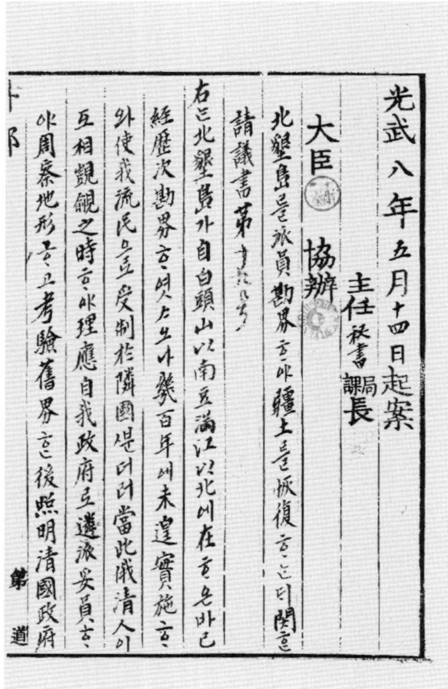

光武八年五月十四日起案

主任 秘書局課長

大臣 協辦

北墾島를 派員勘界ᄒᆞ야 疆土를 恢復ᄒᆞᄂᆞᆫ 디 關ᄒᆞᆫ

請議書第十九號

右ᄂᆞᆫ 北墾島가 自白頭山以南으로 滿江以北에 在ᄒᆞᆫ 바 已經歷次勘界ᄒᆞ엿스나 幾百年에 未遑實施ᄒᆞ外使我流民으로 受制於隣國ᄒᆞ더니 當此俄清人이 互相覬覦之時ᄒᆞ야 理應自我政府로 遴派妥員ᄒᆞ야 周察地形ᄒᆞ고 考驗舊界ᄒᆞᆫ 後 照明清國政府

外部 第 道

1-①

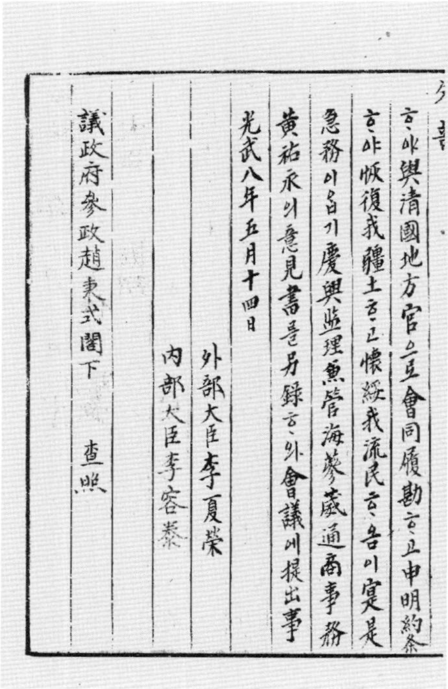

ᄒᆞ야 與清國地方官으로 會同履勘ᄒᆞ고 申明約条ᄒᆞ야 恢復我疆土ᄒᆞ고 懷綏我流民ᄒᆞ옴이 寔是急務이옵기 慶興監理兼管海蔘葳通商事務 黃祐永의 意見書를 另錄ᄒᆞ야 會議에 提出事

光武八年五月十四日

外部大臣 李夏榮

內部大臣 李容泰

議政府參政 趙秉式 閣下 査照

1-②

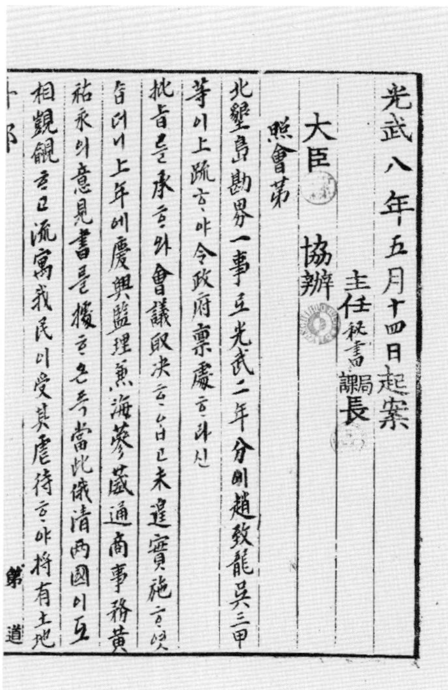

光武八年五月十四日起案

主任 秘書局課長

大臣 協辦

照會第

北墾島勘界一事로 光武二年分에 趙致龍 吳三甲 等이 上疏ᄒᆞ야 令政府稟處ᄒᆞ라신 批旨를 承ᄒᆞ와 會議取決ᄒᆞ옵고 未遑實施ᄒᆞ엿삽더니 上年에 慶興監理兼海蔘葳通商事務 黃祐永의 意見書를 接ᄒᆞ온즉 當此俄清兩國이 互相覬覦ᄒᆞ고 流寓我民이 受其虐待ᄒᆞ야 將有土地

外部 第 道

1-③

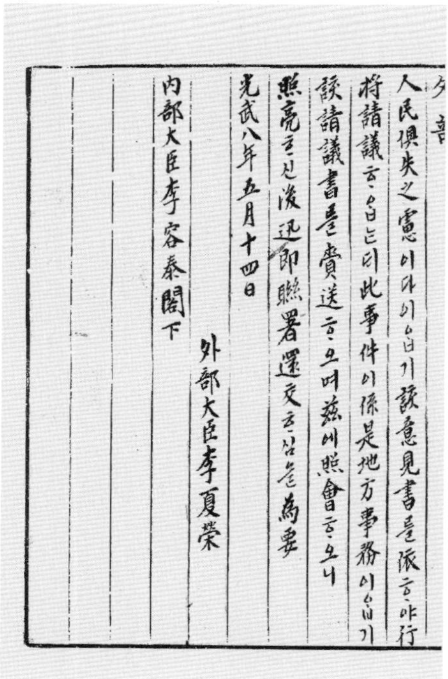

人民俱失之慮이다이옵기 該意見書를 依ᄒᆞ야 行將請議ᄒᆞ옵ᄂᆞᆫ디 此事件이 係是地方事務이옵기 該請議書를 賫送ᄒᆞ오며 玆에 照會ᄒᆞ오니 照亮ᄒᆞ신 後 迅卽聯署還交ᄒᆞ심을 爲要

光武八年五月十四日

外部大臣 李夏榮

內部大臣 李容泰 閣下

1-④

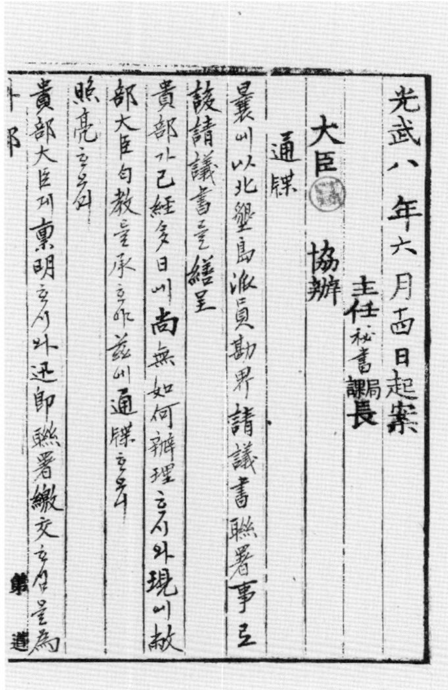

光武八年六月酉日起案

大臣 協辦 主任秘書局課長

通牒

曩에以北墾島派員勘界請議書聯署事로

該請議書를繕呈

貴部가已經多日에尚無如何辦理ᄒᆞ시와現에敝

部大臣旬敎를承ᄒᆞ와玆에通牒ᄒᆞ오니

照亮ᄒᆞ심을

貴部大臣께稟明ᄒᆞ시와迅卽聯署繳交ᄒᆞ심을爲

外部

2-①

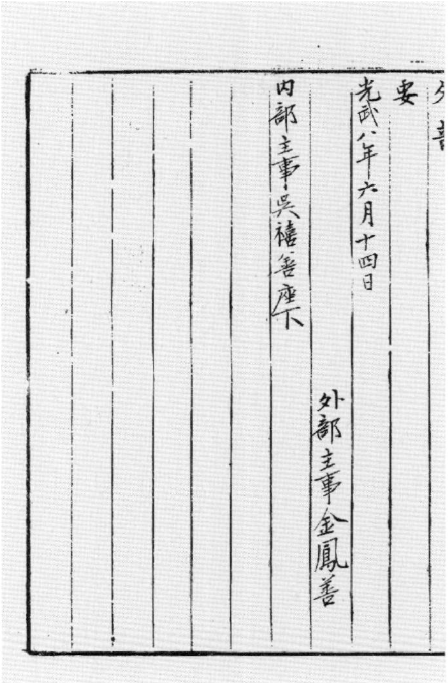

要

光武八年六月十四日

外部主事金鳳善

內部主事吳禧善座下

2-②

中樞院去案

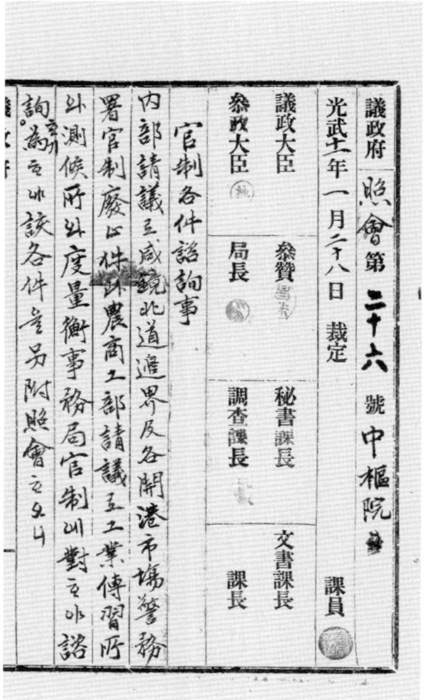

議政府 照會第二十六號 中樞院

光武十一年一月二十八日 裁定 課員

議政大臣 秘書課長 文書課長

參政大臣 參贊 局長 調查課長 課長

官制各件諮詢事

內部請議로咸鏡北道邊界及各開港市場警務署官制廢止件과農商工部請議로工業傳習所와測候所와度量衡事務局官制에對ᄒᆞ야諮詢爲ᄒᆞ야該各件을另附照會ᄒᆞ오니

1-①

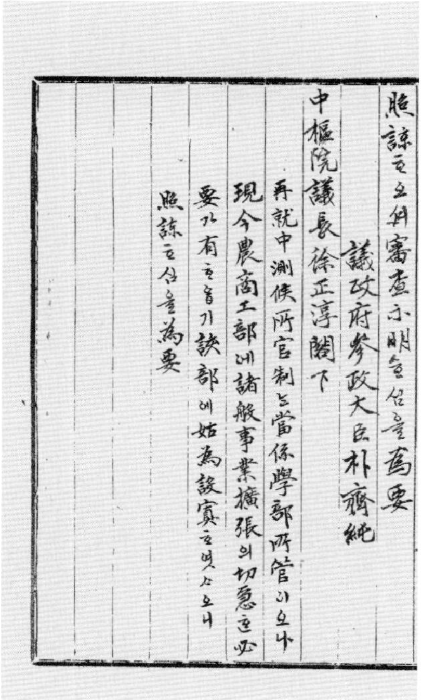

照諒ᄒᆞ오셔審查示明ᄒᆞ심을爲要

議政府參政大臣 朴齊純

中樞院議長 徐正淳 閣下

再就中測候所官制ᄂᆞᆫ當係學部所管이오나現今農商工部에諸般事業擴張의切急ᄒᆞᆫ必要가有ᄒᆞᆷ기該部에姑爲設寘ᄒᆞ엿ᄉᆞ오니照諒ᄒᆞ심을爲要

1-②

各官廳公文原文

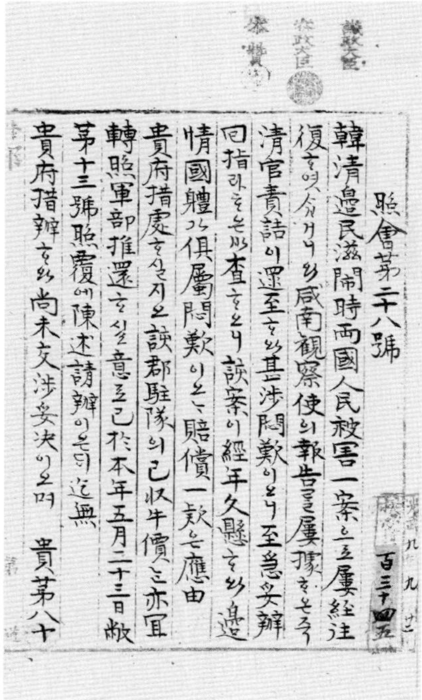
照會第二十八號
韓清邊民滋鬧時兩國人民被害一案으로屢經注
復ᄒᆞ엿사오나咸南觀察使의報告를屢據ᄒᆞ온즉
清官責詰이還至ᄒᆞ와甚涉悶歎이오니至急妥辦
回指라ᄒᆞ온바查ᄒᆞ오니該案이經年久懸ᄒᆞ와邊
情國體가俱屬悶歎이오ᄂᆞᆫ賠償一款은應由
貴府措處ᄒᆞ실지오該郡駐隊의已收牛價ᄂᆞᆫ亦宜
轉照軍部推還ᄒᆞ실意로已於本年五月二十三日敝
第十三號照覆에陳述請辦이온듸迄無
貴府措辦ᄒᆞ와尚未交涉妥決이오며 貴第八十

1-①

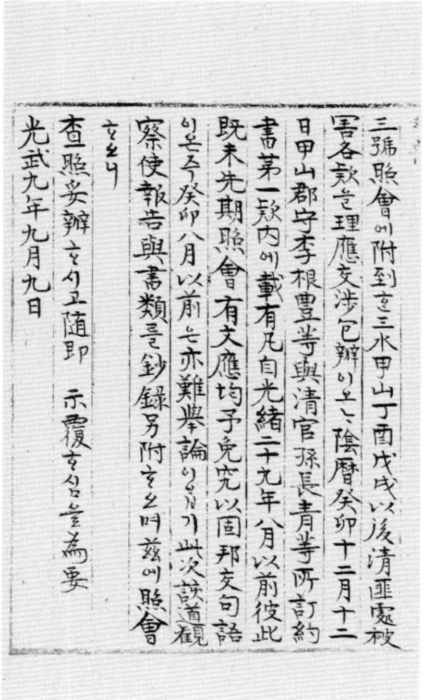
三號照會에附到ᄒᆞᆫ三水甲山丁酉戊戌以後清匪寃被
害各款은理應交涉已辦이오ᄂᆞᆫ陰曆癸卯十二月十二
日甲山郡守李根豊等與清官孫長青等所訂約
書第一款內에載有凡自光緒二十九年八月以前彼此
既未先期照會有文應均予免究以固邦交句語
이온즉癸卯八月以前은亦難舉論이옵기此次該道觀
察使報告與書類를鈔錄另附ᄒᆞ오며茲에照會
ᄒᆞ오니
查照妥辦ᄒᆞ시고隨卽 示覆ᄒᆞ심을爲要
光武九年九月九日

1-②

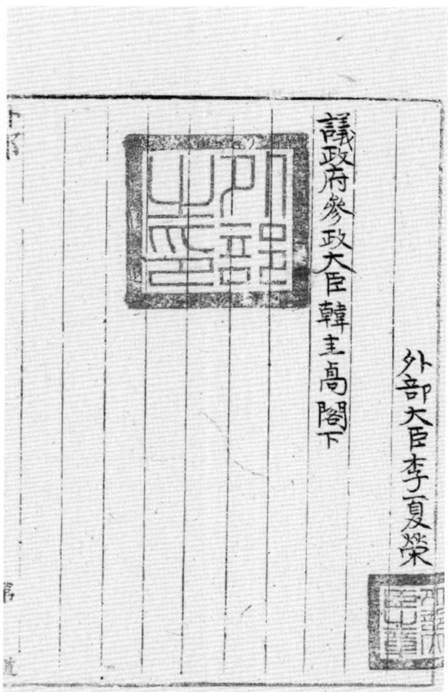
外部大臣李夏榮
議政府參政大臣韓圭卨閣下

1-③

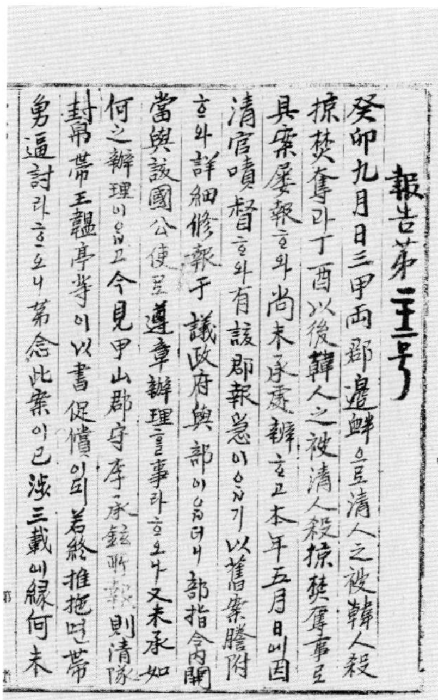
報告第三十三號
癸卯九月日三甲兩郡邊民으로清人之被韓人殺
掠焚奪과丁酉以後韓人之被清人殺掠焚奪事로
具案屢報ᄒᆞ와尚未承處辦ᄒᆞ고本年五月日에因
清官嘖督ᄒᆞ와有該郡報急이옵기以舊案謄附
ᄒᆞ와詳細修報于 議政府與 部이옵더니 部指令內開
當與該國公使로遵章辦理ᄒᆞᆯ事라ᄒᆞ오나又未承如
何之辦理이옵고今見甲山郡守李承鉉所報則清隊
幇帶王韞亭等이以書促償이되若終推拖면帶
勇逼討라ᄒᆞ오니第念此案이已涉三載에緣何未

1-④

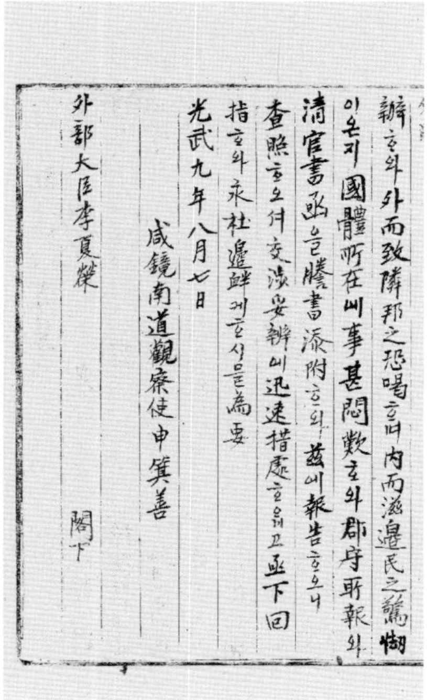
辨ᄒᆞ와外而致隣邦之恐喝ᄒᆞᄂᆞ内而滋邉民之驚惻
이온지國體所在에事甚悶歎ᄒᆞ와郡守所報와
清官書函을謄書添附ᄒᆞ와玆에報告ᄒᆞ오니
查照ᄒᆞ오付交涉妥辦에迅速措處ᄒᆞ옵고亟下回
指ᄒᆞ와永杜邉衅케ᄒᆞ시믈為要
光武九年八月七日
咸鏡南道觀察使申箕善
外部大臣李夏榮 閣下

1-⑤

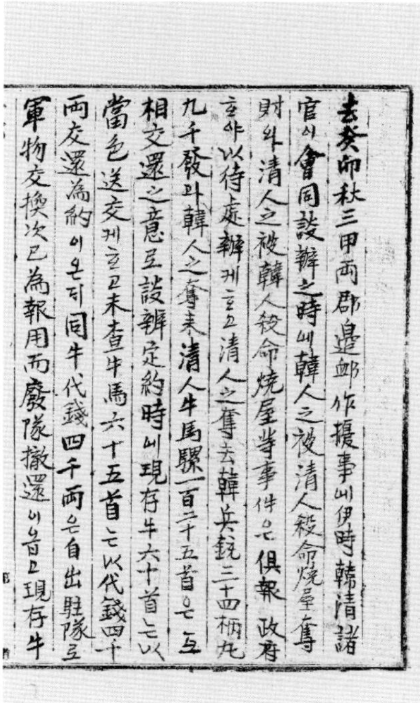
去癸卯秋三甲兩郡邉郵作擾事에伊時韓清諸
官이會同設辨之時에韓人之被清人殺命燒屋奪
財와清人之被韓人殺命燒屋等事件은俱報政府
ᄒᆞ야以待處辨케ᄒᆞ고清人之奪去韓兵銃三十四柄丸
九千發과韓人之奪來清人牛馬騾一百二十五首은互
相交還之意로設辨定約時에現存牛六十首ᄂᆞᆫ以
當邑送交케ᄒᆞ고未查牛馬六十五首ᄂᆞᆫ以代錢四千
兩交還為約이온디同牛代錢四千兩은自出駐隊로
軍物交換次已為報用而廢隊撤還이옵고現存牛

1-⑥

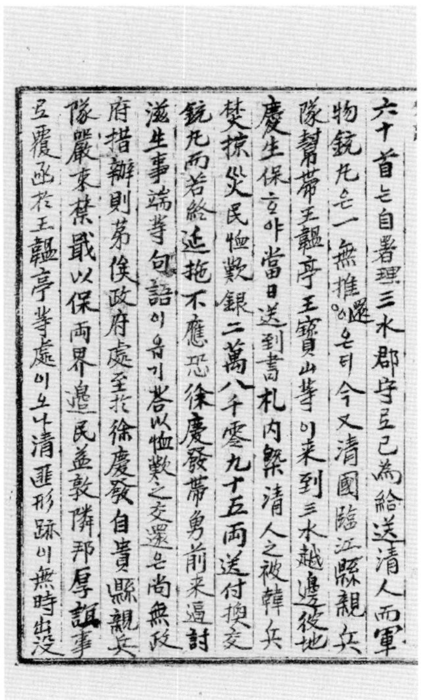
六十首ᄂᆞᆫ自署理三水郡守로已為給送清人而軍
物銃丸은一無推還이온디今又清國臨江縣親兵
隊幇帶王龍亭王寶山等이来到三水越邉彼地
慶生保ᄒᆞ야當日送到書札内槩清人之被韓兵
焚掠災民恤數銀二萬八千零九十五兩送付換交
銃丸而若終延拖不應恐徐慶發帶勇前来逼討
滋生事端等句語이옵기荅以恤數之交還은尚無段
府措辦則第俟政府處至於徐慶發自貴縣親兵
隊嚴束禁戢以保兩界邉民益敦隣邦厚誼事
로覆函於王龍亭等處이오나清匪形跡이無時出没

1-⑦

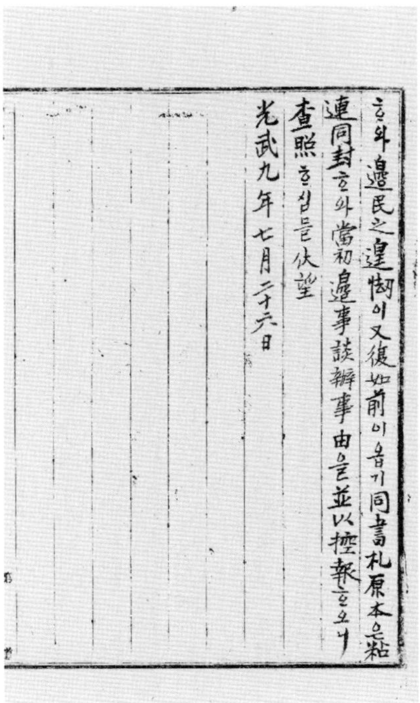
ᄒᆞ와邉民之遑惻이又復如前이옵기同書札原本은粘
連同封ᄒᆞ와當初邉事設辨事由을並以控報ᄒᆞ오니
查照ᄒᆞ심을伏望
光武九年七月二十六日

1-⑧

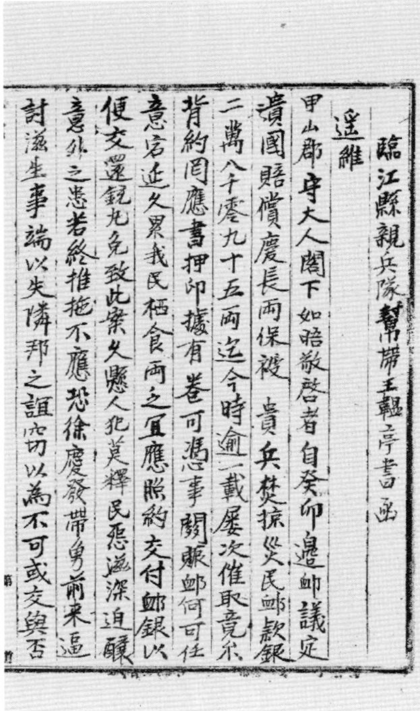
臨江縣親兵隊幫帶王韞亭書函
逕維
甲山郡守大人閣下 如晤敬啓者 自癸卯邊䘏議定
貴國賠償慶長兩保被 貴兵焚掠災民䘏款銀
二萬八千零九十五兩 迄今時逾一載 屢次催取 竟尔
背約罔應 書押卯據有卷可憑 事關賑䘏 何可任
意宕延 久累我民 栖食兩乏 宜應照約交付䘏銀 以
便交還 銳丸免致此案久懸 人犯莫釋 民怨滋深 迫釀
意外之患 若終推拖不應 恐徐慶發帶勇前來逼
討 滋生事端 以失隣邦之誼 竊以爲不可 或交與否

1-⑨

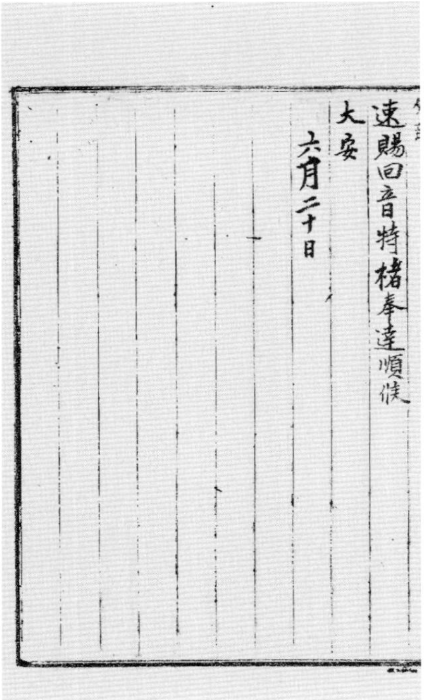
速賜回音 特楮奉達 順候
大安
六月二十日

1-⑩

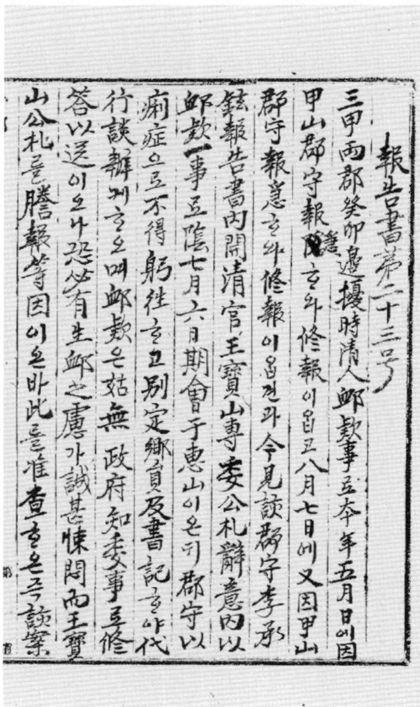
報告書第二十三号
三甲兩郡癸卯邊擾時淸人䘏款事로 本年五月 日에 因
甲山郡守報告ᄒᆞ와 修報이옵고 八月七日에 又因甲山
郡守報意ᄒᆞ와 修報이옵건과 今見該郡守李承
鉉報告書內開 淸官王寶山專委公札辭意內以
䘏款一事로 陰七月六日期會于惠山이온ᄃᆡ 郡守以
痢症으로 不得躬往ᄒᆞ고 別定鄕員及書記ᄒᆞ야 代
行談辦케ᄒᆞ오매 䘏款은 姑無 政府知委事로 修
答以送이오나 恐必有生䘏之慮가 識甚悚悶 而王寶
山公札을 謄報等因이온바 此를 准査ᄒᆞ온즉 該案

1-⑪

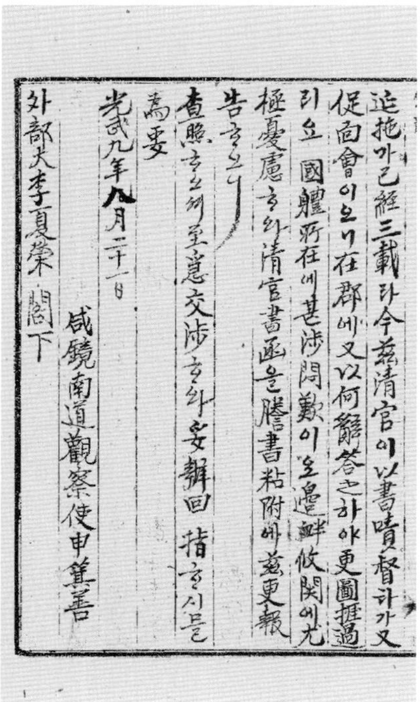
延拖가 已經三載라 今茲淸官이 以書嘖督ᄒᆞ가 又
促面會이오니 在郡에 又以何辭答之ᄒᆞ야 更圖搪過
리오 國體所在에 甚涉悶歎이오 邊䘏攸關에 尤
極憂慮ᄒᆞ와 淸官書函을 謄書粘附ᄒᆞ와 玆更報
告ᄒᆞ오니
査照ᄒᆞ오셔 至意交涉ᄒᆞ와 妥辦回 措ᄒᆞ시믈
爲要
光武九年八月二十一日
咸鏡南道觀察使申箕善
外部大臣李夏榮 閣下

1-⑫

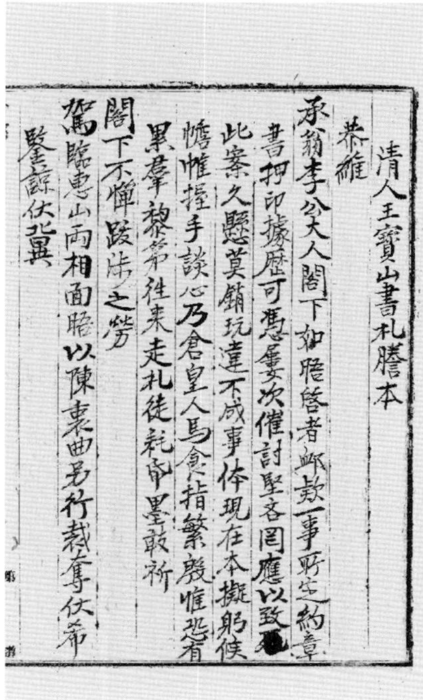

清人王寶山書札謄本
恭維
承翁李公大人閣下如晤啓者卹款一事所定約章
書押印據歷可憑屢次催討堅吝罔應以致[illegible]
此案久懸莫解玩違不成事体現在本擬躬候
憍帷握手談心乃倉皇人馬食指繁殷惟恐有
累尊黎第往来走札徒耗筆墨敢祈
閣下不憚跋涉之勞
駕臨惠山兩相面晤以陳衷曲另行裁奪伏希
鑒諒伏冀

1－⑬

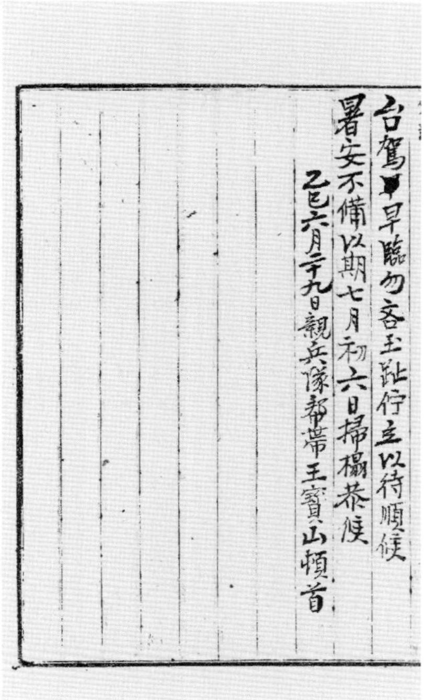

台駕[illegible]早臨勿吝玉趾佇立以待順候
暑安不備以期七月初六日掃榻恭候
乙巳六月二十九日親兵隊都帶王寶山頓首

1－⑭

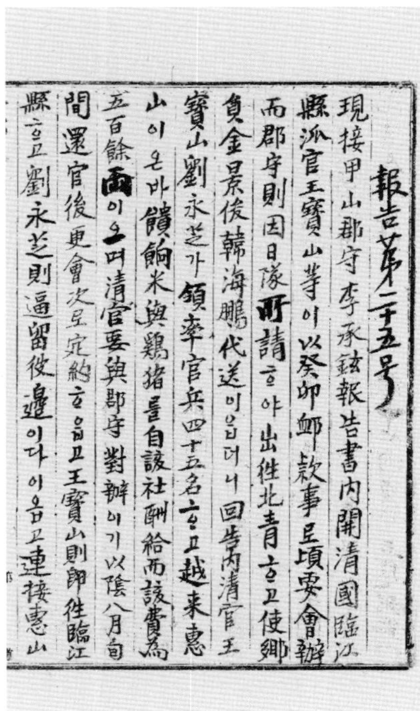

報告第二十五号
現接甲山郡守李承鉉報告書內開清國臨江
縣派官王寶山等이以癸卯卹款事로頃要會辦
而郡守則因日隊所請ᄒᆞ야出往北青ᄒᆞ고使鄉
員金景俊韓海鵬代送이옵더니回告內清官王
寶山劉永芝가領率官兵四十五名ᄒᆞ고越來惠
山이온바饋餉米與鷄猪를自該社酬給而該費為
五百餘兩이오며清官要與郡守對辦이기以陰八月旬
間還官後更會次로定約ᄒᆞ옵고王寶山則即往臨江
縣ᄒᆞ고劉永芝則逼留彼邊이다이옵고連接惠山

1－⑮

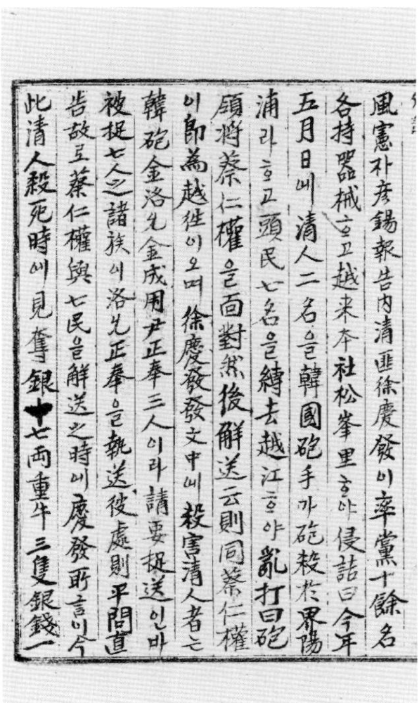

風憲朴彥錫報告內清匪徐慶發이率黨十餘名
各持器械ᄒᆞ고越来本社松峯里ᄒᆞ야侵詰曰今年
五月日에清人二名을韓國砲手가砲殺於界陽
浦라ᄒᆞ고頭民七名을縛去越江ᄒᆞ야亂打曰砲
頭將蔡仁權을面對然後解送云則同蔡仁權
이即為越往이오며徐慶發發文中에殺害清人者는
韓砲金洛先金成用尹正奉三人이라請要捉送인바
被捉七人之諸族이洛先正奉을執送彼處則平問直
告故로蔡仁權與七民을解送之時에慶發所言이今
此清人殺死時에見奪銀十七兩重牛三隻銀錢一

1－⑯

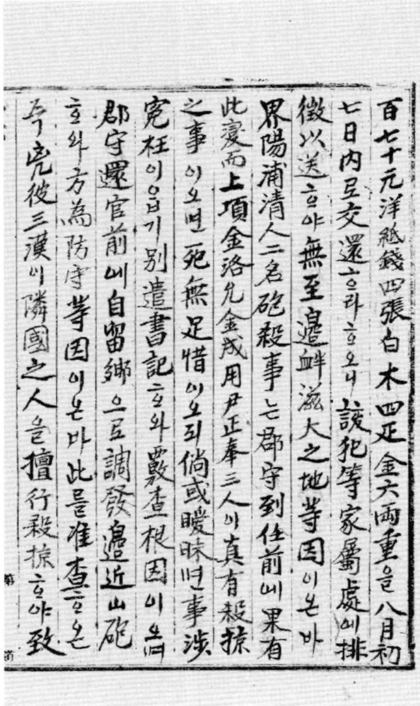

百七十元洋紙錢四張白木四疋金六兩重을八月初
七日內로交還ᄒᆞ라ᄒᆞ오니該犯等家屬處에排
徵以送ᄒᆞ야無至邊衅滋大之地等因이온바
界陽浦清人二名砲殺事ᄂᆞᆫ郡守到任前에果有
此變而上項金洛允金成用尹正奉三人이眞有殺掠
之事이오면一死無足惜이오되倘或曖昧ᄒᆞᆫ事涉
寃枉이옵기別遣書記ᄒᆞ와覈查根因이오며
郡守還官前에自留鄕으로調發邊近山砲
ᄒᆞ와方爲防守等因이온바此를准查ᄒᆞ온
즉究彼三漢이隣國之人을擅行殺掠ᄒᆞ야致

1－⑰

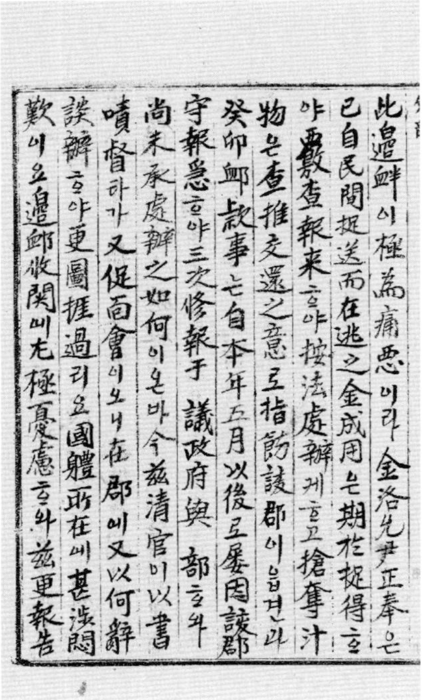

此邊衅이極爲痛悉이라金洛允尹正奉은
已自民間捉送而在逃之金成用은期於捉得ᄒᆞ
야覈查報來ᄒᆞ야按法處辦케ᄒᆞ고搶奪汁
物은查推交還之意로指飭該郡이옵더니
癸卯鄉款事ᄂᆞᆫ自本年五月以後로屢回該郡
守報急ᄒᆞ야三次修報于議政府與部ᄒᆞ와
尚未承處辦之如何이온바今玆清官이以書
嘖督하다가又促面會이오니在郡에又以何辭
諉辦ᄒᆞ야更圖捱過리오國體所在에甚涉悶
歎이오邊郵收閑에尤極憂慮ᄒᆞ와玆更報告

1－⑱

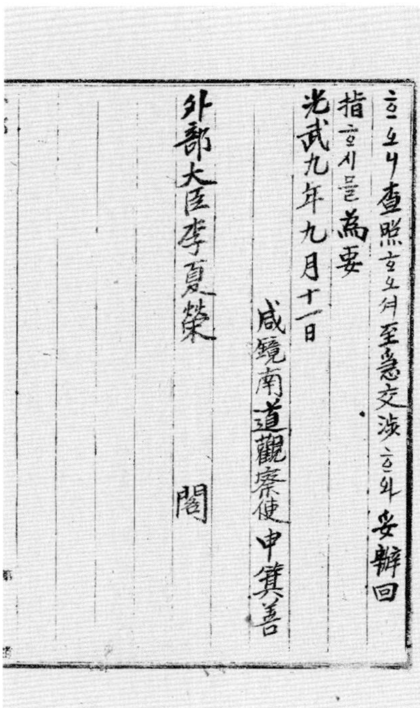

ᄒᆞ오니查照ᄒᆞ오셔至急交涉ᄒᆞ와妥辦回
指ᄒᆞ시믈爲要
光武九年九月十一日
咸鏡南道觀察使申箕善
外部大臣李夏榮 閣

1－⑲

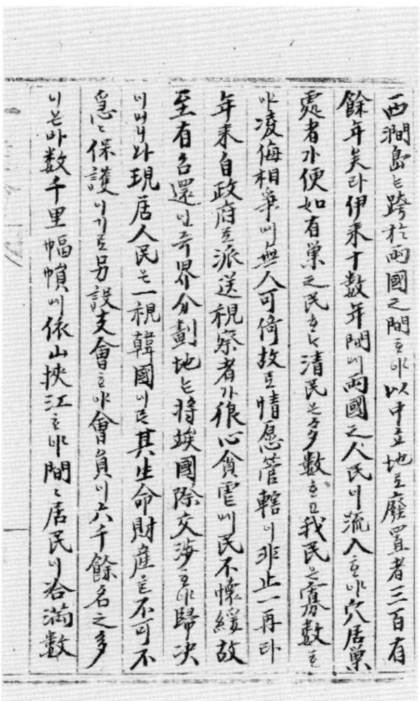

西間島ᄂᆞᆫ跨於兩國之間ᄒᆞ야以中立地로廢置者三百有
餘年矣라伊來十數年間에兩國之人民이流入ᄒᆞ야穴居巢
處者가便如有巢之民ᄒᆞᄂᆞ清民은多數ᄒᆞ고我民은寡數ᄒᆞ
야凌侮相爭에無人可倚故로情感管轄이非止一再라
年來自政府로派送視察者가狼心貪虐에民不憀縱故
至有召還ᄒᆞ며界分劃地ᄂᆞᆫ將俟國際交涉ᄒᆞ야歸決
이어니와現居人民은一視韓國이라其生命財産은不可不
急急保護이기로另設支會ᄒᆞ야會員이六千餘名之多
이온바數千里幅幀에依山挾江ᄒᆞ야間間居民이恰滿數

2－①

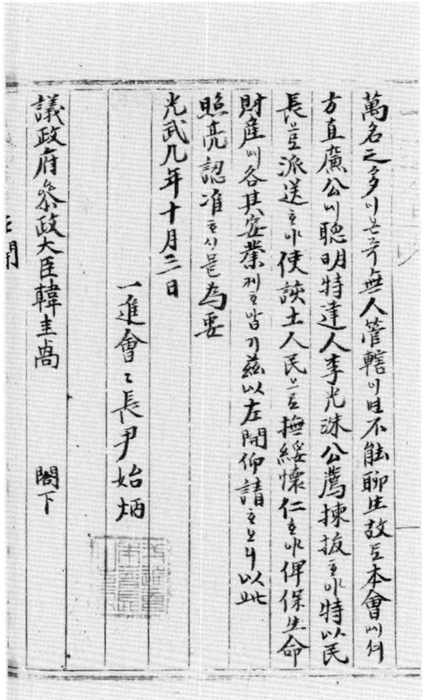

萬名之多이온즉無人管轄이면不能聊生故로本會에서
方直廉公이聰明特達人李光洙公薦揀拔ᄒ야特以民
長으로派送ᄒ야使該土人民으로撫綏懷仁ᄒ야俾保生命
財産에各其安業케ᄒ압기玆以左開仰請ᄒ오니以此
照亮認准ᄒ심을爲要
光武九年十月三日
一進會々長尹始炳
議政府叅政大臣韓圭卨 閣下

2-②

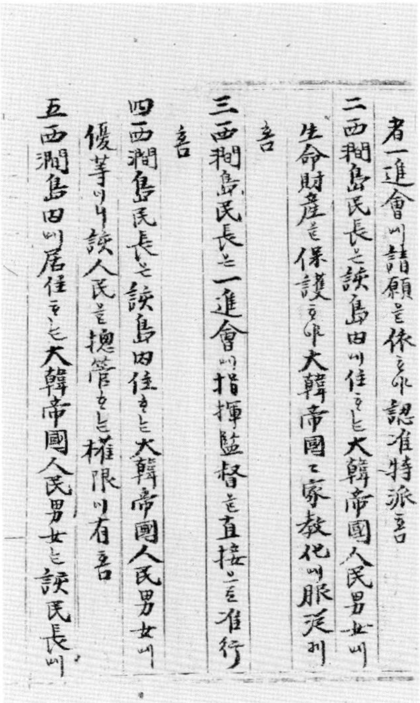

者一進會에請願을依ᄒ야認准特派홈
二 西間島民長은該島田에住ᄒ는大韓帝國人民男女에
生命財産을保護ᄒ야大韓帝國之家教化에服從케
홈
三 西間島民長은一進會에指揮監督을直接으로准行
홈
四 西間島民長은該島田住ᄒ는大韓帝國人民男女에
優等이나該人民을摠管ᄒ는權限이有홈
五 西間島田에居住ᄒ는大韓帝國人民男女는該民長에

2-③

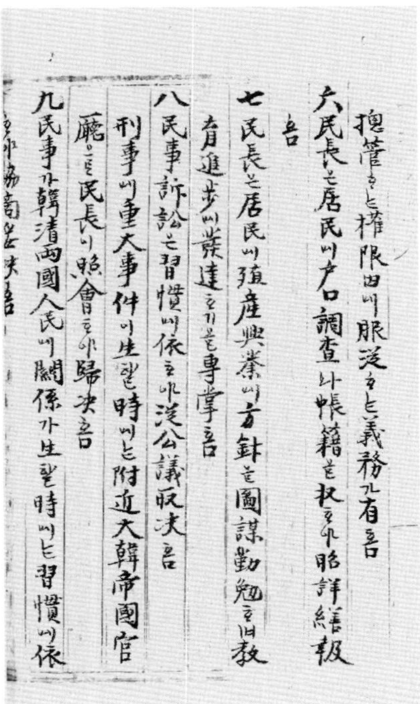

摠管ᄒ는權限에服從ᄒ는義務가有홈
六 民長은居民에戶口調査와帳籍을收ᄒ야昭詳繕報
홈
七 民長은居民에殖産興業에方針을圖謀勸勉ᄒ며教
育進步에發達ᄒ기를專掌홈
八 民事訴訟은習慣에依ᄒ야從公議取決홈
刑事에重大事件이生ᄒᆞᆫ時에는附近大韓帝國官
廳으로民長이照會ᄒ야歸決홈
九 民事가韓清兩國人民에關係가生ᄒᆞᆫ時에는習慣에依

2-④

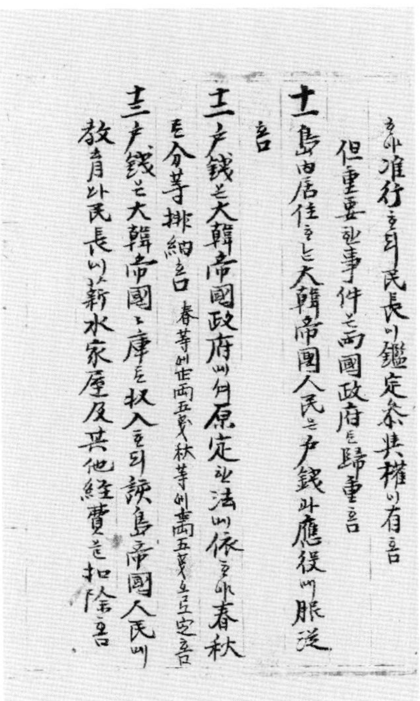

ᄒ야准行ᄒ되民長이鑑定叅其權이有홈
但重要ᄒᆞᆫ事件은兩國政府로歸重홈
十 島田居住ᄒ는大韓帝國人民은戶錢과應役에服從
홈
十一 戶錢은大韓帝國政府에서原定ᄒᆞᆫ法에依ᄒ야春秋
로分等排納홈 春等에는兩五戔秋等에는兩五戔으로定홈
十二 戶錢은大韓帝國之庫로收入ᄒ되該島帝國人民에
教育과民長以下薪水家屋及其他經費를扣除홈

2-⑤

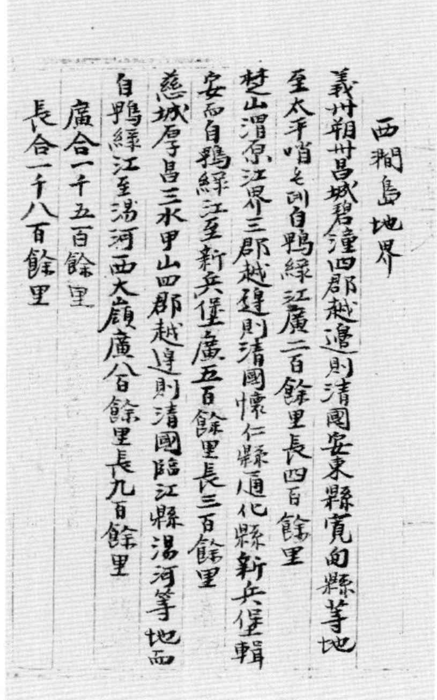

西間島地界

義州朔州昌城碧潼四郡越邊則清國安東縣寬甸縣等地
至太平哨乙則自鴨綠江廣二百餘里長四百餘里
楚山渭原江界三郡越邊則清國懷仁縣通化縣新兵堡輯
安而自鴨綠江至新兵堡廣五百餘里長三百餘里
慈城厚昌三水甲山四郡越邊則清國臨江縣湯河等地而
自鴨綠江至湯河西大嶺廣八百餘里長九百餘里
廣合一千五百餘里
長合一千八百餘里

2-⑥

中樞院來文

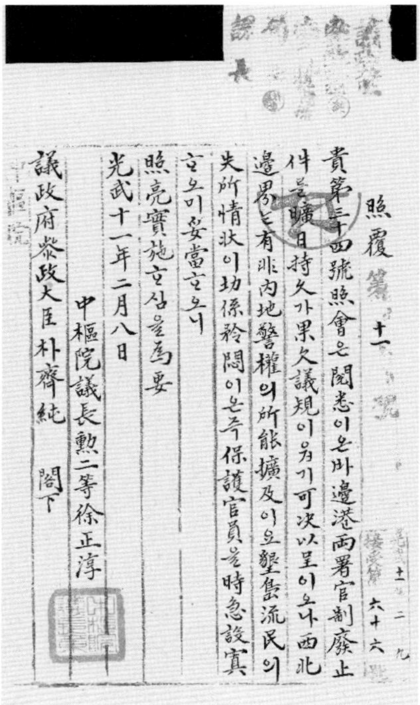
照覆第十一號

貴第三十四號照會은閱悉이온바邊港兩署官剷廢止
件을曠日持久가果久議規이옵기可決以呈이오나西北
邊界는有非內地警權의所能擴及이요墾島流民의
失所情狀이切係矜悶이온즉保護官員을時急設寘
ᄒᆞ오미妥當ᄒᆞ오니
照亮實施ᄒᆞ심을爲要
光武十一年二月八日
中樞院議長勳二等徐正淳
議政府參政大臣朴齊純 閣下

光武十一年二月九日 接受第六十六號

1-①

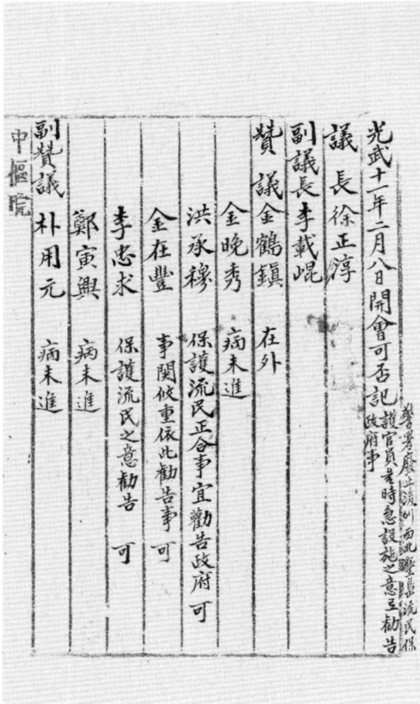
光武十一年二月八日開會可否記

警署廢止後에西北墾島流民保護官員을時急設施之意로勸告政府事

議長 徐正淳
副議長 李載崐
贊議 金鶴鎭 在外
金晚秀 病未進
洪承穆 保護流民正合事宜勸告政府 可
金在豐 事關攸重依此勸告事 可
李忠求 保護流民之意勸告 可
鄭寅興 病未進
副贊議 朴用元 病未進

中樞院

1-②

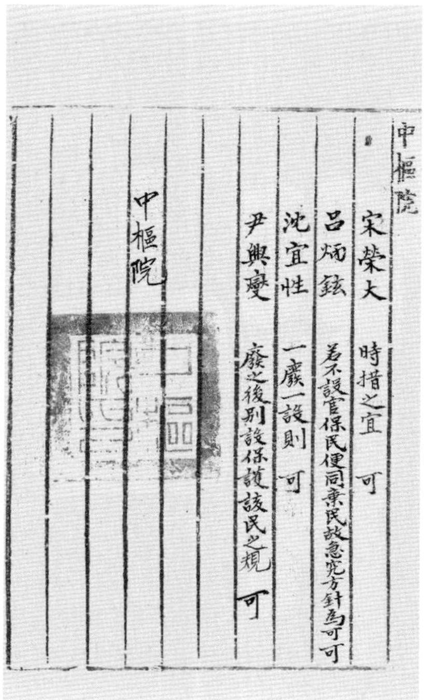
中樞院
宋榮大 時措之宜 可
呂炳鉉 若不設官保民便同棄民故急究方針爲可 可
沈宜性 一廢一設則 可
尹興燮 廢之後別設保護該民之規 可

中樞院

1-③

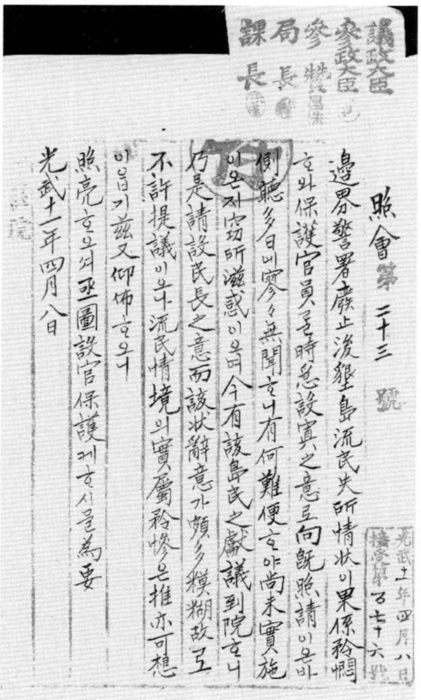
議政大臣 參政大臣 參贊 局長 課長

照會第二十三號

邊界警署廢止後墾島流民失所情狀이果係矜憫
ᄒᆞ와保護官員을時急設寘之意로向旣照請이온바
側聽多日에寥寥無聞ᄒᆞ니有何難便ᄒᆞ야尚未實施
이온지窃切所滋惑이옵며今有該島民之獻議到院ᄒᆞ니
仍是請設民長之意而該狀辭意가頗多糢糊故로
不許提議이오나流民情境의實屬矜慘은推亦可想
이옵기玆又仰佈ᄒᆞ오니
照亮ᄒᆞ오셔亟圖設官保護케ᄒᆞ시믈爲要
光武十一年四月八日

光武十一年四月八日 接受第七十六號

2-①

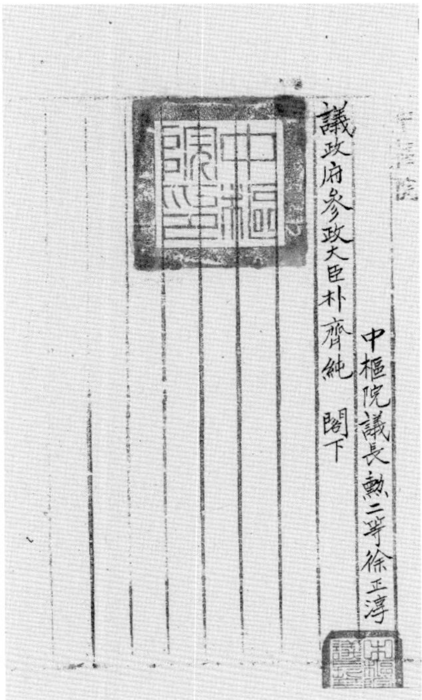

中樞院議長勳二等徐正淳

議政府參政大臣朴齊純 閣下

2-②

宮内府來文

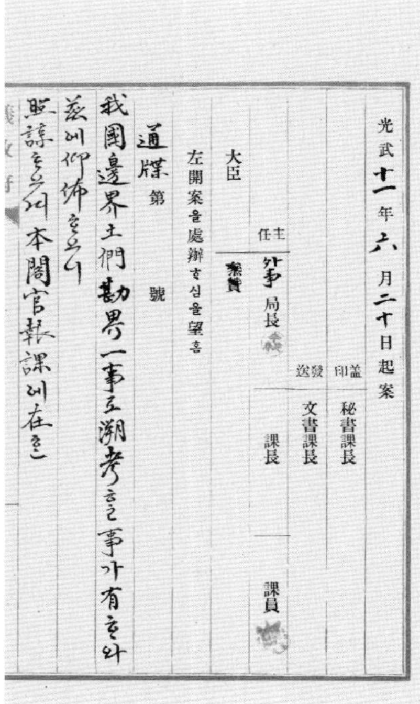

光武十一年六月二十日起案

秘書課長 文書課長 蓋印 發送

主任 參書局長 課長 課員

大臣 參贊

左開案을處辦ᄒᆞ심을望ᄒᆞᆷ

通牒 第 號

我國邊界土們勘界一事로溯考ᄒᆞᆯ事가有ᄒᆞ와

玆에仰佈ᄒᆞ오니

照諒ᄒᆞ시와本閣官報課에在ᄒᆞᆫ

1-①

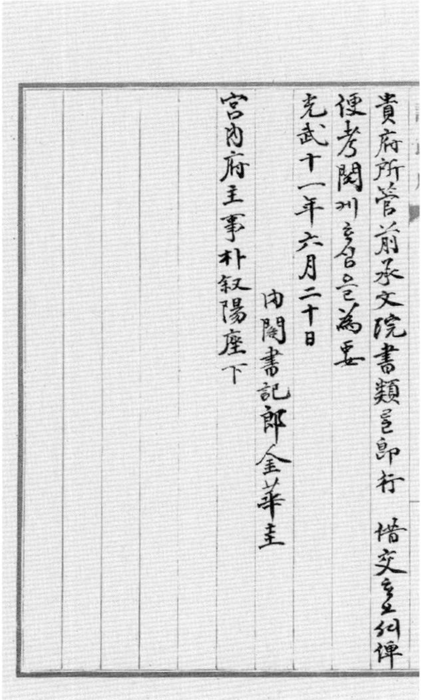

貴府所管前承文院書類를即行 借交ᄒᆞ시와俾

便考閱케ᄒᆞ심을爲要

光武十一年六月二十日

內閣書記郎 金華圭

宮內府主事朴叙陽座下

1-②

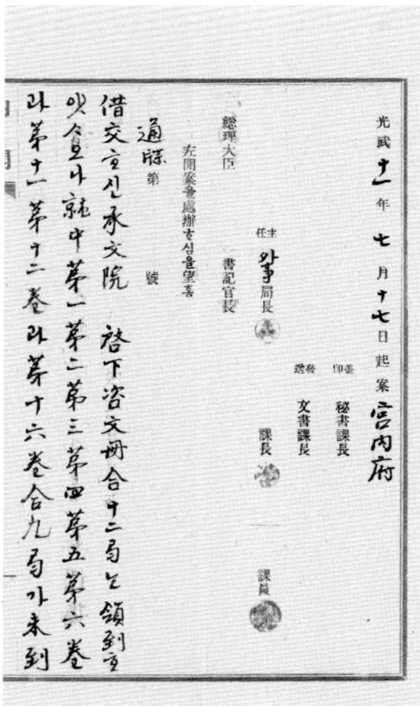

光武十一年七月十七日起案 宮內府

秘書課長 文書課長 蓋印 發送

主任 參書局長 課長 課員

總理大臣 書記官長

左開案을處辦ᄒᆞ심을望ᄒᆞᆷ

通牒 第 號

借交ᄒᆞ신承文院 啓下咨文冊合十二局은領到ᄒᆞ

엿ᄉᆞ오나就中第一第二第三第四第五第六卷

과第十一第十二卷과第十六卷合九局가未到

2-①

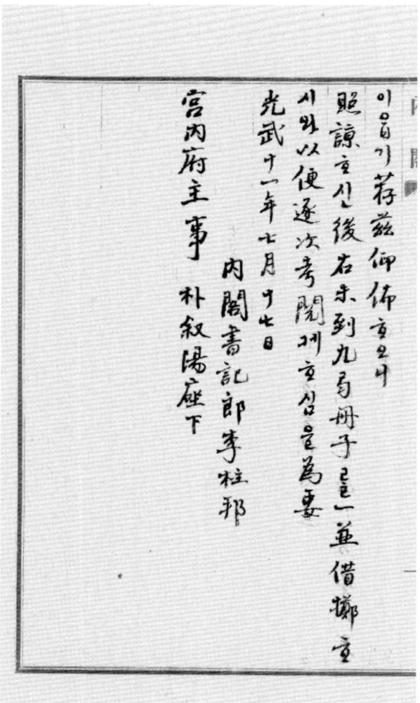

이옵기符玆仰佈ᄒᆞ오니

照諒ᄒᆞ신後右未到九局冊子를一並借撥ᄒᆞ

시와以便逐次考閱케ᄒᆞ심을爲要

光武十一年七月十七日

內閣書記郎 李柱邦

宮內府主事 朴叙陽座下

2-②

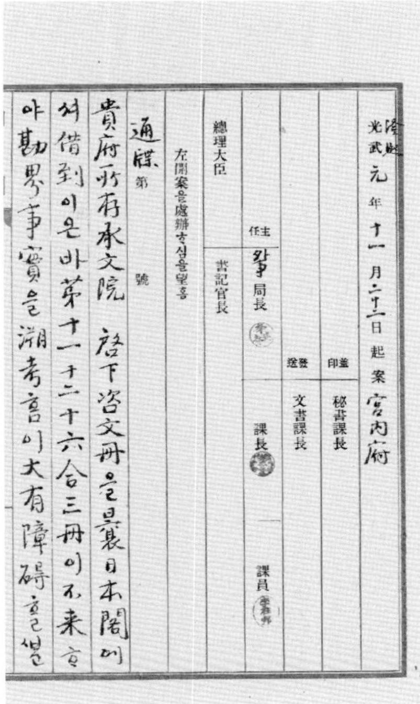

隆熙
光武 元年 十一月二十二日 起案 宮內府

印鑑 秘書課長　發送 文書課長

主任 掌事局長　課長　課員

總理大臣

書記官長

左開案을處辦ᄒ심을望홈

通牒 第　號

貴府所存承文院 啓下咨文冊을曩日本閣에서借到이온바第十一 十二 十六合三冊이不來ᄒ야勘界事實을溯考홈이大有障礙ᄒ온뿐

3-①

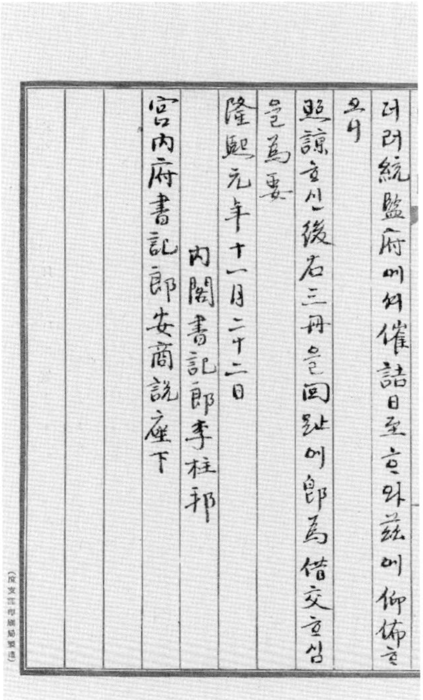

더러統監府에서催詰日至ᄒ오와玆에仰佈ᄒ오니照諒ᄒ신後右三冊을回趾에卽爲借交ᄒ심을爲要

隆熙元年十一月二十二日

內閣書記郎李柱邦

宮內府書記郎安商說座下

3-②

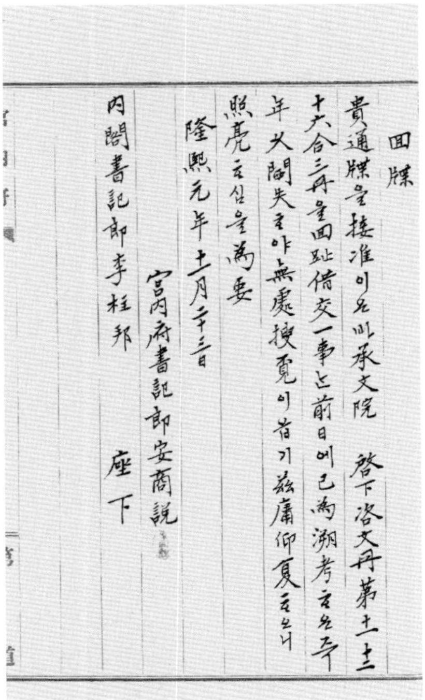

回牒

貴通牒을接准이온바承文院 啓下咨文冊第十一 十二 十六合三冊을回趾借交一事ᄂ前日에已爲溯考ᄒ온今年에闕失ᄒ야無處搜覓이옵기玆庸仰復ᄒ오니照亮ᄒ심을爲要

隆熙元年十一月二十三日

宮內府書記郎安商說

內閣書記郎李柱邦 座下

4-①

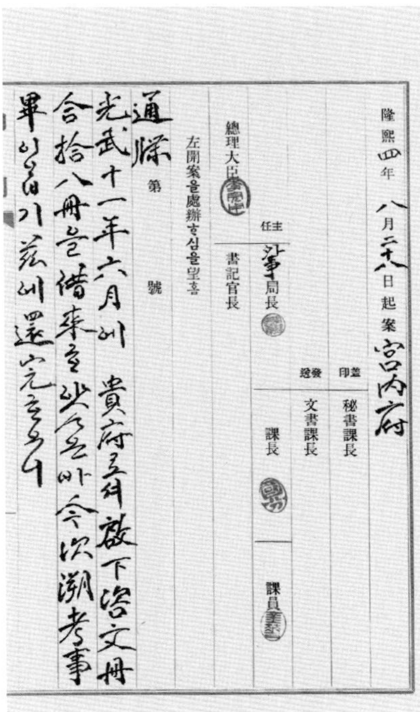

隆熙四年 八月二十八日 起案 宮內府

印鑑 秘書課長　發送 文書課長

主任 掌事局長　課長　課員

總理大臣

書記官長

左開案을處辦ᄒ심을望홈

通牒 第　號

光武十一年六月에 貴府로서 啓下咨文冊合拾八冊을借來ᄒ얏ᄉ온바今次溯考事畢이옵기玆에還完ᄒ오니

5-①

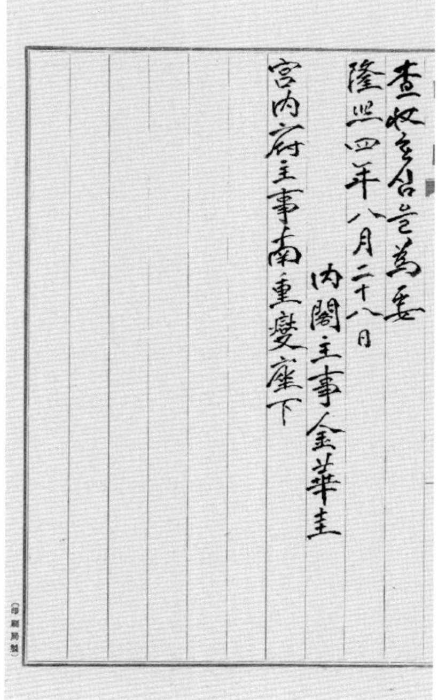

査收ᄒ심을爲要

隆熙四年八月二十八日

內閣主事金華圭

宮內府主事南重燮座下

5-②

各部請議書存案

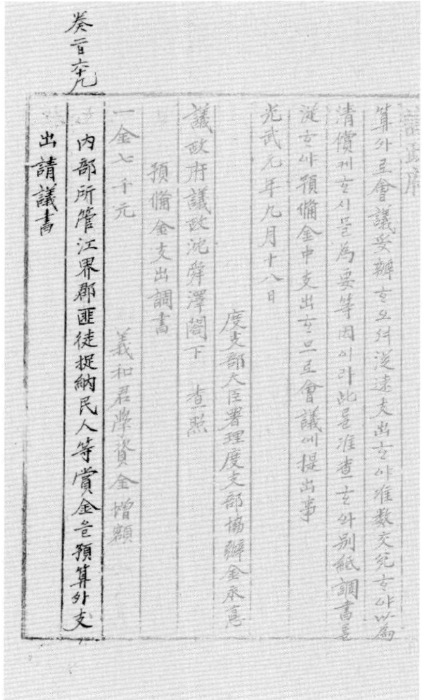

奏百六九

議政府

算外로會議妥辦ᄒᆞ오付從速支出ᄒᆞ야准數交紀ᄒᆞ야以爲
清償케ᄒᆞ시믈爲要等因이라此를准查ᄒᆞ와别紙調書를
從ᄒᆞ야預備金中支出ᄒᆞ므로會議에提出事
光武元年九月十八日
度支部大臣署理度支部協辦金永悳
議政府議政沈舜澤閣下 查照
預備金支出調書
一金七千元 義和君學資金增額
內部所管江界郡匪徒捉納民人等賞金을預算外支
出請議書

1-①

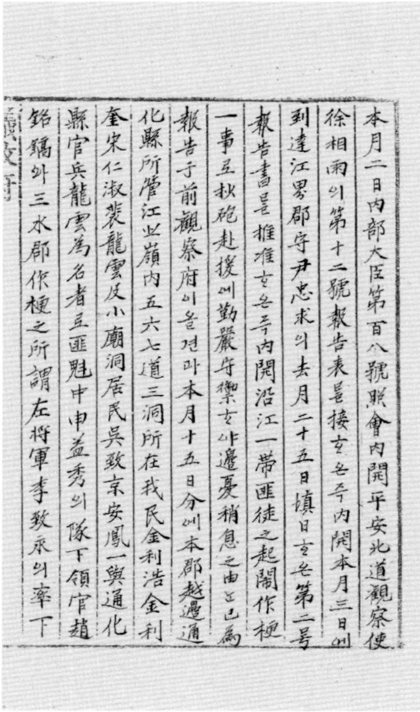

本月二日內部大臣第百八號照會內開平安北道觀察使
徐相雨의第十二號報告表를接ᄒᆞ온즉內開本月三日에
到達江界郡守尹忠求의去月二十五日塡日ᄒᆞ온第二号
報告書를推准ᄒᆞ온즉內開沿江一帶匪徒之起鬧作梗
一事로秋砲赴援에勤嚴守禦ᄒᆞ야邊憂稍息之由로已爲
報告于前觀察府이옵거니와本月十五日分에本郡越邊通
化縣所管江北嶺內五六七道三洞所在我民金利浩金利
奎宋仁淑裴龍雲及小廟洞居民吳致京安鳳一與通化
縣官兵龍雲爲名者로匪魁中申益秀의隊下領官趙
銘鎬와三水郡作梗之所謂左將軍李致永의率下

議政府

1-②

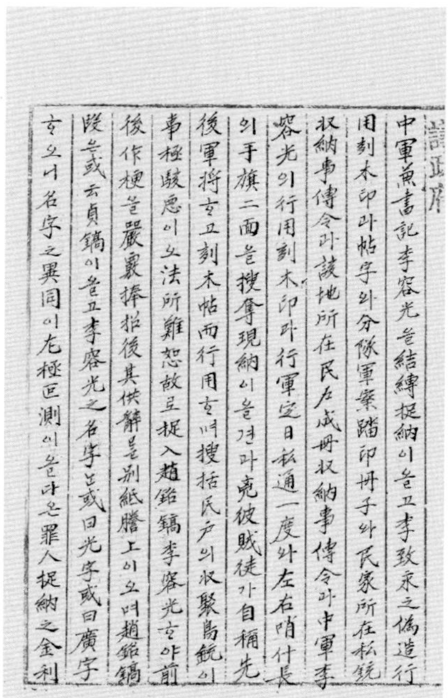

議政府

中軍兼書記李容光을結縛捉納이옵고李致永之僞造行
用刻木印과帖字와分隊軍案踏印冊子와民家所在私銃
收納事傳令과該地所在民戶成冊收納事傳令과中軍李
容光의行用刻木印과行軍定日私通一度와左右哨什長
의手旗二面을搜奪現納이옵거니와究彼賊徒가自稱先
後軍將ᄒᆞ고刻木帖而行用ᄒᆞ며搜括民戶의收聚鳥銃이
事極駭悪이오法所難恕故로捉入趙銘鎬李容光ᄒᆞ야前
後作梗을嚴覈捧招後其供辭를別紙謄上이오며趙銘鎬
段은或云貞鎬이옵고李容光之名字는或曰光字或曰廣字
ᄒᆞ오니名字之異同이尤極叵測이옵다온罪人捉納之金利

1-③

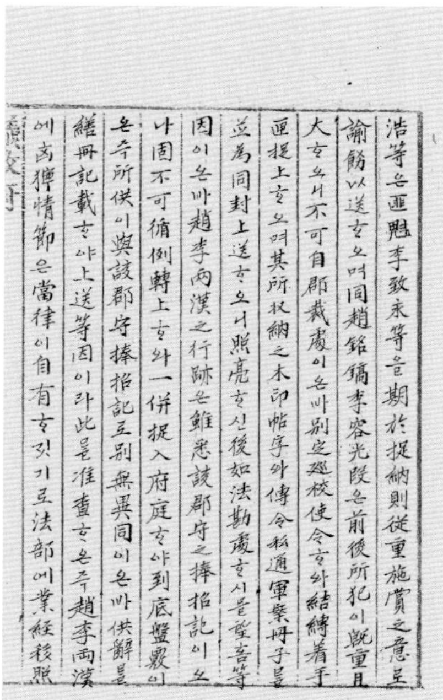

浩等은匪魁李致永等을期於捉納則從重施賞之意로
諭飭以送ᄒᆞ오며同趙銘鎬李容光段은前後所犯이既重且
大ᄒᆞ오니不可自郡裁處이온바別定巡校使令ᄒᆞ와結縛着手
匣捉上ᄒᆞ오며其所收納之木印帖字와傳令私通軍案冊子를
並爲同封上送ᄒᆞ오니照亮ᄒᆞ신後如法勘處ᄒᆞ시믈望喜等
因이온바趙李兩漢之行跡은雖悉該郡守之捧招記이오
나固不可循例轉上ᄒᆞ와一併捉入府庭ᄒᆞ야到底盤覈이
온즉所供이與該郡守捧招記로別無異同이온바供辭를
繕冊記載ᄒᆞ야上送等因이라此를准查ᄒᆞ온즉趙李兩漢
에凶獰情節은當律이自有ᄒᆞ깃기로法部에業經移照

議政府

1-④

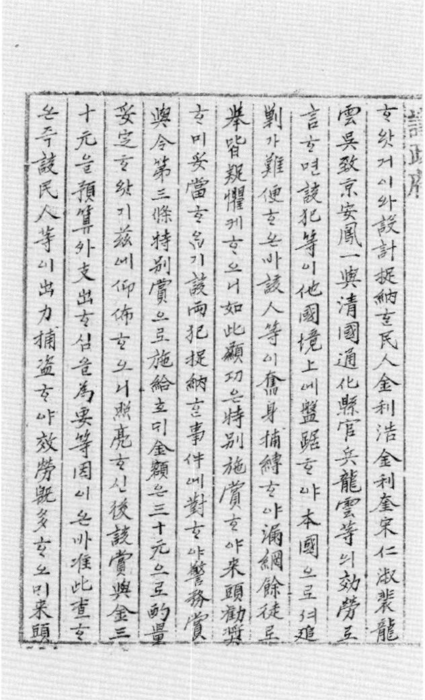

ᄒᆞᆺ거니와該討捉納ᄒᆞᆫ民人金利浩金利奎宋仁淑裴龍
雲吳致京安鳳一與淸國通化縣官兵龍雲等의効勞로
言ᄒᆞ면該犯等이他國境上에盤踞ᄒᆞ야本國으로往追
剿가難便ᄒᆞᆫ바該人等이奮身捕縛ᄒᆞ야漏網餘徒로
擧皆覬懼케ᄒᆞ오니如此顯功은特別施賞ᄒᆞ야來頭勸奬
ᄒᆞ미妥當ᄒᆞᆯ기該兩犯捉納ᄒᆞᆫ事件에對ᄒᆞ야警務廳
與令第三條特別賞으로施給ᄒᆞᆫ디金額은三十元으로酌量
妥定ᄒᆞᆺ기玆에仰佈ᄒᆞ오니照亮ᄒᆞ신後該賞與金三
十元을預算外支出ᄒᆞ심을爲要等因이온바准此査ᄒᆞ
온즉該民人等이出力捕盜ᄒᆞ야效勞旣多ᄒᆞ오미來頭

1-⑤

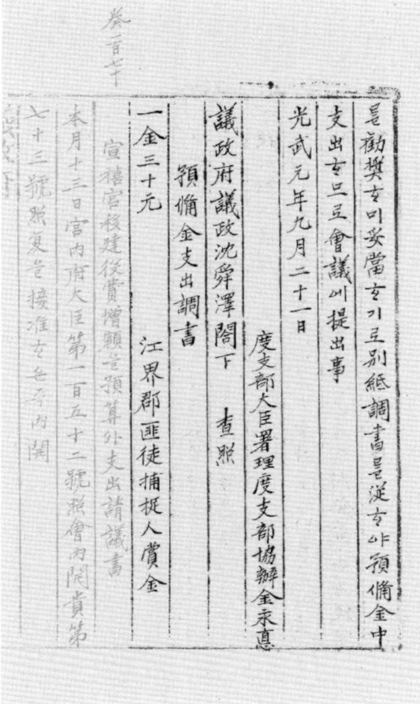

奏一百七十

를勸奬ᄒᆞ미妥當ᄒᆞ기로別紙調書를從ᄒᆞ야預備金中
支出ᄒᆞᆷ으로會議에提出事
光武元年九月二十一日
度支部大臣署理度支部協辦金永悳
議政府議政沈舜澤閣下 査照
預備金支出調書
一金三十元 江界郡匪徒捕捉人賞金
宣禧宮移建役費增額을預算外支出請議書
本月十三日宮內府大臣第一百五十二號照會內開貴第
七十三號照覆을接准ᄒᆞ온즉內開

1-⑥

奏二百六

合下錢二千一百八十一兩一戔五分
作銀四百三十六元二十三戔
軍部所管三水郡淸匪作擾時防守費를預算外支
出請議書第百七十號
軍部大臣第二百三號照會를接准ᄒᆞ온즉內開에卽接咸鏡南
道觀察使黃耆淵報告內開에現接三水郡守蔡奎昇報稱
本郡今春經擾時에守城砲二十名은留屯邑中ᄒᆞ와自陰曆
三月初一日至四月初一日合六十日每日每名에飯費五戔式合錢
六百兩이오各社私砲一百名招募ᄒᆞ야各要路隘口에防守이옵
ᄂᆞᆫ되自陰曆閏三月初三日至四月初四日合三十日每日每名의飯

2-①

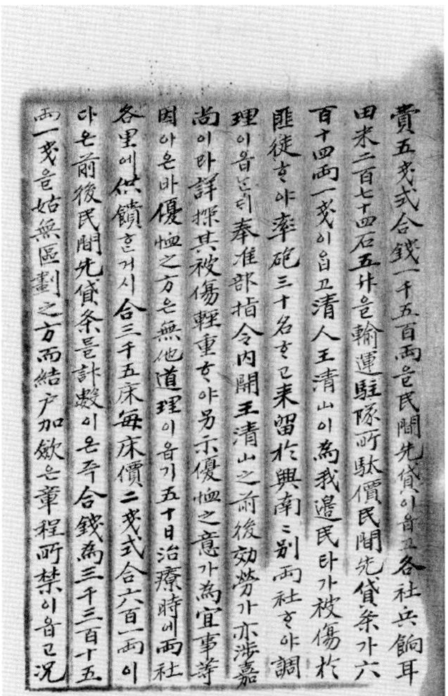

費五戔式合錢一千五百兩을民間先貸이옵고各社兵餉耳
田米二百七十四石五斗을輸運駐隊所馱價民間先貸条가六
百十四兩一戔이옵고淸人王淸山이爲我邊民타가被傷於
匪徒ᄒᆞ야率砲三十名ᄒᆞᆫ已來留於興南ㄷ別兩社ᄒᆞ야調
理이옵ᄂᆞᆫ되奉准部指令內開王淸山之前後効勞가亦涉嘉
尙이라詳探其被傷輕重ᄒᆞ야另示優恤之意가爲宜事等
因아온바優恤之方은無他道理이옵기五十日治療時에兩社
各里에供饋ᄒᆞᆫ거시合三千五床每床價二戔式合六百一兩이
다온前後民間先貸条를計數이온즉合錢爲三千三百十五
兩一戔을姑無區劃之方而結戶加斂은章程所禁이옵고況

2-②

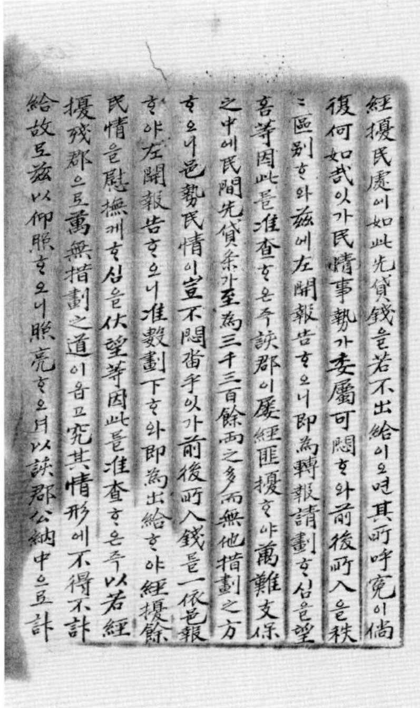
經擾民處에如此先貸錢을若不出給이오면其所呼冤이尙
復何如哉잇가民情事勢가委屬可悶ᄒᆞ와前後所入을秩
〻區別ᄒᆞ와玆에左開報告ᄒᆞ오니即爲轉報請劃ᄒᆞ심을望
喜等因此를准查ᄒᆞ온즉該郡이屢經匪擾ᄒᆞ야萬難支保
之中에民間先貸条가至爲三千三百餘兩之多而無他措劃之方
ᄒᆞ오니邑勢民情이豈不悶沓乎잇가前後所入錢을一依邑報
ᄒᆞ야左開報告ᄒᆞ오니准數劃下ᄒᆞ와即爲出給ᄒᆞ야經擾餘
民情을慰撫케ᄒᆞ심을伏望等因此를准查ᄒᆞ온즉以若經
擾殘郡으로萬無措劃之道이옵고究其情形에不得不許
給故로玆以仰照ᄒᆞ오니照亮ᄒᆞ오셔以該郡公納中으로許

2-③

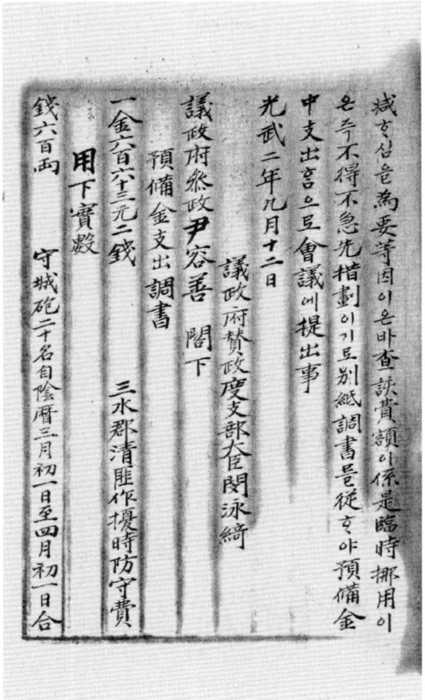
減ᄒᆞ심을爲要等因이온바查該費額이係是臨時挪用이
온즉不得不急先措劃이기로別紙調書를從ᄒᆞ야預備金
中支出ᄒᆞᆷ으로會議에提出事
光武二年九月十二日
議政府贊政度支部大臣閔泳綺
議政府參政尹容善 閣下
預備金支出調書
一金六百六十三元二錢　三水郡淸匪作擾時防守費
用下實數
錢六百兩　守城砲二十名自陰曆三月初一日至四月初一日合

2-④

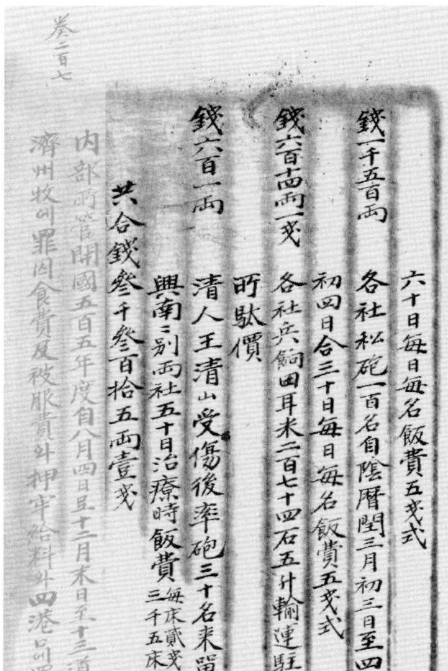
卷二百七
六十日每日每名飯費五戔式
錢一千五百兩　各社松砲一百名自陰曆閏三月初三日至四月
初四日合三十日每日每名飯費五戔式
錢六百六兩一戔　各社兵餉四耳米二百七十四石五升輸運駐隊
所駄價
錢六百一兩　淸人王淸山受傷後率砲三十名來留於
興南〻別兩社五十日治療時飯費 每床貳戔式 三千五床價
共合錢參千參百拾五兩壹戔
內部所管開國五百五年度自八月四日至十二月末日至十三道와
濟州牧에罪囚食費及被服費와押牢給料와四港口에罪囚

2-⑤

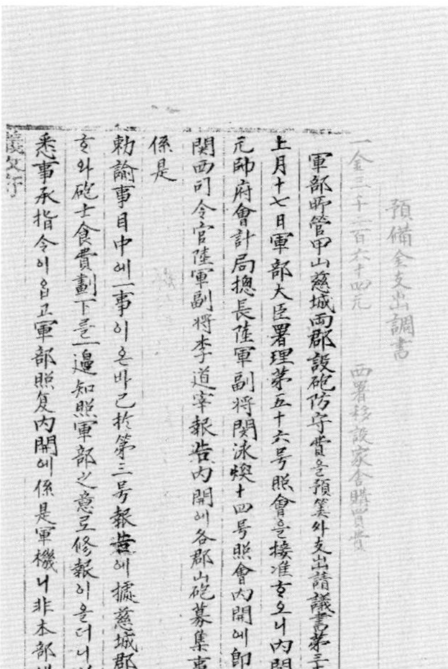
預備金支出調書
一金三千二百六十四元　西署移設家舍購買費
軍部所管甲山慈城兩郡設砲防守費을預筭外支出請議書第三十三號
上月十七日軍部大臣署理第五十六號照會을接准ᄒᆞ오니內開
元帥府會計局摠長陸軍副將閔泳煥十四號照會內開에節接
關西司令官陸軍副將李道宰報告內開에各郡山砲募集事는
係是
勅諭事目中에一事이온바已於第三號報告에據慈城郡報
ᄒᆞ와砲士食費劃下를一邊知照軍部之意로修報이올더니以認
悉事承指令이ᄋᆞᆸ고軍部照復內開에係是軍機니非本部에所

3-①

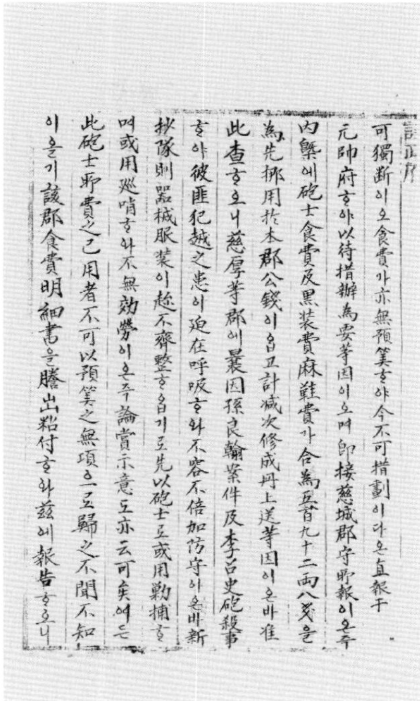
議政府
可獨斷이오食費가亦無預筭ᄒᆞ야今不可措劃이온直報于
元帥府ᄒᆞ야以待措辦爲要等因이오며卽接慈城郡守所報이온즉
內槩에砲士食費及黑裝費麻鞋費가合爲五百九十二兩八戔을
爲先挪用於本郡公錢이옵고計減次修成冊上送等因이온바准
此査ᄒᆞ오니慈厚等郡에屢因孫良翰案件及李吕史砲殺事
ᄒᆞ야彼匪犯越之患이迫在呼吸ᄒᆞ와不容不倍加防守이온바新
抄隊則器械服裝이趂不齊整ᄒᆞ옵기로先以砲士로或用勦捕ᄒᆞ
며或用巡哨ᄒᆞ와不無効勞이온즉論賞示意로亦云可矣어든
此砲士所費之已用者不可以預筭之無項으로歸之不聞不知
이옵기該郡食費明細書을謄出粘付ᄒᆞ와玆에報告ᄒᆞ오니

3-②

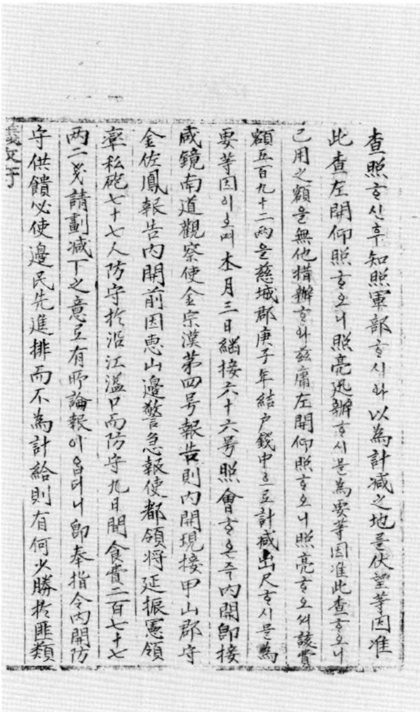
査照ᄒᆞ신후知照軍部ᄒᆞ시와以爲計減之地를伏望等因准
此査左開仰照ᄒᆞ오니照亮迅辦ᄒᆞ시믈爲要等因准此査ᄒᆞ오니
已用之額을無他措辦ᄒᆞ와玆庸左開仰照ᄒᆞ오니照亮ᄒᆞ오셔該費
額五百九十二兩을慈城郡庚子年結戶錢中으로計減出尺ᄒᆞ시믈爲
要等因이오며本月三日繼接六十六号照會ᄒᆞ온즉內開卽接
咸鏡南道觀察使金宗漢第四号報告則內開現接甲山郡守
金佐鳳報告內開前因惠山邊警急報使都領將延振憲領
率私砲七十七人防守於沿江溢口而防守九日間食費二百七十七
兩二戔請劃減下之意로有所論報이옵더니卽奉指令內開防
守供饋必使邊民先進排而不爲計給則有何必勝於匪類

3-③

議政府
蕩乎哀此邊民必不能自保一朝渙散只有一片空地則必爲賊
藪更無防守之望豈忍使
祖宗疆土委棄於匪類乎擅撥公錢雖未安他旣無措劃之方
先以公錢中一一計給使邊民安土爲急務也以擅撥獲罪未使
固所甘心向事等因上項防守費二百七十七兩二戔을沿邊各該
社에以公錢中一一計給ᄒᆞ옵고社名錢數을左開控報ᄒᆞ오니査
照ᄒᆞ시믈伏望等因이온바邊情事勢連續馳報이올연과沿
江隘口에苟非私砲之防守면匪類焚蕩ᄒᆞ야邊民이不能自保
에一朝渙散ᄒᆞ야只留一片空地則必爲賊藪라以防守間食費
之有難區劃으로不可拋實故砲士食費은公錢中으로先爲

3-④

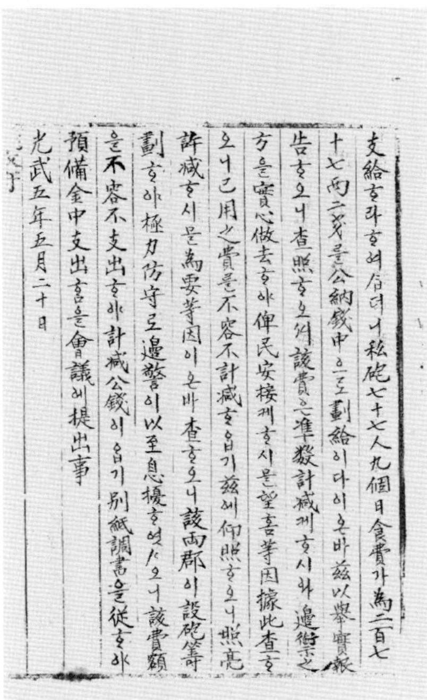
支給ᄒᆞ라ᄒᆞ엿ᄉᆞᆸ더니私砲七十七人九個日食費가爲二百七
十七兩二戔을公納錢中으로劃給이다이온바玆以擧實報
告ᄒᆞ오니査照ᄒᆞ오셔該費은準數計減케ᄒᆞ시와邊禦之
方을實心做去ᄒᆞ야俾民安接케ᄒᆞ시믈望喜等因據此査ᄒᆞ
오니已用之費를不容不計減ᄒᆞ옵기玆에仰照ᄒᆞ오니照亮
許減ᄒᆞ시믈爲要等因이온바査ᄒᆞ오니該兩郡이設砲籌
劃ᄒᆞ야極力防守로邊警이以至息擾ᄒᆞ엿ᄉᆞ오니該費額
을不容不支出ᄒᆞ야計減公錢이옵기別紙調書을從ᄒᆞ야
預備金中支出ᄒᆞᆷ을會議에提出事
光武五年五月二十日

3-⑤

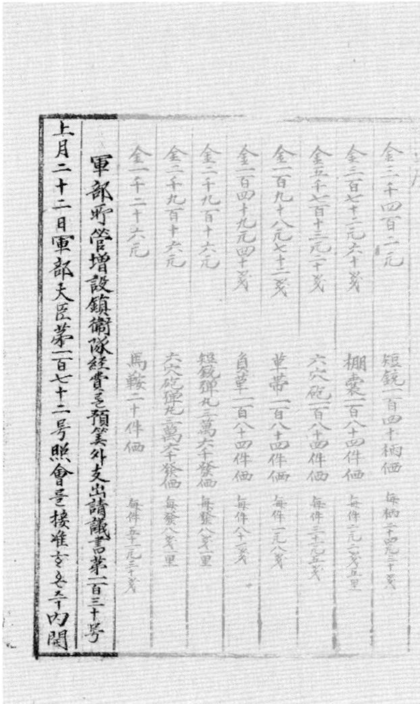

金二千四百二元 短銃一百四十柄價 每柄[illegible]
金三百七十二元六十戔 棚橐一百八十四件價 每件二元二戔五里
金五千七百十三元二十戔 六穴砲一百八十四件價 每件三十一元五十戔
金一百九十八元七十二戔 革帶一百八十四件價 每件一元八戔
金一百四十九元四十戔 負革一百八十四件價 每件八十一戔
金二千九百十六元 短銃彈丸三萬六千發價 每發八戔一里
金二千九百十六元 六穴砲彈丸三萬六千發價 每發八戔一里
金一千二十六元 馬鞍二十件價 每件五十一元三十戔
軍部所管增設鎭衛隊經費를預筭外支出請議書第一百三十號
上月二十二日軍部大臣第一百七十二號照會를接准ᄒᆞ온즉內開

4-①

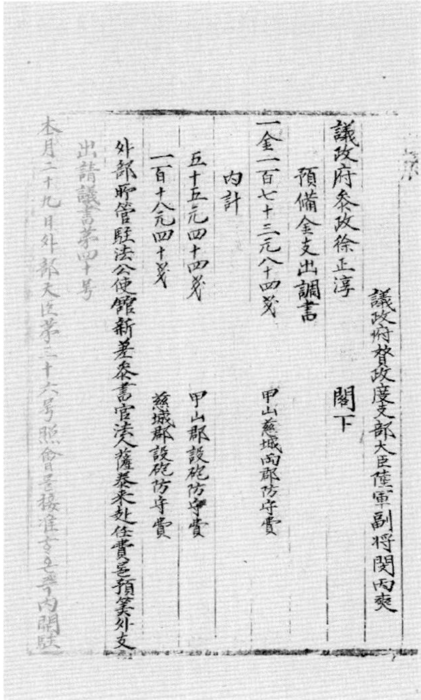

議政府贊政度支部大臣陸軍副將閔丙奭
議政府叅政徐正淳 閣下
預備金支出調書
一金一百七十三元八十四戔 甲山蔘城兩郡防守費
內計
五十五元四十四戔 甲山郡設砲防守費
一百十八元四十戔 蔘城郡設砲防守費
外部所管駐法公使館新差叅書官法人薩棻來赴任費를預筭外支
出請議書第四十號
本月二十九日外部大臣第二十六號照會를接准ᄒᆞ온즉內開

3-⑥

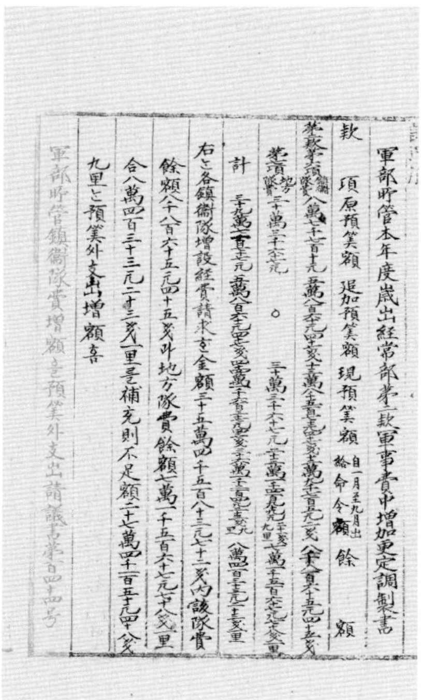

軍部所管本年度歲出經常部第二款軍事費中增加更定調製書
款 項 原預筭額 追加預筭額 現預筭額 自一月至九月出給命令額 餘額
[illegible]
計 [illegible]
右ᄂᆞᆫ各鎭衛隊增設經費請求ᄒᆞᆫ金額三十五萬四千五百八十三元七十二戔內該隊費
餘額八千八百六十五元四十五戔과地方隊費餘額七萬一千五百六十七元七十八戔一里
合八萬四百三十三元二十三戔八里를補充則不足額二十七萬四千一百五十元四十八戔
九里ᄂᆞᆫ預筭外支出增額ᄒᆞᆷ
軍部所管鎭衛隊費增額을預筭外支出請議書第一百四十四號

4-③

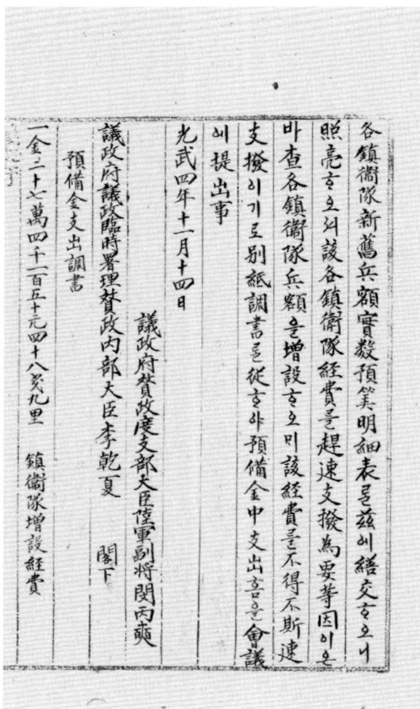

各鎭衛隊新舊兵額實數預筭明細表를玆에繕交ᄒᆞ오니
照亮ᄒᆞ오셔該各鎭衛隊經費를趕速支撥爲要等因이온
바査各鎭衛隊兵額을增設ᄒᆞ오미該經費를不得不斯速
支撥이기로別紙調書를從ᄒᆞ야預備金中支出ᄒᆞᆷ을會議
에提出事
光武四年十一月十四日
議政府贊政度支部大臣陸軍副將閔丙奭
議政府議政臨時署理贊政內部大臣李乾夏 閣下
預備金支出調書
一金二十七萬四千一百五十元四十八戔九里 鎭衛隊增設經費

4-②

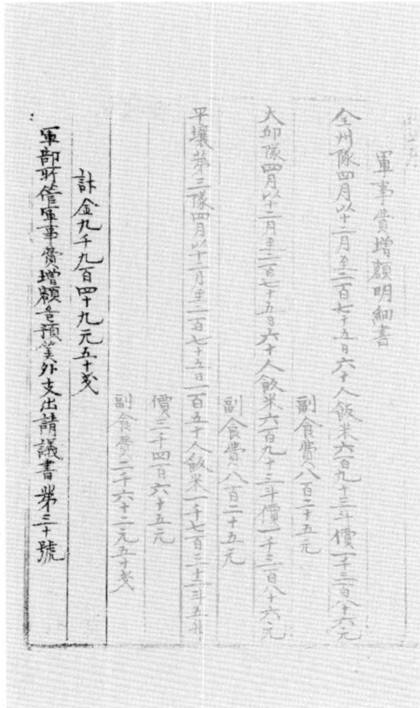
軍事費增額明細書
全州隊四月以十二月至二百七十五日六十人飯米六百九十三斗價一千三百八十六元
副食費八百二十五元
大邱隊四月以十二月至二百七十五日六十人飯米六百九十三斗價一千三百八十六元
副食費八百二十五元
平壤第三隊四月以十二月至二百七十五日一百五十人飯米一千七百三十二斗五升
價三千四百六十五元
副食費二千六十二元五十戔
計金九千九百四十九元五十戔
軍部所管軍事費增額을預筭外支出請議書 第三十號

5-①

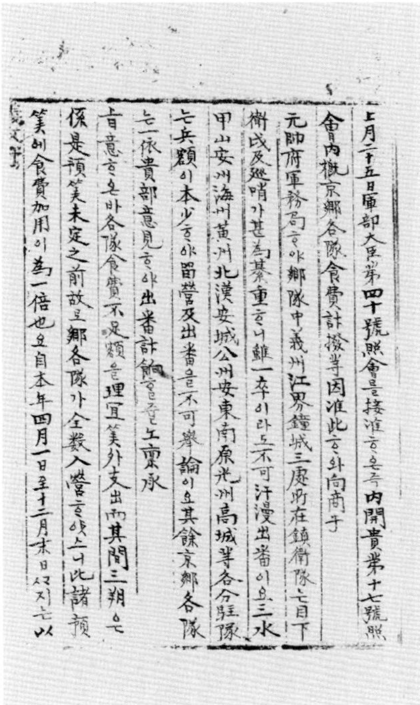
上月二十五日軍部大臣第四十號照會를接准ᄒᆞ온즉內開貴第十七號照
會內槪京鄕各隊食費計撥等因准此ᄒᆞ와向商于
元帥府軍務局ᄒᆞ야鄕隊中義州江界鍾城三處所在鎭衛隊ᄂᆞᆫ目下
衛戍及邏哨가甚爲緊重ᄒᆞ니雖一卒이라도不可汗漫出番이오三水
甲山安州海州黃州北漢安城公州安東南原光州高城等各分駐隊
ᄂᆞᆫ兵額이本少ᄒᆞ야留營及出番을不可擧論이오其餘京鄕各隊
ᄂᆞᆫ一依貴部意見ᄒᆞ야出番計餉ᄒᆞᆷ을已稟承
旨意ᄒᆞ온바各隊食費不足額을理宜筭外支出而其間三朔은
係是預筭未定之前故로鄕各隊가全數入營ᄒᆞ얏ᄉᆞ니此諸預
筭에食費加用이爲一倍也오自本年四月一日至十二月末日ᄭᆞ지ᄂᆞᆫ以

5-②

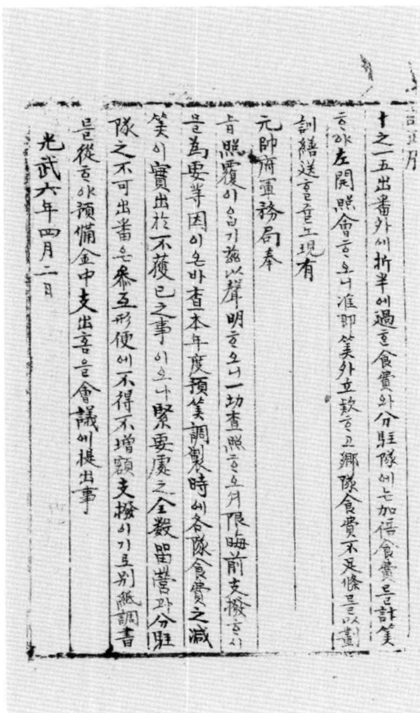
十之一五出番外에折半에過ᄒᆞᆫ食費와分駐隊에ᄂᆞᆫ加倍食費를計筭
ᄒᆞ야左開照會ᄒᆞ오니准卽筭外立款ᄒᆞ고鄕隊食費不足條를以劃
訓繕送ᄒᆞᆷ을立現有
元帥府軍務局奉
旨照覆이옵기玆以聲明ᄒᆞ오니一切查照ᄒᆞ오셔限晦前支撥ᄒᆞ시
믈爲要等因이온바查本年度預筭調製時에各隊食費之減
筭이實出於不獲已之事이오나緊要處之全數留營과分駐
隊之不可出番은參互形便에不得不增額支撥이기로別紙調書
를從ᄒᆞ야預備金中支出ᄒᆞᆷ을會議에提出事
光武六年四月二日

5-③

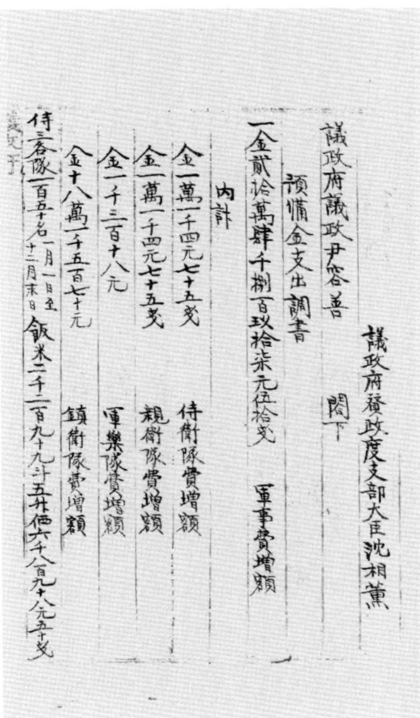
議政府贊政度支部大臣沈相薰
議政府議政尹容善 閣下
預備金支出調書
一金貳拾萬肆千捌百玖拾柒元伍拾戔 軍事費增額
內計
金一萬一千四元七十五戔 侍衛隊費增額
金一萬一千四元七十五戔 親衛隊費增額
金一千三百十八元 軍樂隊費增額
金十八萬一千五百七十元 鎭衛隊費增額
侍三各隊一百五十名 一月一日至十二月末日 飯米二千二百九十九斗五升價六千八百九十八元五十戔

5-④

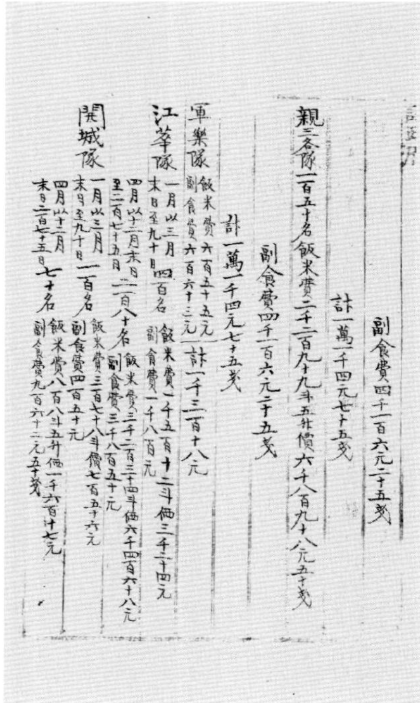

5-⑤

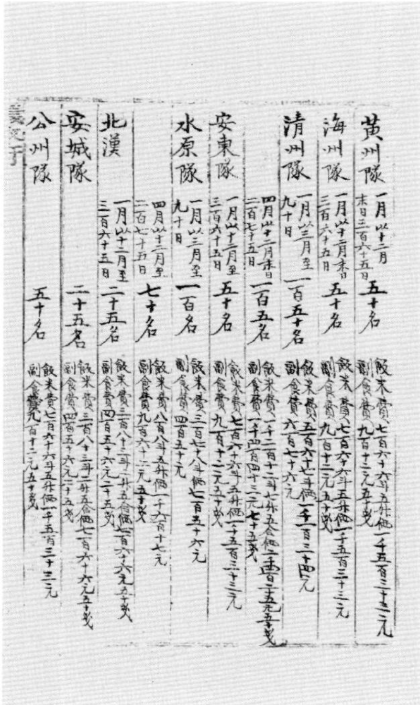

5-⑥

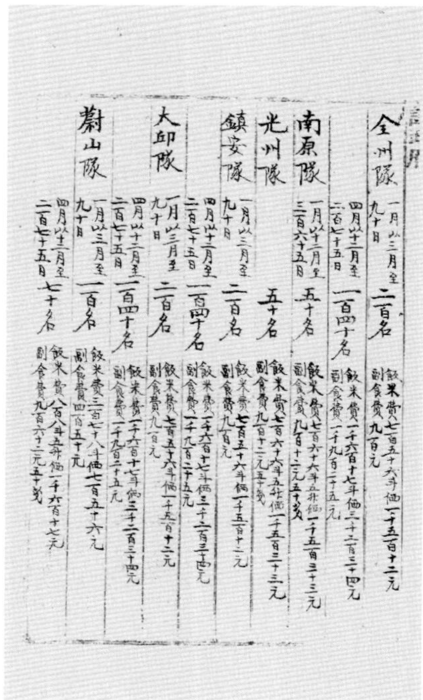

5-⑦

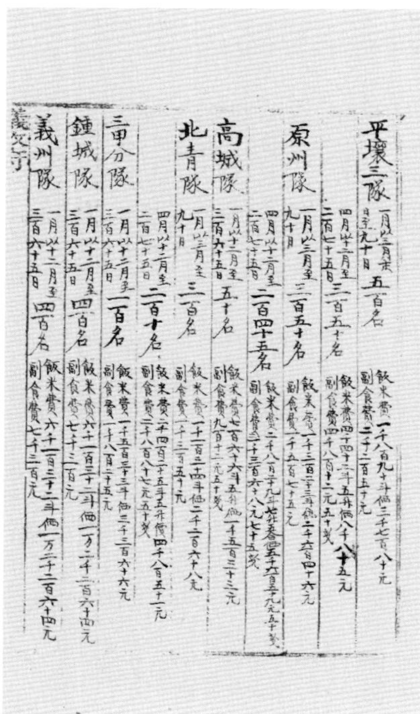

5-⑧

江界隊 一月以十二月至三百六十五日 四百名 飯米費六千二百三十二石価一萬二千二百六十四元 副食費七千三百元
許十八萬一千五百七十元
合許金二十萬四千八百九十七元五十戔

5-⑨

一金五百二十四元 我國漂民自清國救還費
內許
金五百元 漂民七十名救還費
金二十四元 同電滙費
軍部所管關西沿邊各郡防守費를預筭外支出請議書第二十七号
上月二十三日軍部大臣署理第五十二號照會를接准ᄒᆞ온즉內開에五
年十一月에因 元帥府照會ᄒᆞ야以慈城厚昌渭原楚山碧潼江界等
六郡防守費를依左開各該郡公錢中劃撥事로業經知照在檔이거
니와經年閱歲에尚未承復ᄒᆞ니殊形訝鬱이오며盖各該郡防守費
ᄂᆞᆫ想預伊時形便ᄒᆞ야不容不劃下者也라已詳於前照而該費를無
議政府

6-①

議政府
路區處ᄒᆞ야府郡聞告問之報가課日踵至이옵기荐玆仰照ᄒᆞ오
니照諒ᄒᆞ오셔該防守費를詳考於前照左開ᄒᆞ오셔各該郡公錢
中依數計撥ᄒᆞ심을爲要等因이온바查砲士之奮身赴防이已과可
念이오各該郡食費挪用을不可不劃撥이기로別紙調書를從ᄒᆞ야預
備金中支出ᄒᆞᆷ을會議에提出事
光武七年五月十三日
議政府贊政度支部大臣金聲根
議政府議政李根命 閤下
預備金支出調書
一金一千五百九十六元十七戔八里 關西沿邊各郡防守費

6-②

左開
慈城郡內三處防守費二百三十二兩五戔八分
沿邊防守費一千三百九十三兩三戔五分
厚昌郡 防守費二千七十五兩四分
渭原郡 沿邊巡哨及防守費三百六兩四戔七分
防守費一千八百二十三兩七戔一分
楚山郡忠義 出駐費六百三十七兩七分
碧潼郡 沿邊防守費三百三十九兩六戔七分
江界 防守費一千一百七十三兩
計七千九百八十兩八戔九分
議政府

6-③

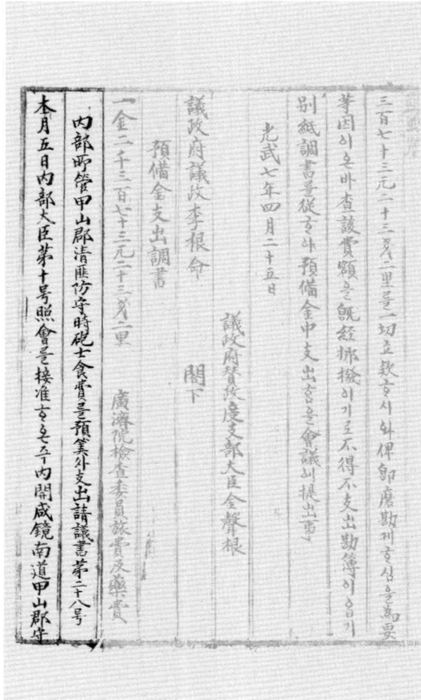

三百七十三元二十三戔二里를一切立款ᄒ시와俾卽應勘ᄒ게ᄒ심을爲要
等因이온바査該賞額은旣經排撿이기로不得不支出勘簿이옵기
別紙調書를從ᄒ와預備金中支出ᄒ음을會議에提出事
光武七年四月二十五日
議政府賛政度支部大臣金聲根
議政府議政李根命 閣下
預備金支出調書
一金二千三百七十三元二十三戔二里 廣濟院檢査委員旅費及藥價
內部所管甲山郡清匪防守時砲士食賞을預筭外支出請議書第二十八號
本月五日內部大臣第十號照會를接准ᄒ온즉內開咸鏡南道甲山郡守

7-①

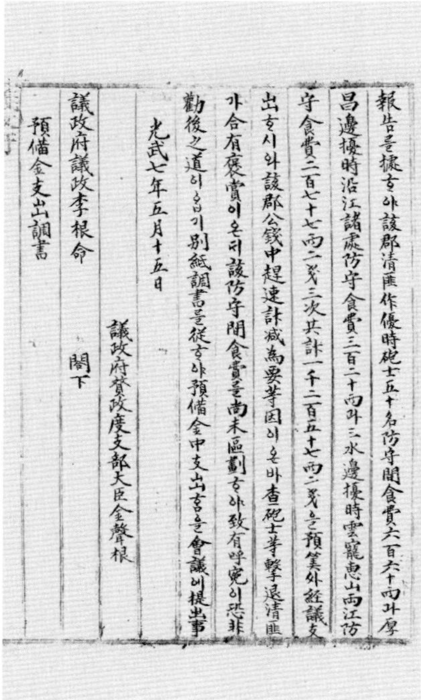

報告를據ᄒ와該郡清匪作儀時砲士五十名防守間食賞六百六十兩과厚
昌邊擾時沿江諸處防守食賞三百二十兩과三水邊擾時雲寵惠山兩江防
守食賞二百七十七兩二戔三次共計一千二百五十七兩二戔을預筭外經議支
出ᄒ시와該郡公錢中趕速許減爲要等因이온바査砲士等擊退清匪
가合有褒賞이온지該防守間食賞을尚未區劃ᄒ와致有呼冤이恐非
勸後之道이옵기別紙調書를從ᄒ와預備金中支出ᄒ음을會議에提出事
光武七年五月十五日
議政府賛政度支部大臣金聲根
議政府議政李根命 閣下
預備金支出調書

7-②

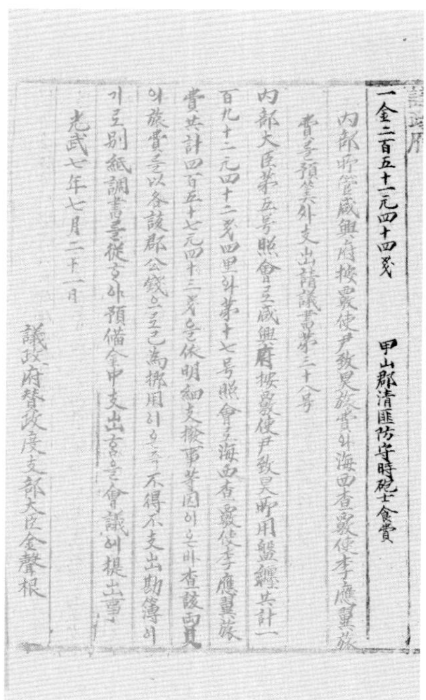

一金二百五十一元四十四戔 甲山郡清匪防守時砲士食賞
內部所管咸興府按覈使尹致昊旅費와海西查覈使李應翼旅
費를預筭外支出請議書第三十八號
內部大臣第五號照會로咸興府按覈使尹致昊所用盤纏共計一
百九十二元四十二戔四里와第十七號照會로海西查覈使李應翼旅
費共計四百五十七元四十二戔을依明細支撥事等因이온바查該旅
의旅費를以各該郡公錢으로已爲推用이온즉不得不支出勘簿이옵
기로別紙調書를從ᄒ와預備金中支出ᄒ음을會議에提出事
光武七年七月二十一日
議政府賛政度支部大臣金聲根

7-③

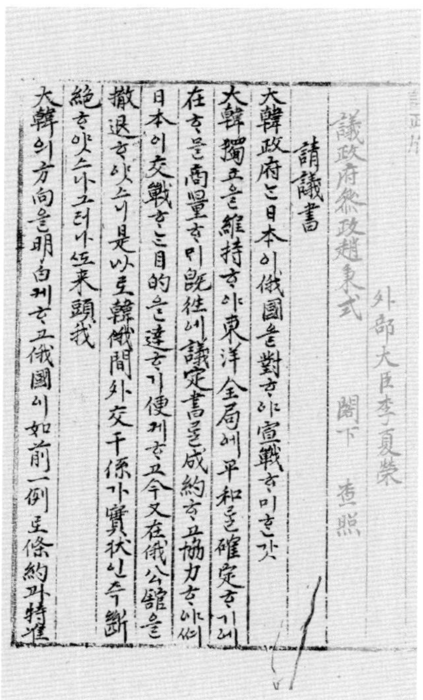

外部大臣李夏榮 閣下 查照
議政府參政趙秉式
請議書
大韓政府ᄂ日本이俄國을對ᄒ야宣戰ᄒ미ᄒᆞᆫ갓
大韓獨立을維持ᄒ야東洋全局에平和를確定ᄒ기에
在ᄒ믈商量ᄒ미旣往에議定書를成約ᄒ고協力ᄒ야쎠
日本이交戰ᄒᄂ目的을達ᄒ기便케ᄒ고今又在俄公館을
撤退ᄒ얏스니是以로韓俄間外交干係가實狀인즉斷
絶ᄒ얏스나그러나從來頭我
大韓의方向을明白케ᄒ고俄國에如前一例로條約과特准

8-①

合同等節에藉口ᄒᆞ야侵略的行爲ᄅᆞᆯ다시못ᄒᆞ도록ᄒᆞ
기爲ᄒᆞ야玆에
勅宣書案을會議에提呈事
光武八年五月十七日
外部大臣李夏榮
議政府參政趙秉式 閣下
勅宣書
一旣往韓俄兩國間에締結ᄒᆞᆫ條約과協定은一體廢罷
ᄒᆞ고全然勿施ᄒᆞᆯ事
一俄國臣民이나會社에認准ᄒᆞᆫ바特許合同中至今尙

8-②

在其期限內者ᄂᆞᆫ自今以後로
大韓政府가以爲無妨ᄒᆞᆫ者ᄂᆞᆫ如前히其認准을繼續
享有케ᄒᆞ나至於豆滿江鴨綠江欝陵島森林伐植特
許ᄒᆞ야ᄂᆞᆫ本來一個人民에게許諾ᄒᆞᆫ거신ᄃᆡ實狀은俄國
政府가自作經營ᄒᆞᆫ것이라該特准規定을遵行치아니
ᄒᆞ고恣意로侵占的行爲ᄅᆞᆯᄒᆞ얏스니該特准은廢罷ᄒᆞ고
全然勿施ᄒᆞᆯ事
漢城內淸潔法設施에關ᄒᆞᆫ請議書
右ᄂᆞᆫ外部第二十一號照會ᄅᆞᆯ接准ᄒᆞ온즉內槩에因日公使
照會內에以司令官原口少將의申陳으로爲軍隊之健康

8-③

理葬費 十元
偵探費 十七元
旅費 十七元
修理費 一百元
新設費 一百元
蹄鉄費 三元 十八元 士卒馬十六匹每一朔三十錢
海関費 一百九十七元 元位未滿三十五錢添入
計一萬一千三百五十一元
軍部所管甲山三水設砲防守費預筭外支出
請議書第八十七号

9-①

本年二月二十五日軍部大臣第四十六號照會ᄅᆞᆯ
接准ᄒᆞ온즉內開光武三年十月十日元帥府軍
務局長趙東潤照會內開卽接咸鏡南道觀察使
朴鳳彬據甲山郡守金佐鳳三水郡守蔡奎昇報
告謄報則淸匪犯越恣行刼掠三甲駐隊兵對陣
交戰之際賊徒以執去我人換着彼服之致砲不幸者
一人同仁社咸井浦衛火民幕十七家沿路各里
民與偵探吏校二人并爲被執者十一人介邨里十
六民家亦爲衛火所經被掠許多牛馬財産姑未及
周察而兩郡守各筒私砲三四十名與駐隊尉官合

9-②

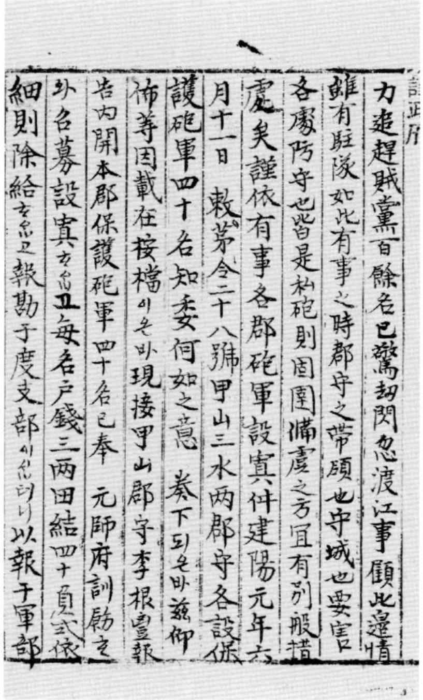
力逐趕賊黨百餘名已驚㥘閃忽渡江事顧此違情
雖有駐隊如此有事之時郡守之帶領也守城也要害
各處防守也皆是私砲則固圍備處之方宜有別般措
處矣謹依有事各郡砲軍設寘件建陽元年六
月十一日 勅第令二十八號甲山三水兩郡守各設保
護砲軍四十名知委何如之意 奏下되온바玆仰
佈等因載在案檔이온바現接甲山郡守李根豊報
告內開本郡保護砲軍四十名已奉 元師府訓飭ᄒᆞ
와名募設寘ᄒᆞᆸ고每名戶錢三兩田結四十負式依
細則除給ᄒᆞᆸ고報勘于度支部이ᄋᆞᆸ더니以報于軍部

9-③

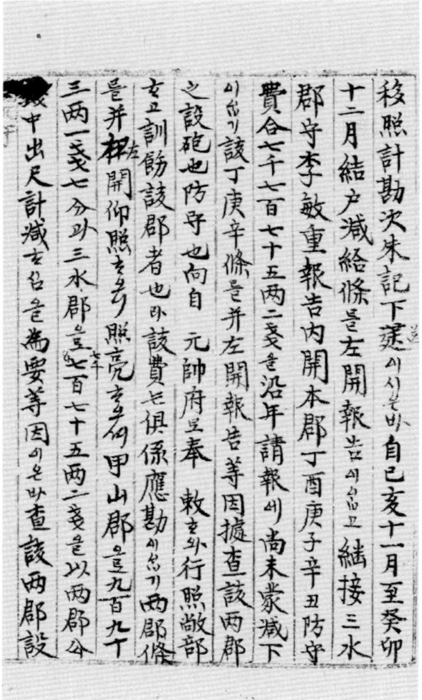
移照計勘次朱記下送이시온바自己亥十一月至癸卯
十二月結戶錢給條를左開報告이ᄋᆞᆸ고繼接三水
郡守李敏重報告內開本郡丁酉庚子辛丑防守
費合七千七百七十五兩二戔을沿年請報에尚未蒙減下
이ᄋᆞᆸ기該丁庚辛條를并左開報告等因據査該兩郡
之設砲也防守也向自 元師府로奉 勅ᄒᆞ와行照敝部
ᄒᆞ고訓飭該郡者也라該費ᄂᆞᆫ俱係應勘이ᄋᆞᆸ기兩郡條
를并左開仰照ᄒᆞ시와照亮ᄒᆞ심을甲山郡은九百九十
三兩一戔七分과三水郡은七千七百七十五兩二戔을以兩郡公
錢中出尺計減ᄒᆞ심을爲要等因이온바査該兩郡設

9-④

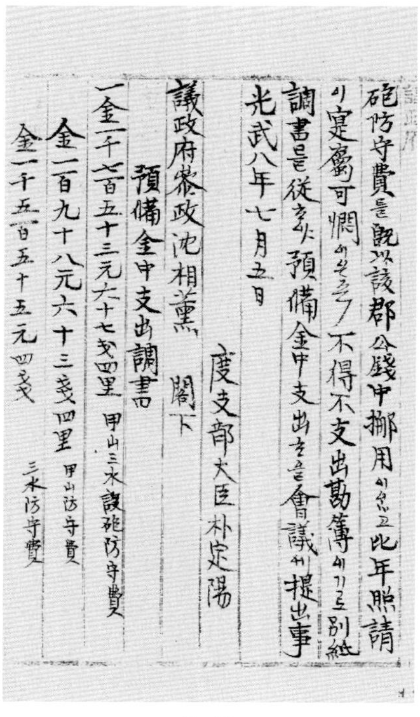
砲防守費를旣以該郡公錢中挪用이ᄋᆞᆸ고此年照請
이寔屬可憫이온즉不得不支出勘簿이기로別紙
請書를從ᄒᆞ야預備金中支出ᄒᆞ믈會議에提出事
光武八年七月五日
度支部大臣 朴定陽
議政府參政 沈相薰 閣下
預備金中支出請書
一金一千七百五十三元六十七戔四里 甲山三水設砲防守費
金一百九十八元六十三戔四里 甲山防守費
金一千五百五十五元四戔 三水防守費

9-⑤

奏本

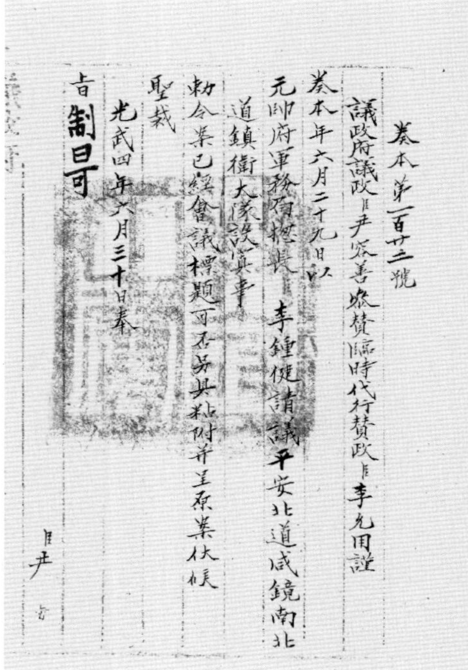
奏本第一百十三號
議政府議政臣尹容善參贊臨時代行贊政臣李允用謹
奏本年六月二十九日以
元帥府軍務局摠長 李鍾健請議平安北道咸鏡南北
道鎭衛大隊設寘事
勅令案已經會議標題同否另具粘附幷呈原案伏候
聖裁
光武四年六月三十日奉
旨
制曰可
臣尹

1-①

臣李

1-②

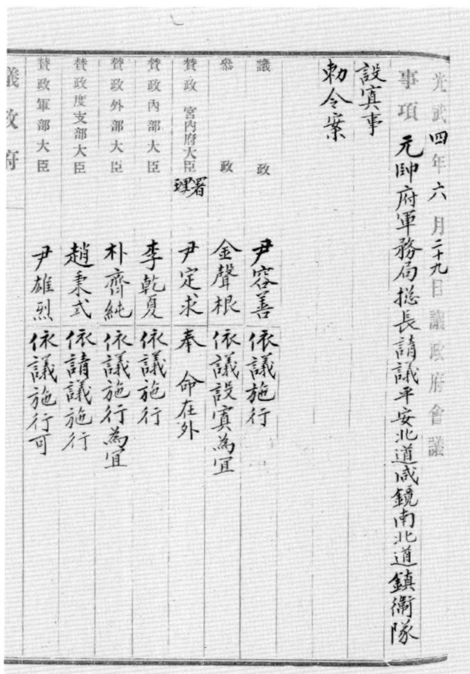
光武四年六月二十九日議政府會議

事項 元帥府軍務局摠長請議平安北道咸鏡南北道鎭衛隊設寘事勅令案

議政府		
議政	尹容善	依議施行
參政	金聲根	依議設寘爲宜
贊政宮內府大臣署理	尹定求	奉 命在外
贊政內部大臣	李乾夏	依議施行
贊政外部大臣	朴齊純	依議施行爲宜
贊政度支部大臣	趙秉式	依請議施行
贊政軍部大臣	尹雄烈	依議施行可

1-③

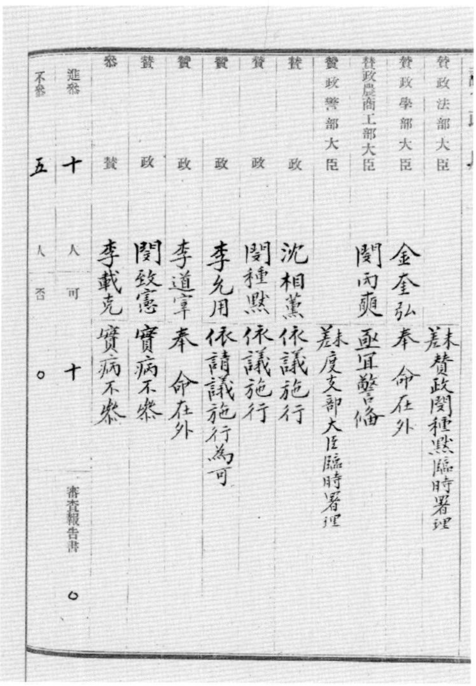
議政府		
贊政法部大臣		差未 贊政閔種默臨時署理
贊政學部大臣	金奎弘	奉 命在外
贊政農商工部大臣	閔丙奭	亟宜整備
贊政警部大臣		差未 度支部大臣臨時署理
贊政	沈相薰	依議施行
贊政	閔種默	依議施行
贊政	李允用	依請議施行爲可
贊政	李道宰	奉 命在外
贊政	閔致憲	實病不參
參贊	李載克	實病不參
進參	十人	可 十
不參	五人	否 ○
審査報告書		○

1-④

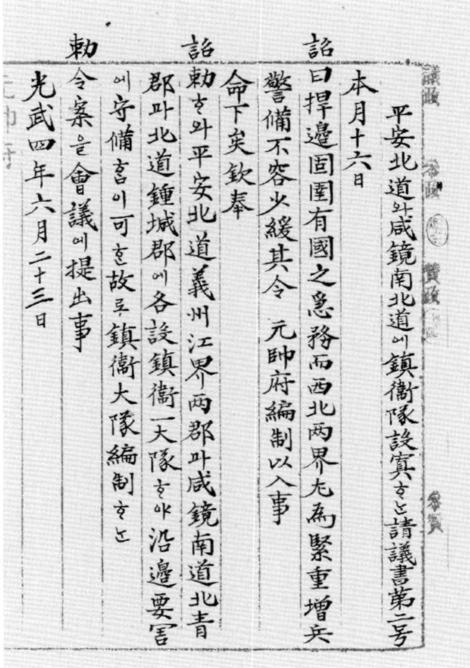

平安北道와咸鏡南北道에鎭衛隊設寘ᄒᆞᄂᆞᆫ請議書第二号

本月十六日

詔曰捍邊固圉有國之急務而西北兩界尤爲緊重增兵警備不容少緩其令 元帥府編制以入事

命下矣欽奉

詔勅ᄒᆞ와平安北道義州江界兩郡과咸鏡南道北青郡과北道鍾城郡에各設鎭衛一大隊ᄒᆞ야沿邊要害에守備ᄒᆞᆷ이可ᄒᆞᆫ故로鎭衛大隊編制ᄒᆞᄂᆞᆫ

勅令案을會議에提出事

光武四年六月二十三日

1-⑤

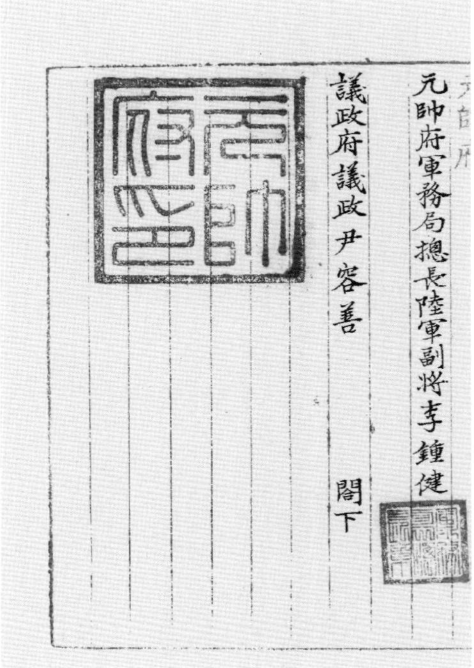

元帥府軍務局摠長陸軍副將李鍾健

議政府議政尹容善 閣下

1-⑥

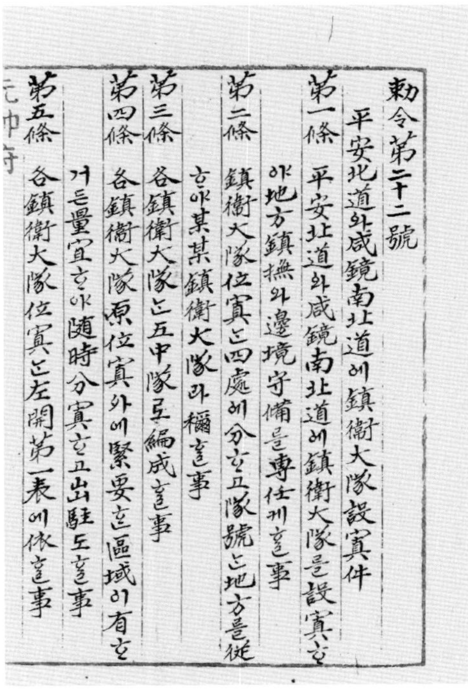

勅令第二十二號

平安北道와咸鏡南北道에鎭衛大隊設寘件

第一條 平安北道와咸鏡南北道에鎭衛大隊를設寘ᄒᆞ야地方鎭撫와邊境守備를專任케ᄒᆞᆯ事

第二條 鎭衛大隊位寘ᄂᆞᆫ四處에分ᄒᆞ고隊號ᄂᆞᆫ地方을從ᄒᆞ야某某鎭衛大隊라稱ᄒᆞᆯ事

第三條 各鎭衛大隊ᄂᆞᆫ五中隊로編成ᄒᆞᆯ事

第四條 各鎭衛大隊原位寘外에緊要ᄒᆞᆫ區域이有ᄒᆞ거든量宜ᄒᆞ야隨時分寘ᄒᆞ고出駐도ᄒᆞᆯ事

第五條 各鎭衛大隊位寘ᄂᆞᆫ左開第一表에依ᄒᆞᆯ事

1-⑦

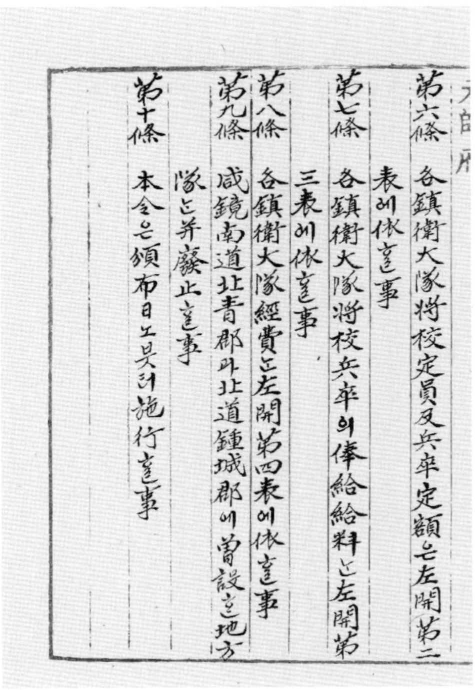

第六條 各鎭衛大隊將校定員及兵卒定額은左開第二表에依ᄒᆞᆯ事

第七條 各鎭衛大隊將校兵卒의俸給給料ᄂᆞᆫ左開第三表에依ᄒᆞᆯ事

第八條 各鎭衛大隊經費ᄂᆞᆫ左開第四表에依ᄒᆞᆯ事

第九條 咸鏡南道北青郡과北道鍾城郡에曾設ᄒᆞᆫ地方隊ᄂᆞᆫ并廢止ᄒᆞᆯ事

第十條 本令은頒布日로붓터施行ᄒᆞᆯ事

1-⑧

第一位寘表

平安北道義州

江界

咸鏡南道北青

北道鍾城

1－⑨

第二職員表

大隊本部

官等	職名	人員
參領	大隊長	一人
三等軍司	餉官	二人
副尉	副官	一人
副參尉	武器主管	一人
正校		一人
副校		三人

中隊附

1－⑩

官等	職名	人員	五個中隊人員
正尉	中隊長	一人	五人
副尉	小隊長	四人	二十人
正校		一人	五人
副參校		十四人	七十人
兵卒		一百八十人	九百人
合計二百人			一千人

曲號隊

任名	人員
副校	一人

1－⑪

曲號手	十人
鼓手	十人

1－⑫

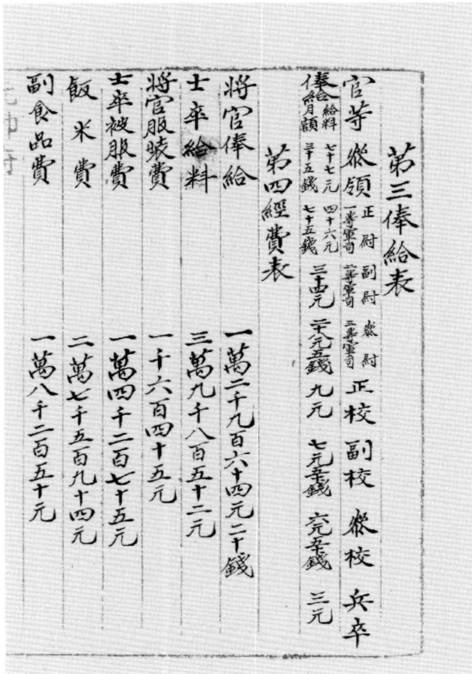

第三俸給表

官等	參領	正尉 一等軍司	副尉 二等軍司	參尉 三等軍司	正校	副校	參校	兵卒
俸給 給料 俸給月額	七十七元三十五錢	四十六元七十五錢	三十四元	二十六元五錢	九元	七元五十錢	六元五十錢	三元

第四經費表

將官俸給	一萬二千九百六十四元二十錢
士卒給料	三萬九千八百五十二元
將官服裝費	一千六百四十五元
士卒被服費	一萬四千二百七十五元
飯米費	二萬七千五百九十四元
副食品費	一萬八千二百五十元

1－⑬

保續費	一千五百元
消耗費	六百元
馬飼料	二百八十八元
馬履馬裝料	一百三十六元
溫堗柴費	一千五百元
治療費	二百元
演習費	二百元
旅費	一百五十元
埋葬費	一百元
新設費	一千元

1－⑭

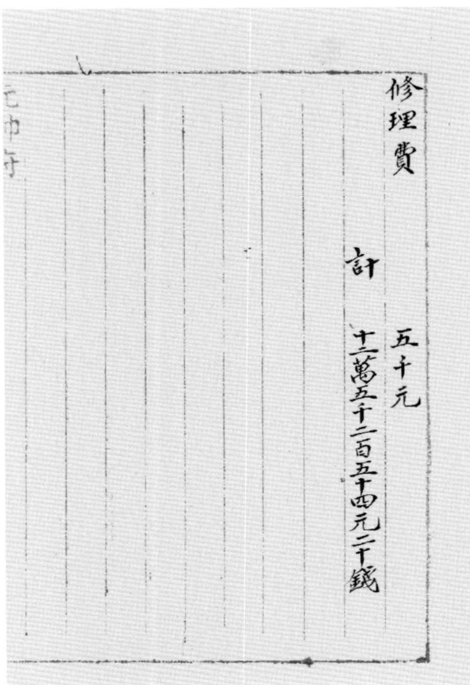

修理費	五十元
計	十二萬五千二百五十四元二十錢

1－⑮

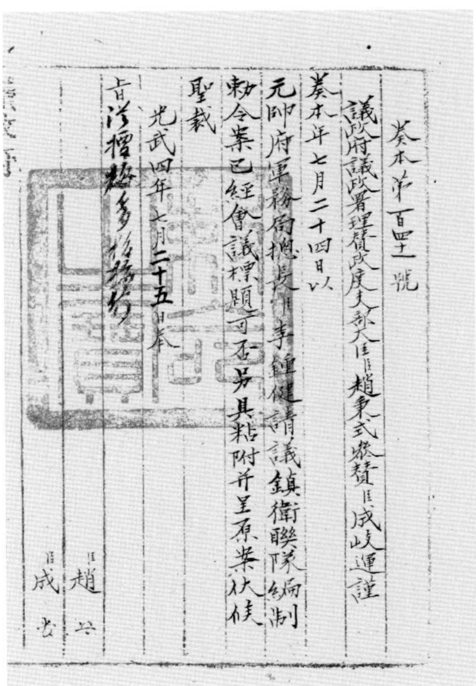

奏本第百四十一號

議政府議政署理贊政度支部大臣臣趙秉式 參贊臣成岐運 謹

奏 本年七月二十四日以

元帥府軍務局總長臣李鍾健請議鎮衛聯隊編制

勅令案已經會議標題可否另具粘附幷呈原案伏候

聖裁

光武四年七月二十五日奏

旨依標擬 [illegible] 行

臣趙 臣成

2－①

光武四年七月二十四日議政府會議

事項 元帥府軍務局摠長請議鎭衛聯隊編制勅令案

議政 尹容善 論理

參政 未差

贊政宮內府大臣 署理 尹定求 未參

贊政內部大臣 李乾夏 編制雖好財政可悶

贊政外部大臣 朴齊純 未參

贊政度支部大臣 議政署理 趙秉式 編制縱合時宜軍費實昧良策

贊政軍部大臣 尹雄烈 依請議編制可

議政府

2-②

贊政法部大臣 贊政閔種默臨時署理

贊政學部大臣 金奎弘 陰雨之備不得不編制而財政為悶

贊政農商工部大臣 閔丙奭 依議施行可

贊政警部大臣 度支部大臣臨時署理

贊政 閔種默 說施非難經費為急

贊政 李鍾永 未受勅

贊政 李容稙 經費雖窘陰雨宜備

贊政 權在衡 編制甚可

贊政 未差

參贊 成岐運 捍衛邊門目下急務

進參 九人 可 五

不參 四人 否 四

審査報告書 ロ

2-③

鎭衛聯隊編制ᄒᆞᄂᆞᆫ請議書第三號

本年七月二十日

詔曰地方各軍隊之或稱鎭衛或稱地方者有非軍容齊一之規也幷稱鎭衛隊令 元帥府聯隊編制以入事

命下矣欽奉

詔勅ᄒᆞ와鎭衛聯隊編制ᄒᆞᄂᆞᆫ

勅令案를會議에提出事

光武四年七月二十日

元帥府軍務局摠長陸軍副將李鍾健

2-④

元帥府

議政府議政尹容善 閣下

2-⑤

勅令第二十六號

鎭衛聯隊編制件

第一條 全國各道府或郡重要ᄒᆞᆫ地方에鎭衛聯隊ᄅᆞᆯ設寘ᄒᆞ야地方鎭撫와邊境守備ᄅᆞᆯ專任케ᄒᆞᆯ事

第二條 鎭衛聯隊位寘ᄂᆞᆫ五處에分寘ᄒᆞᆯ事

第三條 各鎭衛聯隊ᄂᆞᆫ三大隊로編成ᄒᆞᆯ事

第四條 各鎭衛聯隊兵卒과額數와餉料와經費ᄂᆞᆫ劃一케定ᄒᆞᆯ事

第五條 各鎭衛聯隊位寘와隊號ᄂᆞᆫ左開第一表

2-⑥

에依ᄒᆞᆯ事

第六條 各鎭衛聯隊職員及兵卒額數ᄂᆞᆫ左開第二表에依ᄒᆞᆯ事

第七條 各鎭衛聯隊將校兵卒의俸給給料ᄂᆞᆫ左開第三表에依ᄒᆞᆯ事

第八條 各鎭衛聯隊經費ᄂᆞᆫ左開第四表에依ᄒᆞᆯ事

第九條 光武三年 勅令第二號鎭衛隊地方隊編制改正件과本年 勅令第二十三號平安北道咸鏡南北道鎭衛大隊設寘件은幷廢止ᄒᆞᆯ事

第十條 本令은頒布日로븟터施行ᄒᆞᆯ事

2-⑦

第一位寘表

隊號	區域	
鎭衛第一聯隊	京畿	江華
第一大隊		江華
第二大隊		仁川
第三大隊		開城
鎭衛第二聯隊	京畿	水原
第一大隊		水原
第二大隊	忠淸北道	淸州
第三大隊	全羅北道	全州

2-⑧

第一位寘表

隊號	區域	
鎭衛第一聯隊	京畿	江華
第一大隊		江華
第二大隊		仁川
第三大隊	黃海道	黃州
鎭衛第二聯隊	京畿	水原
第一大隊		水原
第二大隊	忠淸北道	淸州
第三大隊	全羅北道	全州

2-⑨

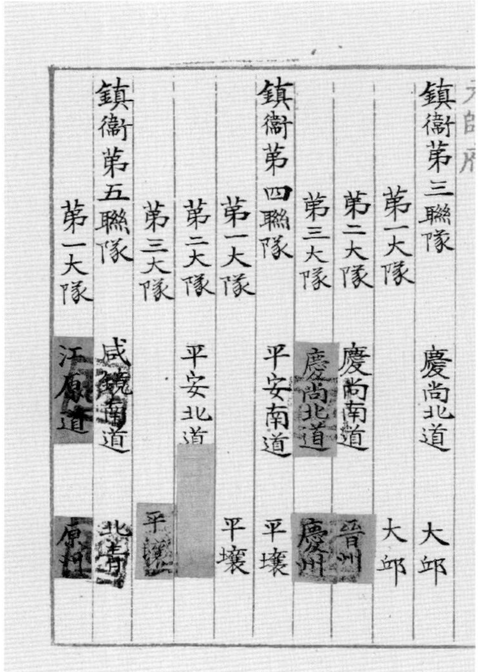
元帥府
鎮衛第三聯隊 慶尚北道 大邱
第一大隊 大邱
第二大隊 慶尚南道 晋州
第三大隊 慶尚北道 慶州
鎮衛第四聯隊 平安南道 平壤
第一大隊 平壤
第二大隊 平安北道
第三大隊 平壤
鎮衛第五聯隊 咸鏡南道 北青
第一大隊 江原道 原州

2-⑩

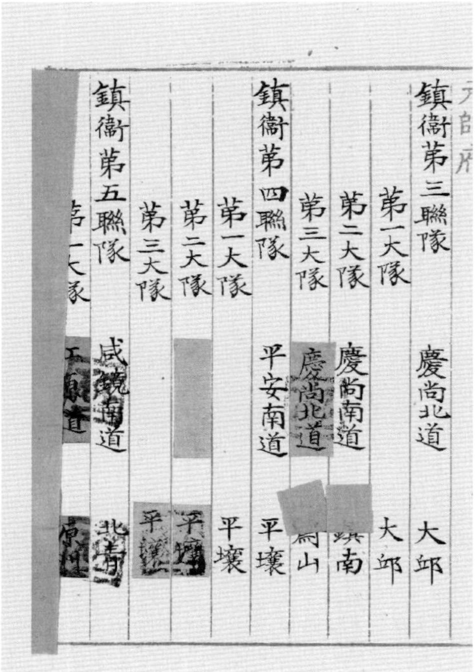
元帥府
鎮衛第三聯隊 慶尚北道 大邱
第一大隊 大邱
第二大隊 慶尚南道 鎮南
第三大隊 慶尚北道 蔚山
鎮衛第四聯隊 平安南道 平壤
第一大隊 平壤
第二大隊 平壤
第三大隊 平壤
鎮衛第五聯隊 咸鏡南道 北青
第一大隊 江原道 原州

2-⑪

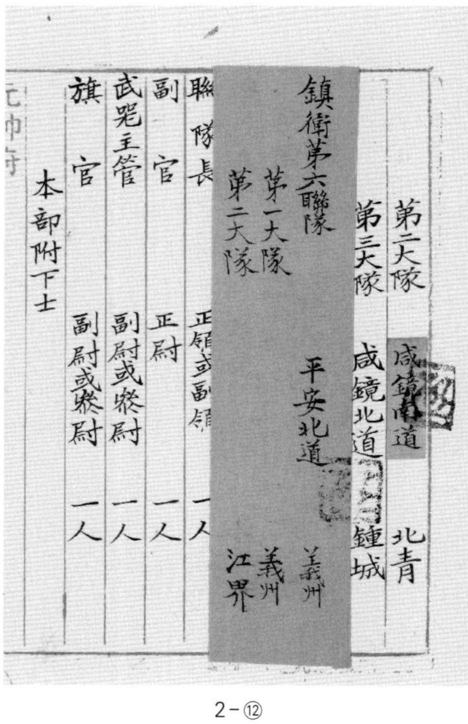
第二大隊 咸鏡南道 北青
第三大隊 咸鏡北道 鍾城
鎮衛第六聯隊 平安北道 義州
第一大隊 義州
第二大隊 江界
聯隊長 正領或副領 一人
副官 正尉 一人
武器主管 副尉或參尉 一人
旗官 副尉或參尉 一人
本部附下士
元帥府

2-⑫

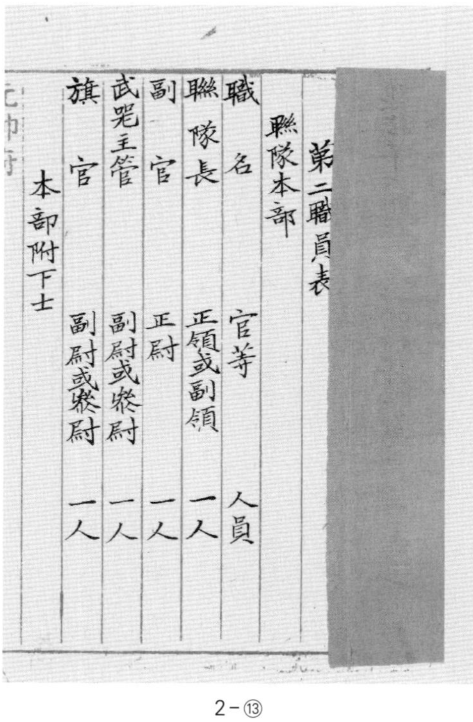
第二聯隊員表
聯隊本部
職名 官等 人員
聯隊長 正領或副領 一人
副官 正尉 一人
武器主管 副尉或參尉 一人
旗官 副尉或參尉 一人
本部附下士
元帥府

2-⑬

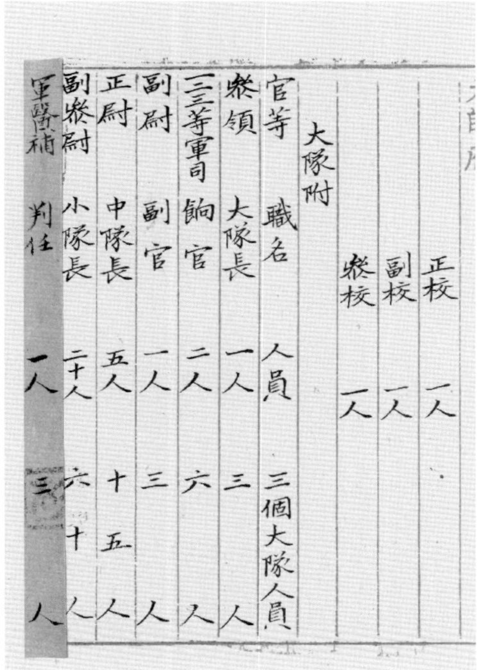

元帥府

正校 一人
副校 一人
參校 一人

大隊附

官等	職名	人員	三個大隊人員
參領	大隊長	一人	三人
一二三等軍司	餉官	二人	六人
副尉	副官	一人	三人
正尉	中隊長	五人	十五人
副參尉	小隊長	二十人	六十人
軍醫補	判任	一人	三人

2-⑭

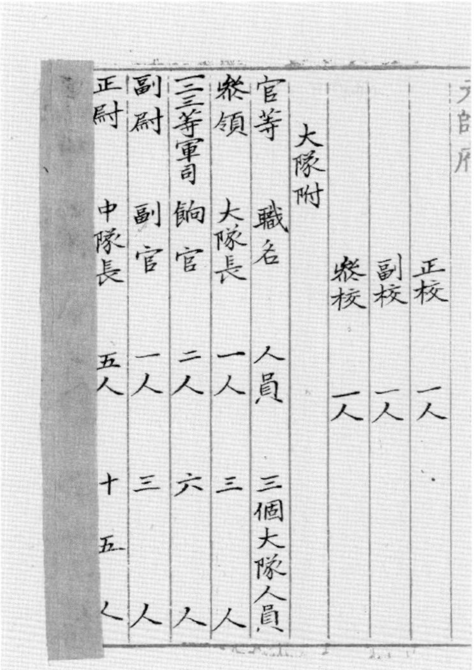

正校 一人
副校 一人
參校 一人

大隊附

官等	職名	人員	三個大隊人員
參領	大隊長	一人	三人
一二三等軍司	餉官	二人	六人
副尉	副官	一人	三人
正尉	中隊長	五人	十五人

2-⑮

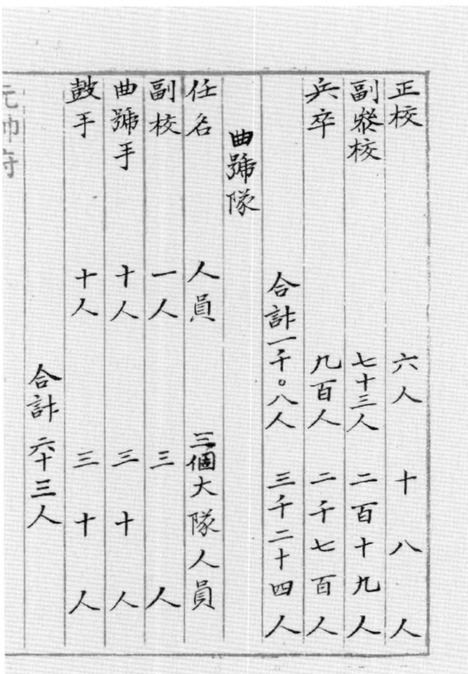

元帥府

正校	六人	十八人
副參校	七十三人	二百十九人
兵卒	九百人	二千七百人
合計	一千〇八人	三千二十四人

曲號隊

任名	人員	三個大隊人員
副校	一人	三人
曲號手	十人	三十人
鼓手	十人	三十人

合計 六十三人

2-⑯

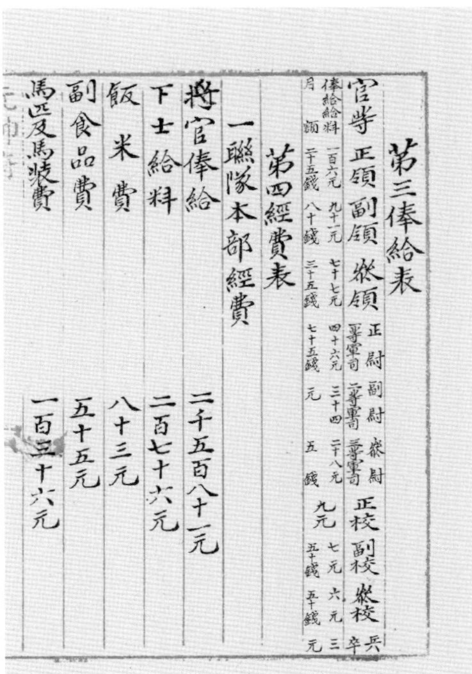

元帥府

第三俸給表

官等	正領	副領	參領	正尉 一等軍司	副尉 二等軍司	參尉 三等軍司	正校	副校	參校	兵卒
俸給給料月額	一百六元二十五錢	九十一元八十錢	七十七元三十五錢	四十六元七十五錢	三十四元	二十八元五錢	九元	七元五十錢	六元五十錢	三元

第四經費表

一聯隊本部經費

將官俸給	二千五百八十一元
下士給料	二百七十六元
飯米費	八十三元
副食品費	五十五元
馬匹及馬裝費	一百三十六元

2-⑰

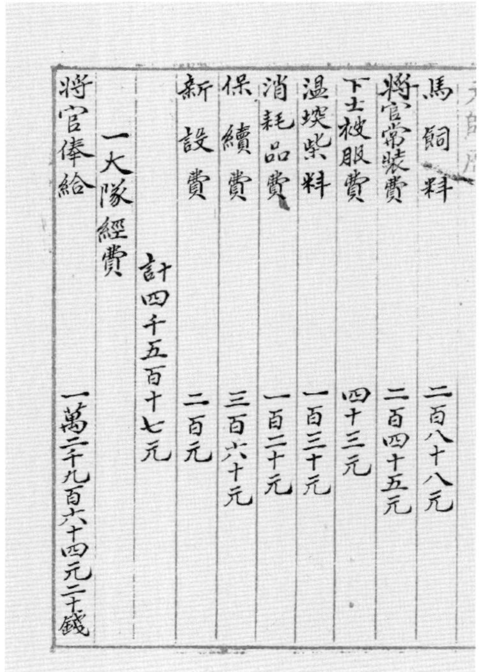

馬飼料 二百八十八元
將官常裝費 二百四十五元
下士被服費 四十三元
溫堗柴料 一百三十元
消耗品費 一百二十元
保續費 三百六十元
新設費 二百元
計四千五百十七元
一大隊經費
將官俸給 一萬二千九百六十四元二十錢

2-⑱

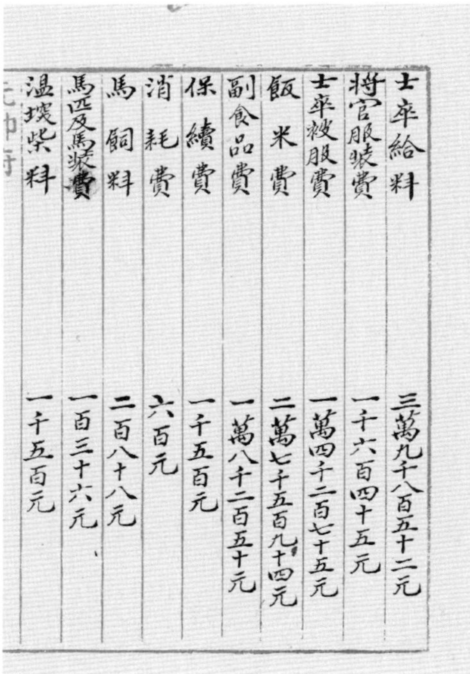

士卒給料 三萬九千八百五十二元
將官服裝費 一千六百四十五元
士卒被服費 一萬四千二百七十五元
飯米費 二萬七千五百九十四元
副食品費 一萬八千二百五十元
保續費 一千五百元
消耗費 六百元
馬飼料 二百八十八元
馬匹及馬裝費 一百三十六元
溫堗柴料 一千五百元

2-⑲

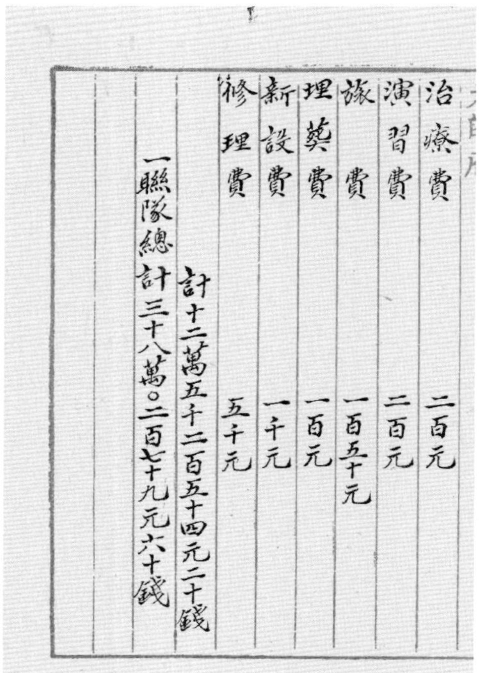

治療費 二百元
演習費 二百元
旅費 一百五十元
埋葬費 一百元
新設費 一千元
修理費 五十元
計十二萬五千二百五十四元二十錢
一聯隊總計三十八萬〇二百七十九元六十錢

2-⑳

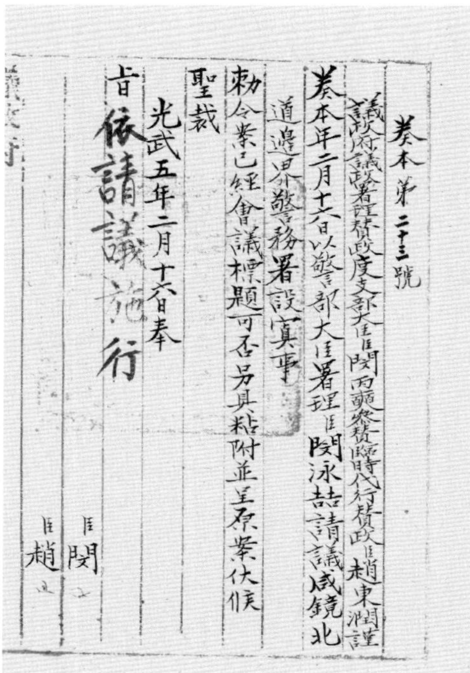

奏本第二十三號
議政府議政署理贊政度支部大臣臣閔丙奭參贊臨時代行贊政臣趙東潤謹
奏本年二月十六日以警部大臣署理臣閔泳喆請議咸鏡北
道邊界警務署設置事
勅令案已經會議標題可否另具粘附並呈原案伏候
聖裁
光武五年二月十六日奉
旨依請議施行
臣閔
臣趙

3-①

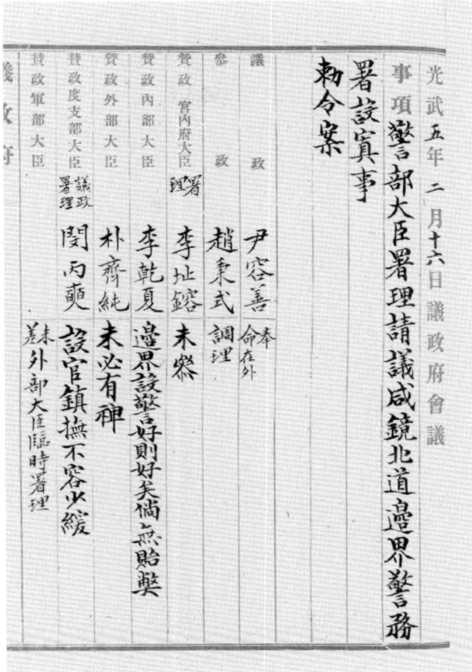

光武五年二月十六日議政府會議
事項警務部大臣署理請議咸鏡北道邊界警務署設寘事
勅令案
議政 尹容善 奉命在外
參政 趙秉式 調理
贊政宮內府大臣署理 李址鎔 未參
贊政內部大臣 李乾夏 邊界設警好則好矣偶無貽弊
贊政外部大臣 朴齊純 未必有裨
贊政度支部大臣議政署理 閔丙奭 設官鎭撫不容少緩
贊政軍部大臣 未差 外部大臣臨時署理

3-②

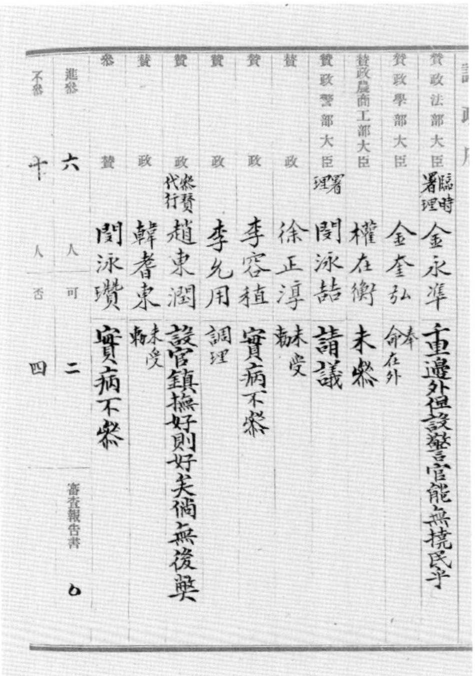

贊政法部大臣臨時署理 金永準 重邊外但設警官能無擾民乎
贊政學部大臣 金奎弘 奉命在外
贊政農商工部大臣 權在衡 未參
贊政警部大臣署理 閔泳喆 請議
贊政 徐正淳 未受勅
贊政 李容植 實病不參
贊政 李允用 調理
贊政參贊代行 趙東潤 設官鎭撫好則好矣偶無後弊
贊政 韓耆東 未受勅
參贊 閔泳瓚 實病不參
進參 六人 可 二
不參 十人 否 四
審查報告書 ○

3-③

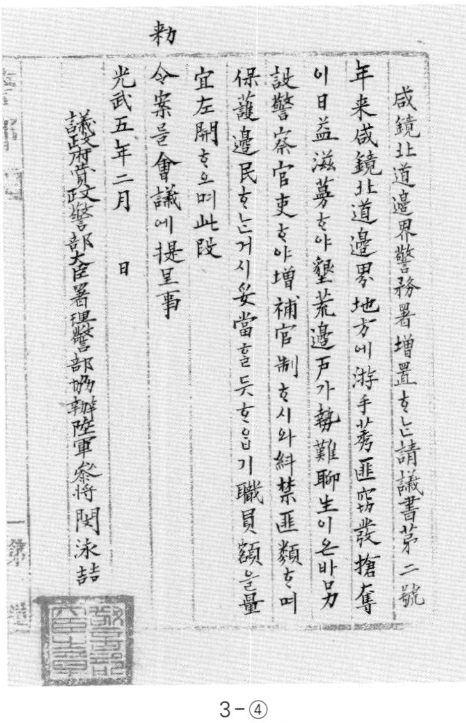

勅
咸鏡北道邊界警務署增置하는請議書第二號
年來咸鏡北道邊界地方에游手莠匪窃發搶奪이日益滋蔓하야墾荒邊戶가艱難聊生이온바另設警察官吏하야增補官制하시와糾禁匪類하며保護邊民하는거시妥當할듯하옵기職員額을量宜左開하오며此段令案을會議에提呈事
光武五年二月 日
議政府贊政警部大臣署理警部協辦陸軍參將 閔泳喆

3-④

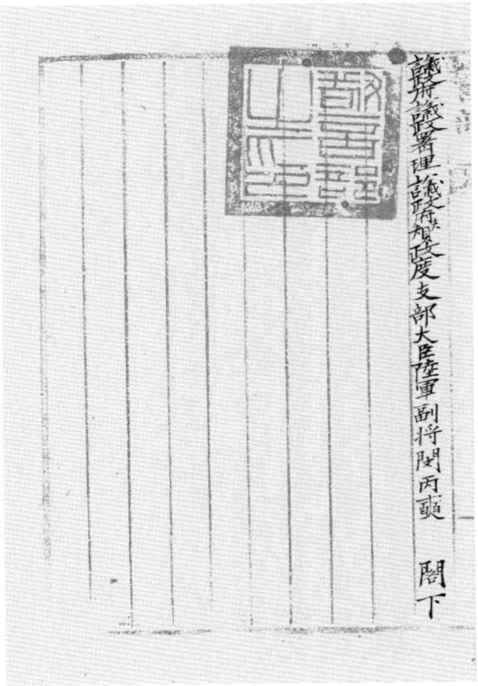

議政府議政署理議政府贊政度支部大臣陸軍副將閔丙奭 閣下

3-⑤

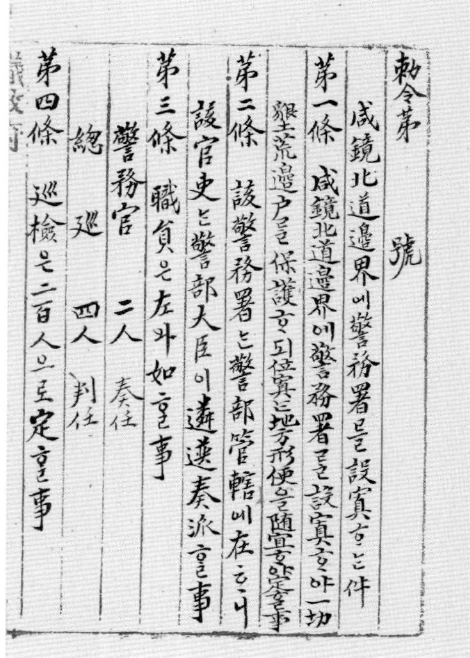
勅令第　號

咸鏡北道邊界에警務署를設寘ᄒᆞᄂᆞᆫ件

第一條 咸鏡北道邊界에警務署를設寘ᄒᆞ야一切墾荒邊戶를保護ᄒᆞ되位寘ᄂᆞᆫ地方形便을隨宜ᄒᆞ야安定ᄒᆞᆯ事

第二條 該警務署ᄂᆞᆫ警部管轄에在ᄒᆞ니該官吏ᄂᆞᆫ警部大臣이遴選奏派ᄒᆞᆯ事

第三條 職員은左와如ᄒᆞᆯ事

警務官 二人 奏任

總巡 四人 判任

第四條 巡檢은二百人으로定ᄒᆞᆯ事

3-⑥

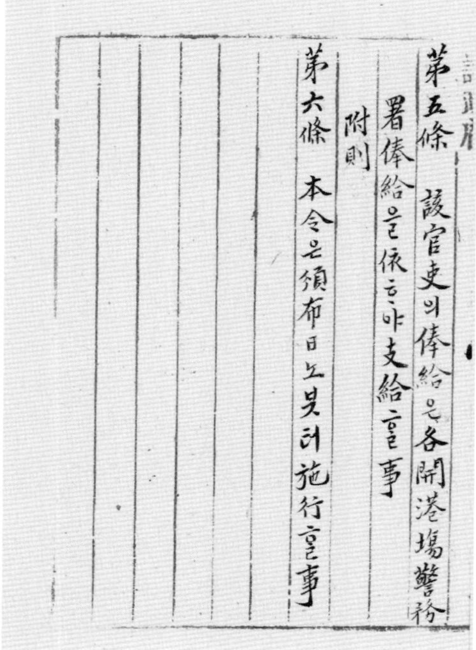
第五條 該官吏의俸給은各開港塲警務署俸給을依ᄒᆞ야支給ᄒᆞᆯ事

附則

第六條 本令은頒布日로브터施行ᄒᆞᆯ事

3-⑦

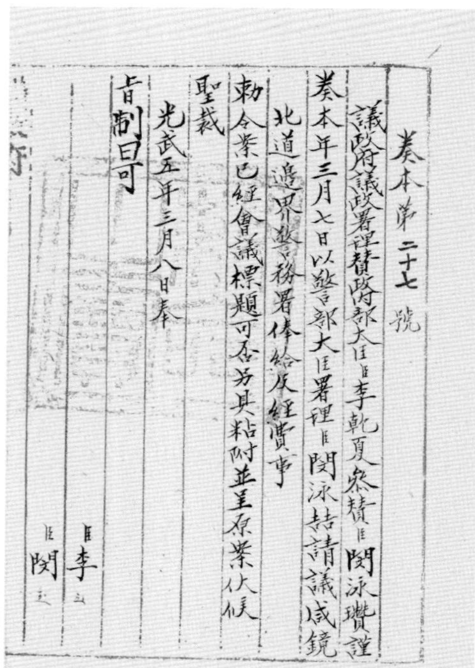
奏本第二十七號

議政府議政署理贊政內部大臣臣李乾夏參贊臣閔泳瓚謹

奏本年三月七日以警部大臣署理臣閔泳喆請議咸鏡北道邊界警務署俸給及經費事

勅令案已經會議標題可否另具粘附並呈原案伏候

聖裁

光武五年三月八日奉

旨制曰可

臣李

臣閔

4-①

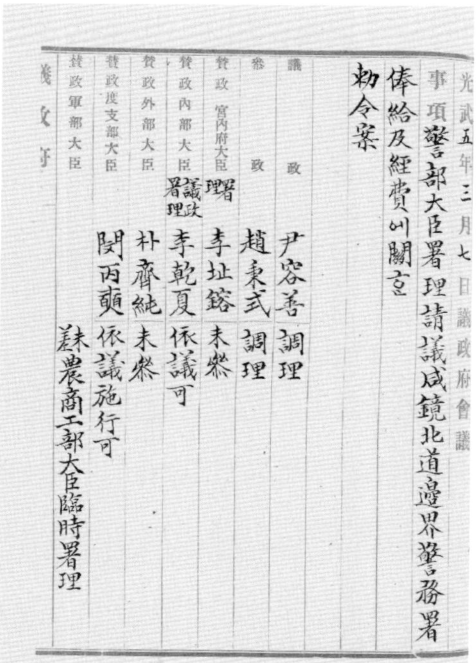
光武五年三月七日議政府會議

事項 警部大臣署理請議咸鏡北道邊界警務署俸給及經費에關ᄒᆞᆫ

勅令案

議政	尹容善	調理
參政	趙秉式	調理
贊政宮內府大臣署理	李址鎔	未參
贊政內部大臣議政署理	李乾夏	依議可
贊政外部大臣	朴齊純	未參
贊政度支部大臣	閔丙奭	依議施行可
贊政軍部大臣		兼農商工部大臣臨時署理

4-②

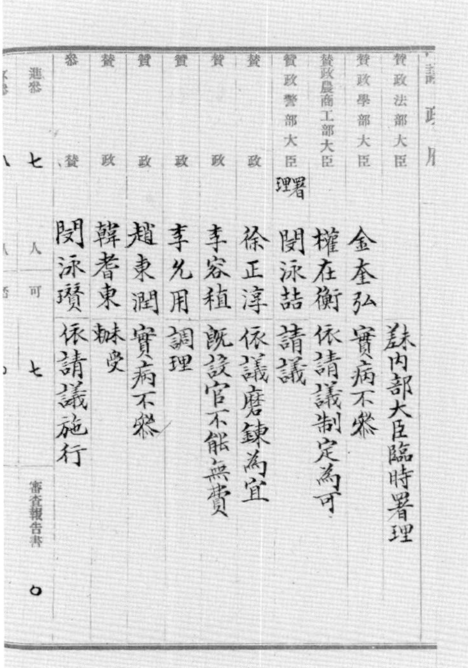
兼內部大臣臨時署理
贊政法部大臣
贊政學部大臣 金奎弘 實病不參
贊政農商工部大臣 權在衡 依請議制定爲可
贊政警部大臣署理 閔泳喆 請議
贊政 徐正淳 依議磨鍊爲宜
贊政 李容稙 旣設官不能無費
贊政 李允用 調理
贊政 趙東潤 實病不參
贊政 韓耆東 昧受
參贊 閔泳瓚 依請議施行
進參 七人
可 七
否 ○
審查報告書

4-③

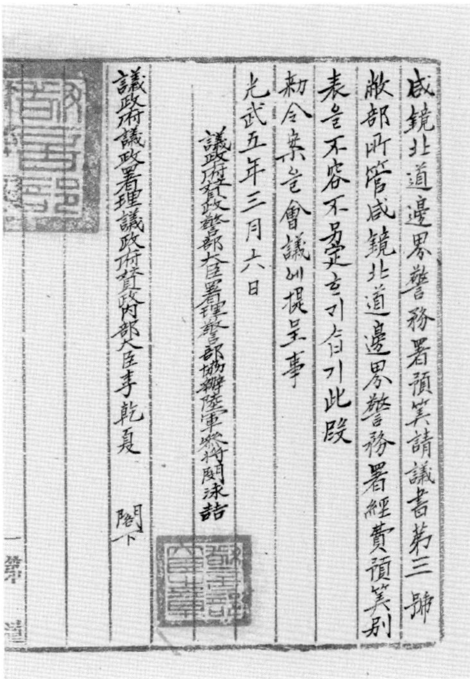
咸鏡北道邊界警務署預算請議書第三號
敝部所管咸鏡北道邊界警務署經費預算別
表을不容不另定ᄒᆞ옵기此段
勅令案을會議에提呈事
光武五年三月六日
議政府贊政警部大臣署理警部協辦陸軍參將閔泳喆
議政府議政署理議政府贊政內部大臣李乾夏 閣下

4-④

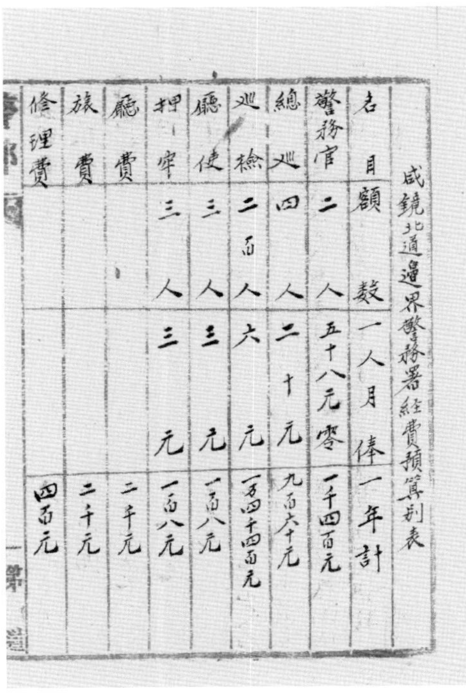
咸鏡北道邊界警務署經費預算別表

名目	額數	一人月俸	一年計
警務官	二人	五十八元零	一千四百元
總巡	四人	二十元	九百六十元
巡檢	二百人	六元	一万四千四百元
廳使	三人	三元	一百八元
押牢	三人	三元	一百八元
廳費			二千元
旅費			二千元
修理費			四百元

4-⑤

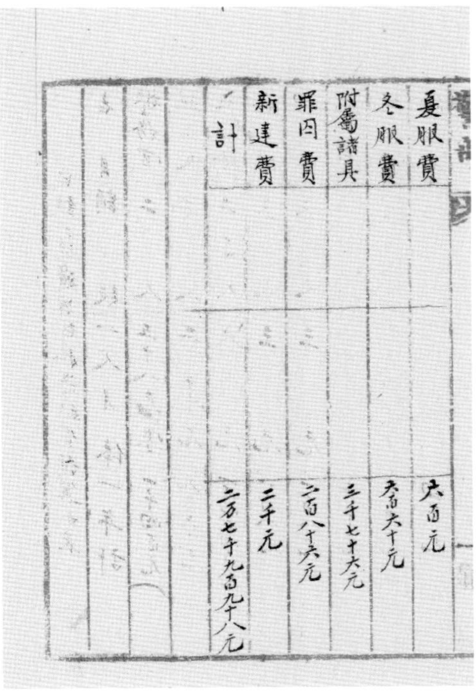

名目	額數	一人月俸	一年計
夏服費			六百元
冬服費			六百六十元
附屬諸具			三千七十六元
罪囚費			二百八十六元
新建費			二千元
計			二万七千九百九十八元

4-⑥

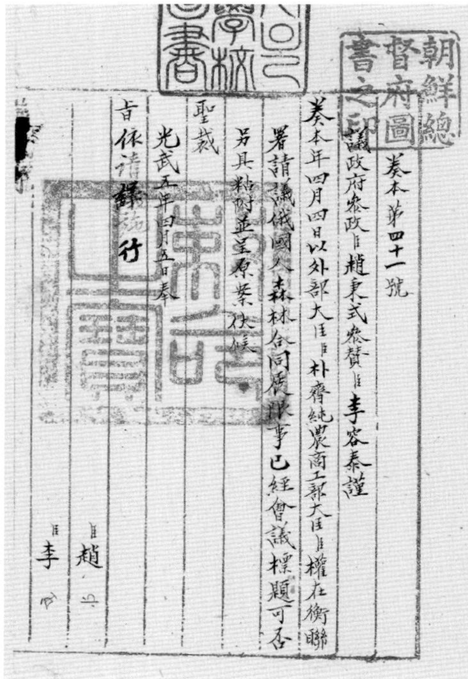

奏本第四十一號
議政府參政臣趙秉式參贊臣李容泰謹
奏本年四月四日以外部大臣臣朴齊純農商工部大臣臣權在衡聯
署請議俄國人森林合同展限事已經會議標題可否
另具粘附並呈原案伏候
聖裁
光武五年四月五日奉
旨依請施行
臣趙
臣李

5-①

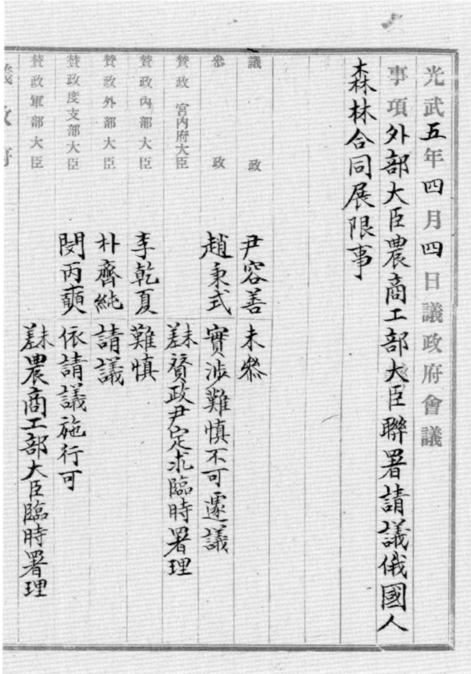

光武五年四月四日議政府會議
事項外部大臣農商工部大臣聯署請議俄國人
森林合同展限事
議政 尹容善 未參
參政 趙秉式 實涉難愼不可遽議
贊政 宮內府大臣 署贊政尹定求臨時署理
贊政內部大臣 李乾夏 難愼
贊政外部大臣 朴齊純 請議
贊政度支部大臣 閔丙奭 依請議施行可
贊政軍部大臣 署農商工部大臣臨時署理

5-②

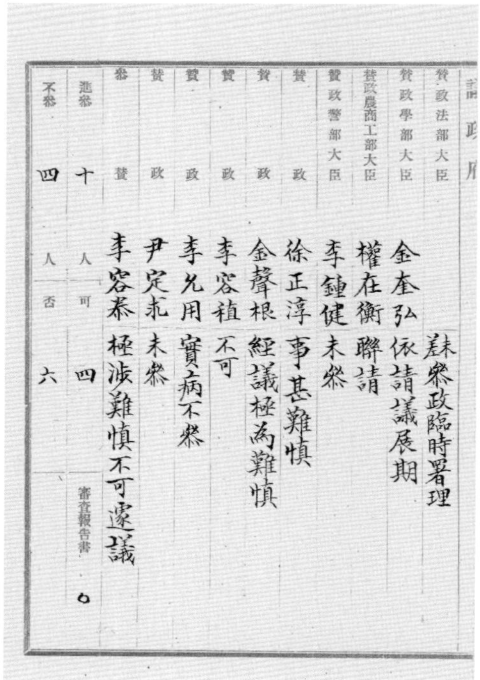

贊政法部大臣 署參政臨時署理
贊政學部大臣 金奎弘 依請議展期
贊政農商工部大臣 權在衡 聯請
贊政警部大臣 李鍾健 未參
贊政 徐正淳 事甚難愼
贊政 金聲根 經議極爲難愼
贊政 李容稙 不可
贊政 李允用 實病不參
贊政 尹定求 未參
參贊 李容泰 極涉難愼不可遽議
進參 十人 可 四
不參 四人 否 六
審査報告書

5-③

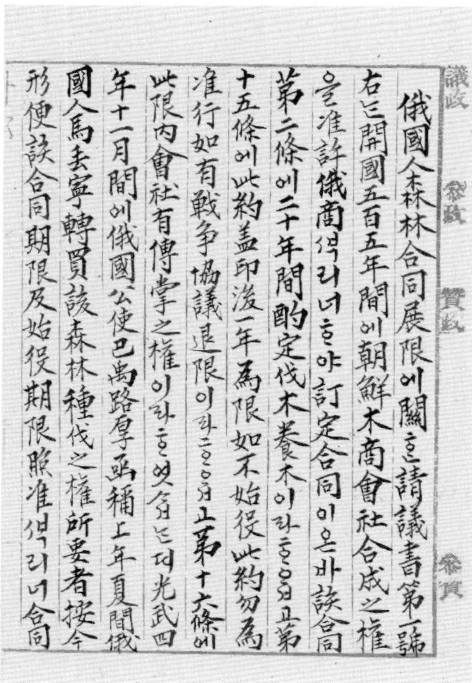

俄國人森林合同展限에關ᄒᆞᆫ請議書第一號
右ᄂᆞᆫ開國五百五年間에朝鮮木商會社合成之權
을准許俄商[illegible]ᄒᆞ야訂定合同이온바該合同
第二條에二十年間酌定伐木養木이라ᄒᆞ엿고第
十五條에此約蓋印後一年爲限如不始役此約勿爲
准行如有戰爭協議退限이라ᄒᆞ엿고第十六條에
此限內會社有傳掌之權이라ᄒᆞ엿ᄂᆞᆫᄃᆡ光武四
年十一月間에俄國公使巴禹路厚巫稱上年夏間俄
國人馬丟寧轉買該森林種伐之權所要者接今
形便該合同期限及始役期限照准[illegible]合同

5-④

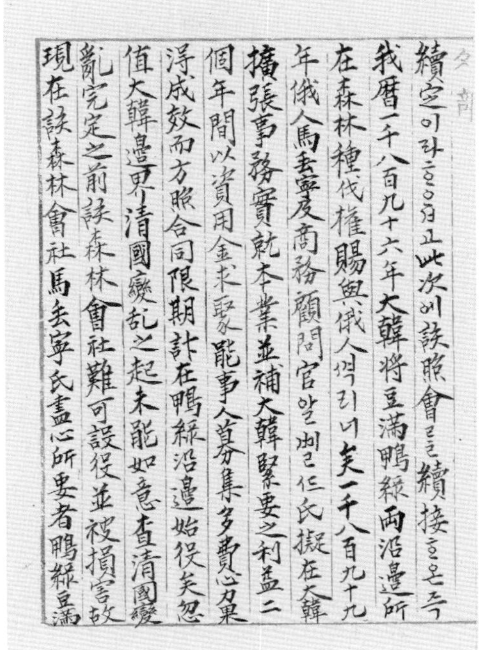

續定이라ᄒᆞ얏고此次에該照會로續接ᄒᆞ온즉
我曆一千八百九十六年大韓將至滿鴨綠兩沿邊所
在森林種伐權賜與俄人ᄒᆞ얏더니至一千八百九十九
年俄人馬秀寧及商務顧問官알쎄ᄅᆞ任氏擬在大韓
擴張事務實就本業並補大韓緊要之利益二
個年間以資用金求聚能事人員募集多費心力果
得成效而方照合同限期訂在鴨綠沿邊始役矣忽
值大韓邊界清國變亂之起未能如意查清國變
亂完定之前該森林會社難可設役並被損害故
現在該森林會社馬秀寧氏盡心所要者鴨綠豆滿

5-⑤

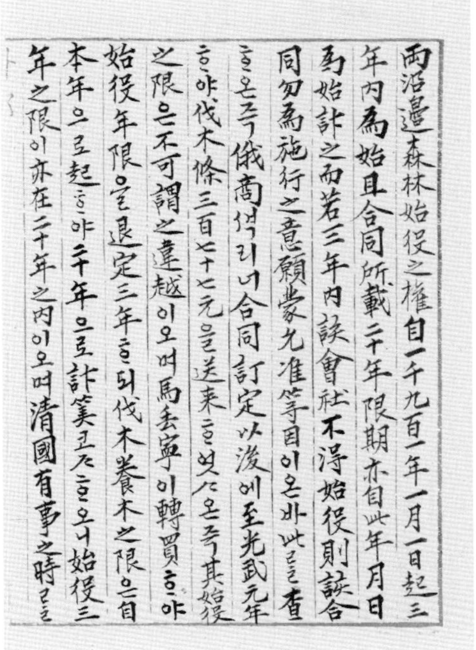

兩沿邊森林始役之權自一千九百一年一月一日起三
年內爲始且合同所載二十年限期亦自此年月日
爲始許之而若三年內該會社不得始役則該合
同勿爲施行之意願出家允准等因이온바此로查
ᄒᆞ온즉俄商이더니合同訂定以後에至光武元年
ᄒᆞ야伐木條三百七十七元을送來ᄒᆞ엿ᄉᆞ온즉其始役
之限은不可謂之違越이오며馬秀寧이轉買ᄒᆞ야
始役年限을退定三年ᄒᆞ되伐木養木之限은自
本年으로起ᄒᆞ야二十年으로許筭코ᄌᆞᄒᆞ오나始役三
年之限이亦在二十年之內이오며清國有事之時로

5-⑥

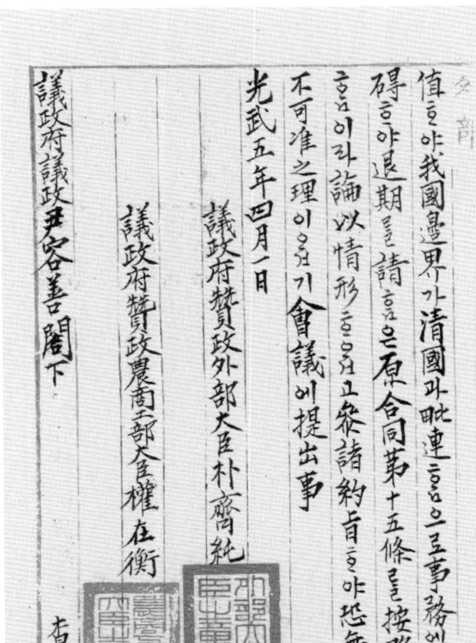

值ᄒᆞ야我國邊界가清國과毗連ᄒᆞᆷ으로事務에有
碍ᄒᆞ야退期를請ᄒᆞᆷ은原合同第十五條를按照
ᄒᆞᆷ이라論以情形ᄒᆞ옵고參諸約旨ᄒᆞ야恐無
不可准之理이옵기會議에提出事

光武五年四月一日

議政府贊政外部大臣朴齊純

議政府贊政農商工部大臣權在衡

議政府議政尹容善閣下

查照

5-⑦

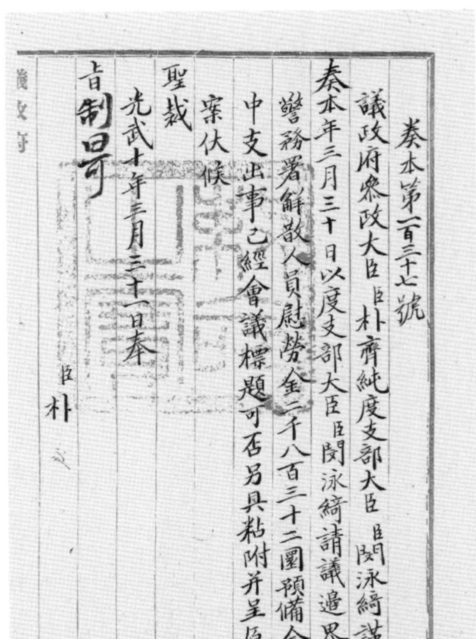

奏本第一百三十七號

議政府參政大臣臣朴齊純度支部大臣臣閔泳綺謹
奏本年三月三十日以度支部大臣臣閔泳綺請議邊界
警務署鮮散人員慰勞金二千八百三十二圜預備金
中支出事已經會議標題可否另具粘附幷呈原
案伏候
聖裁
光武十年三月三十一日奉
旨制曰可

臣朴

議政府

6-①

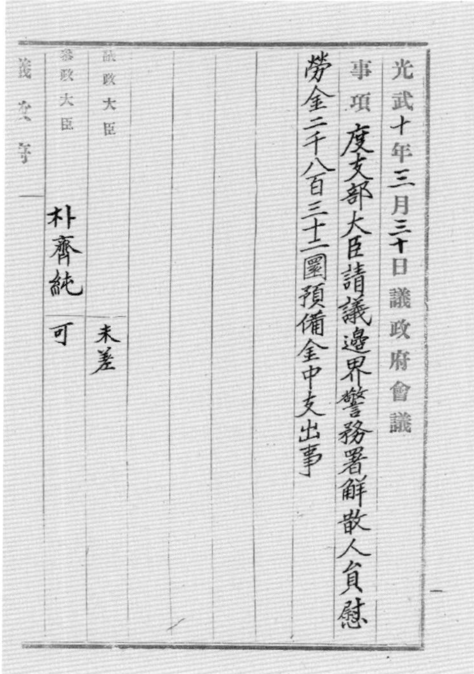
光武十年三月三十日議政府會議
事項 度支部大臣請議邊界警務署解散人員慰勞金二千八百三十二圜預備金中支出事
議政大臣 未差
參政大臣 朴齊純 可
議政府

6-③

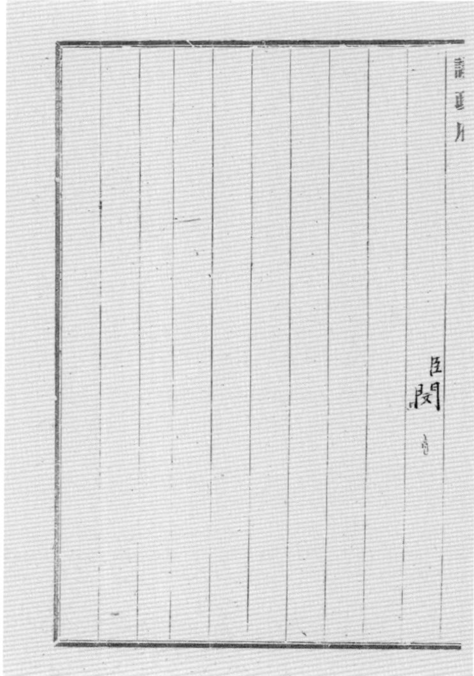
議政府
臣 閔

6-②

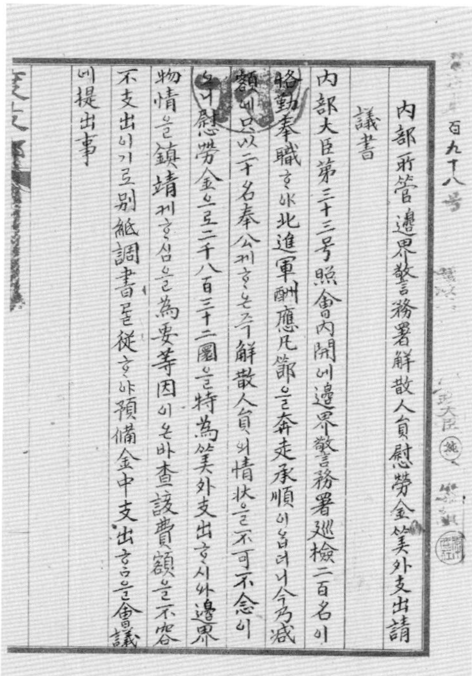
百九十八号
內部所管邊界警務署解散人員慰勞金筭外支出請議書
內部大臣第三十三号照會內開에邊界警務署巡檢二百名이略勤奉職ᄒ야北進軍酬應凡節을奔走承順이옵더니今乃減額에只以二十名奉公케ᄒ온즉解散人員의情狀을不可不念이오니慰勞金으로二千八百三十二圜을特爲筭外支出ᄒ시와邊界物情을鎮靖케ᄒ심을為要等因이온바查該費額을不容不支出이기로別紙調書를從ᄒ야預備金中支出ᄒ음을會議에提出事

6-⑤

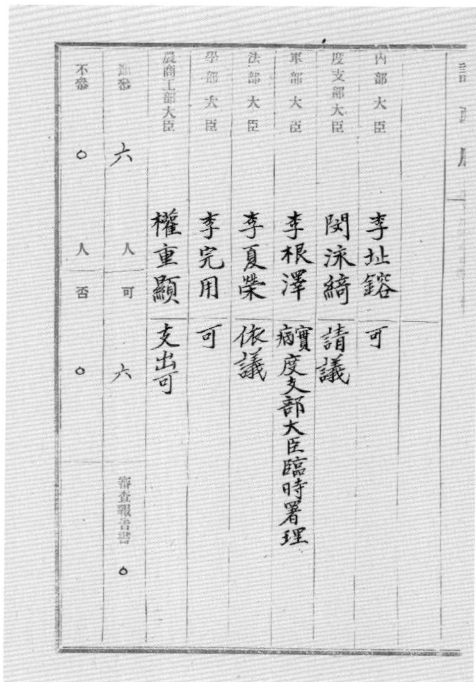
議政府
內部大臣 李址鎔 可
度支部大臣 閔泳綺 請議
軍部大臣 李根澤 病實 度支部大臣臨時署理
法部大臣 李夏榮 依議
學部大臣 李完用 可
農商工部大臣 權重顯 支出可
可 六 人 六
否 ○ 人 ○
審查報告書 ○

6-④

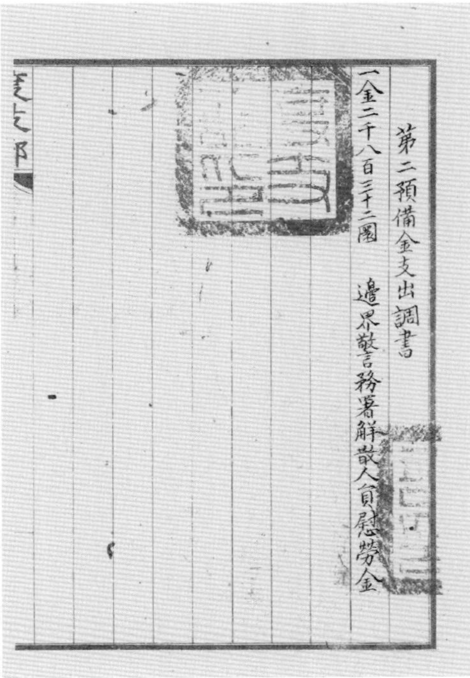
度支部
第二預備金支出調書
一金二千八百三十二圜 邊界警務署解散人員慰勞金

6-⑦

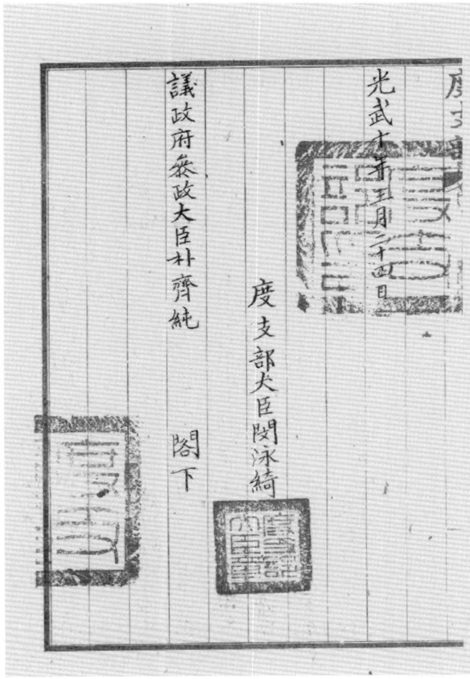
度支部
光武十一年二月二十四日
度支部大臣閔泳綺
議政府參政大臣朴齊純 閣下

6-⑥

議政府
臣 李
臣 閔

7-②

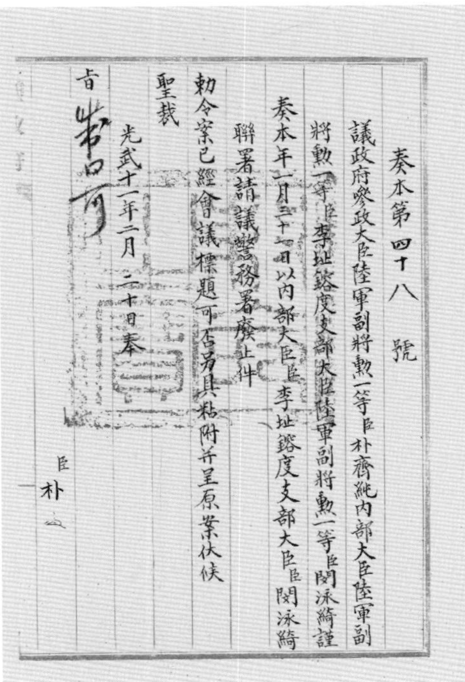
奏本第四十八號
議政府參政大臣陸軍副將勳一等臣朴齊純內部大臣陸軍副
將勳一等臣李址鎔度支部大臣陸軍副將勳一等臣閔泳綺謹
奏本年一月二十四日以內部大臣臣李址鎔度支部大臣臣閔泳綺
聯署請議警務署廢止件
勅令案已經會議標題可否另具粘附幷呈原案伏候
聖裁
光武十一年二月二十日奉
旨 制曰可
臣 朴

7-①

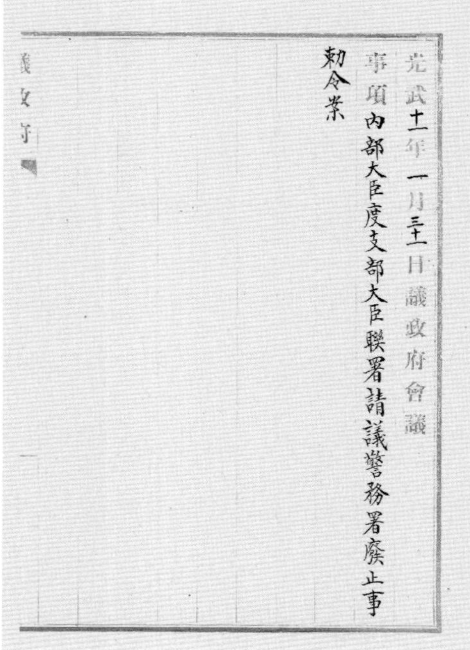
光武十一年一月三十一日議政府會議

事項 內部大臣度支部大臣聯署請議警務署廢止事

勅令案

議政府

7-③

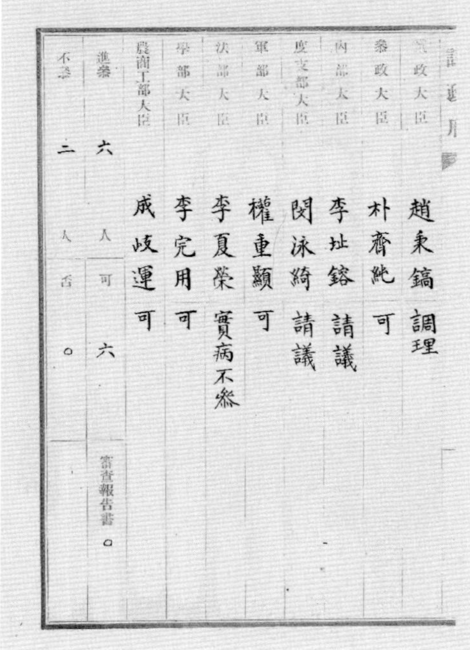
議政府

議政大臣	趙秉鎬	調理
參政大臣	朴齊純	可
內部大臣	李址鎔	請議
度支部大臣	閔泳綺	請議
軍部大臣	權重顯	可
法部大臣	李夏榮	實病不參
學部大臣	李完用	可
農商工部大臣	成岐運	可
進參	六 人	可 六
不參	二 人	否 ○

審査報告書 ○

7-④

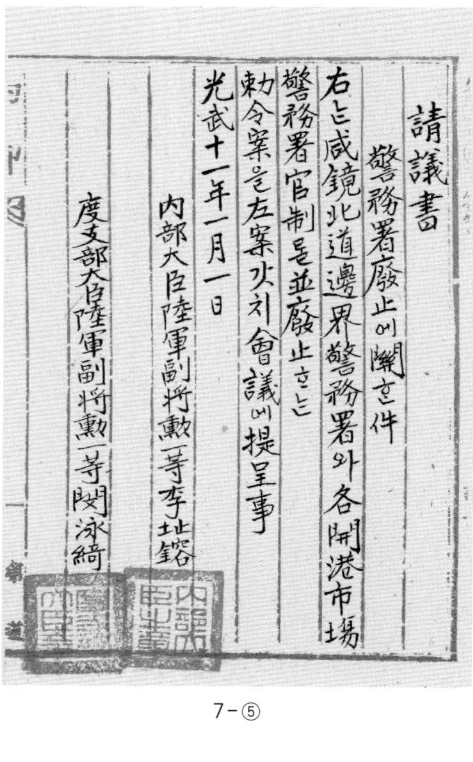
請議書

警務署廢止에關호件

右는咸鏡北道邊界警務署와各開港市場

警務署官制를並廢止호는

勅令案을左案갓치會議에提呈事

光武十一年一月一日

內部大臣陸軍副將勳一等李址鎔

度支部大臣陸軍副將勳一等閔泳綺

7-⑤

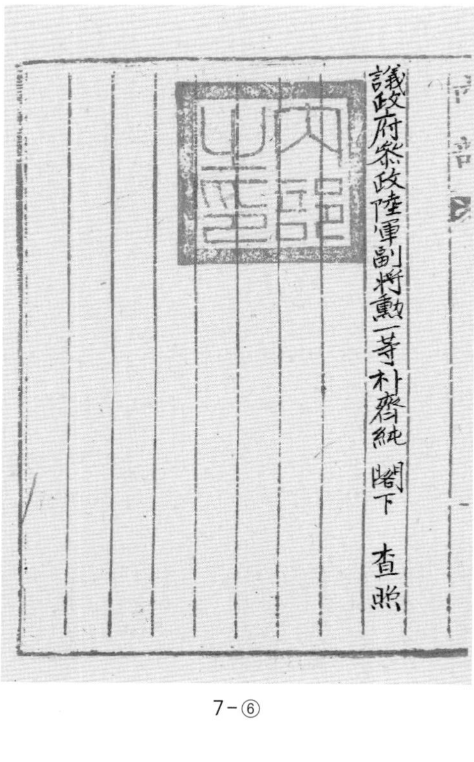
議政府參政陸軍副將勳一等朴齊純 閣下 査照

7-⑥

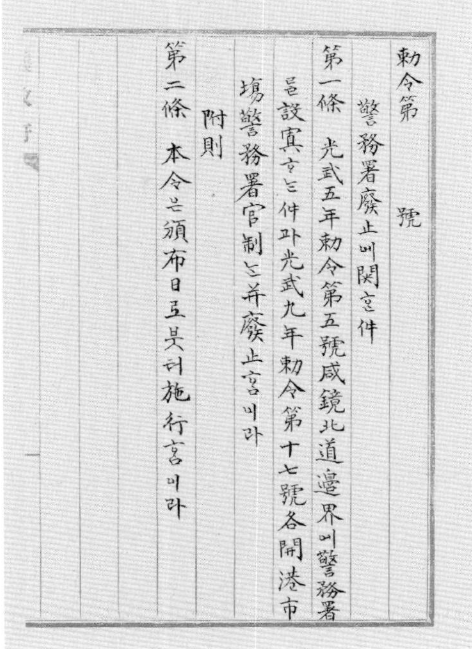

勅令第　號

警務署廢止에關ᄒᆞᆫ件

第一條 光武五年勅令第五號咸鏡北道邊界에警務署를設寘ᄒᆞᄂᆞᆫ件과光武九年勅令第十七號各開港市場警務署官制ᄂᆞᆫ幷廢止ᄒᆞᆷ이라

附則

第二條 本令은頒布日로브터施行ᄒᆞᆷ이라

7-⑦

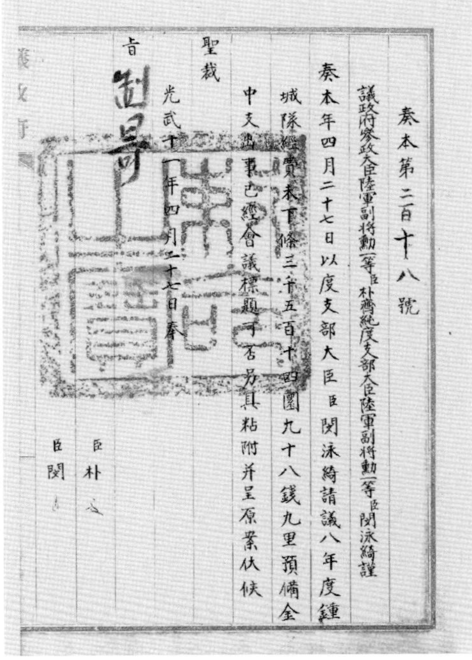

奏本第二百十八號

議政府參政大臣陸軍副將勳一等臣朴齊純度支部大臣陸軍副將勳一等臣閔泳綺謹

奏本年四月二十七日以度支部大臣臣閔泳綺請議八年度鍾城隊經費未下條三千五百十四圜九十八錢九里預備金中支出事經會議標題于左另具粘附并呈原案伏候

聖裁

光武十一年四月二十七日奉

旨 制曰可

臣朴

臣閔

8-①

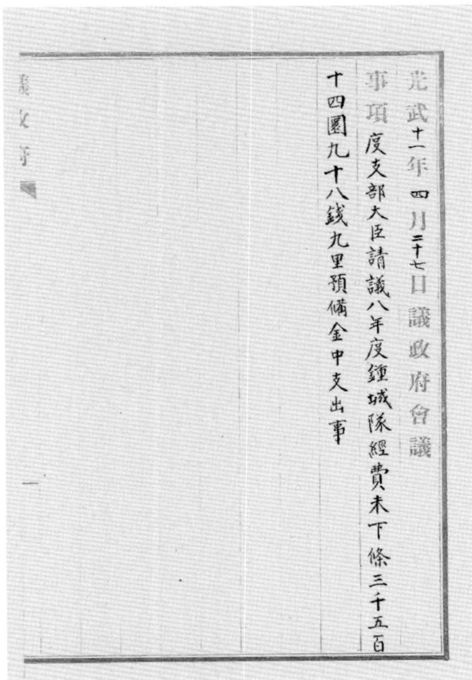

光武十一年四月二十七日議政府會議

事項 度支部大臣請議八年度鍾城隊經費未下條三千五百十四圜九十八錢九里預備金中支出事

8-②

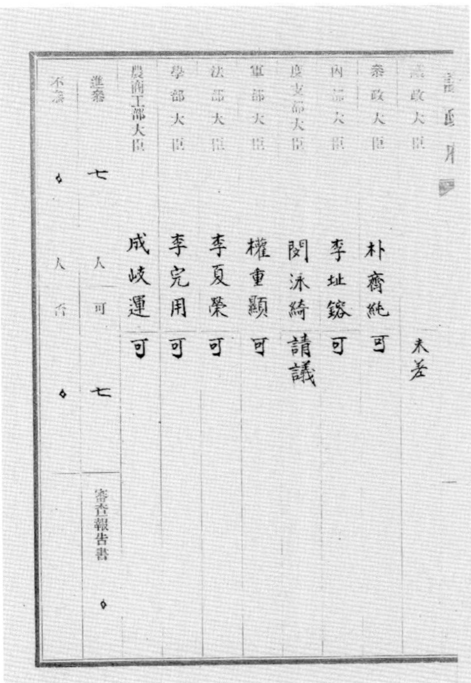

議政大臣	未差	
參政大臣	朴齊純	可
內部大臣	李址鎔	可
度支部大臣	閔泳綺	請議
軍部大臣	權重顯	可
法部大臣	李夏榮	可
學部大臣	李完用	可
農商工部大臣	成岐運	可
進參	七人	可 七
不參	○人	否 ○

審査報告書

8-③

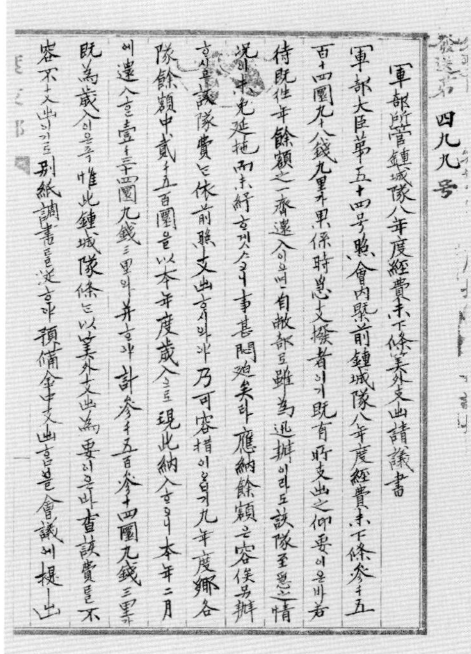
四九九号

軍部所管鍾城隊八年度經費未下條美外支出請議書

軍部大臣第五十四号照會內開前鍾城隊八年度經費未下條參千五
百十四圜九十八錢九里가係時急之文擬者이기既有所支出之仰要이온바若
待既往年餘額之一齊遣入이오면自該部로雖爲迅撥이라도該隊至急之情
況이未免延拖而未紓ᄒᆞ겟ᄉᆞ오니事甚悶迫矣라應納餘額은容俟另撥
ᄒᆞ시고該隊費ᄂᆞᆫ依前照文出ᄒᆞ시와乃可容措이옵기九年度鄉各
隊餘額中貳千五百圜을以本年度歲入으로現此納入ᄒᆞ오니本年二月
에遣入ᄒᆞᆫ壹千十四圜九錢三里와并ᄒᆞ와計參千五百參十四圜九錢三里
既爲歲入이온즉唯此鍾城隊條ᄂᆞᆫ以美外支出爲要이온바査該費를不
容不支出이기로別紙調書를從ᄒᆞ와預備金中支出ᄒᆞᆷ을會議에提出

8-④

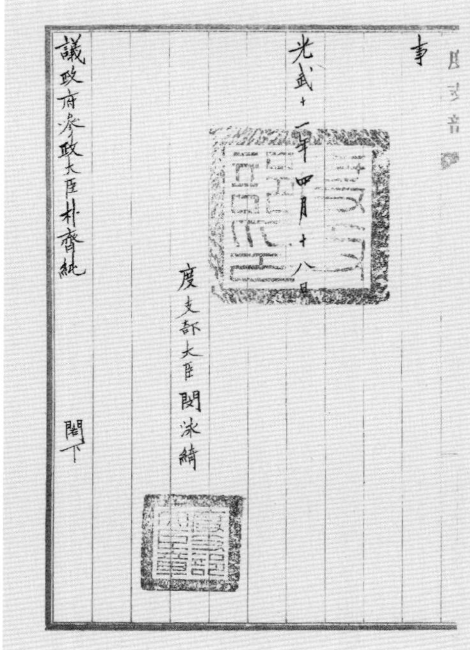
事

光武十一年四月十八日

度支部大臣 閔泳綺

議政府參政大臣朴齊純 閣下

8-⑤

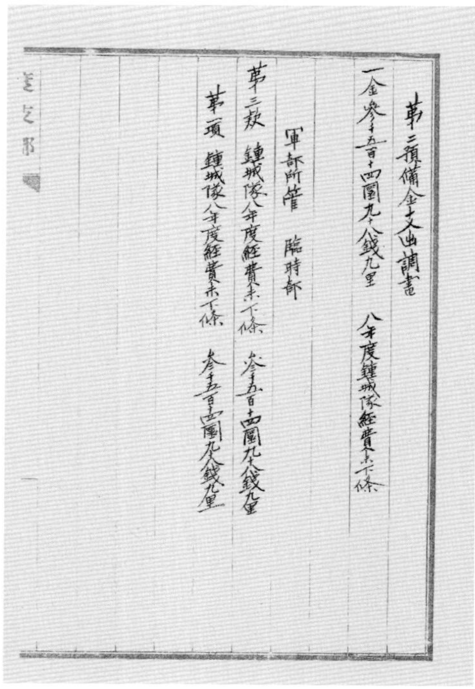
第二預備金支出調書

一金參千五百十四圜九十八錢九里　八年度鍾城隊經費未下條

軍部所管　臨時部

第三款　鍾城隊八年度經費未下條　參千五百十四圜九十八錢九里

第一項　鍾城隊八年度經費未下條　參千五百十四圜九十八錢九里

8-⑥

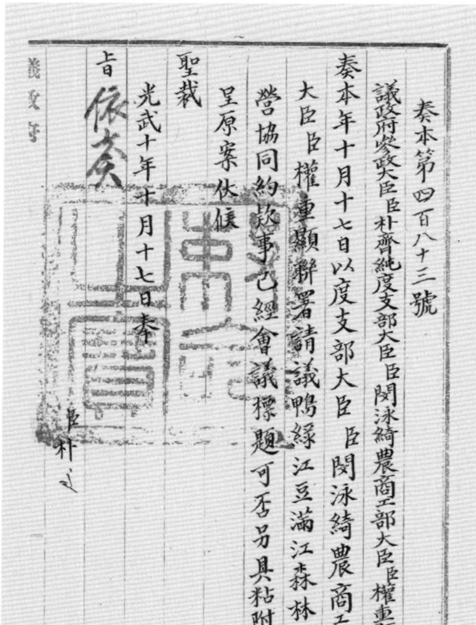
奏本第四百八十三號

議政府參政大臣臣朴齊純度支部大臣臣閔泳綺農商工部大臣臣權重顯謹
奏本年十月十七日以度支部大臣臣閔泳綺農商工部
大臣臣權重顯聯署請議鴨綠江豆滿江森林經
營協同約款事已經會議標題可否另具粘附幷
呈原案伏候
聖裁

光武十年十月十七日奉
旨依奏　臣朴

9-①

議政府
臣 閔
臣 權
9－②

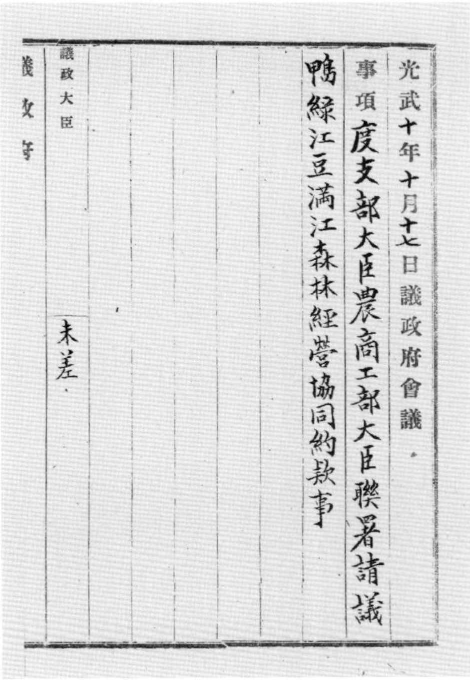
光武十年十月十七日議政府會議
事項 度支部大臣農商工部大臣聯署請議
鴨綠江豆滿江森林經營協同約款事
議政大臣 未差
議政府
9－③

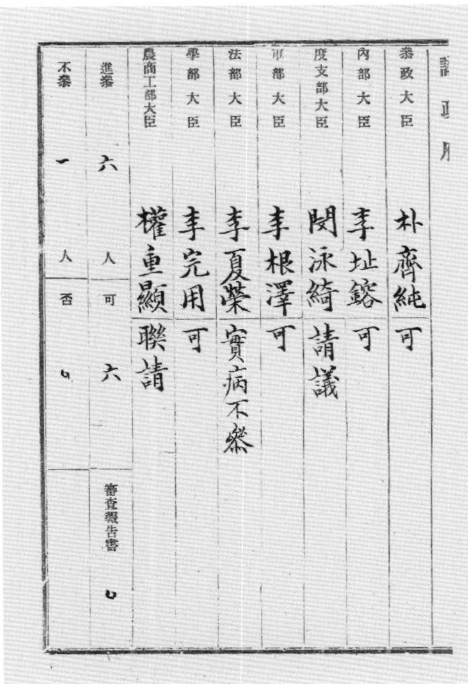
議政府
參政大臣 朴齊純 可
內部大臣 李址鎔 可
度支部大臣 閔泳綺 請議
軍部大臣 李根澤 可
法部大臣 李夏榮 實病不參
學部大臣 李完用 可
農商工部大臣 權重顯 聯請
進參 六 人 可 六
不參 一 人 否 ○
審査報告書 ○
9－④

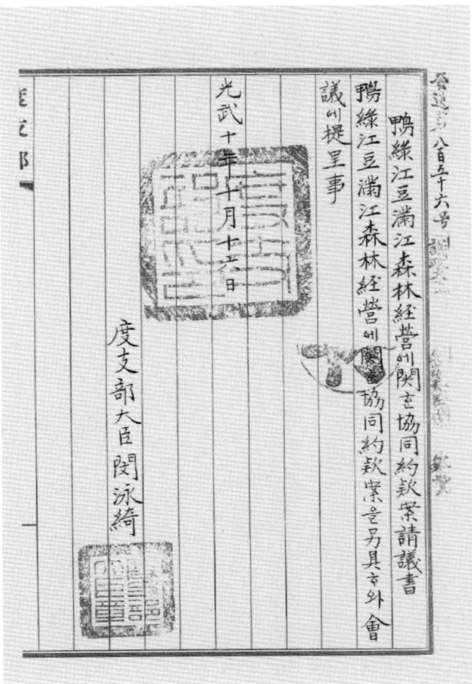
發送第八百五十六號
鴨綠江豆滿江森林經營에關ᄒᆞᆫ協同約款案請議書
鴨綠江豆滿江森林經營에關ᄒᆞᆫ協同約款案을另具ᄒᆞ와會議에提呈事
光武十年十月十六日
度支部大臣 閔泳綺
度支部
9－⑤

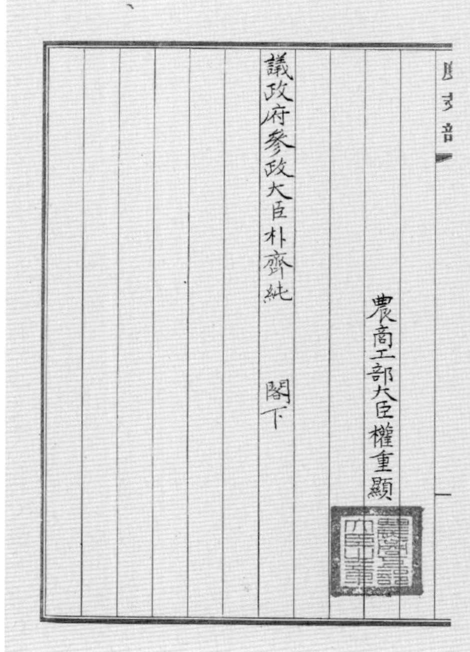

農商工部大臣權重顯

議政府參政大臣朴齊純 閣下

9-⑥

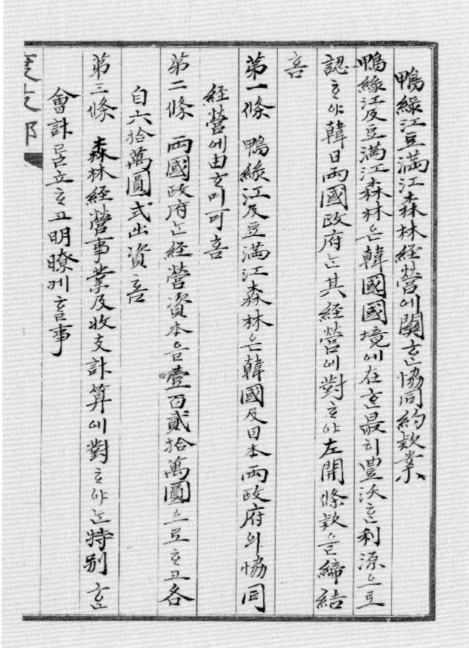

鴨綠江豆滿江森林經營에關ᄒᆞᆫ協同約款案

鴨綠江及豆滿江森林은韓國國境에在ᄒᆞᆫ最히豊沃ᄒᆞᆫ利源으로認ᄒᆞ야韓日兩國政府ᄂᆞᆫ共經營에對ᄒᆞ야左開條款을締結홈

第一條 鴨綠江及豆滿江森林은韓國及日本兩政府의協同經營에由ᄒᆞ미可홈

第二條 兩國政府ᄂᆞᆫ經營資本을壹百貳拾萬圜으로ᄒᆞ고各自六拾萬圜式出資홈

第三條 森林經營事業及收支計算에對ᄒᆞ야ᄂᆞᆫ特別ᄒᆞᆫ會計를立ᄒᆞ고明瞭케ᄒᆞᆫ事

9-⑦

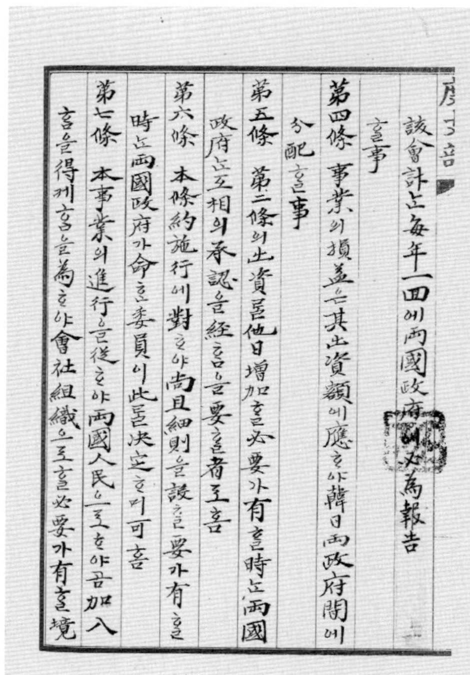

該會計ᄂᆞᆫ每年一回에兩國政府에게報告ᄒᆞᆫ事

第四條 事業의損益은其出資額에應ᄒᆞ야韓日兩政府間에分配ᄒᆞᄂᆞᆫ事

第五條 第二條의出資를他日增加ᄒᆞᆯ必要가有ᄒᆞᆫ時ᄂᆞᆫ兩國政府ᄂᆞᆫ互相의承認을經ᄒᆞ믈要ᄒᆞᄂᆞᆫ者로홈

第六條 本條約施行에對ᄒᆞ야尙且細則을設ᄒᆞᆯ要가有ᄒᆞᆫ時ᄂᆞᆫ兩國政府가命ᄒᆞᆫ委員이此를決定ᄒᆞ미可홈

第七條 本事業의進行을從ᄒᆞ야兩國人民으로ᄒᆞ야곰加入ᄒᆞᆷ을得케ᄒᆞᆷ을爲ᄒᆞ야會社組織으로ᄒᆞᆯ必要가有ᄒᆞᆫ境

9-⑧

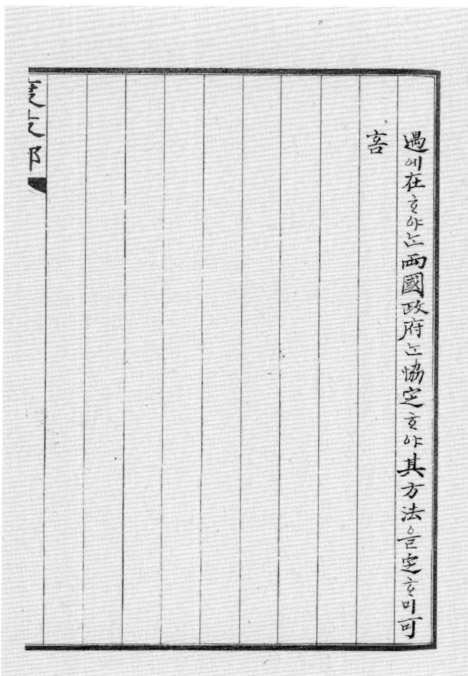

遇에在ᄒᆞ야ᄂᆞᆫ兩國政府ᄂᆞᆫ協定ᄒᆞ야其方法을定ᄒᆞ미可홈

9-⑨

起案

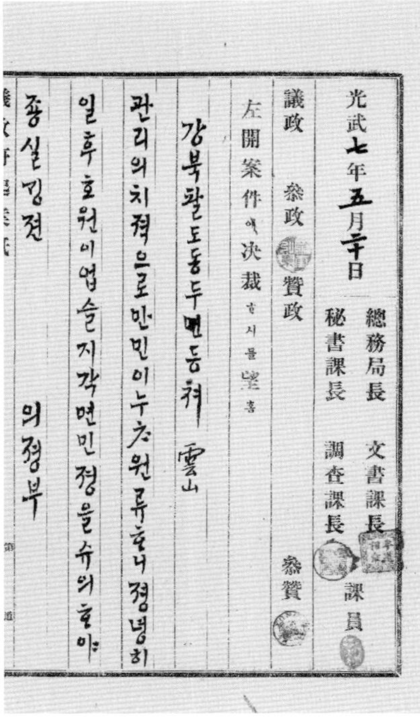
光武七年五月廿日
總務局長 文書課長
秘書課長 調査課長 課員
議政 參政 贊政 參贊
左開案件에 決裁ᄒ시믈 望홈
강북팔도동두면등쳐 雲山
관리의치젹으로만민이누ᄎ원류ᄒ니졍녕히
일후호원이업슬지각면민정을슈의호야
죵실징젼 의졍부

1-①

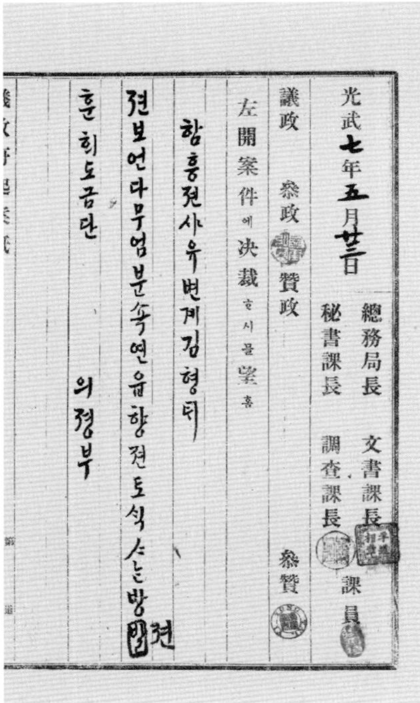
光武七年五月廿三日
總務局長 文書課長
秘書課長 調査課長 課員
議政 參政 贊政 參贊
左開案件에 決裁ᄒ시믈 望홈
함흥젼사유번계김형틔
젼보언다무엄분속연읍향젼토식ᄉᆞᄂᆞ방쳔
훈 히도금단 의졍부

2-①

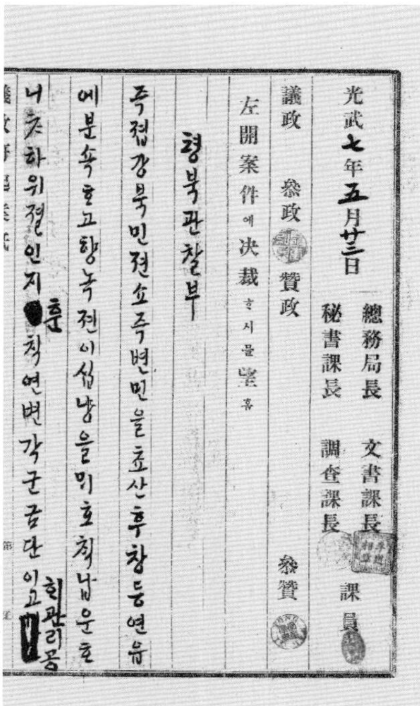
光武七年五月廿三日
總務局長 文書課長
秘書課長 調査課長 課員
議政 參政 贊政 參贊
左開案件에 決裁ᄒ시믈 望홈
경북관찰부
즉졉강북민젼쇼즉변민을효산후창등연유
에분속ᄒ고향숙전이십냥을미호칙납운호
니ᄎ하위젼인지훈칙연변각군금단이고 희관리품

3-①

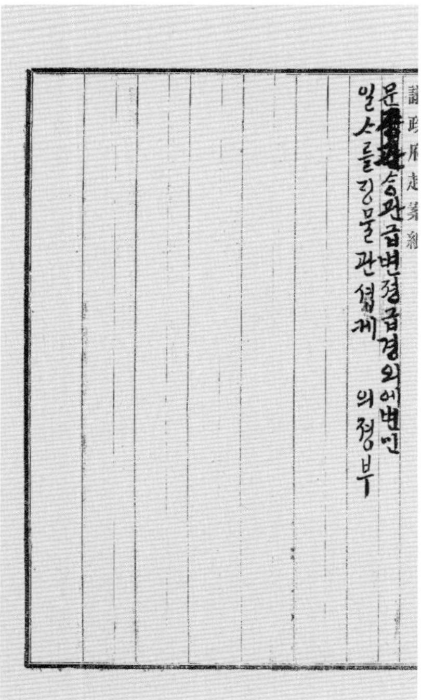
문ᄉ관급변경급경외에변연
일ᄉ를징물관셥케 의졍부

3-②

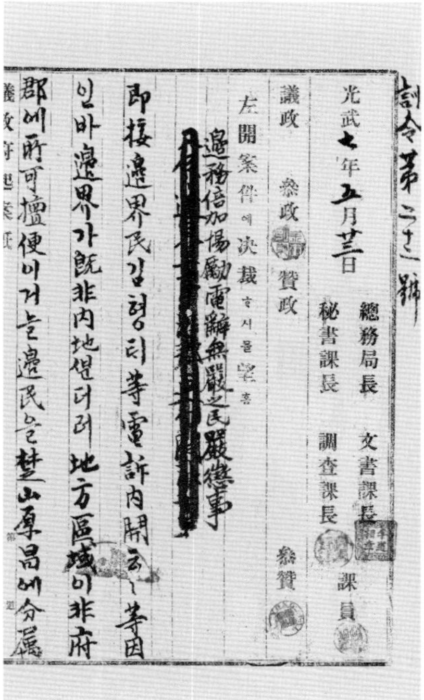
訓令第二十七號
光武七年五月廿三日 總務局長 文書課長 課員
議政 參政 贊政 秘書課長 調査課長 參贊
左開案件에決裁호시믈望홈
邊務倍加惕勵電飭無嚴之民嚴懲事
即接邊界民김형딕等電訴內開云云等因
인바邊界가旣非內地뿐더러地方區域이非府
郡에所可擅便이거는邊民은楚山厚昌에分隷

4-①

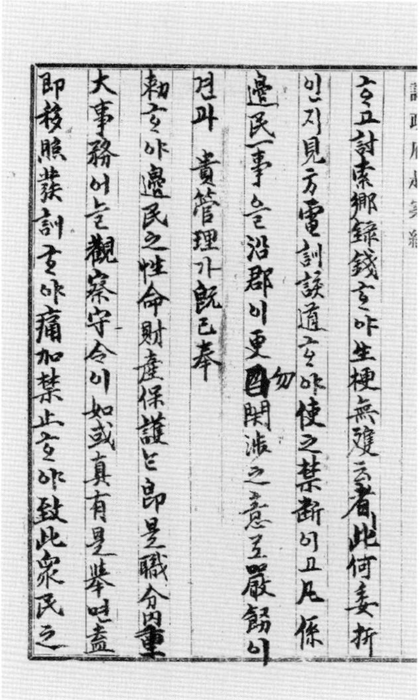
호고討索鄕錄錢호야生梗無窮云云者此何妄抓
인지見方電訓該道호야使之禁斷이고凡係
邊民事을沿郡이更勿關涉之意로嚴飭이
려니와 貴管理가旣已奉
勅호야邊民之性命財產保護는即是職分內重
大事務어늘觀察守令이如或眞有是擧면盡
即移照裝訓호야痛加禁止호야致此衆民之

4-②

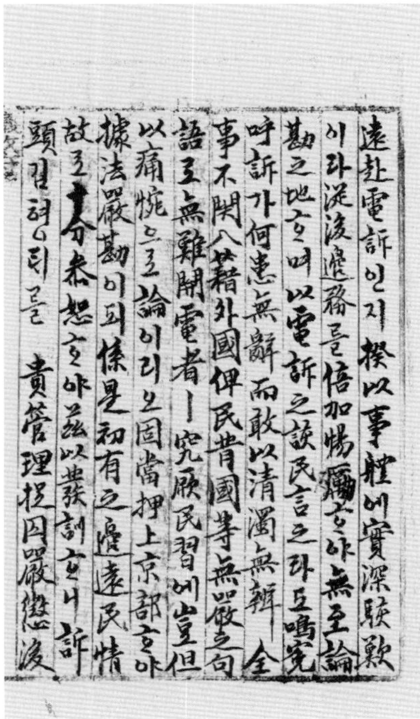
遠赴電訴인지揆以事體에實深駭歎
이라從後邊務를倍加惕厲호야無至論
勘之地호며以電訴之該民言之라도嗚冤
呼訴가何患無辭而敢以淸濁無辨 全
事不關八籍外國俾民胥國等無嚴之句
語로無難開電者ㅣ究厥民習에豈但
以痛惋으로論이리오固當押上京部호야
據法嚴勘이되係是初有之邊遠民情
故로十分恭恕호야玆以裝訓호니 許
頭김형딕를 貴管理提因嚴懲後

4-③

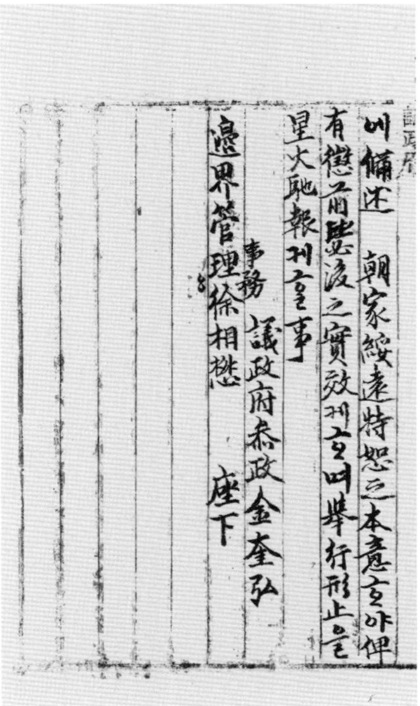
에備述 朝家綏遠特恕之本意호야俾
有懲而悛之實效케호며畢竟形止을
星火馳報케홀事
事務 議政府參政金奎弘
邊界管理徐相懋 座下

4-④

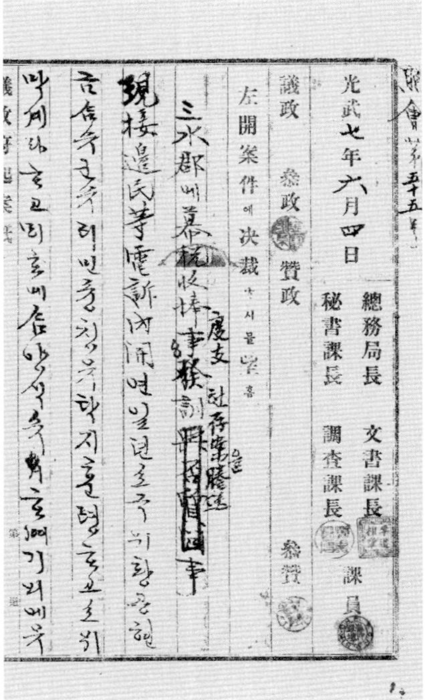
光武七年六月四日

總務局長 文書課長 秘書課長 調査課長 課員

議政 參政 贊政

左開案件에決裁하시믈望홈

5-①

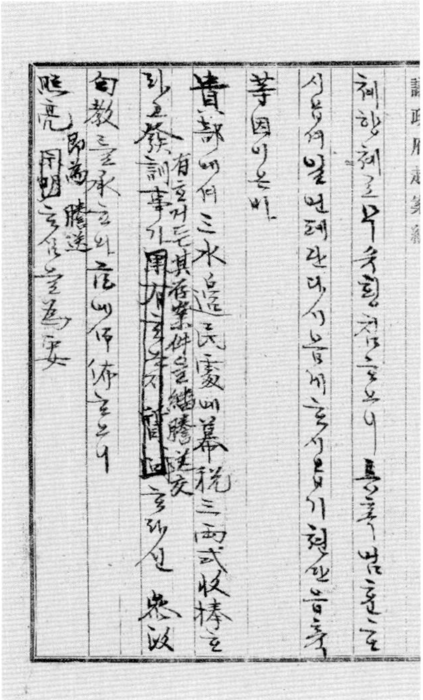
5-②

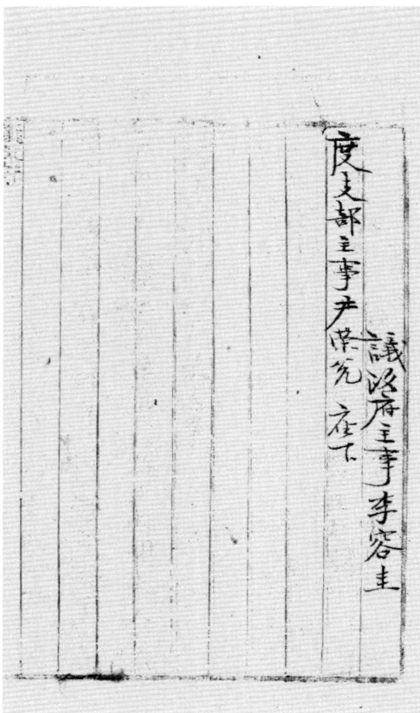
度支部主事尹榮允 議政府主事李容圭 座下

5-③

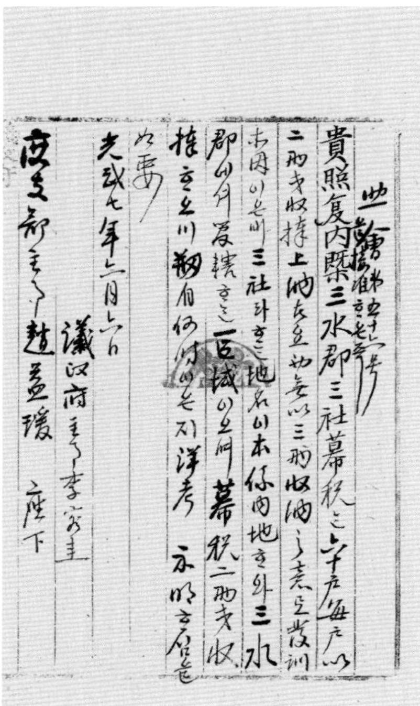
光武七年六月六日 議政府主事李容圭 度支部主事趙[illegible]璦 座下

6-①

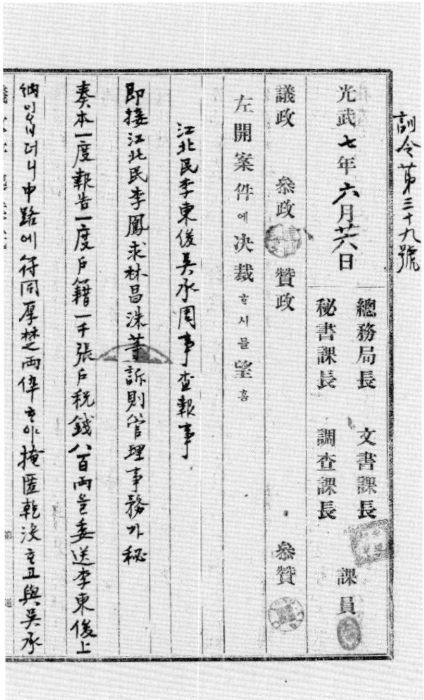
訓令第三十九號
光武七年六月廿六日
總務局長 文書課長 課員
秘書課長 調査課長
議政 參政 贊政 參贊
左開案件에決裁ᄒ시믈望홈
江北民李東俊吳永周事查報事
卽接江北民李鳳求林昌洙等訴則管理事務가秘
奏本一度報告一度戶籍一千張戶稅錢八百兩을委送李東俊上
納이옵더니中路에符同厚楚兩倅ᄒ야掩匿乾沒ᄒ고與吳永

7-①

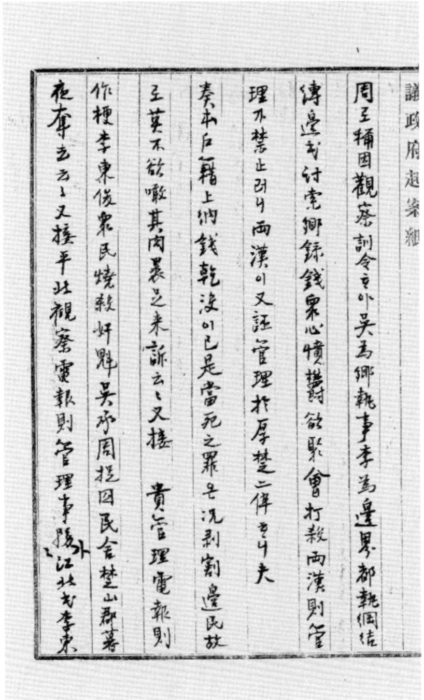
議政府起案紙
周로稱因觀察訓令ᄒ야吳爲鄕執事李爲邊界郡執綱佐
傳邊ᄒ고付党鄕錄錢衆心憤鬱ᄒ야欲聚會打殺兩漢則管
理가禁止ᄒ더니兩漢이又誣管理於厚楚二倅ᄒ니夫
奏本戶籍上納錢乾沒이已是當死之罪은況刻割邊民放
豆萁不欲啖其肉寢之朱訴云云又接 貴管理電報則
作梗李東俊衆民燒殺이며吳承周捉囚民會楚山郡等
夜奪去云云又接平北觀察電報則管理事務가江北民李東

7-②

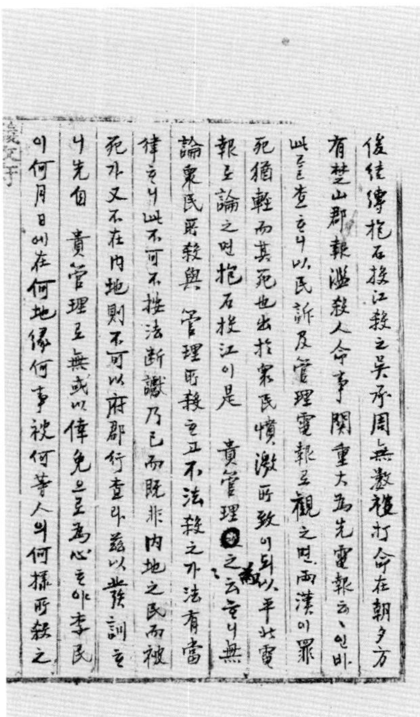
俊이縛抱石投江殺之吳承周無數覆打命在朝夕方
有楚山郡執濫殺人命事關重大 爲先電報云云이온바
此를查ᄒ니以民訴及管理電報로觀之면兩漢이罪
死猶輕而其死也出於衆民憤激所致이되以平北電
報로論之면抱石投江이是 貴管理之云ᄒ니無
論衆民所殺與 管理所殺ᄒ고不法殺之가法有當
律ᄒ니此不可不按法斷讞乃已而既非內地之民而被
死가又不在內地則不可以府郡行查라茲以發訓ᄒ노
니先自 貴管理로無或以倅免으로爲心ᄒ야李民
이何月日에在何地係何事被何等人의何樣所殺之

7-③

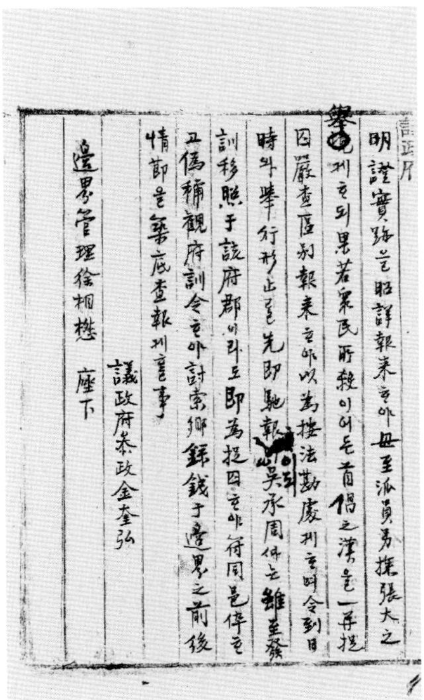
議政府
明證實跡을昭詳報來ᄒ야毋至派員另捷張大之
[illegible]刑ᄒ되果若衆民所殺이어든首倡之漢을一一拏捉
囚嚴查區別報來ᄒ야以爲按法勘處케ᄒ며令到日
時와學行形止를先卽馳報ᄒ고吳承周件은雖至發
訓移照于該府郡이라도卽爲捉囚ᄒ야符同邑倅ᄒ
고僞稱觀府訓令ᄒ야討索鄕錄錢于邊界之前後
情節을筆底查報케ᄒᆯ事
議政府參政金奎弘
邊界管理徐相懋 座下

7-④

照會

泉由社解事人韓昌錫
光昭社解事人俞瓚柱
鷹野社解事人陳炳奎
霽晴社解事人朱光鉉
鶴坪社解事人崔容極
馬派社解事人朴春興

金九烈 金武烈 金允元 鄭文心 南興東 南興成 金永根 金生吉 金鍾允 金洪圭 金壽元
金南圭 姜弘吉 姜弘允 朴九國 崔致燮 李東涉 金光俊 鄭元用 崔昌岳 金從龍 李能模
金在近 趙爲璧 鄭斗弘 趙丙吉 金時範 金學洙 金智石 金石訓 金元石 金元涉 李弘模
李官模 李眞模 金淳權 孫尚圭 趙尚俊 鄭允桂 崔太一 金尚辰 金尚權 金尚云 成周天
李正學 李龍瑞 崔丙洙 金翊龍 李丙植 金仁石 吳大成 吳鳳浩 金智岳 嚴正永 韓京珠
金丙龍 韓己弘 金丙浩 柳石彦 姜學京 嚴時永 金昌根 嚴桂默 金成彬 朱信東 朱由弘
朱玄燮 辛鍾烈 金光玄 金丙吝 金官河 朴大允 朴丙權 尹治奉 吳珠千 鄭儀石 高仁宅
金丙斗 韓仁國 金東吉 金明禮 金大玉 崔龍允 朴丙國 張汗植 李太甲 宋儀謙 張宗煥
姜鶴曾 金己近 金丙贊 金東圭 金丙燮 韓允鳳 金丙憲 崔貞元 鄭希石 高昌允 俞珠圭
崔永奉 方汗國 南己允 金永權 金日模 田宗律 俞亨守 崔道尚 金萬洙 李達秋 金學爲
俞奉圭 田文守 崔宗旬 俞石圭 田文熙 申文赫 俞亨俊 趙赫辰 朱丙圭 金龍宅 金允典
方文旭 方汗天 崔宗岳 俞汗逸 蔡成根 孫石模 南鳳德 田仁周 田允豊 金石老 金文石
田文旭 南日煥 金德年 高道弘 林明龍 林鶴俊 金辰甲 李信弘 嚴玩必 金河龍 朴永從
崔仁恒 孫南俊 安星七 孫丙燮 姜明益 金才哲 申民世 朴圭哲 黃成權 李萬守 楊春孫
姜仁涉 安光旬 金俊吉 鄭九萬 康朋江 李學來 吳永海 南丁赫 李己辛 南龍國 金辛周
楊希彦 金根吉 金己元 權德仁 朴致文 金永默 李會式 金天極 吳珠星 金德允 梁己會
李云方 洪友哲 申光允 申友權 姜才賢 朴希龍 權汝五 李己仁 李己旬 金永國 李化辰
姜正祿 許近 金己天 裵若賢 崔時學 文永辰 李儀珠 朱世傑 楊伯彦 許全 楊仁煥
許宗 韓章斗 崔永權 金尚律 嚴己涉 李己尚 申然旬 李己永 李己律 高宗國 南正教
金句亨 張辰九 趙星岳 金永權 黃松京 金永旬 馬哲祿 池明石 許珠 申允權 南君彦
尹才德 崔吝極 金洛萬 趙珠行 楊學九 元允亨 朱云圭 許宗 南朋來 池達海 申尚明
崔星周 李詰林 申近珠 朴曾烈 石八龍 方南式 許旭 嚴九近 崔齊恒 金河賢 玄云宗
申尚億 李春恒 朱會極 金丙元 尹仁賢 蔡丙默 裵允元 裵元涉 鄭五鳳 李七洛 梁太興
許海 申大賢 盧明石 尹仁旬 安仁民 尹左烈 嚴道旬 金仁宗 劉京玉 崔致業 吳中先
金星民 池云行 金道亨 任實近 池珠根 方利彦 許云 金守元 南用九 崔天億 權才興
蔡成訓 韓大一 張才權 崔完先 李己浩 崔己恒 太福祿 申丙式 林春權 韓鳳石 崔云龍
蘇賢 崔守一 元道玄 嚴天玉 林春式 李光祿 尹旬弘 黃河白 池先官 崔有元 咸周學
李致弘 石齊君 梁旬業 韓石珠 池達海 崔南七 趙丙軒 安洛玄 李白根 趙丙烈 李龍甲
蘇丁 方星官 咸珠石 姜星旬 裵仁明 張昇龍 洪達協 許龍 趙丙吝 尹元模 裵文學

警務署長 [illegible]
閣下

訴狀

伏以有民有官은 朝家之常典也오 我理我民은 世界之公法也라 矣等以顚連無依之氓으로 寓在淸韓交界處尙未決之地ᄒ야 淸俗虐待는 甚於奴隷厮養ᄒ고 苟且契活은 寔在墾闢耘耔라 自以爲化

中之氓而人不以化中으로 視之ᄒ고 自以爲禮義之俗而人不以禮俗으로 待之라 矧又近日則淸匪猖獗이 去益甚焉에 傷人奪財를 視若茶飯ᄒ야 東奔西竄生이 挈眷登山而經夜歸家ᄒ니 此何人斯오 欲號無天欲歸無地

라니 何幸 警務署長閣下가 持鞭總到境塵萬目歡如聲瞳이라 不啻若福星活佛之照臨於特地也라 恐未知運何等策極濟以數十萬之無告乎잇가 矣等蒭蕘之窮以爲目下緊要之策이 但在乎勸匪保

民四字上이라 一曰募兵이니 自各其地方洞內로 抄選健壯年少者千名ᄒ야 授以服裝器械分處要害ᄒ야 自保安業홀事 二曰預算이니 今据籍內外不止以數萬餘户라 户收十錢이라도 將卒月銀이 綽綽有餘홀事

三曰統領이니

聖恩이 均沾ᄒ야 創置警務署之本意特護墾荒邊民이오니 累萬生靈이 始見化育中物ᄒ야 始安今日이 已是感戴然高扶於會寧一隅之地者每患不及之歎이온ᄃ 設令該地로 兵精糧足이어던 寧爲過江定官

而號令我兵則奚但固圍靖邊已哉아 然則淸員은 牧地租ᄒ고 我員은 治韓民ᄒ면 有何苟礙之端乎잇가 槩邊界之謂는 有據界限ᄒ야 我民居寓者也而與茂會鍾穩源與大郡으로 間於沿江一帶ᄒ야 人

烟相望에 言語不通者户可累萬餘也이오며 户户爲兵이라도 無限自分이 昔고 户户備械라도 有額自當이온 况猶裕於將卒之衣料者哉잇가 若較以淸户ᄒ오면 韓户之百에 淸户之不過一이오되 淸則自設私砲成

會ᄒ야 每會에 不過是千兵者ㅣ 鞭朴韓民에 苛斂之千百其名이 猶浮於有名之賊匪ᄒ야 衣韓之物ᄒ고 食韓之膏ᄒ오니 韓民도 亦依淸民之例ᄒ야 設砲之謂가 何難之有諸잇가 然而不爲오면 國家亦ᄒ야

不知其誰手中物이오니 豈無寃哉며 豈不痛哉잇가 玆에 齊訴ᄒ오니 特軫衆民之血願ᄒ샤 仍時之制宜ᄒ와 報請

政府ᄒ오셔 使此等頭之勢로 自保自安之地을 千萬伏望

光武五年十二月十七日

茂山對岸白金社解事人鄭基萬 各郡各對岸各社頭民方道渊 金行俊 金仁秀 金仲根 申元學 朱範奎 金貞善 申載學 崔漢九 朴文哲

山溪社解事人許[illegible]椎 方道亨 李巳宅 金貞又 李巳弘 姜文植 金希先 朴利守 崔俊德 朴長俊 崔昇岳 林光範

上和社解事人黃龍珠 方道奎 金鍾律 李宗烈 趙允語 金利石 姜賢國 崔光國 金光彥 金伯祿 朴宗洙 姜仁星

德化社解事人金泰協 金應錫 李道守 朴辰東 朴永奎 崔汗國 朱和燮 朴成會 韓尚各 趙永旬 崔奎岳 金星振

龍浦社解事人方炳植 崔鎭俊 崔和翼 李陽瑞 金起文 金鼎訓 李永培 崔宗石 金熙石 黃中達 南仲洪 李丁辰

宜德社解事人崔增玉 金澤龍 鄭元用 崔仕吉 李光辰 金龍渊 李文守 韓萬鶴 吳丙星 吳丙燮 韓尚贊 朱瑋奎

會寧對岸平化社解事人孫雲順 金昇渊 朴文哲 玄尚從 金丙玄 崔致云 金漢順 南弘益 姜文善 朴巳俊 崔明玉 崔大允

忠化社解事人吳相熙 李元京 尹亨俊 尹公孫 李元中 朱秉憲 劉萬石 黃興千 黃興斗 崔弘益 趙恒琢 崔守亨

敎化社解事人吳相洛 朴龍文 安極先 朴柱會 李巳南 崔尚奎 金道運 金相行 金鍾元 吳永國 金尚國 鄭千金

仁化社解事人姜龍九 南巳元 廉光順 金石謙 徐仁官 元允直 元道日 金洛燮 宋達永 金東能 林孝根 方星奎

文化社解事人吳鍾熙 南巳益 朴元植 韓成興 韓致謙 趙成璧 李賢卜 崔大賢 鄭巳椎 金大元 金昌洛 金洪燮

永化社解事人尹鳳榮 金圭學 李元守 李昌俊 金益永 朴順九 董巳俊 金宗洙 韓成各 李達根 金呂根 韓石九

泰化社解事人曺起貞 李正植 李澤尚 車巳學 金丙南 金在益 金萬珠 方成魯 千道元 朱先玄 朱白奎 金丙朝

鍾城對岸慈洞社解事人黃澤龍 金太極 金大化 金鳳學 姜瑞星 兪大亨 朴萬福 金石祺 金仁植 金石容 金應九 陳裕蒙

光化社解事人李東洙 金海燮 金石燮 姜伯玄 李仁巳 皮仁學 李根益 李容三 金昌石 盧成玉 盧順九 文珠石

閒文社解事人李昌翼 李齊浩 金欽石 廉丙昇 金長龍 李陽天 李應植 金宗順 金巳順 張俊益 元鳳弼 金漢涉

1-①

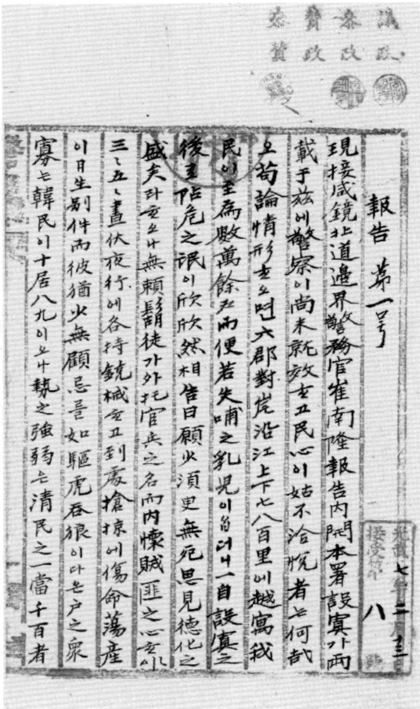

2-①

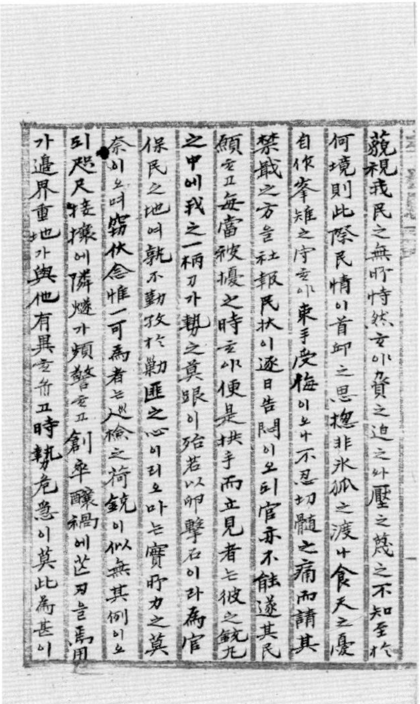

2-②

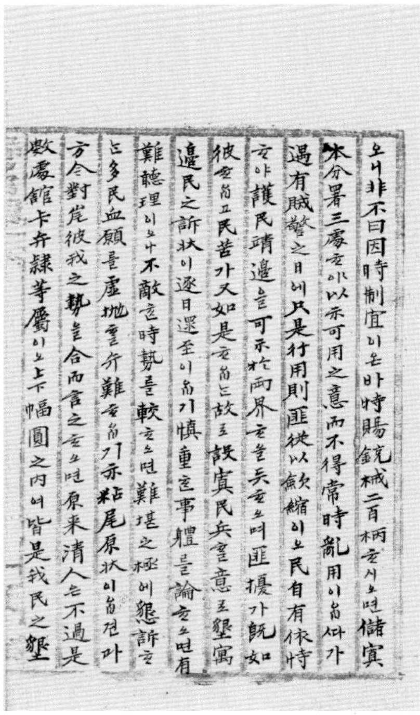

2-③

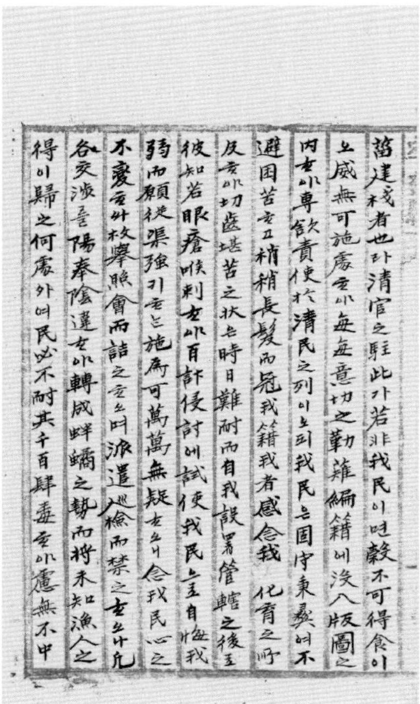

2-④

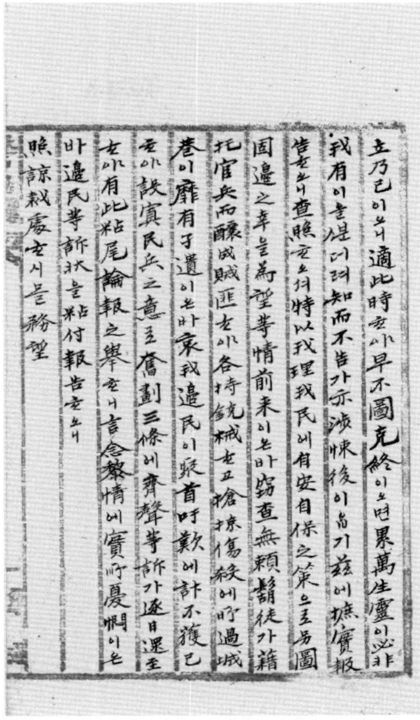

立乃已이오니 適此時ᄒᆞ와 早不圖克終이오면 累萬生靈이 必非
我有이올시더러 知而不告가 亦涉悚後이옵기 玆에 據實報
告ᄒᆞ오니 查照ᄒᆞ오셔 特以我理我民에 有安自保之策으로 另圖
固邊之幸을 爲望等情 前來이온바 竊查無賴髥徒가 藉
托官兵而釀成賊匪ᄒᆞ와 各持銃械ᄒᆞ고 搶掠傷殺에 所過城
巷이 靡有孑遺이온바 衆我邊民이 疑首吁歎에 計不獲已
ᄒᆞ와 設寘民兵之意로 奮劃三條에 齊聲等訴가 逐日還至
ᄒᆞ와 有此粘尾論報之擧ᄒᆞ니 言念黎情에 實所憂悶이온
바 邊民等 訴狀을 粘付報告ᄒᆞ오니
照諒裁處ᄒᆞ시믈 務望

2-⑤

光武七年二月十三日
警務使陸軍叅将 李鳳儀
議政府議政 李根命 閣下

2-⑥

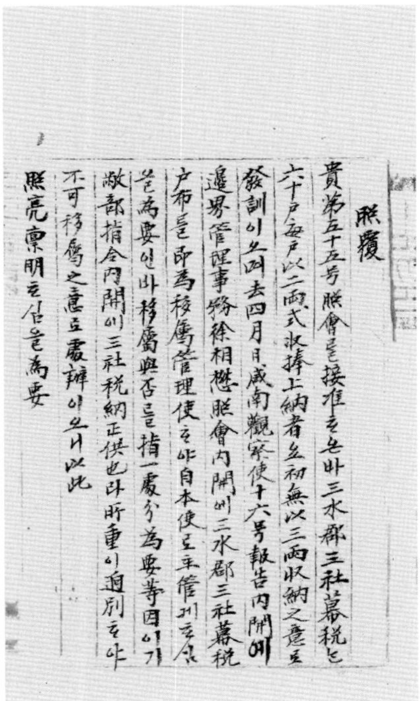

照覆
貴第五十五号 照會를 接准ᄒᆞ온바 三水郡 三社 幕稅ᄂᆞᆫ
六十戶 每戶以二兩式 收捧上納者요 初無以三兩收納之意로
發訓이오며 去四月日 咸南觀察使 十六号 報告內開에
邊界管理事務 徐相懋 照會內開에 三水郡 三社 幕稅
戶布를 卽爲移屬管理使ᄒᆞ야 自本使로 主管케ᄒᆞ오
믈 爲要인바 移屬與否를 指一處分爲要等因이기
敝部 指令內開에 三社稅納 正供也라 所重이 逈別ᄒᆞ야
不可移屬之意로 處辨이오니 以此
照亮稟明ᄒᆞ심을 爲要

3-①

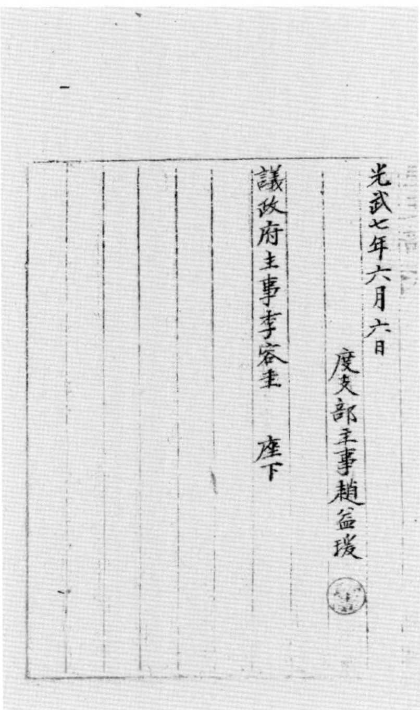

光武七年六月六日
度支部主事 趙益瑗
議政府主事 李容圭 座下

3-②

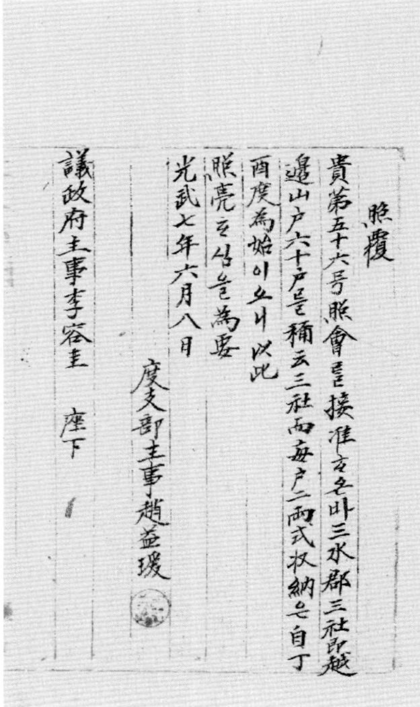

照覆

貴第五十六号照會를接准ᄒᆞ온바三水郡三社民越邊山戶六十戶를稱云三社而每戶二兩式收納은自丁酉度為始이오니以此

照亮ᄒᆞ심을為要

光武七年六月八日

度支部主事趙益瑗

議政府主事李容圭 座下

4-①

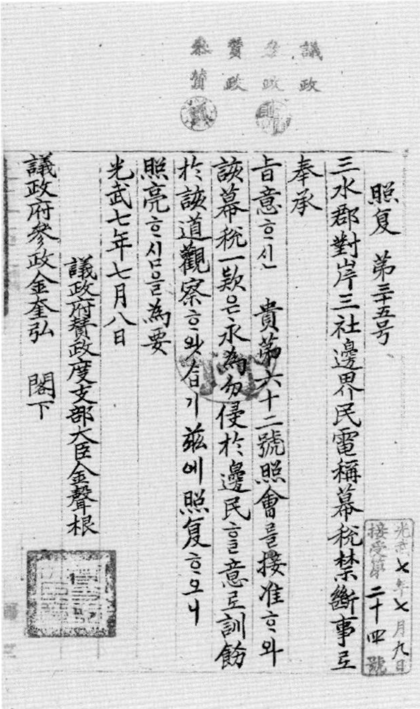

議政 參政 贊政 參贊

照復 第三十五号

光武七年七月九日 接受第二十四號

三水郡對岸三社邊界民電稱幕稅禁斷事로

奉承

旨意ᄒᆞ신 貴第六十二號照會를接准ᄒᆞ와

該幕稅一欵은永為勿侵於邊民之意로訓飭

於該道觀察ᄒᆞ와合기玆에照復ᄒᆞ오니

照亮ᄒᆞ시믈為要

光武七年七月八日

議政府贊政度支部大臣金聲根

議政府參政金奎弘 閣下

5-①

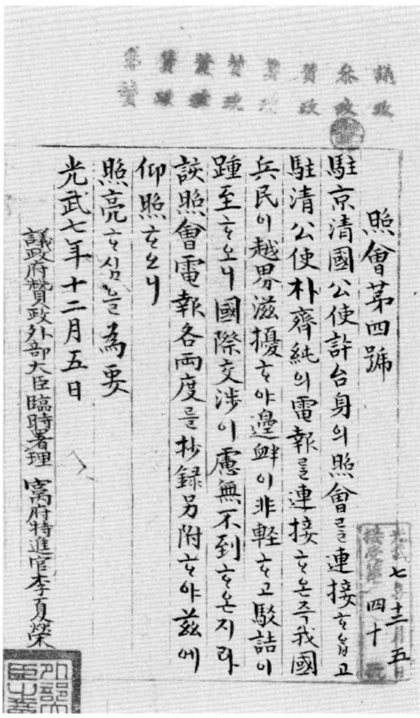

光武七年十二月五日 接受第四十號

照會第四號

駐京清國公使許台身의照會를連接ᄒᆞ압고

駐清公使朴齊純의電報를連接ᄒᆞ온즉我國

兵民이越界滋擾ᄒᆞ야邊衅이非輕ᄒᆞ고駁詰이

踵至ᄒᆞ오니國際交涉이慮無不到ᄒᆞ온지라

該照會電報各兩度를抄錄另附ᄒᆞ야玆에

仰照ᄒᆞ오니

照亮ᄒᆞ심을為要

光武七年十二月五日

議政府贊政外部大臣臨時署理 宮內府特進官李夏榮

6-①

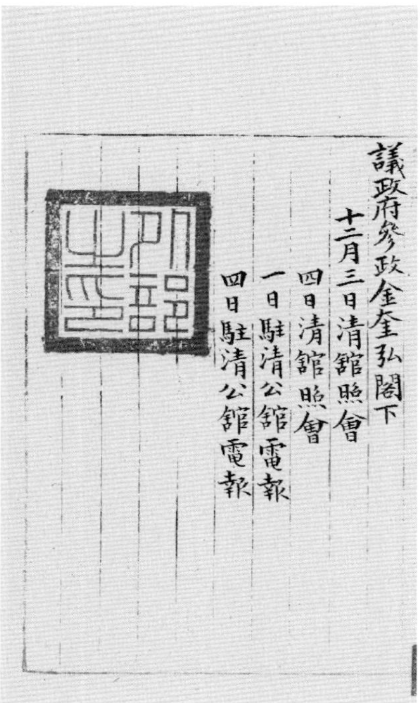

議政府參政金奎弘閣下

十二月三日清館照會

四日清館照會

一日駐清公館電報

四日駐清公館電報

6-②

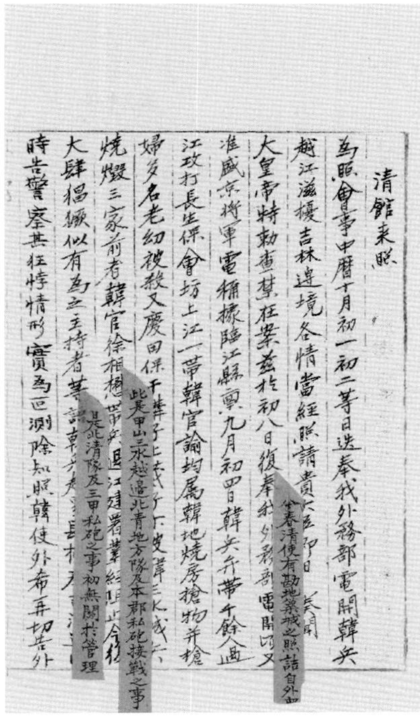
清館來照
為照會事中曆十月初一初二等日迭奉我外務部電開韓兵
越江滋擾吉林邊境各情當經照請貴大臣[illegible]
大皇帝特勅查禁在案茲於初八日復奉我外務部電開[illegible]又
准盛京將軍電稱據臨江縣稟九月初四日韓兵弁帶千餘人過
江攻打長生保會坊上江一帶韓官諭均屬韓地燒房搶物并搶
婦女多名老幼被殺又慶田保[illegible]
燒燬三家前者韓官徐相懋[illegible]
大肆猖獗似有為之主持者[illegible]
時告警察其狂悖情形實為叵測除知照韓使外希弁切告外
今春清使有勘地築城之照詰自外部
此是甲山三水越過北青地方隊及本郡私砲接戰之事
是此清隊及三甲私砲之事初無關於管理

6-③

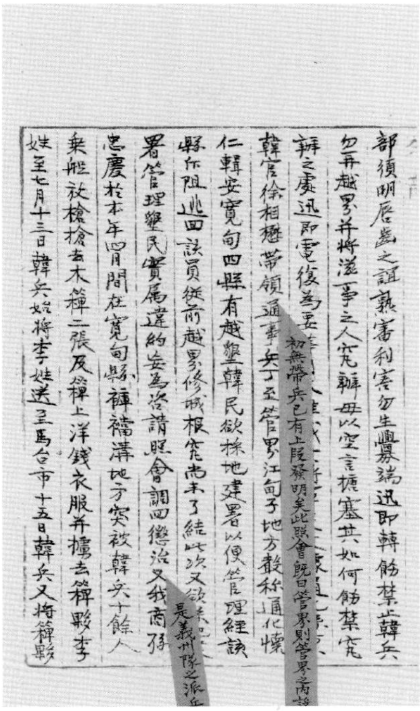
部須明辰處之誼熟審利害勿生釁端迅即轉飭禁止韓兵
勿再越界并將滋事之人究辦毋以空言搪塞其如何飭禁究
辦之處迅即電復為要[illegible]
韓官徐相懋帶領通事兵丁至管界江甸子地方散給通化懷
仁輯安寬甸四縣有越墾韓民欲擇地建署以便管理經該
縣等阻止迴回該員從前越界修城根究尚未了結此次又欲[illegible]
署管理墾民實屬違約妄為咨請照會調回懲治又我商孫
忠慶於本年四月間在寬甸縣葦福溝地方突被韓兵十餘人
乘船放槍搶去木箄二張及箄上洋錢衣服并擄去箄夥李
姓至七月十三日韓兵始將李姓送至馬台市十五日韓兵又將箄夥
初無帶兵已有上段發明矣此照會既曰管界則管界之內[illegible]
是義州隊之派兵

6-④

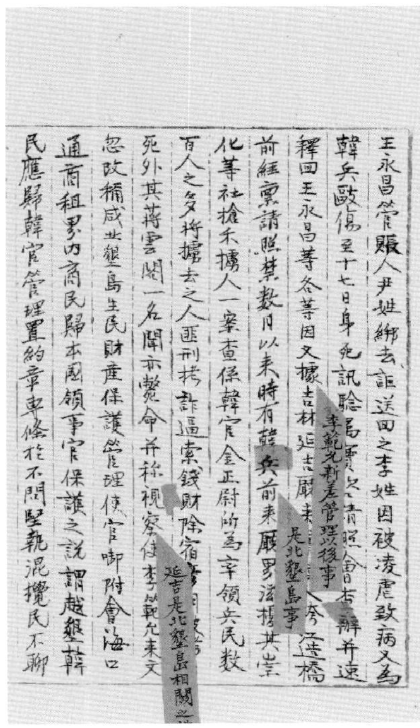
王永昌管賬人尹姓綁去詎送回之李姓因被淩虐致病又為
韓兵毆傷至十七日身死訊驗屬實[illegible]請照會查辦并速
釋回王永昌等各等因又據吉林延吉廳[illegible]江邊橋
前經稟請照禁數月以來時有韓兵前來廳界滋擾其崇
化等社搶禾擄人一案查係韓官金正尉所為率領兵民數
百人之多將擄去之人匪刑拷詐逼索錢財除宿[illegible]
死外其蔣雲閣一名聞亦斃命并稱視察使李範允來文
忽改稱咸北墾島生民財產保護管理使官啣附會海口
通商租界內商民歸本國領事官保護之說謂越墾韓
民應歸韓官管理置約章專條於不問堅執混攪民不聊
李範允新差管理後事
是北墾島事
延吉是北墾島相關之[illegible]

6-⑤

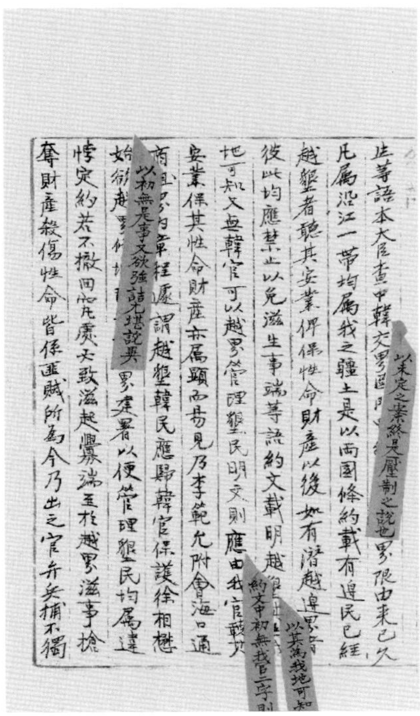
生等語本大臣查中韓交界圖們[illegible]界限由來已久
凡屬沿江一帶均屬我之疆土是以兩國條約載有邊民已經
越墾者聽其安業俾保性命財產以後如有潛越邊界者
彼此均應禁止以免滋生事端等語約文載明越墾[illegible]
地可知又無韓官可以越界管理墾民明文則應由我官[illegible]
安業保其性命財產亦屬顯而易見乃李範允附會海口通
商租界內章程遽謂越墾韓民應歸韓官保護徐相懋
始欲越界[illegible]建署以便管理墾民均屬違
悖定約若不撤回尤虞又致滋起釁端至於越界滋事搶
奪財產殺傷性命皆係匪賊所為今乃出之官弁兵捕不獨
以未定之案終是壓制之說也
以初無是事文欲強詰尤堪說異
約文中初無我官二字則
以其為我地可知

6-⑥

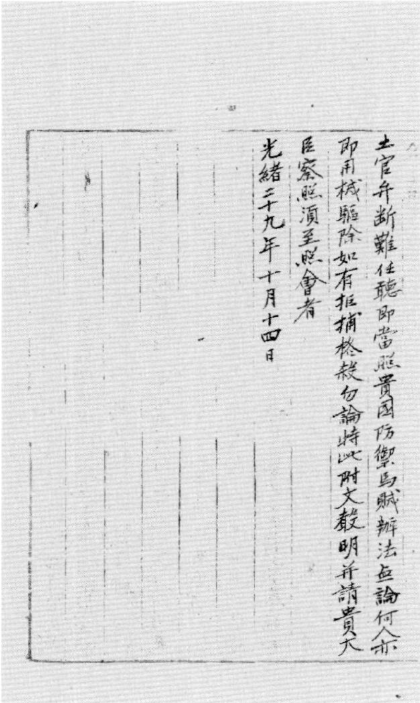

6-⑧

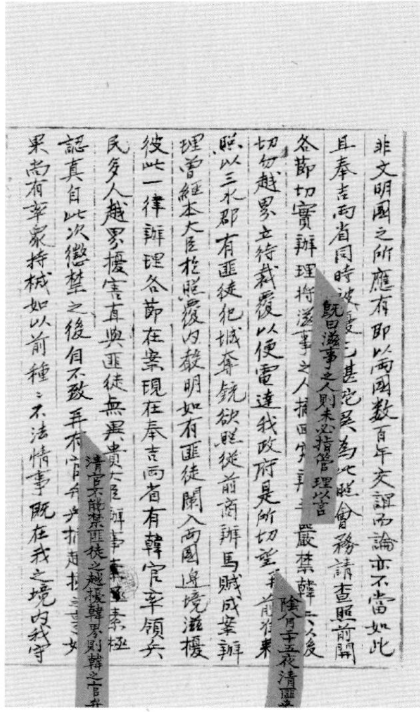

6-⑦

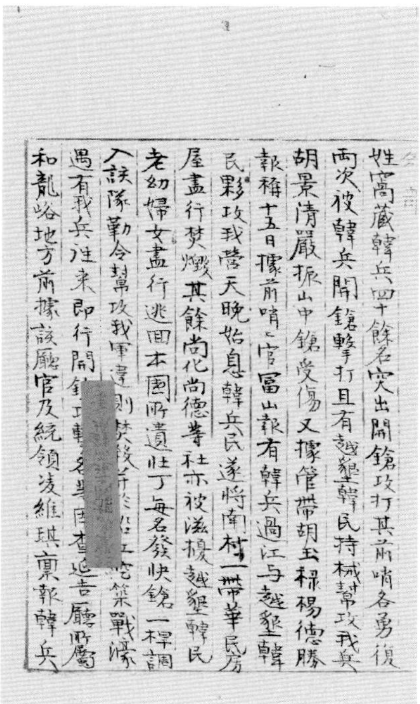

6-⑩

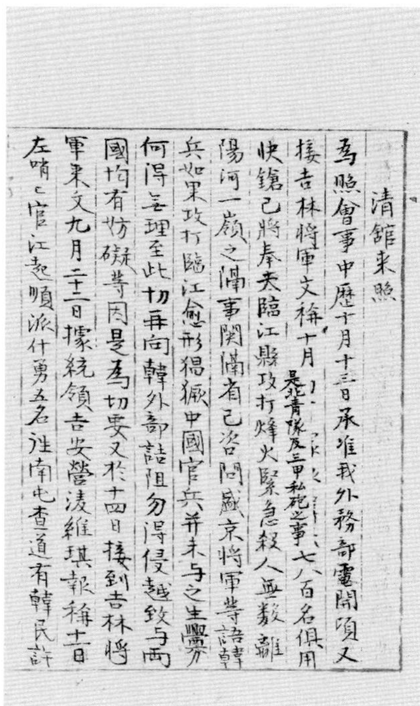

6-⑨

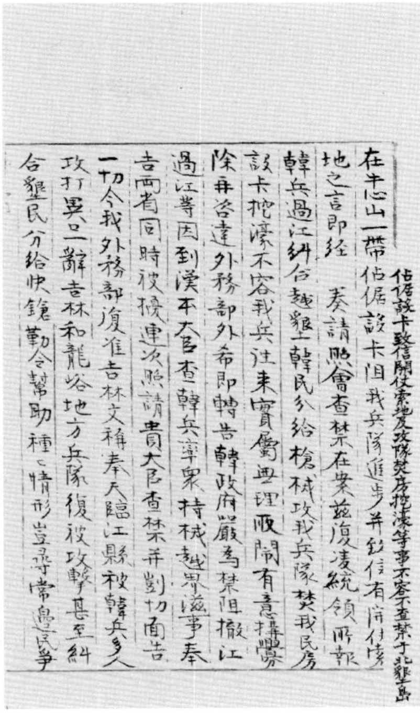

佔据設卡致信開伐索地及攻隊焚房挖濠等事不容不查禁于北墾島
在志山一帶佔据設卡但我兵隊進步并鈔信有何佔據
地之言即经 奏請照會查禁在案玆復凌統領所報
韓兵過江糾合越墾韓民分給槍械攻我兵隊焚我民房
設卡挖濠不容我兵往來實屬無理厥開有意搆釁
除并咨達外務部外希即轉告韓政府嚴為禁阻撤江
過江等因到漢本大臣查韓兵率衆持械越界滋事奏
吉兩省同時被擾連次照請貴大臣查禁并剴切面告
一切令我外務部復准吉林文稱奉天臨江縣被韓兵多人
攻打㬠口一辭吉林和龍峪地方兵隊復被攻擊甚至糾
合墾民分給快鎗勸令幫助種種情形豈尋常邊民爭

6-⑪

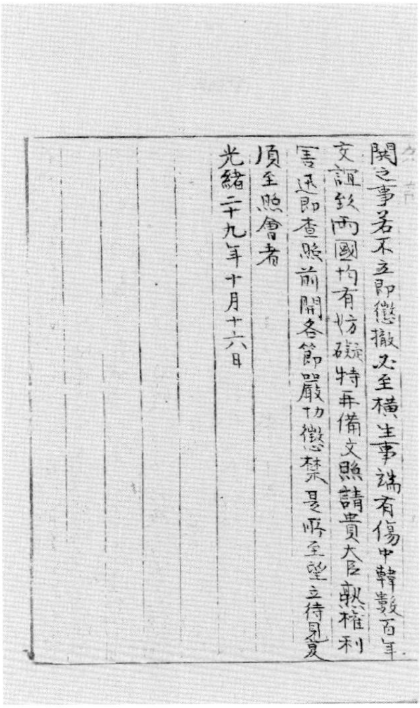

閧之事若不立即懲撤必至橫生事端有傷中韓數百年
文誼致兩國均有妨礙特再備文照請貴大臣執權利
害迅即查照前開各節嚴切懲禁是所至望立待見覆
須至照會者
光緒二十九年十月十六日

6-⑫

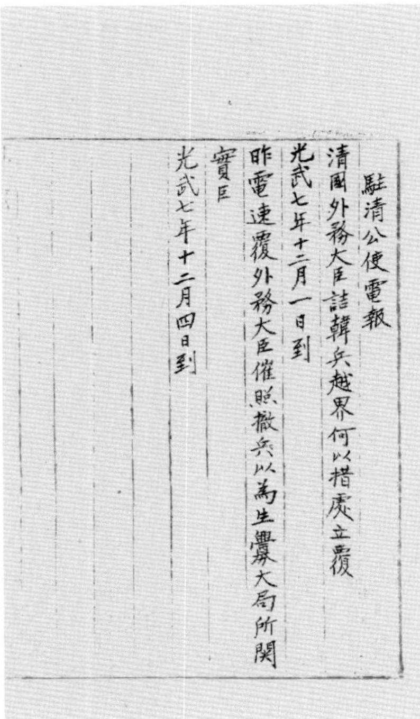

駐清公使電報
清國外務大臣詰韓兵越界何以措處立覆
光武七年十二月一日到
昨電速覆外務大臣催照撤兵以為生釁大局所關
寶臣
光武七年十二月四日到

6-⑬

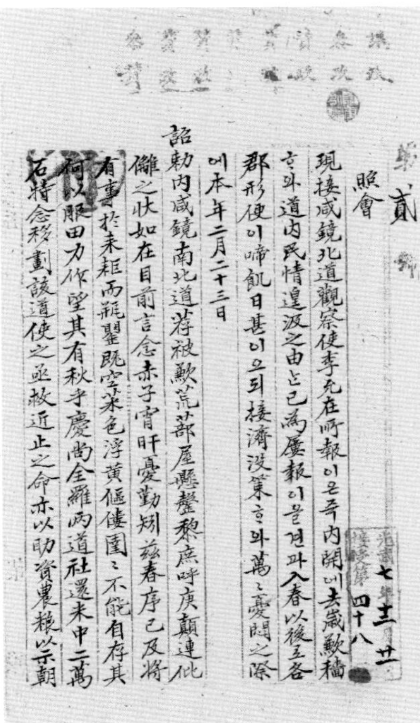

貳
照會
光武七年十二月廿一
接受第四十八
現接咸鏡北道觀察使李允在所報이온즉内開에去歲歉穡
ᄒᆞ와道内民情遑汲之由ᄂᆞᆫ已爲屢報이옵거니와入春以後로各
郡形便이啼飢日甚이오되接濟沒策ᄒᆞ와萬ᄂ憂悶之際
에本年二月二十三日
詔勅内咸鏡南北道荐被歉荒蔀屋懸罄黎庶呼庚顚連仳
離之状如在目前言念赤子宵旰憂勤矧玆春序已及將
有事於耒耟而耞翟既空菜色浮黃傴僂圜ᄂ不能自存其
何以服田力作望其有秋乎慶尚全羅兩道社還米中二萬
石特念移劃該道使之亟被近止之命亦以助資農糧以崇朝

7-①

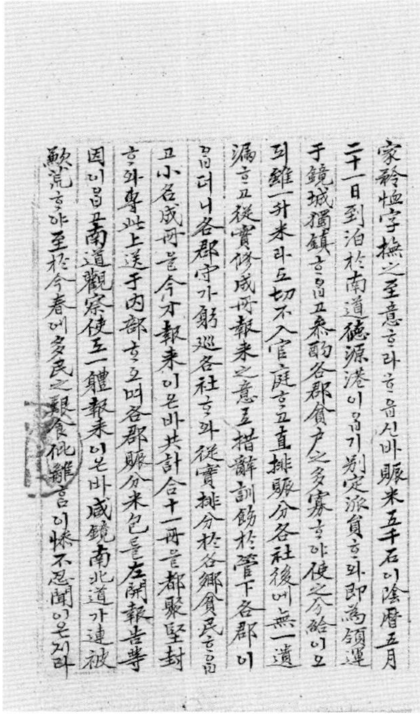

家矜恤字撫之至意ᄒᆞ라ᄒᆞ옵신바賑米五千石이陰曆五月
二十一日到泊於南道德源港이옵기別定派員ᄒᆞ와即爲領運
于鏡城獨鎭ᄒᆞ옵고叅酌各郡貧户之多寡ᄒᆞ야使之分給이오
되雖一升米라도切不入官庭ᄒᆞ고直排賑分各社後에無一遺
漏ᄒᆞ고從實修成所報來之意로措辭訓飭於管下各郡이
옵더니各郡守가躬巡各社ᄒᆞ와從實排分於各鄕貧民ᄒᆞ옵
고小名成冊을今方報來이온바共計合十一冊을都聚堅封
ᄒᆞ와專此上送于內部ᄒᆞ오며各郡賑分米包를左開報告ᄒᆞ
因이옵고南道觀察使로一體報來이온바咸鏡南北道가連被
歉荒ᄒᆞ야至於今春에多民之艱食仳離ᄒᆞᆷ이慘不忍聞이온지라

7-②

聖念이憂勤ᄒᆞ사慶尚全羅兩道社還米中二萬石을移劃賑恤
ᄒᆞᆯ事로
詔
下ᄒᆞ옵셧노지其時兩南形便이猝當兩麥之歉荒ᄒᆞ와該道
因民情이亦爲艱食嗷嗷이온즉該社米를還難區劃이온
지라以本院所貿中八千石을爲先劃送事로奉承
旨意ᄒᆞ와敝院貿峙米八千石을輸送該道ᄒᆞ야就中三千石은
賑恤於南道各郡ᄒᆞ고五千石은賑恤於北道各郡케ᄒᆞ와今旣
分賑報來이온바該米價還充之方은宜自　貴府로措劃
이옵기로玆庸仰佈ᄒᆞ오니
照亮ᄒᆞ신後該米八千石價並運送雜費ᄒᆞ야合錢三十

7-③

六萬三千六百三十兩七戔四分을即爲區劃送交ᄒᆞ시와以完
公貨케ᄒᆞ심을爲要
光武七年十二月十九日
內藏院卿 李容翊
議政府議政 李根命 閤下

7-④

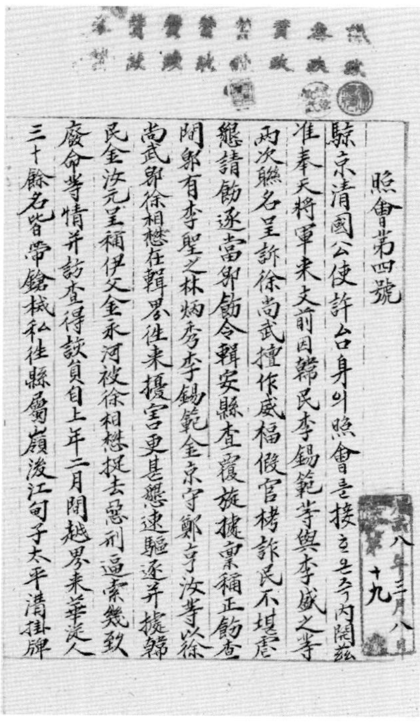

照會第四號
駐京清國公使許台身의照會를接ᄒᆞ온즉內開玆
准奉天將軍來文前因韓民李錫範等與李盛之等
兩次聯名呈訴徐尚武擅作威福假官拷詐民不堪虐
懇請飭逐當邨飭令輯安縣查覆旋據稟稱正飭查
間邨有李聖之林炳秀李錫範金京守鄭亨汝等以徐
尚武邨徐相懋在輯界往來擾害更甚懇速驅逐并據韓
民金汝元呈稱伊父金永河被徐相懋捉去恩刑逼索幾致
廢命等情并訪查得該員自上年二月間越界來華從人
三十餘名皆帶鎗械私往縣屬嶺後江甸子太平溝掛牌

8-①

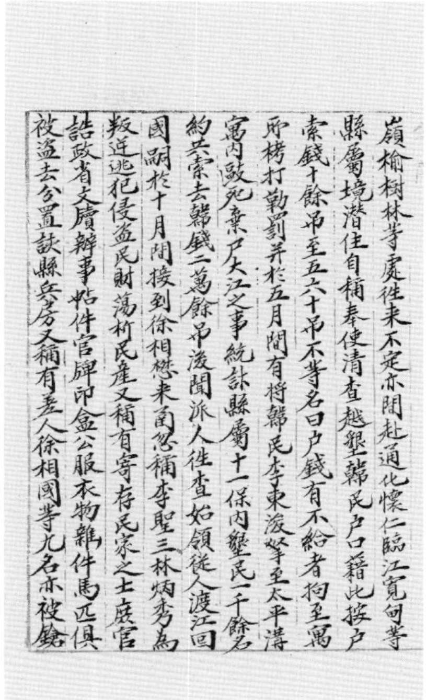

嶺榆樹林等處往來不定亦間赴通化懷仁臨江寬甸等
縣屬境潛住自稱奉使清查越墾韓民戶口籍此按戶
索錢十餘吊至五六十吊不等名曰戶錢有不給者拘至寓
所榜打勒罰并於五月間有將韓民李東浚等至太平溝
寓內毆死棄尸大江之事統該縣屬十一保內墾民一千餘名
約共索去韓錢二萬餘吊復闇派人往查始領從人渡江回
國嗣於十月間接到徐相懋來函忽稱李聖三林炳秀為
叛逆逃犯侵盜民財蕩析民產又稱有寄存民家之士庶官
諸政省文牘辦事帖件官牌印盒公服衣物雜件馬匹俱
被盜去分置該縣兵房又稱有差人徐相國等九名亦被鎗

8-②

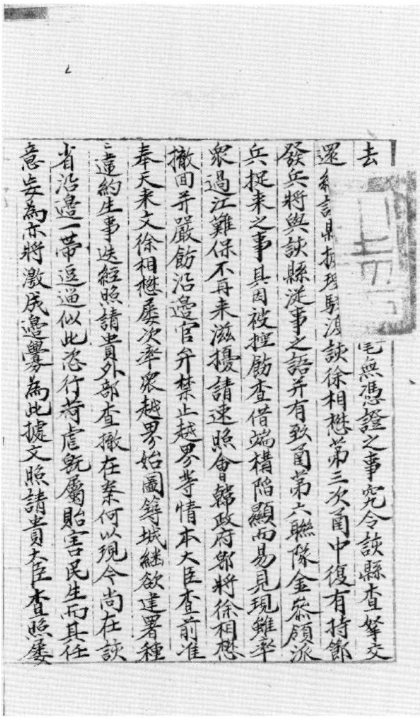

去[illegible]無憑證之事究令該縣查拏交
還[illegible]該縣按照驅渡該徐相懋第三次函中復有待節
發兵將與該縣從事之語并有致函第六聯隊金蔡領派
兵捉來之事其因被控飭查借端構陷顯而易見現雖率
衆過江難保不再來滋擾請速照會韓政府將徐相懋
撤回并嚴飭沿邊官弁禁止越界等情本大臣查前准
奉天來文徐相懋屢次率衆越界始圖築城繼欲建署種
種違約生事迭經照請貴外部查撤在案何以現令尚在該
省沿邊一帶逗遛似此恣行苛虐既屬貽害民生而其任
意妄為亦將激成邊釁為此據文照請貴大臣查照屢

8-③

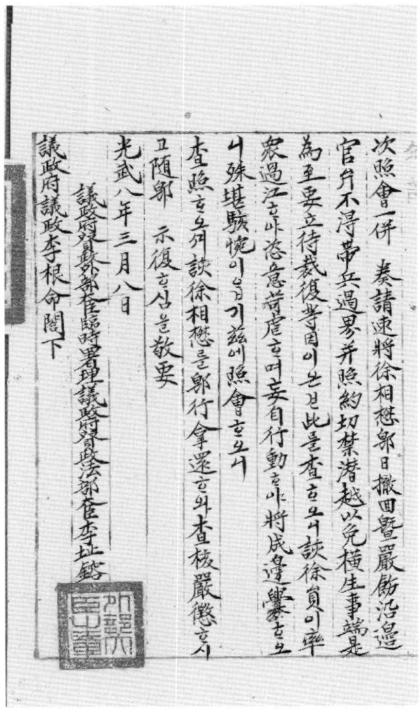

次照會一併　奏請速將徐相懋卽日撤回暨嚴飭沿邊
官弁不得帶兵過界并照約切禁潛越以免橫生事端是
為至要立待裁復等因이온바此를查ᄒᆞ오니該徐貟이率
衆過江ᄒᆞ야恣意苛虐ᄒᆞ며妄自行動ᄒᆞ야將成邊釁ᄒᆞ오
니殊堪駭惋이옵기玆에照會ᄒᆞ오니
查照ᄒᆞ오신後該徐相懋를卽行拿還ᄒᆞ와查核嚴懲ᄒᆞ시
고隨卽　示復ᄒᆞ심을敬要
光武八年三月八日
議政府參贊外部大臣臨時署理議政府參贊法部大臣李址鎔
議政府議政李根命閣下

8-④

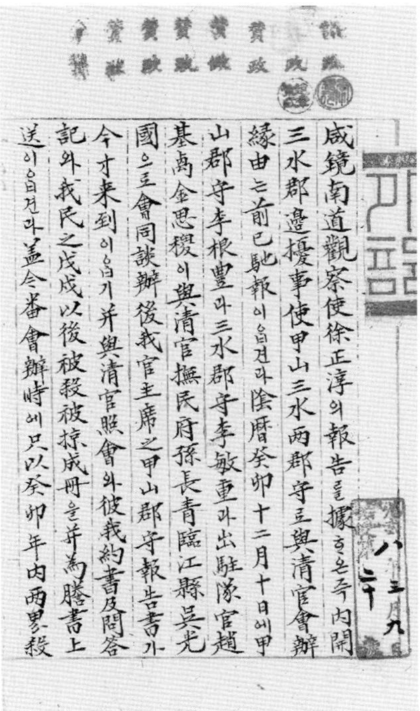

咸鏡南道觀察使徐正淳의報告를據ᄒᆞᆫ즉內開
三水郡邊擾事使甲山三水兩郡守로與清官會辦
緣由는前已馳報이옵거니와陰曆癸卯十二月十日에甲
山郡守李根豐과三水郡守李敏重과出駐隊官趙
基禹金思稷이與清官撫民府孫長青臨江縣吳光
國으로會同談辦後我官主席之甲山郡守報告書가
今才來到이옵기并與清官照會와彼我約書及問答
記와我民之戊戌以後被殺被掠成冊을并為謄書上
送이옵거니와蓋今番會辦時에只以癸卯年內兩界殺

9-①

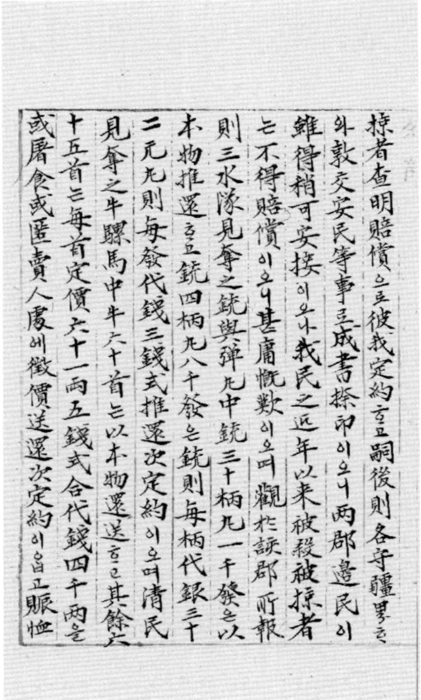
掠者査明賠償으로彼我定約ᄒᆞ고嗣後則各守疆界ᄒᆞ
와敦交安民等事로成書捺印이오나兩郡邊民이
雖得稍可安接이오나我民之近年以来被殺被掠者
는不得賠償이오니甚庸慨歎이오며觀於該郡所報
則三水隊見奪之銃與彈丸中銃三十柄丸一千發은以
本物推還ᄒᆞ고銃四柄丸八千發은銃則每柄代銀三十
二元丸則每發代錢三錢式推還次定約이오며清民
見奪之牛騾馬中牛六十首는以本物還送ᄒᆞ고其餘六
十五首는每首定價六十一兩五錢式合代錢四千兩을
或屠食或匿賣人處에徵價送還次定約이옵고賑恤

9-②

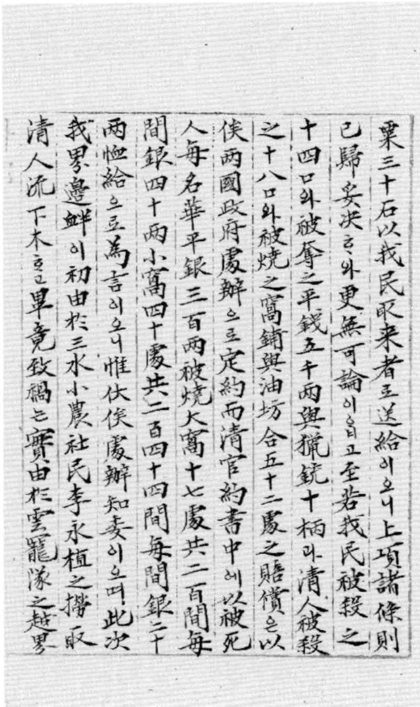
粟三十石以我民取来者로送給이오니上項諸條則
已歸妥決ᄒᆞ와更無可論이옵고至若我民被殺之
十四口와被奪之平錢五千兩與獵銃十柄과清人被殺
之十八口와被燒之窩鋪與油坊合五十二處之賠償은以
俟兩國政府處辦으로定約而清官約書中에以被死
人每名華平銀三百兩被燒大窩十七處共二百間每
間銀四十兩小窩四十處共二百四十四間每間銀二十
兩恤給으로為言이오니惟俟處辦知委이오며此次
我界邊釁이初由於三水小農社民李永植之擄取
清人流下木ᄒᆞ고畢竟致禍는實由於雲寵隊之越界

9-③

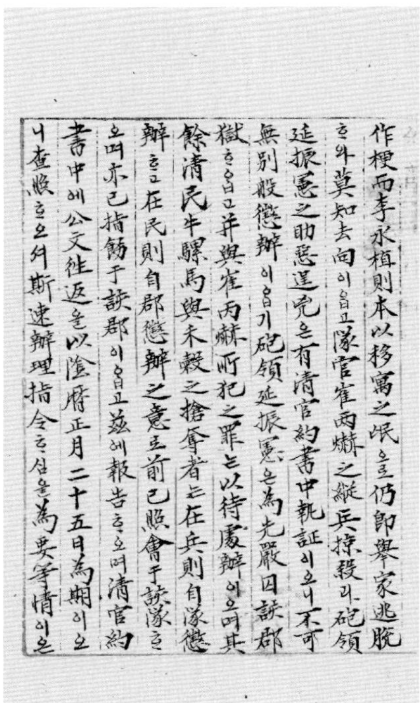
作梗而李永植則本以移寓之氓으로仍即擧家逃脫
ᄒᆞ와莫知去向이옵고隊官崔丙爀之縱兵掠殺과砲領
延振憲之助惡逞兇은有清官約書中執証이오니不可
無別般懲辦이옵기砲領延振憲은為先嚴囚該郡
獄ᄒᆞ옵고并與崔丙爀所犯之罪는以待處辦이오며其
餘清民牛騾馬與禾穀之搶奪者는在兵則自隊懲
辦ᄒᆞ고在民則自郡懲辦之意로前已照會于該隊ᄒᆞ
오며亦已指飭于該郡이옵고茲에報告ᄒᆞ오며清官約
書中에公文往返을以陰曆正月二十五日為期이오
니査照ᄒᆞ오셔斯速辦理指令ᄒᆞ심을為要等情이온

9-④

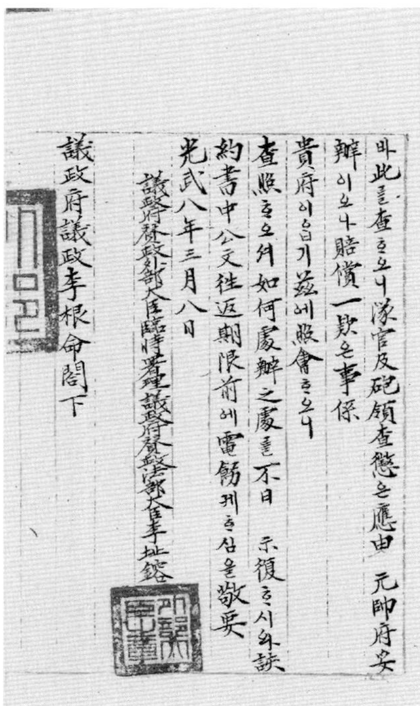
바此를査ᄒᆞ오니隊官及砲領査懲은應由 元帥府妥
辦이오나賠償一欵은事係
貴府이옵기茲에照會ᄒᆞ오니
査照ᄒᆞ오셔如何處辦之處를不日 示復ᄒᆞ시와該
約書中公文往返期限前에電飭케ᄒᆞ심을敬要
光武八年三月八日
議政府贊政外部大臣臨時署理議政府贊政法部大臣李址鎔
議政府議政李根命閤下

9-⑤

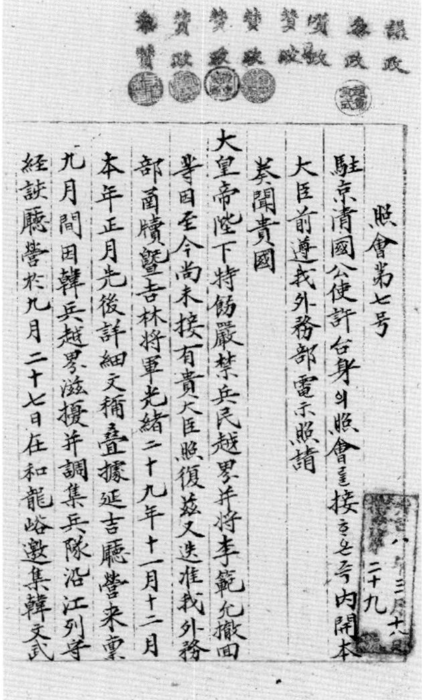

議政
參政
贊政
贊政
贊政
贊政
參贊

照會第七号
駐京清國公使許台身의照會로接ㅎ온즉內開本 二十九
大臣前遵我外務部電示照請
奏聞貴國
大皇帝陛下特飭嚴禁兵民越界并將李範允撤回
等因至今尚未接有貴大臣照復茲又迭准我外務
部函牘暨吉林將軍光緒二十九年十一月十二月
本年正月先後詳細文稱疊據延吉廳營來稟
九月間因韓兵越界滋擾并調集兵隊沿江列守
經該廳營於九月二十七日在和龍峪邀集韓文武

10-①

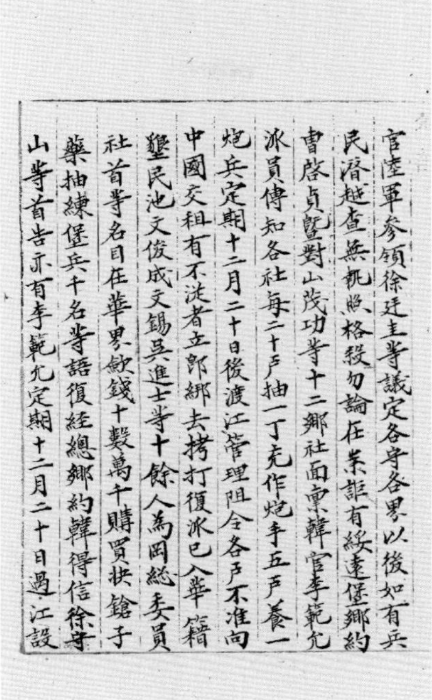

官陸軍參領徐廷圭等議定各守各界以後如有兵
民潛越查無執照格殺勿論在案詎有綏遠堡鄉約
曹啓貞暨對山茂功等十二鄉社面稟韓官李範允
派員傳知各社每二十戶抽一丁充作炮手五戶養一
炮兵定期十二月二十日後渡江管理阻令各戶不准向
中國交租有不從者立即綁去拷打復派已入華籍
墾民池文俊成文錫吳進士等十餘人為岡總委員
社首等名目在華界斂錢十數萬千購買抬鎗子
藥抽練堡兵千名等語復經總鄉約韓得信徐守
山等首告亦有李範允定期十二月二十日過江設

10-②

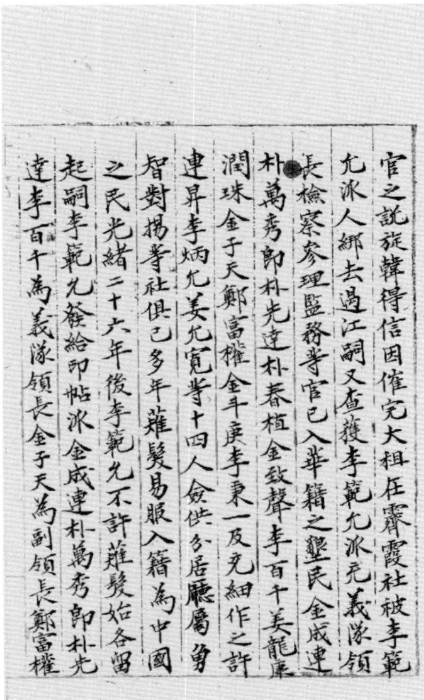

官之說旋韓得信因催完大租在霽霞社被李範
允派人綁去過江嗣又查獲李範允派充義隊領
長檢察參理監務等官已入華籍之墾民金成連
朴萬秀即朴先達朴春植金致聲李百千姜龍庚
潤珠金子天鄭富權金斗庚李東一及充細作之許
連昇李炳允姜允寬等十四人僉供多居廳屬曾
智對揚等社俱已多年薙髮易服入籍為中國
之民光緒二十六年後李範允不許薙髮始各留
起嗣李範允發給印帖派金成連朴萬秀即朴先
達李百千為義隊領長金子天為副領長鄭富權

10-③

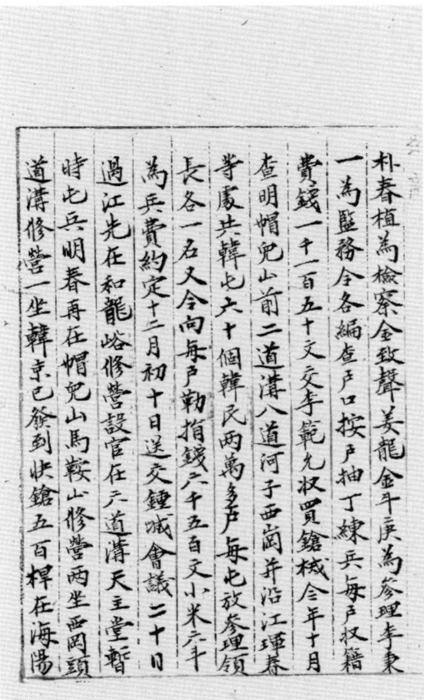

朴春植為檢察金致聲姜龍金斗庚為參理李東
一為監務令各編查戶口按戶抽丁練兵每戶收籍
費錢一千一百五十文交李範允收買鎗械今年十月
查明帽兒山前二道溝八道河子西崗并沿江琿春
等處共韓屯六十個韓民兩萬多戶每屯放參理領
長各一名又令向每戶勒捐錢六千五百文小米六斗
為兵費約定十二月初十日送交鍾城會議二十日
過江先在和龍峪修營設官在六道溝天主堂暫
時屯兵明春再在帽兒山馬鞍山修營兩坐西岡頭
道溝修營一坐韓京已發到快鎗五百桿在海陽

10-④

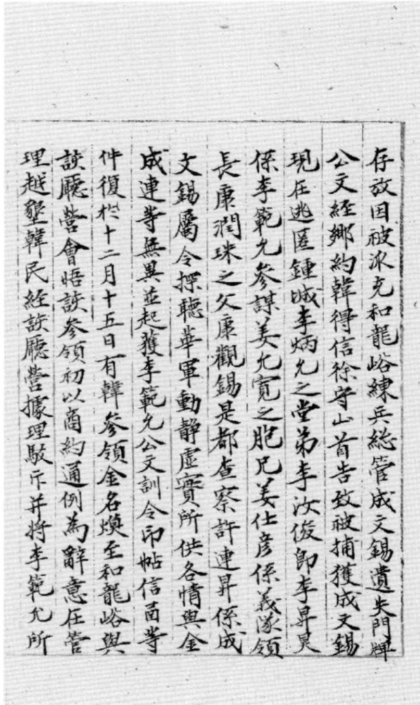

存放因被派充和龍峪練兵總管成文錫遺失門牌
公文經鄉約韓得信徐守山首告致被捕獲成文錫
現在逃匿鍾賊李炳允之堂弟李汝俊即李昇昊
係李範允參謀姜允寬之胞兄姜仕彥係義隊領
長康潤珠之父康觀錫是都查察許連昇係成
文錫屬令探聽華軍動靜虛實所供各情與金
成連等無異並起獲李範允公文訓令印帖信函等
件復於十二月十五日有韓參領金名煥至和龍峪與
該廳營會晤該參領初以商約通例為辭意在營
理越墾韓民經該廳營據理駁斥并將李範允所

10-⑤

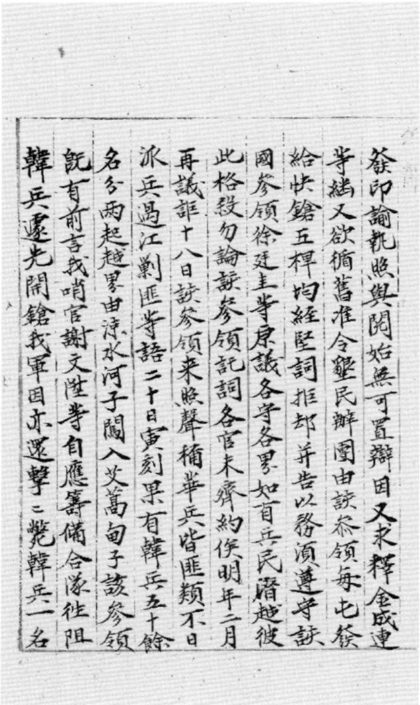

發印諭執照與閱始無可置辯因又求釋金成連
等繼又欲循舊准令墾民辦團由該參領每屯發
給快鎗五桿均經堅詞拒却并告以務須遵守該
國參領徐廷圭等原議各守各界如有兵民潛越彼
此格殺勿論該參領託詞各官未齊約俟明年二月
再議詎十八日該參領來照聲稱華兵皆匪類不日
派兵過江剿匪等語二十日寅刻果有韓兵五十餘
名分兩起越界由凍水河子闖入艾蒿甸子該參領
既有前言我哨官謝文陞等自應籌備合隊往阻
韓兵遽先開鎗我軍因亦還擊〻斃韓兵一名

10-⑥

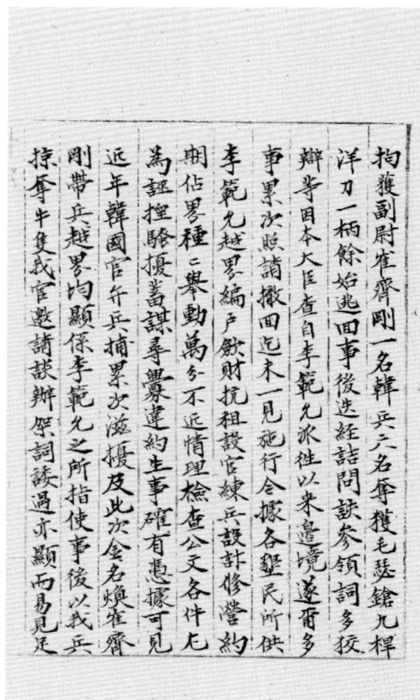

拘獲副尉崔齊剛一名韓兵六名奪獲毛瑟鎗九桿
洋刀一柄餘始逃回事後迭經詰問該參領詞多狡
辯等因本大臣查自李範允派往以來邊境遂爾多
事累次照請撤回迄未一見施行令據各墾民所供
李範允越界編戶歛財抗租設官練兵設卡修營約
朋佔界種〻舉動萬分不近情理檢查公文各件尤
為誣揑騐攫蓄謀尋釁違約生事確有憑據可見
近年韓國官弁兵捕界次滋擾及此次金名煥崔齊
剛帶兵越界均顯係李範允之所指使事後以我兵
掠奪牛隻我官邀請該辦架詞諉過亦顯而易見足

10-⑦

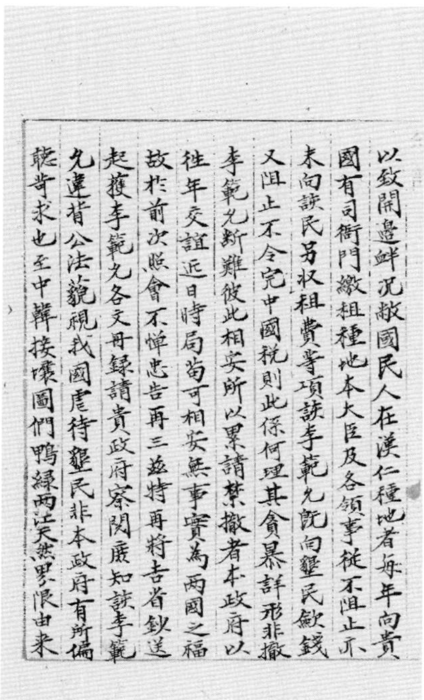

以致開邊衅況敝國民人在漢仁種地者每年向貴
國有司衙門繳租種地本大臣及各領事從不阻止亦
未向該民另収租費等項該李範允既向墾民歛錢
又阻止不令完中國稅則此係何理其貪暴詳形非撤
李範允斷難彼此相安所以累請禁撤者本政府以
往年交誼近日時局當可相安無事實為兩國之福
故於前次照會不憚忠告再三茲特再將吉省鈔送
起獲李範允各文冊錄請貴政府察閱應知該李範
允違背公法藐視我國虐待墾民非本政府有所偏
聽苛求也至中韓接壤圖們鴨綠兩江天然界限由來

10-⑧

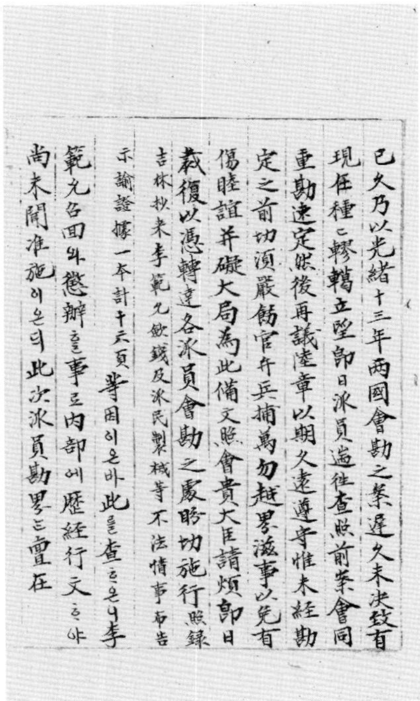
已久乃以光緒十三年兩國會勘之案遷久未決致有
現任種〻轇轕立堅卽日派員遄往查照前案會同
重勘速定然後再議陸章以期久遠遵守惟未經勘
定之前切須嚴飭官弁兵捕萬勿越界滋事以免有
傷睦誼并礙大局爲此備文照會貴大臣請煩卽日
裁復以憑轉達各派員會勘之處盼切施行照錄
吉林抄來李範允歛錢及派民製械等不法情事布告
示諭謄據一本計十六頁等因이온바此를查ᄒᆞ온니李
範允召回와懲辦ᄒᆞᆯ事로內部에歷經行文ᄒᆞ야
尙未聞准施이온되此次派員勘界ᄂᆞᆫ亶在

10－⑨

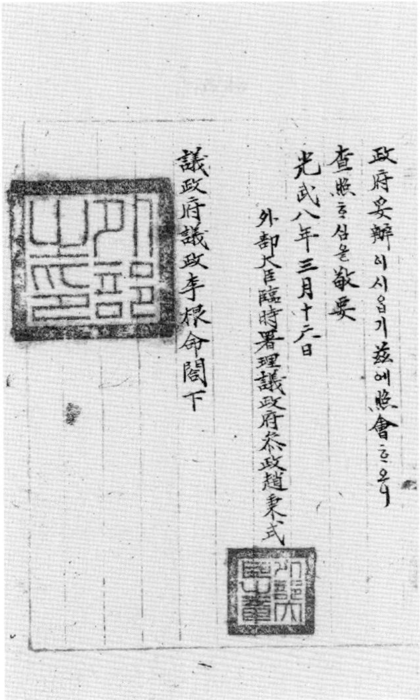
政府妥辦이시옵기玆에照會ᄒᆞ오니
查照ᄒᆞ심을敬要
光武八年三月十六日
外部大臣臨時署理議政府參政趙秉式
議政府議政李根命閣下

10－⑩

照會第十四號
駐京清國公使許台身의照會를接ᄒᆞ온즉內開에
頃准我外務部電開吉林將軍奏李範允於二月間
帶兵過江佔據山溪白金德化崇化尚化善化等社由
茂山沿江分道進兵驅殺華人迭與我兵接仗等語查
中韓界務自應聽候兩國派員會勘何得擧兵過江
驅殺華民盤踞屯社希向韓政府切實詰問務將李
範允調回並撤退過江兵隊勿再滋事立望電復等因
本大臣查近年貴國兵弁屢次越界滋擾自李範允
到後所爲日益加甚迭奉我政府之命照請查懲究撤

11－①

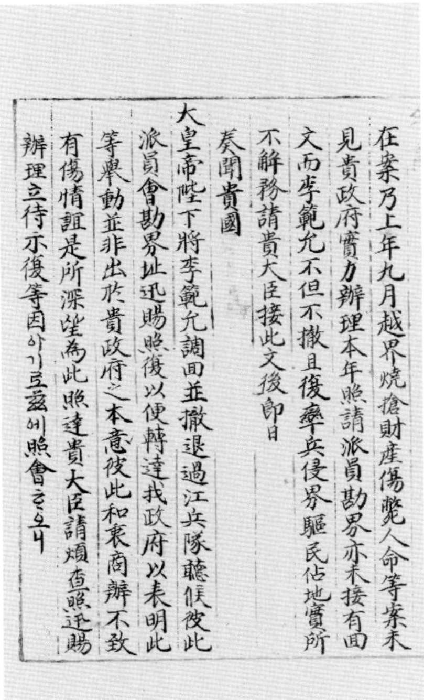
在案乃上年九月越界燒搶財産傷斃人命等案未
見貴政府實力辦理本年照請派員勘界亦未接有回
文而李範允不但不撤且復擧兵侵界驅民佔地實所
不解務請貴大臣接此文後卽日
奏聞貴國
大皇帝陛下將李範允調回並撤退過江兵隊聽候彼此
派員會勘界址迅賜照復以便轉達我政府以表明此
等擧動並非出於貴政府之本意彼此和衷商辦不致
有傷情誼是所深望爲此照達貴大臣請煩查照迅賜
辦理立待示復等因이기로玆에照會ᄒᆞ오니

11－②

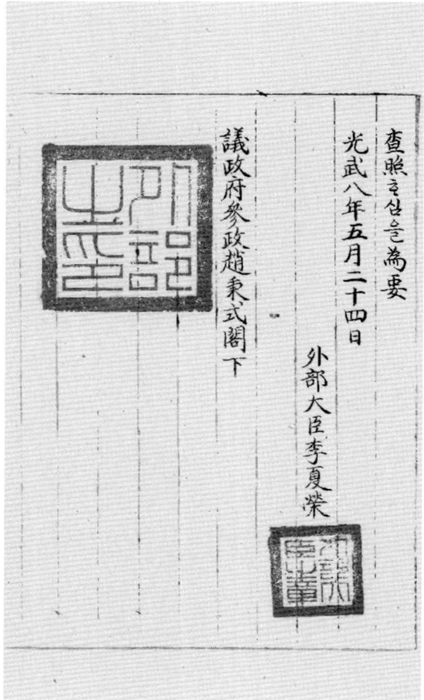

查照ᄒᆞ심을爲要
光武八年五月二十四日
外部大臣李夏榮
議政府參政趙秉式閣下

11-③

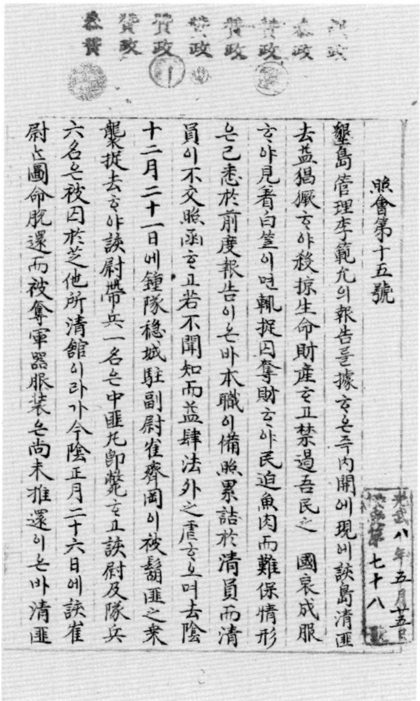

議政 參政 贊政 贊政 贊政 贊政 參贊

照會第十五號

光武八年五月二十五日 接受第七十八

墾島管理李範允의報告를據ᄒᆞᆫ즉內開에現에該島淸匪
去益猖獗ᄒᆞ야殺掠生命財産ᄒᆞ고禁遏吾民之 國哀成服
ᄒᆞ야見者白笠이면輒捉囚奪財ᄒᆞ야民迫魚肉而難保情形
은已悉於前度報告이온바本職이備照累詰於淸員而淸
員이不交照函ᄒᆞ고若不聞知而益肆法外之虐ᄒᆞ오며去陰
十二月二十一日에鍾隊穩城駐副尉崔齊岡이被鬍匪之來
襲捉去ᄒᆞ야該尉帶兵一名은中匪丸卽斃ᄒᆞ고該尉及隊兵
六名은被囚於芝他所淸館이라가今陰正月二十六日에該崔
尉ㅣ圖命脫還而被奪軍器服裝은尚未推還이온바淸匪

12-①

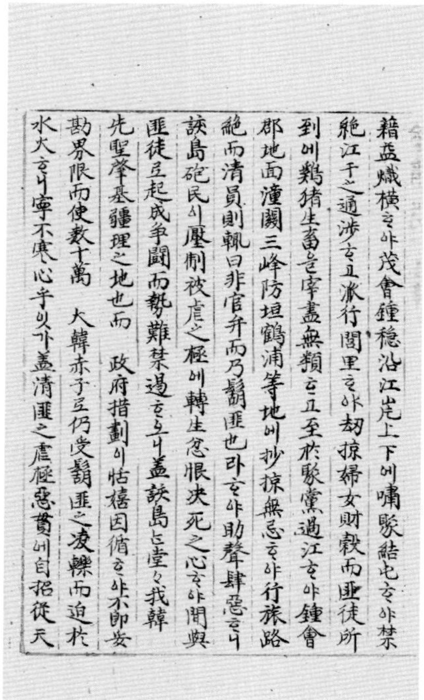

藉益熾橫ᄒᆞ야茂會鍾穩沿江岸上下에嘯聚結屯ᄒᆞ야禁
絶江干之通涉ᄒᆞ고派行閭里ᄒᆞ야刼掠婦女財穀而匪徒所
到에鷄猪生畜을寧盡無類ᄒᆞ고至於聚黨過江ᄒᆞ야鍾會
郡地面潼關三峰防垣鶴浦等地에抄掠無忌ᄒᆞ야行旅路
絶而淸員則輒曰非官弁而乃鬍匪也라ᄒᆞ야助聲肆惡ᄒᆞ니
該島砲民이壓制被虐之極에轉生忿恨決死之心ᄒᆞ야間與
匪徒로起成爭鬪而勢難禁遏ᄒᆞ오니蓋該島ᄂᆞᆫ堂堂我韓
先聖肇基疆理之地也而 政府措劃이恬嬉因循ᄒᆞ야不卽安
勘界限而使數十萬 大韓赤子로仍受鬍匪之凌轢而迫於
水火ᄒᆞ니寧不寒心乎잇가蓋淸匪之虐極惡貫에自招從天

12-②

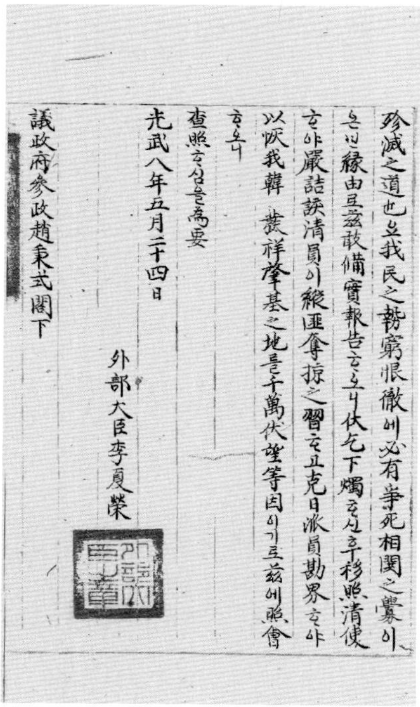

殄滅之道也오我民之勢窮恨徹에必有爭死相鬪之釁이
온바緣由로玆敢備實報告ᄒᆞ오니伏乞下燭ᄒᆞ신후移照淸使
ᄒᆞ야嚴詰該淸員이縱匪奪掠之習ᄒᆞ고克日派員勘界ᄒᆞ야
以㤥我韓 發祥肇基之地를千萬伏望等因이기로玆에照會
ᄒᆞ오니
查照ᄒᆞ심을爲要
光武八年五月二十四日
外部大臣李夏榮
議政府參政趙秉式閣下

12-③

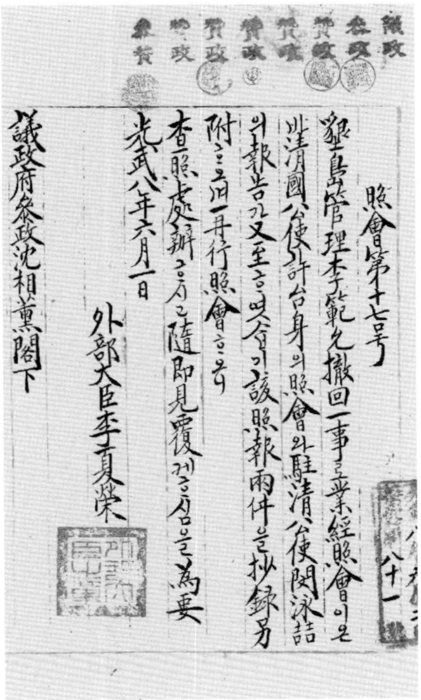
照會第十七号
墾島管理李範允撤回一事로業經照會이온
바清國公使許台身의照會와駐清公使閔泳喆
의報告가又至ᄒᆞ엿ᄉᆞ온바이該照報兩件을抄錄另
附ᄒᆞ오며一并行照會ᄒᆞ오니
查照處辦ᄒᆞ시고隨即見覆ᄒᆞ심을為要
光武八年六月一日
外部大臣李夏榮
議政府參政沈相薰閣下

13-①

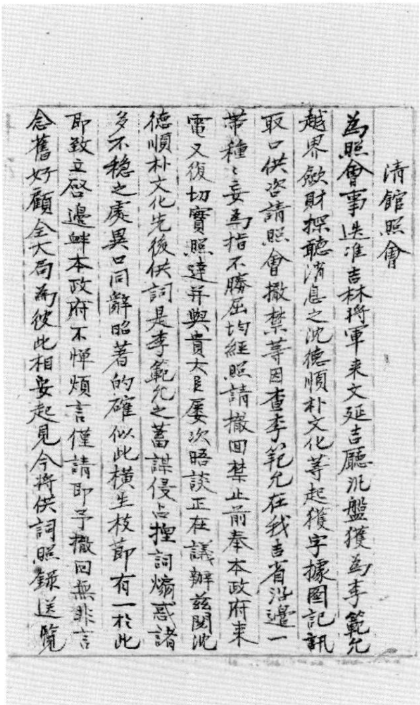
清館照會
為照會事迭准吉林將軍來文延吉廳派盤獲為李範允
越界斂財探聽消息之沈德順朴文化等起獲字據圖記訊
取口供咨請照會撤禁等因查李範允在我吉省沿邊一
帶種種妄為指不勝屈均經照請撤回禁止前奉本政府來
電又復切實照達并與貴大臣屢次晤談正在議辦茲閱沈
德順朴文化先後供詞是李範允之蓄謀侵占捏詞煽惑諸
多不穩之處異口同辭昭著的確似此橫生枝節有一於此
即致立啓邊衅本政府不憚煩言僅請即予撤回無非言
念舊好顧全大局為彼此相安起見今將供詞照錄送覽

13-②

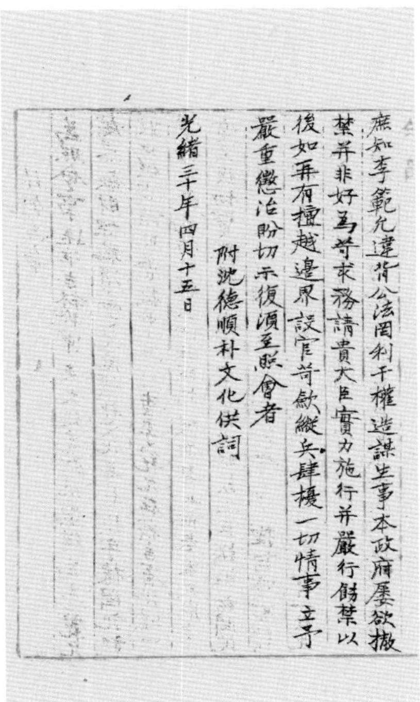
庶知李範允違背公法罔利干權造謀生事本政府屢欲撤
禁并非好為苛求務請貴大臣實力施行并嚴行飭禁以
後如再有擅越邊界設官苛斂縱兵肆擾一切情事立予
嚴重懲治盼切示復須至照會者
附沈德順朴文化供詞
光緒三十年四月十五日

13-③

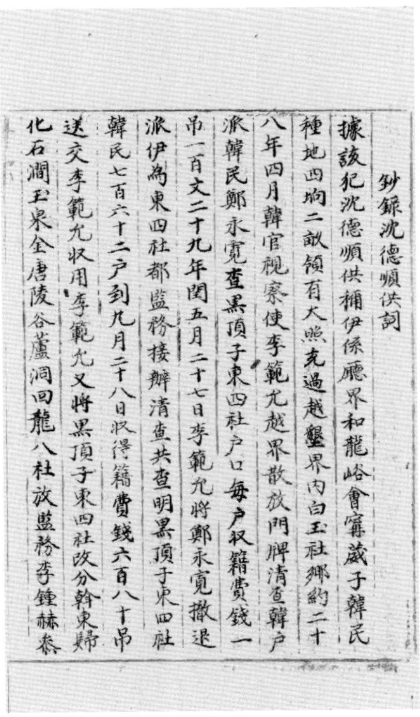
抄錄沈德順供詞
據該犯沈德順供稱伊係廳界和龍峪會寧歲子韓民
種地四垧二畝領有大照充過越墾界內白玉社鄉約二十
八年四月韓官視察使李範允越界散放門牌清查韓戶
派韓民鄭永寬查黑頂子東四社戶口每戶收籍費錢一
吊一百文二十九年閏五月二十七日李範允將鄭永寬撤退
派伊為東四社都監務接辦清查共查明黑頂子東四社
韓民七百六十二戶到九月二十八日收得籍費錢六百八十吊
送交李範允收用李範允又將黑頂子東四社改分幹東歸
化石澗玉泉金唐陵谷蘆洞回龍八社放監務李鍾赫恭

13-④

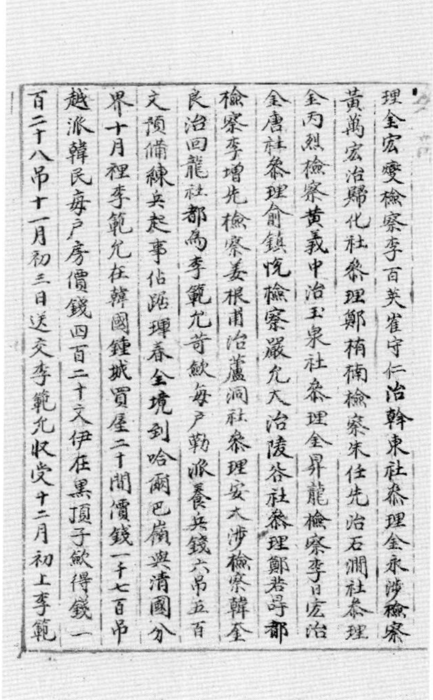

理金宏變檢察李百英崔守仁治幹東社叅理金永涉檢察
黃萬宏治歸化社叅理鄭楠楠檢察朱任先治石澗社叅理
金丙烈檢察黃義中治玉泉社叅理金昇龍檢察李日宏治
金唐社叅理俞鎮恍檢察嚴允大治陵谷社叅理鄭若尋都
檢察李增先檢察姜根甫治蘆洞社叅理安大涉檢察韓奎
良治回龍社都爲李範允苛歛每戶勒派養兵錢六吊五百
文預備練兵起事佔踞琿春全境到哈爾巴嶺與清國分
界十月裡李範允在韓國鍾城買屋二十間價錢一千七百吊
越派韓民每戶房價錢四百二十文伊在黑頂子歛得錢一
百二十八吊十一月初三日送交李範允收受十二月初上李範

13-⑤

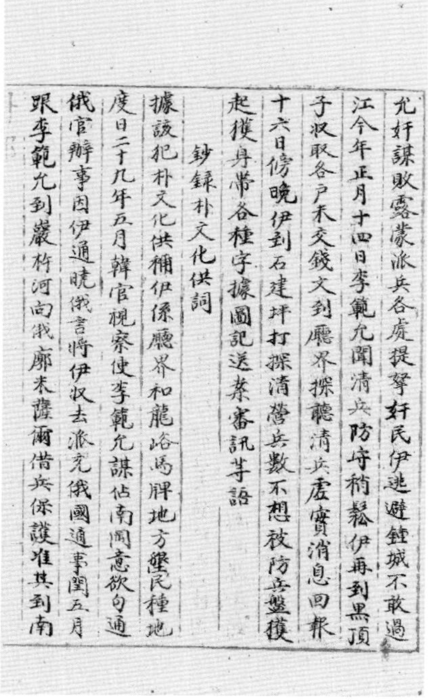

允奸謀敗露蒙派兵各處提拏奸民伊逃避鍾城不敢過
江今年正月十四日李範允聞清兵防守稍鬆伊再到黑頂
子收取各戶未交錢文到廳界探聽清兵虛實消息回報
十六日傍晚伊到石建坪打探清營兵數不想被防兵盤獲
起獲身帶各種字據圖記送案審訊等語

鈔錄朴文化供詞

據該犯朴文化供稱伊係廳界和龍峪馮牌地方墾民種地
度日二十九年五月韓官視察使李範允謀佔南岡意欲句通
俄官辦事因伊通曉俄言將伊收去派充俄國通事閏五月
跟李範允到巖杵河向俄廓米薩爾借兵保護准其到南

13-⑥

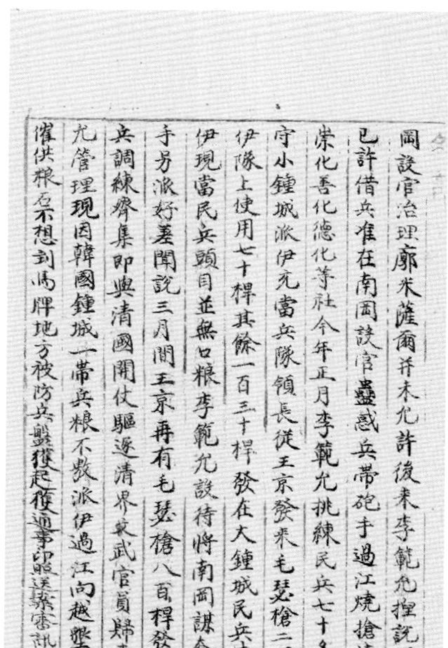

岡設官治理廓米薩爾並未允許後來李範允捏說俄官
已許借兵准在南岡設官蠱惑兵帶砲手過江燒搶清界
崇化善化德化等社今年正月李範允挑練民兵七十名防
守小鍾城派伊充當兵隊領長從王京發來毛瑟槍二百桿
伊隊上使用七十桿其餘一百三十桿發在大鍾城民兵使用
伊現當民兵頭目並無口糧李範允設待將南岡謀奪到
手另派好差聞說三月間王京再有毛瑟槍八百桿發來待
兵調練齊集即與清國開仗驅逐清界我武官員歸李範
允管理現因韓國鍾城一帶兵粮不敷派伊過江向越墾韓民
催供粮石不想到馮牌地方被防兵盤獲起獲通事印照送案審訊等語

13-⑦

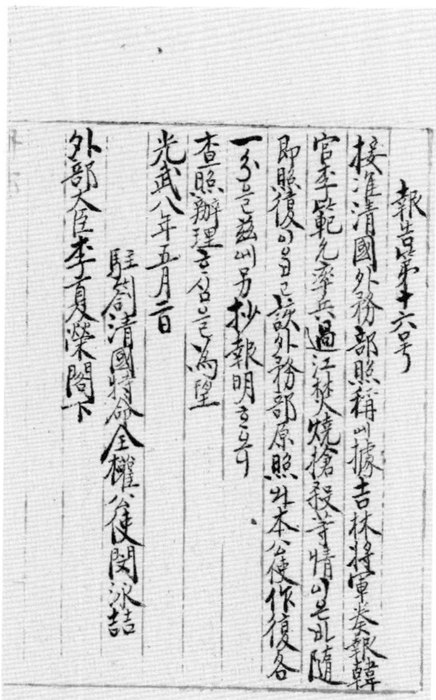

報告第十六號
接准清國外務部照稱에據吉林將軍奏報韓
官李範允率兵過江焚燒搶殺等情이온바隨
即照復이옵고該外務部原照와本公使作復各
一分을玆에另抄報明하오니
查照辦理하심을爲望
光武八年五月[illegible]
駐箚清國特命全權公使閔泳喆
外部大臣李夏榮閣下

13-⑧

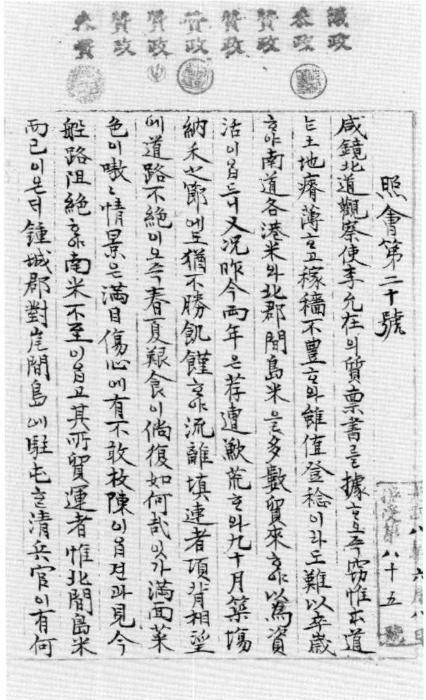
照會第二十號
咸鏡北道觀察使李允在의質稟書를據호온즉窃惟本道
는土地瘠薄호고稼穡不豊호와雖值登稔이라도難以卒歲
호야南道各港米와北郡間島米를多數貿來호와以爲資
活이옵드니又況昨今兩年은荐遭歉荒호와九十月築場
納禾之節에도猶不勝飢饉호야流離塡連者項背相望
에道路不絶이오今春夏艱食이倘復如何哉잇가滿面菜
色이啾ㄴ情景은滿目傷心에有不敢枚陳이옵저과見今
船路阻絶호야南米不至이옵고其所貿運者惟北間島米
而已이온디鍾城郡對岸間島에駐屯호淸兵官이有何

14-①

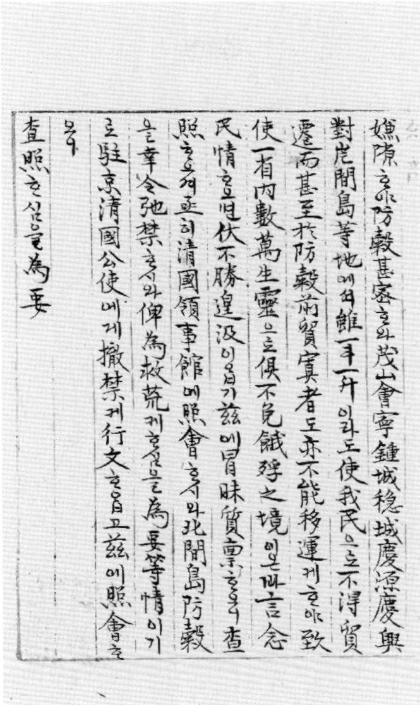
嫌隙호야防穀甚密호와茂山會寧鍾城穩城慶源慶興
對岸間島等地에셔雖一斗一升이라도使我民으로不得貿
遷而甚至於防穀前貿貨者도亦不能移運케호야致
使一有內數萬生靈으로俱不免饑殍之境이온바言念
民情호오면伏不勝遑汲이옵기玆에冒昧質稟호오니査
照호신후亟히淸國領事館에照會호시와北間島防穀
을革令弛禁호시와俾爲救荒케호심을爲要等情이기
로駐京淸國公使에게撤禁케行文호옵고玆에照會호오
니
査照호신을爲要

14-②

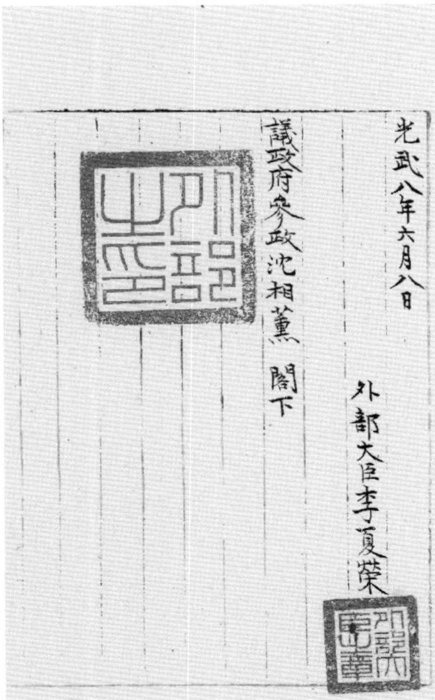
光武八年六月八日
外部大臣李夏榮
議政府參政沈相薰 閣下

14-③

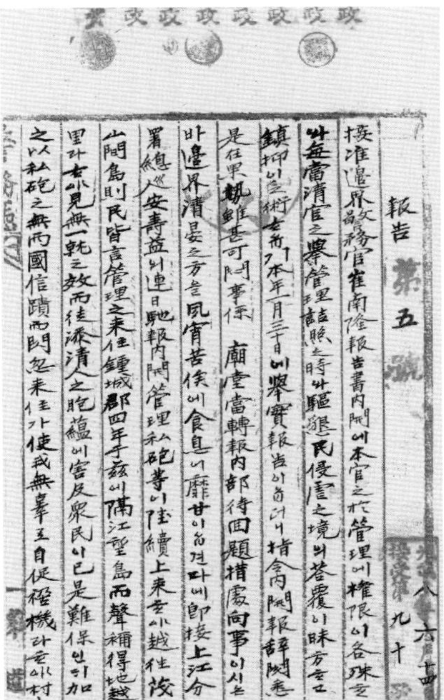
報告 第五號

15-①

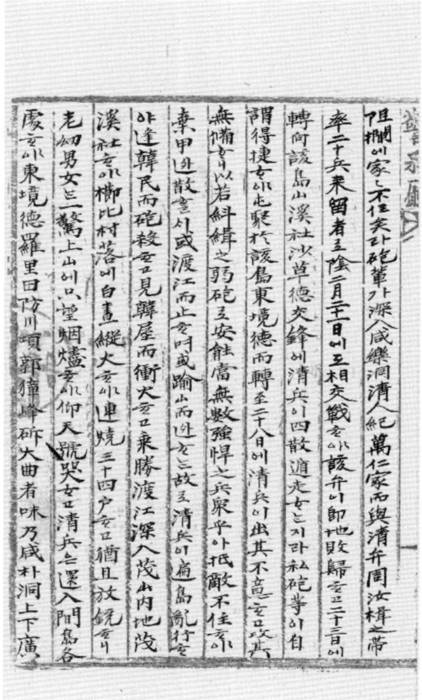

15－②

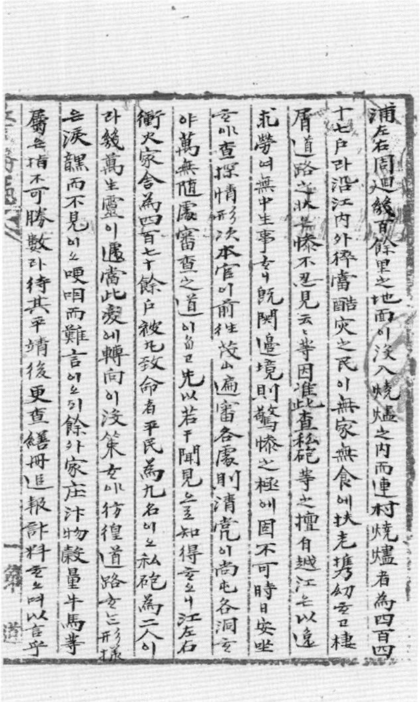

15－③

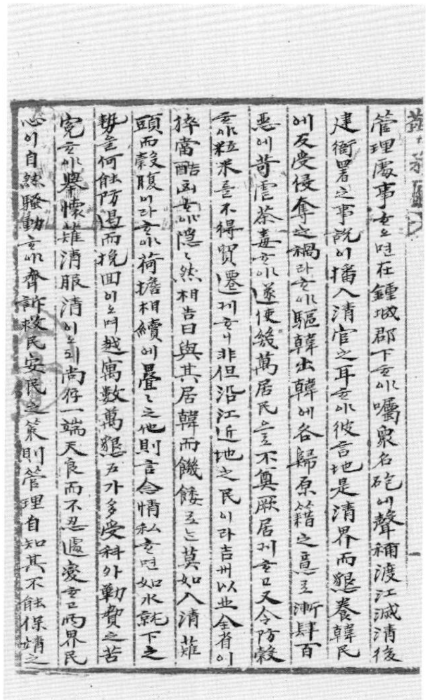

15－④

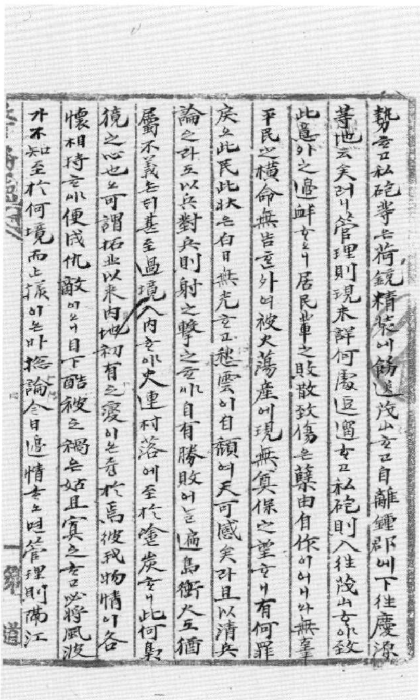

15－⑤

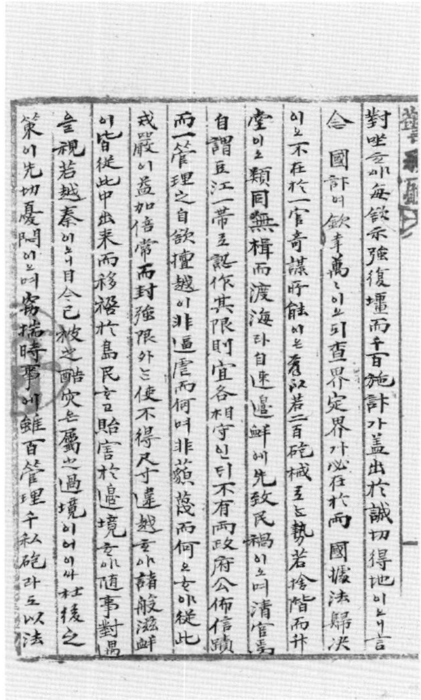
對峙ᄒᆞ야每欲參强復壇而千百施詐가蓋出於誠切得地이오니言
念 國計에欽奉萬ᄒᆞ이오되査界定界가必在於兩 國據法歸決
이오不在於一官奇謀所能이ᄂᆞᆫ看江若干砲械로ᄂᆞᆫ執若捨楷而升
堂이오類同無楫而渡海라自速邊釁에先致民禍이오며清官도
自謂豆江一帶로認作其限則宜各相守인되不有兩政府公佈信蹟
而一管理之自欲擅越이非逼虐而何며非藐蔑而何오ᄒᆞ야從此
戒嚴이益加倍常而封疆限外ᄂᆞᆫ使不得尺寸逾越ᄒᆞ야諸般滋釁
이皆從此中出來而移裕於島民ᄒᆞ고貽害於邊境ᄒᆞ야隨事對局
을視若越秦이오며目今已被之酷災ᄂᆞᆫ屬之過境이어야杜後之
策이先切憂悶이오며窃揣時事ᄒᆞᆫ則雖百管理千私砲라도以法

15-⑥

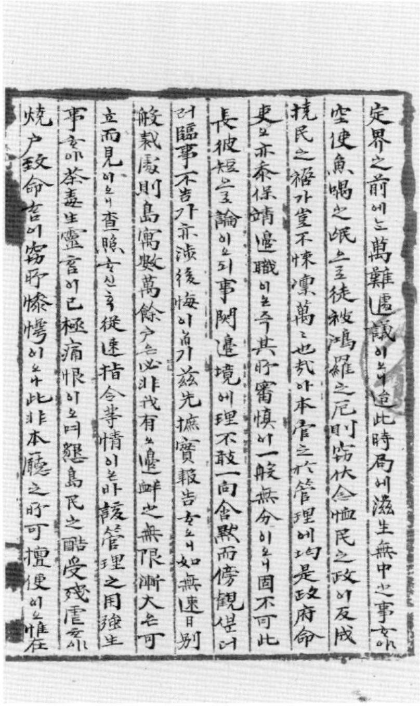
定界之前에ᄂᆞᆫ萬難遽議이오며逮此時局에滋生無中之事ᄒᆞ야
空使魚蝎之岐ᄒᆞ고徒被鴻羅之厄ᄒᆞ니窃伏念恤民之政이反成
撓民之梏가寧不慄凜萬ᄒᆞᆫ也哉아本官之於管理에均是政府命
吏오亦忝保靖邊職이온즉共所審慎이一般無分이오며固不可此
長彼短을論이오되事関邊境에理不敢一向含默而傍觀이실더
러臨事不告가亦涉後悔이옵기茲先據實報告ᄒᆞ오니如無速日別
般裁處則島寓數萬餘戶ᄂᆞᆫ必非我有ᄒᆞ고邊釁之無限漸大ᄂᆞᆫ可
立而見이오니査照ᄒᆞ신후從速指令事情이ᄂᆞᆫ바該管理之用強生
事ᄒᆞ야荼毒生靈宮이已極痛恨이오며繼島民之酷受残虐ᄒᆞ야
燒戶致命宮이窃所慘慣이오나此非本廳之所可擅便이오惟在

15-⑦

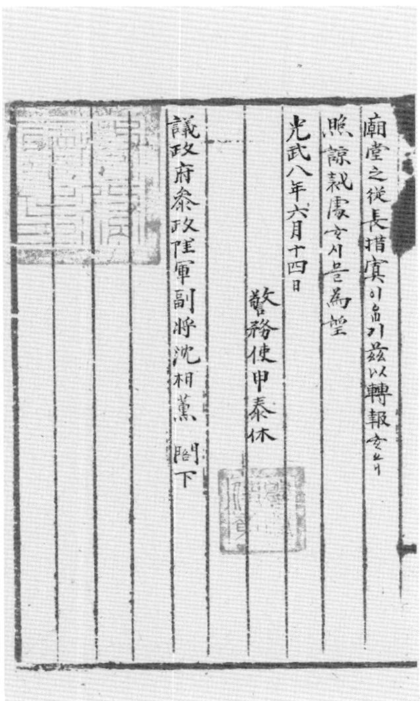
廟堂之從長措處이옵기茲以轉報ᄒᆞ오니
照諒裁處ᄒᆞ시믈爲望
光武八年六月十四日
警務使申泰休
議政府叅政陸軍副將沈相薰 閣下

15-⑧

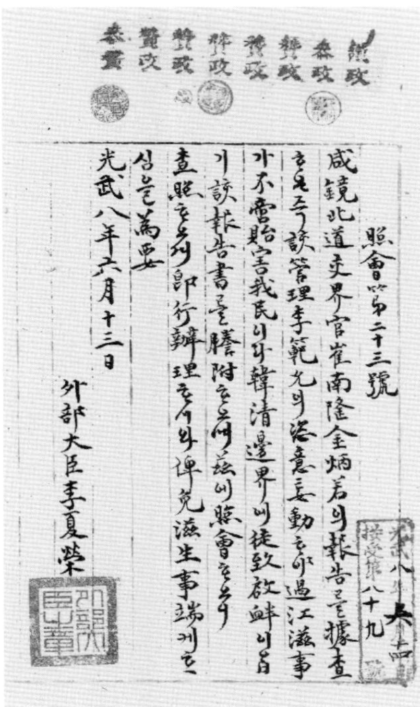
議政 叅政 贊政 贊政 贊政 贊政 叅書
照會第二十三號
咸鏡北道交界官崔南隆金炳若의報告를據査
ᄒᆞᆫ즉該管理李範允의落意妄動ᄒᆞ야過江滋事
가不審貽害我民이라韓清邊界에徒致啓釁이되
기該報告書를謄附ᄒᆞ와茲에照會ᄒᆞ오니
査照ᄒᆞ신後卽行辦理ᄒᆞ야俾免滋生事端케ᄒᆞ
심을爲要
光武八年六月十三日
外部大臣李夏榮
光武八 接受第八十九

16-①

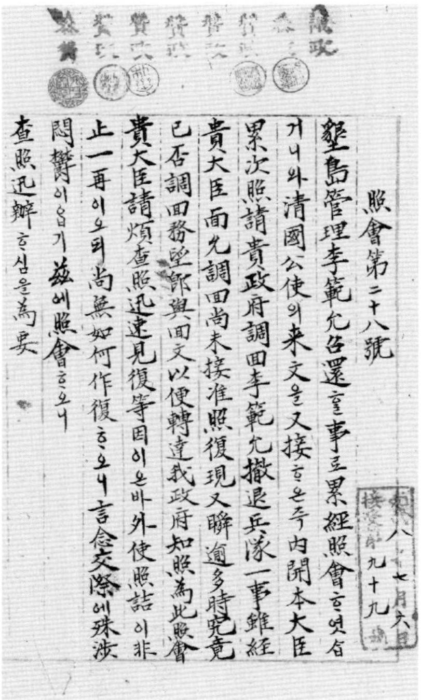
照會第二十八號
墾島管理李範允召還ᄒᆞᆫ事로 累經照會ᄒᆞ엿삽
거니와 清國公使의 来文을 又接ᄒᆞ온즉 内開本大臣
累次照請貴政府調回李範允撤退兵隊一事雖經
貴大臣面允調回尙未接准照復現又聯適多時究竟
已否調回務望即與回文以便轉達我政府知照為此照會
貴大臣請煩查照迅速見復等因이온바 外使照詰이 非
止一再이오되 尚無如何作復ᄒᆞ오니 言念交際에 殊涉
悶欝이옵기 茲에 照會ᄒᆞ오니
查照迅辨ᄒᆞ심을 為要

17-①

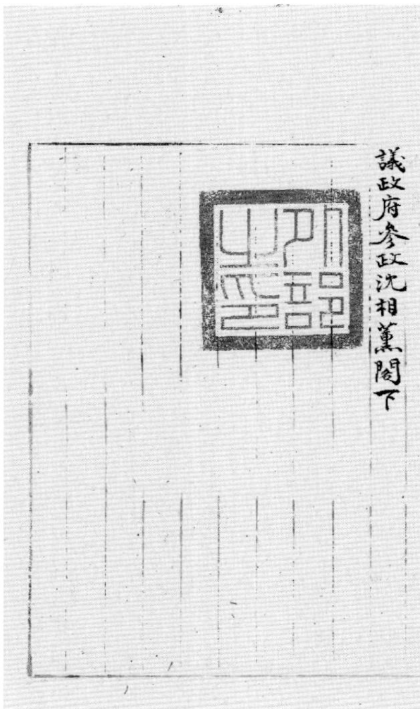
議政府參政沈相薰閣下

16-②

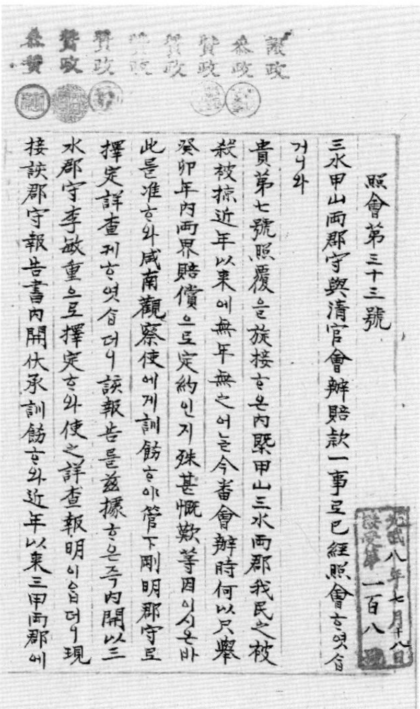
照會第三十三號
三水甲山兩郡守與清官會辦賠款一事로 已經照會ᄒᆞ엿삽
거니와
貴第七號照覆을 旋接ᄒᆞ온즉 内槩甲山三水兩郡我民之被
殺被掠近年以来에 無年無之어ᄂᆞᆫ 今番會辦時何以只擧
癸卯年内兩界賠償으로 定約인지 殊甚慨歎等因이시온바
此를 准ᄒᆞ와 咸南觀察使에게 訓飭ᄒᆞ야 管下剛明郡守로
擇定詳查케ᄒᆞ엿삽더니 該報告를 茲據ᄒᆞ온즉 内開以三
水郡守李敏重으로 擇定ᄒᆞ와 使之詳查報明이옵더니 現
接該郡守報告書内開伏承訓飭ᄒᆞ와 近年以来三甲兩郡에

18-①

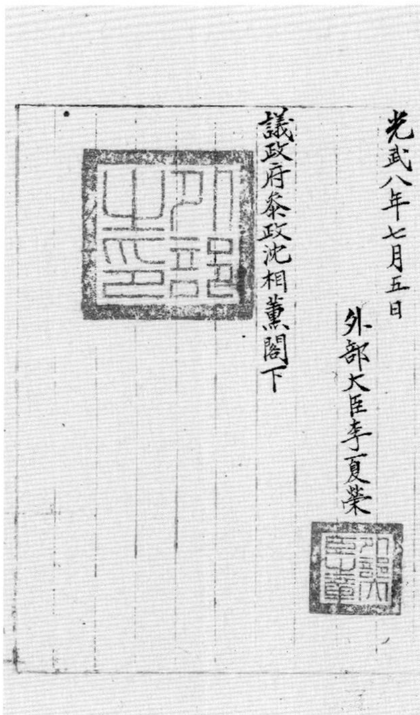
光武八年七月五日
外部大臣李夏榮
議政府參政沈相薰閣下

17-②

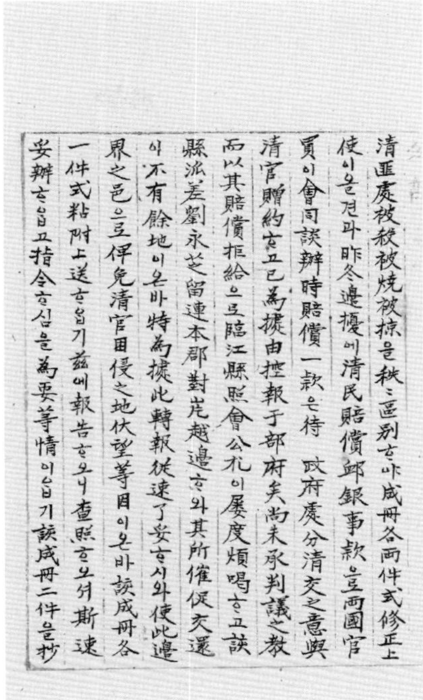

清匪處被殺被燒被掠을秩〻區別ᄒᆞ야成冊各兩件式修正上
使이온거과昨冬邊擾에清民賠償邸銀事款을兩國官
員이會同談辦時賠償一款은待 政府處分清交之意與
清官贈約ᄒᆞ고已爲據由控報于部府矣尚未承判議之教
而以其賠償拒給으로臨江縣照會公札이屢度煩喝ᄒᆞ고該
縣派差劉永芝留連本郡對岸越邊ᄒᆞ와其所催促交還
이不有餘地이온바特爲據此轉報從速了妥ᄒᆞ시와使此邊
界之邑으로俾免清官田侵之地伏望等因이온바該成冊各
一件式粘附上送ᄒᆞᆸ기玆에報告ᄒᆞ오니查照ᄒᆞ오서斯速
妥辦ᄒᆞᆸ고指令ᄒᆞ심을爲要等情이ᄋᆞᆸ기該成冊二件을抄

18-②

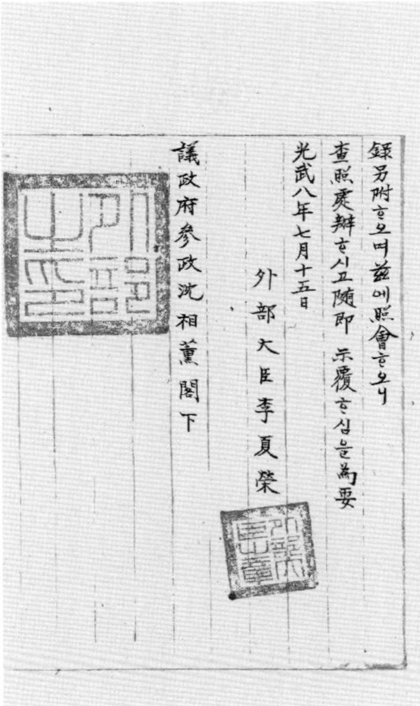

錄另附ᄒᆞ오며玆에照會ᄒᆞ오니
查照處辦ᄒᆞ시고隨即 示覆ᄒᆞ심을爲要
光武八年七月十五日
外部大臣李夏榮
議政府參政沈相薰閣下

18-③

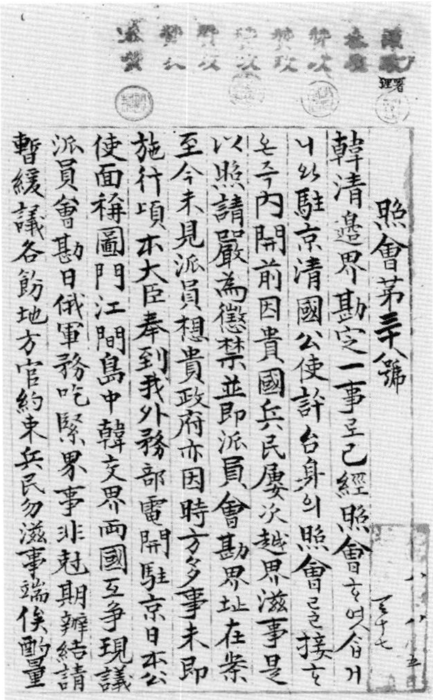

照會第三八號
韓清邊界勘定一事로己經照會ᄒᆞ엿사거
니와駐京清國公使許台身의照會로接ᄒᆞ
온즉內開前因貴國兵民屢次越界滋事是
以照請嚴爲懲禁並即派員會勘界址在案
至今未見派員想貴政府亦因時方多事未即
施行頃本大臣奉到我外務部電開駐京日本公
使面稱圖們江間島中韓交界兩國互爭現議
派員會勘日俄軍務吃緊界事非尅期辦結請
暫緩議各飭地方官約束兵民勿滋事端俟戰量

19-①

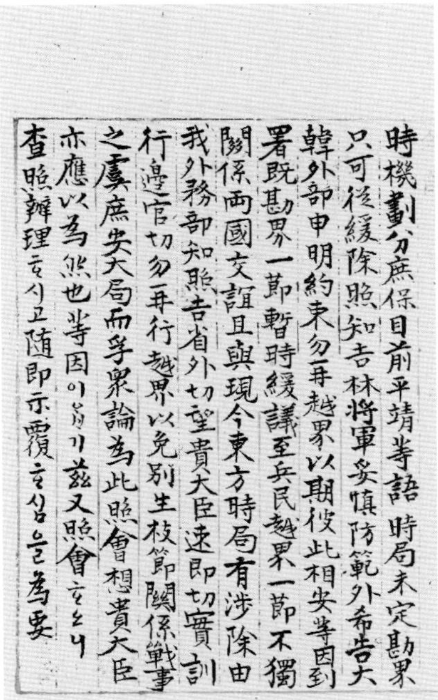

時機劃分庶保目前平靖等語 時局未定勘界
只可從緩除照知吉林將軍妥愼防範外希告大
韓外部申明約束勿再越界以期彼此相安等因到
署既勘界一節暫時緩議至兵民越界一節不獨
關係兩國交誼且與現今東方時局有涉除由
我外務部知照吉省外切望貴大臣速即切實訓
行邊官切勿再行越界以免別生枝節關係戰事
之虞庶安大局而孚衆論爲此照會想貴大臣
亦應以爲然也等因이옵기玆又照會ᄒᆞ오니
查照辦理ᄒᆞ시고隨即示覆ᄒᆞ심을爲要

19-②

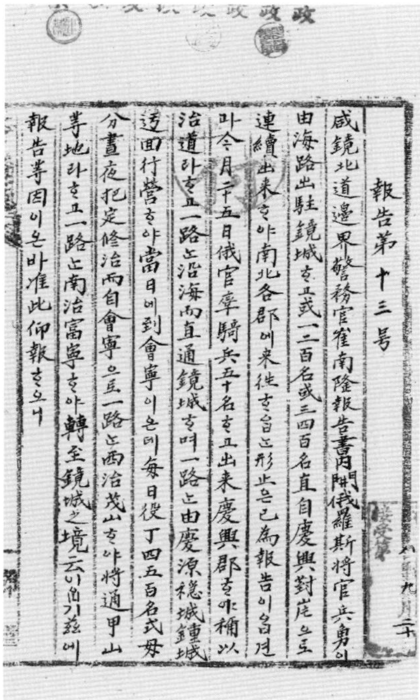
報告第十三號
咸鏡北道邊界警務官崔南隆報告書內開俄羅斯將官兵勇이
由海路出駐鏡城ᄒ고武一二百名或三四百名直自慶興對岸으로
連續出來ᄒ야南北各郡에來徃ᄒ옵ᄂ形止ᄂ已為報告이옵거니
와今月二十五日俄官率騎兵五十名ᄒ고出來慶興郡ᄒ야稱以
治道라ᄒ고一路ᄂ沿海而直通鏡城ᄒ며一路ᄂ由慶源穩城鍾城
透回行營ᄒ야當日에到會寧이온바每日役丁四五百名式毋
分晝夜抱定修治而自會寧으로一路ᄂ西治茂山ᄒ야將通甲山
等地라ᄒ고一路ᄂ南治富寧ᄒ야轉至鏡城之境云이옵기玆에
報告等因이온바准此仰報ᄒ오니

20-①

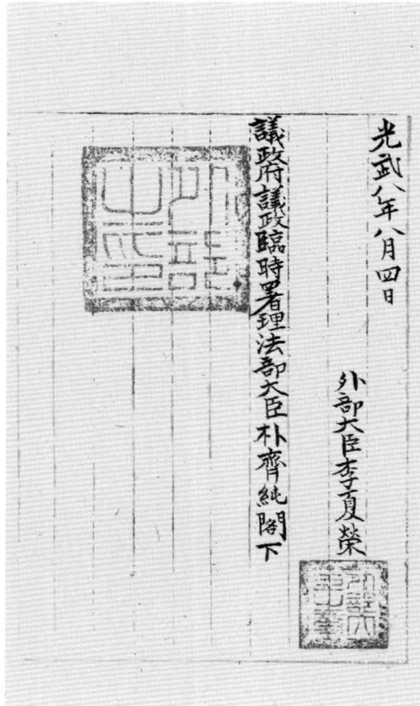
光武八年八月四日
外部大臣李夏榮
議政府議政臨時署理法部大臣朴齊純 閣下

19-③

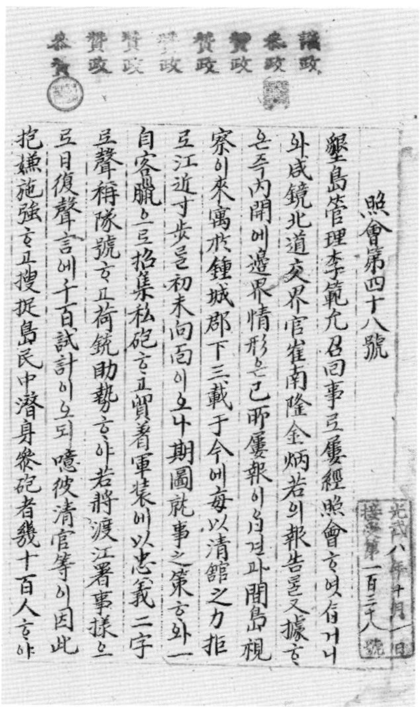
照會第四十八號
墾島管理李範允召回事로屢經照會ᄒ엿삽거니
와咸鏡北道交界官崔南隆金炳若의報告를又據ᄒ
온즉內開에邊界情形은已邪屢報이옵거니와間島視
察이來寓於鍾城郡下三載于今에每以清館之力拒
로江近寸步를初未向面이오나期圖就事之策ᄒ와一
自客臘으로招集私砲ᄒ고買着軍裝에以忠義二字
로聲稱隊號ᄒ고荷銃助勢ᄒ야若將渡江署事樣으
로日復聲言에千百試計이오되噫彼清官等이因此
抱燻施強ᄒ고搜捉島民中潛身衆砲者幾十百人ᄒ야

21-①

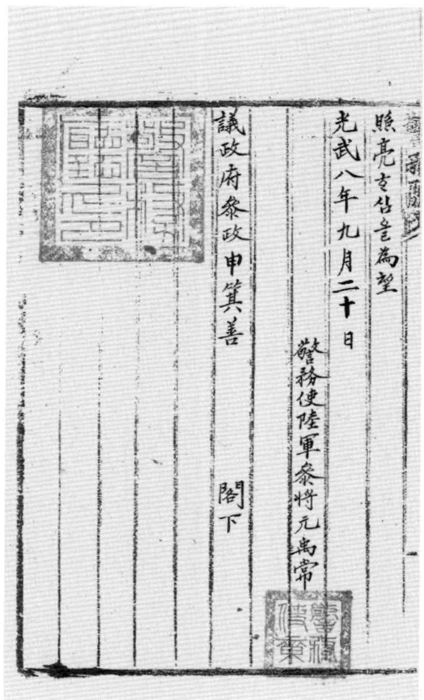
照亮ᄒ심을為望
光武八年九月二十日
警務使陸軍參將元禹常
議政府參政申箕善 閣下

20-②

杖之囚之是有若仇敵ᄒᆞ며另派兵衆於邊岸各處ᄒᆞ야
日益聲氣而駐守不離ᄒᆞ고名之曰防匪禁江撤船ᄒᆞ며
亦使防戢ᄒᆞ야不齎盜糧이라ᄒᆞ며視察之管理島民
이無計可施ᄒᆞ고無法與敵ᄒᆞᆫ지라自離鍾郡ᄒᆞ야來
寓會寧郡下而所率私砲ᄂᆞᆫ前往茂山等地留待之意로
申飭入送者恣意持械過江ᄒᆞ야與清交際에不幸見敗
逃竄而愚貿清兵이有若樂禍ᄒᆞ야至有平民十餘命
被殺과五百家舍之被火와幾千家生之呼庚과無數家
產汁物布木穀糧錢貨牛馬許多焚掠之變이오되清
官之未息餘毒이猶浮幾層ᄒᆞ야移禍墾民에諸般虐討

21-②

ᄂᆞᆫ煩不開達이온즁甚至開仗之意로傳檄於鎮衛隊ᄒᆞ
고鴟張聲勢가不一其端이오니若使鎮衛隊로以敵對
敵이似不無其術이오되開仗之日에無辜先被陷沒者
島民之數萬生靈일뿐外에現時外人之來往閃動에
奚暇以他況이오며且防戢弛禁一節이最爲緊急先
務者ᄂᆞᆫ昨秋年景이歉収ᄒᆞ와吉州以北全省居民이無
不由墾島而穀腹者也이오며沿江六郡諸戶가莫非越農
之民而窮夏難繼之時情과及秋不預之觖望이隨處嗷
嗷가最是大悶이오나守邊各官이刻難坐視潰民ᄒᆞ야
屢次會議而辦出講和之爲愈ᄒᆞ야據理照會于清官諸

21-③

處則恒稱照復內各守各界라도ᄒᆞ고韓民之越墾者ᄂᆞᆫ
已入中國版籍이라도ᄒᆞ고不准將穀糧出口載在邦禁이
라도ᄒᆞ고圖們一帶界限嚴禁潛越이라도ᄒᆞ고藉說韓清
議約中第某欵所論이라도ᄒᆞ오며管理之要管島民이
旣無某政府認准公約而反謂滋衅이係是法外라ᄒᆞ야
不合時局之辭意가每每見忤이오되只以保民靖邊之
策으로民苦民飢와邊擾邊警을不可坐受이옵기不顧
彼詰ᄒᆞ옵고期要弛米禁便時局之上策으로強辭和照
에與彼로纔得相會而彼曰言與事違ᄒᆞ면不如不和이나
繕成條約聯名盖印之請을拖至多日에竟難恝却ᄒᆞ야

21-④

互相談論成件이至爲二十餘條而語多拶逼恐傷事體
故로連日煩辦에纔以十二條件으로相約이오되猶有未
妥句語而在會邊官之一直含默者ᄂᆞᆫ盖出於萬不獲已
姑息之計이오되清官之始終置嫌이都崇於視察ᄒᆞ고
條約中詰欄가專在乎視察이온바槩此清官之事事
詰駁이不外乎藉其土而全管島民之一大計也而寔由
於管理乘閒設法之疑嫌이오나此而不早解이오면不惟
邊警之無安日이올뿐더러島民魚肉이只在目前이오
며以今時事之急務가只在勘界이오나姑先照辦於駐
京清公使ᄒᆞ시와使清員으로承認以北墾島管理之我

21-⑤

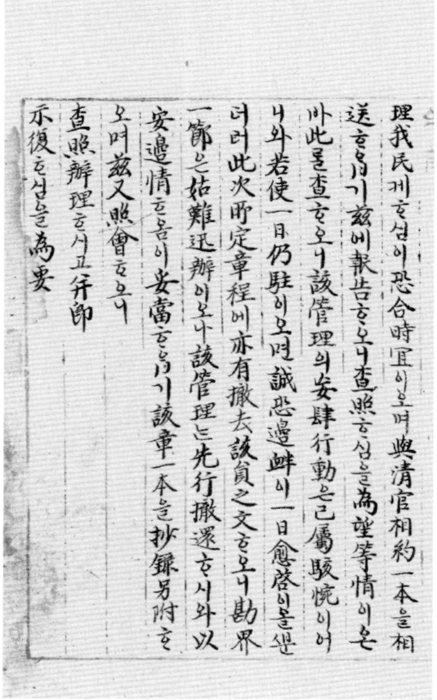

理我民케ᄒᆞ심이恐合時宜이오며與清官相約一本을相
送ᄒᆞ옵기玆에報告ᄒᆞ오니查照ᄒᆞ심을為望等情이온
바此를查ᄒᆞ오니該管理의妄肆行動은已屬駭惋이어
니와若使一日仍駐이오면誠恐邊衅이一日愈啓이올샌
더러此次所定章程에亦有撤去該員之文ᄒᆞ오니勘界
一節은姑難遽辦이오나該管理는先行撤還ᄒᆞ시와以
安邊情ᄒᆞ옴이妥當ᄒᆞ옵기該章一本을抄錄另附ᄒᆞ
오며玆又照會ᄒᆞ오니
查照辦理ᄒᆞ시고幷卽
示復ᄒᆞ심을為要

21-⑥

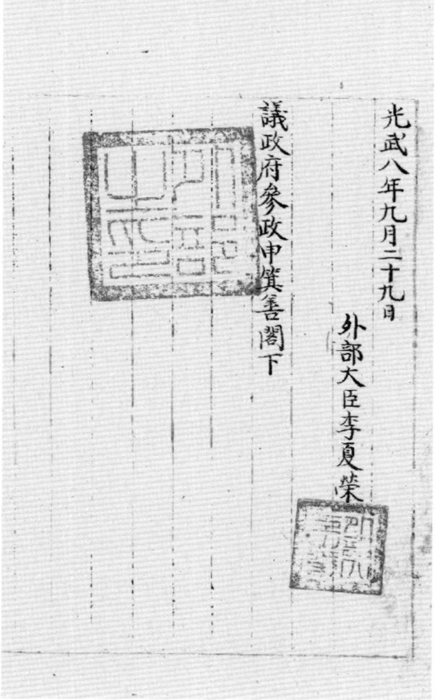

光武八年九月二十九日
外部大臣李夏榮
議政府參政申箕善閣下

21-⑦

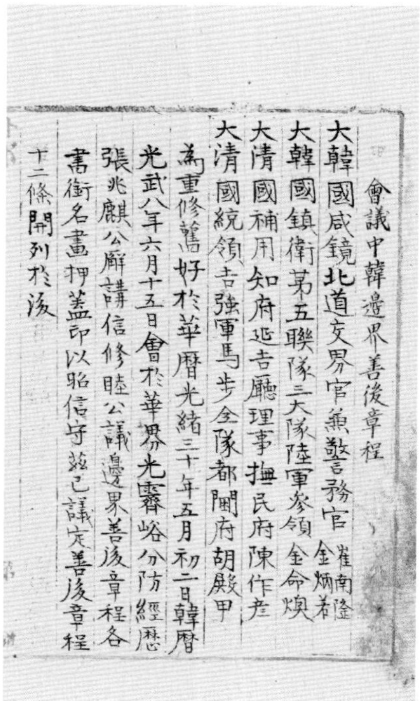

會議中韓邊界善後章程
大韓國咸鏡北道交界官兼警務官 崔南隆 金炳若
大韓國鎮衛第五聯隊三大隊陸軍參領金命煥
大清國補用知府延吉廳理事撫民府陳作彥
大清國統領吉強軍馬步全隊都閫府胡殿甲
為重修舊好於華曆光緒三十年五月初二日韓曆
光武八年六月十五日會於華界光霽峪分防經歷
張兆麟公廨講信修睦公議邊界善後章程各
書銜名畫押蓋印以昭信守玆已議定善後章程
十二條開列於後

21-⑧

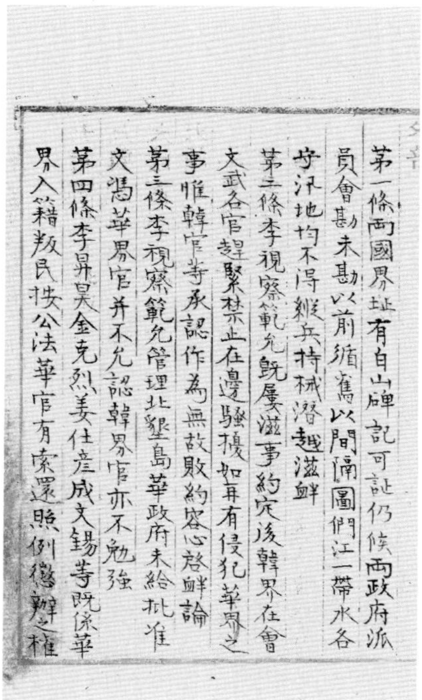

第一條兩國界址有白山碑記可証仍俟兩政府派
員會勘未勘以前循舊以間隔圖們江一帶水各
守汛地均不得縱兵持械潛越滋衅
第二條李視察範允既屢滋事約定後韓界在會
文武各官趕緊禁止在邊騷擾如再有侵犯華界之
事惟韓官等承認作為無故敗約容心啓衅論
第三條李視察範允管理北墾島華政府未給批准
文憑華界官并不允認韓界官亦不勉強
第四條李昇昊金克烈姜仕彥成文錫等既係華
界入籍叛民按公法華官有索還照例懲辦之權

21-⑨

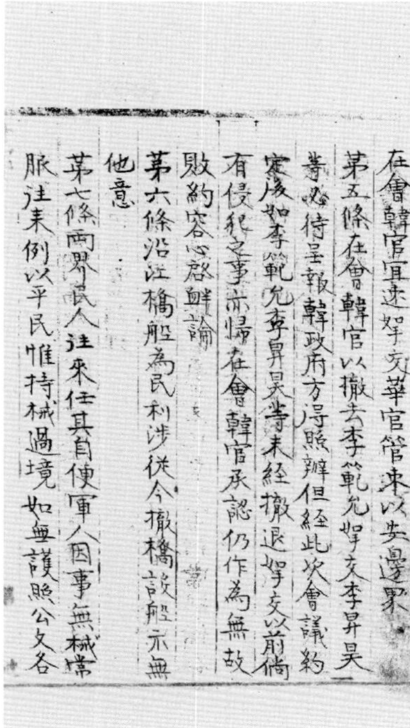
在會韓官宜速拏交華官管束以安邊界
第五條在會韓官以撤去李範允拏交李昇昊一
等必待呈報韓政府方得照辦但經此次會議約
定後如李範允李昇昊等未經撤退拏交以前倘
有侵犯之事亦歸在會韓官承認仍作為無故
毁約容必啓衅論
第六條沿江橋船為民利涉從今撤橋設船亦無
他意
第七條兩界民人往來任其自便軍人因事無械帶
服往来例以平民惟持械過境如無護照公文各

21-⑩

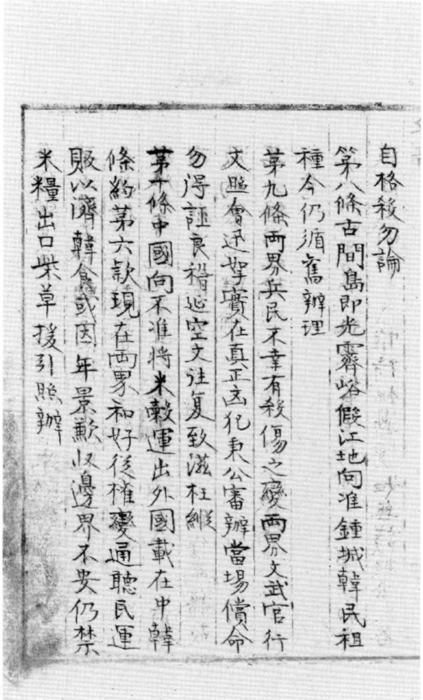
自格殺勿論
第八條古間島即光霽峪假江地向准鍾城韓民租
種今仍循舊辦理
第九條兩界兵民不幸有殺傷之變兩界文武官行
文照會並拏實在真正凶犯秉公審辦當場償命
勿得誣良稽延空文往復致滋枉縱
第十條中國向不准將米穀運出外國載在中韓
條約第六款現在兩界和好從權變通聽民運
販以濟韓食或因年景歉收邊界不安仍禁
米糧出口柴草援引照辦

21-⑪

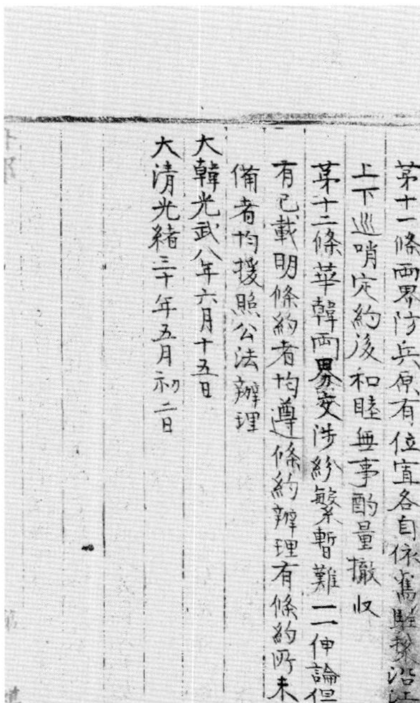
第十一條兩界防兵原有位置各自依舊駐紮沿江
上下巡哨定約後和睦無事酌量撤收
第十二條華韓兩界交涉紛繁暫難一一伸論但
有已載明條約者均遵條約辦理有條約所未
備者均援照公法辦理
大韓光武八年六月十五日
大清光緒三十年五月初二日

21-⑫

議政 參政 贊政 贊政 贊政 贊議 參贊
照會第五十二號
墾島管理李範允召還一事로
외清國公使許台身의来文을又接
貴大臣照會以吉林邊吏防穀甚嚴等情當經函
先照復在案頃准回文内開中韓本同洲之國素好無嫌
祇以李範允一人包藏禍心迭次生釁中國防營及地方官
不得不相機因應以盡職守今韓國既以弛禁為請如能
將李範允撤回則米粮一事固不妨稍事通融又准咨稱李
範允前於光緒二十七年二月越境焚掠民財估值華銀七
千三百三十七兩八錢一分又於光緒二十九年九月越境焚掠民

22-①

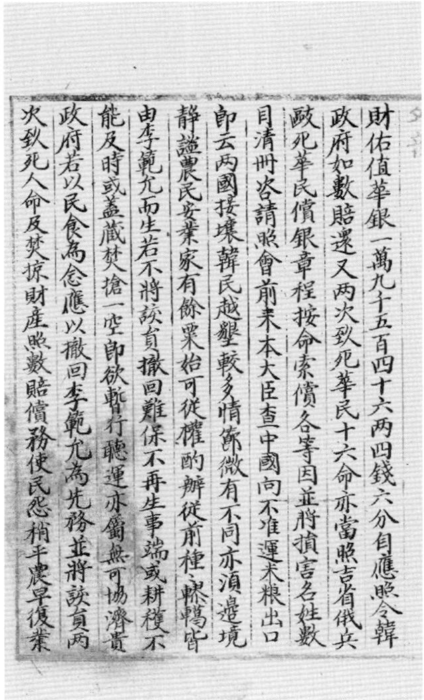

財佑値華銀一萬九千五百四十六兩四錢六分自應照令韓
政府如數賠還又兩次致死華民十六命亦當照吉省俄兵
毆死華民償銀章程按命索償各等因並將損害名姓數
目清冊咨請照會前來本大臣查中國向不准運米粮出口
卽云兩國接壤韓民越墾較多情節微有不同亦須邊境
静謐農民安業家有餘粟始可從權酌辦從前種種轇轕皆
由李範允而生若不將該員撤回難保不再生事端或耕穫不
能及時或盡藏焚搶一空卽欲暫行聽運亦爾無可協濟貴
政府若以民食爲念應以撤回李範允爲先務並將該員兩
次致死人命及焚掠財産照數賠償務使民悉稍卞農早復業

22-②

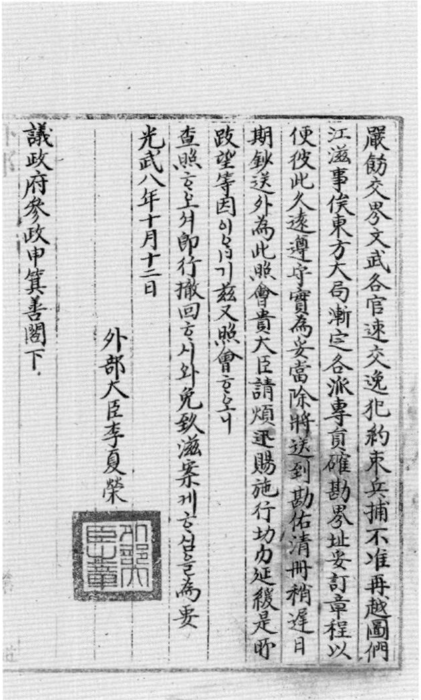

嚴飭交界文武各官速交逸犯約束兵捕不准再越圖們
江滋事俟東方大局漸定各派專員確勘界址妥訂章程以
便彼此久遠遵守實爲妥當除將送到勘佑清冊稍遲日
期鈔送外爲此照會貴大臣請煩查照施行切勿延緩是所
盼望等因이읍기 玆又照會ᄒᆞ오니
查照ᄒᆞ시와 卽行撤回ᄒᆞ시와 免致滋案케ᄒᆞ심을 爲要
光武八年十月十二日
外部大臣李夏榮
議政府參政申箕善閣下

22-③

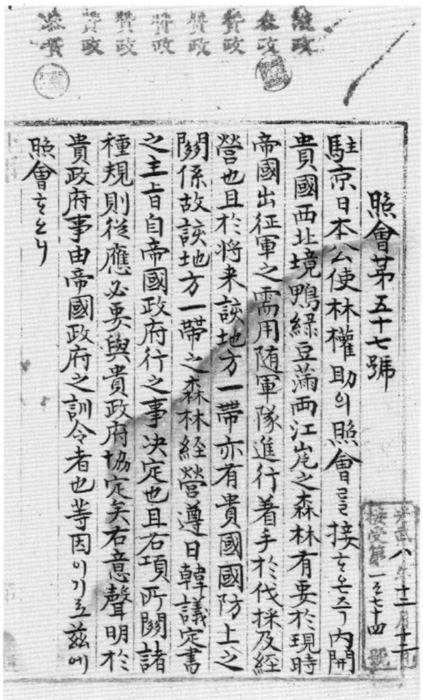

光武八年十二月十一日 接受第一三七四號

照會第五十七號
駐京日本公使林權助의 照會를 接ᄒᆞ온즉 內開
貴國西北境鴨綠豆滿西江岸之森林有要於現時
帝國出征軍之需用隨軍隊進行着手於伐採及經
營也且於將來該地方一帶亦有貴國國防上之
關係故該地方一帶之森林經營遵日韓議定書
之主旨自帝國政府行之事決定也且右項所關諸
種規則後應必要與貴政府協定矣右意聲明於
貴政府事由帝國政府之訓令者也等因이기로 玆에
照會ᄒᆞ오니

23-①

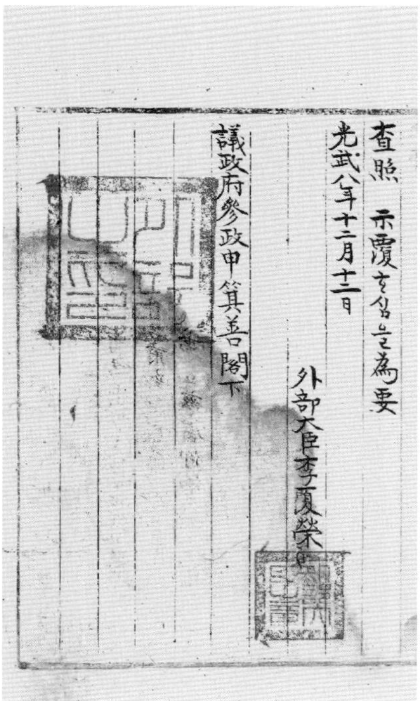

查照 示覆ᄒᆞ심을 爲要
光武八年十二月十二日
外部大臣李夏榮
議政府參政申箕善閣下

23-②

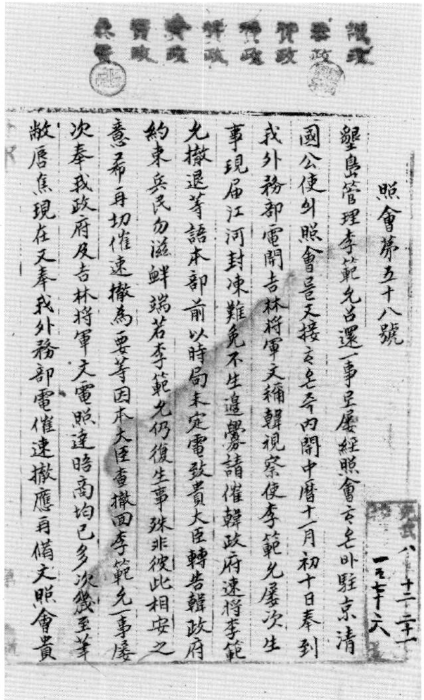
照會第五十八號
墾島管理李範允召還一事로屢經照會ᄒᆞ온바駐京清
國公使의照會를又接ᄒᆞ온즉內開中曆十一月初十日奉到
我外務部電開吉林將軍文稱韓視察使李範允屢次生
事現屆江河封凍難免不生邊釁請催韓政府速將李範
允撤退等語本部前以時局未定電致貴大臣轉告韓政府
約束兵民勿滋釁端若李範允仍復生事殊非彼此相安之
意希再切催速撤爲要等因本大臣查撤回李範允一事屢
次奉我政府及吉林將軍文電照達暗商均已多次幾至筆
敝唇焦現在又奉我外務部電催速撤應再備文照會貴

光武八 十二 二十一

24-①

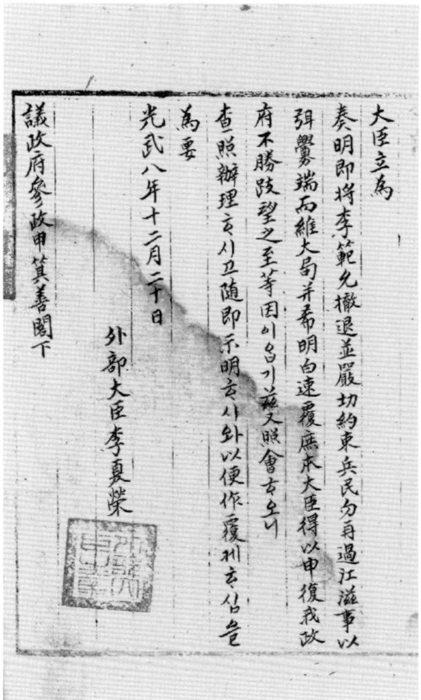
大臣立爲
奏明卽將李範允撤退並嚴切約束兵民勿再過江滋事以
弭釁端而維大局幷希明白速覆庶本大臣得以申復我政
府不勝跂望之至等因이옵기玆又照會ᄒᆞ오니
查照辦理ᄒᆞ시고隨卽示明ᄒᆞ사와以便作覆케ᄒᆞ심을
爲要
光武八年十二月二十日
外部大臣李夏榮
議政府參政申箕善閣下

24-②

議政府來去案

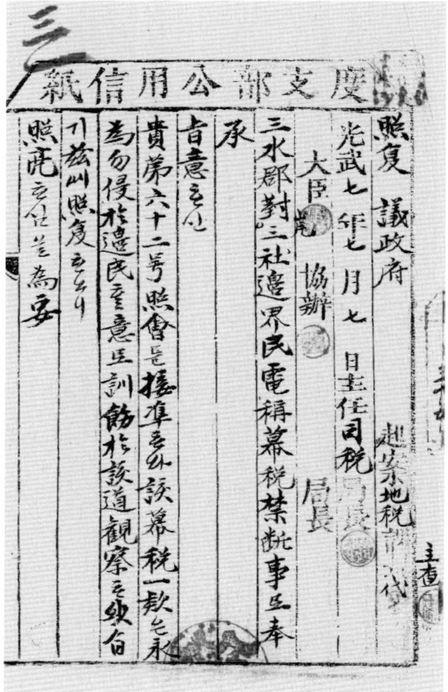

度支部公用信紙

照復 議政府

光武七年七月七日主任司稅局長 起案地稅課

大臣 協辦 局長

三水郡對三社邊界民電稱幕稅禁斷事로奉

承

旨意하신

貴第六十二號照會를 據準하와 該幕稅一款은 永

爲勿侵於邊民之意로 訓飭於該道觀察하얏삽기

玆에 照復하오니

照亮하심을 爲要

1-①

訓令編案

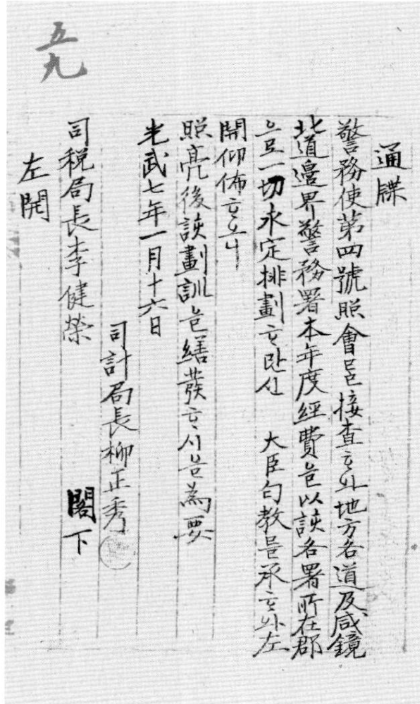

1-①

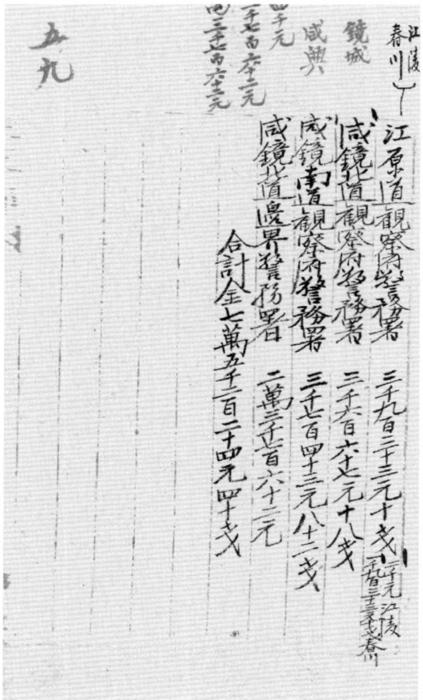

1-②

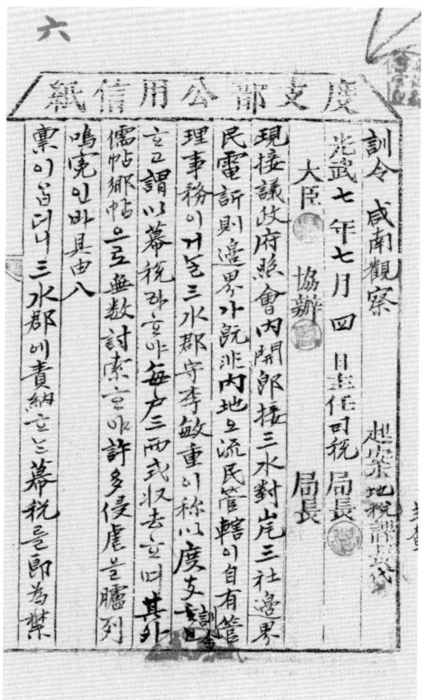

2-①

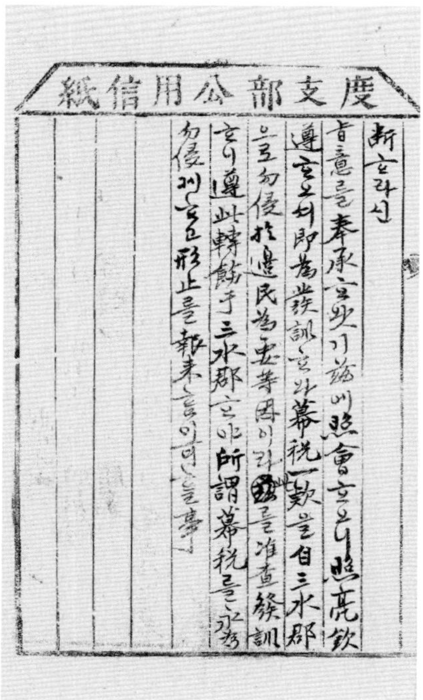

2-②

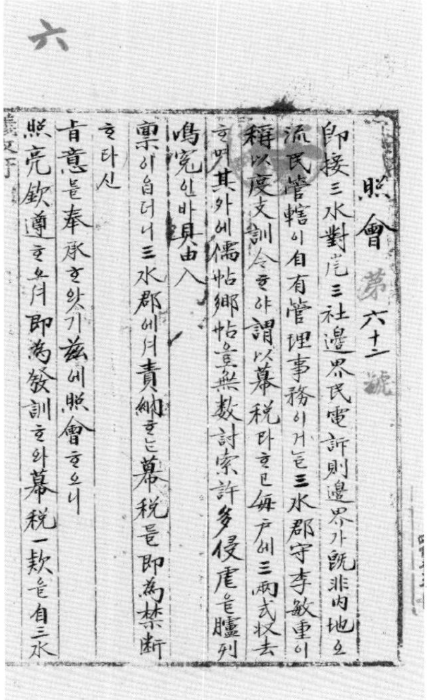

照會 第六十二號
卽接三水對岸三社邊界民電訴則邊界가旣非內地오
流民管轄이自有管理事務이거늘三水郡守李敏重이
藉以度支訓令ᄒᆞ야謂以幕稅라ᄒᆞ고每戶에三兩式收去
ᄒᆞ며其外에儒帖鄕帖은無數討索許多侵虐은臚列
鳴冤인바其由入
稟이옵더니三水郡에셔責納ᄒᆞᄂᆞᆫ幕稅를卽爲禁斷
ᄒᆞ다신
旨意를奉承ᄒᆞ얏기玆에照會ᄒᆞ오니
照亮欽遵ᄒᆞ오셔卽爲發訓ᄒᆞ와幕稅一款을自三水

3-①

郡으로勿侵犯邊民케ᄒᆞ심을爲要
光武七年六月二十九日
議政府參政 金奎弘
議政府贊政度支部大臣 金聲根 閣下

3-②

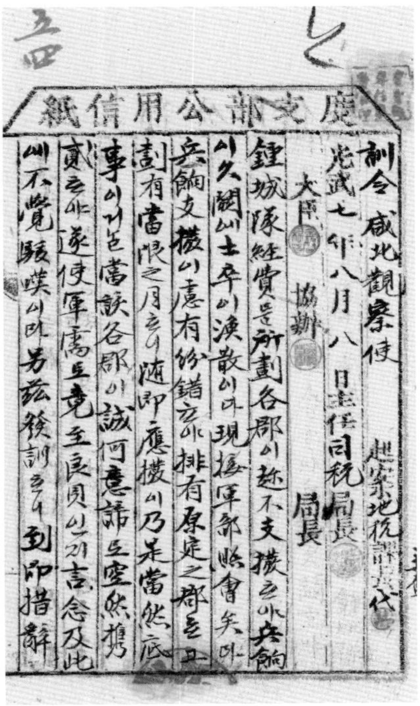

度支部公用信紙
訓令 咸北觀察使
光武七年八月八日 主任司稅局長
大臣 協辦 局長
起案地稅課長代
鍾城隊經費를所劃各郡이迹不支撥ᄒᆞ야兵餉
이久闕ᄒᆞ니士卒이渙散이라現接軍部照會矣라
兵餉支撥이慮有紛錯ᄒᆞ야排有原定之郡ᄒᆞ고
劃有當限之月ᄒᆞ니隨卽應撥이乃是當然底
事이거ᄂᆞᆯ當該各郡이誠何意諦로空然推
貳ᄒᆞ야遂使軍需로竟至匱乏ᄒᆞ니言念及此
에不覺駭嘆이라另玆發訓ᄒᆞ니到卽措辭

4-①

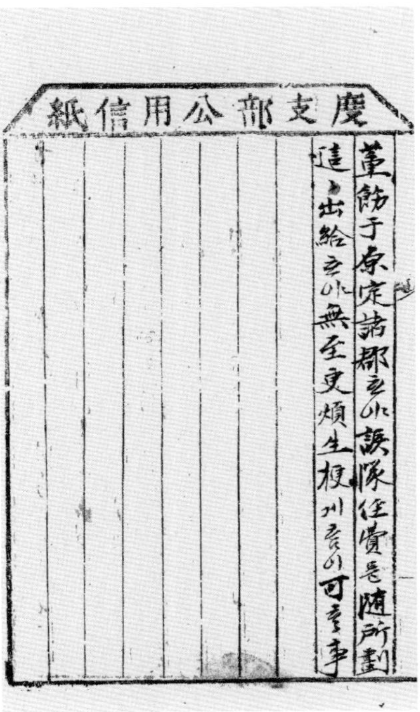

度支部公用信紙
董飭于原定諸郡ᄒᆞ야該隊經費를隨所劃
達ᄒᆞ야出給ᄒᆞ야無至更煩生梗케ᄒᆞ미可ᄒᆞᆯ事

4-②

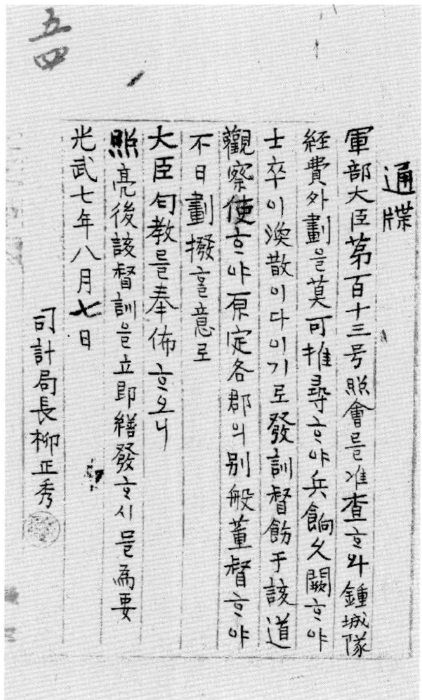

通牒

軍部大臣第百十三号照會를准查ᄒᆞᆫ즉鍾城隊經費外劃을莫可推尋ᄒᆞ야兵餉久闕ᄒᆞ야士卒이渙散이다이기로發訓督飭于該道觀察使ᄒᆞ야原定各郡의別般董督ᄒᆞ야不日劃撥ᄒᆞᆯ意로

大臣旬敎를奉佈ᄒᆞ오니

照亮後該督訓을立即繕發ᄒᆞ시믈爲要

光武七年八月七日

司計局長柳正秀

5－①

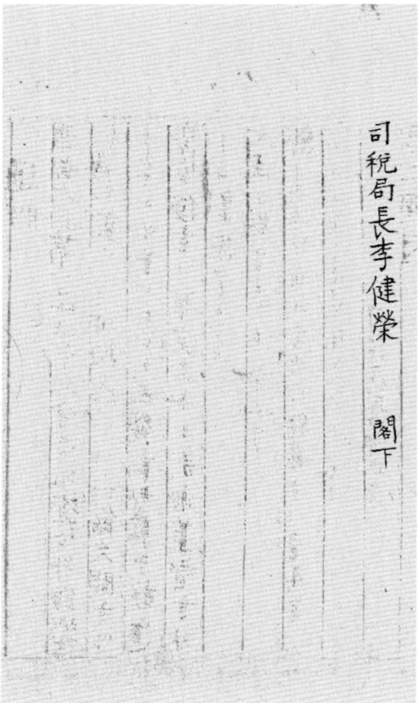

司稅局長李健榮 閣下

5－②

警部來去文

廳所管咸鏡北道邊界警務署經費預筭俸給中에서挪
用케호오미妥當이옵기玆에照會호오니
照亮호심을爲要
光武八年二月 日
警務使陸軍參將具永祖
議政府贊政度支部大臣李容翊 閣下

1-②

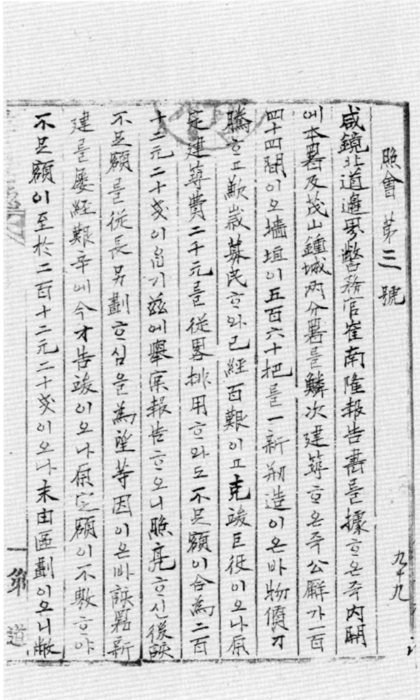

照會 第三號 九十九
咸鏡北道邊界警務官崔南隆報告書를據호온즉內開
에本署及茂山鍾城兩分署를鱗次建築호온바公廨가一百
四十四間이오墻垣이五百六十把를一新刱造이온바物價가
騰호고歉歲募民호와已經百艱이고克竣巨役이오나原
定建築費二千元를從略排用호와도不足額이合爲二百
十二元二十戔이옵기玆에擧實報告호오니照亮호신後該
不足額를從長另劃호심을爲望等因이온바該署新
建를屢經艱辛에今才告竣이오나原定額이不敷호야
不足額이至於二百十二元二十戔이오나未由區劃이오니照

1-①

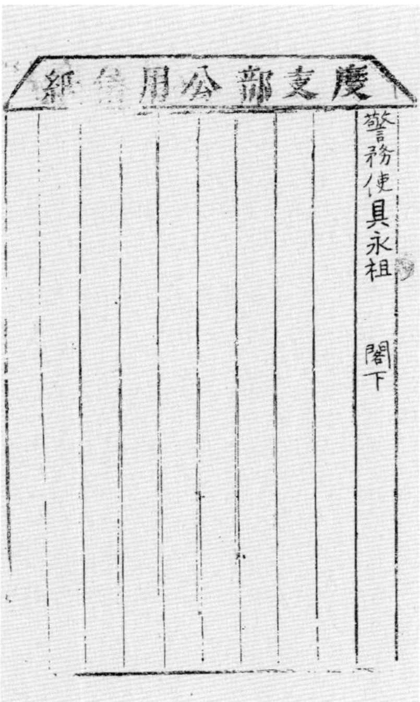

度支部公用信紙
警務使具永祖 閣下

2-②

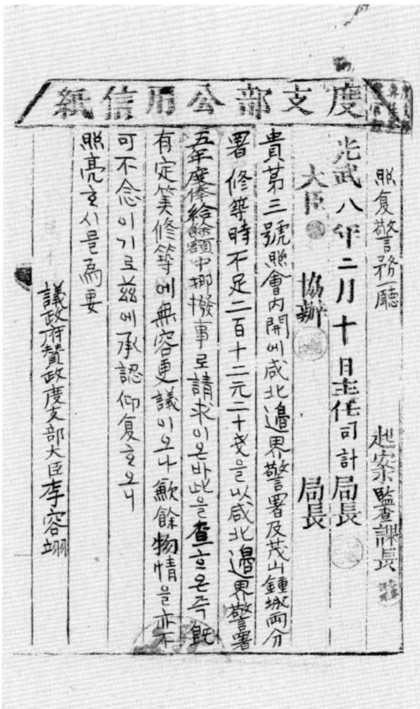

度支部公用信紙
照復警務廳 起案 監查課長
光武八年二月十日主任 司計局長
大臣 協辦 局長
貴第三號照會內開에咸北邊界警署及茂山鍾城兩分
署修築時不足二百十二元二十戔을以咸北邊界警署
五年度俸給餘額中挪撥事로請求이온바此를查호온즉旣
有定筭修筭에無容更議이오나歉餘物情을亦
可不念이기로玆에承認仰復호오니
照亮호시믈爲要
議政府贊政度支部大臣李容翊

2-①

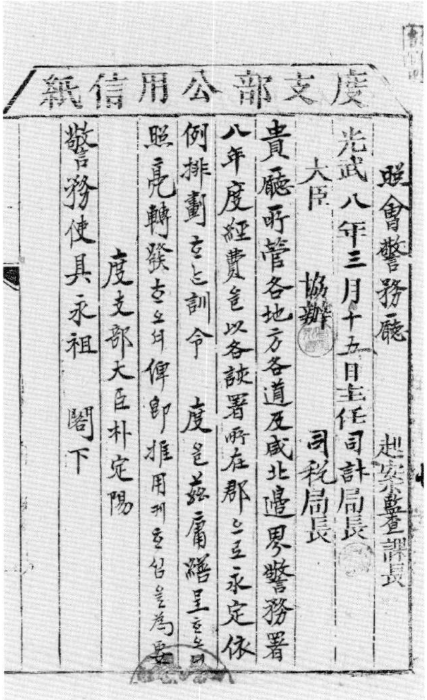
度支部公用信紙

照會警務廳 起案 監查課長

光武八年三月十五日主任 司計局長

大臣 協辦 司税局長

貴廳所管各地方各道及咸北邊界警務署

八年度經費을以各該署所在郡으로永定依

例排劃ᄒᆞᆫ다訓令 度을玆庸繕呈ᄒᆞ오니

照亮轉發ᄒᆞ오셔俾卽推用케ᄒᆞ심을爲要

度支部大臣朴定陽

警務使具永祖 閣下

3-①

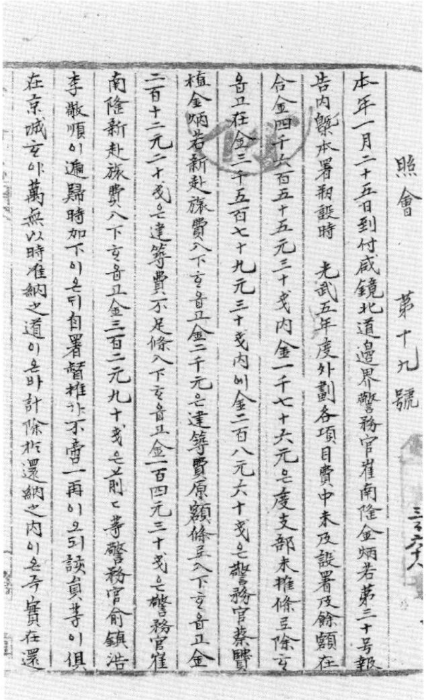
照會 第十九號

本年一月二十五日到付咸鏡北道邊界警務官崔南隆金炳若第三十号報

告內槪本署剏設時 光武五年度外劃各項目費中未及設署及餘額在

合金四千六百五十五元三十戔內金一千七十六元은度支部未推條로除ᄒᆞ

옵고在金三千五百七十九元三十戔內에金二百八元六十戔은警務官蔡賢

植金炳若新赴旅費入下ᄒᆞ옵고金二千元은建築費原額條로入下ᄒᆞ옵고金

二百十二元二十戔은建築費不足條入下ᄒᆞ옵고金一百四元三十戔은警務官崔

南隆新赴旅費入下ᄒᆞ옵고金三百二元九十戔은前ㄷ等警務官俞鎭浩

李徹順이遞歸時加下이온ᄃᆡ自署督推ᄒᆞ와不啻一再이오되該員等이俱

在京城ᄒᆞ와萬無以時准納之道이온바計除於還納之內이온즉實在還

4-①

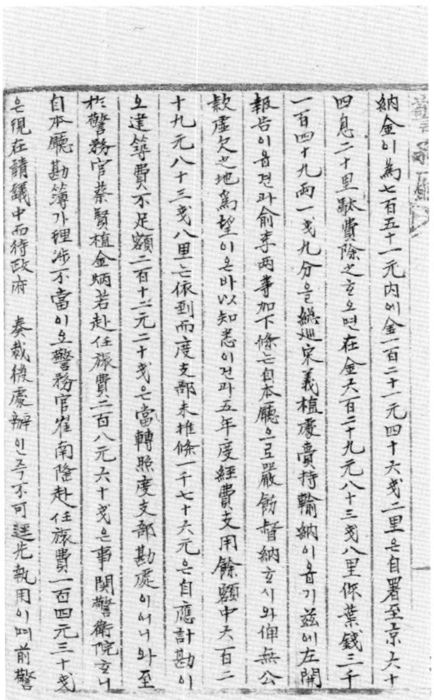
納金이爲七百五十一元內에金一百二十一元四十六戔二里은自署至京六十

四息二十里駄費除之ᄒᆞ오면在金六百二十九元八十三戔八里係葉錢三千

一百四十九兩一戔九分을總巡宋義植處賣持輸納이옵기玆에左開

報告이옵더니와俞李兩等加下條ᄂᆞᆫ自本廳으로嚴飭督納ᄒᆞ시와俾無公

款虛欠之地爲望이온바以知悉이더니와五年度經費支用餘額中六百二

十九元八十三戔八里ᄂᆞᆫ依到而度支部未推條一千七十六元은自應計勘이

오建築費不足額二百十二元二十戔은當轉照度支部勘處이어니와至

於警務官蔡賢植金炳若赴任旅費二百八元六十戔은事關警衛院ᄒᆞ니

自本廳勘簿가理涉不當이오警務官崔南隆赴任旅費一百四元三十戔

은現在請議中而待政府 奏裁後處辦인즉不可遽先執用이며前警

4-②

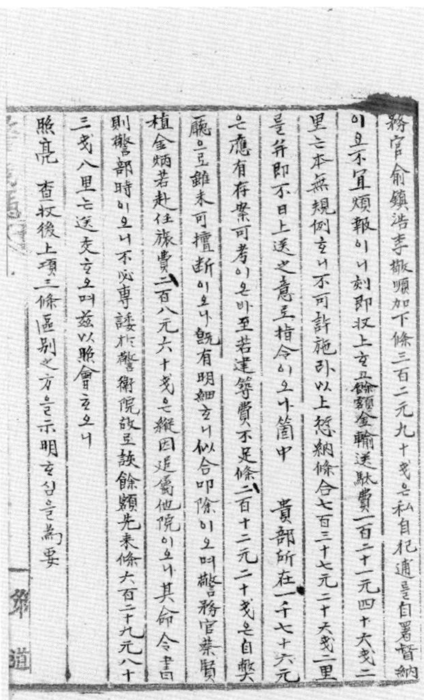
務官俞鎭浩李徹順加下條三百二元九十戔은私自杞遁을自署督納

이且不宜煩報이니刻卽收上ᄒᆞ고餘額金輸送駄費一百二十一元四十六戔二

里ᄂᆞᆫ本無規例ᄒᆞ니不可許施라以上愆納條合七百三十七元二十六戔二里

를幷卽不日上送之意로指令이오나箇中 貴部所在一千七十六元

은應有存案可考이온바至若建築費不足條二百十二元二十戔은自弊

廳으로雖未可擅斷이오나旣有明細ᄒᆞ니似合叩除이오며警務官蔡賢

植金炳若赴任旅費二百八元六十戔은縱因遲屬他院이오나其命令書

則警部時이오니不必專諉於警衛院故로該餘額先來條六百二十九元八十

三戔八里ᄂᆞᆫ送交ᄒᆞ오며玆以照會ᄒᆞ오니

照亮 查收後上項三條區別之方을示明ᄒᆞ심을爲要

4-③

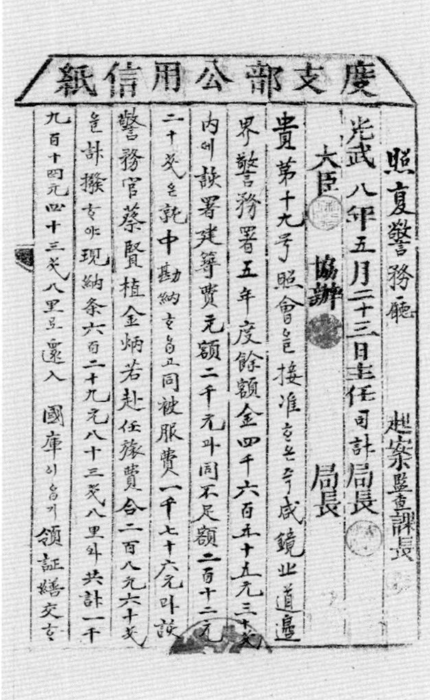

度支部公用信紙

照覆警務廳 起案 監査課長

光武八年五月二十三日 主任 司計局長

大臣 協辦 局長

貴第十九号照會를 接准ᄒᆞ온즉 咸鏡北道邊界警務署五年度餘額金四千六百五十五元三十戔內에 該署建築費元額二千元과 同不足額二百十二元二十戔을 訖中勘納ᄒᆞ옵고 同被服費一千七十六元과 該警務官蔡賢植金炳若赴任旅費合二百八元六十戔을 計撥ᄒᆞ야 現納条六百二十九元八十三戔八里와 共計一千九百十四元四十三戔八里로 還入 國庫이옵기 領証繕交ᄒᆞ

5-①

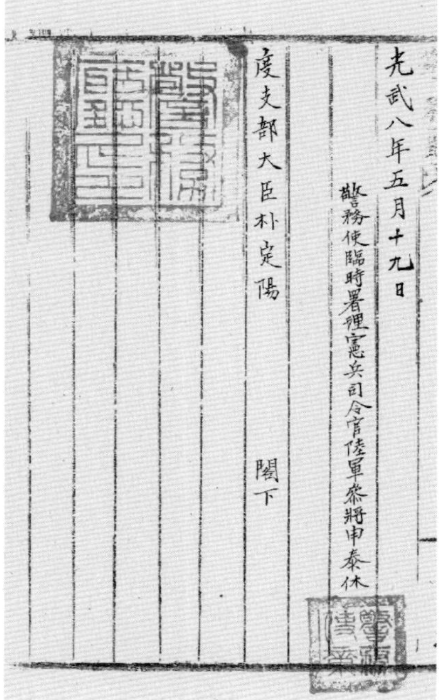

光武八年五月十九日

警務使臨時署理憲兵司令官陸軍叅將申泰休

度支部大臣朴定陽 閣下

4-④

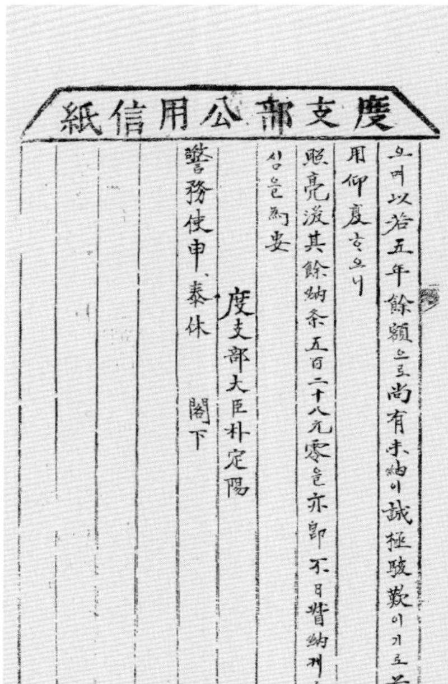

度支部公用信紙

오며 以右五年餘額으로 尙有未納이 誠極駭歎이기로 玆用仰覆ᄒᆞ오니 照亮後其餘納条五百二十八元零을 亦即不日措納케ᄒᆞ심을 爲要

度支部大臣朴定陽

警務使申泰休 閣下

5-②

軍部來去案

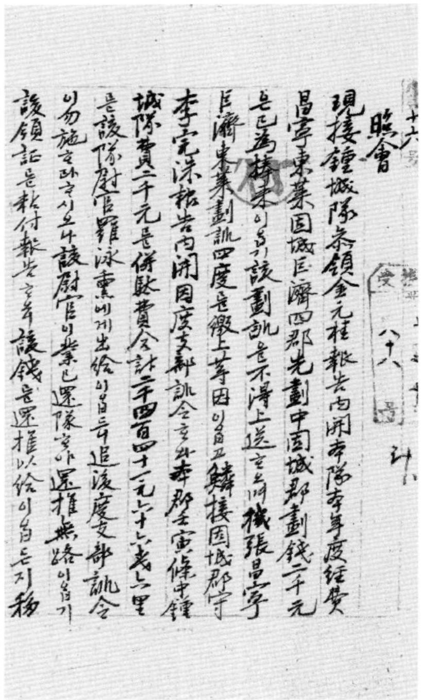

1-①

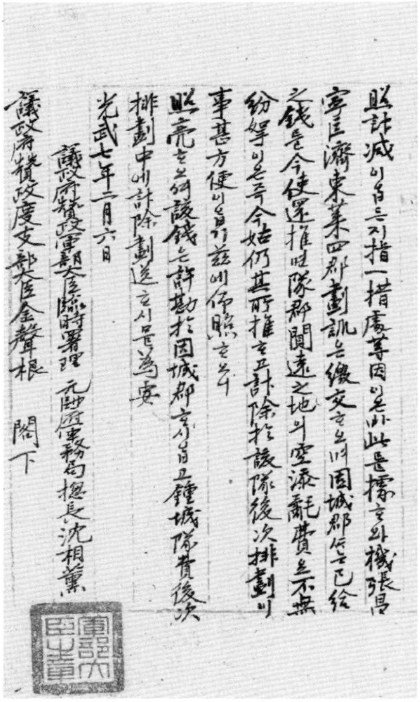

1-②

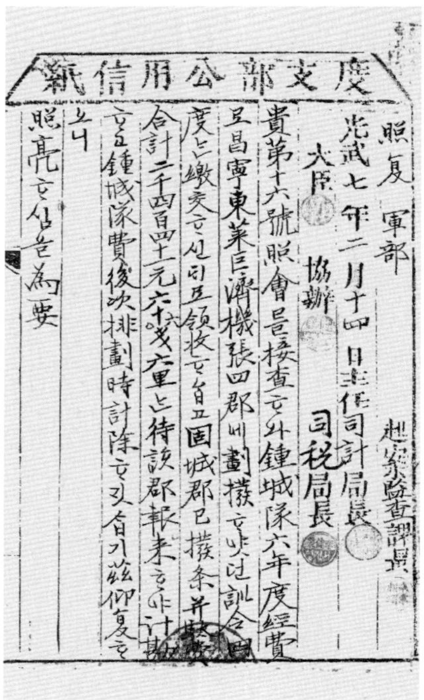

2-①

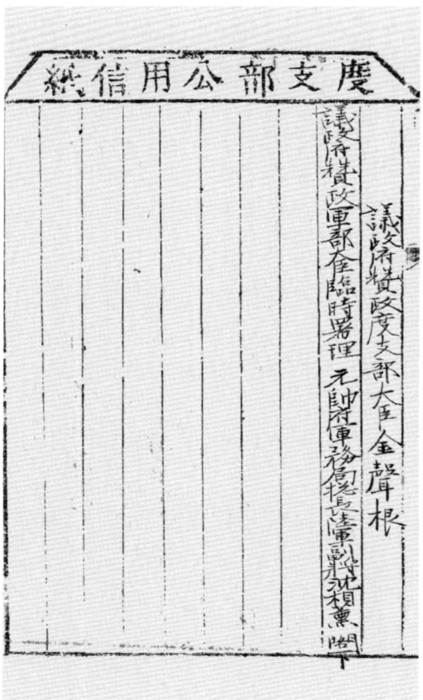

2-②

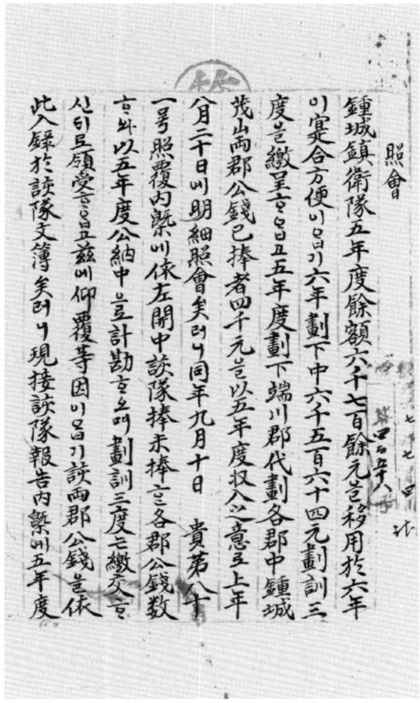
照會
鍾城鎮衛隊五年度餘額六千七百餘元을移用於六年
이定合方便이옵기六年劃下中六千五百六十四元劃訓三
度을繳呈ᄒᆞ옵고五年度劃下端川郡代劃各郡中鍾城
茂山兩郡公錢已捧者四千元을以五年度收入之意로上年
八月二十日에明細照會ᄒᆞ엿더니同年九月十日 貴第八十
一號照覆內槩에依左開中該隊捧未捧ᄒᆞᆫ各郡公錢數
ᄒᆞ와以五年度公納中을計勘ᄒᆞ오며劃訓三度ᄂᆞᆫ繳交ᄒᆞ
시되로領受ᄒᆞ옵고玆에仰覆等因이옵기該兩郡公錢을依
此入錄於該隊文簿ᄒᆞ엿더니現接該隊報告內槩에五年度

3-①

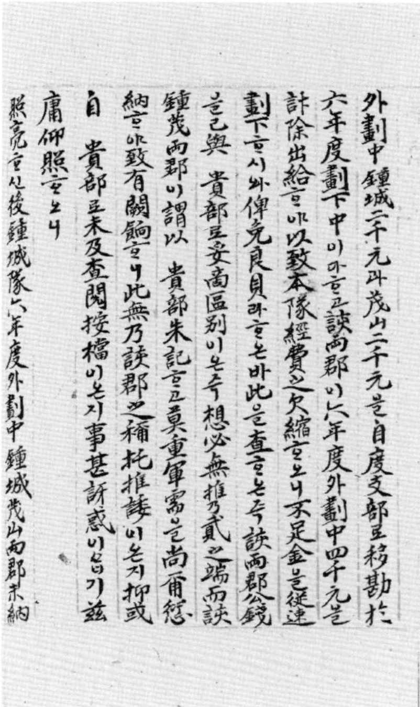
外劃中鍾城二千元과茂山二千元을自度支部로移劃於
六年度劃下中이다ᄒᆞ고該兩郡이六年度外劃中四千元을
許除出給ᄒᆞ야以致本隊經費之欠縮ᄒᆞ오니不足金을從速
劃下ᄒᆞ시와俾免艮貝라ᄒᆞᄂᆞᆫ바此을査ᄒᆞᆫ즉該兩郡公錢
을已與 貴部로妥商區別이온즉想必無推乃貳之端而該
鍾茂兩郡이謂以 貴部未記ᄒᆞ고莫重軍需을尙爾愆
納ᄒᆞ야致有闕餉ᄒᆞ니此無乃該郡之稱托推諉이온지抑或
自 貴部로未及査閱接檣이온지事甚訝惑이옵기玆
庸仰照ᄒᆞ오니
照亮ᄒᆞ신後鍾城隊六年度外劃中鍾城茂山兩郡未納

3-②

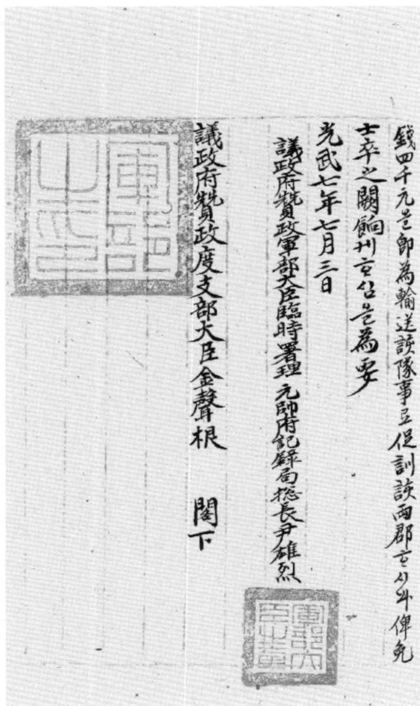
錢四千元을卽爲輸送該隊事로促訓該兩郡ᄒᆞ시와俾免
士卒之闕餉케ᄒᆞ심을爲要
光武七年七月三日
議政府贊政軍部大臣臨時署理 元帥府記錄局總長尹雄烈
議政府贊政度支部大臣金聲根 閣下

3-③

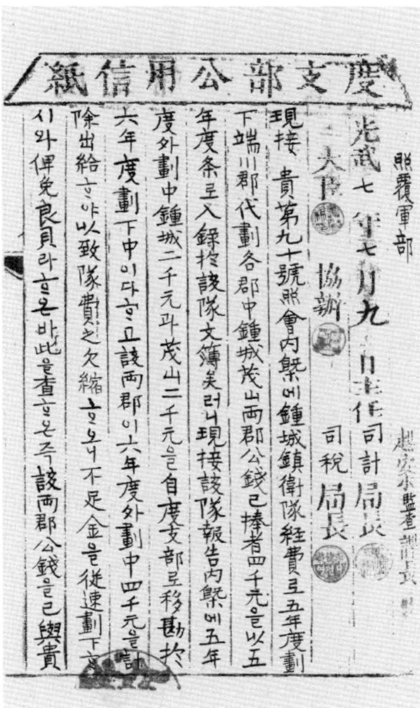
度支部公用信紙
照覆軍部
光武七年七月九日 大臣 協辦 局長
現接 貴第九十號照會內槩에鍾城鎮衛隊經費로五年度劃
下端川郡代劃各郡中鍾城茂山兩郡公錢已捧者四千元을以五
年度条로入錄於該隊文簿ᄒᆞ엿더니現接該隊報告內槩에五年
度外劃中鍾城二千元과茂山二千元을自度支部로移劃於
六年度劃下中이다ᄒᆞ고該兩郡이六年度外劃中四千元을
除出給ᄒᆞ야以致隊費之欠縮ᄒᆞ오니不足金을從速劃下ᄒᆞ
시와俾免艮貝라ᄒᆞᆫ바此을査ᄒᆞᆫ즉該兩郡公錢을已與貴

4-①

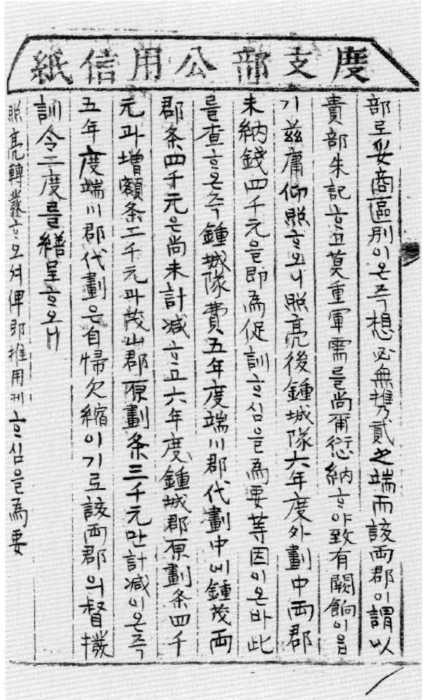
度支部公用信紙

部로妥商區別이온즉想必無携貳之端而該兩郡이謂以
貴部朱記ᄒᆞ고莫重軍需를尚甭從納ᄒᆞ야致有關餉이옵
기玆庸仰照ᄒᆞ오니照亮後鍾城隊六年度外劃中兩郡
未納錢四千元을即爲促訓ᄒᆞ심을爲要等因이온바此
를査ᄒᆞ온즉鍾城隊費五年度端川郡代劃中에鍾茂兩
郡条四千元은尚未計減ᄒᆞ고六年度鍾城郡原劃条四千
元과增額条二千元과茂山郡原劃条三千元만計減이온즉
五年度端川郡代劃은自歸欠縮이기로該兩郡의督撥
訓令二度를繕呈ᄒᆞ오니
照亮轉發ᄒᆞ오셔俾卽推用케ᄒᆞ심을爲要

4-②

議政府賛政度支部大臣金聲根
議政府賛政軍部大臣臨時署理 元帥府記錄局總長尹雄烈 閣下

4-③

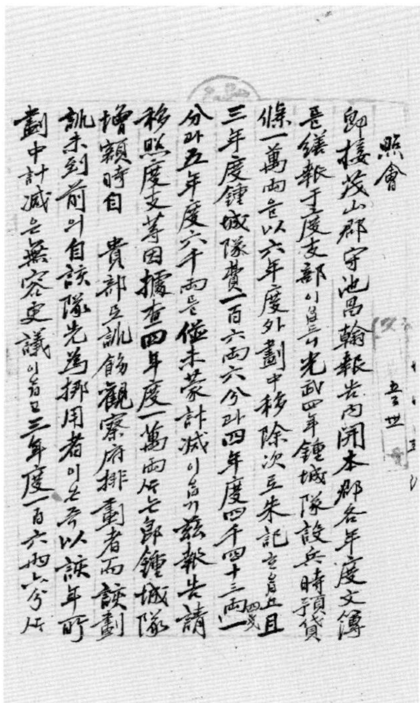
照會

即接茂山郡守池昌翰報告內開本郡各年度文簿
를縫報于度支部이올ᄂᆡ光武四年鍾城隊設兵時預貸
條一萬兩을以六年度外劃中移除次로朱記ᄒᆞ옵고且
三年度鍾城隊費一百六兩六分과四年度四千四十三兩四戔
分과五年度六千兩을從未蒙計減이옵기玆敢告請
移照度支等因據査四年度一萬兩係七郎鍾城隊
增額時自貴部로訓飭觀察府排劃者而該劃
訓未到前의自該隊先爲挪用者이온즉以該年所
劃中計減은無容更議이옵고三年度一百六兩六分係

5-①

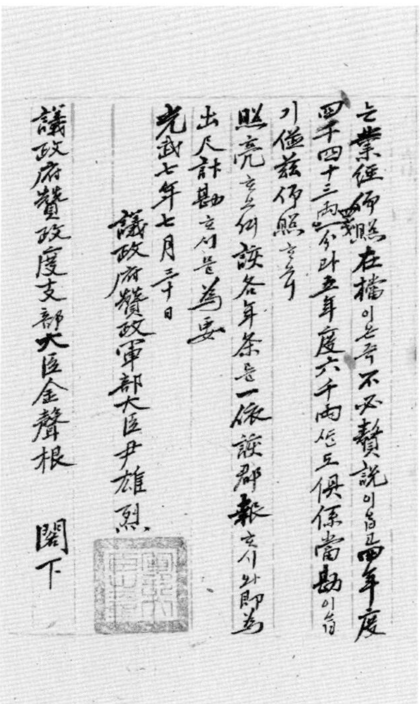
ᄂᆞᆫ業經仰照在檔이온즉不必贅說이옵고四年度
四千四十三兩四戔分과五年度六千兩係도俱係當劃이옵
기僅玆仰照ᄒᆞ오니
照亮ᄒᆞ신後該各年条를一依該郡報ᄒᆞ시와卽爲
出尺計劃ᄒᆞ시믈爲要
光武七年七月三十日
議政府賛政軍部大臣尹雄烈
議政府賛政度支部大臣金聲根 閣下

5-②

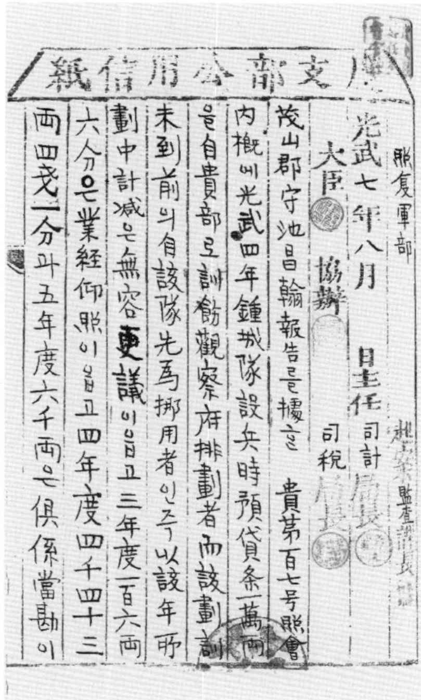

照復軍部

光武七年八月 日主任 司計

大臣 協辦 司稅 局長

茂山郡守池昌翰報告를據ᄒᆞᆫ 貴第百七号照會

內槪에光武四年鍾城隊設兵時預貸条一萬兩

을自貴部로訓飭觀察府排劃者而該劃

未到前의自該隊先為挪用者인즉以該年所

劃中計減은無容更議이읍고三年度一百六兩

六分은業經仰照이읍고四年度四千四十三

兩四戔二分과五年度六千兩은俱係當勘이

6-①

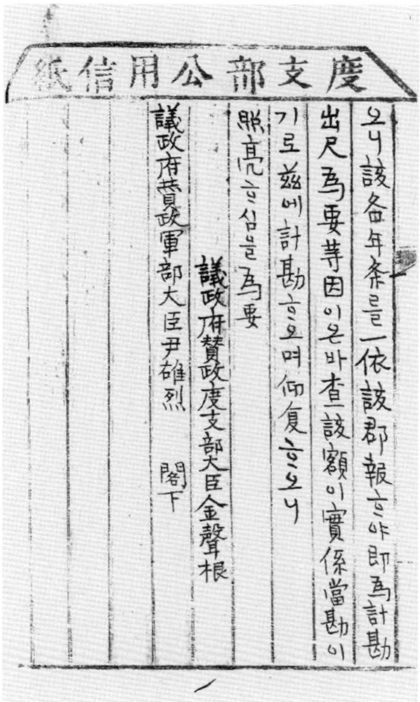

오니該各年条ᄂᆞᆫ一依該郡報ᄒᆞ야即爲計勘

出尺爲要等因이온바查該額이實係當勘이

기로玆에計勘ᄒᆞ오며仰復ᄒᆞ오니

照亮ᄒᆞ심을爲要

議政府贊政度支部大臣金聲根

議政府贊政軍部大臣尹雄烈 閣下

6-②

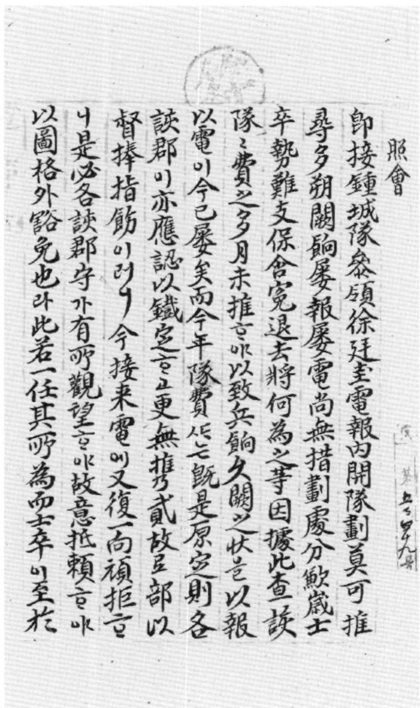

照會

即接鍾城隊条領徐廷圭電報內開隊劃莫可推

尋多朔闕餉屢報屢電尚無措劃處分斂歲士

卒勢難支保合究退去將何為之事因據此查該

隊之費之多月未推ᄒᆞ야以致兵餉久闕之狀은以報

以電이今已屢矣而今年隊費ᄂᆞᆫ既是原定則各

該郡이亦應認以鐵定ᄒᆞ고更無拖貳故로部以

督捧指飭이러니今接來電에又復一向穎拒ᄒᆞ

니是必各該郡守가有所觀望ᄒᆞ야故意抵賴ᄒᆞ야

以圖格外豁免也라此若一任其所為而士卒이至於

7-①

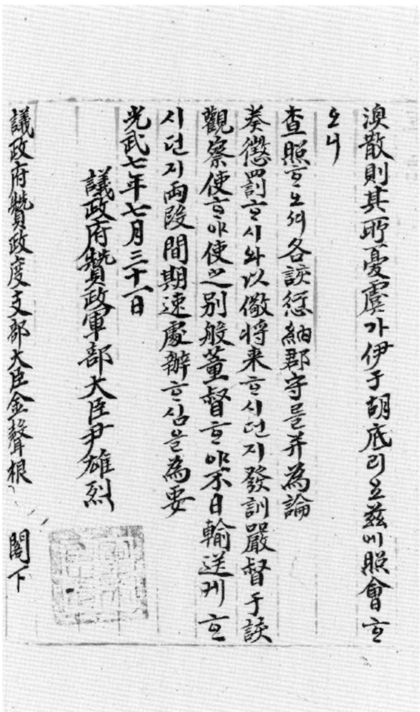

渙散則其所憂慮가伊于胡底리오玆에照會ᄒᆞ

오니

查照ᄒᆞ오셔各該経納郡守를并為論

奏懲罰ᄒᆞ시와以儆將来ᄒᆞ시던지發訓嚴督于該

觀察使ᄒᆞ야使之別般董督ᄒᆞ야不日輸送케ᄒᆞ

시던지兩段間期速處辦ᄒᆞ심을為要

光武七年七月三十一日

議政府贊政軍部大臣尹雄烈

議政府贊政度支部大臣金聲根 閣下

7-②

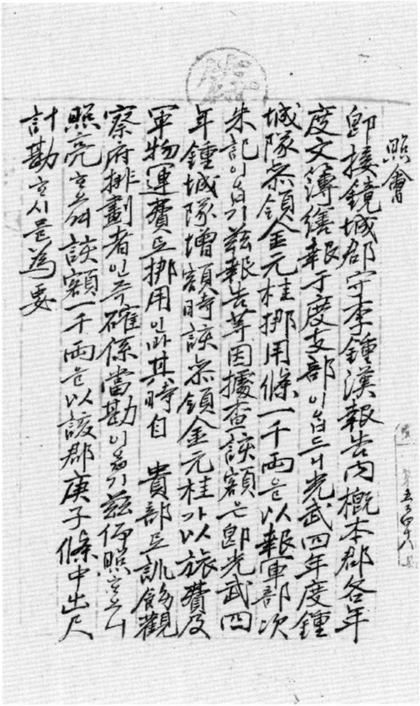
照會

卽接鏡城郡守李鍾漢報告內槪本郡各年度文簿俱報于度支部이옵드니光武四年度鍾城隊叅領金元桂挪用條一千兩은以報軍部次來記이옵기玆報告等因據査該額은卽光武四年鍾城隊增額時該叅領金元桂가以旅費及軍物運費로挪用이온바其時自 貴部로訓飭觀察府排劃者이온즉確係當勘이옵기玆仰照ᄒᆞ오니 照亮ᄒᆞ와該額一千兩을以該郡庚子條中出尺計勘ᄒᆞ시믈爲要

9-①

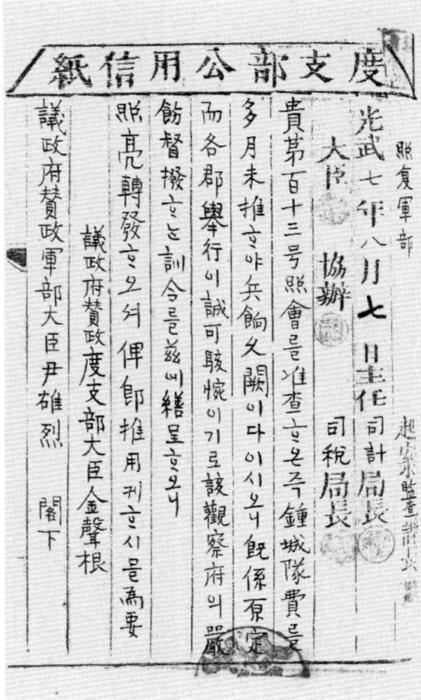
度支部公用信紙

照覆軍部

光武七年八月七日 主任 司計局長

大臣 協辦 司稅局長

貴第百十三号照會를准査ᄒᆞ온즉鍾城隊費를多月未推ᄒᆞ야兵餉久闕이다이시오니旣係原定而各郡擧行이該可駭惋이기로該觀察府의嚴飭督撥ᄒᆞ는訓令를玆에繕呈ᄒᆞ오니 照亮轉發ᄒᆞ오셔俾卽推用케ᄒᆞ시믈爲要

議政府贊政度支部大臣金聲根

議政府贊政軍部大臣尹雄烈 閣下

8-①

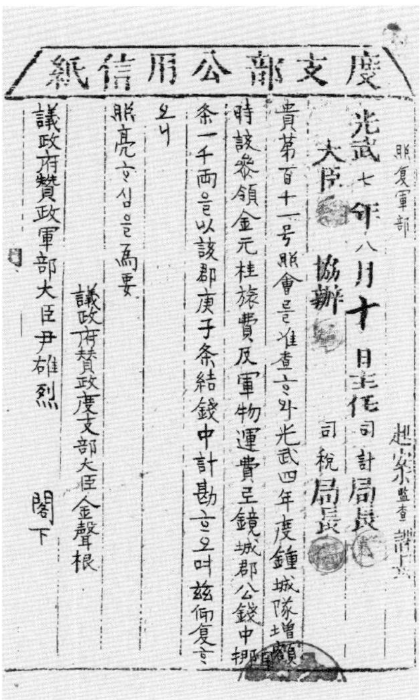
度支部公用信紙

照覆軍部

光武七年八月十日 主任 司計局長

大臣 協辦 司稅局長

貴第百十一号照會를准査ᄒᆞ온즉光武四年度鍾城隊增額時該叅領金元桂旅費及軍物運費로鏡城郡公錢中挪[illegible]条一千兩을以該郡庚子条結錢中計勘ᄒᆞ오며玆仰覆ᄒᆞ오니 照亮ᄒᆞ심을爲要

議政府贊政度支部大臣金聲根

議政府贊政軍部大臣尹雄烈 閣下

10-①

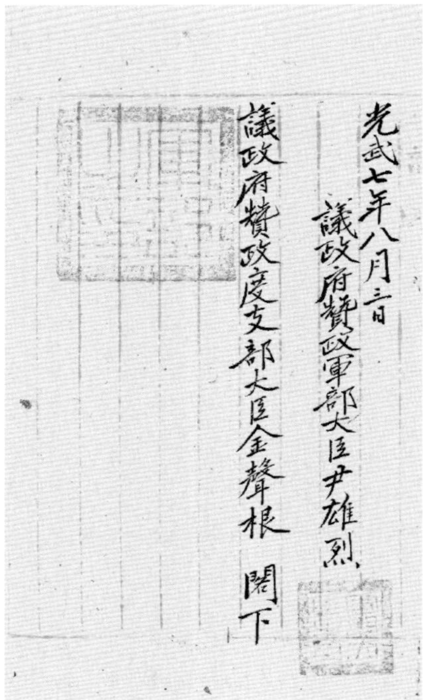
光武七年八月十日

議政府贊政軍部大臣尹雄烈

議政府贊政度支部大臣金聲根 閣下

9-②

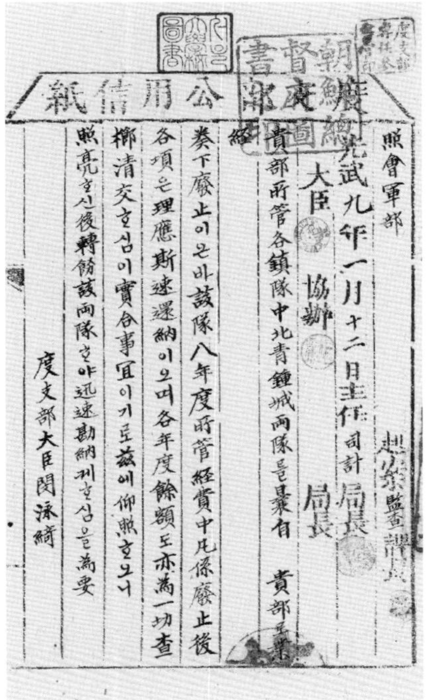

度支部公用信紙

照會軍部

光武九年一月十二日主任司計局長

大臣 協辦 局長

貴部所管各鎭隊中北靑鍾城兩隊를兼自 貴部로業經

奏下廢止이온바該隊八年度所管經費中凡係廢止後

各項은理應斯速還納이오며各年度餘額도亦爲一切査

櫛淸交ᄒᆞ심이實合事宜이기로玆에仰照ᄒᆞ오니

照亮ᄒᆞ신後轉飭該兩隊ᄒᆞ야迅速勘納케ᄒᆞ심을爲要

度支部大臣閔泳綺

11-①

度支部公用信紙

軍部大臣李鍾健 閣下

11-②

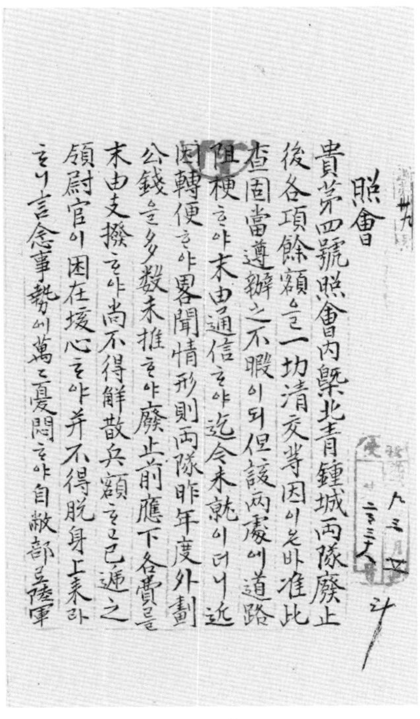

照會

貴第四號照會內槩北靑鍾城兩隊廢止

後各項餘額을一切淸交等因이온바准此

査固當遵辦之不暇이되但該兩處에道路

阻梗ᄒᆞ야末由通信ᄒᆞ야迄今未就이더니近

因轉便ᄒᆞ야畧聞情形則兩隊昨年度外劃

公錢을多數未推ᄒᆞ야廢止前應下各費를

末由支撥ᄒᆞ야尙不得解散兵額ᄒᆞ고已遞之

領尉官이困在壞心ᄒᆞ야并不得脫身上來라

ᄒᆞ니言念事勢에萬〻憂悶ᄒᆞ야自敝部로陸軍

12-①

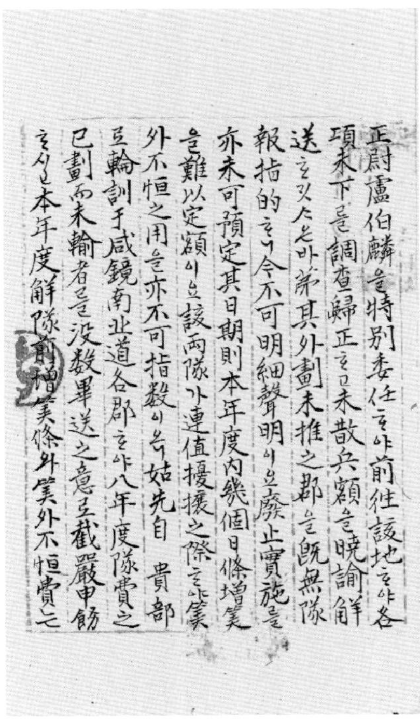

正尉盧伯麟을特別委任ᄒᆞ야前往該地ᄒᆞ야各

項未下를調査歸正ᄒᆞ고未散兵額을曉諭解

送ᄒᆞ깃스온바第其外劃未推之郡을旣無隊

報指的ᄒᆞ니今不可明細聲明이오廢止實施를

亦未可預定其日期則本年度內幾個日條增筭

을難以定額이오該兩隊가連値搶攘之際ᄒᆞ야筭

外不恒之用을亦不可指數이옵기姑先自 貴部

로輸訓于咸鏡南北道各郡ᄒᆞ야八年度隊費之

已劃而未輸者로沒數畢送之意로截嚴申飭

ᄒᆞ시고本年度解隊前增筭條外筭外不恒費는

12-②

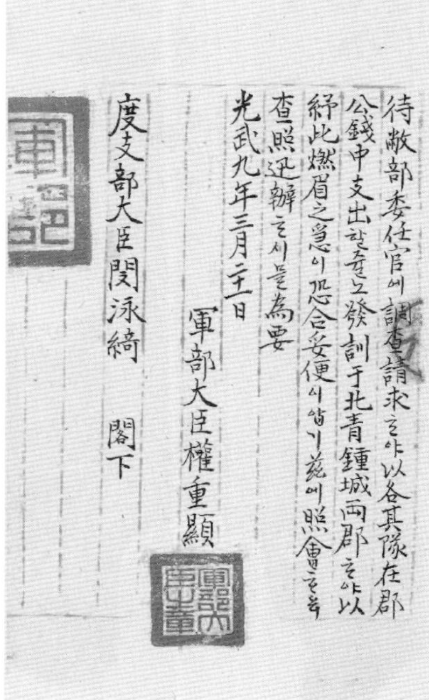
待敝部委任官에調查請求ᄒᆞ야以各其隊在郡
公錢中支出ᄒᆞ게ᄒᆞ고發訓于北青鍾城兩郡ᄒᆞ야以
紓此燃眉之急이恐合妥便이옵기玆에照會ᄒᆞ오니
查照迅辦ᄒᆞ시믈爲要
光武九年三月二十一日
軍部大臣權重顯
度支部大臣閔泳綺 閣下

12-③

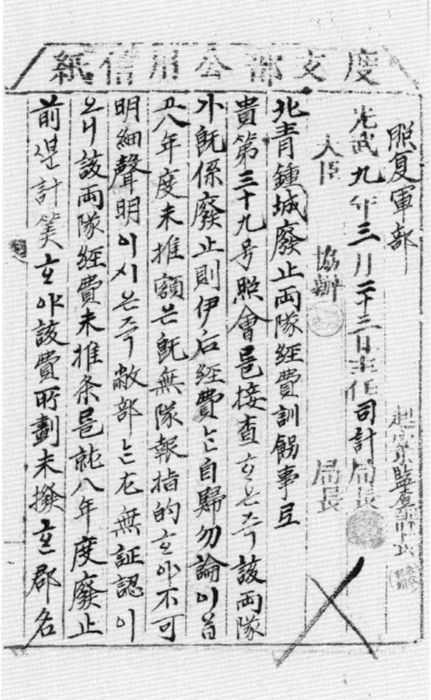
度支部公用信紙
照覆軍部
光武九年三月二十三日主任司計局長
大臣 協辦 局長
北青鍾城廢止兩隊經費訓飭事로
貴第三十九号照會를接查ᄒᆞᆫ즉該兩隊
가既係廢止則伊后經費ᄂᆞᆫ自歸勿論이ᄋᆞ
ᄌᆞ八年度未推額은既無隊報指的ᄒᆞ야不可
明細聲明이시온즉敝部ᄂᆞᆫ尤無証認이
오니該兩隊經費未推条를就八年度廢止
前뎡計筭ᄒᆞ야該費所劃未撥ᄒᆞᆫ郡名

13-①

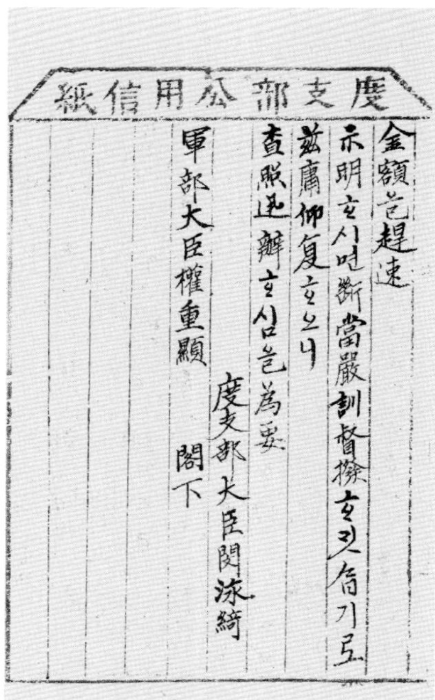
度支部公用信紙
金額을趕速
示明ᄒᆞ시면斷當嚴訓督撥ᄒᆞ깃삽기로
玆庸仰復ᄒᆞ오니
查照迅辦ᄒᆞ심을爲要
度支部大臣閔泳綺
軍部大臣權重顯 閣下

13-②

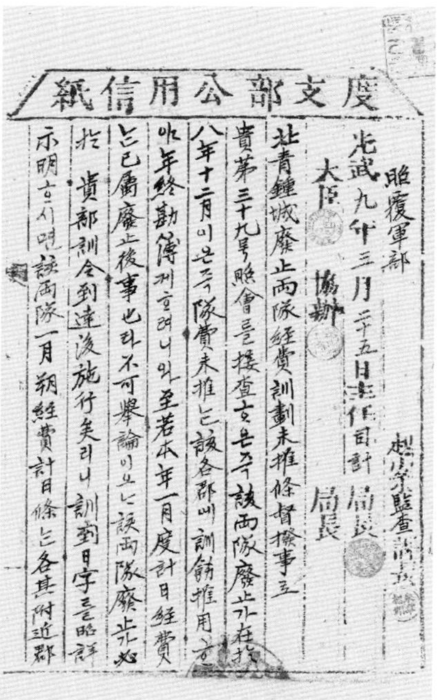
度支部公用信紙
照覆軍部
光武九年三月二十五日主任司計局長
大臣 協辦 局長
北青鍾城廢止兩隊經費訓劃未推條督撥事로
貴第三十九号照會를接查ᄒᆞᆫ즉該兩隊廢止가在於
八年十二月이온즉隊費未推ᄂᆞᆫ該各郡에訓飭推用ᄒᆞ
야年終勤傳케ᄒᆞ려니와至若本年一月度計日經費
ᄂᆞᆫ已屬廢止後事也라不可槩論이오ᄂᆞᆫ該兩隊廢止非必
於貴部訓令到達後施行矣리니訓到日字를昭詳
示明ᄒᆞ시면該兩隊一月朔經費計日條ᄂᆞᆫ各其附近郡

14-①

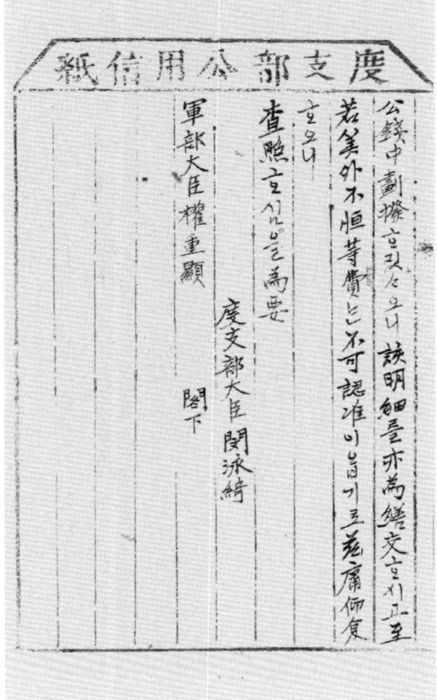

14-②

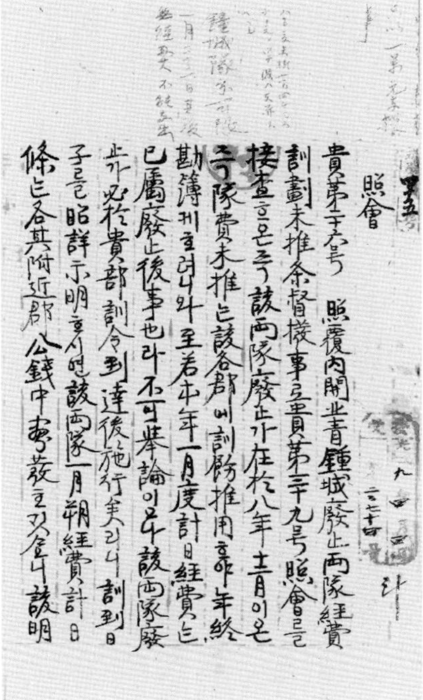

15-①

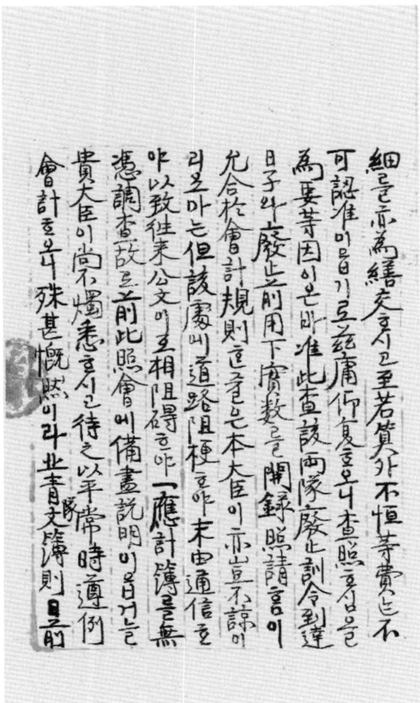

15-②

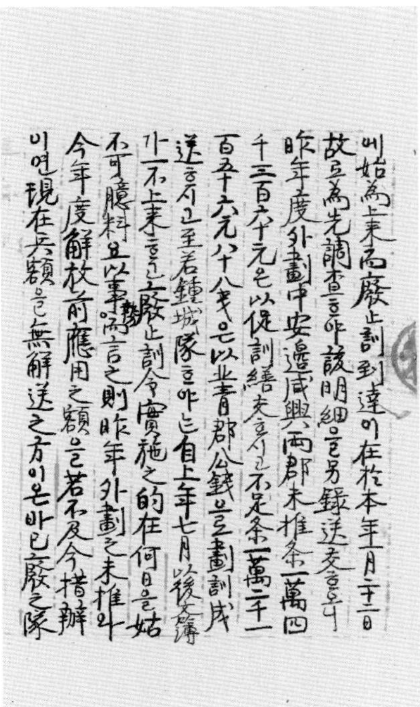

15-③

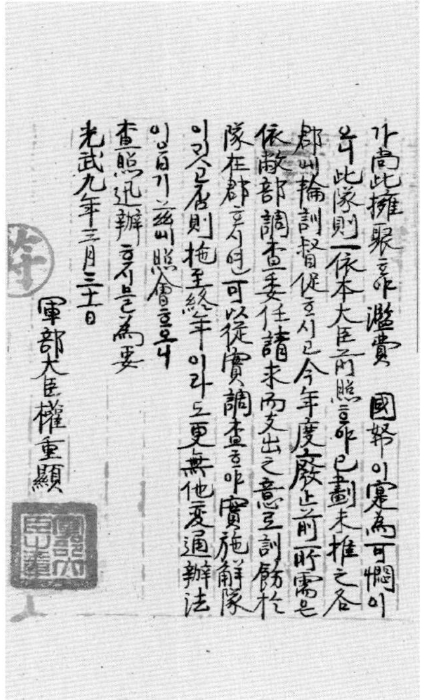
가尙此擁聚ᄒᆞ야 濫費 國帑이 寔爲可憫이
온 此隊則一依本大臣所照ᄒᆞ야 已劃未推之各
郡에 檢訓督促ᄒᆞ시고 今年度廢止前所需ᄂᆞᆫ
依該部調査委任請求而支出之意로 訓飭於
隊在郡ᄒᆞ시면 可以從實調査ᄒᆞ야 實施解隊
이오고 否則掩至終年이라도 更無他變通辦法
이옵기 玆에 照會ᄒᆞ오니
査照迅辦ᄒᆞ시믈 爲要
光武九年三月三十日
軍部大臣 權重顯

15-④

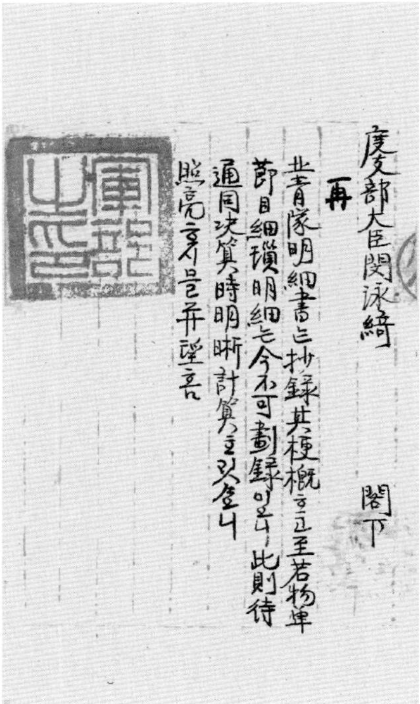
度支部大臣 閔泳綺 閣下
再
北靑隊明細書ᄂᆞᆫ 抄錄其梗槪ᄒᆞ고 至若物卑
節目細瑣明細ᄂᆞᆫ 今不可謄錄이오니 此則待
通同決算時明晰計算ᄒᆞ깃삽ᄂᆞ니
照亮ᄒᆞ시믈 幷望ᄒᆞᆷ

15-⑤

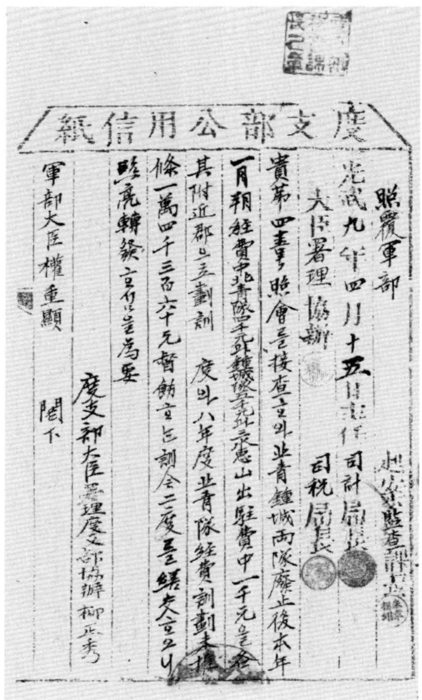
度支部公用信紙
照覆軍部
光武九年四月十五日 起草 司計局長 司稅局長
大臣署理 協辦
貴第四十號照會를 接査ᄒᆞ온즉 北靑鍾城兩隊廢止後本年
一月朔經費中北靑隊 鍾城隊 惠山出駐費中一千元을
其附近郡으로 劃訓 度하 八年度 北靑隊經費劃劃未推
條一萬四千三百六十元 督飭ᄒᆞ고 訓令二度를 繕交ᄒᆞ오니
照亮轉發ᄒᆞ시믈 爲要
度支部大臣署理度支部協辦 柳正秀
軍部大臣 權重顯 閣下

16-①

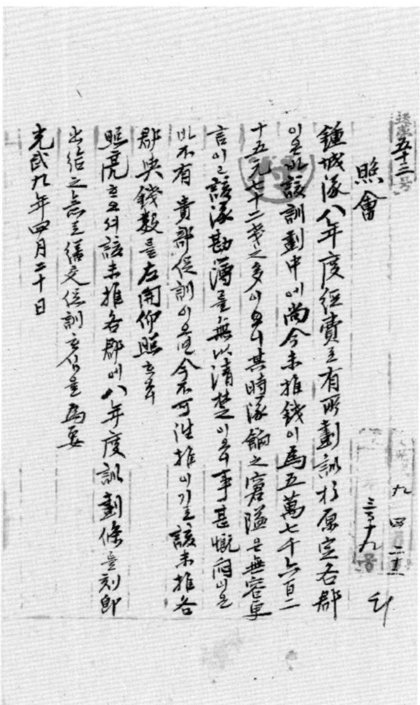
照會
鍾城隊八年度經費로 有所劃訓於府定各郡
이온바 該訓劃中에 尙今未推錢이 爲五萬七千七百二
十五元七十二錢之多이오나 其時隊餉之窘隘ᄂᆞᆫ 無容卑
言이고 該隊勘簿를 無以淸楚이옵고 事甚慨惋이오
바 不有貴部促訓이오면 今不可從推이기로 該未推各
郡收錢數를 左開仰照ᄒᆞ오니
照亮ᄒᆞ신 後 該未推各郡에 八年度訓劃條를 刻卽
出給之意로 嚴發促飭ᄒᆞ시믈 爲要
光武九年四月二十日

17-①

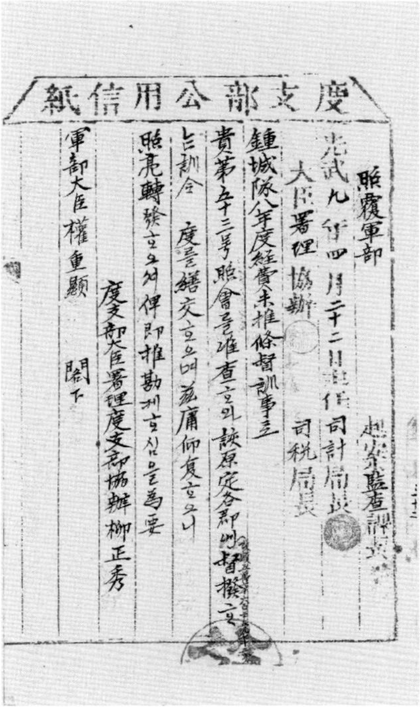

度支部公用信紙

照覆軍部
光武九年四月二十二日主任 司計局長 起案 監査課長
大臣署理 協辦 司稅局長
鍾城隊八年度經費未推條當訓事로
貴第五十三號照會를准查ᄒ온즉該原定各郡에當撥ᄒ옵
ᄂᆞᆫ訓令 度를繕交ᄒ오며兹庸仰復ᄒ오니
照亮轉發ᄒ오셔俾即推勘케ᄒ시믈為要
度支部大臣署理度支部協辦柳正秀
軍部大臣權重顯 閣下

18-①

軍部大臣權重顯
度支部大臣署理度支部協辦柳正秀 閣下

17-②

光武九年六月一日
軍部大臣李容翊
度支部大臣閔泳綺 閣下

19-②

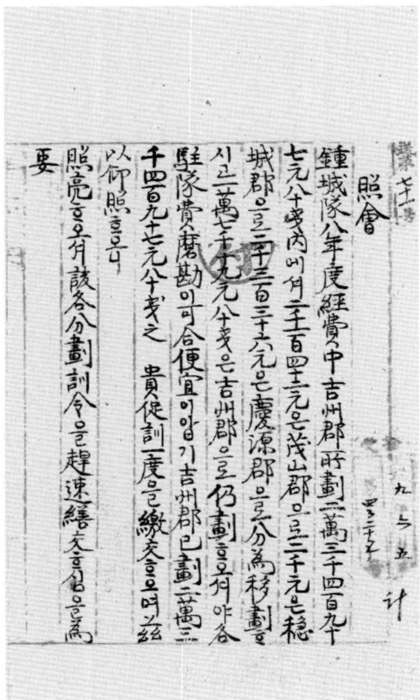

照會
鍾城隊八年度經費中吉州郡所劃二萬三千四百九十七元八十四戔內에서二千五百四十五元은茂山郡으로二千元은穩城郡으로二千三百三十六元은慶源郡으로分爲移劃ᄒ고一萬七千九百元八十四戔은吉州郡으로仍劃ᄒ오셔야各駐隊費를推勘이可合便宜이읍기吉州郡已劃二萬三千四百九十七元八十四戔之 貴部訓令一度를繳交ᄒ오며玆以仰照ᄒ오니 照亮ᄒ오셔該各分劃訓令을趕速繕交ᄒ심을爲要

19-①

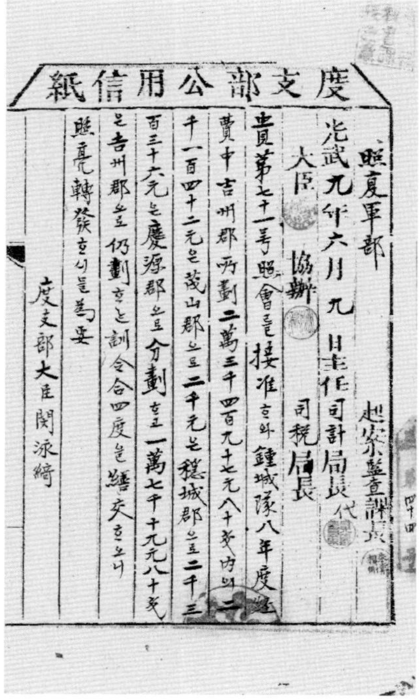

度支部公用信紙

照覆軍部

光武九年六月九日 主任司計局長 代 起案監査課長

大臣 協辦 司税局長

貴第七十一號照會를接准ᄒᆞ온즉鍾城隊八年度經費中吉州郡所劃二萬三千四百九十七元八十戔內에二千一百四十二元은茂山郡으로二千元은穩城郡으로二千三百三十六元은慶源郡으로分劃ᄒᆞ고一萬七千十九元八十戔은吉州郡으로仍劃ᄒᆞ는訓令合四度를繕交ᄒᆞ오니

照亮札轉發ᄒᆞ시믈爲要

度支部大臣 閔泳綺

20-①

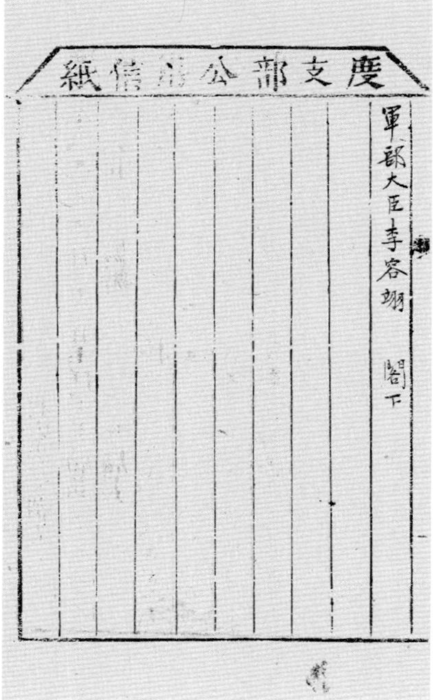

度支部公用信紙

軍部大臣李容翊 閣下

20-②

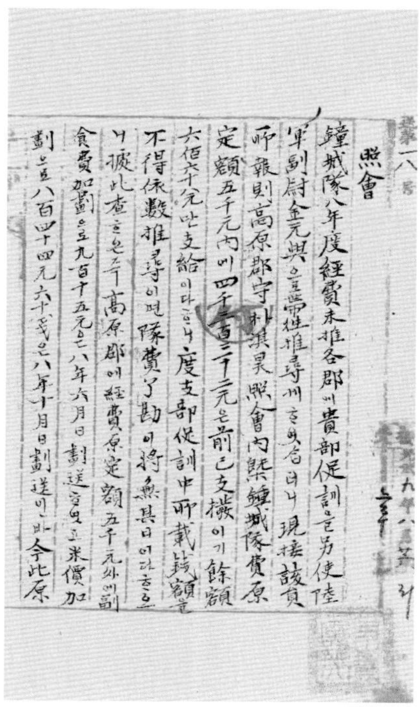

照會 第一八號

鍾城隊八年度經費未推各郡에貴部促訓을另使陸軍副尉金元興으로帶往推尋케ᄒᆞ얏더니現接該隊所報則高原郡守朴琪吳照會內開鍾城隊費原定額五千元內에四千二百二十元은前已支撥이기餘額六佰六十元만支給이다ᄒᆞ오나度支部促訓中所載錢額을不得依數推尋이오니隊費了勘이將無其日이다ᄒᆞ오니以此査ᄒᆞ온즉高原郡에經費原定額五千元外에副食費加劃으로九百十五元은八年六月日劃送ᄒᆞ얏고米價加劃으로八百四十四元六十戔은八年十月日劃送이온바今此原

21-①

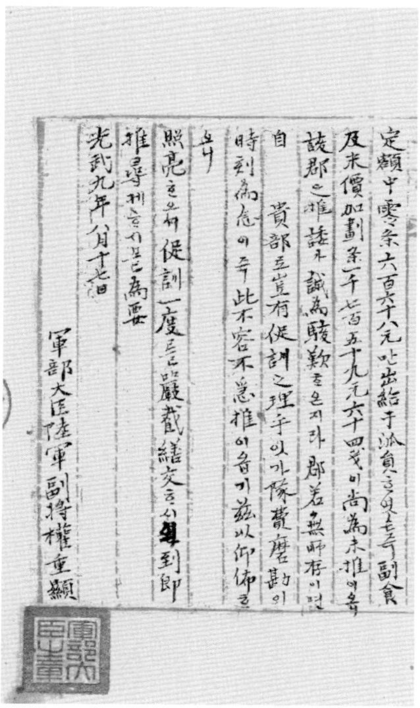

定額中零条六百六十八元만出給于派員ᄒᆞ얏다ᄒᆞ온즉副食及米價加劃条一千七百五十九元六十四戔이尚爲未推이온즉該郡之推諉가誠爲駭歎ᄒᆞ올지라郡若無所存이면自貴部로豈有促訓之理乎잇가隊費磨勘이時刻爲急이온즉此不容不急推이옵기玆以仰佈ᄒᆞ오니

照亮ᄒᆞ오셔促訓一度를嚴截繕交ᄒᆞ시와到卽推尋케ᄒᆞ시믈爲要

光武九年八月十七日

軍部大臣陸軍副將權重顯

21-②

度支部大臣署理度支協辦柳正秀 閣下

21-③

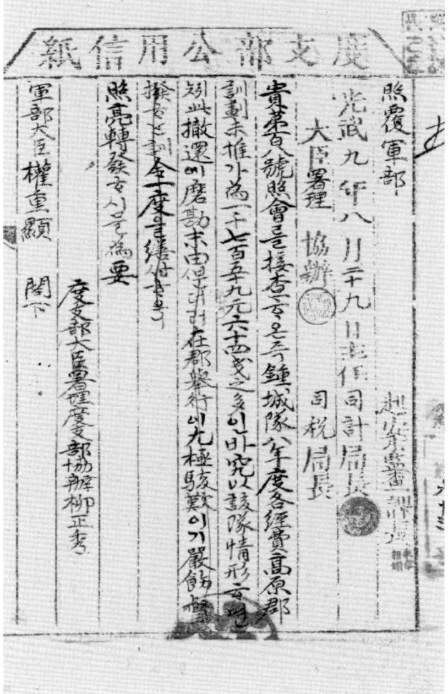

度支部公用信紙

照覆軍部

光武九年八月二十九日起案 司計局長

大臣署理 協辦 司稅局長

貴第八號照會를接准하온즉鍾城隊八年度各經費를高原郡

訓劃未推가爲一千七百五十九元六十四戔之多이온바究以該隊情形하면

別此撤還에磨勘未由일뿐더러在郡擧行에尤極駭歎이기嚴飭[illegible]

撥交之割全度를繕付하오니

照亮轉發하시믈爲要

軍部大臣 權重顯 閣下

度支部大臣署理度支部協辦 柳正秀

22-①

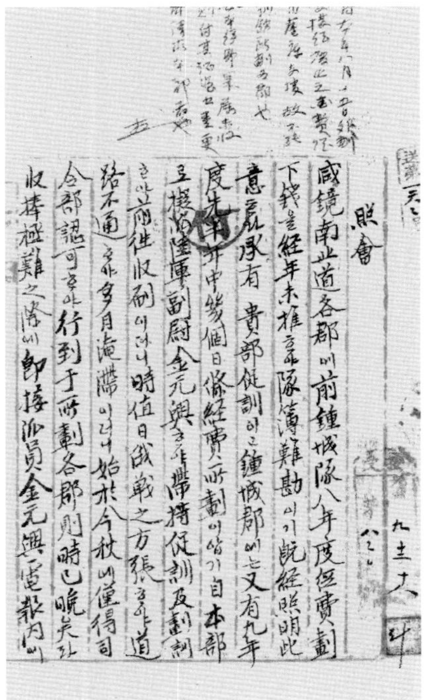

照會

咸鏡南北道各郡에前鍾城隊八年度經費劃

下錢을經年未推하와隊備薄難勘이기旣經照明此

意하와承有 貴部促訓이고鍾城郡에는又有九年

度先[illegible]幷中幾個日條經費所劃이옵기自本部

로擬從陸軍副尉金元興하와帶持促訓及劃訓

하고前往收刷이더니時值日俄戰之方張하와道

路不通하와多月淹滯이더니始於今秋에僅得司

令部認可하와行到于所劃各郡則時已晚矣라

收捧極難之際에即接派員金元興電報內에

23-①

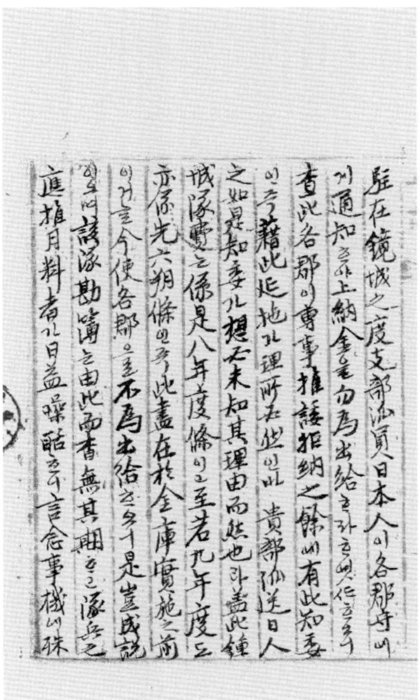

駐在鏡城之度支部派員日本人이各郡守에

게通知하와上納金을勿爲出給하라하옵기

査此各郡이專事推諉拒納之餘에有此知委

이온즉藉此延拖가理所在然이온바 貴部派送日人

之如是知委가想亦未知其理由而然也라蓋此鍾

城隊費之係是八年度條이고至若九年度로

亦係先六朔條인즉此盡在於金庫實施之前

이거늘今使各郡으로不爲出給하오니是豈成說

이오며該隊勘簿之由此而杳無其期하고隊兵之

進排月料者가日益躁聒하야言念事機에殊

23-②

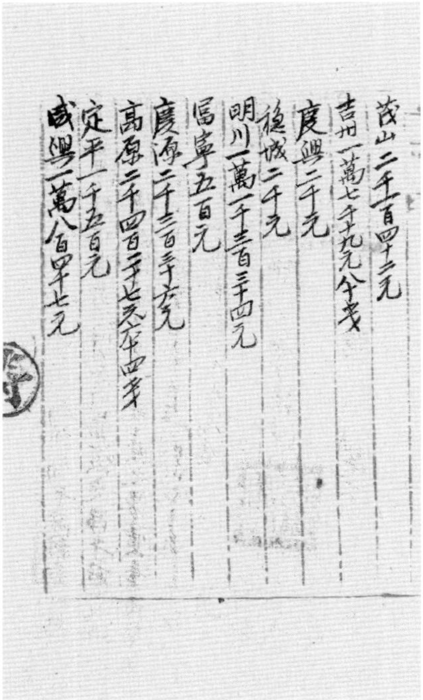

23-④

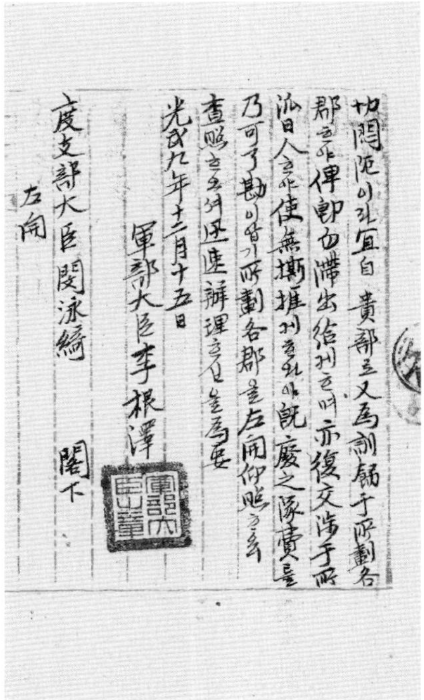

23-③

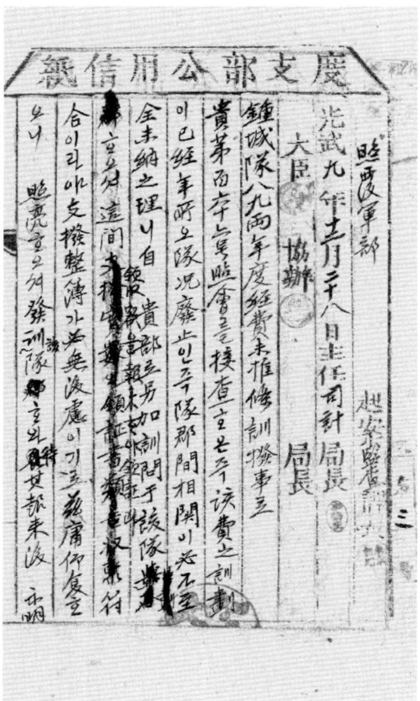

24-①

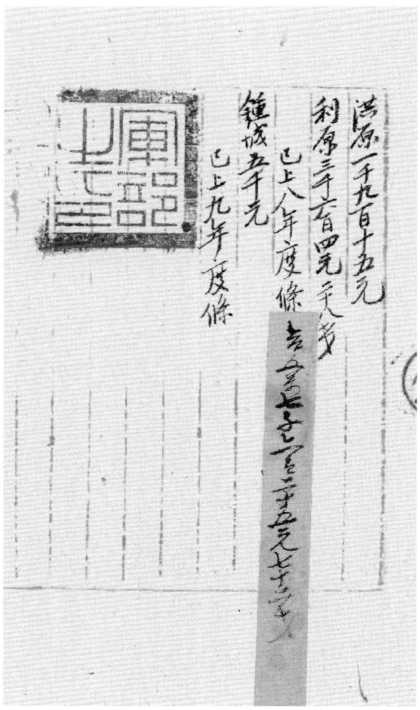

23-⑤

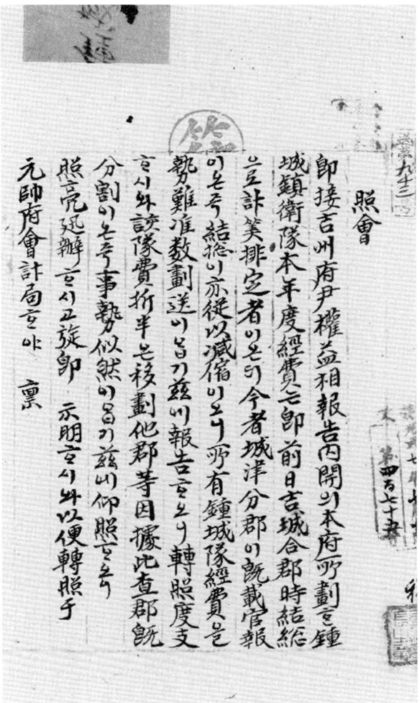

25-①

24-②

26-①

25-②

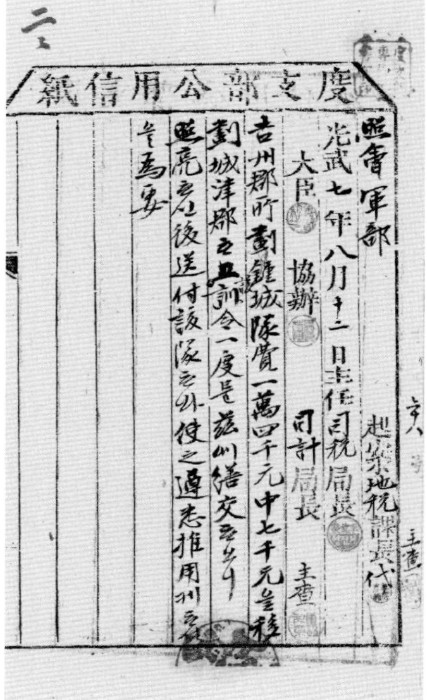

二

度支部公用信紙

照會 軍部

光武七年八月十二日 主任司稅局長 起案地稅課長代

大臣 協辦 司計局長 主査

吉州郡所劃鍾瑊隊費一萬四千元中七千元을 移

劃城津郡之五訓令一度를 玆以繕交ᄒ오니

照亮ᄒ신後送付該隊ᄒ야 使之遵志推用케ᄒ시믈

을爲要

27-①

公文編案

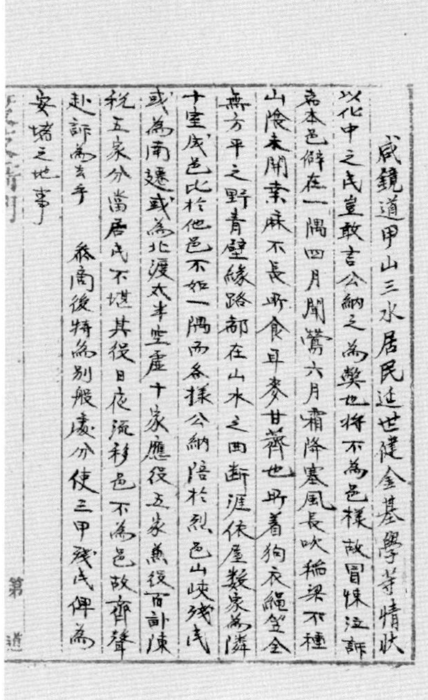
咸鏡道甲山三水居民述世健金基學等情狀
以化中之民豈敢言公納之爲弊也將不爲邑樣故冒悚泣訴
爲本邑僻在一隅四月聞霜六月霜降寒風長吹稻梁不種
山陵未聞桑麻不長所食毋麥甘薺也所着狗衣繩笠全
無方平之野青壁緣路都在山水之間斷涯依屋毅豕爲隣
十室成邑比於他邑不如一隅而各樣公納倍於他邑山峽殘民
或爲南遷或爲北渡太半空虛十家應役五家爲役百計陳
稅五家分當居民不堪其役日夜流移邑不爲邑故齊聲
赴訴爲去乎 參商後特爲別般處分使三甲殘民俾爲
安堵之地事

1-①

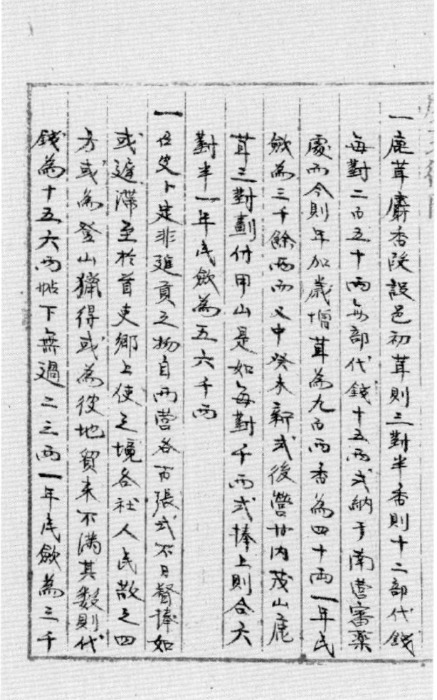
一鹿茸麝香段設邑初茸則二對半香則十二部代錢
每對二百五十兩每部代錢十五兩式納于南營審藥
處而今則年加歲增茸爲九百兩香爲四十兩一年民
斂爲三千餘兩而又中癸未新式後營什內茂山鹿
茸二對劃付甲山是如每對千兩式捧上則合六
對半一年民斂爲五六千兩
一各頁卜是非進貢之物自兩營各百張式不日督捧如
或遲滯至於首吏鄉上使之境各社人民散之四
方或爲登山獵得或爲從地貿來不滿其數則代
錢爲十五六兩帳下無過二三兩一年民斂爲三千

1-②

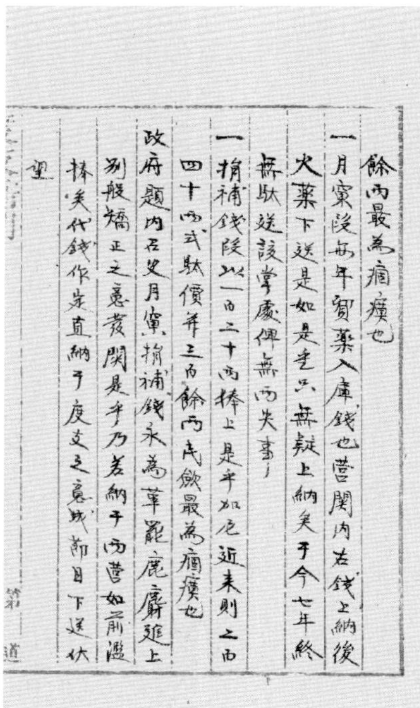
餘兩最爲痼瘼也
一月課段每年貿藥入庫錢也營關內右錢上納後
火藥下送是如是老只無疑上納矣于今七年終
無馱送該掌處俾無兩失事
一補錢段以一百二十兩捧上是乎如乎近來則二百
四十兩式馱價并三百餘兩民斂最爲痼瘼也
政府題內石史月粮補錢永爲革罷鹿麝進上
別般矯正之意教關是乎乃若納于兩營如前濫
捧矣代錢作米直納于度支之意成節目下送伏
望

1-③

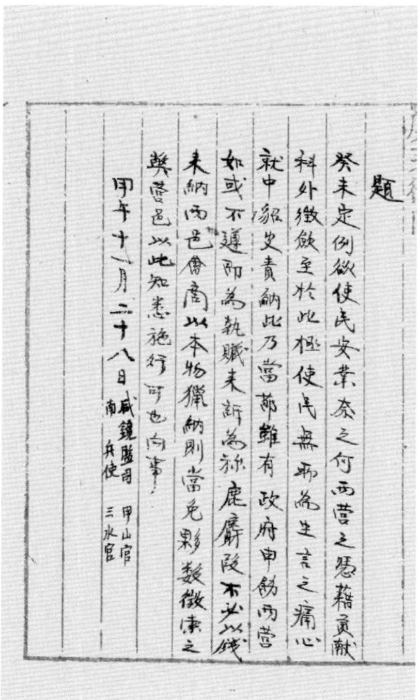
題
癸未定例欲使民安業奈之何兩營之憑藉貢獻
科外徵斂至於此極使民無所爲生言之痛心
就中祭史責納此乃當節雖有政府申飭兩營
如或不遵即爲執贓來訴爲旅鹿麝段本以代錢
來納兩邑會商以本物獵納則當免影響徵索之
弊營邑以此知悉施行可也向事
甲午十一月二十八日 咸鏡監司 南兵使 甲山官 三水官

1-④

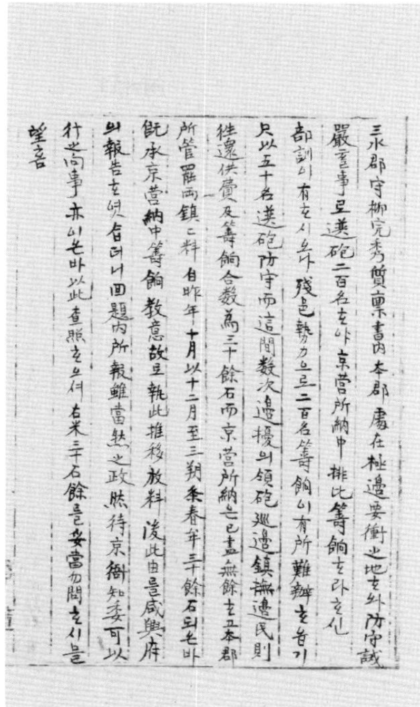
三水郡守柳完秀質稟書內本郡處在極邊要衝之地ᄒᆞ外防守誠
嚴重事로選砲二百名ᄒᆞ야京營所納中排比籌餉ᄒᆞ라ᄒᆞ신
部訓이有ᄒᆞ시온바殘邑勢力으로二百名籌餉이有所難辦ᄒᆞ옵기
只以五十名選砲防守而這間數次邊擾의領砲巡邊鎭撫邊民則
徙邊供費及籌餉合數爲三千餘石而京營所納은已盡無餘ᄒᆞ고本郡
所管羅両鎭〻料自昨年十月以十二月至三朔条春年三千餘石되온바
旣承京營納中籌餉教意故로執此推移放料後此由를咸興府
에報告ᄒᆞ엿삽더니回題內所報雖當然之政然待京衛知委可以
行之向事亦이온바以此査照ᄒᆞ오셔右米三千石餘를妥當劃問ᄒᆞ시믈
望喜

2-①

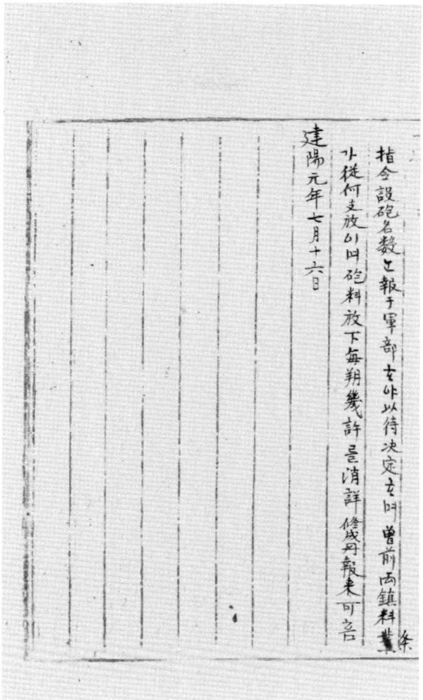
指令 設砲名數는報于軍部ᄒᆞ야以待決定ᄒᆞ며曾前両鎭料米
가從何支放이며砲料放下每朔幾許를消詳修成再報來可喜
建陽元年七月十六日

2-②

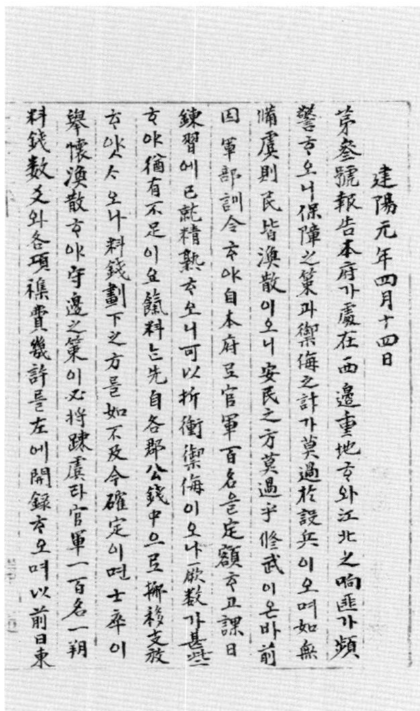
建陽元年四月十四日
第參號報告本府가處在西邊重地ᄒᆞ와江北之胸匪가頻
擾ᄒᆞ오니保障之策과禦侮之計가莫過於設兵이오며如無
備處則民皆渙散이오니安民之方莫過乎修武이온바前
因軍部訓令ᄒᆞ와自本府로官軍百名을定額ᄒᆞ고課日
鍊習에已就精熟ᄒᆞ오니可以折衝禦侮이오나欣數가甚些
ᄒᆞ와猶有不足이요餼料는先自各郡公錢中으로挪移支放
ᄒᆞ얏스오나料錢劃下之方를如不及今確定이면士卒이
擧懷渙散ᄒᆞ와守邊之策이必將踈虞라官軍一百名一朔
料錢數爻와各項襍費幾許를左에開錄ᄒᆞ오며以前日東

3-①

擾事로言之ᄒᆞ오면賊勢가浩大ᄒᆞ와旣臨城下ᄒᆞ와城內居
民이聞風逬散ᄒᆞ와十室十空이오니當場事狀이如非官
軍의奮身禦敵ᄒᆞ고冒九衝突이면賊徒가何至星散尾解리
요得保城池ᄒᆞ며安堵村民이非兵伊誰리요官軍百名統一年
料錢及各項襍費는以各郡公錢中으로拔撑支給ᄒᆞ오니
照亮施劃ᄒᆞ시와以圖固邊安民를望喜
指令 此係軍政이니報于軍部ᄒᆞ야以爲轉照가可喜
建陽元年四月十六日
第肆號報告東黨作擾의發兵擊退之由는軍部에前已報
告이옵연과出征時에兵費를所用이時急ᄒᆞ와府下公錢中

3-②

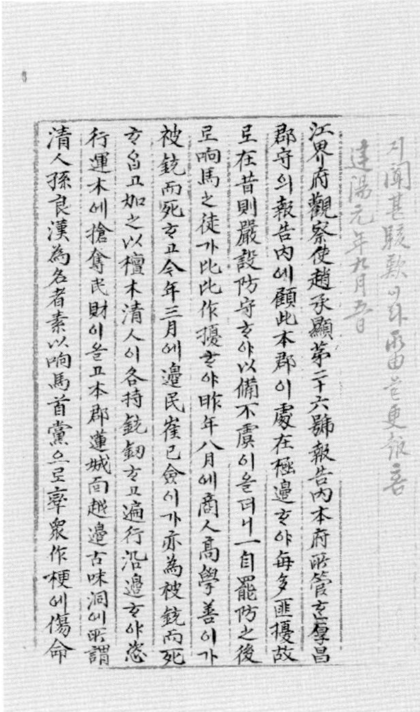

지閱甚駭歎이라申由를更報喜
建陽元年九月五日

江界府觀察使趙承顯第二十六號報告內本府所管之厚昌
郡守의報告內에顧此本郡이處在極邊ᄒᆞ야每多匪擾故
로在昔則嚴設防守ᄒᆞ야以備不虞이옵더니一自罷防之後
로响馬之徒가比比作擾ᄒᆞ야昨年八月에商人高學善이가
被銃兩死ᄒᆞ고今年三月에邊民崔己僉이가亦為被銃兩死
ᄒᆞ옵고如之以檀木清人이各持銃劒ᄒᆞ고遍行沿邊ᄒᆞ야恣
行運木에搶奪民財이옵고本郡蓮城面越邊古味洞에所謂
清人孫良漢為名者素以响馬首黨으로率衆作梗에傷命

4-①

掠財가無時不至ᄒᆞ오니沿邊居民이何以保生고竊念本
境에民必渙散이오邑將空虛故擧實報告ᄒᆞ오니依慈城
例ᄒᆞ야及時設防에以為固圉이라ᄒᆞ엿ᄂᆞᆫ바响馬之匪徒와運
木之清人이傷命掠財에使民莫保가非但該郡이然라府
下郡所管沿邊도此等作梗이比比有之ᄒᆞ야民難奠居이
다이옵고設防ᄒᆞᆫ慈城郡도姑無其弊ᄒᆞ온즉禦侮之計와
保民之策이即莫過於設防이오되設卒守邊이旣係難愼
ᄒᆞ엿더라設防料錢이現無其策이오나來秋新捧으로量宜
劃下ᄒᆞ도록恐合事宜而自府로不敢擅便ᄒᆞ야據實報告ᄒᆞ오
며此意로內部와軍部에도一體修報ᄒᆞ오니 照亮ᄒᆞ오셔

4-②

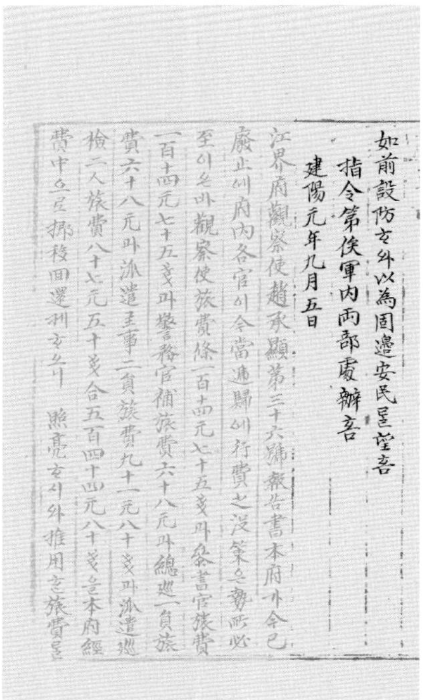

如前設防ᄒᆞ와以為固邊安民을望喜
指令第俟軍內兩部處辦喜
建陽元年九月五日

江界府觀察使趙承顯第三十六號報告書本府가今已
廢止에府內各官이今當遞歸에行費之沒策으로勢所必
至이온바觀察使旅費條一百十四元七十五戔과參書官旅費
一百十四元七十五戔과警務官補旅費六十八元과總巡一員旅
費六十八元과派遣主事二員旅費九十一元八十戔과派遣巡
檢二人旅費八十七元五十戔合五百四十四元八十戔을本府經
費中으로挪移回還케ᄒᆞ오니 照亮ᄒᆞ시와推用ᄒᆞᆫ旅費를

4-③

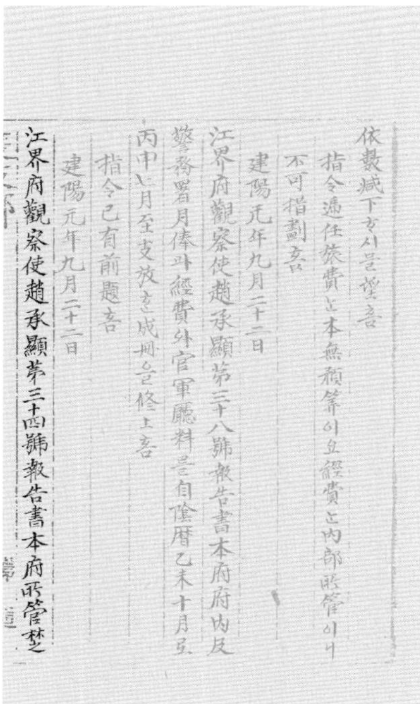

依數撥下ᄒᆞ시믈望喜
指令遞任旅費ᄂᆞᆫ本無預筭이오經費ᄂᆞᆫ內部所管이니
不可措劃喜
建陽元年九月二十二日
江界府觀察使趙承顯第三十八號報告書本府府內及
警務署月俸과經費外官軍廳料를自陰曆乙未十月로
丙申七月至支放ᄒᆞᆫ成冊을修上喜
指令已有前題喜
建陽元年九月二十二日
江界府觀察使趙承顯第三十四號報告書本府所管楚之

5-①

山郡에匪徒四百餘名이來犯ᄒᆞ야ᄉᆞᆸ기本府兵丁四十三名
을卽爲調發ᄒᆞᄋᆞᆸ고府下郡附近五面에發令徵砲而兵費
를以本府經費中으로挪用ᄒᆞ야ᄉᆞᆸ기로左에開錄報告ᄒᆞ
오니 照亮ᄒᆞ오셔依數撥下ᄒᆞ시믈望喜

左開

錢貳拾伍兩捌戔 兵丁四十三名所着草鞋八十六部價

錢貳拾伍兩貳戔 兵丁裹足白木一百二十六尺價

錢陸拾兩 匪徒犯楚山郡境事報告持去使令路需

錢拾肆兩陸戔 藥丸載馬貰給

錢壹百兩 鳥銃五十柄重修工給

5-②

合錢貳百貳拾伍兩陸戔

指令軍需ᄂᆞᆫ軍部所管이오經費ᄂᆞᆫ內部所管이니分
報兩部ᄒᆞ야轉照本部磨勘케ᄒᆞ미可喜

建陽元年九月二十二日

江界府觀察使趙承顯第二十三號報告書句因內部訓令
ᄒᆞ야本府經費와所管六郡經費支用ᄒᆞᆫ月別表을都聚上
送ᄒᆞ오며本部段은去年視察官이來到ᄒᆞ와稅務를裁
定ᄒᆞᆫ時에本府及各郡經費를以陰曆乙未十月로丙申
九月까지捧下케定式ᄒᆞ야ᄉᆞᆸ기依定式ᄒᆞ와自陰曆乙未
十月로丙申五月까지合八個條支用ᄒᆞᆫ額이오니 照亮ᄒᆞ

5-③

會寧

訓令 會寧郡守金鴻瑞

商民尹俊汝가本郡戊戌結錢中叁千貳百兩을先納ᄒᆞᆫ
기捧上出尺ᄒᆞ고茲庸發訓ᄒᆞ니到卽並馱價出給ᄒᆞ
며昨年十月二日에先納錢六千一百八十六兩六戔五分도亦
以戊戌結錢中으로出給ᄒᆞ야俾無遲緩케ᄒᆞ되書記
輩가若或以馱價로相持ᄒᆞ야愆期不給之弊가有ᄒᆞ
면當捉上懲習矣리니認眞凜遵ᄒᆞᆯ事

光武二年一月十一日

本郡民吳相立等訴을據ᄒᆞᆫ즉開市時에淸館이有

6-①

ᄒᆞ야隨毁隨葺之節을斂民補用이已有屢百年所
러니一經傳市로歸然廢廨ᄒᆞ야風雨頹敗이온즉近
自鍾城隊營으로多端撤去矣仍付郡民毋至見
失等因이라査ᄒᆞᆫ즉淸館設始之初에以其該郡民
力設館則現今淸市已革而館舍年久頹圮ᄒᆞᆫ니自
郡放賣ᄒᆞ야以補民間케ᄒᆞ고形止을馳報ᄒᆞᆯ事

二年一月三十一日

光武二年三月十七日郡守金鴻瑞第二號報本郡民吳相
立等이訴告書을接准ᄒᆞᆫ즉內開本郡은絶域에僻在
ᄒᆞ와土地가磽薄ᄒᆞᆫ온즉舟自垢島之後로民皆越寓

6-②

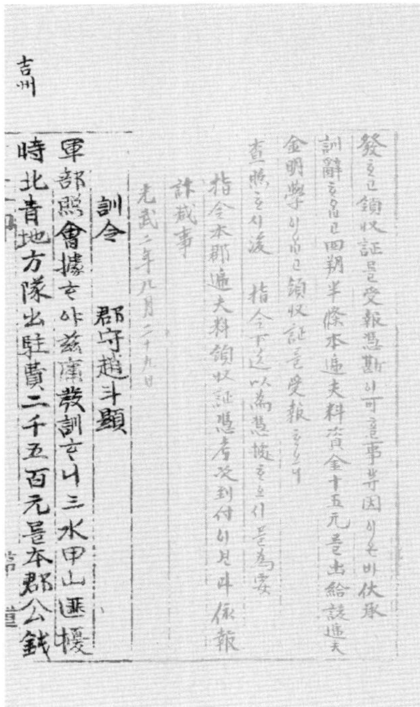
發ᄒᆞᆫ領收証을受報憑勘이可ᄒᆞᆫ事를因ᄒᆞ온바伏承
訓辭ᄒᆞ옵고四朔半條本遞夫料貲金十五元을出給該遞夫
金明學이옵고領收証을受報ᄒᆞ오니
査照ᄒᆞ신後 指令下送以為憑據ᄒᆞ오시믈為要
指令本郡遞夫料領收証憑考次到付이기로依報
許裁事
光武二年九月二十九日
訓令 郡守趙斗顯
軍部照會據ᄒᆞ야玆庸敎訓ᄒᆞ니三水甲山匪擾
時北靑地方隊出駐費二千五百元을本郡公錢
吉州

7-①

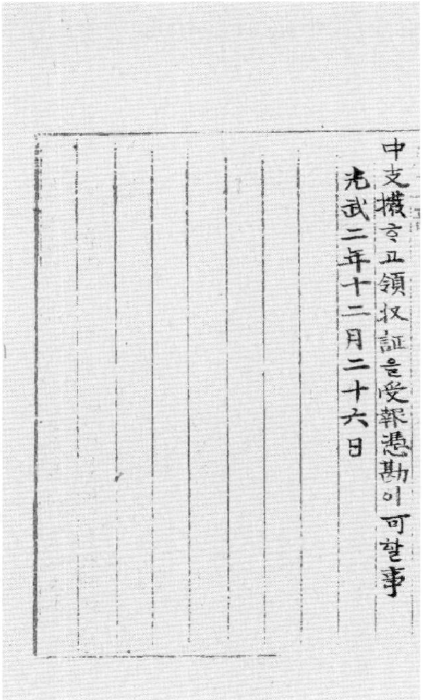
中支撥ᄒᆞ고領收証을受報憑勘이可할事
光武二年十二月二十六日

7-②

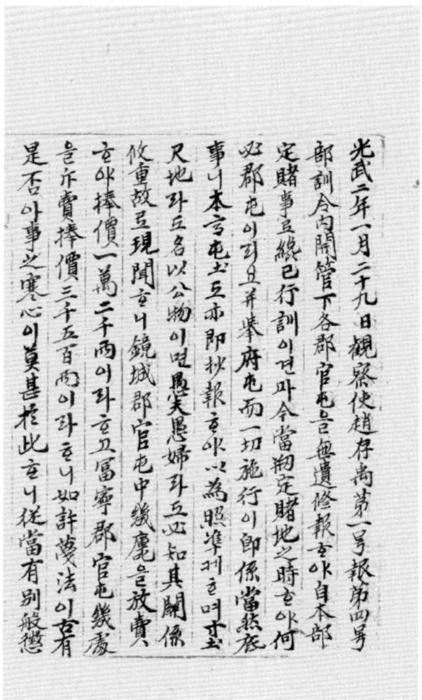
光武二年一月二十九日觀察使趙存禹第一號報第四號
部訓令內開管下各郡官屯을無遺修報ᄒᆞ야自本部
定賭事로繞已行訓이연바今當劃定賭地之時ᄒᆞ야何
必郡屯이라도并擧府屯而一切施行이卽係當然底
事니本ᄒᆞᆫ屯土도亦卽抄報ᄒᆞ야以為照準케ᄒᆞ며寸土
尺地라도名以公物이면愚夫愚婦라도必知其關係
攸重故로現聞ᄒᆞ니鏡城郡官屯中幾處를放賣
ᄒᆞ야捧價一萬二千兩이라ᄒᆞ고富寧郡官屯幾處
을斥賣捧價三千五百兩이라ᄒᆞ니如許蔑法이古有
是否아事之寒心이莫甚於此ᄒᆞ니從當有別般懲

8-①

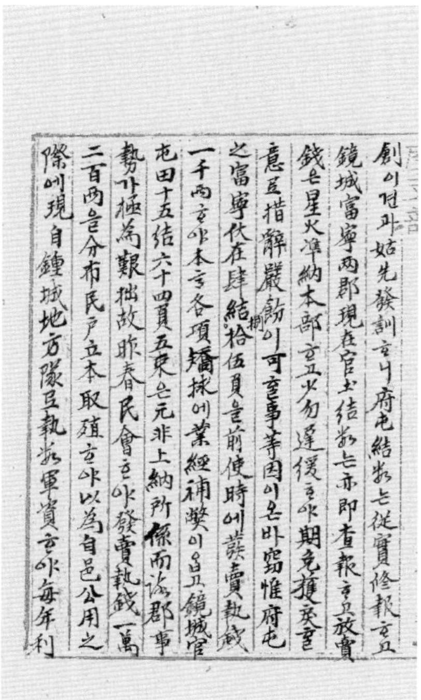
創이연바姑先發訓ᄒᆞ니府屯結數는從實修報ᄒᆞ고
鏡城富寧兩郡現在官土結數는亦卽査報ᄒᆞ고放賣
錢은星火準納本部ᄒᆞ고少勿遲緩ᄒᆞ야期免獲戾ᄒᆞᆯ
意로措辭嚴飭이可ᄒᆞᆫ事等因이온바竊惟府屯
之富寧伏在肆結捌拾伍負을前使時에蕠賣執錢
一千兩ᄒᆞ야本ᄒᆞᆫ各項矯捄에業經補弊이옵고鏡城官
屯田十五結六十四負五束은元非上納所係而該郡事
勢가極為艱拙故昨春民會ᄒᆞ야發賣執錢一萬
二百兩을分布民戶立本取殖ᄒᆞ야以為自邑公用之
際에現自鍾城地方隊로執數軍資ᄒᆞ야每年利

8-②

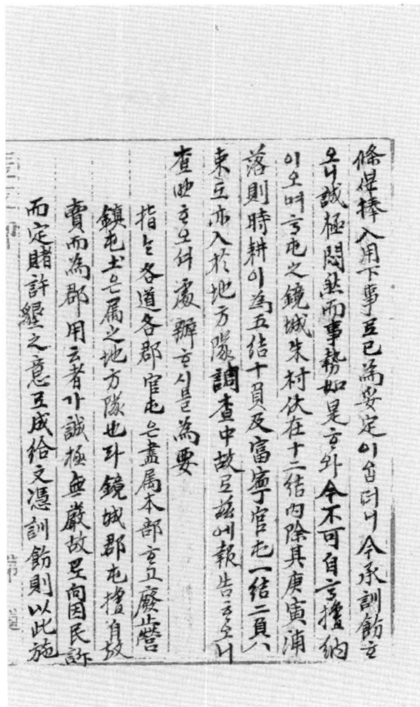

8-③

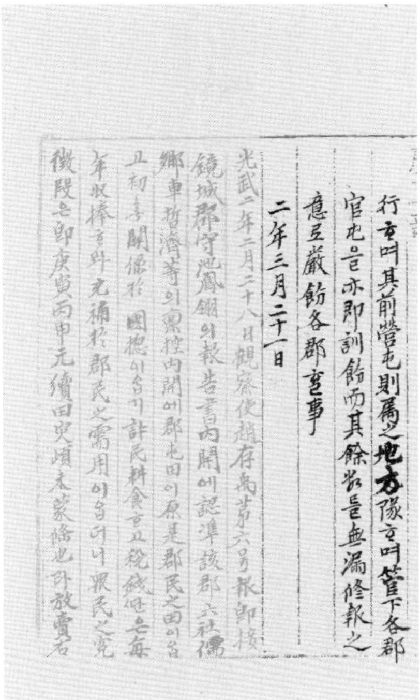

8-④

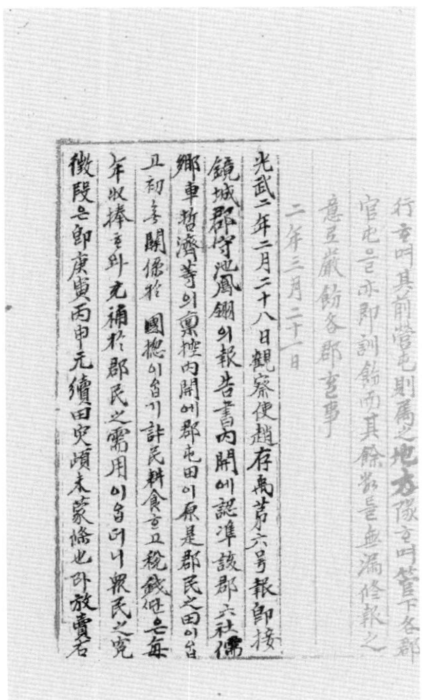

9-①

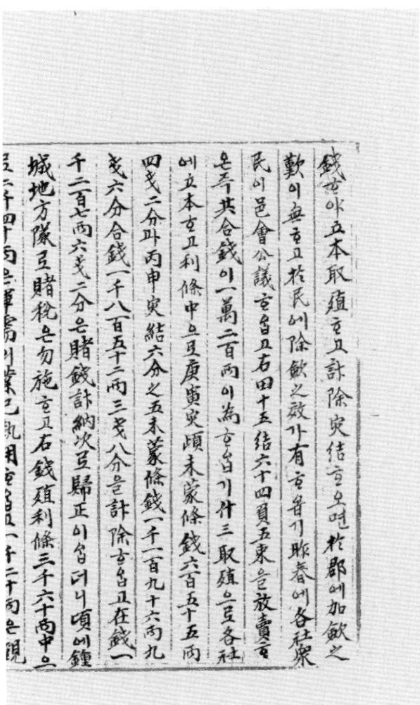

9-②

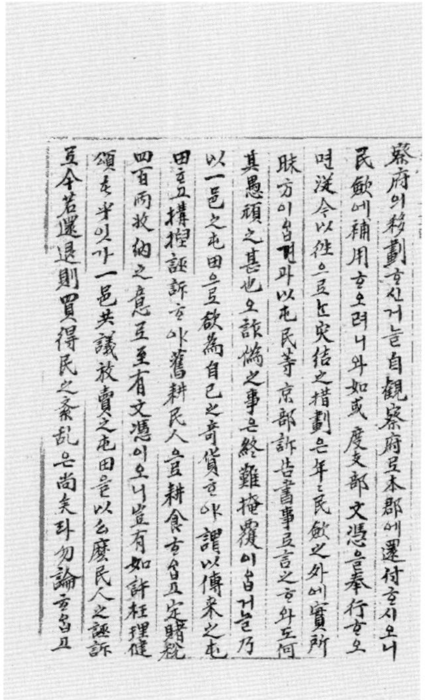

察府의移劃ᄒᆞ신거ᄂᆞᆫ自觀察府로本郡에還付ᄒᆞ시오니
民斂에補用ᄒᆞ오려니와如或度支部文憑을奉行ᄒᆞ오
면從今以往으로ᄂᆞᆫ灾結之措劃은年年民斂之外에實所
眹方이옵거과以屯民等京部訴告書事로言之ᄒᆞ와도何
其愚頑之甚也오詐偽之事은終難掩覆이옵거ᄂᆞᆯ乃
以一邑之屯田으로欲爲自己之奇貨ᄒᆞ야謂以傳來之屯
田ᄒᆞ고搆揑誣訴ᄒᆞ야舊耕民人으로耕食ᄒᆞ옵고定賭稅
四百兩收納之意로至有文憑이오니豈有如許枉理健
頌ᄒᆞ미잇가一邑共議枚賣之屯田을以么麽民人之誣訴
로今若還退則買得民之紊亂은尚矣라勿論ᄒᆞ옵고

9-③

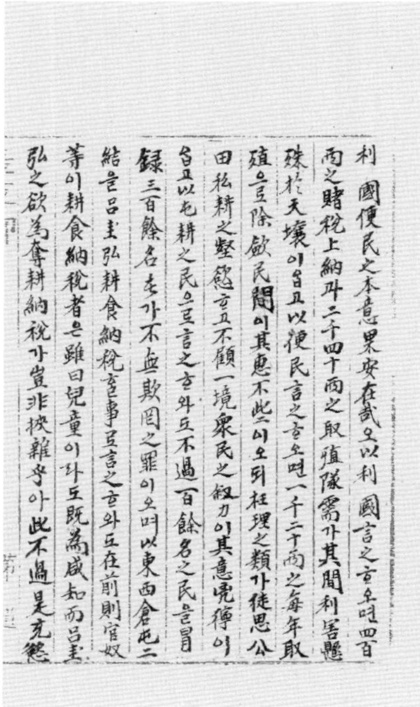

利國便民之本意果安在哉오以利國言之ᄒᆞ오면四百
兩之賭稅上納과二千四十兩之取殖隊需가其間利害懸
殊於天壤이옵고以便民言之ᄒᆞ오면一千二十兩之每年取
殖으로除斂民間이其惠不些이오되枉理之類가徒思公
田私耕之壑慾ᄒᆞ고不顧一境衆民之叙力이其意悖戾이
옵고以屯耕之民으로言之ᄒᆞ와도不過百餘名之民은冒
錄三百餘名ᄒᆞ가不無欺罔之罪이오며以東西倉屯二
結은只是弘耕食納稅ᄒᆞᆫ事로言之ᄒᆞ와도在前則官奴
等이耕食納稅者은雖曰兒童이라도既爲歲如而只是
弘之欲爲奪耕納稅가豈非挾雜ᄒᆞ아此不過是充慾

9-④

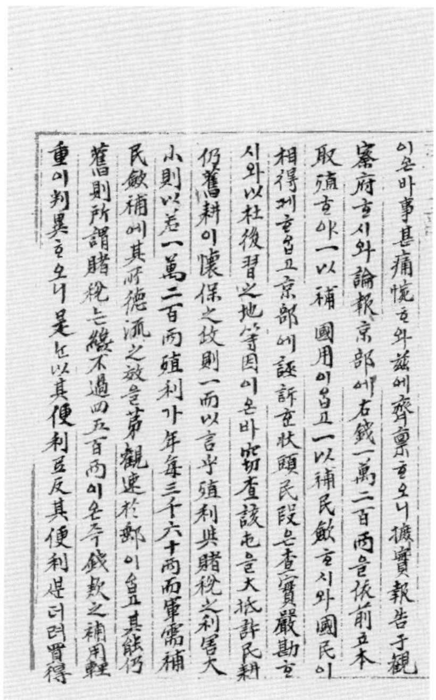

이온바事甚痛惋ᄒᆞ와玆에齊稟ᄒᆞ오니摘實報告于觀
察府ᄒᆞ시와論報京部에右錢一萬二百兩을依前ᄒᆞ고本
取殖ᄒᆞ야一以補國用이옵고一以補民斂ᄒᆞ시와國民이
相得케ᄒᆞ옵고京部에誣訴ᄒᆞᆫ狀頭民段은查實嚴勘ᄒᆞ
시와以杜後習之地ᄒᆞ옵고이온바竊查該屯은大抵許民耕
仍舊耕이懷保之故則一兩以言ᄒᆞ라殖利與賭稅之利害大
小則以若一萬二百兩殖利가年每三千六十兩而軍需補
民斂補에其所德流之效을第觀於郡이옵고其能仍
舊則所謂賭稅ᄂᆞᆫ纔不過四五百兩이온즉錢數之補用輕
重이判異ᄒᆞ오니是ᄂᆞᆫ以其便利로反其便利ᄒᆞᆯ더러買得

9-⑤

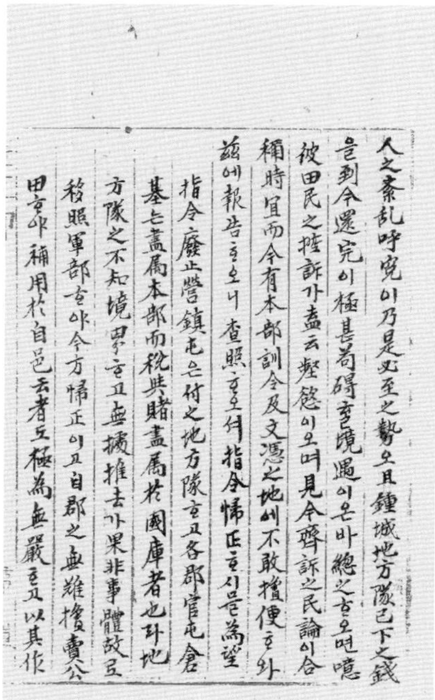

人之紊亂呼冤이乃是必至之勢오且鍾城地方隊已下之錢
을到今還完이極甚苟碍ᄒᆞᆫ境遇이온바總之ᄒᆞ오면噫
彼田民之揑詐가盡云壑慾이오며見今齊訴之民論이合
稱時宜而今有本郡訓令及文憑之地에不敢擅便ᄒᆞ와
玆에報告ᄒᆞ오니查照ᄒᆞ오셔指令悖戾ᄒᆞ시믈爲望
指令廢止營鎭屯은付之地方隊ᄒᆞ고各郡官屯倉
基ᄂᆞᆫ盡屬本郡而稅與賭盡屬於國庫者也라此地
方隊之不知境界ᄒᆞ고無據推去가果非事體故로
移照軍部ᄒᆞ야令方帰正이고自郡之無難擅賣公
田ᄒᆞ야補用於自邑云者도極爲無嚴ᄒᆞ고以其作

9-⑥

民言之라도 年久耕作之民이 忽然見失ᄒᆞ고 裏足來訴
가 不無可矜이요 所謂買土民則還推該錢之地 有何抑
冤이며 賣土殖利가 雖云有利나 本部所管官土은 姑
無放賣之理故 所以定賭許民耕作 則以此嚴飭該郡
ᄒᆞ야 一依文憑施行ᄒᆞ며 今則官屯所出이 不關於郡
用이니 一切嚴飭該郡ᄒᆞ야 毋蹱弊習케 ᄒᆞᆯ事
二年三月二十三日
訓令觀察使趙存禹 第十七号
商民尹俊如訴告를 據ᄒᆞᆫ즉 昨年十二月의 戊戌結戶錢
中會寧八千二百兩 斗富寧一千六百兩을 先納受尺ᄒᆞ고

9-⑦

督納則豈無向隅之歎이며 科外濫徵이 有違新式是니
러 吏鄕作奸을 不見可圖라 各別嚴懲ᄒᆞ야 以杜比弊ᄒᆞ며
山戶娃는 依定例捧納ᄒᆞ야 更奏呼寃之意로 知悉이 可ᄒᆞᆯ事
二年四月六日
光武二年二月十六日 觀察使第四号報 第五号 部訓令內開
凡屬財款이 可以收入於公者을 無遺查檢이 係是裕國之
政인즉 京部外道가 宜爲一體遵遵ᄒᆞᆯ 也라 以本道言之
라도 阿吾地邊錢과 洞布邊錢과 隊練邊錢과 砲衛
邊錢을 甲午以前은 付之昧爽이여니와 更張以後 乙未丙
申丙年 邊條은 不必因循前式이요 更張以後 自본号 送

10-①

長措辦이거ᄂᆞᆯ 何爲而推捧於民ᄒᆞ야 不納於國ᄒᆞ고 用之
何處인지 본 關公計ᄒᆞ면 雖錙銖라도 宜明歸屬이거
ᄂᆞᆯ 判茲巨款을 旣駭且惑ᄒᆞ야 究乃已이기 另茲發
訓ᄒᆞ니 自본号 查ᄒᆞ야 到二十日內 昔刷ᄒᆞ야 另定巡校
ᄒᆞ야 火速刻來納本部이되 各郡與廢止營鎭殖利本錢
은 特爲蕩滌이나 乙丙兩年 邊條收捧은 旣入應悉
ᄒᆞ니 如或推托於公用이거나 又或還給於弋間이라ᄒᆞ
고 藉爲瞞過면 各郡鄕長書記는 與上使 捧蹉
며 失飭之責이 先有所歸ᄒᆞ려니 惕念施遵이되 訓到
日時와 奉行形止을 先卽馳報가 可ᄒᆞᆯ事 鱗次到付 第

10-②

六号訓令內 廢止鎭堡廨舍及倉庫馬堂等地를 各別管
守事로 曾有屢訓之申飭이거늘 現聞自地方隊로 謂
以廢鎭基址가 附屬該隊ᄒᆞ고 毁撤廨舍ᄒᆞ야 甚駭聽聞
이되 各郡이 視若尋常ᄒᆞ고 不能禁遏云ᄒᆞ니 揆以法紀
에 痛歎極矣라 茲庸荐訓ᄒᆞ니 到卽謄飭各郡ᄒᆞ야
使之禁斷이되 毋或如前泄泄ᄒᆞ야 各別典守케 ᄒᆞᆯ 意 到
底董飭이 可ᄒᆞᆯ事 鱗次到付 第七号訓令內 本部所在
別餉米와 廢止各鎭倉米는 乃是國穀이라 關係旣重
이거늘 現在條를 今春의 自觀察府로 多難放賣ᄒᆞ고 又自
行營地方隊로 任意責用云ᄒᆞ니 是豈成說乎아 糶糴은

10-③

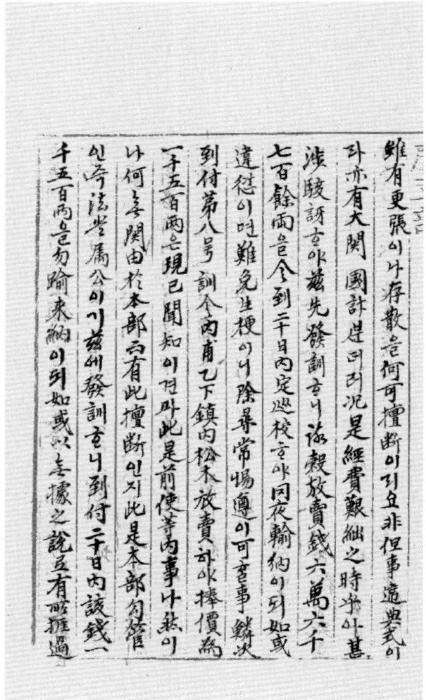

10－④

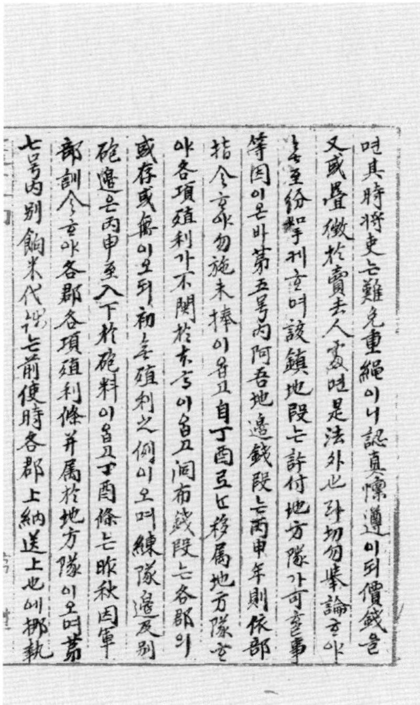

10－⑤

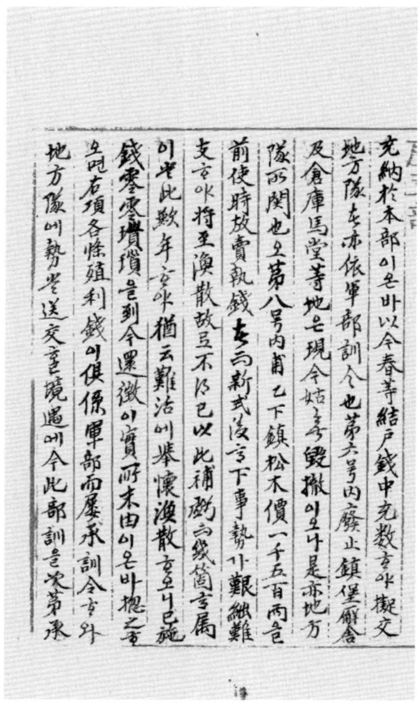

10－⑥

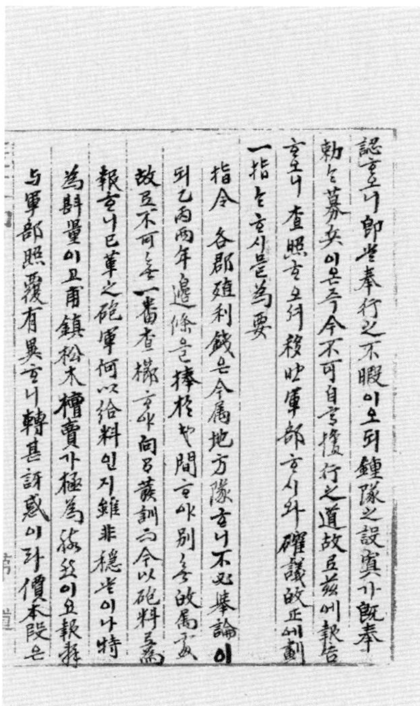

10－⑦

還推於當推處以爲再納이고別餉米鎭倉米價本
도安議軍部ᄒᆞ와掛付於地方隊ᄒᆞ고廢止營鎭公廨
外各郡倉庫은既是本部句管이온즉姑舍錢貨之議則
一切典守之意로嚴飭各郡ᄒᆞᆯ事
二年三月三十一日
光武二年二月十六日觀察使趙存禹第五號即到付部
訓令內開鏡城郡官屯十五結六十四負五束放賣價錢
一萬二百兩을定校上送事로才已發訓이온바니今接該
郡屯民等訴ᄒᆞ온즉傳來屯土을放賣取殖이此是人
民痼瘼이오니定踏稅還給前日耕食之地ᄒᆞ와以保安

10-⑧

고本部所管各官屯倉基等地을無難擅付乎今方稟
照軍部ᄒᆞ와考爲確定이오니鏡城屯田段은依文憑
許民耕作ᄒᆞ와充稅賭地을自郡上納本部케ᄒᆞᆯ事
二年三月二十八日
光武二年三月七日觀察使趙存禹第七號報第十號部
訓令內開道內各郡乙丙丁三年漁鹽船稅外藿岩稅外
土鹽田稅을非但積年逋納이라亦多從中隱漏ᄒᆞ니
揆諸稅法에痛駭莫甚이기玆庸發訓ᄒᆞ니各項稅
款을到底查出ᄒᆞ고這間未納을無遺準刷ᄒᆞ와此去
朴丙必處의無滯出給ᄒᆞ와俾免遲緩生梗이可ᄒᆞᆯ

11-①

事等因이온바右五條稅款이俱已執摠於鍾城地方隊
而就中藿巖段은亦付 宮內府ᄒᆞ와半爲 進貢ᄒᆞ고
고半許海民採取이온바今承部訓令ᄒᆞ오니恐未知
以何奉行ᄒᆞᆯ지自府로不敢擅便ᄒᆞ와玆以報告ᄒᆞ오니
查照ᄒᆞ오셔移照于 宮內府軍部ᄒᆞ시와確定指令
ᄒᆞ심을爲望
指令 漁鹽船稅는係是本部正供而異於廝名雜
稅故로依例各郡責納者也라地方隊何關於此
稅ᄒᆞ와職此正供所納乎아方移照軍部ᄒᆞ와使
之勿侵이어니와十郡乙丙丁三年未納漁鹽船土鹽田

11-②

稅을嚴明督刷ᄒᆞ와依前訓발給朴丙必處ᄒᆞ
야毋至生梗ᄒᆞ며藿巖稅는非本部句管ᄒᆞᆯ事
二年三月三十一日
光武二年三月七日觀察使趙存禹第八號報上年十二月二十
六日管內各郡丙申丁酉結戶錢捧未捧區別繕冊第三號
質報書指令內開鄭該前總巡李允昌所逋錢二萬
은既自該廳으로刷納本部故로姑爲捧上이니此亦其
郡某年條을昭詳報勘之意로一体知委ᄒᆞᆯ事等因
이온바上項錢二萬兩은舊觀察使在任時各郡結戶
稅中收捧條件이自在本府이옵기各郡各年條收捧上

11-③

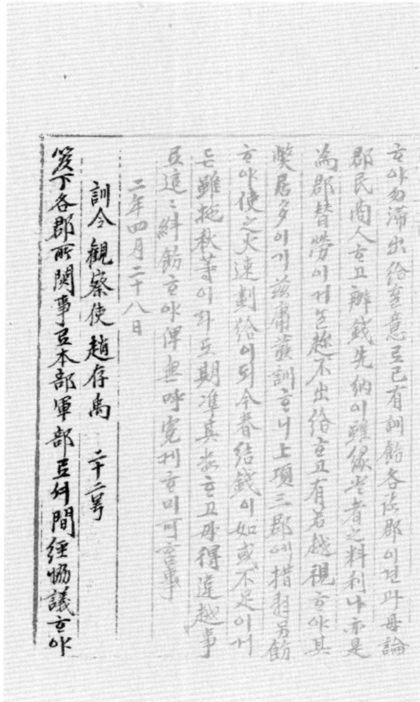
12-①

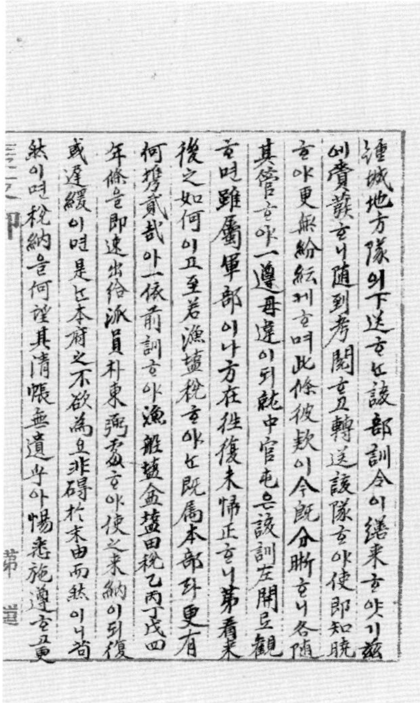
12-②

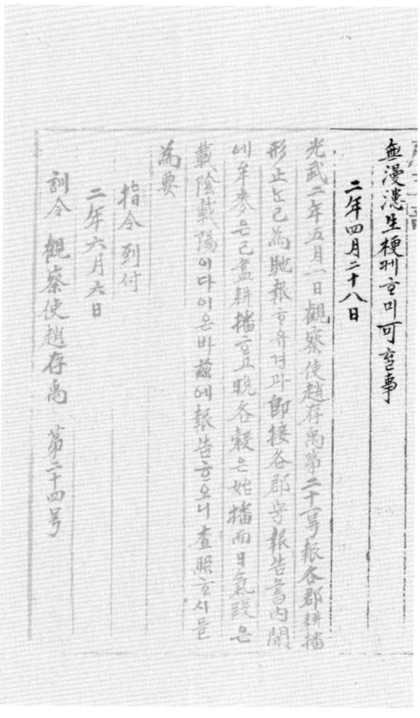
12-③

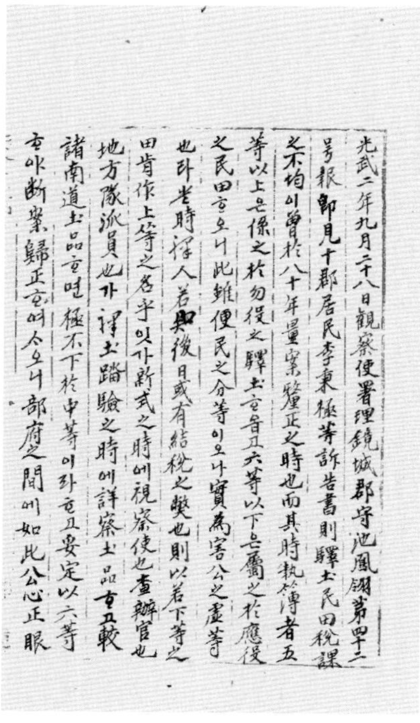
13-①

이三皆歸一則明査明證이豈有甚於此哉리오此果公正
故로現自鍾城地方隊로依軍部訓令ᄒᆞ와稃土賭稅ᄂᆞᆫ以
六等解卜ᄒᆞ와責納ᄒᆞ오니賭稅ㅣ雖高라도民寃이無
ᄒᆞᆸ더니와至於度支部所係稃土結稅ᄒᆞ야ᄂᆞᆫ南道上
等良田之稅로一體責納ᄒᆞ오니結錢이雖下라도民寃
이有ᄒᆞ오니豈無東日西雨之嘆乎잇가度支部所呈訴
告書을粘連仰訴ᄒᆞ오니位田舊案陳等置之ᄒᆞᆸ고
一依査辦所定解六等結稅ᄒᆞ야上納ᄒᆞᆸ시기度支部에
報ᄒᆞ시와民寃이無ᄒᆞ게ᄒᆞ심을爲要等因이온바該民等
이部에呈ᄒᆞᆫ指令을亦爲承認ᄒᆞᆫ온즉驛土結數ᄂᆞᆫ觀

13-②

察府所報租案施行ᄒᆞ고結稅ᄂᆞᆫ依各該郡民結例施行ᄒᆞᆯ
事等因이시온바閱來所告ᄒᆞ고揣其裏許則驛土ᄂᆞᆫ今與
等置之勿役ᄒᆞ고民田ᄂᆞᆫ分元續置之應役ᄒᆞ여ᄉᆞ오니現今
更張之日에勿論驛土民田ᄒᆞ고一體責納之時에以言乎驛
土則較諸私民之元田ᄒᆞ야ᄂᆞᆫ雖居中之土라도實有甲倍之
徵이ᄋᆞᆸ고以言乎民田則區別元續ᄒᆞ고亦爲分等稅課則
雖曰下等이라도果無濫徵之寃이오며以言乎觀察府所
租案則向於分六等總數所報者이온즉遵此施行이오
며該民에無解卜之徵稅이ᄋᆞᆸ고以言乎依各該郡民結例
施行則解六等減總然後에라야民結例施行니果合便宜

13-③

이오나驛土民田이俱係國總이온바民寃이雖曰如是나自
下로不可擅斷ᄒᆞ와鏡明吉三郡驛土解六等數를左開報
告ᄒᆞ오니査照ᄒᆞ신후特施一視而同仁ᄒᆞ와自今以後로
解六等執總ᄒᆞ와民田元結例指令ᄒᆞ시믈爲要

左開

鏡城驛土一百五十七結七負七束
明川驛土六十六結七十三負六束
吉州驛土一百十二結九十七負七束

指令 莫重國結을不可遽議解等減總이니依賬
年例收捧上納之意로另飭三郡ᄒᆞᆯ事

13-④

光武二年十二月二十六日

光武二年十一月八日觀察使李鍾觀第七號報道內農形은
已爲馳報이ᄋᆞᆸ거니와全省年形을雖未前檢이오나列郡
報를次第准査ᄒᆞ온즉灾實優劣을槩皆鎭異이온지라
自春徂夏에雨暘이惟均ᄒᆞ와沃土瘠壤의耕耘을既著인
바吉祥嘉兆가可占有年이ᄋᆞᆸ더니及夫仲秋ᄒᆞ야暴雨遍
下에句頁之疇䑕이潰決ᄒᆞ고勁風이交打에方莖之秀穎이
萎槁ᄒᆞ니其黍大有之占이라도便是無妄之灾이라ᄂᆞᆫ通論
一路ᄒᆞ며北優於南峽遜於野이ᄋᆞᆸ고且評各穀ᄒᆞ오면唐
稻稍勝이고牟麥이次ᄒᆞ고大木麥이又次之오니縱未得大登

13-⑤

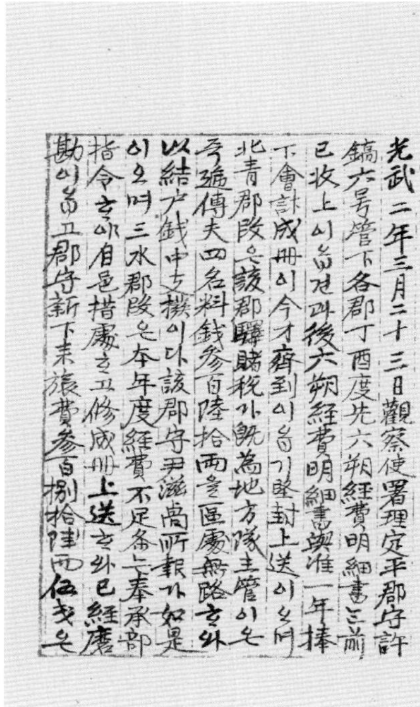

14-①

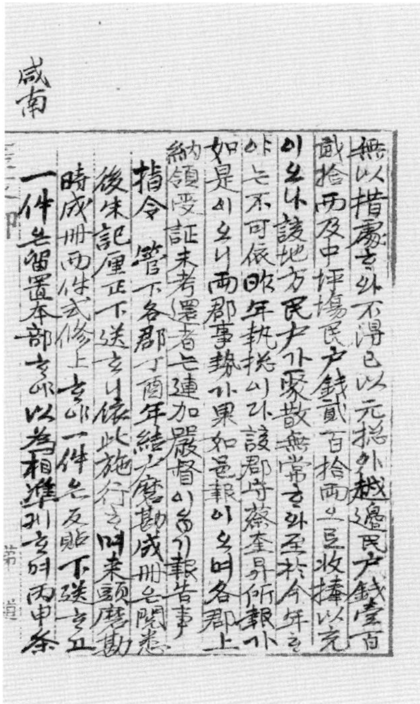

14-②

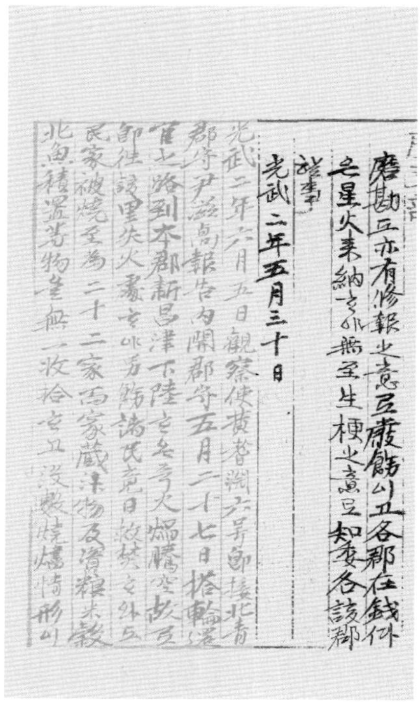

14-③

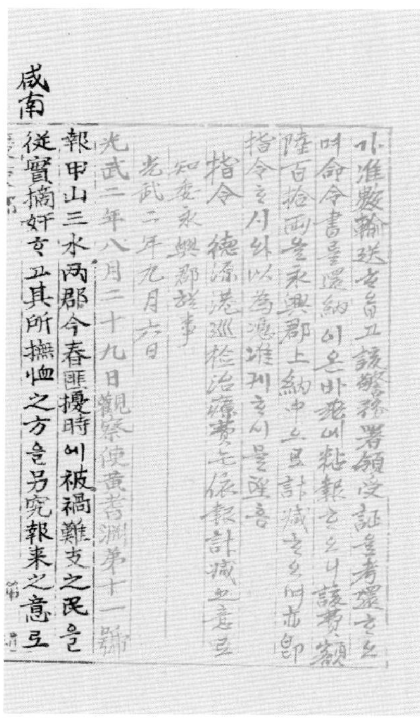

15-①

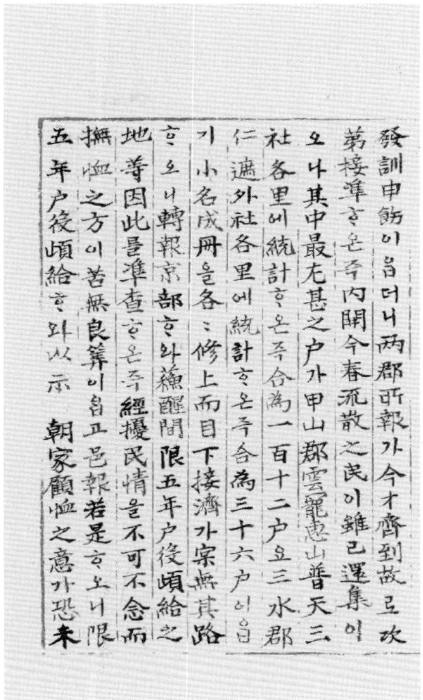

發訓申飭이옵더니兩郡所報가今才齊到故로次
第接準ᄒᆞ온즉內開今春流散之民이雖已還集이
오나其中最尤甚之户가甲山郡雲寵惠山普天三
社各里에統計ᄒᆞ온즉合為一百十二户오三水郡
仁遮外社各里에統計ᄒᆞ온즉合為三十六户이옵
기小名成冊을各各修上而目下接濟가宲無其路
ᄒᆞ오니轉報京部ᄒᆞ와蘇醒間限五年户役頉給之
地等因此를準查ᄒᆞ온즉經擾民情을不可不念而
撫恤之方이茁無良筭이옵고邑報若是ᄒᆞ오니限
五年户役頉給ᄒᆞ와以示 朝家顧恤之意가恐未

15-②

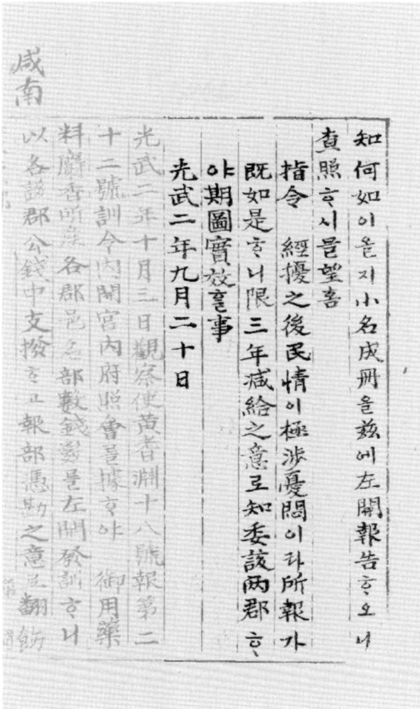

咸南

知何如이온지小名成冊을玆에左開報告ᄒᆞ오니
査照ᄒᆞ시믈望홈
指令 經擾之後民情이極涉憂悶이라所報가
既如是ᄒᆞ니限三年減給之意로知委該兩郡ᄒᆞ
야期圖實效홀事
光武二年九月二十日

15-③

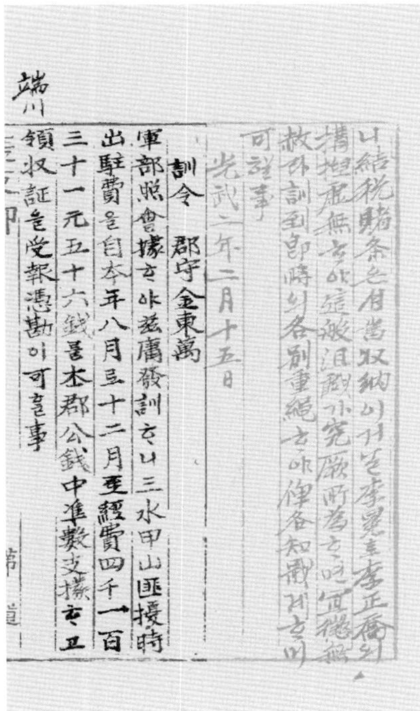

端川

訓令 郡守金東萬
軍部照會據ᄒᆞ야玆庸發訓ᄒᆞ니三水甲山匪擾時
出駐費을自本年八月로十二月至經費四千一百
三十一元五十六錢를本郡公錢中準數支撥ᄒᆞ고
領收証을受報憑勘이可홀事

16-①

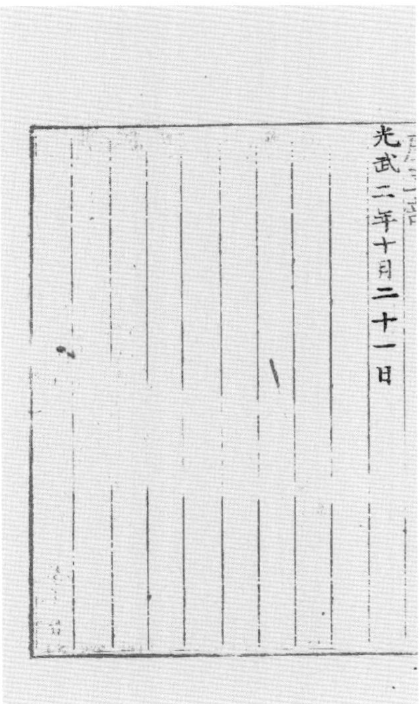

光武二年十月二十一日

16-②

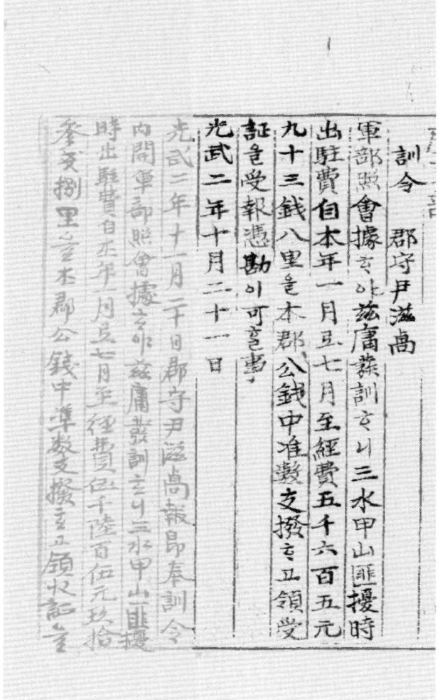

17-①

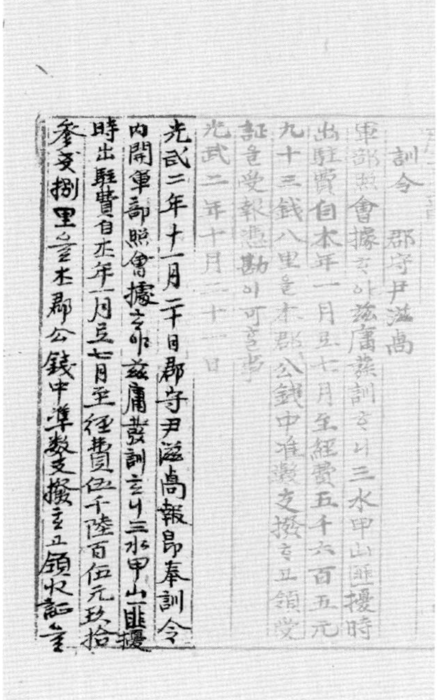

18-①

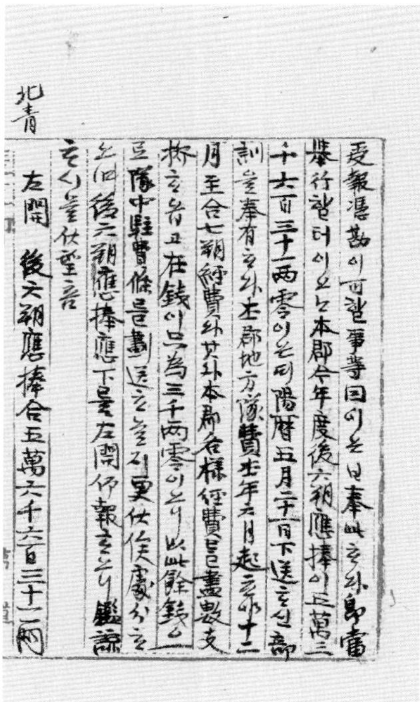

18-②

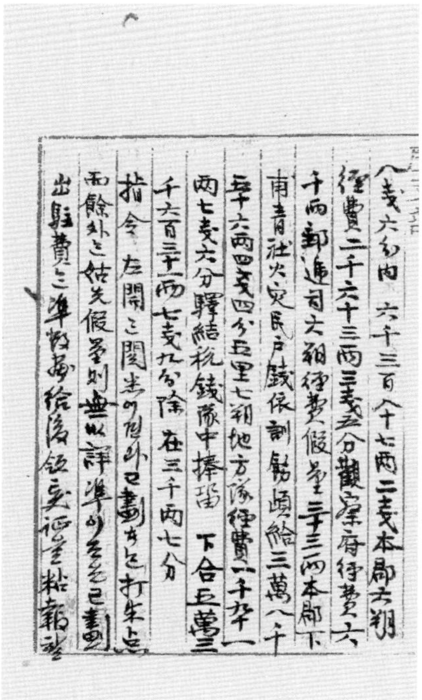

18-③

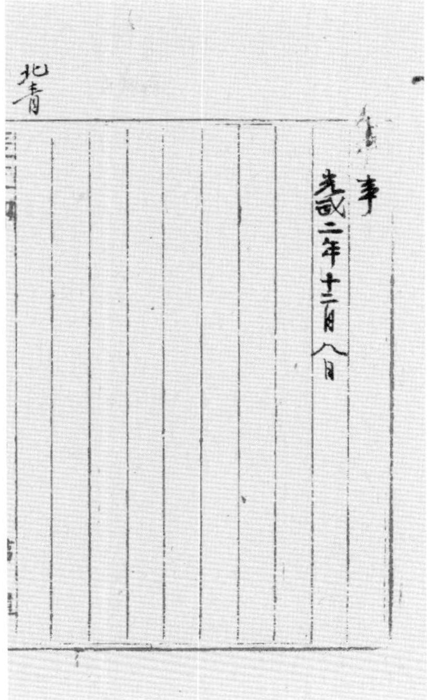

18-④

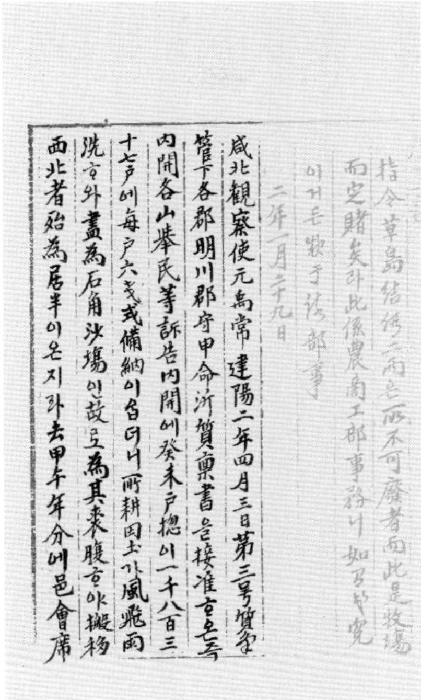
指令 草島結錢二兩은 所不可廢者而此是牧場
而定賭矣라 此係農商工部事務니 如[illegible]照究
이거든 報于該部事
二年一月二十九日
咸北觀察使 元禹常 建陽二年四月三日 第三號 質稟
管下各郡 明川郡守 甲命沂 質稟書을 接准ᄒᆞ온즉
內開 各山峯民等 訴告 內開에 癸未 戶摠이 一千八百三
十七戶에 每戶六戔式 備納이옵더니 所耕田土가 風飛雨
洗ᄒᆞ와 盡爲石角沙場인 故로 爲其柔腹ᄒᆞ야 搬移
西北者 殆爲居半이온지라 去甲午年分에 邑會席

19-①

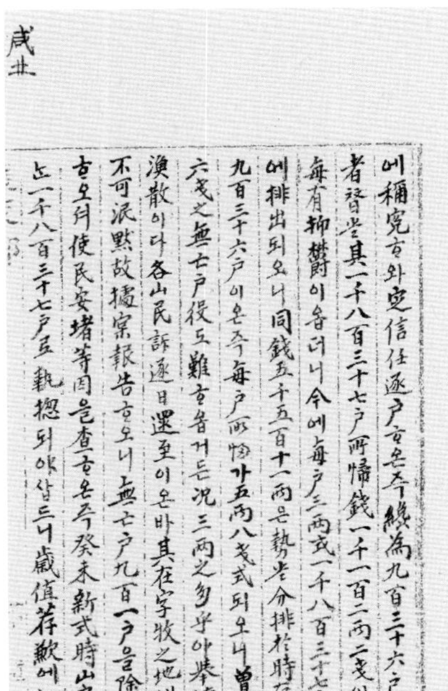
咸北
에 稱寃ᄒᆞ와 定信任逐戶ᄒᆞ온즉 纔爲九百三十六戶
者 替出其一千八百三十七戶 所幡錢 一千一百二兩二戔이
每有抑欝이옵더니 今에 每戶三兩式 一千八百三十七戶
에 排出되오니 同錢 五千五百十一兩은 勢將分排於時存
九百三十六戶이온즉 每戶所納가 五兩八戔式 되오니 曾前
六戔之無亡戶役도 難ᄒᆞ옵거든 况三兩之多乎아 峯懷
渙散이다 各山民訴 逐日還至이온바 其在字牧之地에
不可泯默 故 據實報告ᄒᆞ오니 無亡戶 九百一戶을 除減
ᄒᆞ오되 使民安堵 等因을 査ᄒᆞ온즉 癸未 新式時 山戶
ᄂᆞᆫ 一千八百三十七戶로 執摠되야 삽드니 歲値荐歉에 江

19-②

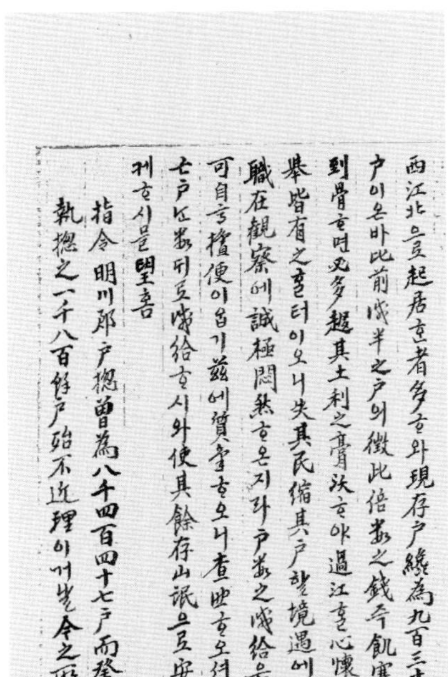
西江北으로 起居ᄒᆞᆫ 者 多ᄒᆞ와 現存戶 纔爲九百三十六
戶이온바 此前 減半之戶의 徵此倍數之錢ᄒᆞ니 飢寒이
到骨ᄒᆞ면 必多越其土利之意ᄒᆞ야 過江ᄒᆞᆯ 心懷ᄂᆞᆫ
峯皆有之ᄒᆞᆯ터이오니 失其民 縮其戶ᄒᆞᆯ 境遇에ᄂᆞᆫ
職在觀察에 誠極悶然ᄒᆞ온지라 戶數之減給은 不
可自ᄒᆞᆯ 擅便이옵기 玆에 質稟ᄒᆞ오니 查照ᄒᆞ오셔 峯
亡戶ᄂᆞᆫ 數ᄃᆡ로 減給ᄒᆞ시와 使其餘存山民으로 安堵
케ᄒᆞ시믈 望ᄒᆞᆷ
指令 明川郡 戶摠 曾爲八千四百四十七戶 而癸未
執摠之 一千八百餘戶 殆不近理이거ᄂᆞᆯ 今之所報

19-③

又居其半ᄒᆞ니此弊必由於吏輩以浮戶爲利竇ᄒᆞ
야惕之肥己之資니勿爲煩報ᄒᆞ고依前摠收布
之意訓飭該郡ᄒᆞᆯ事
二年四月二十二日

19-④

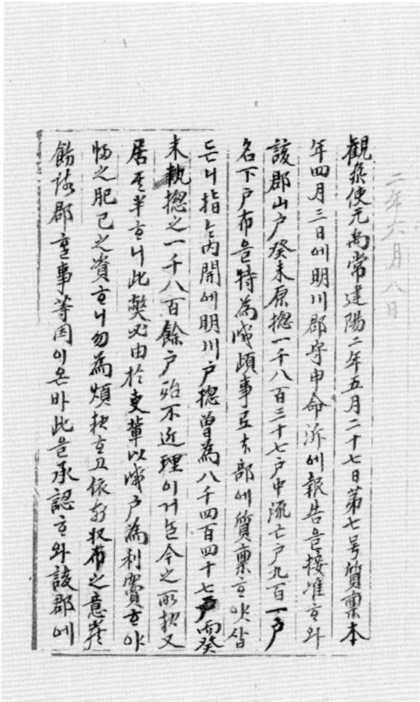

觀察使元尙常建陽二年五月二十七日第七号質稟本
年四月三日에明川郡守申命沂에報告를接准ᄒᆞ온즉
該郡山戶癸未原摠一千八百三十七戶中流亡戶九百一戶
名下戶布를特爲減頉事로本部에質稟ᄒᆞ얏삽
더니指令內開에明川戶摠曾爲八千四百四十七戶而癸
未執摠之一千八百餘戶殆不近理이거ᄂᆞᆯ今之所報又
居其半ᄒᆞ니此弊必由於吏輩以浮戶爲利竇ᄒᆞ야
惕之肥己之資ᄒᆞ니勿爲煩報ᄒᆞ고依前收布之意訓
飭該郡ᄒᆞᆯ事等因이온바此를承認ᄒᆞ온즉該郡에

20-①

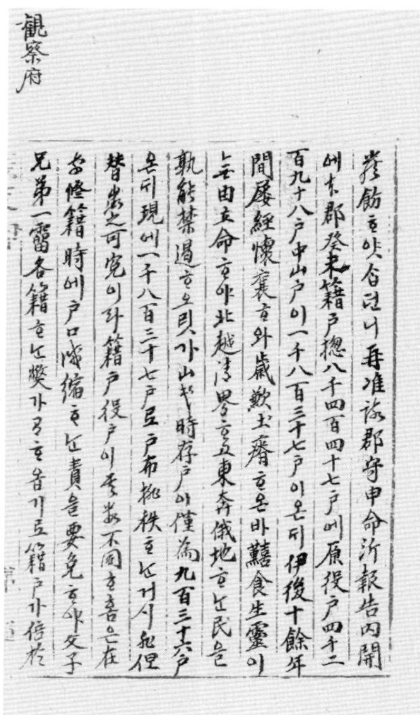

觀察府
訓飭ᄒᆞ얏삽더니再准該郡守申命沂報告內開
에本郡癸未籍戶摠八千四百四十七戶에原役戶四千二
百九十八戶中山戶이一千八百三十七戶이온ᄃᆡ伊後十餘年
間屢經懷襄ᄒᆞ와歲歉並瘠ᄒᆞ온바藜食生靈이
ᄂᆞᆫ由立命ᄒᆞ야北越淸界ᄒᆞ고東奔俄地ᄒᆞᆫ民을
孰能禁遏ᄒᆞ오릿가山戶時存戶이僅爲九百三十六戶
온ᄃᆡ現에一千八百三十七戶로戶布擲秩ᄒᆞᆫ거시紀但
替代之可究이라籍戶役戶이參差不同ᄒᆞ옴은在
昔修籍時에戶口減縮ᄒᆞᆫ責을要免ᄒᆞ야父子
兄弟一當各籍ᄒᆞᆫ弊가不ᄒᆞ온즉籍戶가倍於

20-②

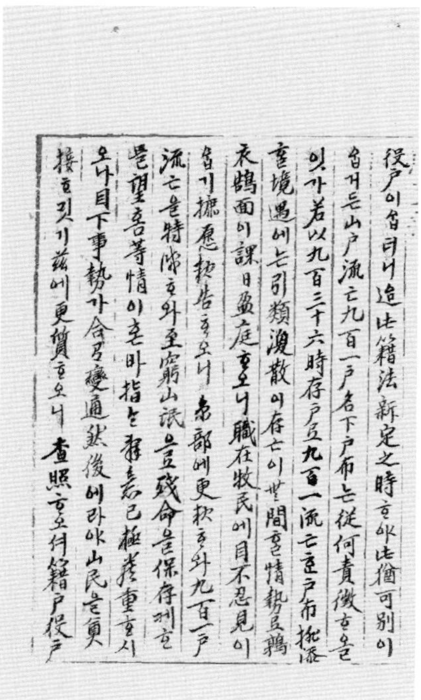

役戶이옵더니追此籍法新定之時ᄒᆞ야此猶可別이
옵거든山戶流亡九百一戶名下戶布ᄂᆞᆫ從何責徵ᄒᆞ오릿
잇가若以九百三十六時存戶로九百一流亡戶布拕添
ᄒᆞᆫ境遇에ᄂᆞᆫ引類渙散이存亡이世間ᄒᆞᆫ情勢로鵠
衣鵠面이課日盈庭ᄒᆞ오니職在牧民에目不忍見이
옵기據實枚告ᄒᆞ오니本部에更稟ᄒᆞ와九百一戶
流亡을特減ᄒᆞ와至窮山民을殘命을保存케ᄒᆞᆯ
을望ᄒᆞᆷ等情이온바指ᄂᆞᆫ詳悉已極着重ᄒᆞ시
오나目下事勢가合ᄒᆞ야變通然後에라야山民은負
接ᄒᆞᆯ깃기玆에更質ᄒᆞ오니 查照ᄒᆞ오付籍戶役戶

20-③

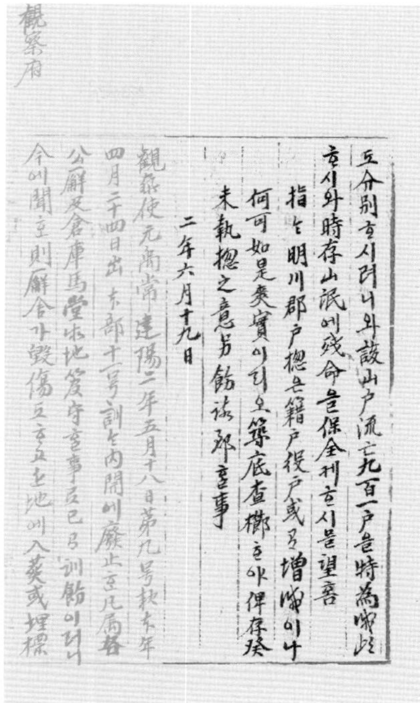

觀察府

互分別ᄒ시려니와該山戶流亡九百一戶를特爲啣此
ᄒ시와時存山派에殘命을保全케ᄒ시믈望홈
指令 明川郡戶摠은籍戶役戶或ᄃ增减이나
何可如是爽實이리오篆底査櫛ᄒ야俾存癸
未執摠之意로飭該郡ᄒᆯ事
二年六月十九日
觀察使元商常 建陽二年五月十八日第九號報本年
四月二十四日出 本部十一號訓令內開에廢止ᄒ凡屬營
公廨及倉庫馬堂坐地姿守ᄒᆯ事로已ᄃ訓飭이더니
今에聞ᄒ則廨舍가毁傷ᄒ고ᄒ土地에入葬或埋標

20-④

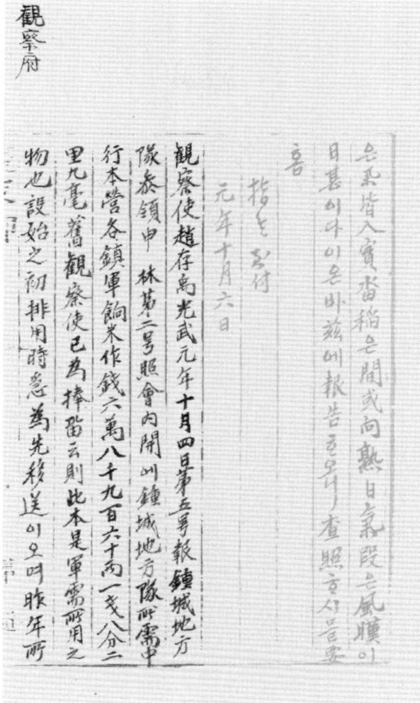

觀察府

은즉皆入賓畓稲은間或向熟日氣段은風膜이
日甚이다이온바玆에報告ᄒ오니査照ᄒ시믈要
홈
指令 到付
元年十月六日
觀察使趙存禹光武元年十月四日第五號報鍾城地方
隊叅領申 林第二號照會內開에鍾城地方隊所需中
行本營各鎭軍餉米作錢六萬八千九百六十兩一戔八分二
里九毫舊觀察使已爲捧留云則此本是軍需所用之
物也設始之初排用時急爲先移送이오며昨年所

21-①

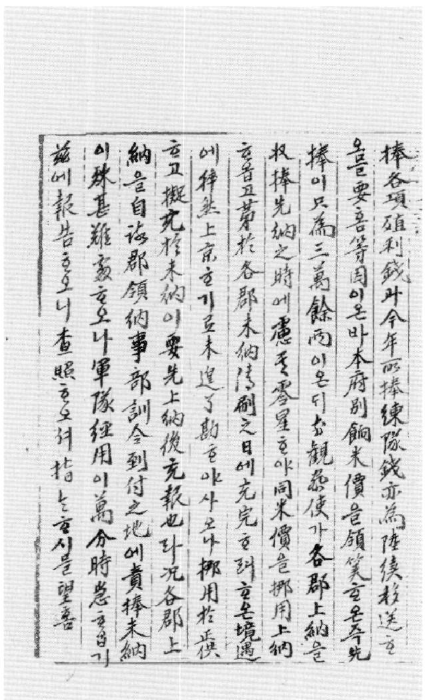

捧各項殖利錢과今年所捧練隊錢亦爲陸續移送ᄒ
옵믈要홈等因이온바本府別餉米價를領筭ᄒ온즉先
捧이只爲三萬餘兩이온디本觀察使가各郡上納을
收捧先納之時에慮其零星ᄒ야同米價를挪用上納
ᄒ옵고其於各郡未納條ᄂ刷之日에充完ᄒ되ᄒ온境遇
에科然上京ᄒ기로未遑了勘ᄒ야사오나挪用於[?]
ᄒ고擬充於未納이要先上納後充報也라况各郡上
納을自該郡領納事部訓令到付之地에責捧未納
이殊甚難處ᄒ오나軍隊經用이萬分時急ᄒ옵기
玆에報告ᄒ오니査照ᄒ오셔 指令ᄒ시믈望홈

21-②

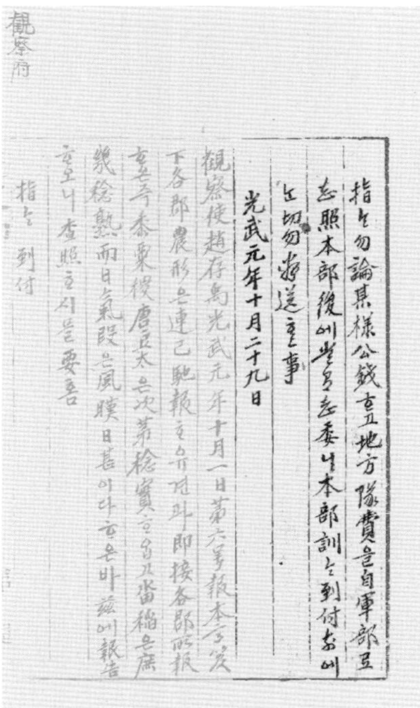

觀察府

指令 勿論某様公錢ᄒ고地方隊費를自軍部로
直照本部後에必要ᄒ委ᄂ니本部訓令到付ᄒ에
ᄂ切勿擅送ᄒᆯ事
光武元年十月二十九日
觀察使趙存禹光武元年十月一日第六號報本府所
下各郡農形은連已馳報ᄒ온바卽接各郡所報
ᄒ온즉黍粟稷唐[?]太은次第稔實ᄒ옵고畓稻은庶
幾稔熟而日氣段은風膜日甚이다ᄒ온바玆에報告
ᄒ오니査照ᄒ시믈要홈
指令 到付

21-③

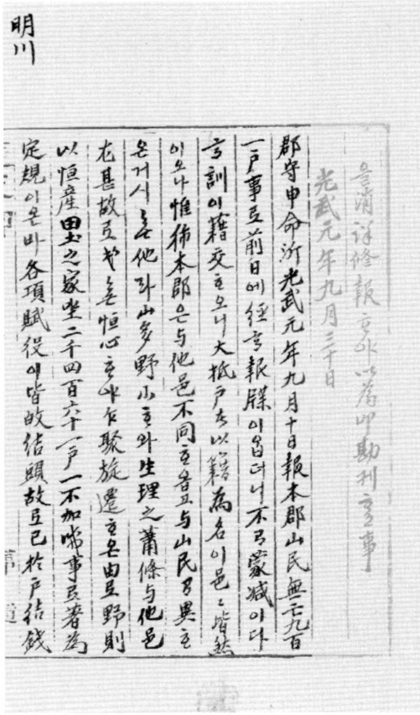

22-①

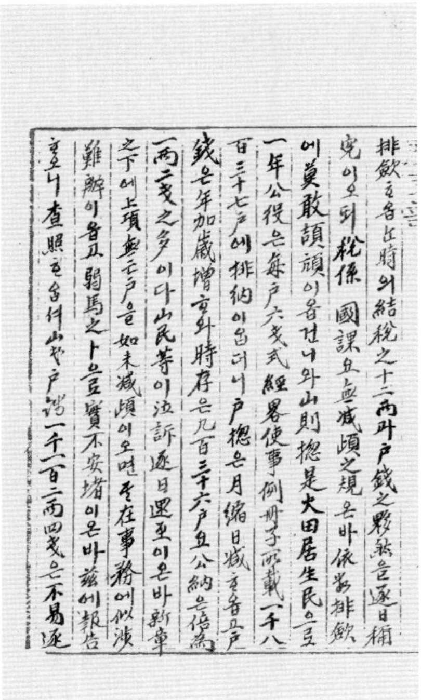

22-②

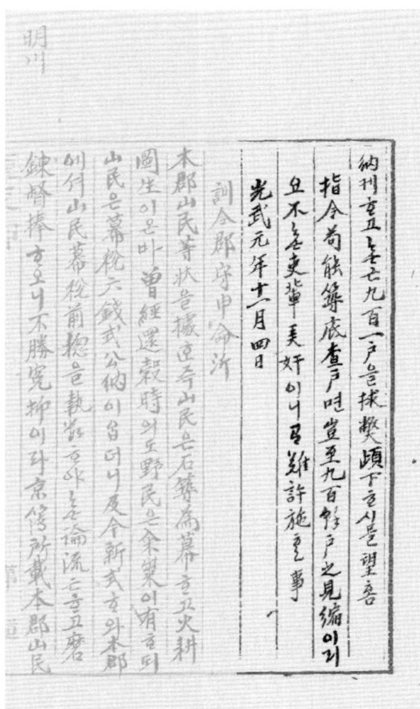

22-③

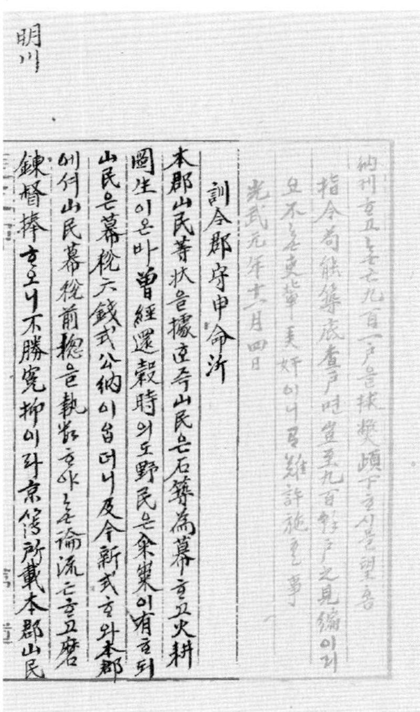

23-①

錢一千二百二兩四戔을 徵據ᄒᆞ와 每年上納케 訓下케믈
請ᄒᆞ지라 炭部情形은 非不矜憐이나 稅錢納額은
有難遽減이나 另査公決ᄒᆞ야 ᄒᆞ온至呼寃케ᄒᆞ며 野
民山氓戶數을 ᄒᆞ온一遺漏ᄒᆞ고 從實査報이되 以令
蕃滋로 不可擬議於癸未定摠이나 到底査櫛ᄒᆞ
야 俾무致縮於公納이 可ᄒᆞᆯ事
元年十二月二十九日

23-②

本部則自部로 請議政府ᄒᆞ야 奉承
裁可後擧行은 新舊式一例而現今時日이 爲急ᄒᆞ오니
火速擧行ᄒᆞᆯ事
光武四年一月九日

光武四年一月四日 觀察使朴鳳彬一号報 管下三甲兩郡
에 淸匪侵掠事로 前已修報于 元帥府이옵더니 指令
內開 報辭를 入鑑ᄒᆞ얏더니
勅敎內 曾往有事各郡에 砲軍置伴
勅令을 依ᄒᆞ야 三甲兩郡에 地方隊外여 各設保護砲
四十名式ᄒᆞ야 該郡守로 管轄이다가 有事境遇어던 與

24-①

駐隊로 商確ᄒᆞ야 合勢防守事
命下矣라 來 勅令及細則을 謄本指令ᄒᆞ니 到卽知委遵
辦事等因細則左開發訓遵此擧行後形止馳報向事
等因此을 奉ᄒᆞ야 三水郡에 飜飭ᄒᆞ엿삽더니 現接該郡
守蔡奎昇報告書內開 奉准飜訓ᄒᆞ와 左開細則을 遂條
遵行ᄒᆞ야 境內所有ᄒᆞᆫ 砲手一百四十四人을 募集ᄒᆞ야 砲
手案을 修成ᄒᆞ고 就其中頭領一人을 以可勘者로 另擇
後의 一倂領給保護砲帖ᄒᆞ옵고 爲先放砲試藝ᄒᆞ야 優等
砲三十五人을 抄出ᄒᆞ야 亦爲領給優等砲帖ᄒᆞ옵고 保護都
案과 優等砲案을 各其修正上府이옵건과 本郡은 經擾

24-②

以後로 民情이 尙未帖安이온ᄃᆡ 駐兵五十名이 常患不足ᄒᆞ
와 官民間講究方畧ᄒᆞ야 昨年秋間에 募集境內等砲百
餘名ᄒᆞ야 聞警急救之意로 確定約條ᄒᆞ고 名之曰砲契라
ᄒᆞ온바 旣設其契여 合有契誼故로 郡守가 損出五十兩ᄒᆞ
고 每名의 各出一兩ᄒᆞ고 亦有出義願助之人ᄒᆞ야 合錢三百兩
을 立本取殖ᄒᆞ야 以爲喪下之資則庶見邊境禦侮之方
이오나 今此契砲가 遍在東五社及西三社等地이온ᄃᆡ 自郡
東距五社爲八九十里오 西距三社가 亦爲一百三十里之遠이
온즉 有事急救에 不無未及之嘆ᄒᆞ니 使此契로 仍作土兵
百名ᄒᆞ고 駐兵月料 劃付土兵ᄒᆞ야 恒有官門이다가 因事

24-③

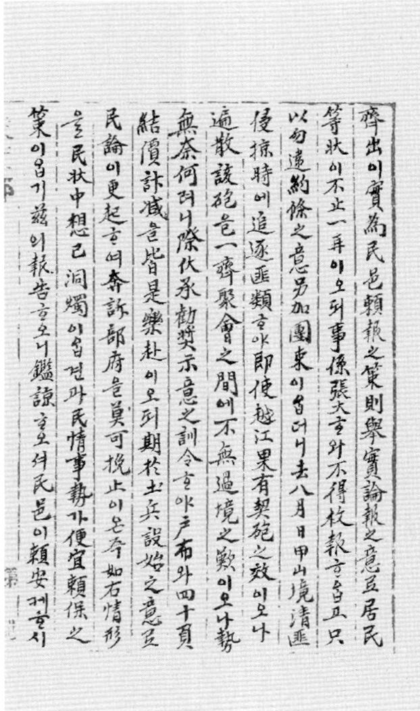

齊出이實爲民邑賴報之策則擧實論報之意로居民
等狀이不止一年이오라事係張大하와不得枚報하옵고只
以勿違約條之意로另加團束이옵더니去八月日甲山境淸匪
侵掠時에追逐匪類하야即使越江果有契砲之效이오나
逋散該砲를一齊聚會之間에不無逼境之歎이오나勢
無奈何이니除伏承勸奬示意之訓令하야戶布와四十負
結價許減을皆是樂赴이오라期於土兵設始之意로
民論이更起하여奔訴郡府를莫可挽止이온주如右情形
을民狀中想已洞燭이옵겨니와民情事勢가便宜賴保之
策이옵기玆에報告하오니鑑諒하오셔民邑이賴安케하시

24-④

오며優等砲三十五名에一年戶布結價減給錢이每名의五兩
이오되訓令頒布日爲始이온주今等半給條每人二兩五戔
式三十五人合錢八十七兩五戔을本郡今年度經費既爲不足
이온바以他郡劃減하시믈伏望等因此를査하온주優等砲
三十五名之戶布結價半給條合八十七兩五戔은該郡上年度
經費額이不足하와所報若是이옵기玆에報告하오니
査照하오셔三水郡砲手賞與錢八十七兩五戔을以他郡公錢
中으로劃減케하시믈望喜

指令 三水郡砲手賞與金은報于軍部할事

光武四年一月二十四日

24-⑤

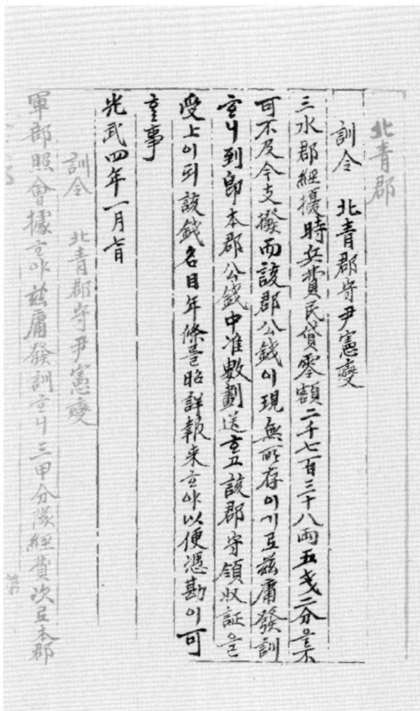

北青郡

訓令 北青郡守尹憲燮

三水郡經擾時兵費民貸零額二千七百三十八兩五戔二分을
可不及今支撥而該郡公錢이現無所存이기로玆庸發訓
하니到卽本郡公錢中准數劃送하고該郡守領收証을
受上이되該錢名目年條를昭詳報來하야以便憑勘이可
할事

光武四年一月旨

25-①

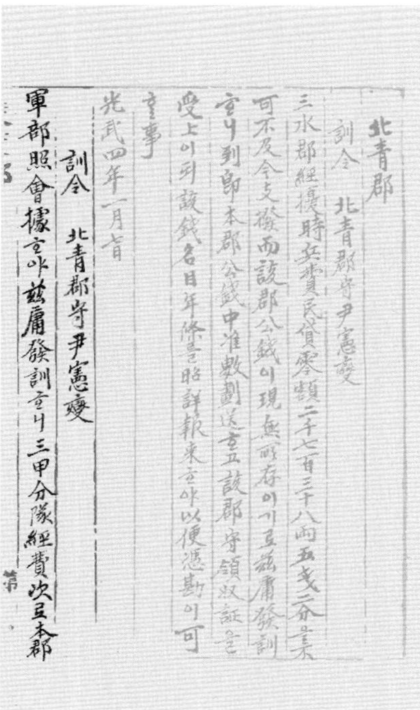

訓令 北青郡守尹憲燮

軍部照會據하야玆庸發訓하니三甲分隊經費次로本郡

26-①

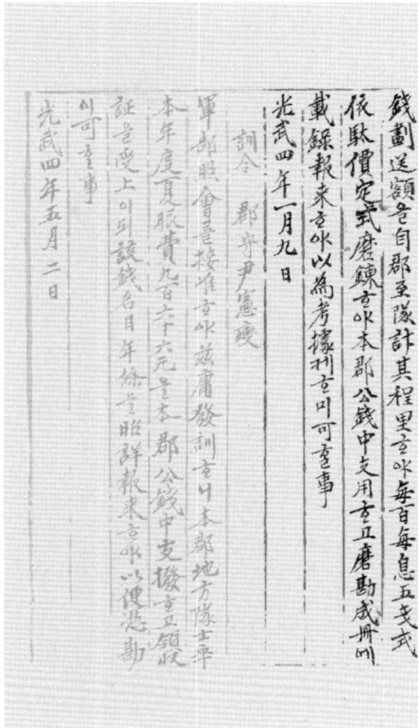

錢劃送額을自郡至隊計其程里ᄒᆞ야每百每息五戔式
依馱價定式磨鍊ᄒᆞ야本郡公錢中支用ᄒᆞ고磨勘成冊에
載錄報來ᄒᆞ야以爲考據케ᄒᆞ미可ᄒᆞᆫ事
光武四年一月九日
訓令 郡守尹憲璦
軍部照會를接准ᄒᆞ야玆庸發訓ᄒᆞ니本郡地方隊士卒
本年度夏服費九百六十六元을本郡公錢中支撥ᄒᆞ고領收
證을受上이되該錢名目年條를昭詳報來ᄒᆞ야以便憑勘
이可ᄒᆞᆫ事
光武四年五月二日

26-②

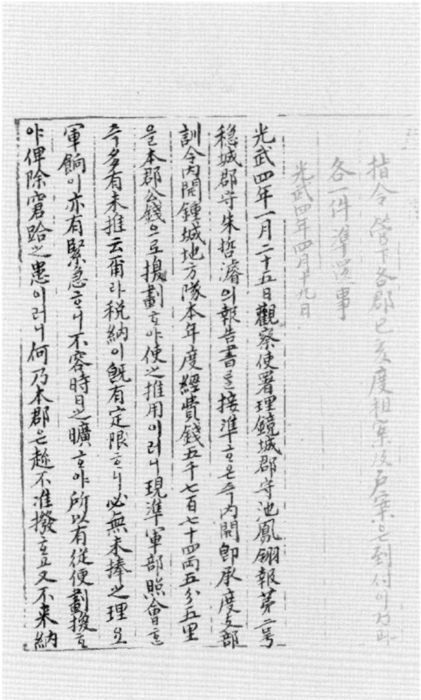

指令 管下各郡已支度租稅及戶稅은到付이거든
各一件準送事
光武四年四月十九日
光武四年一月二十五日觀察使署理鏡城郡守池鳳翎報第二號
穩城郡守朱搢濬의報告書를接準ᄒᆞ온즉內開節承度支部
訓令內開鍾城地方隊本年度經費錢五千七百七十四兩五分五里
을本郡公錢으로撥劃ᄒᆞ야使之推用이러니現準軍部照會ᄒᆞᆫ
즉多有未推云爾라稅納이旣有定限ᄒᆞ니必無未捧之理요
軍餉이亦有緊急ᄒᆞ니不容時日之曠ᄒᆞ야所以有從便劃撥ᄒᆞ
야俾除窘跲之患이러니何乃本郡은趑不准撥ᄒᆞ고又不來納

27-①

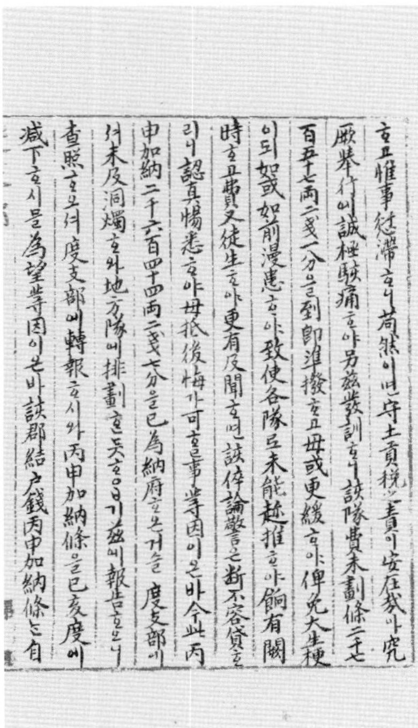

ᄒᆞ고惟事延滯ᄒᆞ니苟然이면守土貢稅之責이安在哉아究
厥業行에誠極駭痛ᄒᆞ야另玆發訓ᄒᆞ니該隊費未劃條二千七
百五十七兩二戔八分을到卽準撥ᄒᆞ고毋或更緩ᄒᆞ야俾免大生梗
이되如或如前漫患ᄒᆞ야致使各隊로未能趂推ᄒᆞ야餉有闕
時ᄒᆞ고弗貫又徒生ᄒᆞ야更有反聞ᄒᆞ면該倅論警은斷不容貸ᄒᆞ
리니認眞惕慮ᄒᆞ야毋抵後悔가可ᄒᆞᆫ事等因이온바今此丙
申加納二千六百四十四兩二戔七分을已爲納府ᄒᆞ온거슬 度支部에
付未及洞燭ᄒᆞ와地方隊에排劃ᄒᆞᆫ듯ᄒᆞ옵기玆에報告ᄒᆞ오니
查照ᄒᆞ오셔 度支部에轉報ᄒᆞ시와丙申加納條을已爲度에
減下ᄒᆞ시믈爲望等因이온바該郡結戶錢丙申加納條는自

27-②

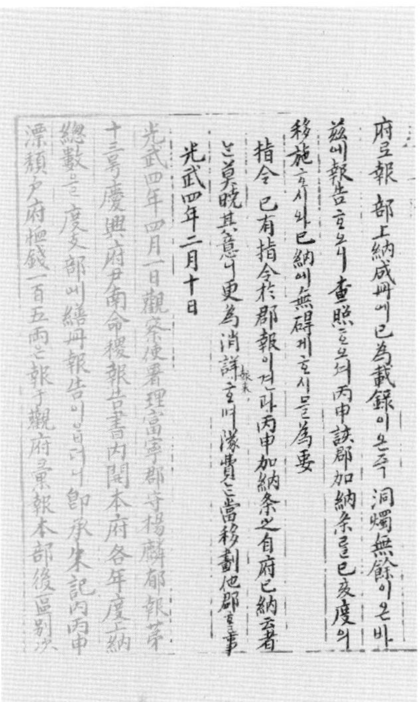

府로報 部上納成冊에已爲載錄이온즉 洞燭無餘이온바
玆에報告ᄒᆞ오니查照ᄒᆞ오셔丙申該郡加納条를已爲度의
移施ᄒᆞ시와已納에無碍케ᄒᆞ시믈爲要
指令 已有指令於郡報이거니와丙申加納条之自府已納云者
는莫曉其意니更爲消詳報來ᄒᆞ며隊費는當移劃他郡ᄒᆞᆯ事
光武四年二月十日
光武四年四月一日觀察使署理富寧郡守楊麟郁報第
十三號慶興府尹南命稷報告書內開本府各年度上納
總數를 度支部에繕冊報告이온더니卽承來記內丙申
漂額戶府柩錢一百五兩은報于觀府彙報本部後區別次

27-③

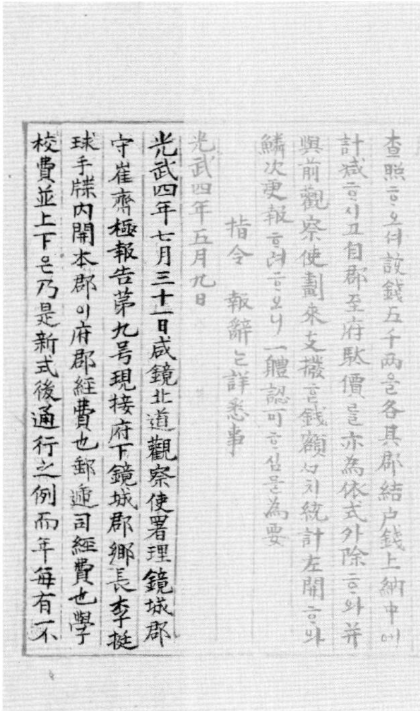

查照ᄒᆞ오며該錢五千兩을各其郡結戶錢上納中에
計減ᄒᆞ시고自郡至府駄價로亦為依式外除ᄒᆞ와並
與前觀察使劃來支撥ᄒᆞᆫ錢額ᄭᆞ지統計左開ᄒᆞ와
鱗次更報ᄒᆞ며ᄒᆞ오니一體認可ᄒᆞ심을為要
指令 報辭ᄂᆞᆫ詳悉事
光武四年五月九日
光武四年七月三十一日咸鏡北道觀察使署理鏡城郡
守崔齊極報告第九号現接府下鏡城郡鄕長李挺
球手牒內開本郡이府郡經費也郵遞司經費也學
校費並上下ᄂᆞᆫ乃是新式後通行之例而年年每有不

28-①

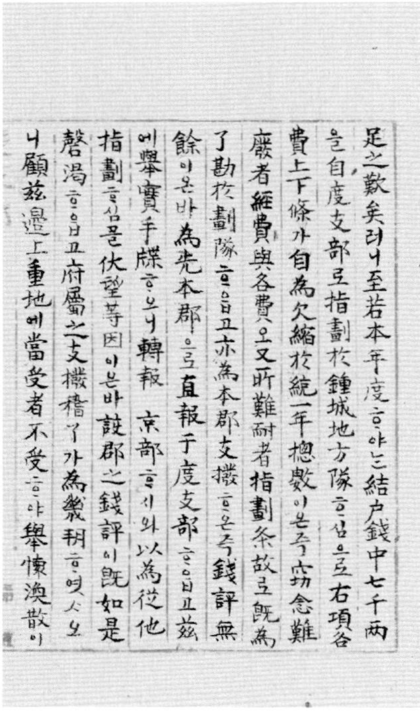

足之歎矣러니至若本年度ᄒᆞ야ᄂᆞᆫ結戶錢中七千兩
을自度支部로指劃於鍾城地方隊ᄒᆞ심으로右項各
費上下條가自為欠縮於統一年摠數이온즉窃念難
廢者經費與各費오又所難耐者指劃条故로既為
了勘於劃隊ᄒᆞ읍고亦為本郡支撥ᄒᆞ온즉錢評無
餘이온바為先本郡으로直報于度支部ᄒᆞ읍고茲
에擧實手牒ᄒᆞ오니轉報 京部ᄒᆞ시와以為從他
指劃ᄒᆞ심을伏望等因이온바該郡之錢評이既如是
罄渴ᄒᆞ읍고府屬之支撥稽了가為幾朔ᄒᆞ여ᄉᆞ오
니顧茲邊上重地에當受者不受ᄒᆞ야擧懷渙散이

28-②

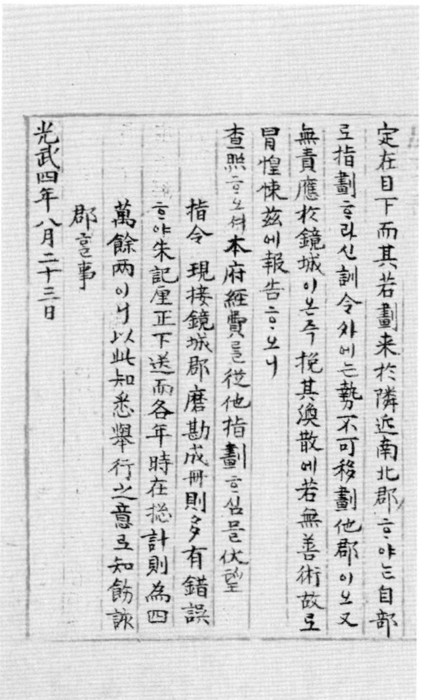

定在目下而其若劃来於隣近南北郡ᄒᆞ야ᄂᆞᆫ自部
로指劃ᄒᆞ라신訓令자에ᄂᆞᆫ勢不可移劃他郡이오又
無責應於鏡城이온즉挽其渙散에若無善術故로
冒惶悚茲에報告ᄒᆞ오니
查照ᄒᆞ오며本府經費를從他指劃ᄒᆞ심을伏望
指令 現接鏡城郡磨勘成冊則多有錯誤
ᄒᆞ야朱記厘正下送而各年時在摠計則為四
萬餘兩이니以此知悉擧行之意로知飭該
郡宜事
光武四年八月二十三日

28-③

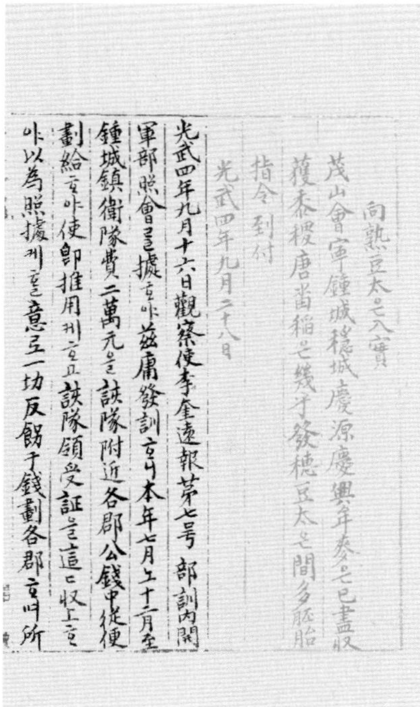

向熟豆太ᄂᆞᆫ八實
茂山會寧鍾城穩城慶源慶興年麥ᄋᆞᆫ已盡收
穫黍稷唐畓稻ᄂᆞᆫ幾于發穗豆太ᄂᆞᆫ間多胚胎
指令 到付
光武四年九月二十八日
光武四年九月十六日觀察使李奎遠報告第七号 部訓內開
軍部照會를據ᄒᆞ야茲庸發訓ᄒᆞ니本年七月上十二月至
鍾城鎮衛隊費二萬元을該隊附近各郡公錢中從便
劃給ᄒᆞ야使卽推用케ᄒᆞ고該隊領受証을這ᄂᆞᆫ收上ᄒᆞ
야以為照據케ᄒᆞᆯ意로一功反飭于錢劃各郡ᄒᆞ며所

29-①

劃郡名錢數를先卽馳報가可ᄒᆞᆯ事等因이온바本
使莅任在卽에區內情形을未暇周察이오나今此劃
訓이十分緊重이옵기各郡錢許을親執查櫛이온즉
統一年元續結稅戶布錢殖利錢位屯賭稅等應入을
儎量合錢이爲四十一萬四千四百餘兩而就中觀察府經
費及各府郡經費也城津慶興鄭遞司經費城津
慶興警務署經費鏡城學校等經費一年支撥
條을預算則合爲二十三萬八千餘兩而在錢은爲十
七萬六千二百餘兩이오나此亦分春秋用餘在ᄉᆞᆸ더라
一年兩等間各郡之上納幾許와未納幾許를自府로

29-②

初不句管이옵고只飭上納之命領書考還이온바各郡上
納條應入應下를一一註明同度報來之意로爲先謄訓
中飭이오나設或無已納之郡이라도指劃之二萬元은數旣不
滿이오如或有訓到前發送之郡則錢益無糆之勢也라現今
現今半年度指劃条二萬元도如右事勢로未能區劃이
옵거든將於來歲에는二萬元이自爲倍數ᄒᆞᆯ터이오나然
則府郡支撥과各項應下를必須廢止乃已이온바其乃
度不存之毛에何리오不可不趁早變通然後에야隊需
焉可無窘絀이오府郡焉亦無失哺之歎이오며莫重
軍需를不可寧甯排定ᄒᆞ와待其各郡所報ᄒᆞ와鱗次

29-③

報明伏計이오나其所俱便之方은苟無良算이온바應
入應下를逐條左開ᄒᆞ와具報于內部軍部이옵기玆에
報告ᄒᆞ오니 查照ᄒᆞ오셔 從便指令ᄒᆞ시믈爲要

左開

各郡庚子度結戶錢殖利錢位屯賭稅船塩盆
魚藿稅應入應下區別

城津歲入四萬三千一百七十二兩五分六里
吉州歲入七萬九百二十八兩五戔一分四里
明川歲入六萬一千七拾八兩二戔四分八里
鏡城歲入七萬二千一百四十三兩三戔八分四里

29-④

富寧歲入一萬六千七十五兩一戔二分六里
茂山歲入二萬五千九十六兩六戔一分
會寧歲入二萬九千九百四十六兩六戔一分六里
鍾城歲入三萬一千八百四兩一戔六分九里
穩城歲入一萬八千五兩二分七里
慶源歲入二萬八千四百八十九兩四戔三分七里
慶興歲入一萬七千六百九十三兩三戔六里
共合原錢四十一萬四千四百三十一兩四戔九分三里內
五萬三千七百五兩九戔 觀察府經費
十二萬六百九十兩 各府郡經費

29-⑤

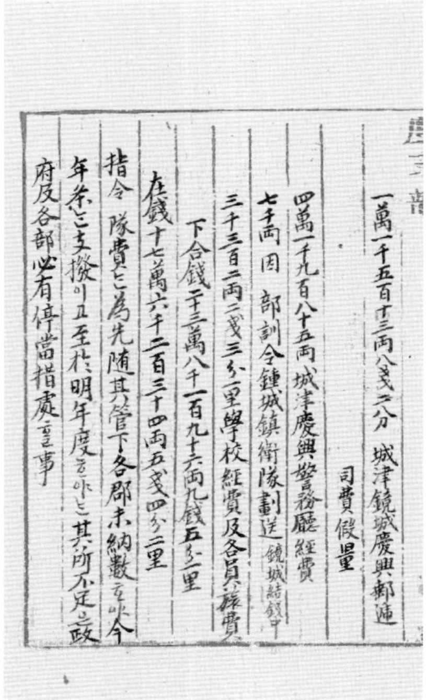

一萬一千五百十三兩八戔二分 城津鏡城慶興郵遞
司費假量
四萬一千九百八十五兩 城津慶興警務廳經費
七千兩 因 部訓令鍾城鎮衛隊劃送 鏡城結錢中
三千三百二兩二戔三分一里 學校經費及各員俸薪費
下合錢二十三萬八千一百九十六兩九錢五分二里
在錢十七萬六千二百三十四兩五戔四分二里
指令 隊費ᄂᆞᆫ爲先隨其管下各郡未納數ᄒᆞ야今
年条ᄂᆞᆫ支撥이고至於明年度ᄒᆞ야ᄂᆞᆫ其所不足ᄂᆞᆫ政
府及各部必有停當措處ᄒᆞᆯ事

29-⑥

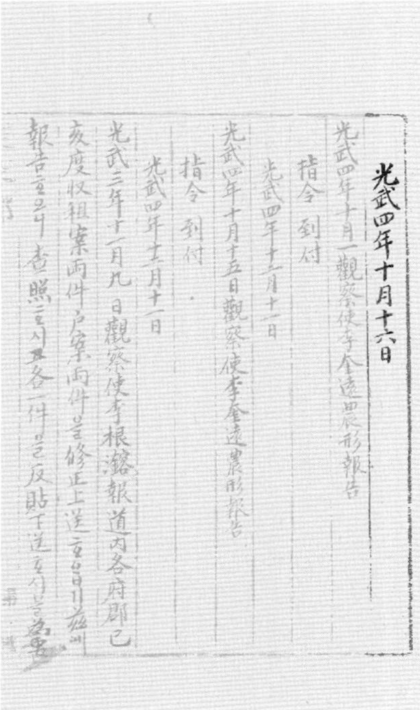

光武四年十月十六日
光武四年十月一觀察使李奎遠農形報告
指令 到付
光武四年十一月十一日
光武四年十月十五日觀察使李奎遠農形報告
指令 到付
光武四年十一月十一日
光武三年十一月九日觀察使李根潞報道內各府郡已
亥度收租案兩件戶案兩件을修正上送ᄒᆞ오며玆에
報告ᄒᆞ오니査照ᄒᆞ시고各一件을反貼下送ᄒᆞ시믈要望

29-⑦

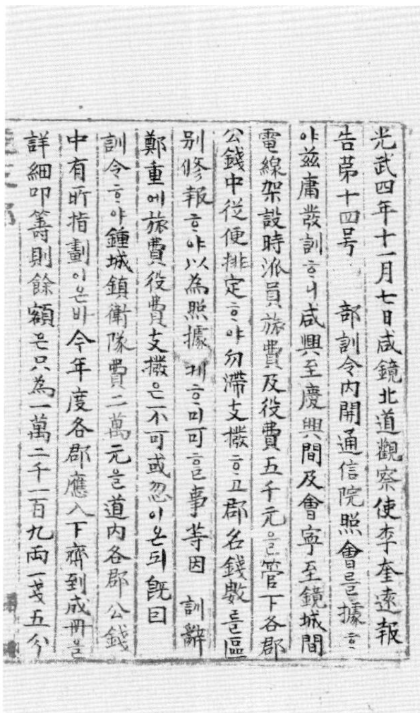

光武四年十一月七日咸鏡北道觀察使李奎遠報
告第十四号 部訓令內開通信院照會를據ᄒᆞ
야玆庸發訓ᄒᆞ니咸興至慶興間及會寧至鏡城間
電線架設時派員旅費及役費五千元을管下各郡
公錢中從便排定ᄒᆞ야勿滯支撥ᄒᆞ고郡名錢數를區
別修報ᄒᆞ야以爲照據케ᄒᆞ미可ᄒᆞᆯ事等因 訓辭
鄭重에旅費役費支撥은不可或忽이온되旣因
訓令ᄒᆞ야鍾城鎮衛隊費二萬元을道內各郡公錢
中有所指劃이온바今年度各郡應入下齊到成冊을
詳細叩筭則餘額은只爲一萬二千一百九兩一戔五分

30-①

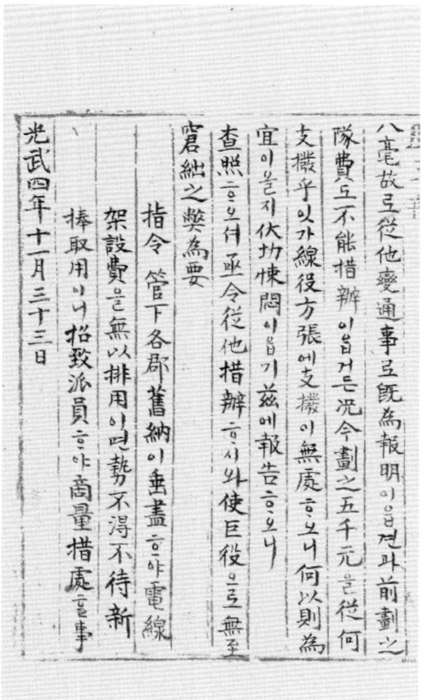

八毫故로從他變通事로旣爲報明이옵더니前劃之
隊費도不能措辦이옵거든況今劃之五千元을從何
支撥乎잇가線役方張에支撥이無處ᄒᆞ오니何以則爲
宜이올지伏切悚悶이옵기玆에報告ᄒᆞ오니
査照ᄒᆞ오셔亟令從他措辦ᄒᆞ시와使巨役으로無至
窘絀之弊爲要
指令 管下各郡舊納이垂盡ᄒᆞ야電線
架設費을無以排用이면勢不得不待新
捧取用이니招致派員ᄒᆞ야商量措處ᄒᆞᆯ事
光武四年十一月三十三日

30-②

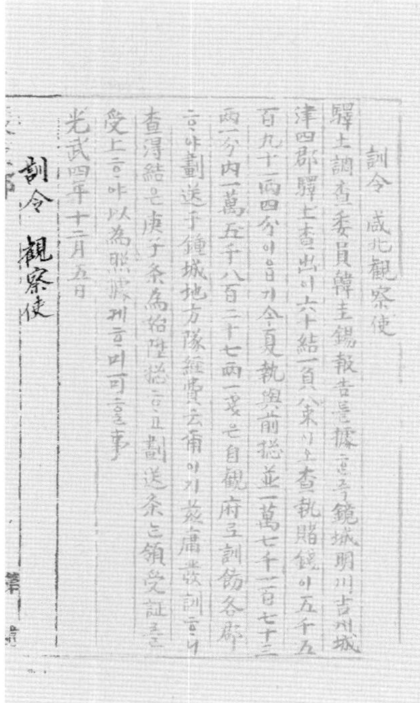

訓令 咸北觀察使
驛土調査委員韓圭錫報告를據ᄒᆞᆫ즉鏡城明川吉州城
津四郡驛土査出이六十結一負八束이오査執賭錢이五千五
百九十一兩四分이온바今夏執與前摠並一萬七千一百七十三
兩一分內一萬五千八百二十七兩一戔은自觀府로訓飭各郡
ᄒᆞ야劃送于鍾城地方隊經費云而이기玆庸發訓ᄒᆞ니
查得結은庚子条為始陞摠ᄒᆞ고劃送条는領受證을
受上ᄒᆞ야以為照據케ᄒᆞ미可ᄒᆞᆷ事
光武四年十二月五日

訓令 觀察使

31-①

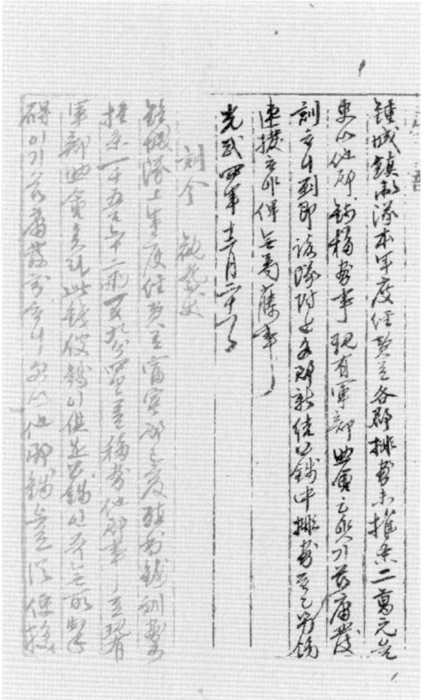

31-②

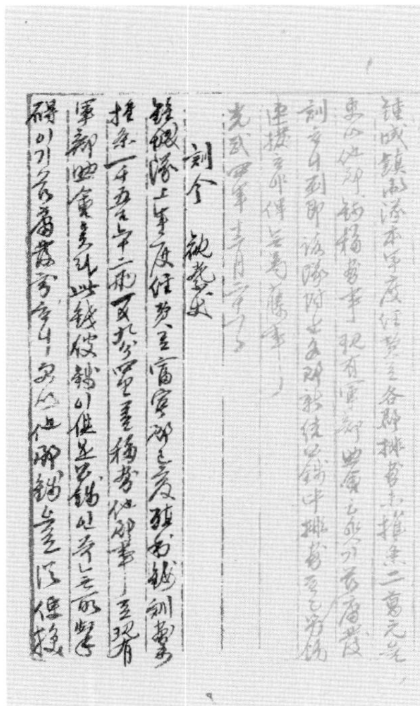

32-①

32-②

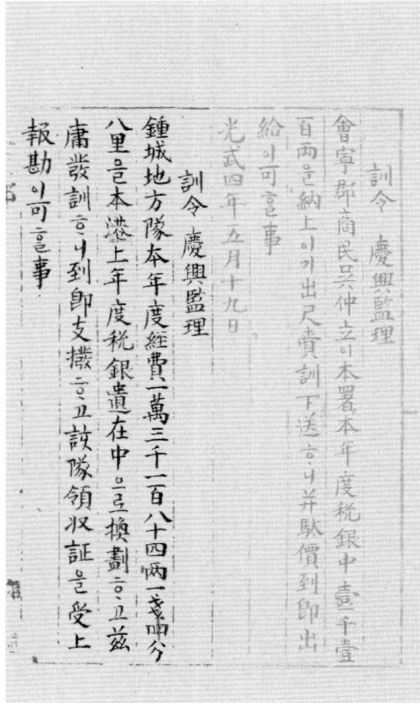

訓令 慶興監理

會寧郡商民吳仲立이本署本年度稅銀中壹千壹百兩을納上이기出尺貴訓下送ᄒᆞ니并馱價到卽出給이可ᄒᆞᆷ事

光武四年五月十九日

訓令 慶興監理

鍾城地方隊本年度經費一萬三千一百八十四兩一戔四分八里을本港上年度稅銀遺在中으로換劃ᄒᆞ고玆庸發訓ᄒᆞ니到卽支撥ᄒᆞ고該隊領收証을受上報勘이可ᄒᆞᆷ事

33-①

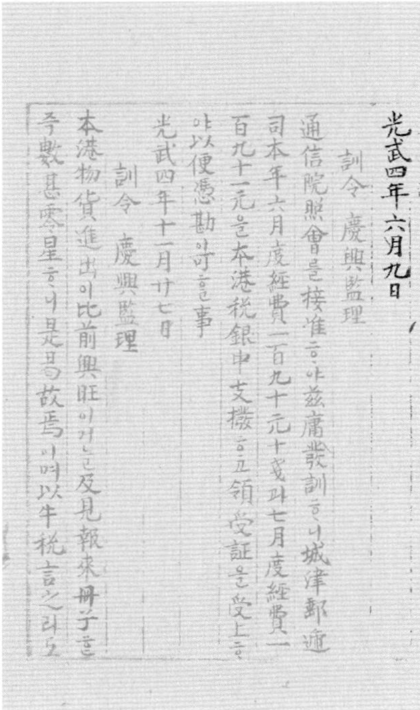

光武四年六月九日

訓令 慶興監理

通信院照會를接准ᄒᆞ야玆庸發訓ᄒᆞ니城津郵遞司本年六月度經費一百九十元十戔과七月度經費一百九十一元을本港稅銀中支撥ᄒᆞ고領受証을受上ᄒᆞ야以便憑勘이可ᄒᆞᆷ事

光武四年十一月廿七日

訓令 慶興監理

本港物貨進出이比前興旺이거ᄂᆞᆫ及見報來冊子ᄒᆞᆫ즉數甚零星ᄒᆞ니是曷故焉이며以牛稅言之라도

33-②

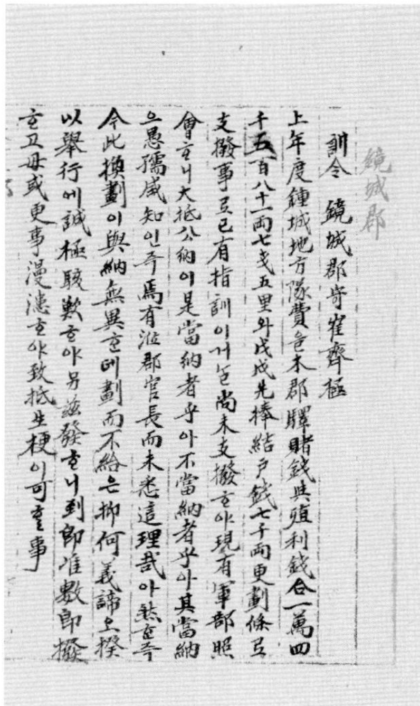

鏡城郡

訓令 鏡城郡守崔齊極

上年度鍾城地方隊費을本郡賭錢與殖利錢合一萬四千五百八十一兩七戔五里와戊戌先捧結戶錢七千兩更劃條로支撥事로已有指訓이거ᄂᆞᆯ尙未支撥ᄒᆞ야現有軍部照會ᄒᆞ니大抵公納이是當納者乎아不當納者乎아其當納은愚孺咸知인즉焉有治郡官長而未悉這理哉아然ᄒᆞᆫ즉今此換劃이與納無異ᄒᆞᆫ데劃而不給은抑何義諦오撥以擧行에誠極駭歎ᄒᆞ야另玆發ᄒᆞ니到卽准數卽撥ᄒᆞ고毋或吏事漫漶ᄒᆞ야致抵生梗이可ᄒᆞᆫ事

34-①

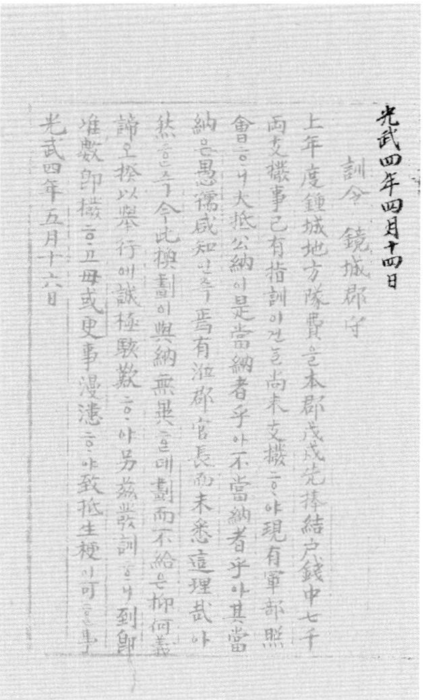

光武四年四月十四日

訓令 鏡城郡守

上年度鍾城地方隊費을本郡戊戌先捧結戶錢中七千兩支撥事已有指訓이건ᄋᆞᆯ尙未支撥ᄒᆞ야現有軍部照會ᄒᆞ니大抵公納이是當納者乎아不當納者乎아其當納은愚孺咸知인즉焉有治郡官長而未悉這理哉아然ᄒᆞᆫ즉今此換劃이與納無異ᄒᆞᆫ데劃而不給은抑何義諦오撥以擧行에誠極駭歎ᄒᆞ야另玆發訓ᄒᆞ니到卽准數卽撥ᄒᆞ고毋或吏事漫漶ᄒᆞ야致抵生梗이可ᄒᆞᆫ事

光武四年五月十六日

34-②

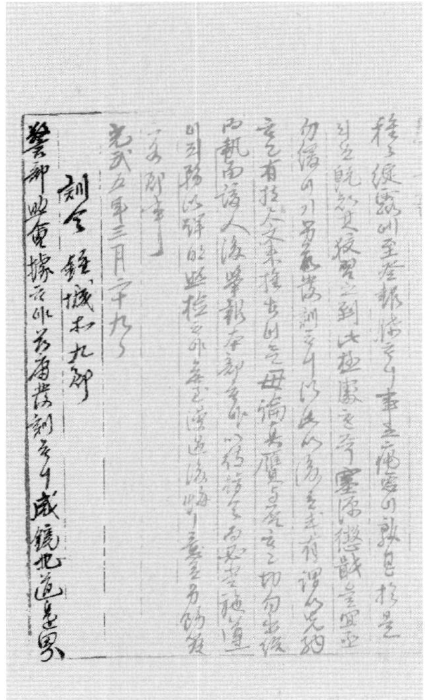

35-①

35-②

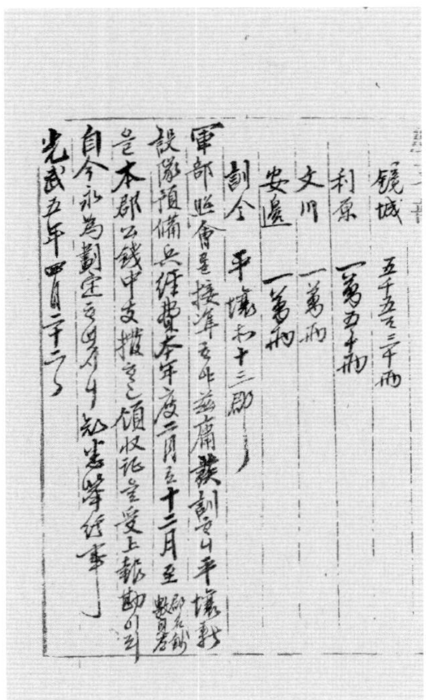

35-③

일제침탈사 자료총서 08

대한제국기 간도 자료집(3)

-정부문서

초판 1쇄 발행 2023년 8월 30일

지은이 문상명·홍문기·은정태·정진숙·이상식
펴낸이 이영호
펴낸곳 동북아역사재단

등록 제312-2004-050호(2004년 10월 18일)
주소 서울시 서대문구 통일로 81 NH농협생명빌딩
전화 02-2012-6065
팩스 02-2012-6186
홈페이지 www.nahf.or.kr
제작·인쇄 역사공간

ISBN 978-89-6187-966-8 94910
978-89-6187-635-3 (세트)